Studien zu den Jüdischen Schriften
aus hellenistisch-römischer Zeit

Herausgegeben von
Hermann Lichtenberger und Gerbern S. Oegema

Gütersloher Verlagshaus

Studien zu den Jüdischen Schriften
aus hellenistisch-römischer Zeit

Band 1

Jüdische Schriften in ihrem antik-jüdischen und urchristlichen Kontext

Herausgegeben von
Hermann Lichtenberger und Gerbern S. Oegema

Gütersloher Verlagshaus

Die Deutsche Bibliothek – CIP-Einheitsaufnahme

Jüdische Schriften in ihrem antik-jüdischen und urchristlichen Kontext /
hrsg. von Hermann Lichtenberger und Gerbern S. Oegema. – Gütersloh :
Gütersloher Verl.-Haus, 2002
(Studien zu den Jüdischen Schriften aus hellenistisch-römischer Zeit ; Bd. 1)
ISBN 3-579-05360-4

Umwelthinweis:
Dieses Buch wurde auf chlorfrei gebleichtem und alterungsbeständigem Papier
gedruckt. Die vor Verschmutzung schützende Einschrumpffolie ist aus umwelt-
schonender und recyclingfähiger PE-Folie.

ISBN 3-579-05360-4
© Gütersloher Verlagshaus GmbH, Gütersloh 2002
Das Werk einschließlich aller seiner Teile ist urheberrechtlich geschützt.
Jede Verwertung außerhalb der engen Grenzen des Urheberrechtsgesetzes ist
ohne Zustimmung des Verlages unzulässig und strafbar. Das gilt insbesondere
für Vervielfältigungen, Übersetzungen, Mikroverfilmungen und die Einspeicherung
und Verarbeitung in elektronischen Systemen.
Umschlag: Init GmbH, Bielefeld
Satz: SatzWeise, Föhren
Druck und Bindung: Bertelsmann Media on Demand, Pößneck
Printed in Germany
www.gtvh.de

Albert-Marie Denis (1925–1999)
zum Gedenken

Inhalt

Vorwort XI

Einleitung
Hermann Lichtenberger 1

I. Geschichte und Methode

The JSHRZ and the OTP: A Celebration
James H. Charlesworth 11

Jewish Historical Writings between Judaism and Hellenism
New Methods of Research
Doron Mendels 35

Politische und persönliche Freiheit im jüdisch-hellenistischen Schrifttum des 2. Jh.s v. Chr.
Otto Kaiser 43

Zur Methodologie der Datierung und Lokalisierung pseud- und anonymer Schriften dargestellt an Beispielen vornehmlich aus dem Bereich der JSHRZ
Berndt Schaller 59

Theologie als Schlüssel zur Historie.
Neue Wege zur Datierung frühjüdischer Schriften
Ulrike Mittmann-Richert 75

Die Märtyrer als Helden des Volkes
Jan Willem van Henten 102

Die Erschließung der JSHRZ durch ein Register
Gesamtkonzeption und ausgewählte Beispiele
Claudia Büllesbach, Friedrich Wilhelm Horn, Hermut Löhr und Heike Omerzu 134

II. Weisheit und Apokalyptik

Antediluvian Knowledge
Jewish Speculations About Wisdom From Before the Flood in Their Ancient Context
Pieter W. van der Horst 163

Als Mose und Henoch zusammenfanden
Die Entstehung der frühjüdischen Apokalyptik in Reaktion auf die Religionsverfolgung unter Antiochus IV. Epiphanes
Andreas Bedenbender 182

The Character of the Arabic Version of the Apocalypse of Baruch
A. Frederick J. Klijn 204

Die Gottesvorstellung des 3. Makkabäerbuches
Thomas Knöppler 209

Die vergessene Geburtsgeschichte
Mt 1-2 / Lk 1-2 und die wunderbare Geburt des Melchisedek in slHen 71-72
Christfried Böttrich 222

III. Qumran und Hellenismus

»Faire la vérité«
Contribution à l'étude du sociolecte esséno-qoumrânien
Marc Philonenko 251

The Book of Tobit and the Problem of »Magic«
Loren T. Stuckenbruck 258

»Heimat in der Fremde«
Zur Konstituierung einer jüdischen Identität im Buch Tobit
Beate Ego 270

Der Mose-Roman des Artapanos und die Frage nach einer Theios-Anër-Vorstellung im hellenistischen Judentum sowie nach »paganen« Einflüssen auf die neutestamentliche Christologie
Nikolaus Walter 284

Interpretation of Scriptures in Wisdom of Solomon
Dieter Georgi 304

IV. Traditionsgeschichte und Theologie

From Roots to Branches
1 Enoch in its Jewish and Christian Contexts
George W. E. Nickelsburg 335

Warum der Dämon Eva verführte
Über eine Variante in Apc Mos 26,2 – mit einem Seitenblick auf
Narr Zos (gr) 18-23
Jan Dochhorn 347

Gerechtigkeit in den Psalmen Salomos und bei Paulus
Udo Schnelle 365

Die paulinischen Adamaussagen im Kontext frühjüdischer und
frühchristlicher Literatur
Martin Meiser 376

Der Geburtstag in den Jüdischen Schriften aus hellenistisch-römischer
Zeit, im Neuen Testament und in der rabbinischen Literatur
Andreas Lehnardt 402

»Pontius Pilatus« in der postkanonischen Literatur
Ein Beitrag zur Funktion und Rezeption der seit 2000 Jahren
meisterwähnten Figur der Geschichte
Bernd Jørg Diebner 429

The Historical Jesus and Judaism:
A Methodological Inquiry
Gerbern S. Oegema 449

Die Autoren 470

Namen und Sachen 473
Names and Subjects 479
Stellen (in Auswahl) 483

Vorwort

Der folgende Band enthält den ausgearbeiteten Text der Vorträge, die auf dem internationalen Symposium »Die Jüdischen Schriften aus hellenistisch-römischer Zeit in ihrem antik-jüdischen und urchristlichen Kontext« in Tübingen vom 30. April bis zum 2. Mai 2000 anläßlich des bevorstehenden Abschlusses der Reihe »Jüdische Schriften aus hellenistisch-römischer Zeit« (JSHRZ) gehalten wurden. Eingeladen waren alle früheren und jetzigen Autoren und Herausgeber dieser seit 1974 im Gütersloher Verlagshaus veröffentlichten Reihe »JSHRZ«. Der Sammelband wurde ergänzt mit den Beiträgen von Autoren bzw. Herausgebern, die nicht am Symposium teilnehmen konnten. Ferner bildet dieses Buch den ersten Band einer neuen Reihe »Studien zu den Jüdischen Schriften aus hellenistisch-römischer Zeit«.

Zu danken haben wir der *Eberhard-Karls-Universität* (Rektorat und Vereinigung der Freunde der Universität Tübingen), der *Deutschen Forschungsgemeinschaft*, dem Tübinger *Graduiertenkolleg* »Die Bibel – Ihre Entstehung und Wirkung«, *der Evangelisch-theologischen Fakultät* in Tübingen, und last but not least dem *Gütersloher Verlagshaus* in Gütersloh, vor allem Herrn Dr. H. Meurer und Herrn D. Steen, für die großzügige finanzielle Unterstützung des Symposiums und damit auch dieses Sammelbandes. Zu danken haben wir ferner Marietta Hämmerle, Verena Kurz, Alexander Behringer, Stefan Kiefer und Stefan Krauter für vielfache Hilfestellung bei der Organisation des Symposiums. Besonderer Dank gilt Monika Merkle für ihre Hilfe bei der Drucklegung. Gewidmet ist dieser Band dem im Jahre 1999 verstorbenen Nestor der Pseudepigraphenforschung, Prof. Dr. Albert-Marie Denis O.P.

Die Herausgeber   Tübingen, im Januar 2001

Einführung

Hermann Lichtenberger[1]

Meine sehr geehrten Damen und Herren, liebe Kolleginnen und Kollegen!

Gestatten Sie, daß ich zu Beginn dieses Symposiums in zweierlei Gestalt vor Ihnen erscheine: als Vertreter der Evangelisch-theologischen Fakultät und als Gastgeber. Vom Dekan der Evangelisch-theologischen Fakultät bin ich beauftragt, Sie namens der Fakultät und der Universität Tübingen herzlich zu diesem Symposium zu begrüßen. Die judaistische Forschung hat, seit A. Schlatter, dessen Grab keine 100 Meter von unserem Theologicum entfernt ist, 1898 nach Tübingen kam, eine unbestrittene Heimat an unserer Fakultät. Schlatter selbst begann seine Tübinger Wirksamkeit mit »Jochanan ben Zakkai, der Zeitgenosse der Apostel«.[2] Es folgte rasch »Israels Geschichte von Alexander dem Großen bis Hadrian«[3] und schließlich als Frucht seiner lebenslangen Beschäftigung mit Josephus »Die Theologie des Judentums nach dem Bericht des Josefus«.[4] In seinem Werk ist die ganze Breite der wissenschaftlichen Erschließung des antiken Judentums angelegt: das rabbinische und das hellenistische.

Nach dem Krieg wurde die Arbeit fortgeführt durch O. Michel, der der Erforschung und Lehre des Judentums an unserer Fakultät einen institutionalisierten Rahmen mit der Gründung des Institutum Judaicum gab, dessen wichtigste Frucht die Ausgabe, Übersetzung und Kommentierung von Josephus' Jüdischem Krieg ist.[5] Er hat beherzigt und ermöglicht, was der Schwabe Friedrich Schiller in seinen »Räubern« gefordert hatte: »Den Josephus mußt du lesen. Lies den Josephus, ich bitte dich drum.«[6] Beteiligt an dieser Ausgabe waren u.a. die beiden Gelehrten, die, Grundlagenarbeit treibend,

---

1. Einführung zum Symposium am 1. Mai 2000. Ich danke Herrn S. Krauter für die Überarbeitung des Manuskripts und die Ergänzung der bibliographischen Hinweise.
2. *A. Schlatter*, Jochanan ben Zakkai, der Zeitgenosse der Apostel (Beiträge zur Förderung christlicher Theologie 3,4), Gütersloh 1899.
3. *A. Schlatter*, Israels Geschichte von Alexander dem Großen bis Hadrian (Reiche der alten Welt 3), Calw / Stuttgart 1901.
4. *A. Schlatter*, Die Theologie des Judentums nach dem Bericht des Josefus (Beiträge zur Förderung christlicher Theologie 2,26), Gütersloh 1932.
5. *O. Michel, O. Bauernfeind*, Flavius Josephus De Bello Judaico. Der Jüdische Krieg, 3 Bde., München 1959-1969.
6. *F. Schiller*, Die Räuber, 1. Akt, 2. Szene (Spiegelberg zu Moor), in: Schillers Werke. Nationalausgabe, Bd. 3: Die Räuber, hg. v. H. Stubenrauch, Weimar 1953, S. 20f.

Bahnbrechendes für die judaistisch-neutestamentliche Forschung geleistet haben: O. Betz und M. Hengel. O. Betz hat – um nur einen Schwerpunkt zu nennen – von Anfang an die Erforschung der Qumrantexte mitbestimmt;[7] M. Hengel hat die Brücke geschlagen, über die wir seither gewohnt sind zu gehen: Judentum *und* Hellenismus.[8] Durch die Gründung des »Instituts für antikes Judentum und hellenistische Religionsgeschichte« neben dem weiter bestehenden Institutum Judaicum, dessen erster Leiter der Sirach-Spezialist H. P. Rüger war,[9] fand dies seinen sichtbaren Ausdruck.

Das Institut für antikes Judentum und hellenistische Religionsgeschichte engagiert sich derzeit in zwei Forschungsbereichen, die die seit O. Michel und M. Hengel selbstverständliche Breite repräsentieren: einerseits der Erforschung der Qumranfunde vertreten durch die Vorhaben einer Synopse der biblischen Handschriften vom Toten Meer, einer wissenschaftlichen Einleitung in die Qumranfunde[10] und mehrerer Handschrifteneditionen im Rahmen der Reihen DJD[11] und im The Princeton Theological Seminary Dead Sea Scrolls Project,[12] andererseits der Edition der JSHRZ mit ihren Einleitungs- und Erschließungsbänden.[13]

Im Bereich des rabbinischen Judentums wurde ebenfalls kontinuierlich wei-

---

7. Vgl. z. B. *O. Betz*, Offenbarung und Schriftforschung in der Qumransekte (WUNT 6), Tübingen 1960; zahlreiche Aufsätze in *idem*, Jesus, der Messias Israels. Aufsätze zur biblischen Theologie (WUNT 42), Tübingen 1987; *idem*, Jesus, der Herr der Kirche. Aufsätze zur biblischen Theologie II (WUNT 52), Tübingen 1990; *idem* (zusammen mit R. Riesner), Verschwörung um Qumran. Jesus, die Schriftrollen und der Vatikan, Rastatt 1999.
8. *M. Hengel*, Judentum und Hellenismus. Studien zu ihrer Begegnung unter besonderer Berücksichtigung Palästinas bis zur Mitte des 2. Jh.s v. Chr. (WUNT 10), Tübingen 1969, ³1988.
9. *H. P. Rüger*, Text und Textform im hebräischen Sirach. Untersuchungen zur Textgeschichte und Textkritik der hebräischen Sirachfragmente aus der Kairoer Geniza (BZAW 112), Berlin 1970; *idem*, Zum Text von Sir 40,10 und Ex 10,21, ZAW 82 (1970), 103-109; *idem*, Apokryphen I. Apokryphen des Alten Testaments, TRE 3 (1978), 289-316, bes. 305-306; *idem*, Le Siracide. Un livre à la frontière du canon, in: *J.-D. Castelli et al.* (Hg.), Le canon de l'Ancien Testament, Genf 1984, 47-69.
10. *A. Lange*, Einleitung in die Textfunde vom Toten Meer, 2 Bde., Tübingen (in Vorbereitung); *H. Lichtenberger*, Geschichte und Theologie der Qumranessener und anderer mit den Textfunden vom Toten Meer verbundener Gemeinschaften, Tübingen (in Planung).
11. 4Q440a-b, 4Q468f.-g, 4Q468i-k, XQ7 (A. Lange, DJD 36 [2000]); 4Q468l-bb (A. Lange, D. Ernst, DJD 36 [2000]).
12. *H. Lichtenberger*, 4Q176, in: The Princeton Theological Seminary Dead Sea Scrolls Project, Bd. 6b, Tübingen/Louisville 2002, 329-349; *H. Lichtenberger* (zusammen mit D. Mendels), Thanksgiving Hymns, in: *J. H. Charlesworth* (Hg.), The Princeton Theological Seminary Dead Sea Scrolls Project, Bd. 5, Tübingen / Louisville (in Vorbereitung).
13. *H. Lichtenberger et al.* (Hg.), Die Jüdischen Schriften aus hellenistisch-römischer Zeit, Gütersloh 1973 ff.; *H. Lichtenberger, G. S. Oegema* (Hg.), Supplementa zu den Jüdischen Schriften aus hellenistisch-römischer Zeit, Gütersloh 1999 ff.

tergearbeitet, dokumentiert in den Büchern von R. Deines,[14] F. Avemarie[15] und jüngst der Berliner Dissertation von A. Lehnardt (bei Prof. Dr. P. Schäfer).[16]

Die Institute stehen in vielfältigen internationalen Beziehungen der judaistischen Forschung: das Institutum Judaicum unter der Leitung von Prof. S. Schreiner besonders zu den Ländern Osteuropas, das Institut für antikes Judentum und hellenistische Religionsgeschichte zu den Ländern Westeuropas, den USA und Israel, wovon auch die Teilnehmer und Referenten dieser Tagung Zeugnis geben.

Unter den europäischen Verbindungen ist eine der wichtigsten – nicht nur wegen der räumlichen Nähe – die nach Straßburg. Wie oft haben wir Tübinger die Gastfreundschaft von Straßburg erlebt. Heute erhält diese Verbindung eine besondere Note: An diesem 1. Mai 2000 feiert Prof. Dr. M. Philonenko seinen 70. Geburtstag – und ist unter uns! Sie ahnen nicht, verehrter Kollege, welch großes Geschenk Sie uns damit machen. Ich kann Ihnen nur ein symbolisches Geschenk überreichen, die Blume des Mai, *le muguet*, die Maiglöckchen aus meinem Garten: *ad multos annos*!

Nachdem seit 1898 in Einzellieferungen erschienen, lag 1900 im Tübinger Verlag Mohr (Siebeck) das zweibändige Werk der »Apokryphen und Pseudepigraphen des Alten Testaments in Verbindung mit Fachgenossen übersetzt und herausgegeben von E. Kautzsch« vor.[17]

»Der Kautzsch« ist tatsächlich ein Jahrhundertwerk geworden, und wir stehen heute noch bewundernd vor den Übersetzungen z. B. des 4. Esra durch A. Gunkel[18] oder des Jubiläenbuches durch den späteren Tübinger E. Littmann.[19] Kautzsch hatte in seiner Einleitung geschrieben: »Über das Bedürfnis nach einer solchen Übersetzung der Apokryphen und Pseudepigraphen herrscht angesichts der außerordentlichen Wichtigkeit dieser ganzen Litteratur für das Studium des Neuen Testaments und der neutestamentlichen Textgeschichte längst nur eine Stimme. Und dieses Bedürfnis wurde noch gesteigert durch den Umstand, daß die betreffenden Texte vielfach schwer zugänglich und [...] fast nirgends in größerem Umfange zusammengestellt sind. So erklärt es sich, daß die Ausführung unseres Unternehmens

---

14. *R. Deines*, Die Pharisäer. Ihr Verständnis im Spiegel der christlichen und jüdischen Forschung seit Wellhausen und Graetz (WUNT 101), Tübingen 1997.
15. *F. Avemarie*, Tora und Leben. Untersuchungen zur Heilsbedeutung der Tora in der frühen rabbinischen Literatur (TSAJ 55), Tübingen 1996.
16. *A. Lehnardt*, Qaddish. Untersuchungen zur Entstehung und Rezeption eines rabbinischen Gebetes, Diss. FU Berlin 1999.
17. *E. Kautzsch* (Hg.), Die Apokryphen und Pseudepigraphen des Alten Testaments übersetzt, 2 Bde., Tübingen u. a. 1900, ND Darmstadt 1975 u. Hildesheim 1992.
18. *A. Gunkel*, Das vierte Buch Esra, in: *E. Kautzsch* (Hg.), Die Apokryphen und Pseudepigraphen des Alten Testaments übersetzt, 2 Bde., Tübingen u. a. 1900, Bd. 2, 331-401.
19. *E. Littmann*, Das Buch der Jubiläen, in: *E. Kautzsch* (Hg.), Die Apokryphen und Pseudepigraphen des Alten Testaments übersetzt, 2 Bde., Tübingen u. a. 1900, Bd. 2, 31-119.

mehrfach auf Schwierigkeiten stieß und sich sehr gegen unseren Wunsch verzögerte.«[20] Im Blick auf unsere gegenwärtige Forschungssituation können wir uns kaum mehr vorstellen, welche textkritischen Probleme besonders für die Pseudepigraphen zu bewältigen waren. Und so repräsentiert die Quellenbasis den Stand des ausgehenden 19. Jahrhunderts. Für alle Schriften der Apokryphen und Pseudepigraphen hat sich die Lage grundlegend geändert: Der Kanon von Kautzsch von 13 Apokryphen und 14 Pseudepigraphen wurde im Bereich der Pseudepigraphen um ein Mehrfaches vergrößert; wissenschaftliche Editionen liegen für fast alle Schriften vor oder werden erarbeitet. Die Forschungssituation wandelte sich grundlegend seit 1947 durch die Qumranfunde, insbesondere durch die Funde in Höhle 4 (1952)[21] und auf der Masada.[22] Der textkritische Wert z. B. der aramäischen Henochüberlieferung, der hebräischen Jubiläen, des hebräischen Sirach und der hebräischen und aramäischen Fragmente von Tobit ist nicht hoch genug einzuschätzen.[23] Ebenso wichtig aber ist das Bekanntwerden von Hunderten von Schriften, die dem weiteren Bereich der Apokryphen und Pseudepigraphen angehören, die bis dahin völlig unbekannt gewesen waren. Hinzu kam vor allem im Nachkriegseuropa eine Wiederentdeckung der Bedeutung der frühjüdischen und neutestamentlichen Apokalyptik[24] sowie – und dieser Wandel war für Deutschland besonders notwendig – die Wahrnehmung der Bedeutung des Judentums für die Entstehung des Christentums und dessen bleibende Angewiesenheit auf das Judentum.

All dieses zusammen schuf eine Forschungslage und die geistige Bereitschaft zu einem Neubeginn, der nicht zufällig Hand in Hand ging mit einem Neuansatz in der Erforschung der rabbinischen Überlieferung und des Philo und Josephus. Trotzdem existierten bis in die 50er Jahre hinein zu den Apokryphen und Pseudepigraphen lediglich die Übersetzungswerke von Kautzsch,[25] Charles,[26] Rießler,[27] Kahana[28] und Bonsirven.[29]

20. *E. Kautzsch* (Hg.), Die Apokryphen und Pseudepigraphen des Alten Testaments übersetzt, 2 Bde., Tübingen u. a. 1900, S. IV.
21. Veröffentlicht in DJD 5-7.9-15.18-20.22.25.26.29.34.35.
22. Vgl. *A. Lange, H. Lichtenberger*, Qumran, TRE 28 (1997), 45-79.
23. *E. Tov*, Der Text der hebräischen Bibel. Handbuch der Textkritik, Stuttgart / Berlin / Köln, 1997, 83-102.
24. Vgl. jetzt *J. J. Collins et al.* (Hg.), The Encyclopedia of Apocalypticism, 3 Bde., London 2000.
25. *E. Kautzsch* (Hg.), Die Apokryphen und Pseudepigraphen des Alten Testaments übersetzt, 2 Bde., Tübingen u. a. 1900.
26. *R. H. Charles*, Apocrypha and Pseudepigrapha of the Old Testament, 2 Bde., Oxford 1913.
27. *P. Riessler*, Altjüdisches Schrifttum außerhalb der Bibel, Freiburg i. B. u. a. 1928.
28. *A. Kahana*, הספרים החיצונים לתורה לנביאים לכתובים ושאר ספרים חיצונים, 2 Bde., Tel Aviv 1937.
29. *J. Bonsirven*, La Bible Apocryphe en marge de l'Ancien Testament, Paris 1953.

Die Idee zu einer deutschen, vollständig neuen Bearbeitung entstand – und nun zitiere ich mit freundlicher Genehmigung aus dem Brief von Herrn Prof. Dr. Dres. h.c. O. Kaiser vom 7.3.2000 – wieder in Tübingen: »Der Plan wurde 1958 bei einem Besuch von Herrn Mohn und seinem Lektor, Herrn Dr. Kühne geboren, die mich damals als jungen Dozenten besuchten. Da vereinbarten wir, daß ich dem Gütersloher Verlagshaus zu gegebener Zeit eine Einleitung[30] und möglichst auch eine Theologie vorlegen und wir weiterhin die JSHRZ und die TUAT herausbringen wollten. Diese Pläne sind dann schrittweise von mir realisiert worden (...). Da ich jedoch Herrn Kümmel damals in der Sache der JSHRZ für kompetenter hielt, habe ich ihn dem Verlag als Hauptherausgeber vorgeschlagen und gleichzeitig für den Plan gewonnen, während ich mich selbst mit der Aufgabe des Teilherausgebers für die Poetischen Schriften begnügt habe. Auf die Notwendigkeit dieses Vorhabens bin ich bei der (in drei Tagen und Nächten erfolgten) Vorbereitung meiner Tübinger Probevorlesung über die Begründung der Sittlichkeit bei Jesus Sirach gestoßen; denn dabei gewann ich den Eindruck, daß die Apokryphen und Pseudepigraphen trotz der Kautzschen Textausgabe und der Greßmannschen Religion des Judentums im späthellenistischen Zeitalter nicht mehr gebührende Beachtung fänden. Ich versprach mir als Nebenwirkung einer neuen Übersetzung, daß sich dabei zwangsmäßig eine größere Zahl von Gelehrten mit den Texten auseinandersetzen und dabei ihrer Funktion als Brücke zwischen den beiden Testamenten innewerden würden. Dieses Ziel haben wir jedoch nur teilweise erreicht.«

Der Plan nahm Gestalt an, und im Schreiben von Dr. Kühne vom 23.9.1965 an Prof. Kümmel werden bereits erste Zusagen notiert. Das Protokoll der Herausgebertagung vom 1.3.1966 nennt den vollständigen Kanon von 52 Schriften mit Bearbeitern, bei denen freilich noch manche Änderungen eintraten.

Die Veröffentlichung beginnt in fulminantem Tempo: 1973 (4 Faszikel), 1974 (5), 1975 (4), 1976 (5); danach verlangsamt sich das Tempo: 1977 (1), 1978 (0), 1979 (1), 1980 noch einmal eine Zunahme (5) und 1981 (3), dann wieder schleppend: 1982 (1), 1983 (2), 1984 (1), 1985 bis 1987 (0). Bis dahin waren die Herausgeber: Prof. Dr. W. G. Kümmel als Hauptherausgeber, als Mitherausgeber die Herren Professoren C. Habicht, O. Kaiser, O. Plöger und J. Schreiner.

1987 wurde H. Lichtenberger zum Hauptherausgeber bestimmt, Prof. Kümmel blieb bis zu seinem Tod 1995, Prof. Plöger bis zu seinem Tod 1999

---

30. *O. Kaiser*, Einleitung in das Alte Testament, Gütersloh 1969 (⁵1984); siehe jetzt *ders.*; Die alttestamentlichen Apokryphen. Eine Einleitung in Grundzügen, Gütersloh 2000.

Mitherausgeber. Die gegenwärtigen Herausgeber sind C. Habicht, O. Kaiser, H. Lichtenberger und J. Schreiner.

Zum Teil aufgrund von Neubeauftragungen sind seither 8 Faszikel erschienen, dazu eine Bibliographie, ein Faszikel ist im Druck, 2 stehen noch aus.[31] Wir stehen vor dem Abschluß des Übersetzungswerkes, die Ziellinie ist noch nicht ganz erreicht.

Der lange Zeitraum mag erstaunen; er rührt zum Teil aus ähnlichen Gründen her wie den von Kautzsch genannten. Besonders lang muß er erscheinen angesichts der Protokollnotiz vom 6.4.1966: »In etwa fünf Jahren sollen die Arbeiten zu diesem Werk abgeschlossen sein.«

Welchen Einsatz insbesondere Prof. Kümmel dem Werk gewidmet hat, mag aus seiner Postkarte an mich vom 15.2.1987 hervorgehen: »Besten Dank für Brief und Protokoll. Ich bin damit völlig einverstanden und wünsche Ihnen guten Fortgang der JSHRZ und weniger Ärger, als ich mit manchen Autoren hatte.«

Herrn Kümmels' Ärger hat sich gewissermaßen bezahlt gemacht, denn international hat sich die Szene völlig verändert. Während Charlesworth 1976 für die gesamten Pseudepigraphen 1494 Titel notiert,[32] erreicht dies Lehnardt allein mit 4. Esra, syrischem Baruch, äthiopischem Henoch und slavischem Henoch.[33] Noch deutlicher ablesbar ist die Entwicklung an den Übersetzungswerken. Neben mehreren deutschen – oft populären – Sammlungen erschienen wissenschaftliche Übersetzungswerke: Dänisch 1953-1963,[34] Ivrit 1958,[35] Italienisch 1981,[36] Englisch 1983-1985[37] und 1984,[38] Spanisch 1982-1984,[39] Tschechisch 1985,[40] Französisch 1987,[41] Ungarisch 1994.[42]

31. Im Druck im Augenblick: *B. J. Diebner*, Apokalypse Zephanjas, 2002; in Bearbeitung *Th. Knöppler*, 3. Makkabäerbuch; das Testament Isaaks wird in JSHRZ-Neue Folge erscheinen.
32. *J. H. Charlesworth*, The Pseudepigrapha and Modern Research (SCSt 7), Missoula 1976.
33. *A. Lehnardt*, Bibliographie zu den Jüdischen Schriften aus hellenistisch-römischer Zeit (JSHRZ VI), Gütersloh 1999, 395-400.405-417.423-452.
34. *E. Hammershaimb* (Hg.), De Gammeltestamentlige Pseudepigrafer, 2 Bde., Kopenhagen 1953-1963.
35. *A. S. Hartom* (Hg.), הספרים החיצנים, 7 Bde., Tel Aviv 1958.
36. *P. Sacchi*, Apocrifi dell'Antico Testamento, 2 Bde., Turin 1981.
37. *J. H. Charlesworth* (Hg.), The Old Testament Pseudepigrapha, 2 Bde., New York u. a. 1983-1985.
38. *H. F. D. Sparks* (Hg.), The Apocryphal Old Testament, Oxford 1984.
39. *A. Díez Macho* (Hg.), Los Apócrifos del Antiguo Testamento, 5 Bde., Madrid 1982-1984.
40. Apokryfy zvané též Knihy Deuterokanonické nebo nekanonické, Prag 1985; Stary zákon: překlad s výkladem: Apokryfy, Prag 1985.
41. *M. Philonenko, A. Dupont-Sommer*, La Bible. Écrits Intertestamentaires (Bibliothèque de la Pléiade), Paris 1987.
42. *J. B. Bauer*, A újszövetségi apokrifek, Budapest 1994.

Die Texteditionen in den Pseudepigrapha Veteris Testamenti Graece, herausgegeben von A. M. Denis und M. de Jonge, sind von unschätzbarem Wert – um nur den Bereich des Griechischen zu nennen. Bewundernswert und unübertrefflich A. M. Denis, Concordance grecque des Pseudépigraphes d'Ancien Testament mit Concordance, Corpus des textes und Indices.[43] Dankbar gedenken wir des vor kurzem Verstorbenen, dessen Todesnachricht auf der Rücksendung seiner Einladung zu diesem Symposium verzeichnet war.

Die Zentren der Erforschung der Apokryphen und Pseudepigraphen sind längst nicht mehr auf Europa und die USA begrenzt, von besonderer Bedeutung ist Israel geworden; hier sind M. Stone,[44] D. Satran,[45] D. R. Schwaretz[46] und D. Mendels[47] in Sonderheit zu nennen.

Im Jahr 1992 nahmen wir das Projekt der Ergänzungsbände »Supplementa« auf. Entsprechend einem Beschluß der »Gründerväter« sollte ein Einleitungs- und Registerband das Gesamtwerk abschließen. Das Registerwerk wurde unternommen unter der Leitung von Prof. Friedrich Wilhelm Horn und Dr. Hermut Löhr unter Mitarbeit von Dr. Heike Omerzu und Claudia Büllesbach. Als Voraussetzung für den Einleitungsband mußte eine Gesamtbibliographie geschaffen werden, die – durch A. Lehnardt erstellt – 1999 erschien.[48] Für die Arbeit an einer Einleitung konnte Dr. U. Mittmann-Richert

---

43. *A. M. Denis*, Concordance grecque des Pseudépigraphes d'Ancien Testament, Leiden 1987; *idem*, Introduction à la littérature religieuse judéo-hellénistique, Bd. 1-2, Turnhout 2000.
44. Vgl. z. B. *M. E. Stone*, Scriptures, Sects and Visions. A Profile of Judaism from Ezra to the Jewish Revolts, Philadelphia 1980; *idem*, Armenian Apocrypha Relating to Patriarchs and Prophets, ed. with Introductions, Translations and Commentary, Jerusalem 1982; *idem* (Hg.), Jewish Writings of the Second Temple Period. Apocrypha, Pseudepigrapha, Qumran Sectarian Writings, Philo, Josephus (CRI 2,2), Assen u. a. 1984; *idem*, Fourth Ezra, Minneapolis 1990; *idem/B. J. Wright/D. Satran*, The Apocryphal Ezekiel, Atlanta 2000; *idem*, Selected Studies in Pseudepigrapha and Apocrypha. With Special Reference to the Armenian Tradition (SVTP 9), Leiden 1991.
45. *D. Satran*, Biblical Prophets in Byzantine Palestine. Reassessing the Lives of the Prophets, SVTP 11, Lciden 1995.
46. Sein in Vorbereitung befindlicher Kommentar zu 2 Makk ist hier in Sonderheit zu nennen.
47. Vgl. z. B. *D. Mendels*, Hecataeus of Abdera and a Jewish »patrios politeia« of the Persian Periods. Diodorus Siculus XL,3, ZAW 95 (1983), 96-110; *idem*, The Land of Israel as a Political Concept in Hasmonean Literature. Recourse to History in Second Century B. C. Claims to the Holy Land (TSAJ 15), Tübingen 1987; *idem*, Pseudo-Philo's Biblical Antiquities, the ›Fourth Philosophy‹ and the Political Messianism of the First Century C. E., in: *J. H. Charlesworth* (Hg.), The Messiah. Developments in Earliest Judaism and Christianity, Minneapolis 1992, 261-275; *idem*, המדינה החשמונאית בעולם העתיק, in: *D. Amit et al.* (Hg.), ימי בית חשמונאי, Jerusalem 1995, 77-84.
48. *A. Lehnardt*, Bibliographie zu den Jüdischen Schriften aus hellenistisch-römischer Zeit (JSHRZ VI 2), Gütersloh 1999; *L. DiTommaso*, A Bibliography of Pseudepigrapha Research 1850-1999, Sheffield 2001.

für die »Historischen und legendarischen Erzählungen« gewonnen werden; ihr Band ist 2000 erschienen.[49] Der Band über Apokalypsen von Dr. G. Oegema 2001.[50] Die Einleitungsbände sollen 2003 vollständig vorliegen. Gefördert wurde und wird das Projekt durch großzügige Unterstützung durch die Deutsche Forschungsgemeinschaft und die Fritz Thyssen Stiftung.

Ich übergebe nun die Leitung der ersten Einheit des Vormittags an meinen verehrten Lehrer und Vorgänger, der durch Jahrzehnte wie kaum ein anderer den Boden bereitet hat für die Erforschung der Jüdischen Schriften aus hellenistisch-römischer Zeit, Herrn Prof. Dr. M. Hengel.

---

49. *U. Mittmann-Richert*, Historische und legendarische Erzählungen (JSHRZ VI 1,1), Gütersloh 2000.
50. *G. S. Oegema*, Die Apokalypsen (JSHRZ VI 1,5), Gütersloh 2001; *idem*, Poetische Schriften 2002 (im Druck).

I. Geschichte und Methode

The JSHRZ and the OTP: A Celebration

James H. Charlesworth

Before 1970: The terra incognita of Early Jewish Writings[1]

Despite the labors of Fabricius, Migne, Kautzsch, Charles, Riessler, Kahana,[2] and Hammershaimb, the Jewish writings that were composed during the period of the Second Temple have been typically branded as »non-canonical«. That frequently meant they were unworthy of serious study. For many it also meant that, like the Dead Sea Scrolls, the early Jewish writings in the Old Testament Pseudepigrapha must not be included in the study of Early Judaism or Second Temple Judaism. These alleged insignificant works represented a weird type of Judaism that was on the far fringes of authentic, or orthodox Judaism. Despite R. Bultmann's knowledge, and often use of the Old Testament Apocrypha and Pseudepigrapha, his followers tended to focus only on the canon, Gnosticism, or the Nag Hammadi Codices. Not one became a specialist in pseudepigrapha research.

My own teaching career has seen this uninformed approach to the early Jewish documents. Two professors intermittently accosted my Ph.D. students at Duke University for focusing their research on the Pseudepigrapha. The professors told them that such writings had rightly been judged inferior and dismissed as misrepresentative of Judaism. One professor was a Christian; the other was a Jew. One of these students, now a distinguished professor, replied to them –I am told– that he was studying the Pseudepigrapha because they were there to be examined. This doctoral candidate told the professors that in attempting to recreate the past, one ignores historical evidence at one's own peril.

These voices I heard only as echoes. Other advice I heard *viva voce* and is remembered. My colleague W. D. Davies, after two hours in his office, advised that I must sacrifice my own career and my own creativity, since all scholars are in need of reliable guides to and translations of the documents that were composed in ancient Israel before Bar Kokhba or Rabbi Judah ha-Nasi. I remember he stressed, *we have no map to this territory.* Indeed, before 1970 the world of the Pseudepigrapha represented *terra incognita*.

My early doctoral seminars on this corpus drove the librarians into fits of

---

1. I do not intend this survey to be supported by extensive footnotes. I assume that the scholars who read it will know well the sources and publications mentioned.
2. Also, see the more popular multi-volumed work by *A. S. Hartom* (Tel Aviv: Yavneh Publishing House, 1969-1979).

frustration. There were more books on reserve for this one course than for all the other courses. Separate volumes were needed to be on reserve in consulting such documents as *Joseph and Aseneth*, the *Apocalypse of Abraham*, the *Testament of Job*, *3 Enoch*, and other similar writings. R. H. Charles' great, but limited, collection was not yet reprinted. It was also the day before the presence of Xerox. I remember being frustrated with such questions as the following: What documents should the students read? Where can I find the best translations? What languages should the students be required to read or know? How can we do so much in one semester, especially when there are more books than can be read with comprehension in two semesters? There was no field called pseudepigrapha studies and there was no collection of the documents that needed to be included in the Pseudepigrapha; obviously, before Denis' *Introduction* there was no critical introduction to the corpus of the Pseudepigrapha.

In summation, before 1970 the world of Second Temple Judaism was analogous to *terra incognita*; that is, most Jewish historians and New Testament specialists did not know what to do with the Pseudepigrapha. In fact, such admissions were some of the last words Menahem Stern shared with me in the Israeli Library, as we sat talking before his papers that were in various stages of preparation for his definitive history of Second Temple Judaism. In fact, today, as scholars attempt to describe pre-70 Judaism, there is no consensus regarding the amount of weight one should put on the Old Testament Apocrypha and Pseudepigrapha, and of course, also on the Dead Sea Scrolls. Should such Jewish writings be in central focus or should they be mixed with rabbinic writings? Surely, we should no longer support those who would marginalize these Jewish works, and consider them only somewhat significant as the Mishnah becomes the dominant key for unlocking pre-70 Jewish life and religion. It is evident, after 30 years of a focused international interest in these writings, that we have a better comprehension of how to use these challenging compositions. The area is no longer deemed virtually unexplored.

After 1970: A Challenging Landscape with Pathways

A new interest in the Pseudepigrapha began to appear in various parts of the western world about the year 1970.[3] In 1969 G. Delling published his *Bi-*

---

3. This judgment was presented earlier. See *J. H. Charlesworth*, The Pseudepigrapha and Modern Research with a Supplement, with *P. Dykers* and *J. H. Charlesworth* (SBL Septuagint and Cognate Studies Series 7S; Chico, CA: Scholars Press, 1981) pp. 15-17.

bliographie zur jüdisch-hellenistischen und intertestamentarischen Literatur. In 1970 Denis issued his *Introduction aux pseudépigraphes grecs d'Ancien Testament.* Also, in 1970 W. Harrelson gathered a select group of scholars to meet and discuss the Pseudepigrapha during the annual meeting of the Society of Biblical Literature. He became chairman of the SBL Pseudepigrapha Session and I was selected secretary. Sometime in the early seventies, as H. Lichtenberger clarifies in this volume, W. G. Kümmel led a German group of biblical scholars in a new enterprise: the publication of the Old Testament Apocrypha and Pseudepigrapha under the umbrella title *Jüdische Schriften aus hellenistisch-römischer Zeit.* Kümmel, a New Testament scholar with no special training in Jewish studies, became editor of the series; he was assisted by C. Habicht, O. Kaiser, O. Plöger, and J. Schreiner. Band I.1 appeared in 1973. The publisher is Gütersloher Verlagshaus Gerd Mohn.

Quite independently Doubleday had been thinking about a new English edition of the Pseudepigrapha. Their advisors, especially Ray Brown, decided that I should be chosen to translate and introduce a new edition of this corpus. They must have thought that the task could be completed by one scholar and in a relatively short time. In his letter to me John J. Delaney suggested that the project could be completed within three years. Surely, one wise decision in my early career was not only to insist on a fuller corpus than was then used to define the Pseudepigrapha but also to include as translators a world-class group of specialists on the Pseudepigrapha. The project took 13 years to complete and is now read widely and known as *The Old Testament Pseudepigrapha.* No less than 65 Jewish documents are included.

While the *OTP* is contained in two volumes, the JSHRZ has been appearing in fascicles that will ostensibly be combined when the work is completed under the direction now of H. Lichtenberger into five volumes:

I. Historische und legendarische Erzählungen [12 documents]
II. Unterweisung in erzählender Form [7 documents]
III. Unterweisung in lehrhafter Form [13 documents]
IV. Poetische Schriften [8 documents]
V. Apokalypsen [12 documents]

In total, 52 documents are to be translated into German.

In contrast to the *OTP*, even though it includes the Apocrypha, the JSHRZ has 13 documents less than the *OTP*. Why? Perhaps, some early Jewish documents were not included in the JSHRZ, because the decision regarding the extent of the corpus of the Pseudepigrapha was set before the full blossoming of pseudepigraphical research. It should also be reported that the *OTP* tended to grow with such research.

Some works in the *OTP* are obviously far too late in their present form for helping scholars recreate the world of pre-70 Judaism. They were included because they either illustrate the developing stream of apocalyptic thought or may preserve lost Jewish documents, traditions, or interpretations. Thus the *Apocalypse of Daniel* and the *Apocalypse of Sedrach* are clearly medieval compositions, and the readers of the *OTP* were so informed. But, they are important also as they help us see the developments of some thoughts that may have been latent in Early Judaism or even actually developed, though not represented in the extant pre-70 documents. We may be impressed with the vast amount of works in the *OTP*. We should also not forget, however, that we have no way of reporting how many writings, perhaps important documents, were lost for ever when the great libraries in Jerusalem, and elsewhere, went up in smoke during the Jewish War of 66-70.

For an area of biblical research to be ready for advanced exploration scholars must have six scientific tools that are like charts to a land waiting to be explored: texts, translations, concordances, bibliographies, commentaries, and critical studies. It is now clear that each of these is, or will soon be, available for those who desire to study the Pseudepigrapha and related literatures.[4]

1) Texts. Most of the Apocrypha and Pseudepigrapha are now available in text editions. This is one area, however, that is not easy for the student or scholar to master. The problem arises from two factors.

First, the documents in the Pseudepigrapha are preserved in numerous languages. The most important include the following: Slavics, Armenian, Georgian, Ethiopic, Arabic, Syriac, Aramaic, Hebrew, Latin, Coptic, and Greek. I know of no scholar, not even David Flusser, who could claim to have mastered all these diverse languages. Hence, the modern collections reveal the collaboration of a well-organized and gifted team of scholars.

Second, many of the so-called critical editions of the documents in the Pseudepigrapha, like J. Geffcken's Greek edition of the *Sibylline Oracles*, are not easy to locate, except in a major theological library. It is a pity that we do not have a critical edition of the Pseudepigrapha, with each having an *apparatus criticus*, in two or three volumes. It is also disappointing to observe that no one is preparing something for the Pseudepigrapha like Rahlfs' *Septuaginta*, which contains somewhat reliable editions of the Apocrypha and also of *3 and 4 Maccabees, Psalms of Solomon* and the *Prayer of Manasseh* (ΩΔΑΙ 12), which appear in the *OTP*. How can we specialists on the Pseudepigrapha expect our students and scholars to examine the texts of the

---

4. For texts and translations of the Dead Sea Scrolls, see the Princeton Theological Dead Sea Scrolls Project, edited by *J. H. Charlesworth et al.*, and published by Mohr Siebeck and Westminster/John Knox.

early Jewish works, if there is nothing similar to Rahlf's two volumes on the Septuagint or A. Sperber's five-volumed *The Bible in Aramaic*?[5] While this is an area in which much progress needs to develop, we may, nevertheless, report that much progress has been made since 1970 in preparing reliable editions of the Pseudepigrapha. All of these are unfortunately scattered in expensive volumes and usually in books that are virtually inaccessible except to specialists.

2) Translations. Translations of the Old Testament Apocrypha have been readily available for centuries, because Roman Catholics, and others, include them in the Bible. Most students, and even scholars, who work on the Pseudepigrapha now, have –for the first time in over 2000 years– convenient and reliable translations in the JSHRZ and *OTP*.

3) Concordances. Concordances to the Apocrypha have been available for centuries. Much progress has been seen in preparing concordances to the Pseudepigrapha. Now, we have not only K. H. Rengstorf's four-volumed, but expensive, *A Complete Concordance to Flavius Josephus* (1973-1979), and P. Borgen, K. Fuglseth, and R. Skarsten's inexpensive, and handy, one-volumed *The Philo Index* (2000), but we also have Denis' *Concordance Grecque des Pseudépigraphes d'Ancien Testament* (1987) and his *Concordance Latine des Pseudépigraphes d'Ancien Testament* (1993). While Greek and Latin may be major languages for studying the Pseudepigrapha, we certainly must not neglect the vital importance of other languages, such as Aramaic, Syriac, Slavic, Armenian, and Ethiopic. It is a pity that we have no concordances to the Pseudepigrapha in most of these languages.[6]

4) Bibliographies. My own bibliographical report, entitled *The Pseudepigrapha and Modern Research with a Supplement* appeared in 1981 and is now seriously out-of-date. Fortunately, bibliographical guides to the works included in the JSHRZ and *OTP* have appeared or will soon appear. Under the guidance of H. Lichtenberger and G. Oegema, A. Lehnardt has produced a magnificent *Bibliographie zu den Jüdischen Schriften aus hellenistisch-römischer Zeit* (*Supplementa*; JSHRZ VI.2; 1999). L. DiTommaso of McMaster University published in the Supplement Series of the *Journal for the Study of the Pseudepigrapha* a work that is entitled *A Bibliography of Pseudepigrapha Research, 1850-1999*. We thus have in hand, or will soon have available, updated guides to the scholarly publications on the Apocrypha and Pseudepigrapha.

5) Commentaries. Commentaries on some books in the Pseudepigrapha

---

5. The latter is available thanks to Brill Paperbacks (1992).
6. There are some selected concordances but not an exhaustive one parallel to the Greek and Latin by *Denis*.

have appeared in various series or in isolated volumes. Now, thanks to the leadership of L. Stuckenbruck a major commentary series on the Pseudepigrapha –as defined by JSHRZ and the *OTP*– is being published, under the rubric »Commentaries on Early Jewish Literature,« by Walter de Gruyter & Co. Those who guide the enterprise and are committed to writing commentaries are world-class experts.

6) Studies. No longer should one lament the lack of studies on the major pseudepigrapha. Studies on the early Jewish compositions appear, of course, in the JSHRZ and the *OTP*. What is impressive are the number of series in which studies on the Apocrypha and Pseudepigrapha appear; here are the most important ones:

Arbeiten zur Geschichte des antiken Judentums und des Urchristentums
Arbeiten zur Literatur und Geschichte des hellenistischen Judentums
Beihefte zur Zeitschrift für die neutestamentliche Wissenschaft und die Kunde der älteren Kirche
Catholic Biblical Quarterly, Monograph Series
Corpus scriptorum christianorum orientalium
Forschungen zur Religion und Literatur des Alten und Neuen Testaments
Jewish Apocrypha Literature
Journal of Biblical Literature, Monograph Series
Journal for the Study of the Pseudepigrapha, Supplement Series
Hermeneia
Pseudepigrapha Veteris Testamenti Graece
SBL Texts and Translations, Pseudepigrapha Series
Sources chrétiennes
Studiorum Novi Testamenti Societas, Monograph Series
Studia in Veteris Testamenti Pseudepigrapha
Texts and Studies
Texte und Untersuchungen
Wissenschaftliche Untersuchungen zum Neuen Testament

This list of scholarly series is quite impressive. The series are sometimes extensive; for example, the *Journal for the Study of the Pseudepigrapha*, Supplement Series now contains over 30 volumes.

This report, however, may be misleading. Only the major pseudepigrapha, namely, *1 Enoch, 4 Ezra, 2 Baruch, Jubilees,* and the *Testament of the 12 Patriarchs*, have been in focus. Missing are historical and theological studies on some significant compositions, such as the *Apocalypse of Abraham* and *2 Enoch*. Woefully missing are extensive studies on other pseudepigrapha, such as the *Treatise of Shem*, the *History of the Rechabites*, the *Ladder of Jacob, Pseudo-Menander*, the *Apocalypse of Zephaniah*, and the *Testament of Solomon*. While there is still much research to focus on such Jewish works, we can rejoice at the appearance of major studies on such documents as *Pseudo-Philo, 4 Ezra, 1 Enoch*, the *Testaments of the 12 Patriarchs, 2 Baruch*, and *Joseph and Aseneth*.

Thus, the six charts necessary for scholarly research on the pseudepigraphical books have been appearing, are being improved; many are now available for students and scholars to have as guides to a land full of challenging vistas. No longer should anyone call the Apocrypha and Pseudepigrapha *terra incognita*. Using these tools or charts anyone can see that there is a vast terrain waiting for further exploration.

Redefinitions and Refined Categories

Once again major categories have been redefined. Eschewing the temptation to include the challenges brought to our research by R. Bultmann's claims about the early paradigmatic nature of gnosis and Gnosticism for Judaism and Early Christianity and by the importance of the Nag Hammadi Codices, I have chosen to focus on the five most important changes regarding historical categories.

1) The Category of Time. It is certain that the early Jewish works in the Apocrypha and Pseudepigrapha of the Old Testament were composed during the Hellenistic and Roman Periods. The term »Hellenistic« used to denote the time from Alexander the Great to some time in the first century BCE. Now it is rather obvious that the Hellenistic Period predates Alexander, and that Greek influence in ancient Palestine antedates 323, the date of Alexander's death. The scenes from the Homeric myths found on the pre-Alexandrian bullae found in Wadi Ed-Daliyeh make that certain. M. Hengel is certainly correct to point to the penetration of Greek ideas and culture into Palestine and deep into Jerusalem society.

The Roman Period has been variously defined. It can cover the time from Polybius in the late third century BCE to the sixth century CE. Now, it is widely acknowledged that the Roman Period in ancient Palestine begins with Pompey's entrance in 63 BCE. It certainly extends long after the period assigned to the Apocrypha and Pseudepigrapha.

Once the date assigned to the so-called intertestamental writings was from 164/5 BCE, the date assigned to the book of Daniel, to 135 CE, the date when it was thought Bar Kokhba died. Now, the period is redefined. On the one hand, the *terminus a quo* has been moved to circa 300 BCE, because of the date assigned to the earliest books of Enoch or *1 Enoch*, thanks to the evidence provided by the Aramaic fragments of Enoch found in Qumran Cave IV. On the other hand, the *terminus ad quem* has been moved from the date assigned to the death of Bar Kokhba, now 136

CE,⁷ to c. 216/7 CE, the date for the death of Rabbi Judah ha-Nasi, who compiled the Mishnah.

2) The Category »Early Judaism« or »Second Temple Judaism.« Various terms for pre-70 Judaism have been used. Many of them were chosen because it was thought that Jews living during that time were especially sinful and did not write inspired compositions. Judaism was cast in a bad light, so that the beam of light from Christianity would shine more brightly. Now descriptive terms are being chosen. Since the Temple was central to many Jews and since it was once again magnificent, thanks to Herod the Great, the term »Second Temple Judaism« is often chosen. Equally popular is »Early Judaism« which seems attractive since we often talk about »Early Christianity,« a term that is in no way pejorative. Both terms have come to dominance, as work on the Jewish compositions reveals how attractive are many of these hymnbooks, testaments, and apocalypses. Indeed, many of the values and dreams found in these books underlie and explain many of those in the New Testament documents. Thus, in many ways the values and hopes of western civilization are grounded in the Jewish writings we are presently celebrating.

3) The Category of »Canon«. It used to be much easier to write about the period from Alexander to Hadrian or Rabbi Judah. Once we could refer to the canon and the extra-canonical works. Formerly, we easily bantered about terms like »canonical« and »apocryphal.« Now, it seems obvious that pre-70 Jews did not have a closed canon, and that many of the documents in the so-called Apocrypha and Pseudepigrapha of the Old Testament were considered inspired, perhaps »scriptural,« by some –perhaps many– early Jews.⁸ Hence, what was once called Extra-biblical Psalms is re-labeled »Non-Masoretic Psalms.«⁹ This new development not only unites Jewish and Christian scholars, but it also signals the inappropriateness of terms umbilically linked with the canon; one example is the term »intertestamental«.

4) The Category of Orthodoxy or Orthopraxy. Early in the renewed study of the Apocrypha, Pseudepigrapha, and Dead Sea Scrolls it became obvious that the Mishnah, Tosephta, Targumim, and Talmudim had been read back from the second century CE, and later, into the world of pre-70 Judaism. Using these texts that are normative for Jews today a pre-70 Jewish religion

---

7. See *W. Eck* and *G. Foerster*, »Ein Triumphbogen für Hadrian im Tal von Beth Shean bei Tel Shalem,« The Journal of Roman Archaeology 12 (1999) 294-313.
8. See especially the contributions by *J. A. Sanders, F. M. Cross, E. Ulrich, D. W. Parry*, and *P. W. Flint* in The Hebrew Bible and Qumran, ed. *J. H. Charlesworth* (The Bible and the Dead Sea Scrolls 1; North Richland Hills, Texas: BIBAL, 2000).
9. See *E. Schuller's* monumental work in *J. H. Charlesworth et al.*(eds.), Pseudepigraphic and Non-Masoretic Psalms and Prayers (The Princeton Theological Seminary Dead Sea Scrolls Project 4A; Tübingen: Mohr Siebeck/ Louisville: Westminster John Knox Press, 1997).

was created that was »orthodox«. The Mishnah was deemed the most important source for ascertaining the religious life of pre-70 Jews. The witnesses of the New Testament and Josephus were uncritically employed to substantiate this system of Jewish thought.

Soon it became obvious that there were viable varieties within Early Judaism. The Mishnah did indeed preserve early traditions, but it also represented only one type of Judaism that survived the destruction of 70; that is, it codified as law the oral traditions thought to be associated with the Sages, namely Shammai and especially Hillel. Similarly, it slowly became clear that the division of Judaism into four »sects,« as represented in the works of Josephus, was a post-70 misrepresentation of the earlier diversity. Finally, it was widely recognized that not only were the Evangelists not apostles, they also tended to caricature Jewish customs and practices; the Evangelists also mixed post-70 Judaism with pre-70 phenomena.

Some scholars attempted to substitute »orthodoxy« with »orthopraxy«. These scholars claimed that Judaism may not have been a unified system of thought, but it was certainly a unified way of worshipping and being obedient to Torah. Perhaps the stone vessels and *mikvao't* that have been discovered –not only in Jerusalem but also in Jericho, Qumran, and Sepphoris – could be used to substantiate a unified system. This approach also was shown to be misleading. By carefully examining the Apocrypha, Pseudepigrapha, and Dead Sea Scrolls –as well as the earliest evidence form the Jewish magical papyri and the Samaritans– scholars have been demonstrating that there was no system that defined Early Judaism and that there were paradigmatically opposite ways of worshipping and where to worship. Not only obedience to Torah was divergent, but also, before 70, the Torah itself appeared in not four but many different and contrasting versions, as E. Tov, E. Ulrich, and others, have demonstrated.

There was a dominant form of Judaism, and it was centralized in Jerusalem. Evidence of this is apparent in the numerous references to the scribes and Pharisees (Mt 15:1, Mk 3:22, 7:1; cf. Mt 26:57, Lk 20:1), or priests and Levites (Jn 1:19), who had been sent from Jerusalem to test, or trap, Jesus. Certainly, this centralized group was not monolithic, as far too many scholars presume. It was also divisive, as we know from studying the Sadducees, the Pharisees (= the Sages), the Boethusians, and reading about Nicodemus and Joseph of Arimathea. More than Alexander Jannaeus and an anonymous Boethusian priest were pelted by the Jewish worshippers in the Temple, so the factions within the Temple cult sometimes marred the worship services.

Calendrical debates were not only between the sectarian groups (those behind *1 Enoch*, *Jubilees*, and the Qumran sectarian compositions) and the Temple priests, but also between the Boethusians and the Pharisees or

Sages.¹⁰ It is precarious, indeed misleading, to label any Jewish group »Common Judaism,« as if the Samaritans, Galileans, Enoch groups, Qumran Community, Herodians, Jesus' group, and baptist groups have little or no importance in the world of Early Judaism. We should also ponder if Shammai and Hillel would be pleased to be labeled »Pharisees«, and wonder why they did not separate into two factions. Thus, words such as »orthodoxy,« »orthopraxy,« and »system,« as well as »four sects« have ceased to characterize recent learned publications.

5) The Categories »Jewish,« »Jewish Christian,« and »Christian«. In the sixties and seventies of the 20th century there were lively debates about how we should define »Jewish Christianity.« There were attempts to talk about the movement from Christian Judaism to Jewish Christianity. Now, many scholars avoid the term »Christian«. I personally do not think we should use the term before 136 CE.

It is also apparent that many scholars now recognize that virtually all of the New Testament documents were composed by Jews and that we should study the New Testament not only within the history of the Church but also within the History of Judaism. It is certain that Jesus was a Jew and a devout Jew, and that Jews did not reject his message; all his early followers were Jews, and Jesus may have not included non-Jews in his group. Long before we can talk about »Christianity« or »Church« there was a movement, probably a sect within Judaism; it was centered upon Jesus' life and teachings. To describe the Jewish movement centered on Jesus in Palestine before 70 CE, I prefer the neutral and descriptive term *»the Palestinian Jesus Movement.«*

These new perspectives are due, perhaps primarily, because of the international research, by Jews and Christians, upon writings once labeled inferior and extracanonical. Thus, these documents become building blocks for a fundamentally sound and better appreciations of Jews by Christians and Christians by Jews. These new insights are the primary reasons I helped found the American Interfaith Institute and the World Alliance of Interfaith Organizations, whose first joint publication was the magnificent *The Dead Sea Scrolls: Rule of the Community – Photographic Multi-Language Edition.*¹¹

---

10. See the informative article on the »Boethusians« or Baytusim by *R. Harari* in *Encyclopedia of the Dead Sea Scrolls*, ed. *L. H. Schiffman* and *J. C. VanderKam* (Oxford: OUP, 2000) 1.100-102.
11. *J. H. Charlesworth* (ed.), The Dead Sea Scrolls: Rule of the Community (New York: Continuum, 1996).

Concerning Names and Titles

While the term »extracanonical writings« is now perceived to be an incorrect name for the Jewish documents collected into the JSHRZ and the *OTP*, scholars sometimes ponder what name should be used for the collection, even though they may caution that the collection is open ended. Some critics incorrectly have stated that the two labels are contradictory and that Germans do not use the term »Pseudepigrapha« because it is misrepresentative of the corpus. This congress puts the lie to such nonsense, and will show why the two terms are complimentary. Let us begin with the JSHRZ, since its first fascicles antedate the first volume of the *OTP*.

The concept of Jewish writings from the Hellenistic and Roman Periods is a good one. Since, the JSHRZ contains only »Jewish« writings it may seem more helpful than the *OTP* in reconstructing Early Judaism. Having admitted that, we should pause and wonder again if we can so neatly separate »Jewish« and »Christian«. For example, are the *Testaments of the Twelve Patriarchs* and the *Odes of Solomon* »Jewish« or »Christian«; and, moreover, are not such works evidence that some portions of a document may be closer to one of these categories and other portions to the other?

The JSHRZ can be judged more inclusive than the *OTP*, because it includes the Apocrypha. But, here again, we need to pause with a major question: Does the JSHRZ really contain what it ostensibly claims? Does it contain the Jewish writings from the Hellenistic and Roman periods? Unlike Dupont-Sommer and Philonenko's *La Bible: Écrits Intertestamentaires*, the JSHRZ does not include a selection from the Dead Sea Scrolls. Unlike the *OTP*, the JSHRZ does not contain some writings that claim to be inspired, and that many experts consider Jewish, antedate 136 CE. For example, the JSHRZ does not include the *Odes of Solomon*, the *History of the Rechabites*, and the *Treatise of Shem*. Why? Perhaps the decision regarding what to include preceded the learned and international discussions on the Pseudepigrapha.

If the JSHRZ is intended to include the »Jewish« writings from the Hellenistic and Roman Periods, then it is incomplete. It should have included the works of Philo and Josephus, as well as the early Jewish Magical Papyri and the numerous Jewish inscriptions. It should have also included all of the writings in the New Testament. Surely, Paul, and the authors of Matthew, John, and Hebrews were devout Jews, and far from depicting a monolithic system, each of these authors has different ways of explaining how Jesus should be presented and how he is related to the one-and-only God. Having presented that judgment, I would want to ask if the more inclusive definition of early Jewish writings, as represented by the *OTP*, should not help in expanding what is meant by »Jewish writings from the Hellenistic and Roman Time«?

Now, we can turn to the *OTP*. Why should we have labeled the collection »The Old Testament Pseudepigrapha«? The most obvious answer is that the choice was not a neologism. The term had become standard in the academy. It was inherited from Charles, who borrowed it from Kautzsch, who learned it from Fabricius, who observed it in early Christian Greek compositions. The term is a convenient one and it is used by scholars throughout the international community.

One may think that the *OTP* has separated the Pseudepigrapha from the Apocrypha and the Dead Sea Scrolls. This would reflect a failure to read the *OTP* that deliberately and carefully draws attention to other collections. We need to move beyond categories that are ancient or modern, based upon where texts were found, or upon alleged decisions by synagogues or councils. We all recognize that the Qumran Caves preserved books now assigned to the Apocrypha, Pseudepigrapha, Hebrew Bible [or Old Testament], or Qumran sectarians. Qumran is thus an ancient Jewish library or at least an ancient Jewish depository of sacred and even secular works [letters and notes have been discerned]. We all know that all the early Jewish documents are important in any attempt to re-present early Jewish life or thought.

Criticisms can always be leveled against any human enterprise. The basic question should be a simple one: Are we scholars better prepared today than we were in 1970; that is, can we now more accurately describe and attempt to define pre-70 Judaism? The answer is yes, and one of the reasons is the appearance of the JSHRZ and the *OTP*.

More needs to be said. Not only the JSHRZ and the *OTP* placard the importance of the Jewish writings that were composed between Alexander the Great's death and the death of Bar Kokhba or Rabbi Judah. Four other major collections have appeared. First, in Italy P. Sacchi has given his country, and all who can read Italian, the masterful two-volumed *Apocrifi dell'Antico Testamento* (1981, 1989). Second, A. Díez Macho was behind the useful and informative five-volumed *Apocrifos del Antiguo Testamento* (1982-1987). Third, H. F. D. Sparks attempted to bring Charles' collection up-to-date with the handy and valuable *The Apocryphal Old Testament* (1984). Fourth, A. Dupont-Sommer, with the help of M. Philonenko, produced for the French the attractive, as well as authoritative, *La Bible: Écrits Intertestamentaires* (1987).[12]

12. Although *A. Schindler*'s handy volume purports to include only the OT and NT Apocrypha, it also contains two pseudepigrapha, namely 4Mac and AscenIsa. See A. *Schindler* (ed.), Apokryphen zum Alten und Neuen Testament (Zürich: Manesse Verlag, 1990 [4th ed.]).

Jewish Documents Not Yet Included

Are there Jewish documents that may be considered part of the Pseudepigrapha but not included in any modern collection? I think that is a pivotal question confronting us today. If we are placarding what should be read to comprehend Early Judaism then we must be inclusive in a collection, and to point to other collections, such as the Dead Sea Scrolls, the Jewish Magical Papyri, and –of course– Philo and Josephus. And we should recognize that Acts 1-12 is one of the best descriptions of life in Jerusalem when the day, month, and year were regulated by the liturgical ceremonies and festivals celebrated in the magnificent Temple. What is the answer to our focused question; do the JSHRZ and *OTP* include all the early Jewish documents that are not already contained in other collections? The answer is »no«.

Before listing three books that should be included in this broad category represented by JSHRZ and *OTP*, I should draw attention to a new category. The Old Testament Pseudepigrapha is now wisely called Biblical Pseudepigrapha. That is necessary to distinguish the corpus in the *OTP* from the Qumran Pseudepigrapha; that is, pseudepigraphical writings known only since 1947 and found only in the Qumran Caves.[13] Now, let me recommend three books that may be considered part of the Biblical Pseudepigrapha or an appendix to the *OTP* and perhaps be added to the JSHRZ.

First, the *Book of the Giants* should be included within the Biblical Pseudepigrapha. It is most likely not a sectarian composition, and was known before the discovery of the Dead Sea Scrolls; therefore, it should not be placed only among the Qumran Pseudepigrapha. It was revered by the Manicheans, and portions of the document appear in the Midrash of Shemhazai and Azazel. Only fragments of the Aramaic original have been found in Qumran Caves I, II, IV, and VI.[14] It is clearly Jewish and certainly antedates the first century CE. We need focused research on the provenience of this challenging document. It is not yet certain that it was composed in Palestine and related to Proto-Essene or Essene groups. Yet it is certain, as Stuckenbruck states, that the *Book of the Giants* is »an early Jewish work from the Second Temple period.«[15]

The work is important for a better perception of other documents in the JSHRZ and *OTP*. Among them, the most important would be *1 Enoch*. I

---

13. For a list of the Qumran Pseudepigrapha, see *J. H. Charlesworth*, The Old Testament Pseudepigrapha & the New Testament (Harrisburg, PA: Trinity Press International, 1998) pp. xix-xxii.
14. *L. Stuckenbruck*, The Book of Giants from Qumran: Texts, Translation, and Commentary (Tübingen: Mohr [Siebeck], 1997).
15. *Stuckenbruck*, The Book of Giants, p. viii.

am convinced that the *Book of the Giants* is dependent somehow on the Enochic *Book of the Watchers*. Another work that receives better understanding, in light of the *Book of the Giants*, is *Pseudo-Eupolemus*. I have found no clear link between the ideas and concepts in the *Book of the Giants* and the well-known myth of the giants made famous in Greek literature and poignantly portrayed in stone on the Pergamon Altar magnificently displayed in Berlin.[16] For example, the Greek myth of the giants is influenced deeply with ophidian symbolism; that is, the giants have anguipedes.[17] Nothing similar is found in the Qumran fragments of the *Book of the Giants*.

Second, the *Apocalypse of Elchasai* is a major candidate for inclusion in our corpus. It is an apocalypse, and it was composed by a Jew, perhaps a Jew deeply influenced by ideas found in the New Testament. It seems to date from the first half of the second century CE.[18] The book was revered as divine revelation by the Elkesaites who lived on the eastern side of the Jordan river. The *Apocalypse of Elchasai* contains traditions that will help us better comprehend the origins of such works as the *Odes of Solomon* and the *Testaments of the Twelve Patriarchs*.

Third, the *Apocalypse of Pseudo-Methodius* is a conceivable candidate for inclusion in the corpus. It is late, dating from the seventh century CE; but it appears to preserve some otherwise lost ancient Jewish ideas, concepts, and traditions.[19] The document is extant in Greek, Latin, and Syriac. The work is a history of the world from Adam until the end of time; it thus may be helpful in understanding the creative histories preserved in such documents as Josephus' works, *Jubilees*, and *Pseudo-Philo*.

These are only three works not found in the *OTP* or JSHRZ that need to be studied carefully when one explores the world of the Pseudepigrapha. Other works also should be studied for inclusion, notably *The Ethiopic History of Joseph* and the early Jewish apocalypses preserved in the Mani Codex.[20]

16. See, e.g., *O. Matthes*, The Pergamonmuseum, trans. N. Hausmann (Berlin: Quintessenz Verlags-GmbH, 1998); *A. Schober*, Die Kunst von Pergamon (Vienna: Margarete Friedrich Rohrer Verlag, 1951).
17. The best photographs are in the following books: *M. Kunze*, The Pergamon Altar (Berlin: Staatliche Museen zu Berlin, 1995), figs. 17, 19; *E. Schmidt*, Le grand autel de Pergame (Leipzig: VEB Edition, 1962), illus. 7, 10, 16, 28.
18. See G. P. Luttikhuizen, The Revelation of Elchasai (Tübingen: Mohr [Siebeck], 1985).
19. See F. Nau, »Révélations et légendes: Méthodius-Clément-Andronicus: Textes édités, traduits et annotés,« *JA* 11, vol. 9 (1917) 415-71; E. Sackur, Sibyllinische Texte und Forschungen (Halle, 1889) 59-96; G. J. Reinink, Die Syrische Apokalypse des Pseudo-Methodius, (CSCO 540, 541; Scriptores Syri 220, 221; Louvain, 1993).
20. See E. Isaac, »The Ethiopic History of Joseph: Translation with Introduction and Notes,« Journal for the Study of the Pseudepigrapha 6 (1990) [the entire fascicle].

The Considerate Harmonious Voices Heard from the JSHRZ and the OTP

A gifted and learned scholar like E. P. Sanders perceptively stresses that one who desires to portray or describe the world of Early Judaism must include all the important data. In *Paul and Palestinian Judaism* Sanders proposes to focus on the »Palestinian Jewish sources for the years 200 b. c. e. to 200 c. e.« He continues, »It is my general intention to consider the entire body of material available from this period, although limitations of time and space have imposed some restrictions on the works which receive detailed treatment.«[21] This is certainly solid advice and obviously necessary. It is subsequently disappointing then to find him deciding not to include, what I judge to be, two of the most important Jewish works prior to the Mishnah, namely the *Testaments of the 12 Patriarchs* and the *Parables of Enoch*.

If these Jewish writings are *major witnesses to the world of pre-70 Judaism*, then to omit them from consideration may seriously miscast the portrait offered to the public. Sanders is certainly correct to warn that we must not include in our portrayal of Early Judaism documents that come from a later and different period in the history of Judaism. Equally inadmissible would be the forcing of post-second century Christian or Mishnaic thought into pre-70 Judaism. We should stop then with this question: Are these writings so controversial that they should not be included in an assessment of Early Judaism?

Thus, it seems appropriate and essential to seek to see if there is some consensus among the contributors to the JSHRZ and the *OTP*. By consensus I mean what the leading experts, as represented by these two collections, conclude regarding some major questions in the history of research. It seems obvious to me that despite books and articles to the contrary, we can conclude that the books of Isaiah and the Gospel of John are not a unified harmony; each is a composite work that represents at least two, and most likely at least three, hands. By »scholars« I also do not mean someone who has earned a Ph.D. or has published a book or an article in a scientific journal. I mean established experts in biblical or so-called apocryphal studies – that is, scholars like those who have contributed to the JSHRZ and the *OTP*.

Thus, I have chosen *three questions* to see if there is any consensus among the experts who have contributed to the JSHRZ and the *OTP*. These questions are chosen because they have characterized the enlightened debates among scholars in the study of Early Judaism. Obviously, the two mentioned first are the documents rejected by Sanders – perhaps wisely at one time in the history of our discipline. Here are the three questions:

---

21. *E. P. Sanders*, Paul and Palestinian Judaism (Philadelphia: Fortress, 1977) p. 24.

1) Is the *T12P* a Jewish composition with some Christian additions and redactions or a Christian composition based on various early Jewish sources? Since the sixties of the 20th century I have been convinced that the work in its present form is a Christian work, but that the Christian sections seem intrusive and look like interpolations and even redactions. That is, they are grammatically free from the context, interrupt the flow of thought, and add an idea that is uncharacteristically specific or theologically in tension with the rest of the document. That judgment does not indicate that other sections of the document have not also been redacted as the work was translated from Aramaic to Greek by a Christian scribe; the differences between the Aramaic and Greek passages demand some redaction, and not mere interpolation. Perhaps Milik was correct to identify a portion of the *Testament of Naphtali* among the Qumran Scrolls; or perhaps the fragment is only a source for the Greek version of the *Testament of Naphtali*. If a testament or work related to the story of Naphtali was found in Cave IV (4Q215), then, we must explain why a Jew composed such a work in honor of or in reflecting upon Napthali. Since he was not one of the famous sons of Jacob, it seems that the mere existence of such a work at Qumran implies that other sons of Jacob were honored with a testament. Is it likely that only Napthali and not the other sons of Jacob were so honored by an early Jew?

Is this the position presented in JSHRZ and *OTP*? J. Becker in *Die Testamente der zwölf Patriarchen* (JSHRZ 3.1) affirms the fundamental Jewishness of this document. He contends that this pseudepigraphon reflects the situation of »die nachalttestamentliche Zeit.« He also reports that this judgment is more or less a consensus (a »gewisser Konsensus«):

Die Test XII sind außerhalb Palästinas in hellenistisch-griechischer Sprache geschrieben. Sie wurden mehrfach überarbeitet, sind also keinesfalls literarisch einheitlich und in jedem Falle als letztes durch die Hände christlicher Redaktoren gegangen. Der Grundstock der Test XII entstand wohl in den ersten Jahrzehnten des zweiten Jahrhunderts v. Chr. [p. 16]

H. C. Kee came to a similar conclusion when he prepared the *Testaments of the 12 Patriarchs* for the *OTP*:

Apart from the Christian interpolations, which seem to have a special affinity with Johannine thought and probably date from the early second century A.D., the basic writing gives no evidence of having been composed by anyone other than a hellenized Jew. Its use of the Septuagint suggests that it was written after 250 B.C., which is the approximate year that the Septuagint translation was completed. Syria is the last world power to be mentioned in the sketch of successive world empires, and the lack of any unambiguous reference to the Maccabees might suggest a date before that nationalist revolt *circa* early second century B.C.
[*OTP* 1.777-78]

The harmony between the JSHRZ and *OTP* is remarkable. Both Becker and Kee conclude that the *Testaments of the 12 Patriarchs* is fundamentally a Jewish work.[22] They do not agree whether it was composed outside Palestine (Becker) or within it, and thus shaped by the incursion of Hellenism into Palestine. The consensus that the *Testaments of the 12 Patriarchs* is originally an early Jewish work is placarded by these two great collections and also the other ones mentioned. In *Apocrifi dell'Antico Testamento* P. Sacchi states, »I *Testamenti dei Dodici Patriarchi* (poi semplicemente *Testamenti*) rappresentano una delle più interessanti opere del pensiero tardogiudaico.«[23] Likewise, agreeing with Becker, Kee, and Sacchi regarding the pre-Christian Jewish character of the *Testaments of the Twelve Patriarchs*, A. Piñero in *Apocrifos del Antiguo Testamento* contends, »El Testamento de los XII Patriarcas (TestXII) es una obra verdaderamente notable entre las que nos ha legado el judaísmo helenístico, tanto por su contenido dogmático como ético.«[24]

It thus seems unwise and misleading to exclude the document as one attempts to recreate the ideological and ethical teachings in pre-70 Judaism. Nevertheless, many students and experts are misled by Sanders claim that we should omit the document, »because of the vexing problems of date and Christian interpolation.«[25] In Sanders defense, I would point out that he made this judgment before 1977.

2) Is the section of *1 Enoch* called the *Parables of Enoch* a late or early Jewish composition? E. P. Sanders states that his work will not benefit from »two principal omissions«; that is, »the Testaments of the Twelve Patriarchs and II Baruch (the Syriac Apocalypse of Baruch).«[26] In fact, much later in his book Sanders announces that he will also omit the *Parables of Enoch* because of four reasons. First, 1En 56 may refer to the Parthian invasion of 115-17 CE. Second, Milik's research indicates that the composition is a third-century CE Christian composition. Third, one should be impressed by »the Christian ring of the passages about the Son of Man sitting on the throne of glory (e.g. 62.5).« And fourth, because »the remarkable role played by the Son of Man seems to favor a post-Christian origin.«[27]

But, what if all of these passages were composed by a Jew before the time

22. For a distinguished and different opinion, see *M. de Jonge*, Studies on the Testaments of the Twelve Patriarchs (SVTP 3; Leiden: Brill, 1975) and *M. de Jonge*, Jewish Eschatology, Early Christian Christology and the Testaments of the Twelve Patriarchs (Supplements to Novum Testamentum 63; Leiden: Brill, 1991).
23. Apocrifi dell'Antico Testamento, 1.727.
24. Apocrifos del Antiguo Testamento, 5.11.
25. *Sanders*, Paul, p. 25.
26. *Sanders*, Paul, p. 25.
27. *Sanders*, Paul, p. 348.

of Jesus? And is it not difficult to assign these passages to a »Christian« when 1 En 71 elevates Enoch as »that Son of Man«? Could it be that the *Parables of Enoch* reveals that we scholars have too neatly separated »Christian« from »Jewish« perspectives and ideas?

Is this section of *1 Enoch* Christian or Jewish? A separate but related question follows: Is it pre-70 or post-70 CE? Those are two separate questions. Scholars here in Tübingen in 1977 – during the celebrations of the 500th anniversary of the Universität Tübingen – gathered to discuss the date and character of the *Parables of Enoch* (= 1En 37-71). They concluded that it was clearly a Jewish composition. Almost all specialists on this pseudepigraphon in attendance in 1977 judged it to be a pre-70 Jewish composition, but two specialists [Black and Knibb][28] contended it was composed between 70 and 132 CE. Hence, long ago in 1977, the specialists on *1 Enoch* affirmed that the *Parables of Enoch* is a Jewish composition.[29]

What do the Ethiopic specialists who have contributed to the JSHRZ and OTP contend? Was the document composed in the first century BCE or later (perhaps in the first century CE)? In a very erudite and careful study of *Das Äthiopische Henochbuch* (JSHRZ V. 6), S. Uhlig argues that this »Traktat« –*1 Enoch* 37-71– was composed »in vorchristlicher Zeit.« Uhlig's position is complex; he discerns more than one stage in the composition of *1 Enoch* 37-71. He rightly rejects the argument from silence; that is, the failure to find this section among the Qumran fragments means little, or nothing, in discerning the date of the composition. He rejects the claims that 1En 56:5-7 refers to the Parthian invasion in 115-17 (Hindley's position) or circa 260 (Milik's contention). Uhlig affirms that this passage makes best sense in light of the Parthian invasion of 40 BCE. The Jewish author belonged neither to Qumran nor to the broader Essene movement, and he composed the work in Aramaic. At least part of this section of *1 Enoch* was composed in the pre-Christian period, some sections during the Maccabean Period, and other passages in the second half of the first century BCE. A final redactor made some additions in the first century CE; this redactor added chapters 70 and 71.

E. Isaac, who contributed the long section on *1 Enoch* to the *OTP*, has informed me *viva voce* that he is in basic agreement with Uhlig. In *OTP* he states that the *Parables of Enoch* or *Book of the Similitudes* are Jewish and

---

28. M. *Black*, in his commentary as is well known, changed his mind for an earlier date.
29. I should know since I chaired the sessions. See *J. H. Charlesworth*, »The SNTS Pseudepigrapha Seminars from 1976 to 1983; 1977 (Tübingen; Eberhard-Karls-Universität): The Books of Enoch«, The Old Testament Pseudepigrapha and the New Testament (SNTSMS 54; Cambridge, New York: CUP, 1985) pp. 102-06. Also, see the meetings in Paris in 1978; pp. 106-10.

were part of the Enoch corpus »by the end of the first century A. D.« (*OTP* 1.7). Isaac thinks that the *Parables of Enoch* is much earlier than that date, and his work in the seventies (and published in 1983) was shaped under the massive influence of Milik who claimed incorrectly that this section of *1 Enoch* was Christian and very late.

There is no section in the Pseudepigrapha that is so extremely important for an understanding of the beginnings of »Christian« theology as the *Parables of Enoch*. It must be stressed that Enoch and not Jesus Christ is portrayed as »that Son of Man« (1En 71:14-17). The grouping together of major *termini technici* – notably »Son of Man,« »the Elect One,« the »Righteous One,« and »the Messiah« – are a major development in Jewish thought. If this document, the *Parables of Enoch*, is pre-Christian and Jewish, then it is most misleading to dismiss it from consideration as we attempt to assess the brilliance and creativity of early Jewish theology.

For the present, nothing will be said about the development of the early Jesus traditions or about a possible avenue to comprehend Jesus' self-understanding. I conclude this survey of the *Parables of Enoch* by drawing attention to the Enoch specialist among us, G. W. E. Nickelsburg. In the *Encyclopedia of the Dead Sea Scrolls*, he rightly points out that, in the final chapters of this book Enoch is »transformed into the Son of Man who had dominated the scenes he had witnessed.« Nickelsburg rightly stresses that the *Parables of Enoch* »dates from the turn of the era« (vol. 1, p. 250).

3) Is the *Lives of the Prophets* Christian or Jewish? In *Biblical Prophets in Byzantine Palestine: Reassessing the Lives of the Prophets* D. Satran contends that this pseudepigraphon is not a Jewish work. He disagrees with me that the *Lives of the Prophets* is a Jewish document that has received little significant Christian addition.[30] He may be correct; I have not focused extensive research into this issue. My comment was in the context of a large collection of texts. While acknowledging that the author used earlier traditions, Satran prefers to see the author of this pseudepigraphon as a sixth-century Christian. He writes,

... this study aims at an assessment of the *Lives* as a document, as an integral text. That text, in its earliest assured state of existence, stands before us today in its sixth century C. E. form. [p. 7]

Satran warns against using the *Lives of the Prophets* as a witness to Early Judaism, whether pre-70 or pre-200 (that is pre-Mishnaic Judaism). He contends that this document »not only can but must be appreciated as a Christian document« (p. 118).

30. D. *Satran*, Biblical Prophets in Byzantine Palestine (SVTP 11; Leiden: Brill, 1995) p. 7, note 20.

Some of Satran's arguments are surprising. He states, that »many of the details and much of the basic orientation of the *Lives* stands [sic] in sharp contrast to what we know of Judaism of the Second Temple and rabbinic periods« (p. 118).

This claim needs to be discussed. Does this claim not seem to suggest that Rabbinics is the key for understanding Second Temple Judaism, and that before 70 CE there was a normative Judaism in which this pseudepigraphon does not neatly fit? If so, has Early Judaism been heard through the divergent types of Judaism preserved in the Pseudepigrapha and Dead Sea Scrolls?

Has Satran's work treated fairly the challenging traditions associated with Stephen's speech in Acts or the saints who »all died in faith« according to Hebrews 11? Or, are we to ignore the Jewish writings in the New Testament?

Also, are we not to wonder why christological issues are so notably absent in a summary of the lives and deaths of Isaiah, Jeremiah, Ezekiel, and Daniel? Would a Christian author have easily and completely hidden such Christian reflections or innuendoes? What would early church historians state about the claim that a Christian would compose a work without any christological interest during a time, the sixth century, when christology had been for centuries such an international event? Could a sixth-century Christian author write as if the Councils of Nicaea (325), Constantinople I (381), Ephesus (431) and Chalcedon (451) had never occurred?[31] Is it likely that a Christian composed the *Lives of the Prophets* and never left a trace of the ways the Christian intellectual world had been shredded, at times, by potential schisms? Surely, no Christian, as educated as was the author of this pseudepigraphon, could have been unaffected by the international debates over intellectual giants. Could our author write about the lives and deaths of the prophets as if none of those in his community of faith had not been intermittently exiled, excommunicated, or condemned? I find it incomprehensible that the author of this document could never have heard about the tragedies associated with such luminaries as Origen of Alexandria then of Caesarea Maritima (c. 185-c. 254), Athanasius the Bishop of Alexandria (c. 296-373), Arius who was probably a Libyan (c. 250-c. 336), and Nestorius of Syria (c. 451)? How could a Christian compose a work about the lives and deaths of the prophets as if nothing had transpired for five hundred years?

Do not the passages judged to be »Christian« additions so grammatically

---

31. According to the Reformatio Legum Ecclesiasticarum of 1553, the decisions of the first Four General Councils are »accepted and received with great reverence.« See De Summa Trinitate et Fide Catholica, chap. 14; and H. *Chadwick*, »The Origin of the Title ›Oecumenical Council‹,« JTS N.S. 23 (1972) 132-35.

free from the context,³² and so obviously shaped by ideas that look like a *non sequitur* that the text looks redacted by a later Christian? Take for example the section on Jeremiah. The reference to the destruction of Jerusalem is not to 70 CE but to Jeremiah's own time. Here is the passage; the Christian insertion stands out as *out-of-context* and is thus placed in italics:

> This prophet [Jeremiah], before the capture of the Temple, seized the ark of the Law and the things in it, and made them to be swallowed up in a rock. And to those standing by he said, »The LORD has gone away from Zion into heaven and will come again in power. *And this will be for you a sign of his coming, when all the gentiles worship a piece of wood.*« And he said, »This ark no one is going to bring out except Aaron, and none of the priests or prophets will any longer open the tablets in it except Moses, God's chosen one.«³³

There should be no doubt that the italicized portions are redactional. They disrupt the flow of thought. Jeremiah is talking about the ark. The flow of thought is interrupted by the mention of Jesus' cross. Does the need to add a »sign« look Christian and mar the original *Grundschrift*? Moreover, the following exaltation of Moses would be unthinkable from the pen of a sixth-century Christian. Otherwise, Aaron and Moses would be superior to Jesus. How could a Christian mention Moses as »God's chosen one«? How could a Christian make such a statement without mentioning Jesus?

What do the contributors to *OTP* and the JSHRZ state about the character of the *Lives of the Prophets*? In the *OTP*, D. R. A. Hare judges the *Lives of the Prophets* to be a Jewish composition. He writes,

> The document is extant in Christian manuscripts only. ... Nevertheless, the basic material has been so little influenced by Christian beliefs that scholars are generally agreed that the original writing was created by a Jew. Because it was transmitted by Christians, however, it is not surprising that the manuscripts contain a good deal of Christian material. [*OTP* 2.380]

Hare contends that the document was composed in Greek in Palestine and sometime in the first century CE, probably in the first quarter.

One of Hare's observations rules against a post-first-century composition. He notes that the reference to »Elijah, a Thesbite from the land of the Arabs« (21:1) is arresting and indicative of the date of the original composition. Note Hare's insights:

---

32. In 2:8 the Christian addition clarifies an act and can be easily removed from the context: »This Jeremiah gave a sign to the priests of Egypt, that it was decreed that their idols would be shaken and collapse [through a savior, a child born of a virgin, in a manger].« D. R. A. Hare, OTP 2. 387 [italics mine].
33. *Hare*, OTP 2.388 [italics mine].

That is, from the author's perspective, Elijah's Transjordanian birthplace lay within the area under Nabatean political control. Since Nabatean hegemony was terminated in A. D. 106 by Trajan, it is probable that our author wrote at an earlier date. (*OTP* 2. 381).

The date of such writings as the *Lives of the Prophets* is usually difficult to ascertain, unless a dateable event or document helps limit the period being considered. For Hare such a possibility is Herod's building of an elaborate marble monument for David's tomb (Josephus, *Ant* 16.7.1). On the one hand, it is difficult to imagine a sixth-century Christian referring to a monument (or »memorial«) for Isaiah in 1:8. On the other hand, such an aside seems conceivable before 136 CE in light of the veneration of the dead,[34] and the vast amount of monumental tombs from the time of Herod that can still be seen all around the Old City of Jerusalem, especially in the Kedron Valley.[35]

A harmonious voice is heard as we listen to the chorus of specialists represented by those in the *OTP* and in the *JSHRZ*, focusing now on the *Lives of the Prophets*. In *Studien zu den frühjüdischen Prophetenlegenden Vitae Prophetarum* (TSAT 49; 1995) A. M. Schwemer contended that the document is fundamentally Jewish. She emphasizes that conclusion in her contribution in *Vitae Prophetarum*, which is in JSHRZ, Band I, Lieferung 7. Listen to her words:

Bis heute ist man sich nicht einig, ob es sich bei den VP um eine im Kern jüdische Schrift oder eine genuin christliche Sammlung handelt. Seit den Untersuchungen von Nestle und Schermann, aber auch Bernheimer, Torrey, Joachim Jeremias und den neueren Sammelwerken zu den Pseudepigraphen und Apokryphen zum Alten Testament hatte sich die Ansicht durchgesetzt, daß es sich bei den VP um eine ursprünglich jüdische Schrift handelt, die wie so viele andere derartige Texte aus frühjüdischer Zeit nur von Christen tradiert wurde.[36]

It is clear that Schwemer concluded that the *Lives of the Prophets* is originally a Jewish composition. What does she think about Satran's arguments that this pseudepigraphon is Christian and to be dated in the fourth or fifth centuries CE? Listen to her judgment:

---

34. Studying Josephus' account of the tombs of the Hasmoneans (and he was one) and then visiting the site, I have no doubt that some Jews made pilgrimages to the graves of the mighty men of old. See esp. J. Jeremias, Heiligengräber in Jesu Umwelt (Göttingen, 1958).
35. Here, I would want to point out the exciting research focused on a massive circular tomb of Herod's family found to the northwest of the Damascus Gate [not now open for inspection].
36. A. M. *Schwemer*, Vitae Prophetarum (JSHRZ 1.7; Gütersloh: Gütersloher Verlagshaus, 1997) p. 539.

Dieses Ergebnis hat sich mir bei meinen Untersuchungen zu den VP nicht bestätigt. Traditionsgeschichtlich bietet die älteste Textform der VP ein Stadium der Legendenbildung, das in die Zeit vor dem Beginn des 2. Jh. n. Chr. zurückweist. Auch die zahlreichen geographischen Angaben in den VP spiegeln eine wesentlich frühere Zeit als die bei den Kirchenvätern mitgeteilten Ortsangaben.[37]

It is certain that the contributors to the *OTP* and JSHRZ concur: the *Lives of the Prophets* is a Jewish document.

The Major Effect of Contemporary Work on the Pseudepigrapha

What has been the effect of contemporary research on the Pseudepigrapha? That depends, of course, on the individual. Many people in the West simply do not read serious or scholarly works. They could care less.

Secular individuals and many literate agnostics and even atheists have expressed to me their fascination with the ideas in the Jewish documents covered by the JSHRZ and the OTP. Some point out that maybe there is no God. Others admit that there may be a God but this One cannot be trusted. Many contend that perhaps God is only an idea and is not a person. Yet, some of these same individuals find many of the Pseudepigrapha fascinating. They find many sections humorous and enlightening. Others are attracted to the morality of the *Testaments of the 12 Patriarchs* and *2 Enoch*. Many non-observant Jews find interesting exciting possibilities for being Jewish in light of works other than the Bible and Rabbinics. Many are uninterested in the apocalyptic descriptions but find the apocalyptic imagination and dream bewitching. Many others are pleased to find proof of the antiquity of the Jewish genius.

For observant Jews some of the Jewish pre-rabbinic works, like *2 Baruch*, are fascinating because they are close to some of the ideas associated with Akiba and the early portions of the Mishnah. They add to the above appreciations. They point out the continuing belief in one supreme deity who is trustworthy and is somehow involved in earthly existence. For scholars, who are Jewish, perhaps the most important discovery is the erudition and creativity of the early Jewish scholars. They point out the recovery of brilliant Jewish compositions that have virtually been ignored or even claimed to have been rejected by the Jewish establishment. For example, M. E. Stone, a professor in the Hebrew University, Jerusalem, admits that examining many of the documents in the Pseudepigrapha led him to a »surprising« new perception of Early Judaism. He reports that certain »of these surprises were

---

37. *Ibid*, pp. 539-40.

so great as to change my view of what Judaism looked like then, of what it was, and how it developed.«[38]

These documents are challenging and interesting also for Christians. They point out that the Pseudepigrapha help reveal the setting that is the cradle of Christianity. By studying such writings, Christians often voice a growing appreciation of Judaism. Scholars concur that the Pseudepigrapha are essential for a perception of how this movement called »Christianity« was once invisibly present within the heart of Judaism.

Roman Catholics often find in the Pseudepigrapha a better appreciation of the longevity and beauty of tradition. Protestants express a renewed conception of the importance of *ad fontes*.

Conclusion

Thanks to the indefatigable labors of those who have sacrificed much to contribute to the JSHRZ and to the *OTP*, not only Early Judaism, or Second Temple Judaism, but also the very origins of Jesus and his followers are now more clearly perceived. D. S. Russell, in his brief *The Old Testament Pseudepigrapha*, makes a claim that most scholars would find agreeable: »These writings are now much more readily available than they were a few years ago. ... They are important, I believe, in themselves and also for the light they cast on the thinking of both early Judaism and early church.«[39] Perhaps these brief reflections will be seen as an acceptable contribution to reflections on the Jewish writings »in ihrem antik-jüdischen und urchristlichen Kontext«.

---

38. *M. E. Stone*, Scriptures, Sects and Visions: A Profile of Judaism from Ezra to the Jewish Revolts (Philadelphia: Fortress, 1980) p.viii.
39. *D. S. Russell*, The Old Testament Pseudepigrapha (Philadelphia: Fortress, 1987) p. ix.

Jewish Historical Writings between Judaism and Hellenism
New Methods of Research

Doron Mendels

When Arnaldo Momigliano published his »Alien Wisdom. The Limits of Hellenization« in 1975, it was received with great surprise in scholarly circles.[1] He argued that Judaism never really penetrated into Greek and Latin culture. In the same line, but reversed, we can argue that having looked at Jewish literature from the Second Temple Period for so many years, and possessing so many scholarly work on the subject, we cannot but accept that Greek culture did not have an impressive impact on Jewish historical literature. True, in terms of societal and cultural developments Judaism cannot be seen as a closed culture within the general world surrounding it. The Jews were aware of and absorbed certain aspects – as Martin Hengel and others have shown[2] – of many bodies of knowledge but not in a rigorous or comprehensive manner. This point of view was in fact central to my previous studies.[3] Limiting myself at present to the historical body of knowledge I would like to ask: Is it not remarkable that there was, as we know, an enormous body of knowledge in the Hellenistic world which was encountered by Judaism, but that this knowledge hardly penetrated into the scope of a great deal of Second Temple literature? Even 2Macc, which reflects a knowledge of Polybius in the introduction, does not follow in his footsteps in the text (I exclude here of course Philo Iudaeus who was anyhow not a historian, and as for certain sections of Josephus' *Antiquities*, I believe that Feldman exaggerates a great deal concerning the Greek influences there). Although I restrict myself here to the historical writings, I include what I once defined as »Creative historiography«, a term accepted by many scholars.[4] Of course, some will say, yes but we have a term that is Hellenistic or a name that alludes to Greek origins (for instance Artapanus said that Mousaeus identified as Moses was the teacher of Orpheus; Eusebius, *Praeparatio evangelica*

---

1. *A. Momigliano*, Alien Wisdom: The Limits of Hellenization, Cambridge 1975.
2. *M. Hengel*, Judaism and Hellenism: Studies in Their Encounter during the Early Hellenistic Period, Philadelphia 1974.
3. For instance, *D. Mendels*, Identity, Religion and Historiography. Studies in Hellenistic History, Sheffield 1998; *idem*, Jewish Identity in the Hellenistic Period, Tel-Aviv 1996 (Hebrew).
4. *D. Mendels*, »Creative History« in the Hellenistic Near East in the Third and Second Centuries BCE: The Jewish Case, in: *idem*, Identity, Religion and Historiography (cf. n. 3), 357-364.

9.27.4; or here and there other hints which can be attributed to the Church Fathers themselves, whose quotations were not always accurate). But when one examines this literature as a whole, as an entity, both from the Diaspora (2Macc for instance) as well as the bulk written in Palestine, then I believe that very little from classical and Hellenistic historical literature, either in form or in content, can be traced. An example here and there does not show an overall acceptance or denial of Hellenistic elements. We have to remember that most texts were written or preserved in the Greek language and this can also be misleading as to the foreign influences one can find in this literature. In the historiographical literature itself there is very little evidence for a vast penetration of Hellenistic values, knowledge, traditions etc. I am not referring here to the difficult question of what strata of Jewish society are in fact represented in the literature.

The Book of 1 Maccabees is a perfect illustration for the above. What I want to demonstrate here is a very preliminary picture of new methods that I developed in my study on Eusebius' Ecclesiastical History,[5] some of which I wish to use in my study of 1Macc. Can these methods really advance our understanding of Jewish historiography and its position vis-à-vis the historiographical knowledge we have from the Greek West? I can already say here that although many Jews and Christians viewed the book as history, it stands very far removed from classical and Hellenistic historiographical standards. Some criteria that guided me throughout my work on Eusebius are applicable here, but I shall adduce only a few examples.

Let us start with the problem of *timeliness*: The Book of 1 Maccabees has sixteen chapters that cover something like forty years (with an introduction that goes back to Alexander the Great). It is thus extremely concise compared to the length of this period. Josephus wrote five long volumes (to leave out the first two books of the Bellum which constitute a historical introduction) on only four Years of the Great War, and Thucydides eight extensive books on twenty years of the Peloponnesian war (431-411 BC). The extant books of Ammianus Marcellinus (eighteen full books) cover the years 353 to 378, namely twentyfive years.

By all standards then, the Book of 1 Maccabees is extremely laconic. Was this because its author did not have sufficient sources or he was writing for an audience who wished to read only a short pocket book? This latter notion was certainly the consideration of the epitomator who composed 2Macc out of the longer version of Jason of Cyrene's five volumes. Every one who reads 1Macc realizes that certain events that went on for many days or for long

---

5. *D. Mendels*, The Media Revolution of Early Christianity. An Essay on Eusebius' Ecclesiastical History, Grand Rapids – Cambridge 1999.

hours get very short descriptions, whereas others which were shorter in duration get longer ones. In 9.22 the author of 1Macc acknowledges this very clearly: »The rest of the acts of Judah, his battles, the exploits which he performed, and his greatness are not written down; for they were very many.« This is, to say the least, very typical of what we get from our mass media today, namely that events that have gone on for months and sometimes even years, are presented to us in a few minutes or ignored altogether. To get back to the world of Antiquity, the battle with Apollonius (spring 166 BCE) described very briefly and vaguely in 3.10-12 has in fact no statistical value for the historian: »Apollonius mustered the heathen, with a large force from Samaria, to wage war against Israel. When Judah learned this he went out to meet him and struck him down and killed him. Many were killed, and the rest fled. Then they took their spoils. Judah took the sword of Apollonius and fought with it all his life.«

From the wording of the passage it seems that the author did not have any real information about the battle, or he thought that a description was superfluous and should not be presented to his audience. Hence he writes more as a modern journalist than a serious historian. Some other battles get more space within the account, for instance the battle against Lysias who sends some generals to Judea, among whom are Nicanor and Gorgias in the summer of 165 BCE (3.35-4.35).

But here we encounter another serious problem. When we read this account we are struck how biblical-like it is. From 3.42 through 3.60 we have little information which really gives us hard evidence about the circumstances leading to the battle of Emaus. There are too many verses like the following:

»When Judah and his brothers saw that misfortunes were increasing, and armies were encamping on their borders, aware of what the king had said when he ordered to destroy the people completely, they said to one another, ›let us repair the evil fortunes of the people and fight for our people and the sanctuary.‹ The congregation gathered together to be ready for war, and to pray and to seek mercy and compassion. Jerusalem was uninhabited like a wilderness. None of her offspring went in or went out. The sanctuary was trodden down etc.«[6] Even non-historians can understand that the majority of such descriptions were meant to show the greatness of God and his adherents (and this is 1Macc, not 2Macc!). The agenda here is very clear. We do not receive any hard evidence such as we would get in Thucydides and Polybius, especially in military affairs. Even the numbers that are mentioned later in

---

6. Cf. for a commentary *J. Goldstein*, I Maccabees, Anchor Bible, Garden City 1976, ad loc.

1Macc are extremely partial, and do not take in the whole picture. Gorgias, according to chapter 4 takes 5,000 men and 1,000 selected horsemen, and then fights against 3,000 of Judah's soldiers who are more or less unarmed. But then, 3,000 men of Gorgias' division fall and die. The battle itself is depicted in biblical phraseology, very briefly. Again, hardly any hard evidence can be found. We can say that we have here what media define as a media reality, which is filtered through the »perceived reality« of the author of 1Macc, or to put it more bluntly, he is writing with a strong agenda, and does not care about details.

Media scholars use the term *Relevance*, and Relevance is the key word to apply to many of the descriptions of 1Macc. To continue with our battles, we hear that »then« (4.26-35) the battle against Lysias is fought, Lysias who comes according to the description »the next year« (when? how long after the battle of Gorgias?) with 60,000 soldiers and 5,000 horsemen. Some verses later we read that the outcome of the battle is that 10,000 men of Judah's army (exactly 10,000), kill 5,000 of Lysias' army. The numbers are suspicious, to say the least, since they are reminiscent of figures and formations found in the Bible in battle descriptions, and also appear with variations in a document from the same period, the Temple Scroll. 2Macc of course has different numbers altogether. We cannot rely on these figures not only because they are so typical and serve an agenda of saying that the few Jews could gain a victory against the many Seleucids (this picture has been challenged by B. Bar Kochva)[7], but also – by analogy – because even today, with our developed technical devices, when numbers are cited let us say of demonstrations, different numbers are always offered by media serving different agendas. In other words, the »statistical reality« in 1Macc is distorted, or non-existent in many of the descriptions. For this historian relevance is more important than the truth or »objective« account. Of course, he may have had no information concerning the battles, and simply invented the numbers.[8] This makes it even worse.

Relevance can be very clearly discerned not only through the author's historical narrative, but also through his many comments and his use of terminology to describe the heathen versus the perfect and good Jews (this document is in some respects the historical equivalent to the Sons of Light

---

7. B. Bar Kochva, Judas Maccabaeus: The Jewish Struggle against the Seleucids, Cambridge 1989.
8. Never have I taken the data mentioned in the sources at face value, and this is what I clearly say in the introduction to D. Mendels, The Rise and Fall of Jewish Nationalism, Grand Rapids – Cambridge 1997, 4: »We do not pretend to relate a history as it really happened, but as the historians of the time (and one or two generations later) perceived it. Their perception of Jewish nationalism is what this book is about.«

against the Sons of Darkness, and may reflect the circles who are mentioned in chapter 2.29: »Many who sought justice and judgment went down into the wilderness, to settle there with their sons, their wives and their cattle ...«). For instance sentences like 5.1-2: »When the heathen around them heard that the altar had been built ... they became angry. They planned to destroy the descendants of Jacob ... and began to slay and destroy the people.«

This sentence introduces the affair of Judah's trip to the Gilead. Here one can discern some new data emerging from the account but much of it seems to have been written in order to remind the audience of famous biblical narratives. Judah again goes with 8,000 people (5.20) but 8,000 are also killed by him later. This symmetry is extremely suspicious. If we look at the verses describing Simeon's enterprise in the Galilee at the same time, we see that our author depicts his battles in just one sentence which does not give us any information at all, except that Simeon killed 3,000 people (with the help of his own 3,000 soldiers), and that he reached the city of Acre. Then he takes some Jews to Judea, but no numbers at all are given (10, 100, more?; 5.21-23).

Thus we should not expect this author to be »objective«. This latter term has been re-introduced by media scholars who claim that objectivity is a biased term in itself. T. L. Glasser argued that objectivity is an ideology and itself a form of bias: against the watch-dog role of the press; against independent thinking; against genuine responsibility (which would involve taking responsibility for the consequences of reporting), etc.[9] Even with our limited knowledge of the cultural and social surroundings of the author of 1Macc we can nevertheless shape a framework of historical, cultural, linguistic and social elements, and against them judge the »objectivity« of our author. Only then can we reach the conclusion that many of the battle accounts in 1Macc are not balanced (contrast to many descriptions of battles in Polybius). For instance, in 1Macc a distinction is rarely made between acts, motions and opinions. The writer's own attitude emerged continuously, and there is no avoidance of slant and rancour throughout the text.

Sometimes we can even detect language that media scholars call the »rhetoric of hysteria«. For instance 5.1 ff.: »When the heathen around them heard that the altar had been built and the sanctuary dedicated as before, they became *angry*. They planned to *destroy* the descendants of Jacob who *were among them*, and began to *slay* and *destroy* the people. Judah made war against the sons of Esau in Idumaea and against Akrabattene, because they *kept attacking Israel* ... He became mindful of the *evil* done by the tribe of

---

9. *T. L. Glasser*, Competition and Diversity among Radio Formats: Legal and Structural Issues, in: Journal of Broadcasting 28/2 (1984), 127-142.

Baean, who became a *snare* and a *stumbling block* to the people by *lying in ambush* against them on the highways ...«.

Moreover, our author does not mention his sources, a convention in classical and Hellenistic historiography which was actually dramatically changed by Eusebius in his Ecclesiastical History.[10] His chronology is very general (the Seleucid calendar), and he usually uses words such as »then« and »in those days«, all biblical expressions that do not bring us far in terms of exact dating. His agenda is so clear that he does not even try to hide it behind nice words, and he is very onesided; we would say that he lacks diversity.

Diversity is not usually expected from historians in Antiquity, that is to express all the details of a situation, and all opinions concerning it. These details should ideally represent actuality as one entity in all its dimensions. But there are historians in Antiquity who are more diverse than the author of 1Macc. For instance, Tacitus, or even Suetonius with all his gossip. The Hellenists in 1Macc get a bad press from the outset, as do all the heathen. But they receive very little space within the historical narrative, and are ignored as a major factor that had its own important cultural role within the historical dynamics of the period. In contrast one can say that even the tyrant Nabis, the »socialist«, whom Polybius really hated, gets a long section in his history.[11] That Macchiavelli liked Nabis is another story altogether.

Hence the author of 1Macc had a very special audience in mind when writing his book. Not gentiles who read Greek, and not the Hellenists (the group according to my classification in »The Rise and Fall« standing between the Greek segment and the so-called autochthonous Aramaic speaking natives),[12] but a pious Jewish audience, that could read (or rather listen to reading of it) the Bible in Greek, namely the Septuagint. He did not even write in conventional genres from the Hellenistic environment. He did not write a *»pragmatike historia«* as Polybius did for the instruction of politicians and generals. He did not write in the genre of »creative historiography« like the authors of Jubilees, Eupolemus and Hecataeus of Abdera. Those authors had in mind an audience whose identity they had to reshape. The author of 1Macc writes for people who want to have the main story/stories, and who believe they know what the correct social order is, and what the theological agenda should be. The audience of 1Macc had moral and theological instruction in mind, hence his history cannot even be compared to historians of the classical and Hellenistic periods. And he does not make any great effort to emulate them.

10. *Mendels*, Media Revolution (cf. n. 5), passim.
11. See *D. Mendels*, Polybius, Nabis and Equality, in: idem, Identity, Religion and Historiography (cf. n. 3), 223-248.
12. *Mendels*, Rise and Fall (cf. n. 8), chapter 1 and passim.

Now that I have said something about the content, namely that there is no bulk of Greek knowledge to be found, and no generic similarity either, I must add some words about the *discourse* of 1Macc. First, in what language was the book written? It is well known that there are pros and cons for both Greek and Hebrew. At this stage of my research I tend to opt for Greek, and a very special Greek, the one of the Septuagint (following in this respect the late Haim Rosen). But even if the original language was Hebrew it was no doubt a biblical, not a contemporary Hebrew.

Be that as it may, our extant text is based on the LXX version of the Bible. The verses that I have already examined use the exact wording and expressions of the LXX throughout. A uniform use of the LXX can be discerned. One could argue, of course, that a later translator undertook precisely this. But if so, the translator would have had an enormous amount of work to find the exact expressions in the LXX. Let me give an example or two.

In 1.2 we hear of καὶ συνεστήσατο πρὸς αὐτὸν πόλεμον. The expression συνίστημι πόλεμον appears in Dan LXX 7.21 τὸ κέρας ἐκεῖνο πόλεμον συνιστάμενον πρὸς τοὺς ἁγίους and Dan 7.21, and also elsewhere in 1Macc 1.18, 2.32 and 3.3, but never in the NT. In 1.2 ἐκράτησεν ὀχυρωμάτων (וילכד מבצרים; cf. Hab 1.10 ὀχύρωμα ... κρατήσει). 1.3 ἕως ἄκρων τῆς γῆς עד קצות הארץ rather than a local sense, this seems to designate a great power of destruction, from which no one can escape (cf. 1Sam 2.10, Jer 12.12, also in Jdt 2.10, and 1Macc 8.4, 14.10). 1.11 ἐν ταῖς ἡμέραις ἐκείναις appears only in historical books in the LXX (Judg 20.27,28, 21.25, 1Sam 3.1, 4.1. Especially see Judg. 17.6, 18.1, 19.1, where »in those days« means when there was no king in Israel and every man did that which was right in his own eyes. In 1Macc the phrase recurs several times: 9.24, 11.20 etc. It is interesting to note that the Vulgata in 1Macc 1.11 translates υἱοὶ παράνομοι as *inlustriis filiis*. In every other occurrence »belial« in the Bible of Jerome transliterates *filii Belial* (1Reg 1.16, 2.12). If Jerome was reading a Hebrew text of 1Macc – as he claims – he would have transliterated here *»belial«* as well, since he did not know the meaning of the word in Hebrew, but he did know the Greek *paranomoi*.

What does this use of Septuagint (formal) language mean? To use Pierre Bourdieu's analysis of language and symbolic power,[13] we can say that since the Bible was the common official code of the Hasmoneans, the use of formal biblical language in 1Macc shows that were it not too long a document, the Hasmonean court would have inscribed it on stone and set it up in several places in Palestine; as Augustus did with his *Res gestae* (in several parts of the Roman Empire). But why in Greek? Why in the formal Greek of the

---

13. *P. Bourdieu*, Language and Symbolic Power, Cambridge 1992.

Bible that was used in the Diaspora? Bourdieu, following Saussure, says that an official language, as opposed to dialect, »has benefited from the institutional conditions necessary for its generalized codification and imposition. Thus known and recognized (more or less completely) throughout the whole jurisdiction of a certain political authority, it helps in turn to reinforce the authority which is the source of its dominance. It does this by ensuring all members of the ›linguistic community‹, traditionally defined ... as a ›group of people who use the same system of linguistic signs‹, the minimum of communication which is the precondition for economic production and even for symbolic domination.«[14] If 1Macc was originally written in the Greek of the Septuagint (or even translated during the Hasmonean era), it seems that the Hasmonean court wished to impose its dominance/influence also on Jews in the Diaspora who were familiar with this language and its particular signs. This of course would be a new outlook on the purpose of this document.[15]

Another matter to be mentioned here is the different *order of discourse* the author employs. One has to distinguish between his various orders of discourse, in order to evaluate the historiographical weight of his composition. Not all of it is narrative. We find a great deal of other orders, such as lament (in 3.45: »Jerusalem was uninhabited like a wilderness. None of her offspring went in or went out. The sanctuary was trodden down, etc.«), hymn, document, eulogy (chapter 8), fiction (chapter 6, about Antiochus), etc. The use of the different genres or orders of discourse results in a more exciting and colourful reading of the text, a matter which I have demonstrated in the case of Eusebius' Ecclesiastical History (which was meant to be read by a large audience). In 1Macc one can definitely say that even the orders of discourse point to biblical forms rather than to classical or Hellenistic ones.

To sum up: The use of new methods of research enables us to assess more accurately the value of historical books for the historian. In the case of 1Macc I can show that its value is not great as a book of historical narrative if we wish to know the history »wie es eigentlich gewesen«[16]. It has great value for the cultural scientist, or the linguist, or even the theologian. Also, our methods can give us a better picture of the historical literature of the Second Temple Period vis-à-vis its classical and Hellenistic backdrop. In certain aspects a continuity exists between Jewish historical literature of the Bible and that of the Hellenistic era.

14. For this idea see *Bourdieu*, Language (cf. n. 13), 43-65.
15. Cf. recently for the problem of languages S. *Schwartz*, Language, Power and Identity in Ancient Palestine, in: Past and Present 148 (1995), 3-47. However, some of his statements are unfounded and he regrettably ignores some earlier discussions relating to this topic.
16. For the use of this expression see *W. J. Mommsen* (ed.), Leopold von Ranke und die moderne Geschichtswissenschaft, Stuttgart 1988, 223.

Politische und persönliche Freiheit im jüdisch-hellenistischen Schrifttum des 2. Jh.s v. Chr.

Otto Kaiser

1. Das Verständnis der Freiheit als der Autonomie eines Einzelnen oder eines Staates besitzt seinen Ursprung in der griechischen Polis. Sie verstand sich gegenüber anderen Städten und Mächten als selbständig, ihre Politen aber wußten sich keinem anderen Herren als dem Gesetz und dem Walten der Götter untertan. Natürlich besitzen die griechischen, diese Selbstbestimmung bezeichnenden Worte ἐλευθερία und ἐλεύθερος ihre Vorgeschichte: Zunächst bezeichneten sie die Zugehörigkeit zur heimischen Bevölkerung und dann die Angehörigen des Adels. Durch die Verallgemeinerung des Moments der Unabhängigkeit im Gegensatz zur Gebundenheit der Abhängigen, der δοῦλοι, haben beide schließlich die uns geläufige Bedeutung gewonnen.[1]

Welches hohe Gut die Freiheit der Polis darstellt, wurde den Griechen zweimal in ihrer Geschichte bewußt. Das erste Mal, als es ihnen gelang, die gewaltigen, ihre Freiheit bedrohenden Heere der Perserkönige zu besiegen. Das zweite Mal, als die Freiheit Athens in der Schlacht von Chaironeia 339 verloren gegangen war. Darin zeichnet sich bereits ab, daß es zumal in Athen die Polis war, in der sich griechisches Freiheitsbewußtsein und griechische Freiheiten paradigmatisch verwirklicht hatten.

Kein geringerer als Aischylos hat dem hohen, in den Perserkriegen auf dem Spiel stehenden Gut der Freiheit in seinen »Persern« bewegenden Ausdruck gegeben. Er läßt den Boten, welcher der Königinmutter Atossa die Nachricht von der Niederlage ihres Sohnes in der Schlacht bei Salamis überbringt, von einem Ruf berichten, der die athenische Flotte zu höchstem Einsatz herausforderte und ihr so den Sieg verlieh (403-405):[2]

... Ihr Söhne der Hellenen, auf!
Befreiet unser Vaterland! Auf, auf, befreit
Die Kinder, Weiber, unsrer Stammesgötter Sitz,
Der Vorfahrn Gräber; nun für alles gilt der Kampf!

In diesen Sätzen liegt beschlossen, was für die Griechen den Wert eines freien

---

1. Vgl. dazu *D. Nestle*, Eleutheria. Studien zum Wesen der Freiheit bei den Griechen und im Neuen Testament. Teil 1. Die Griechen, HUTh 6, Tübingen 1967, S. 5-30, und zur Gesamtentwicklung *M. Pohlenz*, Griechische Freiheit. Wesen und Werden eines Lebensideals, Heidelberg 1955.
2. Übersetzung O. Werner, Aischylos Tragödien, TuscBü, ⁵1996, S. 35.

Lebens ausmachte: das durch keine fremde Verfügungsgewalt eingeschränkte Wohnen im eigenen Land, die Unantastbarkeit ihrer Kinder und Frauen als ihrer fundamentalen Lebensgemeinschaft sowie die Unversehrtheit der Tempel ihrer Götter und der Gräber ihrer Vorfahren als ihrer heiligsten Güter. Die im Hintergrund stehende allgemeingriechische Lebensregel brachte Isokrates hundert Jahre nach Aischylos angemessen auf die Formel (or. I.16):
Τοὺς μὲν θεοὺς φοβοῦ, τοὺς γονεῖς τίμα, τοὺς δὲ φίλους αἰσχύνου, τοῖς δὲ νόμοις πείθου.[3]

Der entscheidende Beitrag, den die Athener in diesen Abwehrkämpfen geleistet hatten, führte zu dem stolzen Selbstbewußtsein, mit ihrer eigenen demokratischen Verfassung (πολιτεία) ein Vorbild für die anderen hellenischen Staaten zu sein. Seit den Tagen des Kleisthenes hatten sich in Athen schrittweise die drei demokratischen Freiheiten der ἰσονομία, der Gleichheit aller vor dem Gesetz, der ἰσομοιρία, der Gleichberechtigung in der Leitung der Polis und der ἰσηγορία, der Redefreiheit entfaltet.[4] Sie zeichneten die Stadt in den Augen ihrer Bürger vor den anderen griechischen Staaten aus. So konnte Thukydides Perikles in der berühmten Grabrede für die im ersten Jahr des Archidamischen Krieges Gefallenen erklären lassen, daß die athenische πολιτεία eher ein Vorbild für die Nachbarn als deren Nachahmerin sei, weil in ihr die persönliche der politischen Freiheit entspreche. Daher verargten es die Athener niemandem, das zu tun, was ihm gefällt, während sie gleichzeitig die geschriebenen und die ungeschriebenen Gesetze ehrfürchtig hielten (Thuk. II.37.2-3).[5] Die Verteidigung dieser Freiheiten schien es wert zu sein, für sie das Leben einzusetzen.[6] In diesem Sinne konnte Perikles den Lebenden zurufen, den Gefallenen nachzueifern, das Glück für die Freiheit (τὸ ἐλεύθερον) und die Freiheit für Mannhaftigkeit (τὸ εὔψυχον) zu halten und daher die Gefahren des Krieges zu verachten (Thuk. II.43.4). Der Autonomie des Staates wurde so die Autonomie des

3. Fürchte die Götter, ehre die Vorfahren, achte die Freunde, gehorche den Gesetzen.
4. Vgl. dazu *Pohlenz*, Freiheit, S. 21-50; zu den Problemen knapp *V. Ehrenberg*, Freedom – Ideal and Reality, in: ders., Man, State and Deity. Essays in Ancient History, London 1974, S. 19-34, bes. S. 24-31; zum geschichtlichen Zusammenhang ausführlich *J. Bleicken*, Die athenische Demokratie, UTB 1330, Paderborn u. a. [4]1995, S. 338-370, bzw. *K.-W. Welwei*, Die griechische Polis. Verfassung und Gesellschaft in archaischer und klassischer Zeit, Stuttgart [2]1998, S. 140-250; ders., Das klassische Athen. Demokratie und Machtpolitik im 5. und 4. Jahrhundert, Darmstadt 1999, und zur konkreten Interpretation, The Athenian Citizen, prep. *M. Lang*, phot. *A. Franz*, Excavations of the Athenian Agora, Picture Book No. 4, The American School of Classical Studies at Athens, Princeton/N.J. 1960.
5. Zu den apologetischen Untertönen der Rede angesichts einsetzender Auflösungserscheinungen vgl. *Pohlenz*, Freiheit, S. 35-37.
6. Zu Institutionen und gesellschaftlicher Gliederung der athenischen Demokratie im Zeitalter des Perikles vgl. *Welwei*, Polis, S. 182-225, zum damaligen politischen Denken und Selbstverständnis der Athener ders., Athen, S. 136-139.

Politen an die Seite gestellt und damit das nachfolgende griechische Freiheitsbewußtsein nachdrücklich bestimmt.⁷ Dabei sicherte die Autonomie der Polis die ihrer Politen. Daher hatten die Politen nicht nur an ihr eigenes Glück, sondern auch an das der Polis zu denken, ohne das ihr eigenes keinen Bestand haben konnte.

2. Den Abgesang auf die griechische Freiheit hielt Demosthenes in seinem Epitaphion auf die 338 v.Chr. in der Schlacht bei Chaironeia gefallenen Athener (or. LX.23 f.): In dem Augenblick, in dem sich die Seelen der Männer, die zum Kampf um die Freiheit von ganz Griechenland (ἡ πάσης τῆς Ἑλλάδος ἐλευθερία) gegen den Makedonenkönig Philipp angetreten waren, von ihrem Leibe trennten, hatte nach seiner Überzeugung Griechenland seine Ehre und Würde (ἀξίωμα) verloren.⁸
Mochten die Städte auch den Schein der politischen Autonomie und Autarkie aufrecht erhalten, die hellenistischen Monarchen sie darin jeweils unter Betonung ihrer Verknechtung durch ihre Rivalen unterstützt oder Titus Q. Flaminius gar den zuvor von den Makedoniern unterworfenen Gebieten Griechenlands auf den Isthmischen Spielen des Jahres 196 v.Chr. die Freiheit verkündet haben,⁹ so änderte das alles doch nichts daran, daß die Zeit der wahren Freiheit der Poleis vorüber war und sie sich mit den ihnen erst durch die Könige und dann durch den römischen Senat gezogenen Grenzen zu begnügen hatten.¹⁰

7. Vgl. z.B. die Definitionen der αὐτάρκεια, der ἐλευθερία und der πολιτεία Ps. Plat. def. 412b 6f.; d 1-3 und 413e 10f.
8. Zur Echtheit des Epitaphion vgl. bejahend *A. Lesky*, Geschichte der Griechischen Literatur, ³1971, S. 678 mit Anm. 1, und *J. Engels*, DNP III, 1997, Sp. 469; zur Bedeutung der Schlacht von Chaironeia für Demosthenes und seiner weiteren auf die Autonomie Athens gerichteten Politik und deren Scheitern vgl. auch *H. Bengtson*, Griechische Staatsmänner des 5. und 4. Jahrhunderts v.Chr., München 1983, S. 293-304.
9. Polyb. XVIII.46 und dazu *R. M. Errington*, Rome against Philipp and Antiochos, CAH² VIII, Cambridge/U.K. 1989 (ND), S. 244-289 und bes. S. 272-274.
10. Vgl. dazu generell *A. H. M. Jones*, The Greek City. From Alexander to Justinian, Oxford 1940 (ND 1998), S. 95-112, bzw. *P. S. Derow*, Rome, the Fall of Macedon and the Sack of Corinth, CAH² VIII, S. 290-323 und bes. S. 319-323, oder *H. Koester*, History, Culture and Religion in the Hellenistic Age, New York. Berlin ²1995, S. 45-53; zu den Verhältnissen im Seleukidenreich *D. Musti*, CAH² VII/1, 1984, S. 205-209, und zuletzt *A. Mehl*, The Seleucid Cities in Syria: Development, Population, Constitution, in: O Ελληνισμος στην Ανατολη, Athen 1991, S. 99-111, bes. S. 106-109, zur wechselvollen Freiheit Athens seit 323 *C. Habicht*, Athen. Die Geschichte der Stadt in hellenistischer Zeit, München 1995. Zur eingeschränkten Bedeutung der Erklärung der Freiheit für die vorher den Makedonen untertanen griechischen Landschaften durch Titus Q. Flaminius nach dem Sieg über Philipp V. in der Schlacht bei Kynoskephalai auf den Isthmischen Spielen 196 vgl. *Jones*, City, S. 113, und zum Beispiel der römischen Einmischung in die Verwaltung des Athen von den Römern übergebenen Delos *Habicht*, Athen, S. 255-258. Zur kaiserzeitlichen, in der republikanischen Praxis ihre Vorläufer besitzenden Differenzierung der provinzialen Städte in verbündete (d.h.: freie und ver-

So war es ganz natürlich, daß sich in der hellenistischen Welt das Interesse des Einzelnen auf die Frage konzentrierte, ob es angesichts der Übermacht des sich in den Wechselfällen des politischen wie des privaten Lebens manifestierenden Macht des Schicksals für ihn Glück und Freiheit geben konnte. Der Beantwortung dieser Grundfragen haben sich die drei hellenistischen Philosophien der Akademie, der Stoa und des Kepos auf unterschiedliche Weise angenommen und sie je auf ihre Weise beantwortet.[11]

Unter ihnen dürfte die stoische Verinnerlichung im Horizont einer Ethik der Pflicht den nachdrücklichsten Eindruck auf die kommenden Jahrhunderte hinterlassen haben. Frei war für den Stoiker letztlich nur der Weise (SVF I, fr. 222). Denn er allein folgt dem auch in seinem eigenen νοῦς wirkenden göttlichen λόγος (SVF II, fr. 1038) und stimmt dem notwendigen äußeren Gang der Welt zu (SVF III, fr. 549; vgl. II, fr. 975), an dem er nichts zu ändern vermag (SVF I, fr. 527).[12] Oder um es kurz und knapp mit Seneca zu sagen: ducunt volentem fata, nolentem trahunt (Epist. 107.11).[13] Es läßt sich zeigen, daß sowohl Kohelet[14] wie Ben Sira die für die hellenistische Epoche typische Frage nach dem Glück aufgenommen und in spezifisch abgewandelter Weise beantwortet haben.[15] Dabei wurde bei Ben Sira unter stoischem Einfluß aus der göttlichen Weltvernunft die göttliche Weisheit

    bündete), freie (d.h.: durch einen einseitigen Akt für frei erklärte) und steuerpflichtige vgl. *F. Jacques, J. Scheid*, Rom und das Reich in der Hohen Kaiserzeit 44 v.Chr.- 260 n.Chr. I: Die Struktur des Reiches, übers. v. P. Riedlberger, Stuttgart und Leipzig 1998, S. 244-250.

11. *M. Forschner*, Über das Glück des Menschen. Aristoteles, Epikur, Stoa, Thomas von Aquin, Kant, Darmstadt 1993 (ND 1994).
12. Vgl. dazu auch die kommentierte Übersetzung des Zeus-Hymnus des Kleanthes von *P. Steinmetz*, Die Stoa, in: P. Flashar (Hg.), Die Hellenistische Philosophie, GGPh³ IV/2, Basel 1994, S. 576-578.
13. Vgl. dazu z.B. *M. Pohlenz*, Die Stoa. Geschichte einer geistigen Bewegung I, Göttingen (1950) ⁷1992, S. 93-106; *A. A. Long*, Hellenistic Philosophy. Stoics, Epicureans, Sceptics, London 1974, S. 179-209; *C. Stough*, Stoic Determinism and Moral Responsibility, in: *J. M. Rist* (Hg.), The Stoics, Major Thinkers Series 1, Berkeley u.a. 1978, S. 203-232; *M. Forschner*, Die stoische Ethik. Über den Zusammenhang von Natur-, Sprach- und Moralphilosophie im altstoischen System, Stuttgart 1981; S. 98-113; *ders.*, Glück, S. 45-79; *O. Kaiser*, Determination und Freiheit beim Kohelet/Prediger Salomo und in der Frühen Stoa, NZSTh 31, 1989, S. 251-270, bes. S. 260-268 = *ders.*, Gottes und der Menschen Weisheit, BZAW 261, Berlin und New York 1998, S. 107-125, bes. S. 115-123, und *U. Wicke-Reuter*, Göttliche Providenz und menschliche Verantwortung bei Ben Sira und in der Alten Stoa, BZAW 298, Berlin und New York 2000, S. 13-54.
14. Vgl. dazu z.B. *L. Schwienhorst-Schönberger*, »Nicht im Menschen gründet das Glück« (Koh 2,24). Kohelet im Spannungsfeld jüdischer Weisheit und hellenistischer Philosophie, HBS 2, Freiburg i.Br. u.a. 1994, S. 251-273 und S. 274-332, und knapp *O. Kaiser*, Die Botschaft des Buches Kohelet, EThL 71, 1995, S. 48-70, bes. S. 66-70 = *ders.*, Gottes und der Menschen Weisheit, S. 126-148 bes. S. 144-148.
15. Vgl. dazu *O. Kaiser*, Carpe diem und memento mori bei Ben Sira, in: *M. Dietrich, O. Loretz* (Hg.), dubsar anta-men. Studien zur Altorientalistik. FS W. H.Ph. Römer, AOAT 253, Münster 1998, S. 185-203; *O. Wahl*, Lebensfreude und Genuß bei Ben Sira,

(Sir 1,1-10) und aus dem mit ihm identischen göttlichen Weltgesetz (SVF III, fr. 314f.)[16] die den Juden am Sinai gegebene Tora als Inbegriff (Sir 24,1ff.23; 17,11ff.).[17] Die Übernahme der stoischen Verinnerlichung des Glücks widerstrebte dagegen dem biblischen Realismus des Weisen.

3. Blicken wir auf die Schriften der Hebräischen Bibel zurück, so suchen wir in ihnen vergeblich nach einer der griechischen analogen Freiheitsidee. Halten wir uns an das vorexilische Juda als Beispiel, so war es nach seiner Regierungspraxis eine partizipatorische Monarchie,[18] in der der König gewisse Entscheidungen in Übereinkunft mit den Notablen traf, die als Vertreter der freien, rechtsfähigen und wehrpflichtigen Grundbesitzer, des ʿam haʾaræṣ, des »Volkes des Landes«, fungierten.[19] Nach der die Staatsdoktrin vertretenden Königsideologie war der Reichsgott und König Jahwe Zebaoth der Beschützer des Königs (Ps 110; vgl. Ps 18) und damit zugleich des Landes sowie der Rechtswahrer der Eide und Rechtshelfer der Schwachen (Ex 22,21ff., Prov 22,22f.). Die unmittelbare Wahrnehmung dieser Aufgaben hatte er dem König als seinem Sohn (Ps 2,7) und d.h. seinem irdischen Stellvertreter übertragen. Kamen König und Volk der Forderung, ihrem Gott zu dienen und das Recht zu wahren nach (Ps 101), so war dem Lande Wohl und Heil und Sicherheit vor seinen Feinden beschieden (Ps 72).[20] Entsprachen sie diesen Grundforderungen nicht, so bekamen sie den Zorn ihres Gottes zu spüren.

In der Perserzeit trat nach der Wiedererrichtung des Tempels an die Stelle des Königs der Hohepriester als Garant für die wirksame Ausübung des sühneschaffenden Kultes und letzte Gerichtsinstanz der durch die göttliche Tora bestimmten jüdischen Rechtsgemeinschaft. Eigentlicher Regent war mithin Jahwe als der Gott des Himmels und Juda mithin idealiter eine Theokratie, deren Fungieren die Chronikbücher in der Weise einer in die Königszeit zurückprojizierten heuristischen Utopie beschrieben haben. Praktisch aber kann man auch die Jerusalemer Bürger-Tempelgemeinde insofern als eine partizipatorische Monarchie beschreiben, weil sich der Hohepriester des Rates der ḥorîm und seganîm, der Edlen und der Ortsvorsteher, bediente. Aus

---

in: R. Egger-Wenzel, I. Krammer (Hg.), Der Einzelne und seine Gemeinschaft bei Ben Sira, BZAW 270, Berlin und New York 1998, S. 271-283.
16. Cic. leg. I.6.18: lex est ratio summa, insita in natura, quae iubet ea quae facienda sunt prohibetque contraria.
17. Vgl. dazu Wicke-Reuter, Providenz, S. 188-223 und O. Kaiser, Die Bedeutung der griechischen Welt für die alttestamentliche Theologie, NAWG.PH 2000/7, Göttingen 2000, S. 330-335.
18. Vgl. dazu R. Kessler, Staat und Gesellschaft im vorexilischen Juda. Vom 8. Jahrhundert bis zum Exil, VT.S 47, Leiden 1992, S. 202-206.
19. Kessler, Staat, S. 199-201.
20. Vgl. dazu künftig ausführlicher O. Kaiser, Freiheit im Alten Testament.

diesem vorerst möglicherweise inoffiziellen Gremium ist vermutlich im Laufe der Ptolemäerzeit das offizielle der γερουσία als Vertreter des Priester- und Landadels geworden, die erstmals in dem von Josephus Ant. XII.138-144 zitierten Erlaß Antiochos III. urkundlich bezeugt ist.[21]

Seine Restitution konnte das exilische wie das nachexilische Israel angesichts der Übermacht seiner fremden Herren nur von einem rettenden Akt Gottes erwarten. Demgemäß identifizierten die deuterojesajanischen Prophetien den Befreier der Gola aus der babylonischen Verbannung mit dem Perserkönig Kyros als dem Gesalbten und mithin dem Werkzeug Jahwes (Jes 45,1), der ihm den Sieg um Israels willen, seines erwählten Knechts, verliehen hatte (Jes 41,25 ff.; 44,24 ff.; 45,1 ff.).[22] Andererseits machten die Deuteronomisten die Sammlung und Heimführung der Diaspora durch Jahwe von dem Gehorsam gegenüber dem deuteronomischen Gesetz als der Auslegung des Dekalogs abhängig (Dtn 30,1 ff.),[23] zu dem das Israel aller Zeiten und an allen Orten dank des von Mose am Vorabend der Landnahme im Lande Moab geschlossenen Bundes verpflichtet war (Dtn 29,9 ff., vgl. auch Dtn 11,18 ff.). Unter diesen geschichtlichen Voraussetzungen gab es auch für das Judentum des exilisch-nachexilischen Zeitalters keinen Boden für eine Befreiungstheologie im Sinne eines aktiven Kampfes um die Wiederherstellung der staatlichen Autonomie. Wohl aber besaß das Judentum dank des ganz Israel einschließenden Gehorsamsanspruchs der Tora eine praktische Isonomie, eine Gleichheit aller vor dem Gesetz. So hat Flavius Josephus mit Recht festgestellt, daß die Juden zum Nachgeben bereit sind, solange sie ungestört dem väterlichen Gesetz anhangen können, aber bis zum Letzten Widerstand leisten, wenn man ihnen dieses nehmen will (c. Ap. II.272 f.).[24]

21. Zur Diskussion über die Echtheit vgl. *R. Marcus*, Josephus VII, LCL, Cambridge/Mass. und London 1943 (ND), S. 743-764.
22. Zum kontrovers beurteilten literarischen Problem vgl. *H.-J. Hermisson*, Einheit und Komplexität Deuterojesajas. Probleme der Redaktionsgeschichte von Jes 40-55, in: *J. Vermeylen* (Hg.), The Book of Isaiah/Le Livre d'Isaïe, BEThL 81, Leuven 1989, S. 287-312 = *ders.*, Studien zu Prophetie und Weisheit, hg. v. *J. Barthel* u.a., FAT 23, Tübingen 1998, S. 132-157; *R. G. Kratz*, Kyros im Deuterojesaja-Buch. Redaktionsgeschichtliche Untersuchungen zu Entstehung und Theologie von Jes 40-55, FAT 1, Tübingen 1991; *J. van Oorschot*, Von Babel zum Zion, BZAW 206, Berlin und New York 1993, und zuletzt *K. Baltzer*, Deutero-Jesaja, KAT X/2, Gütersloh 1999, der das Buch zwischen 450 und 400 v. Chr. datiert und als ein liturgisches Drama interpretiert.
23. Vgl. dazu zuletzt *F.-L. Hossfeld*, Der Dekalog als Grundgesetz, in: *R. G. Kratz, H. Spieckermann* (Hg.), Liebe und Gebot. Studien zum Deuteronomium. FS L. Perlitt, FRLANT 190, Göttingen 2000, S. 46-59.
24. Daran ändert auch die Tatsache nichts, daß ein späterer, vermutlich erst hellenistischer Historiker in Esr 4,15 die syrischen Notabeln den Mauerbau Nehemias als ein Zeichen der 'æštadûr, des Strebens nach Selbstbestimmung der Juden bezeichnet; zum vermutlichen Alter der aramäischen Urkunden in Esr 4-6 vgl. *D. Schwiderski*, Handbuch des nordwestsemitischen Briefformulars. Ein Beitrag zur Echtheit der aramäischen Briefe des Esrabuches, BZAW 295, Berlin und New York 2000, S. 375-382 und zum Begriff

4. Diesem Ergebnis entspricht der Befund in der Septuaginta. Von den insgesamt neunzehn für das Adjektiv ἐλεύθερος aufgeführten Belegen geben unter Einrechnung des hebräischen Sirach vierzehn das Adjektiv ḥāpšî[25] bzw. das Substantiv ḥopæš[26] wieder. Es entspricht seinerseits dem biblischen ḥupšâ in Lev 19,20, das die Septuaginta mit ἐλευθερία übersetzt. Alle drei Begriffe bezeichnen primär einen ehemaligen Schuldsklaven als schuldenfrei.[27] Wie wir alsbald sehen werden, bedeutet lediglich das ḥopæš in Sir 7,21 tatsächlich Freilassung.[28] Die restlichen Belege für ἐλεύθερος beziehen sich mit Ausnahme von Jer 36 (G) par 29,2 (wo es *sar* wiedergibt) auf die vorexilisch nicht bezeugten ḥorîm, bei denen es sich nach Neh 2,16 um Angehörige der Nobilität handelt, die hinter den Priestern und vor den sᵉgānîm, den Gemeindevorstehern, rangieren.[29] In Neh 13,17 werden sie als ḥorê yehûdâ bezeichnet. Sachlich entspricht die Rede von den ḥorîm dem vorklassischen griechischen Sprachgebrauch von ἐλεύθερος aus der Zeit der Adelsherrschaft. Insgesamt handelt es sich bei der Verwendung der Worte ἐλεύθερος und ἐλευθερία in der Septuaginta um eine interpretatio graeca bzw. hellenistica, die zumal den Begriff der Schuldenfreiheit durch den der persönlichen Freiheit ersetzt.

5.1 Wenden wir uns der jüdisch-hellenistischen Literatur des 2. Jahrhunderts vor Christus zu, erweist sich ein Rückblick auf das biblische Schuldsklavenrecht in Ex 22, 2ff.; Dtn 15,12ff. und Lev 25,39ff. als angebracht, weil wir nur auf seinem Hintergrund den Bericht des Aristeasbriefes über die von Pseudo-Aristeas erwirkte Freilassung der jüdischen Sklaven im Ptolemäerreich wie die eigentümliche Verwendung des Begriffs der ḥopæš bei Ben Sira richtig einzuordnen in der Lage sind. Diese Bestimmungen zeigen in ihrer Abfolge eine zunehmende Humanisierung, die sich als Folge der deuteronomischen Bruderethik und der Theologisierungstendenzen des Heiligkeitsgesetzes beurteilen läßt:[30] Im Bundesbuch wie im Deuteronomium wird die Dienstbarkeit

---

Th. Willi, Die Freiheit Israels. Philologische Notizen zu den Wurzeln ḥpš, ᶜzb und drr, in: *H. Donner u. a.* (Hg.), Beiträge zur alttestamentlichen Theologie. FS W. Zimmerli, Göttingen 1977, S. 533-546, hier S. 546. Ich danke Herrn Kollegen Willi für den freundschaftlichen Hinweis auf seine Studie.

25. Vgl. Ex 21,2.5.26.27; Dtn 15,12.13.18; 1. Reg (G) = 1. Sam 17,25; Hi 39,5; Ps 87 (G) = Ps 88,5; Jer 41 (G) = 34,9.14.16. Hi 3,19 wird von G frei wiedergegeben und dabei das ḥāpšî eigenartig mit δεδοικώς wiedergegeben.
26. Sir H^A 7,21.
27. *Willi*, Freiheit, S. 533-538.
28. Vgl. dazu unten, S. 52.
29. Vgl. weiterhin Neh 4,8.13; 6,17; 13,17 und Koh 10,17.
30. Vgl. dazu *G. C. Chirichigno*, Debt-Slavery in Israel and the Ancient Near East, JSOT.S 141, Sheffield 1993, S. 345-357, und zuletzt *E. Otto*, Soziale Restitution und Vertragsrecht, RA 92/1998 (2000), S. 126-129 und S. 151-160.

des ʿæbæd ʿibrî lediglich auf sieben Jahre beschränkt. Daneben bleibt die Möglichkeit vorgesehen, daß sich der hebräische Sklave nach Ablauf dieser Frist für das Verbleiben bei seinem Herrn entscheidet. Nach dem Heiligkeitsgesetz widerspräche es dagegen dem Rechtsanspruch Jahwes, einen Israeliten in die Sklaverei zu verkaufen, weil alle Israeliten seine eigenen Knechte sind. Daher darf ein überschuldeter Israelit bis zur Restitution seiner Unabhängigkeit im Jobel-Jahr nicht als ʿæbæd, als Sklave, sondern nur als ger, als Fremdling,[31] bzw. als tôšab, als Beisasse oder Tagelöhner, behandelt werden.

5.2 Daher dürfte die Versklavung eines Juden durch einen Juden im 2. Jh. v. Chr. kein Problem mehr gewesen sein. Doch ergab sich als Folge des im Heiligkeitsgesetz vertretenen Rechtsanspruchs Jahwes auf die Israeliten als Glieder seines Eigentumsvolkes die Forderung, die Freilassung versklavter Juden von Nichtjuden zu erwirken. Daher besitzt die Erzählung am Anfang des Aristeasbriefes über die angeblich durch den Briefschreiber erzielte Freilassung der jüdischen, von Ptolemaios I. aus Juda nach Ägypten verschleppten und versklavten Juden durch Ptolemaios II. Philadelphos paradigmatischen Charakter:[32] So sollte sich ein Jude verhalten, wenn er die Möglichkeit besaß, die Freilassung versklavter Brüder zu erwirken.[33]

Der Bericht steht in Arist 12,3 f. philologisch auffällig nicht unter der Überschrift der ἐλευθέρωσις, der Freilassung, sondern der ἀπολύτρωσις, der Entlassung. Demgemäß ist auch in dem Bericht von der anschließenden Verhandlung mit dem König und in dessen nachfolgendem Erlaß zur Befreiung aller jüdischen Sklaven in seinem Reich nur von ἀπολύειν (15,6; 22,8; 24,7) bzw. ἀπόλυσις (14,7) die Rede. Erst am Ende des Berichts in 27,3 wird festgestellt, daß mit ihren Müttern auch viele Kleinkinder (ἐπιμαστίδια τέκνα) freigelassen wurden, und dabei das Verb ἐλευθεροῦν gebraucht. Auch wenn der Erzähler sich den König später in seinem Brief an den Hohenpriester dieser Tat rühmen läßt, legt er ihm ein ἠλευθερώκαμεν in den Mund (37,1).

Offensichtlich soll der Leser des Aristeasbriefes durch den differenzierten Sprachgebrauch den Eindruck gewinnen, daß der Erzähler zwischen der offiziellen Rechtssprache der Ptolemäer und der freien Rede zu unterscheiden

---

31. Zur Identifikation des ger im Heiligkeitsgesetz vgl. *J. E. Ramírez Kidd*, Alterity and Identity in Israel. The ger in the Old Testament, BZAW 283, Berlin und New York 1999, S. 48-71 bes. S. 68-71.
32. Zur Diskussion über die zeitliche Ansetzung vgl. *M. Goodman*, Schürer-Vermes III/1, Edinburgh 1986, S. 679-685, und immer noch *E. Bickerman(n)*, Zur Datierung des Pseudo-Aristeas, ZNW 1930, S. 280-296 = *ders.*, Studies in Jewish and Christian History I, AGJU 9, Leiden 1976, S. 109-136, der sich S. 135 für die Ansetzung zwischen 145 und 125 v. Chr. ausspricht.
33. Zu jüdischen Sklaven im hellenistischen Herrschaftsbereich vgl. *M. Hengel*, Juden, Griechen und Barbaren, SBS 76, Stuttgart 1976, S. 116-121.

weiß. Doch obwohl es unbestreitbar ist, daß sich Pseudo-Aristeas bei dem im Wortlaut zitierten Erlaß in Form und Sprache eng an den Sprachgebrauch früherer offizieller Erlasse anlehnt,[34] läßt sich in den erhaltenen, die Freilassung von Sklaven betreffenden Rechtsdokumenten aus der Ptolemäerzeit der Gebrauch von ἀπολύτρωσις, ἀπόλυσις und ἀπολύω nicht nachweisen. Während ἀπολύτρωσις in ihnen überhaupt nicht begegnet, bleibt die Verwendung von ἀπόλυσις und ἀπολύω in den Papyri auf die Entlassung aus dem Militärdienst oder das Ausscheiden von Beamten am Ende ihrer Amtszeit bzw. verallgemeinernd auf die Befreiung aus einer beklemmenden Situation beschränkt.[35]

5.3 Dieser Zurückhaltung gegenüber dem griechischen Freiheitsbegriff entspricht (nach den erhaltenen Fragmenten zu schließen) auch der Sprachgebrauch des Artapanos in seinem Moseroman. Auch er greift in seiner Nacherzählung der ägyptischen Plagen statt auf ἐλευθερόω auf ἀπολύω zurück.[36] So läßt er Mose dem ägyptischen König in frg. 3,22f.[37] erklären, er selbst sei nach Ägypten gekommen, weil der Herr der Welt ihm (scil. dem König) gebiete, die Juden zu entlassen (ἀπολῦσαι τοὺς Ἰουδαίους). Doch um diese göttliche Forderung durchzusetzen, mußten nach Artapanos erst vier Plagen über die Ägypter kommen. Zwar hatte sich der König unter dem Einfluß einer plötzlichen Nilschwelle als der zweiten Plage bereit erklärt, die Juden in einem Monat ziehen zu lassen (μετὰ μῆνα τοὺς λαοὺς ἀπολύειν) (3,29; 685.17). Doch bis es dazu kam, bedurfte es noch zweiter weiterer Plagen, deren schwerste letzte in Gestalt eines nächtlichen Hagelwetters und Erdbebens zahlreiche Ägypter tötete und so den König tatsächlich dazu brachte, die Juden zu entlassen (ἀπολῦσαι τοὺς Ἰουδαίους) (3,34; 686.2f.).[38] Mithin gewinnt der Leser den Eindruck, daß der griechische

---

34. *R. Scholl*, Corpus der Ptolemäischen Sklaventexte I: Text Nr. 1-114, Forschungen zur antiken Sklaverei. Beiheft 1, Stuttgart 1990, S. 26.
35. Vgl. *F. Preisigke*, Fachwörterbuch des öffentlichen Verwaltungsdienstes Ägyptens in den griechischen Papyrusurkunden der ptolemäisch-römischen Zeit, Göttingen 1915, S. 28 s.v., und *E. Kießling*, Wörterbuch der griechischen Papyrusurkunden IV/1, Berlin 1944, Sp. 252. Zum Sprachgebrauch von λυθρόω und λύθρωσις im Zusammenhang mit der Pfandauslösung vgl. *F. Preisigke*, Wörterbuch der griechischen Papyrusurkunden II, Berlin 1927, Sp. 42. In den wenigen erhaltenen Freilassungsurkunden wird der Freigabeakt mit ἀφίημι bzw. ἀπολύω beschrieben, vgl. R. Scholl, Ἀπελεύθεροι im ptolemäischen Ägypten, Arch. für Papyrusforschung 36, 1990, S. 39-42. Für freundliche Beratung danke ich Herrn Dr. Joachim Hengstl vom Institut für Rechtsgeschichte und Papyrusforschung der Universität Marburg.
36. Zu seiner Zeitstellung vgl. *N. Walter*, JSHRZ I/2, Gütersloh 1980, S. 125: jedenfalls vor 100 v. Chr.; *A. M. Schwemer*, DNP II, 1997, Sp.45: 3.-2. Jh. v. Chr.
37. FGrHist. 726 F 3,22.
38. Doch ehe daraus weitere Schlüsse gezogen werden können, müßte der hellenistische Sprachgebrauch von ἀπολύειν κτλ. genau untersucht werden.

Freiheitsgedanke selbst bei den in der hellenistischen Metropole Alexandrien lebenden Juden im 2. Jh.s. v. Chr. kein sonderliches Echo hervorrief, weil sie sich als Glieder der jüdischen Nomokratie verstanden, der göttlichen Weisung untertan waren und von dem Gehorsam gegen sie die göttliche Erlösung Israels erwarteten.

5.4 Dagegen weht uns ein leichter, aus der griechischen Welt kommender Hauch an, wenn wir uns dem Rat zuwenden, den Ben Sira in 7,21 seinen Adepeten erteilt:

Einen gebildeten Sklaven *(ᶜæbæd maśkîl)* liebe wie dich selbst,
du sollst ihm die *ḥopæš* nicht vorenthalten.

Wir wiesen oben bereits darauf hin, daß der hier gebrauchte terminus technicus für die Freilassung eines Schuldsklaven *ḥopæš* der biblischen *ḥupšâ* entspricht.[39] Aber das Wort erhält durch seine Beziehung auf einen normalen, nicht dem Schuldrecht unterliegenden Sklaven die positive Bedeutung der Freilassung. Demgemäß hat der Syrer das Wort angemessen mit *ḥîrûtâ*, »Freiheit« wiedergegeben.[40] Darüber hinaus dehnt Ben Sira das Gebot aus Lev 19,34, einen im Lande lebenden Ausländer wie sich selbst zu lieben, auf einen nichtjüdischen gebildeten Sklaven,[41] einen *ᶜæbæd maśkîl* aus.[42]

Auf den *ᶜæbæd maśkîl* kommt Ben Sira noch einmal in dem Wahrspruch 10,25 zu sprechen:

Wenn Edle *(ḥorîm)* einem gebildeten Sklaven dienen,
beschwert sich ein Weiser nicht.

So wie Ben Sira in 7,21 die nationale Schranke zugunsten der Menschenliebe überschreitet,[43] wertet er in 10,25 die Klassenschranke ab, die den Sklaven in

39. Vgl. dazu oben. S. 49.
40. Es sei in diesem Zusammenhang wenigstens darauf hingewiesen, daß Ben Sira in 15,11-20 zum ersten Mal im biblischen Kontext eine explizite Begründung für die sittliche Handlungsfreiheit des Menschen und damit zugleich für seine Verantwortlichkeit vor Gott gegeben hat; vgl. dazu *Wieke-Reuter*, S. 106-139 und künftig O. *Kaiser*, Göttliche Weisheit und menschliche Freiheit bei Ben Sira.
41. Vgl. Lev 25,44ff.
42. Vgl. dazu *H.-P. Mathys*, Liebe deinen Nächsten wie dich selbst. Untersuchungen zum alttestamentlichen Gebot der Nächstenliebe (Lev 19,18), OBO 71, Freiburg/Schweiz und Göttingen 1986, S. 40-45.
43. Der Begriff der φιλανθρωπία bezeichnet in 3. Esr 8,10 in dem Beauftragungsschreiben des Artaxerxes an Esra und in 2. Makk 14,9 in dem Bericht des Hohenpriesters Alkimos vor Demetrios I. die großzügige herrscherliche Gesinnung, in 2. Makk 6,22 dagegen ganz allgemein die freundliche Meinung, deren sich der Schriftgelehrte Eleasar bei den mit der Durchführung der Zwangsopfer Beauftragten erfreute. Daß ein Gerechter ein φιλάνθρωπος zu sein habe, wird Weish 12,19 als Lernziel der erinnernden Vergegenwärtigung des Verhaltens Gottes bezeichnet, *H. Engel*, NSK.AT 16, Stuttgart 1998, S. 208. Dort auch ein knapper, aber aufschlußreicher Hinweis auf die Bedeutung

der alten Welt selbstverständlich von dem Freien trennte. Darüber hinaus verdient es Beachtung, daß uns hier zum ersten Mal in einem biblischen Text die Gegenüberstellung von freigeborenem Edlen *(ḥorîm)* und Sklaven *(ʿæbæd)* begegnet. In den Augen Ben Siras entscheidet mithin nicht die Geburt, sondern die Leistung über die Würde des Menschen.

5.5 Die Gegenüberstellung des Sklaven mit dem Freien hat sich, wie TestJos 1,5 und TestAbr 1 19,7 belegen, in der Folge als selbstverständlich im hellenistischen Judentum eingebürgert. So berichtet Joseph Test Jos 1,5: ἐπράθην εἰς δοῦλον καὶ ὁ κύριος ἠλευθέρωσέ με (Ich wurde zum Sklaven verkauft, aber der Herr hat mich befreit).[44] Und in TestAbr 1 19,7 erklärt der Tod, daß er durch sieben Äonen hindurch die Welt mißhandle und alle in den Hades hinabführe, Könige und Herrschende, Reiche und Darbende, Sklaven und Freie (δούλους καὶ ἐλευθέρους).[45]

6.1 Wenn wir uns abschließend der Verwendung des griechischen Freiheitsbegriffs in den Makkabäerbüchern zuwenden, ist eine vorausgehende Erinnerung daran angebracht, daß der Aufstand der Makkabäer zunächst nicht der politischen Befreiung, sondern der Wiederherstellung der jüdischen Religionsfreiheit und damit dem ungehinderten und ungeschmälerten Toragehorsam galt.[46] Das weitergehende Ziel politischer Autonomie setzten sich

    der Philanthropie in der griechischen Ethik als Achtung der Menschenwürde auch des Unterlegenen, Schwächeren oder sogar Straffälligen. Charakteristische Belege bei *H. G. Liddell, R. Scott, H. S. Jones,* A Greek-English Lexicon with a revised Supplement, Oxford 1996, s. v.

44. Zur Diskussion über die Entstehung des griechischen Testaments der Zwölf Patriarchen vgl. *J. Becker,* Untersuchungen zur Entstehungsgeschichte der Testamente der zwölf Patriarchen, AGJU 8, Leiden 1970, S. 393-406, der mit einer Grundschrift mit weisheitlichen und apokalyptischen Einschüben rechnet. Ihm schließt sich *M. Küchler,* Frühjüdische Weisheitstraditionen, OBO 26, Freiburg/Schweiz und Göttingen 1979, S. 533 f. an, der die Paränesen und Lehrtexte Weisen der frühjüdischen Laienfrömmigkeit in Palästina (vgl. S. 439 f.) zuschreibt und ihren Ursprung in jüdisch-hellenistischen Kreisen sucht. *H. C. Kee,* OTP I, London 1983, S. 777 f. rechnet mit einer vorchristlichen Grundfassung, die er in die Makkabäerzeit datiert. Dagegen haben *H. W. Hollander* und *M. de Jonge,* The Testaments of the Twelve Patriarchs. A Commentary, StVTP 8, Leiden 1985, S. 85, die Annahme einer vorchristlichen Fassung für problematisch erklärt.

45. Zu ihrer Herleitung aus jüdischen Kreisen, ihrer nachträglichen christlichen Bearbeitung und ihrer Datierung Ende des 1. - Anfang des 2. Jh.s n. Chr. in Alexandrien vgl. *A.-M. Denis,* Introduction, StVTP 1, Leiden 1970, S. 36 f., und besonders *E. P. Sanders,* OTP I, London 1983, S. 874 f.

46. Vgl. dazu auch *H. G. Kippenberg,* Religion und Klassenbildung im antiken Juda, StUNT 14, Göttingen 1978 (²1982), S. 89; zur Stärke, Bewaffnung und Taktik der jüdischen Aufständischen *B. Bar-Kochva,* Judas Maccabaeus. The Jewish Struggle Against the Seleucids, Cambridge/U.K. 1989, passim, und zum Verhältnis der Essener zu den Hasmonäern *H. Stegemann,* The Qumran Essenes - Local Members of the Main Je-

die Makkabäer erst nach der Wiederweihe des Tempels angesichts der Gunst der Umstände, die sich aus den Streitigkeiten um den Thron des Seleukidenreiches ergab.[47]

6.2 Diese Zweipoligkeit des Wirkens der drei Söhne des hasmonäischen Landpriesters Mattathias Judas, Jonathan und Simon spiegelt sich in der doppelten Rahmung wie in der Darstellung des 1. Makkabäerbuches wieder.[48] Das Programm für den äußeren, die Gesamtdarstellung umfassenden Rahmen bildet die Klage des Mattathias über das Elend seines Volkes und der heiligen Stadt in 1. Makk 2,7-13. Dabei gibt V. 11b mit seiner Klage, daß Jerusalem aus einer Freien zu einer Sklavin geworden sei (ἀντὶ ἐλευθέρας ἐγένετο εἰς δούλην), das Thema für die Gesamtdarstellung vor. Sie erreicht ihr eigentliches Ziel in der Feststellung des Volkes in 14,26, daß Simon und seine Brüder die Feinde Israels vertrieben und ihm Freiheit verschafft haben (καὶ ἔστησαν αὐτῷ ἐλευθερίαν). Dieses Urteil erfährt dann in dem von Antiochos VII. Sidetes an den Hohenpriester und Ethnarchen Simon gerichteten Brief in 15,2-9 seine Unterstreichung, in dem er Simon die von seinem Vater Demetrios II. gewährten Freiheiten, die das Joch der Heiden von Israel genommen hatten (1. Makk 13,36-41), bestätigt und in V. 7 erklärt, daß Jerusalem und das Heiligtum frei sein sollen (Ἰερουσάλημ δὲ καὶ τὰ ἅγια εἶναι ἐλεύθερα). Dadurch bilden 2,11 und 15,7 den thematischen Rahmen des ganzen Buches: Am Anfang steht die Klage über den Verlust, am Ende (sehen wir von der Nachgeschichte Simons in den c. 15 und 16 ab) der Bericht, daß die Makkabäer Israel die Freiheit erstritten und der Seleukide Jerusalem ausdrücklich für frei erklärt hat.

Das Programm zumal für den inneren Rahmen der Judasvita bildet dagegen die Abschiedsrede des Mattathias in 2,50-68. In ihr steht in V. 50 die an die Söhne gerichtete Mahnung, für das Gesetz zu eifern, ihr Leben für den

---

wish Union in Late Second Temple Times, in: *J. T. Barrera, L. V. Montaner* (Hg.), The Madrid Qumran Congress. Proceedings of the International Congress on the Dead Sea Scrolls Madrid 18-21 March, 1991, StTDJ 11/1, Leiden u.a. 1992, S. 83-1165, bes. S. 114-126 und S. 148-158, vgl. auch *ders.*, Die Essener, Qumran, Johannes der Täufer und Jesus, Herder Spektrum 4128, Freiburg i.Br. u.a. ⁵1996, S. 213-219.

47. Vgl. zu den politischen Zusammenhängen *C. Habicht*, The Seleucids and their Rivals, in: *A. E. Astin u.a.* (Hg.), Rome and the Mediterranean to 133 B.C., CAH² VIII, Cambridge/U.K. 1989 (ND), S. 324-387 und bes. S. 346-350, bzw. ausführlich *K. Bringmann*, Hellenistische Reform und Religionsverfolgung in Judäa. Eine Untersuchung zur jüdisch-hellenistischen Geschichte (175-163 v.Chr.), AAWG.PH III/132, Göttingen 1983, bzw. zum ganzen Zeitraum *E. Schürer, G. Vermes u.a.*, History of the Jewish People in the Age of Jesus Christ (175 B.C.-A.D. 135), I, Edinburgh 1973 (ND), S. 125-199 und zu den politischen und ökonomischen Intentionen der jüdischen Reformer *Kippenberg*, Religion, S. 82-88.

48. Zu ihrer Eigenart und Genese vgl. den Artikel von *K.-D. Schunck*, Makkabäer/Makkabäerbücher, TRE XXI, 1991, S. 736-745.

Bund der Väter hinzugeben und dadurch unsterblichen Ruhm zu erlangen, prononciert am Anfang. Sie leitet nach dem heilsgeschichtlichen Rückblick und prophetischen Ausblick der V. 51-63[49] in V. 64 zu der an die Brüder gerichteten Aufforderung über, Simon als ihren Vater und Judas als ihren Heerführer zu betrachten. Und sie steht in den V. 67f. in der erweiterten Form, an den Heiden Vergeltung zu üben, am Ende seiner Rede: Der Eifer für das Gesetz als der Bundesverpflichtung Israels, die Rache an den Feinden und der unsterbliche Ruhm, der denen winkt, die all dieses vollbracht haben, bilden mithin die Leitmotive, unter denen die folgende Judasvita gelesen werden will. In der Mitte aber steht in den V. 50-63 die Erinnerung daran, daß die als treu erfundenen Väter von Abraham bis zu Daniel sämtlich Ruhm und einen ewigen Namen erlangten (V. 51-60). So steht auch über dem Kampf der Brüder die Gewißheit (V. 61), daß alle, die auf Gott hoffen, nicht zuschanden werden.

Mit diesem Rückverweis auf die Väter erhält die Judasvita zugleich ihre heilsgeschichtliche Einordnung: In Judas wie später in Simon hat Israel noch einmal seine Retter gefunden, die ihm Ruhe vor seinen Feinden verschafften (vgl. 7,50 mit 14,4). Denselben Zweck erfüllen die kurzen, Judas in den Mund gelegten Kriegsansprachen und Gebete mit ihren Rückverweisen auf Gottes einstige Heilstaten an Israel. Damit zugleich dienen sie der Kennzeichnung der Frömmigkeit des Makkabäers als der Voraussetzung seiner Siege. Das Grundmotiv wird bereits in der Kriegsansprache in 3,18-22 vor der Schlacht bei Beth Horon gegen Seron angeschlagen: Über den Ausgang des Kampfes entscheidet nicht die Zahl der Kämpfer, sondern der Beistand des Himmels (und d.h.: Gottes).[50] Weiterhin erinnert Judas die Seinen vor der Schlacht gegen Gorgias bei Emmaus daran, daß der Himmel einst die Väter vor der Streitmacht des Pharao errettet hat (4,9-11). Und vor der Schlacht bei Beth Zur gegen den Reichsverweser Lysias ruft er den Retter Israels an, der Goliath in Davids Hand und die Philister in die Gewalt Jonathans gegeben hat (4,30-34). Und schließlich betet er vor der Entscheidungsschlacht mit Nikanor zu dem Gott, der einst die Lästerungen der Boten San-

---

49. Die Aufforderung des Mattathias an seine Söhne in V. 62f., daß sie sich vor den Worten eines sündigen Mannes nicht zu fürchten brauchten, weil auch er der Regel unterliegt, daß der, der sich heute überhebt, morgen verwest, besitzt de facto die Bedeutung einer Prophetie. Denn auf die Kunde von der Niederlage des Lysias und der Restitution und Befestigung des Jerusalemer Tempels hin erschrickt Antiochos IV. nach 6,8ff. so, daß er erkrankt und stirbt; vgl. dazu auch *J. A. Goldstein*, AncB 41, Garden City/N.Y. 1976, S. 241f.

50. Um die Heiligung des Gottesnamens zu gewährleisten, legt sich der Erzähler größte Zurückhaltung auf und spricht in 2,61 statt von Gott entweder einfach von ihm (hû') oder wie in 3,18 und 4,30 vom Himmel. In der direkten Anrede des Gebets, wie sie in 4,30; 7,37 und 7,41 f. vorliegt, wird Gott in 4,30 als Retter Israels oder wie in 7,37 f. 41 f. einfach mittels einer Verbform in der 2. sing. masc. angerufen.

heribs mit der Vernichtung seines Heeres bestraft hat (7,41 f.). So legt die Erzählung ihren Lesern die Einsicht nahe, daß Judas und die Seinen dank ihres Gottvertrauens und des ihnen daraufhin zuteil gewordenen himmlischen Beistandes in der Nachfolge der Väter die Übermacht der Feinde gebrochen haben. So hat sich in Judas Siegeslauf das Bekenntnis seines Vaters Mattathias bewährt, daß keiner, der auf den Herrn hofft, zu schanden wird (2,61). Damit der Leser nicht denkt, der schließliche Schlachtentod Judas spreche dagegen, läßt ihn der Erzähler vor seinem letzten, von vornherein aussichtslosen Kampf sich ausdrücklich weigern zu fliehen und seinen verbliebenen Mitstreitern erklären, daß sie, wenn ihre Zeit gekommen sei,[51] mannhaft für ihre Brüder sterben und keinen Flecken auf ihre Ehre kommen lassen sollten (9,10). So, soll der Leser einsehen, stirbt der Fromme gottergeben, wenn seine Zeit gekommen ist. In seinem Leben wie weiterhin in dem seiner Brüder aber hat sich die Mahnrede des Vaters bewahrheitet, daß sie mit ihrem Kämpfen für das Gesetz und zur Rache an den Feinden Ruhm in ganz Israel und bei allen Völkern gewinnen würden (vgl. 5,63 mit 14,4.20f.). Israel freilich klagte über Judas wie einst David in seiner Klage über Saul und Jonathan: »Wie ist der Held gefallen, der Retter Israels.«[52] So ist in der Judasvita nicht nach griechischer Art von der Befreiung, wohl aber nach dem Vorbild des Richterbuches von der Rettung Israels die Rede.[53]

6.3 Die Erwartung, daß sich diese Zurückhaltung gegenüber dem Freiheitsmotiv in dem anerkanntermaßen durch die hochhellenistische Geschichtsschreibung beeinflußten 2. Makkabäerbuch etwas Wesentliches geändert hätte, wird einigermaßen enttäuscht: In seiner Erzählung begegnet das Freiheitsmotiv nur ein einziges Mal, freilich an hervorgehobener Stelle. In der Erzählung von dem Gelübde des von schrecklichen Leiden heimgesuchten Antiochos IV. in 9,13-17,[54] heißt es in V. 14, daß der König in seinem an den Herrn gerichteten Gebet versprochen habe, die Stadt für frei zu erklären (ἐλευθέραν ἀναδείξαι), gegen die er ausgezogen war, um sie dem Erdboden

---

51. Vgl. 2. Sam 7,12; Hiob 14,5; Ps 31,16, aber auch Koh 9,12.
52. Vgl. 2. Sam 1.19.27 mit 1. Makk 9,21.
53. Auch in der Darstellung der Regierung Jonathans und Simons bleibt das biblische Kolorit unübersehbar. So wird dem Leser z. B. in 14,2 durch die verbale Nähe zu 1. Kön 5,5; Mi 4,4 und Sach 3,10 der Gedanke nahegelegt, daß am Ende der Kämpfe der Brüder ein Friede in Israel eingekehrt war, wie es ihn seit den Tagen Salomos nicht mehr erlebt hatte und wie er die Heilszeit kennzeichnen sollte: Denn ein jeder saß unter seinem Weinstock und seinem Feigenbaum, und es gab niemanden, der sie aufschreckte. Zur historiographischen Eigenart des 1.Makkabäerbuches als erbaulicher Geschichtsschreibung vgl. D. *Mendels*, Jewish Historical Writings Between Judaism and Hellenism, in diesem Band oben S. 35-42.
54. Zu dem fiktiven Charakter des in 9,19-27 folgenden Briefes des Königs an die Juden vgl. C. *Habicht*, JSHRZ I/3, Gütersloh 1979, S. 246f. Anm. 18a-25a.

gleich und zu einem Massengrab zu machen (V. 15). Außerdem hätte er gelobt, den Tempel reich zu beschenken und selbst zum Judentum überzutreten (V. 16f.). Doch die Reue, so prägt uns der Erzähler ein, kam auch in diesem Fall zu spät: Denn der Mörder und Gotteslästerer, der so viele Menschenleben vernichtet hatte, hätte nun auch sein Leben unter den schrecklichsten Qualen beenden müssen (V. 28f.).

Abgesehen von diesem legendären Gebet des Seleukiden begegnet das Befreiungsmotiv im 2. Makkabäerbuch nur noch in dem angeblich von Nehemia nach dem Feuerwunder bei der Altarweihe gesprochenen Gebet in 1,24-29. Es steht in dem vieldiskutierten zweiten, an die Juden in Ägypten gerichteten Einleitungsbrief 1,9-2,18.[55] In ihm heißt es in V. 27: »Führe unsere Brüder in der Zerstreuung wieder zusammen, befreie (ἐλευθέρωσον) die unter den Heiden Versklavten, sieh auf die für nichts Geachteten und Verabscheuten: so sollen die Heiden erkennen, daß du unser Gott bist.« Hier wird zum ersten Mal die göttliche Sammlung und Heimführung der Diaspora mittels des griechischen Verbs ἐλευθερόω als das göttliche Werk der Befreiung bezeichnet. Aber der hellenistische Sprachgebrauch ändert nichts an der traditionellen Erwartung, daß der Herr der Erlöser seines Volkes sein wird.

7. Wenden wir uns abschließend der Darstellung der Kämpfe des Judas Makkabaios bei Flavius Josephus zu, so tritt uns der Held hier im ganz dem hellenistischen und römischen Geschmack entsprechenden Gewand eines Freiheitskämpfers entgegen. Als Beispiel dafür sei Josephus' Fassung der Rede Judas an seine Mitkämpfer vor der Schlacht bei Emmaus zitiert (Ant. XII.302-304):[56]

Es gibt für euch keine Zeit, in der es notwendiger ist als in der gegenwärtigen, meine Gefährten, beherzt zu sein und die Gefahren zu verachten. Denn wenn ihr jetzt tapfer kämpft, werdet ihr die Freiheit gewinnen, die bei allen Menschen ein um ihrer selbst willen geliebtes Gut ist, für euch aber am wünschenswertesten, weil sie euch das Recht gibt, die Gottheit zu verehren. So liegt es denn gegenwärtig bei euch, sie zu empfangen und ein glückliches und gesegnetes Leben (und das bedeutet: in Übereinstimmung mit den Gesetzen und Bräuchen ihrer Väter) zurückzugewinnen oder das allerschandbarste Schicksal zu erleiden und ohne Nachkommen eurer Art zu bleiben. So kämpft denn, wohl wissend, daß auch die, die nicht kämpfen, sterben müssen, und seid überzeugt, daß die, die für solche Güter wie die Freiheit, das Vaterland und die heilige Scheu verdienenden Gesetze eintreten, ewigen Ruhm erwerben. So seid denn bereit und im Geiste gefaßt, daß ihr morgen bei Tagesanbruch zum Kampf mit den Feinden antretet.

55. Zur Diskussion vgl. *Schürer-Vermes* III/1, S. 533f.
56. Vgl. dazu auch *J. L. Feldman*, Josephus' Portrayal of the Hasmoneans Compared with I Maccabees, in: *ders.*, Studies in Hellenistic Judaism, AGJU 30, Leiden 1996, S. 137-163, und zu der Zeichnung des Mattathias bes. S. 140-142.

Dürfen wir also mit der Feststellung schließen, daß Josephus der Vater der jüdischen Befreiungstheologie gewesen ist? Schon die Erinnerung an das Motiv seines literarischen Wirkens, seinem Volk die Achtung der Sieger einzutragen, läßt uns zögern. Seine Charakterisierung des Makkabäers als eines den griechischen und römischen gleichwertigen Freiheitshelden dient dem apologetischen Nachweis, daß sich nicht allein die Römer des *Moribus antiquis res stat Romana virisque* (Cic. rep. V.I.1) rühmen können[57] und daß die an und für sich zum Nachgeben bereiten Juden sich doch dann machtvoll erheben und bis zum Letzten kämpfen, wenn das Gesetz bedroht ist: ἐπειδάν τινες ἡμᾶς τὰ νόμιμα κινεῖν ἀναγκάζωσι, τότε καὶ παρὰ δύναμιν αἱρούμεθα πολέμους καὶ μέχρι τῶν ἐσχάτων ταῖς συμφοραῖς ἐγκαρτεροῦμεν (Jos. c. Ap. II.272 f.). Daher ist in seinen Augen auch sein besiegtes Volk der Ehre wert. Mose aber gab seinem Staatswesen die Form einer Theokratie, indem er alle Herrschaft und Autorität in die Hände Gottes legte (c. Ap. II.165).[58] In seinen Gesetzen bildet die εὐσέβεια keinen Teil der ἀρετή, sondern die ἀρετή einen solchen der εὐσέβεια. Insgesamt aber verdanken die Juden nach Josephus' Ansicht ihrem Gesetz eine wunderbare Eintracht. Denn da sie alle ein und dieselbe Meinung über Gott besitzen und sich weder in ihrer Lebensweise noch in ihren Sitten von einander unterscheiden, ist ihnen eine vollendete Harmonie der Gesinnung eigen (c. Ap. 179).[59]

In dieser Überzeugung konnte das Judentum auch das katastrophale Ende der beiden großen jüdischen Aufstände und seine erneute Zerstreuung unter die Völker als das um das Gesetz seines Gottes versammelte Volk überleben. Dazu bedurfte es des griechischen Freiheitsgedankens nicht.

---

57. Vgl. dazu *B. Schröder*, Die väterlichen Gesetze. Flavius Josephus als Vermittler von Halacha an Griechen und Römer, TSAJ 53, Tübingen 1996, S. 159-175.
58. Ich danke Martin Hengel für den Hinweis auf die Studien von B. Schröder und diese Stelle.
59. Vgl. dazu auch *Schröder*, S. 137-151 und bes. S. 150f.

Zur Methodologie der Datierung und Lokalisierung pseud- und anonymer Schriften

dargestellt an Beispielen vornehmlich aus dem Bereich der JSHRZ

Berndt Schaller

Texte, deren Verfasser sich hinter einem Pseudonym verstecken oder gar – sei es absichtlich, sei es aus Zufall – anonym daherkommen, stellen für alle Sparten und Arten literaturwissenschaftlicher Forschung eine besondere Herausforderung dar. Die Aufgabe, herauszufinden, von wem sie stammen, wann und wo sie verfaßt wurden, ist ein besonders heikles, weil mit vielen Schwierigkeiten und entsprechend großen Unsicherheiten verbundenes Unterfangen. Das ist eine Binsenwahrheit und darüber besteht in dem hier versammelten Kreis sicherlich kein Dissens. Nicht nur diejenigen unter uns, die für die Reihe der JSHRZ oder verwandte Sammlungen eigene Beiträge geliefert haben, wissen davon manches leidvolle Lied zu singen, auch die anderen verfügen in dieser Hinsicht gewiß – insbesondere wohl im Blick auf manche Erzeugnisse ur- und frühchristlichen Schrifttums – über eigene Erfahrungen. Ob wir uns indes auch darüber einig sind, wie diesen Schwierigkeiten methodisch zu begegnen ist, wage ich freilich nicht in gleicher Weise zu behaupten. Bei der Durchsicht der einschlägigen Veröffentlichungen habe ich den Eindruck gewonnen, daß selbst unter den Fachleuten über die Stringenz und Evidenz der zur Anwendung kommenden Kriterien keineswegs Einvernehmen besteht, wenn es darum geht, die zur Diskussion stehenden Texte historisch zu verorten, sie genauer zu datieren und, wenn möglich, auch zu lokalisieren. Methodologisch betrachtet komme ich – zugespitzt, aber keineswegs überspitzt formuliert – kaum darum herum, von einer gewissen Beliebigkeit in der Argumentation zu sprechen.

Wie weit es überhaupt gelingt, in Sachen der Datierung und Lokalisierung jeweils überzeugende oder zumindest einigermaßen befriedigende Lösungen zu erzielen, läßt sich von vornherein zwar keineswegs ausmachen. Aber wenn überhaupt eine Chance dazu bestehen sollte, dann m. E. nur, wenn die methodischen Grundlagen und Grundlinien gesichtet und gewichtet sind.

Was ich zu bieten habe, ist ein Versuch in dieser Richtung. Ich werde zunächst (I) überblicksartig die bei uns gängigen methodischen Ansätze in ihren Grundlinien skizzieren und dann (II) an Hand einiger Fallbeispiele deren Tragfähigkeit und Grenzen erörtern. Zum Schluß (III) will ich den Versuch machen, in Form einiger Thesen zur methodologischen Hierarchie ein Fazit zu ziehen.

Materialiter beschränke ich mich in der Hauptsache auf einige wenige Textkomplexe aus dem Bereich der JSHRZ und zwar auf das Jubiläenbuch, den Liber Antiquitatum Biblicarum, das 4. Makkabäerbuch und die Paralipomena Jeremiou. Daneben möchte ich noch eine weitere Schrift jüdischer Herkunft heranziehen, die sogenannte Weisheitsschrift aus der Kairoer Geniza. Das Werk ist – aus guten Gründen – in die Reihe der JSHRZ nicht aufgenommen worden, erweist sich aber gerade in methodologischer Hinsicht als recht aufschlußreich. Texte anderer Literaturarten und -sparten habe ich ausgespart, allein aus pragmatischen Gründen. Um den Komplex umfassend zu bearbeiten, bedürfte es zweifellos eines breiter angelegten literaturwissenschaftlichen Vergleichs, aber das ist schon aus Zeitgründen hier nicht möglich.

I : Methodische Ansätze und Grundlinien

Vor die Aufgabe gestellt, pseud- bzw. anonyme Texte zu datieren und lokalisieren, bedienen wir uns einer Vielzahl und Vielfalt von methodischen Ansätzen und Grundlinien. Es ist meist ein Gemisch aus textinternen und textexternen Argumenten, die zusammen getragen werden. Man könnte von einer Puzzle- oder Mosaik-Spiel-Methode sprechen.

Das gilt vor allem im Blick auf die Datierung. Hier kommen Elemente unterschiedlichster Art zum Zuge: die Überlieferungs- und Wirkungsgeschichte des jeweiligen Textes, literarische Zusammenhänge und Abhängigkeiten, Reflexe historischer Ereignisse und Personen, geistes- und theologiegeschichtliche, rechts- und kulturgeschichtliche Bezüge sowie sprachgeschichtlich-linguistische Besonderheiten. Das dabei angewandte Verfahren läuft methodologisch nach dem Prinzip von äußerer Limitation und innerer Spezifikation.

Die äußere Limitation ist eine Art Grobrasterverfahren; sie zielt darauf, die termini post und ante quem zu eruieren. Die innere Spezifikation läßt sich mit einem Feinrasterverfahren vergleichen, bei dem es darum geht, den durch die äußere Limitation gesteckten Rahmen zu füllen; teils geschieht dies unter der Frage nach im Text direkt oder indirekt vorhandenen zeitgeschichtlichen Anspielungen, teils unter der Frage nach sonstigen für den Text relevanten Verhältnissen. Z.T. kommen dabei auch schon für die Lokalisierung entscheidende Aspekte in den Blick, Hinweise auf geographische und lokal-historische Gegebenheiten. Überwiegend orientiert sich die Lokalisierung aber am Sprachcharakter der jeweiligen Schrift. Bei hebräischer oder aramäischer Abfassung wird weitgehend auf den palästinischen (bzw. den syrischen) Raum getippt, bei griechischer Abfassung meist auf Herkunft aus der Diaspora geschlossen. Für eine genauere Eingrenzung spielen dann – abgesehen von geographisch und lokalhistorisch relevanten Angaben – allgemeine Vorstellungen über die Eigenart der geistigen und religiösen Zentren der jüdischen Welt eine Rolle. Im übrigen wird gelegentlich für Lokalisierungen, aber z. T. auch für Datierungen – falls im Text vorhanden und soweit erkennbar – die Eigenart der in einer Schrift verwerteten Bibeltexte ins Feld geführt.

Dieses Methodeninstrumentarium kommt in fast allen Untersuchungen zu den einschlägigen Texten in der Reihe der JSHRZ und verwandter Sammlungen zum Zuge. Freilich geschieht dies, wie wir alle wissen, in sehr unterschiedlicher Weise und entsprechend mit nicht selten höchst gegensätzlichen Ergebnissen. Wie kommt das? Spiegeln sich darin in erster Linie unsere individuellen Neigungen und Beschränktheiten, macht sich hier ein Mangel an methodologischer Reflexion bemerkbar oder stoßen wir schlicht an methodologische Grenzen?

Wie tragfähig ist unser methodisches Instrumentarium, wo liegen seine Grenzen? Dieser Frage möchte ich, wie angekündigt, an Hand von ein paar Fallbeispielen nachgehen.

II: Tragfähigkeit und Grenzen des methodischen Instrumentariums

1. Das Jubiläenbuch

Im Blick auf das Jubiläenbuch sind wir hinsichtlich der Datierungsfrage in einer besonders günstigen Situation, wie sie im Kreis der JSHRZ sonst nur noch selten[1] gegeben ist: Es gibt handschriftliche Textzeugen aus vorchristlicher Zeit. Unter den in den Höhlen von Qumran gefundenen Fragmenten sind wenigstens 16, die als zum Jubiläenbuch gehörig identifiziert wurden[2] und von denen das älteste (4Q216) auf Grund des paläographischen Befun-

---

1. Ausnahmen sind die im Kanon der Septuaginta enthaltenen Bücher Tobit, Judit und Jesus Sirach.
2. 1Q17.18; 2Q19.20; 3Q5; 4Q216.218.219-224; 11Q12; dazu s. *J. C. VanderKam*, The Book of Jubilees. A Critical Text I, Louvain 1989; *ders.*, The Jubilee Fragments from Qumran Cave 4, in: *J. Trebolle Barrera – L. Vegas Montaner* (Hg.), The Madrid Qumran Congress II, Leiden 1992, 635-648. Die Texte finden sich in deutscher Übersetzung bei *J. Maier*, Die Qumran-Essener: Die Texte vom Toten Meer I, München 1995 (UTB 1862), 209 f. 274.284.360; II, München (UTB 1863) 1995, 172-179.

des sich spätestens in die Mitte des 1. Jh. v. Chr.,[3] sehr wahrscheinlich aber schon auf Ende des 2. Jh. v. Chr. datieren läßt.[4] Damit ist ein wesentlicher Punkt für den terminus ante quem gegeben und die auf A. Dillmann[5] bzw. H. Rönsch[6] zurückgehenden Datierungen ins 1. Jh. v. bzw. n.Chr endgültig hinfällig. Sieht man von einigen wenigen Stimmen ab, die das Werk in die vorhellenistische Zeit, mindestens ins 3. Jh. v. Chr. sogar noch früher datieren,[7] so zeichnet sich heutzutage weithin ein Konsens ab, das Buch zeitlich im 2. Jh. v. Chr. anzusetzen und als äußeren terminus post quem die Zeit der Herrschaft des Hohenpriesters Jason (175-172) mit den von ihm eingeführten hellenistischen Reformen anzusprechen. Innerhalb des damit gesetzten Rahmens – zwischen 175 und 100 – variieren die Vorschläge im einzelnen dann freilich erheblich. Das Grundproblem, das sich hier erhebt, ist die Frage, ob und wie es gelingt, im Text des Jubiläenbuches berichtete Konflikte eindeutig mit konkreten zeitgeschichtlichen Ereignissen in Zusammenhang zu bringen. Das ist beginnend mit Bohn[8] und Bousset[9] vielfach versucht worden, wobei der Abfassungsspielraum oft auf wenige Jahre genau eingeengt wurde: s. z. B. Finkelstein[10] zwischen 176-165, VanderKam[11] zwischen 161 und 152(140), Berger[12] zwischen 145 und 140, Milik[13] zwischen 128-125. Die Grenzen des methodisch vertretbaren wurden m. E. dabei aber meist weit überschritten.

Sieht man sich die jeweils eingebrachten Belege und Argumente an, dann kann von zwingender Evidenz kaum die Rede sein. Die in Anspruch genommenen zeitgeschichtlichen Bezüge sind von wenigen Ausnahmen abgesehen nicht wirklich stringent. Z. T. handelt es sich um reine Postulate; so etwa, wenn die Bemerkung in Jub 46,6, der König von Ägypten sei von dem kanaanäischen König Makamaron bekämpft und getötet, auf den 145 v. Chr. ver-

3. Vgl. *J. T. Milik*, in: *H. Attridge u. a.* (Hg.), Qumran Cave 4, VIII: Parabiblical Texts 1, DJD XIII,2.
4. Dazu s. *J. C. VanderKam – J. T. Milik*, The First Jubilees Manuscript from Qumran Cave 4. A Preliminary Publication, in: JBL 110 (1991), 243-270.
5. Das Buch der Jubiläen oder die kleine Genesis, in: JBW 3 (1851), 72-96.
6. Das Buch der Jubiläen oder die kleine Genesis, Leipzig 1874 (= Amsterdam 1970), 528 f.
7. So schon *M. J. Krüger*, Die Chronologie im Buch der Jubiläen, auf ihre biblische Grundlage zurückgeführt und berichtigt, in: ZDMG 12 (1858), 279-299; ferner *S. Zeitlin*, The Book of Jubilees. Its Character and Significance, in: JQR NS 30 (1939/40), 1-31 und jetzt wieder *H. Stegemann*, Die Essener, Qumran, Johannes der Täufer und Jesus, Herder/Spektrum 4128, Freiburg 1993, 132.
8. *J. Bohn*, Die Bedeutung des Buches der Jubiläen, in: ThStKr 73 (1900), 167-184.
9. *W. Bousset*, Die Testamente der zwölf Patriarchen, in: ZNW 1 (1900), 197-202.
10. *L. Finkelstein*, The Date of the Book of Jubilees, in: HThR 36 (1943), 19-24.
11. *J. VanderKam*, Textual and Historical Studies in the Book of Jubilees, HSM 14, Missoula 1977, 207-254; *ders*, The Origins and Purposes of the Book of Jubilees, in: *M. Albani – J. Frey – A. Lange*, Studies in the Book of Jubilees, TSAJ 65, Tübingen 1997, 19 f.
12. *K. Berger*, Das Buch der Jubiläen, JSHRZ II,3, Gütersloh 1981, 299 f.
13. *J. T. Milik*, The Books of Enoch, Oxford 1976, 58.

storbenen Ptolemaios VI. bezogen und damit die Datierung des terminus post quem genau auf dieses Jahr begründet wird.[14] Aber auch sonst bleiben die historischen Identifikationen meist vage. Dies trifft nicht nur im Blick auf Textdeutungen vor dem Hintergrund der Regierungszeit des Johannes Hyrkan zu, sondern für die heute verbreitete Sicht, das Jubiläenbuch spiele in einigen Passagen (insbesondere 34,2-9; 37-38) auf Ereignisse der Makkabäerzeit an.[15] Deutlich wirklich zu erkennen sind m. E. nur die Bezugnahmen auf Sachverhalte, die mit den hellenisierenden Reformbestrebungen unter dem Hohenpriester Jason (175-172) in Zusammenhang stehen – Polemik gegen Auftreten in körperlicher Nacktheit (3,31, vgl. 7,8 ff.20) und gegen Aufgabe bzw. Aufhebung der Beschneidung (15,33). Auch daß in einem Text wie Jub 23 das Ereignis der Tempelschändung unter Antiochos IV. (165. v. Chr.) sich in keiner Weise niedergeschlagen hat, will zu einer Datierung in makkabäische oder postmakkabäische Zeit schlecht passen.[16]

Kurz, am Beispiel des Jubiläenbuches läßt sich deutlich zeigen, wie schwierig es ist, erzählerische Elemente eines Textes als zeitgeschichtliche Hinweise überzeugend auswerten zu können, und wie sehr gerade an dieser Stelle methodische Stringenz erforderlich ist.

2) Liber Antiquitatum Biblicarum

Die gleiche Problemstellung begegnet auch beim Liber Antiquitatum Biblicarum, nur daß sich hier die Eingrenzung der Abfassungszeit noch schwieriger darstellt als beim Jubiläenbuch. Das hängt damit zusammen, daß das ausschließlich in lateinischer Fassung überkommene Werk[17] in seiner Textgeschichte gerade bis ins 9. Jh. n. Chr. zurückverfolgt werden kann.[18] Nur an Hand stilistischer und sprachlicher Eigenarten der lateinischen Fassung läßt sich wahrscheinlich machen, daß es sich um einen erheblich älteren Text handelt, der über eine griechische Zwischenstufe auf ein hebräisches Original zurückgehen dürfte.[19] Angesichts dessen ist es nicht verwunderlich, daß es

14. So *K. Berger*, JSHRZ II,3, 1981, 300. 537f.
15. Vgl. dazu *G. W. E. Nickelsburg*, Rezension von VanderKam, Studies, in: JAOS 100 (1980), 83f., *ders.*, The Bible Rewritten and Expanded, CRINT II.2, Assen 1984, 102f.
16. Darauf hat mit Recht bereits *Nickelsburg* (A.15), 103 hingewiesen; aufgenommen von *L. Doering*, Schabbat. Sabbathalacha und -praxis im antiken Judentum und Urchristentum, TSAJ 78, Tübingen 1999, 49.
17. Vgl. *H. Jacobson*, A Commentary on Pseudo-Philo's *Liber Antiquitatum Biblicarum*, AGAJU 31, Leiden 1996, 257-277.
18. Dazu s. *B. Schaller*, Zur Überlieferungsgeschichte des ps.philonischen *Liber Antiquitatum Biblicarum* im Mittelalter, in: JSJ 10 (1979), 64-73.
19. Vgl. dazu *D. J. Harrington*, The Original Language of Pseudo-Philo's Liber Antiquitatum Biblicarum, in: HThR 63 (1970), 503-514.

eine erhebliche Bandbreite in den Datierungsvorschlägen gibt: sie beginnen mit dem 1. Jh. v. Chr.[20] und enden im 3./4. Jh. n. Chr.[21] und weisen dazwischen eine ganze Reihe von Möglichkeiten auf: a) zwischen 44 bzw. 52 und 66 n. Chr.;[22] b) zwischen 70 – 132 n. Chr.;[23] c) hadrianische Zeit.[24] Der Hauptstreit dreht sich um die Alternative eines Ansatzes vor oder nach der Zerstörung des Jerusalemer Tempels, also vor 70[25] oder nach 70.[26]

Welches sind die Argumente und die Kriterien? Die Geister scheiden sich insbesondere an der Frage nach der im LAB vorausgesetzten Situation des Tempels und Tempelkults.

Die Verfechter einer Datierung vor 70 verweisen auf Textstellen wie LAB 13,1; 22,8, in denen die Darbringung von Opfern und die Ausstattung des Tempels eine Rolle spielen und dabei wenigstens in einem Fall sogar ausdrücklich vermerkt wird, daß dies »bis zum heutigen Tag« (22,8) geschieht. Sie schließen daraus, daß zur Zeit der Abfassung des LAB der Jerusalemer Tempel noch gestanden haben muß,[27] und machen als zusätzliche Stütze die Tatsache geltend, daß im ganzen LAB von der erfolgten Zerstörung des Tempels keine Rede ist (vgl. 19,7).

Auf der anderen Seite wird dem entgegen gehalten, daß hier in kurzschlüssiger Weise die literarische und die zeitgeschichtliche Ebene verquickt werden.[28] Damit ist methodologisch gesehen einer der entscheidenden Punkte angesprochen: In wie weit kann man davon ausgehen, daß die von einem Autor erzählte Geschichte die eigene Zeitgeschichte im Blick hat? Ist nicht insbesondere dort, wo auf alte Geschichte und Geschichten rekurriert wird, zunächst und an erster Stelle die Ebene der erzählten Vergangenheit bestimmend? In den hier angesprochenen Texten des LAB ist das zweifellos der Fall.[29] In ihnen ist zwar vom Opferkult die Rede, aber nicht im Zusammen-

20. *J. Hadot*, Le milieu d'origine du »Liber Antiquitatum Biblicarum«, in: *A. Caquot* (Hg.), La littérature intertestamentaire. Colloque de Strasbourg (17.-19. Octobre 1983), Paris 1985, 153-171, bes. 162f.
21. *A. Zeron*, Erwägungen zu Pseudo-Philos Quellen und Zeit, in: JSJ 11 (1980), 52.
22. *D. Mendels*, Pseudo-Philo's Antiquities, the »Fourth Philosophy«, and the Political Messianism of the First Century C. E., in: *J. H. Charlesworth* (Hg.), The Messiah, Minneapolis 1992, 266 A. 21.
23. *Chr. Dietzfelbinger*, Pseudo-Philo Antiquitates Biblicae, JSHRZ II,2, Gütersloh 1975 = 1979, 95 f.
24. *Jacobson* (A.17), 208 f.
25. So *D. J. Harrington*, The Biblical Text of Pseudo-Philo's Liber Antiquitatum Biblicarum, in: CBQ 33 (1971), 16 f.; *P.-M. Bogaert*, in: *Ch. Perrot – P.-M. Bogaert* (Hg.), Pseudo-Philon. Les Antiquités Bibliques II, SC 230, Paris 1976, 74.
26. So bereits *L. Cohn*, An Apocryphal Work Ascribed to Philo of Alexandria, in: JQR 10 (1898), 277-332: 326f. und *M. R. James*, The Biblical Antiquities of Philo, London 1917 = New York 1971, 29-32; *Dietzfelbinger* (s. A.23), 95.
27. Vgl. *Bogaert* (A.25), 72.
28. Vgl. dazu insbesondere *Jacobson* (A.17), 709. 799.
29. Auch der Vermerk »bis auf den heutigen Tag« in 22,8 taugt schwerlich als Gegenargu-

hang mit dem Jerusalemer Tempel. Behandelt wird die Zeit der Landnahme unter Josua mit den Opferstätten von Gilgal (und Shilo). Der Verfasser des LAB ist ganz darauf fixiert, der Jerusalemer Tempel kommt in der Erzählung selbst nur als zukünftige Größe vor (19,7; 26,12f.). D.h., der Umstand, daß im LAB Opfervorgänge und Kulteinrichtungen beschrieben werden, besagt über zeitgenössische Verhältnisse nichts.[30] Wenn zeitgenössische Verhältnisse überhaupt in die Erzählung eingeflossen sind, dann am ehesten dort, wo Elemente vorkommen, die durch die biblischen Erzählvorbilder nicht gedeckt sind. Das ist im Rahmen des LAB namentlich an einer Stelle der Fall. LAB 19,7 wird die prophezeite Zerstörung des Jerusalemer Tempels mit dem Ereignis des Zerbrechens der Bundestafeln am Horeb verglichen und wie dieses auf den »siebzehnten Tag des vierten Monats«, also auf den 17. Tammuz, datiert. Diese Angabe erklärt sich nicht aus biblischen Vorgaben über die Zerstörung des 1. Tempels, sondern, wie schon Cohn[31] gesehen und Jacobson[32] gegen Bogaert[33] erhärtet hat, aus einer in späteren jüdischen (und christlichen) Quellen verbreiteten Datierung der Einnahme Jerusalems und der Zerstörung des 2. Tempels durch die Römer.[34] D.h., hier haben wir offenkundig einen für die Datierungsfrage signifikanten und evidenten Textbefund vor uns. Wer dennoch meint, an einer Datierung des LAB vor 70 festhalten zu müssen, muß diesen Befund entweder ausblenden oder ein Haar in der Suppe finden, das sich zum Fallstrick winden läßt. Wie sich das bewerkstelligen ließe, sehe ich nicht. Doch wie immer man sich dazu stellen mag, der hier diskutierte Fall ist methodologisch gesehen so oder so ein Paradestück für die Problematik der historischen Auswertung von Erzähltexten.

Der LAB konfrontiert aber darüberhinaus auch noch an einer anderen Stelle mit einem methodologischen Grundproblem. Wenn es zutrifft, daß der terminus post quem mit der Zerstörung Jerusalems durch die Römer gegeben ist, dann steht die Frage nach dem terminus ante quem noch immer offen. Bei den von mir bereits erwähnten Datierungsvorschlägen wird in dieser Hinsicht die Grenze meist im ersten Drittel des 2. Jh. n. Chr. gezogen,

---

ment. Es handelt sich um eine in biblischen (vom Deuteronomium bis zu den Chronikbüchern) und auch in nachbiblischen (vor allem im Jubiläenbuch, ferner in den Vitae Prophetarum) Erzähltexten viel verwendete Formel, die als literarisches Mittel eingesetzt wird, teils um das Gewicht einer bestimmten Einrichtung zu unterstreichen, vor allem aber auch, um den Eindruck von Kennerschaft zu vermitteln. Rückschlüsse auf die Abfassungszeit eines Textes lassen sich daraus nicht ohne weiteres ziehen; vgl. auch das nochmalige Vorkommen in 26,12, s. dazu *Jacobson* (A.17), 799.

30. So mit Recht *Jacobson* (A.17), 709.
31. *Cohn* (A.26), 326f.
32. *Jacobson* (A.17), 202ff.
33. *Bogaert* (A.25), 67-70.
34. Vgl. Josephus Bell. VI, 93f.; mTaan IV,6; yTaan IV,6 (68c); Hieronymus, In Zach 8,19 (MPL 25,1475).

vor dem Bar-Kochbakrieg oder an seinem Ende. Wie kommt es zu dieser Grenzziehung? Bezeichnenderweise ist sie keineswegs auf den LAB beschränkt. Sie begegnet gleichfalls bei einer ganzen Reihe weiterer Texte, die zum corpus der JSHRZ gehören.[35] Man kann von einer inzwischen geradezu kanonisch gewordenen Grenzziehung sprechen.[36] Wodurch ist diese bestimmt? Hier kommt zum Zuge, daß die zur Diskussion stehenden jüdischen Schriften allesamt ihren Erhalt dem Umstand verdanken, daß ihre Texte von christlicher Seite übernommen und weiter überliefert wurden. Eine derartige Übernahme setzt voraus, daß der Prozeß der Trennung von Christentum und Judentum noch nicht abgeschlossen ist. Wie lange ist damit zu rechnen? Gewöhnlich wird die Scheidelinie spätestens in der ersten Hälfte des 2. Jhs. angesetzt. Und von diesem Ansatz her erscheint es dann geradezu zwingend, alles jüdische Schrifttum, das die christliche Kirche übernommen hat, früher zu datieren. Ich selbst habe mich dieser Argumentation sowohl für das Testament Hiob[37] wie für Paralipomena Jeremiou[38] bedient. In meinem Beitrag zu den Paralipomena Jeremiou habe ich freilich anmerkungsweise bereits vermerkt: »Im einzelnen besteht hier indes noch ein erheblicher Klärungsbedarf.«[39] Heute würde ich diesen Vorbehalt schärfer formulieren. Die genannte Scheidelinie derart axiomatisch einzusetzen, erscheint mir immer fragwürdiger. Die Beziehungen zwischen der jüdischen und der christlichen Lebenswelt sind in der Mitte des 2. Jh.s nicht rundweg abgebrochen. Was spricht eigentlich dagegen, daß auch später noch christliche Kreise jüdische, biblisch orientierte Texte aufgenommen und zur eigenen Erbauung verwertet haben?

3) 4. Makkabäerbuch

Ich komme zum 4. Makkabäerbuch. Auch bei ihm spielt die Datierungsfrage eine wichtige Rolle. Ich werde darauf aber nicht eigens eingehen, da die Problemlage methodologisch gesehen vielfach ähnlich wie beim Jubiläenbuch und dem Liber Antiquitatum gelagert ist. Auch hier geht es wesentlich um die Möglichkeiten, die Erzählung historisch transparent zu machen.[40] Ich

---

35. Z.B. Paralipomena Jeremiou, Testamentum Iobi, griechischer Baruch, Apokalypse Abrahams, Martyrium Jesaiae.
36. Für den LAB ist sie besonders durch *M. R. James*, The Biblical Antiquities of Philo, London 1917, 33 A. 1 betont herausgestellt worden. Vorbehalte bei Jacobson (A.17), 210.
37. JSHRZ III,3, 1979, 311.
38. JSHRZ I,8, 1998, 679.
39. JSHRZ I,8, 1998, 679 A. 109.
40. Vgl. dazu *J. W. van Henten*, Datierung und Herkunft des vierten Makkabäerbuches, in:

habe das 4. Makkabäerbuch herausgegriffen als Fallbeispiel für den Versuch spezifischer Lokalisierung.

Die örtlichen Festlegungen gehen beim 4. Makkabäerbuch in verschiedene Richtungen. Übereinstimmung besteht allgemein in der Zuordnung als Produkt des griechisch-sprachigen Diasporajudentums. Als Herkunftsorte werden gehandelt insbesondere Antiochien,[41] daneben aber auch Alexandria.[42] Gelegentlich sind auch Bereiche Kleinasiens,[43] jüngst vor allem eine der kilikischen Städte wie Mopsuestia, Aigai, Seleukia oder gar Tarsos[44] namhaft gemacht worden.

Der Vorschlag, das Werk in Antiochien anzusiedeln, ist wesentlich bestimmt durch den Umstand, daß die Verehrung der makkabäischen Märtyrer in besonderer Weise mit Antiochien verbunden ist.[45] Nun spricht in der Tat einiges dafür, daß bereits jüdische[46] und nicht erst christliche Kreise in der syrischen Hauptstadt ein Grabmal zum Gedächtnis an die makkabäischen Märtyrer errichtet haben, aber ein zwingendes Argument für die Lokalisierung des 4. Makkabäerbuches läßt sich daraus schwerlich gewinnen. Die These, das Werk sei aus einer am Grab der makkabäischen Märtyrer in Antiochien gehaltenen Predigt hervorgegangen,[47] ist hergesucht. Dagegen steht einmal die völlig unsichere Datierung der jüdischen Makkabäer-Verehrung

---

Tradition and Reinterpretation of Jewish and Early-Christian Literature (FS J. C. H. Lebram), StPB 36, Leiden 1986, 136-149; ferner *H.-J. Klauck*, 4. Makkabäerbuch, JSHRZ III,6, Gütersloh 1989, 668; *J. M. G. Barclay*, Jews in the Mediterranean Diaspora. From Alexander to Trajan (323 BCE - 117 CE), Edinburgh 1996, 448f.

41. *J. Freudenthal*, Die Flavius Josephus beigelegte Schrift über die Herrschaft der Vernunft (IV Makkabäerbuch) - eine Predigt aus dem ersten nachchristlichen Jahrhundert, Breslau 1868, 112; *A. Dupont-Sommer*, Le Quatrième Livre des Machabées, BEHE.H 274, Paris 1939, 69-73; *M. Hadas*, The Third and Fourth Book of Maccabees, New York 1953 = 1976, 110-113; *U. Breitenstein*, Beobachtungen zu Stil, Sprache und Gedankengut des Vierten Makkabäerbuchs, Basel 1976, 175.
42. *C. L. W. Grimm*, Kurzgefaßtes exegetisches Handbuch zu den Apokryphen des Alten Testamentes 4: Das zweite, dritte und vierte Buch der Maccabäer, Leipzig 1857, 293.
43. *E. Norden*, Die antike Kunstprosa vom VI. Jahrhundert bis in die Zeit der Renaissance I, Leipzig 1898 = Darmstadt 1958, 419.
44. *Van Henten* (A.40), 146-149.
45. Die frühesten Belege liefern die zwischen 386 und 398 zu Ehren der heiligen Makkabäer gehaltenen Predigten des Chrysostomus (De Maccabaeis homiliae 1-3, MPG 50, 617-628), vgl. ferner Hieronymos' Bemerkung in seiner christlichen Übersetzung des Euseb'schen Onomastikon (GCS 11.I, 133,17 ff.). - Zum ganzen s. *M. Maas*, Die Maccabäer als christliche Heilige (Sancti Maccabaei), in: MGWJ 44 (1900) 145-156; *J. Jeremias*, Heiligengräber in Jesu Umwelt, Göttingen 1958, 18-23; *M. A. Schatkin*, The Maccabean Martyrs, in: VigChr 28 (1974), 97-113.
46. Dazu s. *Jeremias* (A.45), 20ff.; *Schatkin* (A.45), 100-104.
47. So im Anschluß an Freudenthal *Dupont-Sommer* (A.41), 24f.67f.; *Hadas* (A.41), 104.

in Antiochien,[48] dazu kommt ferner die literarische Eigenart des Textes, die zu einer Verwendung als »Grabpredigt« schlecht paßt.[49] Aber auch die Erwägung, »eine Entstehung und Verbreitung der Schrift« könne »zur Bildung des lokalen Kultes« beigetragen haben,[50] bleibt spekulativ.

Die Lokalisierung in Alexandria geschah im Blick auf das im 4. Makkabäerbuch sich widerspiegelnde, von griechischer Philosophie und Kultur geprägte Bildungsniveau. Parallelen zu Philo und vor allem zur Sapientia Salomonis, die gewöhnlich auch für Alexandria vereinnahmt wird, scheinen das zu bestätigen. Wirklich stichhaltig ist aber auch das alles nicht. Das Grundproblem liegt – abgesehen von den nicht zu übersehenden Unterschieden zu Philo und auch zur Sapientia Salomonis – darin, daß ohne weiteres vorausgesetzt wird, daß ein entsprechendes hellenistisches Bildungsniveau wesentlich nur in Kreisen des ägyptischen, alexandrinischen Judentums zuhause gewesen sei und nicht auch sonst in anderen Bereichen der jüdischen Diaspora und unter Umständen auch im jüdischen Mutterland.

Schon von daher gesehen sind die Vorschläge, eine kleinasiatische Herkunft in Erwägung zu ziehen, durchaus sachgerecht. – M.W. ist dies bislang nur noch im Zusammenhang der Oracula Sibyllina 1-2[51] geschehen, eine entsprechende Prüfung wäre aber durchaus auch für andere Schriften angebracht.

Methodologisch sind die beiden Vorstöße, die Eduard Norden bzw. Jan Willem van Henten in dieser Richtung unternommen haben, recht unterschiedlich geartet. Auf der einen Seite (bei Norden) steht ein sprachgeschichtlich orientierter Ansatz. Der Stil des 4. Makkabäerbuches, die rhetorischen Elemente werden im Umkreis des Asianismus und der zweiten Sophistik verortet, die in Kleinasien ihren Schwerpunkt hatte. Zusätzlich wird die mehrfach vorkommende, hochpoetische Verwendung von Schiffahrts- und Seesturmmetaphern hervorgehoben und daraus auf eine Nähe zu Küstenregionen geschlossen.

Auf der anderen Seite (bei van Henten) kommt ein geographisch-historischer Ansatz zum Zuge. In 4. Makk 4,2 findet sich eine Notiz, in der Apollonius als Statthalter von Syrien, Phönikien und Kilikien bezeichnet wird. Für die ersten beiden Regionen ist das durch 2. Makk 3,5 gedeckt (und auch 1. Makk 10,69 weist in diese Richtung). Die Erweiterung um das kleinasiatische Kilikien scheint hingegen vom Verfasser des 4. Makkabäerbuches ein- bzw. nachgetragen zu sein, was auf lokalhistorische Kenntnis schließen läßt.

48. Ein Zeitraum »erst nach der Zerstörung des Tempels im Jahre 70 n.Chr« (*Jeremias* [A.45], 21) kann als sicher gelten, aber alles andere ist wohl bis ins 3. Jh. offen.
49. Auch die 4 Makk 17,9-10 angeführte Grabinschrift taugt als Argument schwerlich unabhängig von der Frage, ob der Text »ein späterer Nachtrag ist« (so *Jeremias* [A.45],21).
50. So *Klauck* (A.40), 667.
51. Vgl. *Barclay* (A. 40), 259.

Sicherlich reicht das alles noch nicht aus, um zu einem einigermaßen gesicherten Ergebnis zu gelangen – eine kilikische Schwalbe macht noch keinen kilikischen Frühling –, aber methodologisch besehen machen sowohl der sprachgeschichtliche wie der geographisch-historische Ansatz durchaus Sinn.

4) Paralipomena Jeremiou

Ein kurzes Wort zu den Paralipomena Jeremiou. Das Werk ist unter methodischen Gesichtspunkten in mehrfacher Hinsicht aufschlußreich, nicht zuletzt, weil sich hier die Frage nach Datierung und Lokalisierung in doppelter Weise stellt, einmal in Bezug auf den jüdischen Grundtext und dann hinsichtlich der christlichen Überarbeitung bzw. Ergänzung.[52] Ich gehe auf dieses Spezialproblem aber jetzt nicht ein, sondern benutze die Paralipomena Jeremiou, weil die Schrift besonders gut geeignet ist, zwei bislang noch nicht erörterte Grundprobleme anzusprechen: a) die Bedeutung des Nachweises von literarischer Abhängigkeit bei der Datierung, und b) die Rolle des sprachlichen Profils bei der Lokalisierung.

Was letzteres angeht, so besteht – wie bereits eingangs erwähnt – weithin die Tendenz, hebräisch bzw. aramäisch verfaßte Texte im jüdischen Mutterland und griechisch verfaßte Texte in der Diaspora anzusiedeln.

Daß dies ein untaugliches Verfahren ist, läßt sich an den Paralipomena besonders gut zeigen. Das Werk wird aus inhaltlichen Gründen allgemein im palästinischen Raum lokalisiert, oft sogar spezifisch mit Jerusalem in Zusammenhang gebracht.[53] Lange Zeit wurde es entsprechend auch als ursprünglich hebräisch verfaßt eingestuft und seine heute erhaltene griechische Fassung als Übersetzungstext ausgegeben. Aber das ist so gut wie sicher nicht der Fall. Der griechische Text ist, wie eine genaue Untersuchung zeigt,[54] original. Dennoch gibt es keinen Grund, deswegen die palästinische Verortung aufzugeben. Dafür spricht vor allem die Art und Weise, in der der Erzähler von Jerusalem und seiner Umgebung zu berichten weiß, ebenso aber auch sein besonderes Interesse am Schicksal der samaritanischen Gemeinde. – D.h., die Paralipomena Jeremiou liefern, wenn nicht alles täuscht, ein beredtes Beispiel dafür, daß die Akkulturation an die hellenistische Umwelt auch

---

52. Vgl. dazu JSHRZ I,8, 1998, 675.678ff.
53. Vgl. JSHRZ I,8, 1998, 680.
54. Dazu s. *B. Schaller*, Is the Greek Version of Paralipomena Jeremiou Original or a Translation?, in: JSPE 22 (2000), 51-89 = Die griechische Fassung der Paralipomena Jeremiou: Originaltext oder Übersetzungstext?, in: *ders.*, Fundamenta Judaica. Studien zum Antiken Judentum und zum Neuen Testament, SUNT 25, Göttingen 2001, 67-103.

im jüdischen Mutterland ihren literarischen Niederschlag gefunden hat. Das Griechisch dieser Schrift kann in seiner Färbung als geradezu typisch für das dort gesprochene und geschriebene Griechisch gelten.

Kurz, Abfassung in griechischer Sprache ist kein eindeutiges Indiz für die Lokalisierung. Daß gleiches auch für das Hebräische bzw. Aramäische zutreffen könnte, ist damit noch nicht gesagt. Grundsätzlich ausschließen wird man das zwar nicht können, aber, was wir – bislang wenigstens – über Kenntnis und Gebrauch des Hebräischen bzw. Aramäischen in den jüdischen Diasporagemeinden der hellenistisch-römischen Zeit wissen,[55] weist nicht in diese Richtung.

Ich komme zu dem zweiten Punkt: der Nachweis literarischer Abhängigkeit als Instrument zeitlicher Einordnung. Daß dort, wo zwischen Texten literarische Abhängigkeiten bestehen, diese auch als Anhaltspunkt für Datierung genutzt werden können, liegt auf der Hand. Freilich ist hier Vorsicht geboten. Das läßt sich gleichfalls besonders deutlich an den Paralipomena Jeremiou zeigen. Auf Grund zahlreicher Berührungen und Überschneidungen werden die Paralipomena in der Forschung seit langem als unmittelbarer Abklatsch der syrischen Baruchapokalypse eingestuft[56] und folgerichtig ihr auch datierungsmäßig nachgeordnet. Nun ist aber die These eines direkten literarischen Bezuges gerade hier keineswegs gesichert. Die Befunde weisen eher auf die Benutzung einer gemeinsamen Quelle.[57]

D.h., wer literarische Zusammenhänge als Argument einbringt, muß aufpassen, ob die Voraussetzungen wirklich evident sind. Wie leicht hier der Wunsch der Vater des Gedankens ist bzw. sein kann, dafür liefert die jüngste Diskussion um die Sapientia Salomonis ein Beispiel. In ihr wird als »das wohl wichtigste Argument« gegen die Spätdatierung des Werkes in die Zeit des Caligula (37-41) der Hinweis eingebracht, »daß Paulus die Sap[ientia] kannte, diese Kenntnis aber wenig wahrscheinlich wäre, falls wir sie erst in die Regierungszeit Caligulas datierten.«[58] Das ist methodologisch gesehen ein

---

55. Das ist – abgesehen von der oft verhandelten Frage nach den Hebräisch-Kenntnissen Philons (vgl. *P. Borgen*, Philo. Survey of Research since World War II, ANRW 21.1, 1984, 123) – ein weithin noch unbeackertes Feld. Auch in dem vorzüglichen, von *W. Horbury* herausgegebenen Sammelwerk ›Hebrew Study from Ezra to Ben-Yehuda‹ (Edinburgh 1999) wird diese Frage leider nur am Rande gestreift, in den Beiträgen von *D. Noy*, ›Peace upon Israel‹: Hebrew Formulae and Names in Jewish Inscriptions from the Western Roman Empire (S. 136-146) und *N. de Lange*, A Thousand Years of Hebrew in Byzantium (S.147-161).
56. Zuletzt mit Nachdruck vertreten von *J. Herzer*, Die Paralipomena Jeremiae. Studien zur Tradition und Redaktion einer Haggada des frühen Judentums, TSAJ 43, Tübingen 1994, 40-77.
57. Vgl. *J. Riaud*, Les Paralipomènes du Prophète Jérémie, CRIHiLL 14, Angers 1994, 39-51 sowie JSHRZ I,8, 1998, 672ff.
58. *H. Hübner*, Die Weisheit Salomons, ATD Apokryphen 4, Göttingen 1999, 17f.

klassischer Fall argumentativer Hypothesenverschachtelung. Daß manche Ausführungen des Paulus im Römerbrief, insbesondere in Röm 1-3, sich eng mit Motiven berühren, die namentlich aus der Sapientia bekannt sind, ist unverkennbar;[59] aber eine literarische Beziehung ist damit noch keineswegs erwiesen.

5) Die Weisheitsschrift aus der Kairoer Geniza.

Und nun schließlich noch ein Blick gleichsam über den Zaun auf einen Text, der sich in keiner der gängigen Textsammlungen der JSHRZ findet, auf die sogenannte »Weisheitsschrift« aus der Kairoer Geniza.

Der hebräisch geschriebene Text wurde vor fast 100 Jahren aus den Schätzen der Kairoer Geniza in zwei Schüben zu Tage gefördert (die ersten 2 Blätter 1902 von A. Harkavy,[60] die restlichen 7 Blätter 1904 von Salomo Schechter[61]), ist aber lange weithin unbeachtet geblieben. Erst in jüngster Zeit hat – angestoßen durch eine Publikation von K. Berger[62] – die Forschung sich seiner angenommen, freilich mit höchst divergierenden Ergebnissen.

Bereits die beiden ersten Herausgeber schätzten Herkunft und Hintergrund sehr unterschiedlich ein. Harkavy sprach sich für eine Abfassung in talmudischer Zeit aus und machte als Autoren zwei im palästinischen Talmud erwähnte apokryphe Verfasser (wohl palästinischer Herkunft), Ben La'ana bzw. Ben Tagla, namhaft. Schechter brachte die sogenannten »Männer von Afrika«, eine im 9. Jh. n. Chr. in Kairuan wirkende Gruppe bzw. teilweise auch zeitgleiche Karäer ins Spiel. Mit einer ganz neuen These wartete Berger auf. Nach ihm handelt es sich um eine bereits um 100 n. Chr. verfaßte Schrift, die »offensichtlich in der Diaspora entstanden"[63] sei und deren Heimat in Ägypten liege. Die Fachjudaistik ist dieser Sicht freilich

---

59. Vgl. insbesondere die Nachweise bei *E. Grafe*, Das Verhältnis der paulinischen Schriften zur Sapientia Salomonis, in: Theologische Abhandlungen (FS C. von Weizsäcker), Freiburg i.B. 1892, 251-286; ferner *P.-G. Keyser*, Sapientia Salomonis und Paulus. Eine Analyse der Sapientia Salomonis und ein Vergleich ihrer theologischen und anthropologischen Probleme mit denen des Paulus im Römerbrief, Diss. theol. Halle 1971 (leider nur maschinenschriftlich publiziert; neben der Selbstanzeige in ThLZ 98 (1973), 951f. s. den ausführlichen Bericht von *N. Walter*, Sapientia Salomonis und Paulus, in: *H. Hübner* (Hg.), Die Weisheit Salomos im Horizont biblischer Theologie, BThSt 22, Neukirchen 1993, 83-108.
60. *A. Harkavy*, Contribution à la littérature gnomique, REJ 45 (1902) 298-305; ders., Šryd wplyt mspr mšly mwsr qdmwn, Ha-mizrach I, 1902/3, 103-108.
61. *S. Schechter*, Genizah Fragments I: Gnomic, JQR 16 (1904) 425-442. 776f.
62. *K. Berger*, Die Weisheitsschrift aus der Kairoer Geniza. Erstedition, Kommentar und Übersetzung, TANZ 1, Tübingen 1989.
63. *Berger*, TANZ 1, 78.

nicht beigetreten. H.-P. Rüger[64], E. Fleischer[65] und G. W. Nebe[66] haben für erheblich spätere Abfassung plädiert, allerdings auch mit einer beträchtlichen Bandbreite: a) Ende 9./Anfang 10. Jh. n. Chr. (Fleischer), b) 6./7. bzw. 12. Jh. n. Chr. (Rüger), c) nachkonstantinische Zeit vor der Eroberung Palästinas durch die Araber, speziell Zeitraum zwischen 553 und 636 n. Chr. (Nebe). Auch im Blick auf die Lokalisierung gehen ihre Meinungen weit auseinander: teils wird wieder an Palästina gedacht (Nebe, z. T. auch Rüger), daneben aber auch an den babylonischen Raum und sogar an Spanien (beides von Rüger erwogen).

Offenkundig ist dieser Text ein besonders eindrückliches Beispiel für die Schwierigkeiten, mit einem *ametor* und *apator* aufgefundenen Text fertig zu werden, ihn historisch zu verorten. Daß bei der Datierung eine Spanne von 1000 Jahren zustande kommt und bei der Lokalisierung eine Strecke zwischen Babylon und Spanien abgeschritten wird, ist gewiß außergewöhnlich, macht aber die Behandlung dieses Textes zu einem methodologisch überaus reizvollen und aufschlußreichen Testfall. Wie kommt es zu derart divergierenden Einschätzungen? Eine wesentliche Ursache liegt zweifellos im Genre des Textes selbst, in seinem weisheitlichen Gepräge. Weisheitssprüche sind auf Zeitlosigkeit hin angelegt und lassen sich nur schwer in einem historischen Raster unterbringen. Aber das erklärt nur den Schwierigkeitsgrad des Unterfangens, nicht hingegen, daß und wieso derart unterschiedliche Einschätzungen zustande gekommen sind. Wir stoßen hier erneut auf die Frage nach den methodischen Ansätzen. Vergleicht man die verschiedenen Arbeiten, so wird in der Tat schnell deutlich, daß die einzelnen Autoren methodisch sehr unterschiedlich vorgehen. Besonders eklatant ist der Unterschied zwischen Berger und den anderen Autoren. Bei Berger liefern traditionsgeschichtliche und motivgeschichtliche sowie vor allem theologische und religionsgeschichtliche Analysen die Kriterien für die zeitliche und auch örtliche Zuordnung des Textes. Die anderen Autoren lassen diese Aspekte keineswegs völlig außer acht, aber das Hauptgewicht liegt bei ihnen auf der literarischen, vor allem der philologischen, sprachgeschichtlichen Ebene. Besonders die Arbeit von Nebe ist diesem methodischen Ansatz verpflichtet und hat ihn in minutiöser Weise umgesetzt. In Bergers Abhandlung spielt die sprachliche Eigenart des Textes so gut wie keine Rolle. Er widmet ihr dort unter der Überschrift »Die Sprache« ganze 10 Zeilen.[67] Auch in

---

64. *H.-P. Rüger*, Die Weisheitsschrift aus der Kairoer Geniza, WUNT 53, Tübingen 1991.
65. *E. Fleischer*, The Proverbs of Saʿid ben Bābshād, Jerusalem 1990, 302 f.
66. *G. W. Nebe*, Text und Sprache der hebräischen Weisheitsschrift aus der Kairoer Geniza, Heidelberger Orientalische Studien 25, Frankfurt/M 1993.
67. *Berger*, TANZ 1, 53 unten.

drei nachgeschobenen Aufsätzen geschieht das nur marginal.[68] Berger hat weder eine sprachliche Einzelanalyse geliefert, noch sich um eine sprachgeschichtliche Einordnung des Gesamttextes bemüht. Er beackert das Feld in erster Linie, ja fast ausschließlich mit religions-, philosophie- und theologiegeschichtlichen Instrumentarien und meint so, den Text in seiner historischen Verankerung, die Zeit und den Ort seiner Abfassung klären zu können.

Hier stoßen wir – mit im Ergebnis besonders krassen Differenzen – auf ein, wenn nicht auf das methodologische Grundproblem der Datierung und Lokalisierung pseud- und anonymer Schriften. Es ist die im Grunde simple Frage: welchen Stellenwert hat die wesentlich philologisch-sprachgeschichtlich orientierte Analyse und welchen Stellenwert die hauptsächlich geistes- und religionsgeschichtliche Analyse? Dahinter steht die noch simplere Frage: welches Gewicht kommt der Textform und Textgestalt und welches Gewicht kommt dem Textinhalt zu?

Ich denke, damit sind die für unsere Fragestellung entscheidenden Aspekte benannt. Ich breche daher hier ab und versuche, ein Fazit zu ziehen. Schon aus Zeitgründen, aber auch der Deutlichkeit halber, geschieht dies thesenartig.

III: Thesen zur Methodologie

1. These: Für die Datierung und Lokalisierung pseud- und anonymer Schriften ist – so genau wie möglich – zwischen primären und sekundären Argumenten zu unterscheiden.

Als Primärargumente kommen in erster Linie konkrete zeitgeschichtliche Bezüge sowie vor allem Phänomene der Textform und Textgestalt in Frage, d. h. insbesondere die Textüberlieferung sowie Eigentümlichkeiten der Sprache und des Stils.

Die Sekundärargumente setzen bei Phänomenen der Textinhalte und Textbezüge ein, sie beziehen sich in Sonderheit auf geistes-, kultur- und religionsgeschichtliche sowie literarische Zusammenhänge.

---

68. *K. Berger*, Die Bedeutung der wiederentdeckten Weisheitsschrift aus der Kairoer Geniza für das Neue Testament, NTS 36 (1990) 415-430: 425; *ders.*, Die Bedeutung der wiederentdeckten Weisheitsschrift aus der Kairoer Geniza für das Alte Testament, ZAW 103 (1991) 113-121: 113; *ders.*, Neutestamentliche Texte im Lichte der Weisheitsschrift aus der Geniza von Alt-Kairo, ANRW II 26.1, 1992, 412-428, bes. 414f.

2. These: Die Primärargumente haben in jedem Fall Vorrang vor den Sekundärargumenten. Das betrifft vor allem das Verhältnis der philologisch-sprachgeschichtlich orientierten Analyse gegenüber den geistes-, kultur- und religionsgeschichtlichen Analysen. Letztere können im Grunde nur zusätzliche Hilfs- und Stützargumente liefern.

3. These: Sprach- und Stilanalysen setzen die Überlieferung des Textes in der Originalsprache voraus. Wo diese nicht mehr erhalten ist, kommt den zeitgeschichtlich relevanten Befunden eine besondere Bedeutung zu.

4. These: Konkrete, unmittelbare und daher eindeutige zeitgeschichtliche Bezüge finden sich in den Texten freilich selten. Wenn überhaupt, gibt es meist nur mittelbare, in die Erzählung eingebaute Reflexe. Ihre Evidenz, ihre historische Transparenz ist begrenzt; denn die erzählte Geschichte und die (möglicherweise) anvisierte Geschichte sind nicht ohne weiteres gleichzusetzen. Daraus folgert: bei der Auswertung muß der Text in seiner Eigenart zunächst auf der Erzählebene analysiert werden. Nur wo diese nicht stimmig ist, bei »Überschüssen«, legen sich zeitgeschichtliche Rückschlüsse zwingend nahe.

5. These: Für die Lokalisierung taugt die Originalsprache als Kriterium nur beschränkt. Eine generelle Zuschreibung von griechisch verfaßten Texten in den Bereich der Diaspora ist in jedem Fall verfehlt.

6. These: Der Nachweis literarischer Abhängigkeiten ist für eine relative Zeitbestimmung, insbesondere für den terminus post quem ein wichtiges Instrument. Seine Stringenz hängt aber entscheidend davon ab, ob die literarische Beziehung eindeutig feststeht. Hier ist besondere Vorsicht geboten. Überschneidungen in den Sachaussagen und selbst Gemeinsamkeiten in der Stoffanordnung sind im Blick auf literarische Abhängigkeiten nur begrenzt aussagekräftig.

7. Die bei der Bestimmung des terminus ante quem verbreitete, geradezu axiomatisch eingesetzte Annahme, das durch christliche Hände überlieferte jüdische Schrifttum müsse spätestens in das 1. Drittel des 2. Jh.s datiert werden, ist höchst fraglich. Beziehungen zwischen der christlichen und jüdischen Lebenswelt hat es auch danach noch gegeben. An dieser Stelle dürfte eine grundsätzliche methodologische Revision angebracht sein.

Theologie als Schlüssel zur Historie

Neue Wege zur Datierung frühjüdischer Schriften[1]

Ulrike Mittmann-Richert

Wer zur Datierung biblischer wie außerbiblischer Schriften schreitet, begibt sich, gleich einem archäologischen Feldarbeiter, auf ein trockenes Stück Land, auf dem die Splitter und Scherben der Geschichte ungleichmäßig verstreut liegen. Es gibt sein historisches Geheimnis nicht preis, wenn man nur die aus dem Boden ragenden Funde zusammensetzt und nicht in die Tiefe gräbt. Und doch scheint es, als wolle man sich in der Datierung der frühjüdischen Schriften[2] genau damit begnügen: mit den äußerlich zutage liegenden, kleineren und größeren Indizien – eine Sprachbesonderheit hier, ein sozio-kultureller Hinweis dort und im Glücksfall eine direkte zeitgeschichtliche Anspielung –, um ein Geschichtsbild zusammenzusetzen, über dessen fragmentarischen Charakter von vornherein Einigkeit besteht. Man konzentriert sich auf die an der Oberfläche liegenden Fundreste, weil die methodische Frage, *wie* man denn graben und die Fundamente offenlegen soll, offensichtlich noch keine überzeugende Antwort gefunden hat. Und doch hat man zur Hand, wonach der Archäologe so dringend sucht: Geschichte in Textgestalt. Sprechende Geschichte statt sprachloser Funde!

---

1. Die vorliegende Arbeit stellt die überarbeitete Fassung des am 1. Mai 2000 im Rahmen des internationalen Symposiums »Die Jüdischen Schriften aus hellenistisch-römischer Zeit in ihrem jüdischen und neutestamentlichen Kontext« gehaltenen Vortrags dar. Sie bildet den Schlußpunkt der mehrjährigen Arbeit am Einführungswerk zu den *Jüdischen Schriften aus hellenistisch-römischer Zeit* (*U. Mittmann-Richert*, Historische und legendarische Erzählungen, JSHRZ VI/1.1, Gütersloh 2000) und bietet die thematische Zusammenfassung und systematische Auswertung der dort in den Einzelanalysen gewonnenen theologischen und historischen Erkenntnisse. Die Notwendigkeit exemplarischer Veranschaulichung bringt es mit sich, daß sich bei der Interpretation der Textbeispiele Überschneidungen mit den in JSHRZ VI/1.1 gebotenen Textanalysen ergeben. Gleichwohl bietet die nicht an die Einleitungssystematik gebundene Darstellungsweise die Gelegenheit, die Sachverhalte theologisch und historisch neu zu entfalten und argumentativ in einer Weise zu präsentieren, die dem Erkenntnisweg selbst entspricht. Der Neuansatz liegt in der methodischen Programmatik und historischen Systematik und verbindet sich mit dem Bemühen um eine grundsätzliche exegetische Neuorientierung. Was die Literatur zu den unten diskutierten Textbeispielen betrifft, so sei auf den Gesamtüberblick zu den jeweiligen Schriften und die ausführliche Auseinandersetzung mit der Forschungsdiskussion in JSHRZ VI/1.1 verwiesen, die hier nicht ein weiteres Mal in aller Breite darzustellen ist. Die unten zur Verdeutlichung beigegebenen Schaubilder zum Aufbau der Schriften sind ebenfalls dem genannten Band entnommen.
2. Von der Betrachtung ausgenommen sind an dieser Stelle die Qumranschriften, deren Erschließung forschungsgeschichtlich eigenen Regeln folgt.

Die Sprache macht die methodisch trockene Datierungsfrage zum lebendigen, ja, höchst bewegenden Thema. Denn sie verwandelt die Frage, *wann* eine Schrift entstanden ist, zur Suche nach dem menschlichen und theologischen Urgrund, aus dem sie herausgewachsen ist. Diese Feststellung ist selbst schon Programm und gleichzeitig Hinweis auf eine Fehlentwicklung, die sich in der Interpretation der frühjüdischen Schriften abzeichnet: die Vernachlässigung der theologischen Fragen bis hin zu einem regelrechten Desinteresse an der theologischen Durchdringung des Stoffes. Dies gilt nicht in gleichem Maße für alle Texte, aber das Ungleichgewicht, das in der wissenschaftlichen Literatur zum Thema herrscht zwischen Untersuchungen zu den äußeren Textproblemen und solchen zur theologischen Struktur, ist beträchtlich. Dies ist um so verhängnisvoller, als bei der Kürze und Vereinzelung der Schriften die oben genannten äußeren Indizien sich in der Mehrzahl der Fälle als so unspezifisch erweisen, daß die Beantwortung der Datierungsfrage nicht selten in der Aporie endet oder zumindest in einer Situation, in der die Vielzahl der gebotenen Datierungshypothesen den mangelnden Konsens und damit die fehlende Gewißheit nur oberflächlich verdeckt.

Die Problematik liegt besonders deutlich bei den auch der Nomenklatur nach als »historisch« geltenden Schriften zutage,[3] wie sie in Band I und VI/1.1 der *Jüdischen Schriften aus hellenistisch-römischer Zeit* unter der Überschrift »Historische und legendarische Erzählungen« zusammengestellt und kommentiert worden sind.[4] Denn gerade die im weitesten Sinne historisch ausgerichteten Schriften scheinen, was die Datierung betrifft, die Ausklammerung oder nur oberflächliche Behandlung der theologischen Fragen am ehesten zu rechtfertigen. Wie rasch dabei das Vor-Urteil zum Fehlurteil gerät, sei an zwei Beispielen der genannten Textgruppe verdeutlicht. Ihre Interpretation dient der Dokumentation der These, daß erst das Eindringen in die literarische Tiefenstruktur eines Textes und die damit einhergehende Freilegung seiner theologischen Fundamente Gewißheit über den historischen Kontext zu geben vermag, dem das Werk seine Entstehung verdankt.

---

3. Sie beschränkt sich jedoch keineswegs auf die genannte Textgruppe. Vgl. dazu die ganz anders gewählten Textbeispiele im vorstehenden Aufsatz von *B. Schaller*, Zur Methodologie der Datierung und Lokalisierung pseudo- und anonymer Schriften, dargestellt an Beispielen vornehmlich aus dem Bereich der JSHRZ, 53-74.
4. Zur Problematik der Klassifizierung als solcher s. JSHRZ VI/1.1, 1-3.

Das dritte Esrabuch[5]

Wie sehr im Bereich der frühjüdischen Schriften den Datierungsansätzen das theologische Standbein fehlt, läßt sich am deutlichsten beim griechisch überlieferten 3. Esrabuch nachweisen, manchmal auch 1. Esrabuch genannt, weil es in der LXX dem heute als kanonisch geltenden masoretischen Esrabuch voransteht.[6] Was die Datierung des 3. Esrabuches angeht, so befindet sich die Forschung schon deshalb in einem nicht enden wollenden Streit, weil das Werk sich äußerlich nur wenig vom masoretischen Esrabuch unterscheidet, dessen Thema die nachexilische Wiederherstellung von Tempel, Tempelkult und Tempelgemeinde ist. Der Unterschied zwischen den beiden Esrabüchern besteht, sieht man von der Umstellung der Passagen Esr 4,7-24 = 3. Esr 2,15-25(26)[7] und Esr 2,1-4,5 = 3. Esr 5,7-70(71) ab, vor allem in der Erweiterung des bekannten Stoffes: zum einen durch die Voranstellung der beiden letzten Chronikkapitel (2. Chr 35,1-36,21), die vom Passafest Josias und der Exilierung Israels handeln, zum anderen durch die Anfügung von Neh 7,72-8,13a am Ende der Erzählung und schließlich durch die Einschaltung der sog. Pagennovelle 3. Esr 3,1-5,6 in die von der genannten Textumstellung betroffene Handlungsabfolge.[8]

Die genannte literarische Konstellation, das Gegenüber zweier ganz ähnlicher Textfassungen, erscheint als so markant, daß man sich bis heute der

---

5. Ausführlich zu den Einleitungsfragen, die im Rahmen der vorliegenden Untersuchung nur kurz entfaltet werden, JSHRZ VI/1.1, 4-19.
6. LXX: Εσδρας α'   (1. Esra)
         Εσδρας β' =   Esra + Nehemia
   Vulgata: liber I Ezrae =   Esra
            liber II Ezrae = Nehemia
            liber III Ezrae (3. Esra)
7. Die Zählung ist in den Ausgaben von *R. Hanhart*, Esdrae liber I, Septuaginta. Vetus Testamentum Graecum, auctoritate Academiae Scientiarum Gottingensis editum, Bd. 8/1, Göttingen ²1991, und *A. Rahlfs*, Septuaginta. Id est Vetus Testamentum graece iuxta LXX interpretes, Stuttgart ²1979, verschieden. Die Übersetzung von *K.-F. Pohlmann*, 3. Esra-Buch, JSHRZ I/5, Gütersloh 1980, folgt der erstgenannten Textedition, deren Zählung auch im obigen Text voransteht. Die Zählung der Rahlfsschen Ausgabe ist in Klammern beigegeben.
8. 3. Esr 1,1-20   = 2. Chr 35,1-19
   3. Esr 1,21f.   Sondergut: Josias Gesetzestreue
   3. Esr 1,23-55   = 2. Chr 35,20-36,21
   3. Esr 2,1-5a(3a)   = 2. Chr 36,22f. = Esr 1,1-3a
   3. Esr 2,5b(3b)-14   = Esr 1,3b-11
   3. Esr 2,15-25(26)   = Esr 4,7-24
   3. Esr 3,1-5,6   Sondergut: Pagennovelle
   3. Esr 5,7-70(71)   = Esr 2,1-4,5
   3. Esr 6,1-9,36   = Esr 5,1-10,44
   3. Esr 9,37-55   = Neh 7,72-8,13a

Frage der Datierung des 3. Esrabuches kaum einmal anders nähert als vom masoretischen Esrabuch, und d. h. von der literarischen Problematik *seiner* Entstehung her, die unmittelbar in die ebenfalls noch nicht endgültig gelösten Probleme des chronistischen Geschichtswerkes führt. Die Hypothesenfreudigkeit in bezug auf das 3. Esrabuch ist entsprechend groß. Zahlreiche Theorien, die sich unter dem Stichwort »Fragmentenhypothese« zusammenfassen lassen und auf der direkten Aufeinanderfolge von Esr 10 und Neh 8 in 3. Esr 9 fußen, zielen darauf, daß im 3. Esrabuch ein vergleichsweise alter, aber nur noch fragmentarisch erhaltener Text aus dem 3., vielleicht sogar 4. Jh. v. Chr., vorliegt, der älter ist als die kanonische Schrift und Teil des ursprünglichen chronistischen Geschichtswerkes war.[9] Sachlich umgekehrt, aber in methodischer Entsprechung verläuft die Argumentation derer, die im 3. Esrabuch eine späte Kompilation überkommener Stoffe erkennen.[10] Auch hier ergeben sich Datierungsansätze nur indirekt, einerseits durch die nun im Vergleich der Esrabücher vorausgesetzte zeitliche *Nach*ordnung des 3. Esrabuches, andererseits durch die griechische Überlieferungsform, welche die Schrift als Zeugnis der regen Übersetzungstätigkeit im 2. Jh. v. Chr. erscheinen läßt. Unbeantwortet aber bleibt im Gegeneinander der Thesen und der auf ihrer Basis geleisteten Datierungsversuche von Anhängern aller Richtungen die Frage nach dem Sinn entweder der Fragmentierung eines alten Geschichtswerkes oder der Neuzusammenstellung verschiedener Stoffe in Verbindung mit dem Heilswerk Esras.

Das in der Datierung frühjüdischer Texte allenthalben ans Licht drängende Grundproblem offenbart sich hier unmittelbar: Die zeitliche Fixierung geschieht unabhängig von der Frage, was den theologischen Inhalt der Schrift mit dem Zeitgeschehen verbindet, in das man sie einordnet. Auch wenn dies aufs Ganze der frühjüdischen Schriften gesehen nur die Beschrei-

---

9. So z. B. *K.-F. Pohlmann*, Studien zum dritten Esra. Ein Beitrag zur Frage nach dem ursprünglichen Schluß des chronistischen Geschichtswerkes, Göttingen 1970, und *ders.*, JSHRZ I/5, 378 f.; ferner *D. Böhler*, Die heilige Stadt in Esdras α und Esra-Nehemia. Zwei Konzeptionen zur Wiederherstellung Israels, Freiburg/Schweiz – Göttingen 1997, der allerdings die das 3. Esrabuch einleitenden Chronikkapitel ganz von der Diskussion ausnimmt.

10. So oder ähnlich in jüngerer Zeit z. B. *R. Hanhart*, Zu Text und Textgeschichte des ersten Esrabuches, in: Proceedings of the Sixth World Congress of Jewish Studies, hg. v. *A. Shinan*, Bd. 1, Jerusalem 1977, 201-212, *M. Hengel*, Die Septuaginta als »christliche Schriftensammlung«, in: *M. Hengel, A. M. Schwemer* (Hg.), Die Septuaginta zwischen Judentum und Christentum, Tübingen 1994, 247 f., und *H. G. M. Williamson*, The Problem with First Esdras, in: *J. Barton u. a.* (Hg.), After the Exile, FS R. Mason, Macon, Georgia 1996, 201-216. Zur kompositorischen Einheit s. auch die vielfältig weiterführenden Arbeiten von *A. van der Kooij*, Zur Frage des Anfangs des 1. Esrabuches, in: ZAW 103 (1991), 239-252, und *ders.*, On the Ending of the Book of 1 Esdras, in: *C. E. Cox* (Hg.), VII Congress of the International Organization for Septuagint and Cognate Studies (Leuven 1989), Atlanta, Georgia 1991, 37-49.

bung einer Tendenz ist, die keinesfalls alle exegetischen Versuche trifft, so wirkt sie sich beim 3. Esrabuch besonders verhängnisvoll aus, weil hier die Ratlosigkeit dem Inhalt der Schrift gegenüber bis heute jedem Konsens in der Datierungsfrage im Wege steht. Ein Konsens besteht, bedauerlicherweise, nur im negativen Gesamturteil über das Buch, das als Ausdruck der allgemeinen Resignation in kaum einer Veröffentlichung fehlt und sich in der Etikettierung der Schrift als »merkwürdig«, »verworren«, »unlogisch«, »durcheinandergeraten« äußert.[11] Dabei wird stets übersehen, daß weder die Annahme eines wohldurchkomponierten chronistischen Geschichtswerkes mit dem Verdikt größter Verworrenheit zusammenpaßt noch die These einer wohlüberlegten nachträglichen Zusammenstellung. Was ist zu tun?

Nichts Ungewöhnliches, möchte man sagen: Könnte man dem 3. Esrabuch den bisher verborgen gebliebenen theologischen Sinn abgewinnen, könnte man die einfache Frage beantworten, *warum* der Esrastoff in der besonderen Form verbreitet wurde, in der ihn das 3. Esrabuch präsentiert, dann hielte man die Lösung der Entstehungsfrage in der Hand. Und in der Tat löst sich das Knäuel der unbeantworteten Fragen zum griechischen Esrabuch wie von selbst, wenn man sich dem historischen Problem von der theologischen Seite her nähert.

Was bis heute der negativen erzählerischen Einschätzung des 3. Esrabuches Vorschub leistet, ist das Empfinden mangelnder Folgerichtigkeit der geschilderten Ereignisse, die zum nachexilischen Wiederaufbau Jerusalems und des Tempels führen: Da gibt es eine Rückwanderung ehemaliger Exulanten unter Kyros, eine unter Dareios und eine unter Artaxerxes (3. Esr 2,1-8; 5,1-45; 8,1-6); vom Rücktransport der Tempelgeräte wird ebenfalls dreimal berichtet (3. Esr 2,9-14; 4,57; 8,17.59). Und was die persische Königsfolge betrifft, so scheint sie überhaupt durcheinandergeraten zu sein, da Artaxerxes, der letzte der Herrscher (3. Esr 8,1), die Errichtung des Tempels zu verhindern sucht (3. Esr 2,15-25), bevor Dareios als Auftraggeber des Tempelneubaus auf den Plan getreten ist (3. Esr 3,47-57). Wie läßt sich dieser Sachverhalt erklären?

Die Lösung findet sich im Werk des Tübinger Alttestamentlers *Hartmut Gese*, der in seinen Danielstudien[12] die Geschichtskonzeption des letzten Chronikkapitels zur Anschauung bringt, des Textes also, den das 3. Esra-

---

11. Stellvertretend für viele sei hier *Pohlmann*, Studien, 1, genannt, der den »verwirrten« und »widerspruchsvollen« Aufriß zum Ausgangspunkt seiner Untersuchung macht.
12. H. *Gese*, Das Geschichtsbild des Danielbuches und Ägypten, in: *ders.*, Alttestamentliche Studien, Tübingen 1991, 189-201, bes. 190f. [= Fontes Atque Pontes. FS Hellmut Brunner, hg. v. *M. Görg*, Ägypten und Altes Testament 5, Wiesbaden 1983, 139-154]. Dort weitere Einzelheiten zur chronistischen Geschichtstheorie. Vgl. daneben auch *J. W. van Henten*, The Story of Susanna as a Pre-Rabbinic Midrash to Dan. 1:1-2, in: *A. Kuyt u. a.* (Hg.), Variety of Forms. Dutch Studies in Midrash, Amsterdam 1990, 8-10.

buch dem kanonischen Esrastoff voranstellt. Die Untersuchung gipfelt in der Beobachtung, daß sich in der chronistischen Schilderung der Unterwerfung Israels durch Nebukadnezar eine Theorie der Exilierungsgeschichte Israels Bahn bricht, derzufolge es nicht zwei, sondern *drei* Exilierungen Israels gegeben hat: die beiden historisch bekannten unter Jojachin und Zedekia und eine vorangehende – nach heutigem Verständnis unhistorische – unter Jojakim (2. Chr 36,5-21). Theologische Grundlage der chronistischen Geschichtstheorie ist die Ankündigung eines 70-jährigen Exils durch Jeremia (Jer 25,1-14), für das man vom 1. Jahr Nebukadnezars bis zum Kyrosedikt rechnete, was zur notwendigen Annahme einer ersten Exilierung unter Jojakim führte. Das damit gegebene Dreierschema wird in 2. Chr 36 auch auf den Abtransport der Tempelgeräte übertragen (2. Chr 36,7.10.18).[13] Das erste Kapitel des Danielbuches, wo Daniel unter den Weggeführten der *ersten* Exulantengruppe unter Jojakim erscheint (Dan 1,1f.) und genau die über Jerusalem verhängten 70 Jahre des Gerichts im Exil verbringt (Dan 1,21), zeigt, daß diese *Theorie* der Exilierungsgeschichte die im 2. Jh. v. Chr. gültige war.

Wirft man von diesen Beobachtungen *Geses* zu 2. Chr 36, und das heißt vom Anfang des 3. Esrabuches aus, einen Blick auf die ganze, angeblich so verworrene Schrift, so erscheint das, was bislang nur als unerklärliche Wiederholung bereits geschilderter Sachverhalte ausgelegt wurde, als planvoll angelegte Komposition, in welcher das Dreierschema zum Strukturelement der Gesamterzählung avanciert:

---

13. Dabei zeigt sich die Systematisierung auch in der bewußten Steigerung der historischen Vorgänge, was sich beim Abtransport der Tempelgeräte in der kontinuierlichen Zunahme ihres Wertes und ihrer Menge ausdrückt: 1. Chr 36,7: einige Geräte, 36,10: die kostbaren Geräte, 36,18: alle Geräte.

I. Die Tempelneugründung[14]

1,1–22:	Passafest Josias – Josias Gesetzestreue	Exodus aus Ägypten
1,23–55:	Israels zunehmende Ungesetzlichkeit als Grund der Zerstörung des Tempels	Beginn der 70 Jahre 3 Exilierungen
2,1–14:	Rückkehrerlaß des Kyros und Anweisung zum Tempelbau	Ende der 70 Jahre 1. Exodus aus Babylon
2,15–25:	*Verhinderung des Tempelbaus unter Artaxerxes*	1. Widerstand gegen den Tempel

Das Wirken Serubbabels

3,1–4,42:	*Serubbabels Sieg beim Wettstreit der Pagen des Dareios*	
4,43–63:	*Serubbabels Beauftragung zum Tempelbau*	Davidische Beauftragung
5,1–62:	Heimkehr, Altarbau mit Laubhüttenfest und Grundsteinlegung für den Tempel unter Leitung Serubbabels	2. Exodus aus Babylon

5,63–6,21:	**Doppelte Verhinderung des Tempelbaus**	
5,63–70:	Verhinderung des Baus unter Kyros	2. Widerstand gegen den Tempel
6,1–6:	Ungehinderter Bau unter Dareios	
6,7–21:	Verhinderung des Baus unter Dareios	3. Widerstand gegen den Tempel
6,22–33:	Neuerliche Inkraftsetzung des Kyrosedikts durch Dareios	
7,1–9:	Vollendung des Tempels	
7,10–15:	Passafest am erneuerten Tempel	Exodus aus Ägypten

II. Die Neukonstitution der Tempelgemeinde nach dem mosaischen Gesetz

8,1–64:	Esras Zug nach Jerusalem unter Artaxerxes	Hochpriesterliche Beauftragung 3. Exodus aus Babylon
8,65–9,36:	Äußerliche Neukonstitution des Volkes als einer reinen Gemeinschaft	
9,37–55:	*Innerliche Neukonstitution durch Verpflichtung auf das Gesetz*	

---

14. Die dem kanonischen Esrabuch zugesetzten Teile sind in Kursivdruck dargestellt. Dies betrifft nicht die in kursivem Fettdruck gesetzten Überschriften.

Die Aufbauanalyse zeigt, daß der sich wiederholende Dreischritt der Erzählung nicht ein durch die Zufügung von 2. Chr 35 und 36 zufällig mitgeführtes Erzählelement ist, sondern symbolträchtiger Ausdruck eines heilsgeschichtlichen Prozesses: Den drei Exilierungen (3. Esr 1,32-55) stehen drei in ihrer Gesamtheit als Exodusereignis stilisierte Rückwanderungsbewegungen gegenüber (3. Esr 2,1-8; 5,1-45; 8,1-6), mit denen die ebenfalls dreifache Rückführung der Tempelgeräte einhergeht (3. Esr 2,9-14; 4,57; 8,17.59). Und auch der heidnische Widerstand gegen die Errichtung des zweiten Tempels erfolgt programmatisch als dreifache Bewegung (3. Esr 2,15-25; 6,63-70; 6,7-21). Die Einzelelemente der genannten Dreierreihen sind erzählerisch spannungsvoll im Wechsel mit den Königen Kyros, Dareios und Artaxerxes verknüpft, was die historisch instringente Umstellung der Artaxerxeskorrespondenz Esr 4,7-24 = 3. Esr 2,15-25 erkärt: Da auf dem dritten Exodus unter Artaxerxes, der zur kultischen Neukonstitution des Volkes führt, das Achtergewicht der Erzählung liegt, wird auch der Widerstand, wo er erstmalig als heilsgeschichtlich dynamisches Phänomen eingeführt wird, mit dem Namen dieses Königs verbunden.

Was in dieser eindrucksvollen Komposition seinen Niederschlag findet, ist nicht eine historische, sondern eine *theologische* Systematisierung der mit dem Bau des zweiten Tempels verbundenen Ereignisse, die sich den modernen Vorstellungen von Textlogik entzieht. Das, was im Sinne der historischen Folgerichtigkeit in der Tat verworren und durcheinandergeraten anmutet, erscheint im Sinne der theologischen Gesetzmäßigkeiten als planvoll und heilsgeschichtlich folgerichtig: Das *dreifach* an Israel vollzogene Gericht der Exilierung ist durch die *dreifache* heilvolle Restitution aufgehoben. Der Heilszustand ist gültig wiederhergestellt und erweist sich in der nochmals *dreifach* aufflackernden Gefahr der heidnischen Bedrohung als wirksam.

Der heilsgeschichtliche Aspekt ist der Schlüssel zum Verständnis des so umrätselten 3. Esrabuches. Es erreicht seine theologische Tiefe in der kunstvollen Einbettung des – dreifachen – babylonischen Exodus in das Urgeschehen des Exodus unter Mose, das die zweimal vollzogene Passafeier versinnbildlicht (3. Esr 1,1-20; 7,10-15). Die Gegenüberstellung von ägyptischem und babylonischem Exodus weist auf ein heilsgeschichtliches Entsprechungsverhältnis. Dieses betrifft nicht nur den Auszug aus dem heidnischen Land, sondern auch das heilsgeschichtliche Ziel des Auszugs: So wie der Exodus aus Ägypten auf die Kultgründung und Gesetzesgabe unter Mose zielt (3. Esr 1,6.10; 7,6.9; 8,3; 9,39), so zielt der Exodus aus Babylon auf die Kulterneuerung und die Wiederaufrichtung des Gesetzes in Israel (3. Esr 8,7.12.21.23 f.; 9,39-55).

In einem Punkt allerdings ist das heilsgeschichtliche Entsprechungsverhältnis aufgebrochen: Während der Urexodus mit der einen Figur des Mose verbunden ist, der in einer Person Kultgründer und Gesetzesempfänger ist, tritt in der nachexilischen Neuaufrichtung von Tempelkult und Gesetz ein Zweigestirn hervor: der Davidide Serubbabel, der die Tempelneugründung vollzieht, und der Hohepriester Esra, der die innerliche Neukonstitution der Tempelgemeinde durchführt. In beiden Fällen ist die davidische bzw. hochpriesterliche Betitelung ein ausdrücklich dem kanonischen Stoff zugesetztes Element![15] Das Besondere an diesem davidischen und hochpriesterlichen Zweigestirn ist, daß es ein ideelles ist. Erzählerisch ausgeblendet werden, wenn man die masoretische Erzählvorlage vergleicht, sowohl Nehemia, der staatliche Aufbaukommissar und spätere Gouverneur[16] als auch der Priester Josua, der historisch das eigentliche hochpriesterliche Gegenüber von Serubbabel darstellt.

Was bedeutet diese neuartige und signifikante Personenkonstellation, dieses davidisch-hochpriesterliche Doppel, das in den heilsgeschichtlichen Sinnbezügen, die den Text durchziehen, der Person des Mose gegenübersteht? *Theologisch* bezeichnet sie den heilsgeschichtlichen Idealzustand der Existenz Israels unter der herrscherlichen Leitung des rechtmäßigen Davididen und der kultischen Leitung des von Gott eingesetzten Hohenpriesters. Dabei ist zu bedenken, daß das historisch faßbare, gemeinsame Wirken des Davididen Serubbabel und des Hohenpriesters Josua, das seinerzeit durchaus Heilshoffnungen geweckt hatte,[17] offensichtlich nicht den heilsgeschichtlichen Endpunkt repräsentiert, auf den das 3. Esrabuch zielt. Dieser Zielpunkt aber macht die theologische Thematik automatisch zu einer *historischen*. Denn die Dringlichkeit, mit der man auf den herrscherlichen Idealzustand in Israel schaut, führt direkt zu der Frage, in welcher Zeit überhaupt das Problem der davidisch-hochpriesterlichen Führerschaft so aktuell werden konnte, daß man einen bekannten Stoff ganz neu auf diese Frage hin ausrichtete.

Die Frage selbst versetzt den Leser geradewegs ins ausgehende 2. Jh. v. Chr., in die Blütezeit der hasmonäischen Dynastie, welche aus den Wirren der Religionsverfolgung unter Antiochos IV. und des Makkabäeraufstands (167-164 v. Chr.) zu Macht und Herrschaft gelangt war, aber aus religiösen Gründen beständig um die Anerkennung ihrer Legitimität kämpfen mußte.[18]

---

15. 3. Esr 5,5; 8,1-3; 9,39 f.49.
16. Nehemia ist nur in der Rückwandererliste 3. Esr 5,8.40 = Esr 2,2.63 genannt. In 3. Esr 9,49 = Neh 8,9 ist sein Name gestrichen. In 3. Esr 5,40 wird außerdem die Identität von Nehemia mit dem als Ἀτθαράτης, hebr. Tiršātā, bezeichneten politischen Funktionsträger bewußt aufgehoben.
17. Vgl. Sach 3,1-10; 4,6-14; 6,9-15.
18. Ausführlich zu den geschichtlichen Hintergründen dieser Epoche JSHRZ VI/1.1, 24-31.

Die Makkabäer waren in der Religionsverfolgung unter Antiochos IV. mit dem Anspruch angetreten, den heidnisch entweihten Tempel wieder seiner wahren kultischen Bestimmung zuzuführen und das jüdische Gesetz neu in Kraft zu setzen. Als aber die hasmonäischen Herrscher neben der politischen und militärischen Führung auch das Hohepriesteramt in Erbfolge übernahmen und gleichzeitig immer mehr zu hellenistischen Herrschern nach dem Vorbild ehemals bekämpfter Despoten avancierten, machten sie ihr eigenes Werk, sofern es ein *religiöses* war, wieder zunichte und zogen folgerichtig die Kritik der gesetzestreuen Kreise auf sich. Zu einem ersten Bruch frommer Kreise mit den Makkabäern, der zur Gründung der essenischen Gemeinschaft führte, war es bereits unter Jonathan (161-143/2 v.Chr.) gekommen, als dieser sich, ohne die rechtmäßige zadokidische Legitimation zu besitzen, vom Seleukidenherrscher das Hohepriesteramt übertragen ließ. Zu einem krisenhaften Höhepunkt aber gelangte die geschilderte Entwicklung erst unter Johannes Hyrkan (135/4-104 v.Chr.), dem erfolgreichsten unter den hasmonäischen Herrschern, der eine großangelegte Expansions- und Eroberungspolitik betrieb. Die nach außen erfolgreiche säkulare Machtpolitik Hyrkans rief im Innern die Opposition der Pharisäer auf den Plan. Sie hatten sich als gemäßigter Flügel der Frommen etabliert und waren bis dahin, trotz mancher religiöser Vorbehalte, Parteigänger der Makkabäer geblieben. Nun aber wurde angesichts des zunehmenden massiven Verstoßes gegen die kultisch geforderte Reinheit des hochpriesterlichen Amtes die latente Kritik rasch zu einem grundsätzlichen – und zwar doppelten – Vorwurf: dem der fehlenden herrscherlichen, d.h. davidischen, Legitimation und dem der fehlenden priesterlichen, d.h. zadokidischen, Legitimation der Hasmonäer. Der eskalierende Konflikt veranlaßte Hyrkan, ganz mit den Pharisäern zu brechen und in ein anhaltendes Bündnis mit den Sadduzäern einzutreten. Gleichzeitig entwickelte die prohasmonäische Partei gegen die von pharisäischer Seite erhobenen Vorwürfe eine eigene, ebenfalls an den davidischen und priesterlichen Traditionen ausgerichtete hasmonäische Herrscherideologie, die im etwa zeitgleichen 1. Makkabäerbuch ihren Niederschlag gefunden hat.[19]

Vor diesem historischen Hintergrund erscheint das 3. Esrabuch, das so nachdrücklich die rechtmäßige davidische und zadokidische Führerschaft verficht, als Teil der religiös und politisch zugleich geführten Diskussion. Es führt den literarischen Angriff nicht nur gegen die illegitimen herrscherlichen und priesterlichen Ansprüche der Hasmonäer als solche, sondern – indem es Königtum und Priestertum programmatisch voneinander trennt – auch gegen die Vereinigung der weltlichen und der geistlichen Macht auf eine Person. Daß sich reale politische Hoffnungen mit diesem religiös überformten Gegenentwurf zur hasmonäischen Herrscherideologie verbanden, ist allerdings auszuschließen, da historisch eine Entwicklung auf den vorgestellten politischen Zustand hin im ausgehenden 2. Jh. v.Chr. außerhalb der aktuellen Denkmöglichkeiten lag. Wahrscheinlicher ist, daß die Schrift einen aus der Konfrontation geborenen *eschatologischen* Entwurf darstellt. Escha-

---

19. Zur religiösen Problematik ausführlich JSHRZ VI/1.1, 31-37.

tologisch auch deshalb, weil die hasmonäische Herrscherideologie die bestehenden politischen Verhältnisse ebenfalls als Erfüllung der Israel gegebenen Heilsverheißungen proklamierte bis hin zur Messianisierung zunächst der Zeit des hasmonäischen Dynastiegründers Simon[20] und dann, bei Hyrkan, sogar des Herrschers selbst.[21]

Die eschatologische Ausrichtung des 3. Esrabuches kommt auch in der Verschränkung der geschichtlichen Anfangszeit Israels mit der geschichtlichen Endzeit des Volkes zum Ausdruck. Vielleicht kann man sogar noch weiter gehen und fragen, ob hinter der für die Leitung Israels im Status der Heilserfüllung vorgesehenen königlich-priesterlichen Doppelpräsenz nicht gleichfalls messianische Vorstellungen stehen. Immerhin sind derartige Endzeiterwartungen bereits für die Zeit vor der Wende vom 2. zum 1. Jh. v.Chr. in Qumran bezeugt.[22] Sie leiten *John J. Collins* zu einer ganz ähnlichen wie der hier vertretenen Einschätzung der historischen Bezüge: »The plurality of the messianic figures in question ... was in itself a political statement, since it implicitly rejected the combination of royal and priestly offices by the Hasmoneans.«[23] Deutlicher läßt sich nicht formulieren, daß im Bereich des Frühjudentums politisches Nachdenken immer auch heilsgeschichtlich, und d.h. theologisch, motiviert war. Es verbietet sich daher, den historischen Charakter der Schriften unter Absehung ihres theologischen Skopus gewinnen zu wollen.

Die Freilegung seiner theologischen Fundamente läßt das 3. Esrabuch als eine politisch begründete Neukonzeption der Esraerzählung vor Augen treten. Das Werk ist kein fragmentarisches Überbleibsel eines verschollenen Geschichtswerkes, kein durch historischen und logischen Unverstand durcheinandergeratenes Erzählstück von fraglicher theologischer Intention, sondern eine kunstvolle und schriftgelehrte Komposition voller Tiefsinn. Man könnte auch sagen: ein Stück theologischer Systematik, welche die chronistische Durchdringung der zurückliegenden vorexilischen Geschichte nach vorne ausweitet und die ohnehin im 2. Jh. v.Chr. gängige Geschichtstheorie in eine heilsgeschichtliche Gesamtkonzeption überführt. Sie war ge-

---

20. Vgl. 1. Makk 14,4-15.
21. Josephus, Bell. 1,68; Ant. 15,299.
22. 1QS IX 11; vgl. 1QSa II 12.14.19f.; CD XII 23f.; XIV 10f.; XX 1; vgl. auch 4QFlor. Daneben Jub 31. In Qumran findet sich auch der Bezug der genannten messianischen Herrscher auf eine dritte, prophetische Gestalt; vgl. nochmals 1QS IX 11. In das genannte Milieu paßt zudem der angedeutete Rangunterschied zwischen Serubbabel und Esra als dem Hohenpriester, d.h. die kultische Zielsetzung des 3. Esrabuches, die in der hochpriesterlichen Leitung des neukonstituierten Gemeinwesens gipfelt.
23. *J. J. Collins*, The Scepter and the Star: The Messiahs of the Dead Sea Scrolls and Other Ancient Literature, New York u.a. 1995, 95. Zur Diskussion des Sachverhaltes insgesamt op. cit., 74-101.

eignet, als eschatologisches Modell zu fungieren in einer Zeit, da die Herrschaftsstrukturen im unabhängigen Judäa zum religiösen Problem wurden.

Es bleibt anzumerken, daß dieser Weg hinein in die theologischen Tiefen der Schrift keinesfalls die Analyse ihrer äußeren Voraussetzungen ersetzt, allen voran der Sprachform, sowie der literarischen und sozio-kulturellen Abhängigkeiten. Dies käme – unter umgekehrtem Vorzeichen – der eingangs beklagten methodischen Engführung gleich. Die Wahrnehmung der äußeren Form der Texte bleibt auch deshalb unabdingbar, weil das Aufbrechen der sprachlichen und literarischen Grenzen in der hellenistischen Epoche unmittelbare Konsequenzen für die religiöse Entwicklung des Frühjudentums hatte. Von Bedeutung ist in diesem Zusammenhang vor allem der zunehmend in griechischer Sprache geführte religiöse Dialog mit der Diaspora, der eine rege Übersetzungstätigkeit aus sich heraussetzte, welche ihrerseits wie ein Katalysator wirkte auf den theologischen Prozeß der Traditionsumbildung und -neubildung.

Auch das 3. Esrabuch als eine bei der Übertragung ins Griechische ins Werk gesetzte Neudeutung des Esrastoffes verdankt sich dieser multikulturell geleisteten Verarbeitung genuin jüdischer Geschichtserfahrung und läßt die entsprechenden Zeitzeichen an der Oberfläche erkennen:[24] die sprachliche Verwandtschaft mit vergleichbaren Schriften des 2. Jhs. v. Chr.,[25] die neu in die Esraerzählung eingetragenen Bezüge zum Danielbuch,[26] die auf das Jahr 165 v. Chr. als *terminus a quo* der Komposition weisen sowie das Aufleuchten der Idumäerproblematik im Hintergrund des Buches (3. Esr 4,45.50; 8,69), die in Zusammenhang steht mit der von Hyrkan veranlaßten Zwangsjudaisierung der Idumäer.[27] Gleichwohl verlieren, wie die anhaltende Forschungsdebatte zeigt, diese äußerlichen Textfunde ihre Eindeutigkeit

---

24. Dabei zeigt sich ein weiteres Mal, daß Sprachkriterien allein nicht genügen, den historischen oder geographischen Ort einer Schrift zu fixieren. Die gängige Einordnung griechischer frühjüdischer Schriften in den Kulturkreis der Diaspora, vornehmlich der ägyptischen Diaspora, erweist sich zunehmend als Schematismus, der die Entstehungsproblematik mehr verdunkelt als erhellt. Beim griechischsprachigen 3. Esrabuch weist die theologische Thematik eher auf einen palästinischen als auf einen ägyptischen Ursprung hin, wobei allerdings die Entstehung des Werkes unmittelbar mit seiner intendierten Verbreitung in der Diaspora verknüpft sein dürfte. – Zur Sprach- und Überlieferungsproblematik grundsätzlich s. JSHRZ VI/1.1, 2. Vgl. auch *Schaller*, Methodologie, 60f.
25. Vgl. Z. *Talshir*, The Milieu of 1 Esdras in the Light of its Vocabulary, in: *A. Pietersma u.a.* (Hg.), De Septuaginta, FS J. W. Wevers, Mississauga, Ontario 1984, 131-147.
26. Vgl. 3. Esr 3,2 mit Dan 6,2 (LXX); 3. Esr 3,7 mit Dan 6,3 f. und 1,19; 3. Esr 4,40 mit Dan 2,37; 3. Esr 4,58 mit Dan 6,11; 3. Esr 4,59 f. mit Dan 2,20.23. S. dazu die Deutung der Pagenerzählung in JSHRZ VI/1.1, 12.
27. Josephus, Ant. 13,255-258; Bell. 1,63. Dazu *E. Schürer*, The History of the Jewish People in the Age of Jesus Christ (175 B.C.-A.D. 135). A New English Version, Revised and Edited by G. Vermes, F. Millar and M. Black, Bd. 1, Edinburgh 1987, 207.

und damit ihr argumentatives Gewicht, wenn sie nicht in Einklang gebracht werden können mit dem, was dem Text als menschliche Deutung der Zeitgeschichte zugrundeliegt, die im Bereich des antiken Judentums stets theologische Geschichtsdeutung ist.

Das dritte Makkabäerbuch[28]

Daß das theologische Profil einer Schrift zuallererst den Weg hinein in die spezifische Geschichte ihrer Entstehung öffnet, läßt sich überzeugend auch am 3. Makkabäerbuch demonstrieren, dessen kultureller Haftpunkt Ägypten ist. Das Buch handelt von einer großangelegten Judenverfolgung in ptolemäischer Zeit. Im Mittelpunkt der Erzählung steht Ptolemaios IV. Philopator (222/1-204 v.Chr.), der nach der siegreichen Schlacht bei Raphia (217 v.Chr.) gegen Antiochos III. (223-187 v.Chr.) durch ein göttliches Strafwunder am Betreten des Jerusalemer Tempels gehindert wird und dafür blutige Rache an den Juden Ägyptens plant (3. Makk 1,1-2,24). Er läßt alle Juden verhaften, welche die Teilnahme am Dionysoskult verweigern, und in den Hippodrom in Alexandrien abtransportieren, wo sie in einem großen Volksschauspiel von Elefanten zu Tode getrampelt werden sollen (3. Makk 2,25-4,21). Ein dreimaliges göttliches Rettungswunder bewahrt die Juden vor der Vernichtung (3. Makk 5,1-6,21) und bewirkt den Stimmungsumschwung des Königs (3. Makk 6,22-40). Nach einem siebentägigen Freudenfest entläßt Philopator die Juden mit der Erlaubnis, die abtrünnigen Volksgenossen zu töten. Aus den alexandrinischen Festlichkeiten entsteht ein jährlich vom 8. bis zum 14. Epiphi (= 3.-9. Juli) gefeiertes Erinnerungsfest, ein zweites aus der ebenfalls siebentägigen Freudenfeier der heimkehrenden Juden in Ptolemais (3. Makk 6,41-7,23).[29]

---

28. Vgl. auch hier zu allen Einleitungsfragen die ausführlicher gehaltene Darstellung in JSHRZ VI/1.1, 63-81.
29. Zur kompositionellen Orientierung an griechischen Vorbildern s. op. cit., 64.

Theologie als Schlüssel zur Historie, Ulrike Mittmann-Richert

Prolog	1,1-7:	Sieg Ptolemaios' IV. bei Raphia
I.	1,8-2,24:	*Ptolemaios in Jerusalem*
	a) 1,8-29:	Ptolemaios will das Allerheiligste betreten
	b) 2,1-20:	Das Gebet des Hohenpriesters Simon
	c) 2,21-24:	Das göttliche Strafwunder an Ptolemaios
II.	2,25-33:	*Der Umschlag von Wohlwollen in Haß: Der Beginn der Verfolgung*
	a) 2,25-27a:	Der Beschluß der Versklavung der Juden
	b) 2,27b-30:	Das Zwangsedikt zur Teilnahme am Dionysoskult
	c) 2,31-33:	Die Standhaftigkeit der Juden
III.	3,1-6,21:	*Die Verschärfung der Verfolgung: Die geplante Ausrottung der Juden und ihres Glaubens*

      A) 3,1-10:   Die Vorbereitungen zur Endvernichtung
          a) 3,1:   Der Vernichtungsbeschluß
          b) 3,2-10:   Die Reaktion der Griechen
          c) 3,11-30:   Der Brief mit dem Ausführungsbefehl

      B) 4,1-21:   Die Deportation in den Hippodrom in Alexandrien
          a) 4,1-10:   Die Mißhandlung und Verschleppung der Juden
          b) 4,11-15:   Ihre listenmäßige Erfassung
          c) 4,16-20:   Der gottgewirkte Abbruch der Erfassung

      C) 5,1-6,21:   Der dreifache Vernichtungsversuch
          a) 5,1-22:   Ptolemaios verschläft nach einem Festgelage den Hinrichtungstermin
          b) 5,23-35:   Ptolemaios überfällt nach einem Festgelage göttliches Vergessen
          c) 5,36-6,21:   Das direkte Eingreifen Gottes nach dem dritten Festgelage
              c_1) 5,36-50:   Die gesteigerte Vernichtungswut des Königs
              c_2) 6,1-15:   Das Gebet Eleasars
              c_3) 6,16-21:   Eine Engelserscheinung läßt die Elefanten sich gegen die Henker kehren

IV.	6,22-40:	*Der Umschlag von Haß in Wohlwollen: Das Ende der Verfolgung*
	a) 6,22-29:	Die Aufhebung des Vernichtungsbeschlusses
	b) 6,30-36:	Die vom König angeordnete siebentägige Rettungsfeier und ihre jährliche Wiederholung
	c) 6,37-40:	Das Rückkehrgesuch und chronologischer Rückblick
V.	6,41-7,23:	*Die Rückkehr*
	a) 6,41-7,9:	Der königliche Schutzbrief
	b) 7,10-16:	Die vom König gestattete Tötung der abtrünnigen Glaubensgenossen
	c) 7,17-23:	Die zweite siebentägige Rettungsfeier in Ptolemais und ihre jährliche Wiederholung

Was den literarischen Charakter der Schrift angeht, so herrscht große Übereinstimmung darüber, daß sie trotz des historiographischen Stils kein historisches Ereignis schildert, sondern einen *fiktiven* Geschichtsbericht darstellt. Das ist schon deshalb nicht zu bezweifeln, weil die im weitesten Sinne zeitgenössischen Quellen die im 3. Makkabäerbuch geschilderte Judenverfolgung weder für die Zeit des vierten Ptolemäers, noch für die seiner Nachfolger bestätigen, ja, aufs Ganze gesehen widerlegen. Andererseits besticht das 3. Makkabäerbuch durch die genaue Kenntnis der nicht unmittelbar mit den Juden verknüpften historischen Ereignisse, allen voran der Schlacht bei Raphia, deren Schilderung ganz dem von Polybios im 5. Buch seiner Historien entworfenen Bild entspricht (Hist. 5,79-86).

Was bedeutet der fiktionale Charakter des Buches für seine Datierung? Forschungsgeschichtlich gesehen zunächst Unstimmigkeiten allenthalben! Ein Blick auf die gebotenen Datierungsansätze läßt den Versuch, die 3. Makkabäerschrift zeitlich einzuordnen, als Rätselspiel erscheinen, bei dem es darum geht, die Scheidelinie zwischen Fiktion und Realität zu bestimmen. Anders ausgedrückt: Wie immer man sich dem 3. Makkabäerbuch nähert, stets herrscht das Bemühen vor, die Fiktion auf versteckte historische Hinweise abzusuchen, die unabhängig vom Inhalt die zeitliche Einordnung der Schrift erlauben. Aber an welchem Punkt der Fiktion soll man ansetzen? Beim 4. Ptolemäerkönig, bei dem man vielleicht doch eine Bedrängnis der Juden in den erstmals aufbrechenden innenpolitischen Unruhen vermuten darf?[30] Oder steht Ptolemaios IV. für Ptolemaios VII. (VIII.) Euergetes II. Physkon (145-116 v. Chr.), unter dessen Regentschaft es zum Bürgerkrieg mit Beteiligung der Juden kam?[31] In beiden Fällen wäre das Buch ein Produkt der Ptolemäerzeit.[32] Oder ist gar die Ptolemäerzeit selbst das Sinnbild einer ganz anderen, der römischen Epoche, in der unter Caligula (38-41 n. Chr.) wenigstens das Verfolgungsgeschehen greifbar wird?[33]

---

30. Zum historischen Hintergrund s. JSHRZ VI/1.1, 73-78.
31. Vgl. Josephus, C. Ap. 2,53-55, wo die im 3. Makkabäerbuch verarbeitete ägyptische Festlegende mit dem Namen Physkons verbunden wird.
32. So etwa *A. Kasher*, The Jews in Hellenistic and Roman Egypt. The Struggle for Equal Rights, Tübingen 1985, 211-232; *H. Anderson*, 3 Maccabees, in: *J. H. Charlesworth* (Hg.), The Old Testament Pseudepigrapha, Bd. 2, Garden City, New York 1985, 510-512, und *ders.*, Third Maccabees, The Anchor Bible Dictionary 4, New York u.a. 1992, 452, und *D. S. Williams*, 3 Maccabees: A Defense of Diaspora Judaism?, in: JSP 13 (1995), 19f.
33. So z.B. *J. J. Collins*, Between Athens and Jerusalem. Jewish Identity in the Hellenistic Diaspora, New York 1983, 104-111. Für die Römerzeit spricht auch der in 3. Makk 2,28 enthaltene Hinweis auf eine Laographie, lat. *census*, der sich die Juden angeblich hätten unterziehen müssen. Allerdings fällt der römische Census in die Zeit des Augustus (24/23 v.Chr.), was mit der Verfolgungsthematik nicht zusammenpaßt. Anders *V. A. Tcherikover*, The Third Book of Maccabees as a Historical Source of Augustus' Time, in: Scripta Hierosolymitana 7 (1961), 1-26, bes. 11-18, und *A. Paul*, Le Troisième

Die genannten Fragen stecken das Feld der Vermutungen ab, welche die wissenschaftliche Diskussion um die Datierung des 3. Makkabäerbuches beherrschen. Sie ist in eine Sackgasse geraten, weil der Mangel an methodischen Alternativen zur wiederholten Neugewichtung der stets gleichen Argumente zwingt, ohne daß eine Annäherung der Standpunkte in Aussicht stünde. Ungelöst bleibt bei alledem nicht nur das Rätsel der fiktionalen Verhüllung[34], sondern auch das Rätsel des Titels, das in der Frage gipfelt, warum das 3. Makkabäerbuch ausgerechnet 3. *Makkabäer*buch heißt, da es doch augenscheinlich von ganz anderem handelt als von den Ereignissen der Makkabäerzeit. Wer hier eine Antwort findet, hält den Schlüssel zur Datierung der Schrift in der Hand.

Damit ist bereits angedeutet, daß auch beim 3. Makkabäerbuch die Lösung des Datierungsproblems nicht in der Auseinandersetzung mit den äußerlich zutage liegenden Einzelindizien liegt, und d. h. im konkreten Fall: mit den Koordinaten des historischen Bildes, das die Schrift entwirft, sondern in der Erfassung der dahinterliegenden *theologischen* Thematik, um die man sich bislang nur in Ansätzen bemüht hat. Worum geht es dem Verfasser? Welches religiöse Anliegen verbirgt sich hinter seinem Bemühen, ein Ereignis, das in der geschilderten Form nie stattgefunden hat, als Teil der ägyptischen Diasporageschichte zu fixieren?

Da der theologische Skopus einer Schrift sich in der Regel literarisch in besonderer Weise stilisiert findet, muß sich auch beim 3. Makkabäerbuch die Aufmerksamkeit zunächst auf die literarische Besonderheit des Werkes richten, die mit seinem fiktiven Charakter unmittelbar zu tun hat. Die ganz unhistorische Erzählung von der Judenverfolgung unter Ptolemaios IV. gründet sich nämlich auf literarische Vorbilder, die bis in den Wortlaut hinein faßbar sind. Es handelt sich dabei um das 2. Makkabäerbuch und um das griechische Estherbuch, zwei Schriften, die ebenfalls von der Verfolgung und Ausrottung der Juden und ihrer Religion handeln. Dieser Tatbestand ist oft registriert, aber nie interpretiert worden.

Ganz besonders deutlich ist das literarische Phänomen bei der Adaption der Heliodorlegende aus dem vermutlich im ausgehenden 2. Jh. v. Chr. ent-

---

Livre des Macchabées, in: *H. Temporini – W. Haase* (Hg.), Aufstieg und Niedergang der Römischen Welt. Geschichte und Kultur Roms im Spiegel der neueren Forschung II: Principat, Bd. 20.1, Berlin 1987, 332 f. Eine Synthese der ptolemäischen und der römischen Datierung versucht *F. Parente*, The Third Book of Maccabees as Ideological Document and Historical Source, in: Henoch 10 (1988), 167-181.

34. Der für die Römerzeit geltend gemachte Hinweis auf die Notwendigkeit verschlüsselter politischer Kritik ist schon deshalb zurückzuweisen, weil die philonischen Schriften zeigen, daß man auf jüdischer Seite die Verfolgungsproblematik literarisch offen zur Sprache brachte. Vgl. Philo, In Flaccum und Legatio ad Gaium.

standenen 2. Makkabäerbuch.³⁵ Die Erzählvorlage ist schon immer als Vorbild erkannt worden für den durch ein göttliches Strafwunder vereitelten Versuch Philopators, ins Innerste des Jerusalemer Tempels einzudringen (vgl. 3. Makk 1,8-2,24 mit 2. Makk 3,1-40, bes. 3. Makk 1,16-21 mit 2. Makk 3,15-23 und 3. Makk 2,21-23 mit 2. Makk 3,27-29). Auch der Racheplan des Königs (3. Makk 2,24; 3,1) hat sein Vorbild im 2. Makkabäerbuch, wo Antiochos IV. einen auf die Vernichtung der Juden zielenden Rachefeldzug in Aussicht stellt (2. Makk 9,3 f.), aber noch vor seiner Ausführung vom göttlichen Schlag hingestreckt wird (2. Makk 9,5-10). Neben dieser doppelten szenischen Parallelität existieren zahlreiche kleinere Bezüge zwischen beiden Büchern.³⁶ Die szenische Deckungsgleichheit geht einher mit einer bis in die Verästelungen hinein ausgeführten thematischen Deckungsgleichheit: Auch das 3. Makkabäerbuch handelt nach dem Strafwunder im Tempel vom Versuch des heidnischen Herrschers, die jüdische Religion durch Verbot und leibliche Verfolgung auszurotten und die Juden zur Teilnahme an den heidnischen Kulten zu zwingen, allen voran dem des Dionysos (vgl. 3. Makk 2,27-30; 3,1 f.; 3,21; 4,14 mit 2. Makk 6,1-9). Und auch im 3. Makkabäerbuch wird dieser Versuch durch die Gottes- und Gesetzestreue der Juden überwunden.

Die Übernahme ganzer Szenen und Handlungsabläufe aus einer anderen Schrift durch den ägyptischen Verfasser ist zu markant, als daß sie bedeutungslos sein könnte. Offensichtlich beschwört der Rückgriff auf das von religiöser Tragik und Bewährung durchwirkte Erzählmaterial des 2. Makkabäerbuches die Schicksalsgleichheit der palästinischen und der ägyptischen Juden. Die entscheidende Frage aber ist: Warum? Die Antwort liegt auf der Hand: Die literarisch beschworene Gleichheit ist Ausdruck einer in Wirklichkeit bestehenden *Ungleichheit*, ist Ausdruck eines Konflikts. Es geht für die Judenschaft Ägyptens, da sie sich erzählerisch mit den Juden im palästinischen Mutterland auf die gleiche Stufe stellt, um die Behauptung ihrer Eigenständigkeit und Gleichrangigkeit im Gesamtrahmen der jüdischen Schicksalsgemeinschaft.

Das bestätigt der Blick auf die zweite Schrift, die der Verfasser in seiner fiktiven Verfolgungserzählung literarisch verarbeitet: das griechische Esther-

---

35. Zur Datierungsproblematik s. JSHRZ VI/1.1, 44-47.
36. Eine detaillierte Aufstellung aller Bezüge sowie der ebenfalls zahlreichen sprachlichen Parallelen bietet *C. W. Emmet*, The Third Book of Maccabees, in: APOT 1, 156f. Vgl. auch *A. E. Gardner*, III Maccabees – A Reflection on the Maccabean Crisis, in: PWCJS 9 (1985), 1-6, und *J. Tromp*, The Formation of the Third Book of Maccabees, in: Henoch 18 (1995), 311-328, dessen theologische Schlußfolgerungen allerdings einseitig bleiben, weil er andere Quellen, insbesondere das griechische Estherbuch, von der Betrachtung ausschließt (op. cit., 312).

buch,[37] das wie das 2. Makkabäerbuch im ausgehenden 2. Jh. v. Chr. anzusiedeln ist[38] und dessen Kolophon (F 11 = Est 10,3¹ LXX[39]) die Überbringung der Festrolle nach Ägypten ausdrücklich bezeugt.

Nun besteht an dieser Stelle die Schwierigkeit, daß das griechische Estherbuch das Schicksal des 3. Esrabuches und des 3. Makkabäerbuches insofern teilt, als auch ihm bis heute die Anerkennung als einem selbständigen theologischen Werk versagt wurde und die theologische Auslegung sich auf die Zusätze als Anhängsel zum masoretischen Text des Estherbuches beschränkt. Einen Versuch, die Schrift als Ganze theologisch zu würdigen und ihre aktuelle Zielrichtung herauszuarbeiten, stellt die Interpretation des Buches in JSHRZ VI/1.1 dar.[40] Da die Verhältnisbestimmung des 3. Makkabäerbuches zum griechischen Estherbuch auf der Grundlage der dort gewonnenen theologischen Erkenntnisse geschieht, hier aber nicht der Platz ist, dieselben zu entfalten, sei stellvertretend auf die genannte Untersuchung verwiesen. Festzuhalten ist, daß das griechische Estherbuch als Versuch der theologischen Bewältigung der Verfolgungserfahrung der Makkabäerzeit zu gelten hat, und zwar im Rückgriff auf die aus der östlichen Diaspora stammende, mit der Gestalt Esthers verknüpfte Purimtradition. Purim wird in Palästina bedeutsam in einer Zeit, da es im Mutterland selbst einer Judenverfolgung und ihrer Niederschlagung zu gedenken gilt. Die in diesem Zusammenhang sich vollziehende Neudeutung von Purim geschieht auf der Grundlage der dem Fest ursprünglich nicht inhärenten Erfahrung der größtmöglichen Verschuldung Israels seinem Gott gegenüber und führt zu einer theologischen Vertiefung des Purimgedankens. Die im Mutterland geübte liturgische Vergegenwärtigung des Verfolgungs- und Überwindungsgeschehens wird gleichzeitig zum Impuls der Vermittlung der Bewährungserfahrung nach Ägypten. Zum makkabäischen Gedenkfest gewandelt wird Purim in die ägyptische Diaspora transponiert, die, wenn sie das Fest begeht, Anteil bekommt am Schicksal der palästinischen Juden, aber auch an der nun verstärkten Mahnung, in heidnischer Umwelt den Weg der Glaubensbewährung und der Gesetzestreue strikt und nach dem Vorbild des Mutterlandes zu gehen.

Vergleicht man auf dieser Grundlage die beiden Schriften miteinander, so fällt zunächst auf, daß der Verfasser des 3. Makkabäerbuches dem griechischen Estherbuch die strukturierenden Erzählelemente entnimmt, ja, im Grunde die gesamte Erzählstruktur: Wie im griechischen Estherbuch stehen im 3. Makkabäerbuch am Beginn und am Ende der Judenverfolgung königliche Dekrete (vgl. 3. Makk 3,12-20 mit Zus.Est B 1-7 = Est 3,13^{a-g} LXX und

---

37. Vgl. *Parente*, in: Henoch 10 (1988), 168: »Even on a superficial reading ... III *Macc.* clearly draws heavily on the Greek *Esther*, above all in its overall scheme.«
38. Wahrscheinlich vor 114 v. Chr. Zur Datierung s. JSHRZ VI/1.1, 100f.
39. Zählung der Zusätze nach *R. Hanhart*, Esther, Septuaginta. Vetus Testamentum Graecum, auctoritate Academiae Scientiarum Gottingensis editum, Bd. 8/3, Göttingen, ²1983, in Anlehnung an *H. B. Swete*, The Old Testament in Greek According to the Septuagint, Bd. 2, Cambridge ³1907, Nachdr. 1930, 755-780. Die dem MT entsprechende Zählung folgt der LXX-Ausgabe von *Rahlfs*, 951-973.
40. 97-113.

3. Makk 7,1-7 mit Zus.Est E 1-24 = Est 8,12^{a-x} LXX), die auch inhaltlich große Ähnlichkeiten aufweisen. Die auffallendste ist am Schluß der Erzählung die königliche Erlaubnis zur Tötung der Judenfeinde, mit dem einzigen Unterschied, daß im griechischen Estherbuch die heidnischen Feinde der Vernichtung zum Opfer fallen, während es im 3. Makkabäerbuch die Apostaten des eigenen Volkes sind (3. Makk 7,10-15; Est 8,13; 9,5-16 LXX).[41] Eine formale Anlehnung an den griechischen Estherstoff stellen auch die beiden großen Gebete dar (vgl. 3. Makk 2,1-20 und 6,1-15 mit Zus.Est C 1-11 und 12-30 = Est 4,17^{a-z} LXX), wiederum mit einer ganzen Reihe paralleler Elemente.[42] Am bedeutsamsten aber ist die Übernahme der äußeren Form der Festlegende durch den Verfasser des 3. Makkabäerbuches, das wie das mit dem Purimfest verknüpfte Estherbuch der Entstehung eines an einem bestimmten Datum gefeierten Rettungsfestes gewidmet ist (3. Makk 6,36; 7,18f.; Est 9,17.26-32 LXX; F 11 = Est 10,3^1 LXX). Da jedoch Zeitpunkt und historischer Anlaß der fraglichen Feste voneinander abweichen, muß die äußerliche Parallelität zwischen dem griechischen Esther- und dem 3. Makkabäerbuch wiederum eine im Inneren antithetische sein: Die ägyptische Judenschaft beschwört die Bedeutung ihres eigenen Festtages und damit die Bedeutung ihrer eigenen Überwindungserfahrung programmatisch als Gegenbild zum Purimfest als dem liturgischen Haftpunkt der makkabäischen Überwindungserfahrung und setzt damit ein deutliches Signal religiöser Autonomie.

Auch hier wird deutlich, daß die im 3. Makkabäerbuch sich vollziehende programmatische Parallelisierung eines *fiktiven* ägyptischen Geschehnisses mit den außerägyptischen Verfolgungserfahrungen alle Zeichen eines Konflikts in sich trägt, der literarisch und mit theologischen Mitteln ausgetragen wird. Und offensichtlich hat dieser Konflikt mit der Religionsverfolgung unter Antiochos IV. zu tun, da beide Schriften, gegen die sich der ägyptische Verfasser, indem er sie adaptiert, zur Wehr setzt, theologisch das palästinische Verfolgungsgeschehen thematisieren.[43] Hier wird sie greifbar – die

---

41. Weitere inhaltliche Bezüge sind: im Verfolgungsbeschluß die Milde und Menschenfreundlichkeit des Königs (3. Makk 3,15), die Feindschaft der Juden gegen den Staat (3. Makk 3,19.24), die angekündigte Vernichtung auch der Frauen und Kinder (3. Makk 3,25) und die erwartete Ruhe des Reiches nach der Vernichtung (3. Makk 3,26); im gegenteiligen Beschluß die Überredungskunst falscher Freunde als Grund der Judenverfolgung (3. Makk 7,3f.), die seit jeher freundschaftliche Gesinnung der Juden dem Staat gegenüber (3. Makk 7,7), die Furcht vor der Rache des jüdischen Gottes (3. Makk 7,9) und schließlich die Rücknahme der Vernichtungsmaßnahmen (3. Makk 7,7f.).
42. Wie im griechischen Estherbuch wenden sich die Gebete an Gott als den König, Schöpfer und Allherrscher (3. Makk 2,1; 6,2), verweisen auf Israels Status als Erbteil Gottes (3. Makk 6,3) und stellen den zu erwartenden Spott der siegreichen Heiden vor Augen (3. Makk 2,17f.; 6,11).
43. Auch *Williams*, 3 Maccabees, 20-29, erwägt, wenn auch vorsichtig, die Möglichkeit ei-

Verfolgung, für die man im ptolemäischen Ägypten vergeblich sucht! Und sie erklärt unmittelbar die bis heute ebenfalls selten anders als literarkritisch »bezwungene«[44] Verknüpfung der ägyptischen Verfolgung im 3. Makkabäerbuch ausgerechnet mit der Bedrohung des Jerusalemer Tempels.

Diese Erkenntnis repräsentiert eine ganz andere Art historischer Indizien, als man sie gemeinhin sucht und anwendet. Historisch aufschlußreich sind im 3. Makkabäerbuch gerade *nicht* die historischen Details der Schrift, ist *nicht* das auf der Erzählebene Spektakuläre, eigentlich das Spektakel, das eine Horde wildgemachter und zur Judenvernichtung eingesetzter Elefanten veranstalten. Historisch aufschlußreich ist die religiöse Tendenz der Schrift, ist die Konkurrenz, die sichtbar wird, wenn aus einem vorgegebenen Stoff ein vergleichbares ägyptisches Ereignis konstruiert und dasselbe in ganz ähnliche Form wie die Vorlagen gegossen wird. Die *theologische* Konfrontation, in der das 3. Makkabäerbuch steht, ist das eigentliche Indiz für den Zeitpunkt seiner Entstehung. Denn sie deckt einen tiefgreifenden Konflikt mit dem Mutterland auf, dessen historische Koordinaten durch den Bezug auf die Religionsverfolgung unter Antiochos IV. bereits eine erste Fixierung erfahren haben.

Um weiter in der Datierung fortschreiten zu können, ist der genaue Inhalt des Konflikts zu erheben, und zwar allein aus den in der Verfolgungserzählung verarbeiteten Quellen, genauer ihrem Zweck, den sie als Sendschreiben an die ägyptische Diaspora haben (Zus.Est F 11 = Est 10,3^1 LXX; 2. Makk 1,1-10a[45]). Sowohl im 2. Makkabäerbuch als auch im griechischen Estherbuch geht es nämlich nicht nur um die Verarbeitung der unter Antiochos IV. geschehenen Judenverfolgung in Palästina und um die Befestigung der in heidnischer Überfremdung wankend gewordenen Glaubens- und Lebensnormen, sondern um die *Weitergabe* all dessen an die ägyptische Diaspora. Beide sind sie Schriften, deren Inhalt nicht in erster Linie Bericht, sondern vornehmlich Aufforderung ist: Die ägyptischen Juden sollen sich der historischen Erfahrung der jüdischen Gemeinde im Mutterland unterstellen, sie sich zu eigen machen und die dort geleistete Glaubensbewährung liturgisch in der Feier der Tempelweihe und des Purimfestes nachvollziehen. Konfliktreich in sich wird die palästinische Verfolgungserfahrung konfliktträchtig für die Diaspora, die in den genannten Schriften so sehr zum betroffe-

ner auf Palästina ausgerichteten innerjüdischen Debatte, allerdings unter Ausblendung der Verfolgung unter Antiochos IV., was die Bemühungen um die theologische Zielsetzung der Schrift unscharf erscheinen läßt.
44. Vgl. etwa *Parente*, in: Henoch 10 (1988), 175.
45. Dabei ist vorausgesetzt, daß die Verkürzung des ursprünglich im Hintergrund des 2. Makkabäerbuches stehenden fünfbändigen Werks Iasons von Kyrene mit dem an die ägyptische Diaspora gerichteten Sendschreiben in sachlichem Zusammenhang steht. Zur Überlieferungsproblematik s. JSHRZ VI/1.1, 45-47.

Teil des palästinischen Geschehens gemacht wird, daß sie – soweit dies theologische und damit gesamtjüdische Bedeutung hat – jeglichen historischen Eigenerlebens beraubt wird.

Die Spannung ist förmlich zu fühlen. Da das 2. Makkabäer- und das griechische Estherbuch die ägyptische Diaspora an das existenzbedrohende Verfolgungsgeschehen unter Antiochos IV. und an die im Mutterland geleistete Glaubensbewährung erinnern und zur Feier der entsprechenden Gedenkfeste auffordern, erinnert im Gegenzug das 3. Makkabäerbuch an ein nicht weniger existenzbedrohendes Geschehen in Ägypten und an die *fern* vom Mutterland (3. Makk 6,10.15.36) geleistete Glaubensbewährung. Gleichzeitig stellt es mit dem Hinweis auf die sogar doppelte jährliche Erinnerungsfeier (3. Makk 6,36; 7,19) die unauslöschliche Bedeutung dieses Ereignisses vor Augen. Dies alles geschieht mit dem Ziel, den Jerusalemer Anspruch zu relativieren: Mag die Religionsverfolgung unter Antiochos IV. ungeahnte Ausmaße gehabt haben, auch die Verfolgung in Ägypten löschte die jüdische Bevölkerung und ihren Glauben beinahe aus. Mögen sich die Brüder im Mutterland als standhaft erwiesen haben, auch die ägyptischen Juden hielten stand, und zwar – im Gegensatz zu den Jerusalemern! – von Anfang an. Die erzählerische Entsprechung wird hier zur Übersteigerung, die insgesamt, da sie sich wiederholt, zur theologischen Überbietung der Glaubenserfahrung und Glaubens»leistung« des Mutterlandes gerät. Die Punkte, an denen innerhalb der strukturellen Parallelität des Erzählten Unterschiede konstruiert werden, sind markant und die eigentlichen Indikatoren für die Tiefe des Konflikts. Nachdrücklich betont das 3. Makkabäerbuch, daß die ägyptischen Juden, bei aller Loyalität zum heidnischen Staat (3. Makk 3,1.6; 7,7), sich *nicht* wie die Jerusalemer des Verrats an ihrer Religion schuldig machten (3. Makk 2,32f.; 3,4; vgl. 2. Makk 4,10-15) und daß die Verfolgung in Ägypten ein in diesem Sinne *un*schuldiges Volk traf und im rechtlichen Sinne *un*gerecht war (3. Makk 6,3). Die ägyptische Gemeinde verlor folglich als ganze ihre Reinheit nie. Und sie erhielt sich dieselbe auch nach der Verfolgung, indem sie die Abtrünnigen des eigenen Volkes ausmerzte (3. Makk 7,10-16). Die über das Esther-Vorbild hinausgehende Tötung der volkseigenen Renegaten hat auf dem Hintergrund der mit dem Mutterland geführten theologischen Auseinandersetzung einen tiefen Sinn. Sie ist zugleich eine polemische Spitze gegen die allgegenwärtige Ermahnung zur religiösen und damit nationalen Reinerhaltung.

Im Raum steht die Priorität des *ägyptischen* Verfolgungs- und Bewährungsweges. Dieser erhält seine letzte Überhöhung dadurch, daß ihm auch historische Priorität zuerkannt wird: Die Juden Ägyptens hatten unter Philopator (222/1-204 v.Chr.), d.h. ca. 50 Jahre früher als die Juden Palästinas, eine Verfolgung wie die unter Antiochos IV. (175-164 v.Chr.) schon glänzend bestanden, als es in Jerusalem noch nicht einmal Anzeichen des kommenden Unheils gab. Die Standhaftigkeit der ägyptischen Judenschaft konnte so als leuchtendes Vorbild für das Mutterland erscheinen, und dies um so mehr, als es ja auch in ihrem Fall der Jerusalemer Tempel war, um dessentwillen die so fern von ihm Lebenden grausamst verfolgt wurden. Die oft beklagte Künstlichkeit des doppelten Schauplatzes erweist sich hier als eine bewußte theologische Konstruktion. Der auf der Erzählebene herausgestellten Vorbildhaftigkeit der ägyptischen Judenschaft entspricht theologisch die orthodoxe Grundhaltung der Schrift.[46] Der Prioritätsanspruch der Jerusalemer Gemeinde stand in diesem Zusammenhang auch deshalb zur Debatte, weil in Ägypten eine solch tiefgreifende Hellenisierung des jüdischen religiösen Lebens wie die im seleukidischen Jerusalem unter Antiochos IV. nie stattgefunden hatte. Er mußte besonders dort zum Autoritätskonflikt führen, wo es sich um einen liturgischen Weisungsanspruch der Jerusalemer handelte.

Daß die Reaktion auf die Jerusalemer Sendschreiben, wie sie sich im 3. Makkabäerbuch als einer genuin ägyptischen Festlegende mit eigenem Geltungsanspruch schriftlich niedergeschlagen hat, nicht erst Jahrzehnte nach der Überstellung der Jerusalemer Briefe im ausgehenden 2. Jh. v. Chr. eingesetzt hat, wird man annehmen müssen und schon deshalb die Entstehung des Buches nicht in römische Zeit versetzen. Im Gegenteil, der ägyptische Versuch, den eigenen Festtag ebenso autoritativ zu etablieren wie die Jerusalemer die ihren, kann zeitlich gar nicht nahe genug an das Vorbild des 2. Makkabäerbuches und der griechischen Estherzählung herangerückt werden. Nur diese zeitliche Nähe erklärt schließlich auch die sachgemäße Einordung des Werkes unter die Makkabäerschriften. Denn eine solche will sie sein, wenn sie die an die ägyptische Diaspora herangetragene religiöse Erfahrung der Religionsnot unter Antiochos IV. innerlich für Ägypten adaptiert, sie aber äußerlich zur Urerfahrung für das erst später in Palästina Geschehene umwandelt. Der Titel, der noch, bevor sich der Vorhang zum Verfolgungsdrama öffnet, die palästinische Verfolgung unter Antiochos IV. als das eigentliche Thema der Schrift herausstellt, hat dies immer schon doku-

---

46. Die autoritative Gültigkeit des jüdischen Gesetzes (3. Makk 1,12.23; 2,21.32; 3,4) steht ebensowenig in Frage wie die damit gegebene Sonderstellung Israels unter den Völkern (3. Makk 2,17; 3,4.7; 6,3) oder die Erwählung des Jerusalemer Tempels (3. Makk 1,29; 2,9.14-16). Daß trotz seiner orthodoxen Grundhaltung der Verfasser, der sich literarisch ganz vom Hellenismus beeinflußt zeigt, auch in seiner Religiosität unter dem Eindruck des Griechentums steht, ist als selbstverständlich vorauszusetzen. Ob allerdings im 3. Makkabäerbuch die kulturelle Prägung, wie sie sich etwa in den Gottesprädikationen zeigt, zum Versuch einer auch philosophisch verpflichteten, jüdisch-griechischen Vermittlung in der Gottesfrage gerät, wie *T. Knöppler*, Die Gottesvorstellung des 3. Makkabäerbuches, im vorliegenden Bd. S. 221-233, bes. 232 f., vermutet, bleibt fraglich.

mentiert. Und manch exegetischer Irrweg wäre zu vermeiden gewesen, hätte man nicht die Themenangabe stets als fehlerhaften Ausdruck eines offenbar willkürlich verlaufenden Überlieferungsprozesses vom eigentlichen Objekt des wissenschaftlichen Interesses abgetrennt.[47]

So führt auch beim 3. Makkabäerbuch die Erschließung seiner theologischen Grundproblematik direkt in die Zeit seiner Entstehung hinein, ja, lösen sich im Licht der religiösen Programmatik des Werks die ungelösten Rätsel, mit denen man das 3. Makkabäerbuch so mannigfaltig umgeben sieht. Und da die Fundamente offen liegen, können auch die Oberflächenfunde dem historischen Gesamtbild eingepaßt werden. Zu ihnen gehören die sprachlichen Indizien, welche die große Nähe zu den inhaltlich adaptierten Schriften dokumentieren,[48] ebenso wie die sozio-kulturellen Hinweise, welche dadurch, daß sie nun losgelöst von ihrer religiös-tendenziellen Umkleidung betrachtet werden können, ein historisches Eigengewicht gewinnen.[49]

---

47. Dies gilt auch in Anbetracht der Tatsache, daß der Titel »3. Makkabäerbuch«, griech. Μακκαβαίων λόγος τρίτος (A; 68; ähnlich die q-Rezension) wahrscheinlich nicht den Originaltitel repräsentiert, sondern sich – wie beim 1. und 2. Makkabäerbuch – der nachträglichen Ordnung der thematisch zusammengehörenden Bücher verdankt. Sie bestätigt nur, daß man um den inneren Zusammenhang des 3. Makkabäerbuches und der anderen Makkabäerschriften auch in späterer Zeit noch wußte bzw. daß derselbe unmittelbar einsichtig war. Allerdings zeigt sich in der lukianischen Rezension, daß mit der zeitlichen Entfernung auch der thematische Zusammenhang der Schriften undeutlicher wurde, da plötzlich der – offensichtlich fest in der Tradition verankerte – Titel korrekturbedürftig erschien und mit einem Hinweis auf den ägyptisch-ptolemäischen Erzählhintergrund der Schrift versehen wurde: Μακκαβαϊκῶν ἢ Πτολεμαϊκῶν (381; 534; 728), oder deutlicher: Μακκαβαϊκῶν γ'. Πτολεμαϊκῶν μᾶλλον ὤφειλεν ἐπιγράφεσθαι: »Dritte Makkabäer(schrift). Besser sollte man sie Ptolemäer(schrift) überschreiben.« Weitere Titelvarianten bei *H.-P. Rüger*, Apokryphen I, in: Theologische Realenzyklopädie, Bd. 3, 303. Zum Titel des 1. und 2. Makkabäerbuches s. JSHRZ VI/1.1, 22.
48. Vgl. neben den bereits in Anm. 36 genannten Untersuchungen zum Thema *R. Hanhart*, Zum Text des 2. und 3. Makkabäerbuches. Probleme der Überlieferung, der Auslegung und der Ausgabe, Göttingen 1961. Zur Sprachform des Briefformulars in 3. Makk 3,12 und 7,1 s. *E. Bickermann*, Makkabäerbücher (III.), in: Paulys Real-Encyclopädie der classischen Alterthumswissenschaft 14/1 (1928), 798. Zu den sprachlichen und literarischen Bezügen zu den griechischen Danielzusätzen und zum Aristeasbrief s. JSHRZ VI/1.1, 69f.
49. Besondere Bedeutung kommt in diesem Zusammenhang dem Edikt Ptolemaios' IV. zur Regelung der dionysischen Mysterien außerhalb Alexandriens zu (Text in: Ägyptische Urkunden aus den Königlichen Museen zu Berlin: Griechische Urkunden, Bd. I-VIII, Berlin 1895-1933, (BGU) Nr. 1211, abgedruckt in: *M.-T. Lenger*, Corpus des Ordonnances des Ptolémées (Acad. royale de Belg., Mémoires de la classe des lettres LXIV, Brüssel 1964, Nachdr. 1980, 71). Das Edikt wird vom Verfasser des 3. Makkabäerbuches auf dem Hintergrund und nach dem Beispiel der ebenfalls mit dem Dionysoskult verknüpften religiösen Zwangsmaßnahmen Antiochos' IV. in *Palästina* in eine antijüdische, jetzt Ägypten betreffende Restriktion verkehrt, die sie von Hause aus nicht war. Betrachtet man aber den Hinweis auf ein Religionsedikt Philopators im Wissen um die solcherart Historie gestaltende Tendenz der Schrift, dann gewinnt er den Charakter eines wirklichen historischen Indizes, das die Vertrautheit des Verfassers mit den

Das Gesamtbild

Es ließen sich allein aus dem Bereich der sog. historischen und legendarischen Erzählungen noch zahlreiche weitere Beispiele beibringen, die belegen, daß alle Datierungsansätze im Ungewissen enden, wenn sie nicht durch eine in die Tiefe gehende Textinterpretation gestützt werden. Als erstes wäre hier nochmals auf die griechischen Zusätze zum Estherbuch zu verweisen, die nie anders denn als korrigierende Anhängsel zum hebräischen Estherbuch behandelt werden und nicht als Schlüsseltexte eines theologisch selbständigen Gesamtwerkes.[50] Ähnlich ergeht es den Danielzusätzen, die fragmentiert und entstehungsgeschichtlich auf annähernd fünf Jahrhunderte verteilt werden, ohne daß der prophetische Hintergrund, dem sie sich verdanken, je theologisch aufgearbeitet worden wäre.[51] Und der mit Fug und Recht »Historiker« genannte Eupolemos erfährt schon dieser Klassifizierung wegen keine umfassende theologische Würdigung, obwohl seine theologische Konzeption sich als äußerst aufschlußreich erweist für die persönliche Verknüpfung des Schriftstellers mit den Ereignissen seiner Zeit.[52]

Nun hat die Vernachlässigung der theologischen Fragen bei der genannten Textgruppe sicherlich auch damit zu tun, daß bei vielen dieser frühjüdischen Schriften die Geschichte ihrer eigentlichen wissenschaftlichen Erforschung noch nicht sehr alt ist und letztere erst in jüngerer Zeit mit großer Intensität vorangetrieben wird. Der Weg führt dabei sachgemäß von der äußeren Katalogisierung der Schriften zu ihrer theologischen Erschließung. Hier gilt es weiter fortzuschreiten und in die Tiefe zu arbeiten, in der noch mancher Schatz verborgen liegt.

Daß dabei methodisch alle der Exegese zur Verfügung stehenden Techniken zur Anwendung kommen müssen, versteht sich von selbst. Allerdings darf sich, wie die Betrachtung des 3. Esra- und des 3. Makkabäerbuches gezeigt hat, das interpretatorische Bemühen nicht auf die mechanische Anwendung bekannter Methoden beschränken. Sie bleiben nichts als das stets anders einzusetzende Handwerkszeug des Exegeten, das zudem immer neu auf seine Tauglichkeit zu prüfen ist. Das gilt besonders in der gegenwärtigen Situation, da das Eigengewicht, das bestimmte Methoden erlangt haben, dem Schwinden der Kreativität im Umgang mit dem interpretatorischen Instru-

---

Verhältnissen der Ptolemäerzeit dokumentiert und in diese Zeit weist. – Zum soziokulturellen Hintergrund des 3. Makkabäerbuches insgesamt s. JSHRZ VI/1.1, 73-79.
50. S. nochmals o. S. 92.
51. S. JSHRZ VI/1.1, 114-138.
52. S. JSHRZ VI/1.1, 174-184.

mentarium Vorschub leistet,⁵³ was dazu führt, daß die Auslegung nur selten noch vom Reflexionshorizont der Texte selbst bestimmt ist.

Um in dem Bemühen, die frühjüdischen Texte zum Sprechen zu bringen, jede methodische Mechanisierung zu vermeiden, bedarf es der Wahrnehmung des jeder Exegese anhaftenden psychologischen Moments: der Bedeutung, welche die innere Haltung des Exegeten für die Auslegung hat. Denn ob er sich als Meister oder als Schüler seines Textes versteht, hat unmittelbare interpretatorische Konsequenzen. Wie sehr die allenthalben »meisterlich« geübte Anwendung der Gesetze der modernen Textlogik die Möglichkeit verstellen kann, zum theologischen und damit auch zum historischen Kern eines Werkes vorzudringen, hat die Betrachtung des »durcheinandergeratenen« und »logisch unverständlichen« 3. Esrabuches gezeigt. Hier führt der wissenschaftliche Überlegenheitsanspruch, den phänomenologisch zu benennen an dieser Stelle gestattet sei, zu einer für die Interpretation folgenreichen Umkehrung der methodischen Voraussetzungen: Der im exegetischen Instrumentarium und seiner Anwendung selbst liegende Mangel wird zum Mangel des ihm unterworfenen Textes – als hätten die antiken Autoren weniger geistige Sorgfalt walten lassen, als sie der heutige Mensch für sich in Anspruch nimmt. Die sachgemäße Erfassung ihres theologischen und historischen Anliegens wird auf diesem Wege nahezu unmöglich.

Es geht daher in der Auslegung und Auswertung der jüdischen Quellen aus hellenistisch-römischer Zeit auch um die Rückgewinnung eines kritischen exegetischen Selbstbewußtseins im Dialog mit einer nach ganz eigenen und fremden Gesetzen geordneten Gedankenwelt, um die Rückgewinnung der Achtung vor dem kompositorischen Vermögen der antiken Schriftsteller und damit um die Rückgewinnung einer neuen interpretatorischen Weite und einer neuen exegetischen Kreativität, die sich nur als fruchtbar für die an den frühjüdischen Schriften noch zu leistende Textinterpretation erweisen kann. Ja, es gilt, in der Frage, wie die alten Texte zu verstehen seien, die Führung aus der Hand zu geben und sich ganz der Führung der Autoren zu überlassen, *ihrer* Religiosität, *ihrem* Zeitempfinden, *ihrer* literarischen Konvention, um unter ihrer Anleitung ein Gespür für die Zeitumstände zu gewinnen, die sie zur schriftlichen Niederlegung ihrer Erfahrung gedrängt haben. Auch wenn die Methodik hier an ihre Grenzen stößt, da die Individualität des Exegeten und seine Kreativität in der Handhabung des exegetischen Instrumentariums auf dem Weg vom Äußeren eines Textes hinein in seine Tiefen methodisch nicht mehr erfaßt werden kann, ist diese innere

---

53. Das gilt insbesondere von der Literarkritik, die zum Allheilmittel gegen textinterne Spannungen aller Art avanciert ist und das Fortschreiten in andere Richtungen vielfältig bremst.

Zielrichtung exegetischer Arbeit festzuhalten, insbesondere in der Datierungsfrage. Denn die in Worte gedrängte, theologisch überformte Geschichtserfahrung der antiken Autoren *ist* die historisch faßbare Grundlage der hier zur Debatte stehenden Texte!

Die auf das Äußere der Texte gerichteten Datierungsmethoden behalten dabei ihr Recht als das zweite, notwendige Standbein jeder Datierung.[54] Sie bilden das notwendige Korrektiv jeder textinternen Arbeit und sind schon deshalb mit aller Sorgfalt zu betreiben und keinesfalls zu vernachlässigen. Gleichwohl bleiben – wie es sich in der Datierung der frühjüdischen Schriften allenthalben zeigt – die textexternen Indizien, als Oberflächenfunde, mehrdeutig, wenn sie nicht in Beziehung gebracht werden zu den theologischen Fundamenten, die sie zieren.[55]

Der historische Wissensgewinn, den man auf diesem theologischen Weg durch die Schichten der Zeit erzielt, ist ein zweifacher. Er umgreift nämlich nicht allein die geschichtlichen Rahmenbedingungen und zeitlichen Koordinaten der Texte selber, sondern auch die mit Hilfe der untersuchten Schriften gewonnenen historischen Details, die dem allgemeinen historischen Verständnis der fraglichen Zeit neue Konturen hinzufügen. So vermittelt etwa das 3. Esrabuch einen lebendigen und neuartigen Eindruck von den ideologischen Debatten der hasmonäischen Epoche und hilft, das allgemeine Bild der religiösen Spannungen in dieser Zeit zu präzisieren. Das 3. Makkabäerbuch dagegen dokumentiert, wie konfliktreich sich die Verbindung zwischen den Juden Palästinas und dem ägyptischen Diasporajudentum im einzelnen gestalten konnte. Wer schließlich die Gesamtheit der historischen und legendarischen Schriften in der genannten Weise zum Sprechen bringt, stößt vor bis in die Tiefen jüdischer Existenz in einer von Krisen geschüttelten Epoche. Das gilt besonders für die makkabäische Krise, die historisch und theologisch viel weiter wirkte, als man gemeinhin vermutet.[56]

Damit schließt sich der Kreis methodischer Erwägungen. Sie machen eine exegetische Neuorientierung im Bereich der jüdischen Schriften aus helle-

---

54. Auf die Bedeutung der textexternen Methoden verweist zurecht *Schaller*, Methodologie, bes. 71 ff., der allerdings die Gewichte anders verteilt, als es hier geschieht, und der textinternen Analyse nur Stützfunktion zuerkennt.
55. Die von *Knöppler*, Gottesvorstellung, 233 Amn. 34, aus der Betrachtung des 3. Makkabäerbuches gewonnenen Einsichten gegen die Neubewertung der textinternen Arbeit für die Datierung frühjüdischer Schriften, gehen am Kern der Argumentation vorbei. Denn mit der Erhebung des Gottesbildes des 3. Makkabäerbuches, auf das Knöppler sich in seiner Argumentation stützt, da es ihm keinen Datierungsanhalt liefert, ist nur ein religiöser Teilaspekt der Schrift erfaßt, aber nicht ihr eigentliches theologisches Thema. Die Ermittlung des theologischen Skopus auf der Grundlage einer die *Gesamt*problematik der Schrift umfassenden Analyse ist unabdingbar für die Gewinnung historischer Anhaltspunkte.
56. S. dazu JSHRZ VI/1.1, 1-3.

nistisch-römischer Zeit dringlich. Denn sie zeigen, daß das Bemühen, Geschichte zu erschließen und zu Datierungen zu gelangen, fragmentarisch, wenn nicht ergebnislos bleibt, solange es sich in der Erhebung äußerer, »historischer« Fakten und Daten erschöpft und sich den Stimmen der Menschen verschließt, die ihrer Erfahrung mit den Zeitumständen lebendigen Ausdruck verliehen haben. Das literarische Wirken des Frühjudentums ist in erster Linie Niederschlag eines theologischen Ringens, einer Auseinandersetzung mit den Wirren einer Epoche, in der die Fundamente des Lebens und des Glaubens immer wieder einstürzten und immer wieder neu errichtet wurden im Vertrauen auf den einen Gott. *Ihn* erkennt und bekennt das Judentum als den wahren Herrn der Geschichte. Daher erschließen sich auch die heute noch sprechenden Dokumente dieser Geschichte nur im Blick auf diesen Gott, und das heißt: theologisch.

Die Märtyer als Helden des Volkes

Jan Willem van Henten

Einleitung

Das zweite Makkabäerbuch wird meistens als weniger glaubwürdig als das erste angesehen, auch wenn einige Historiker eine positivere Einschätzung von 2. Makkabäer haben. Die ausführliche Beschreibung der Vorgeschichte der Unterdrückung Judäas durch Antiochos IV. in 2. Makkabäer wird oft in Arbeiten über Antiochos' Angriffe auf Judäa aufgegriffen.[1] Theologen zeigen gleichermaßen ein wissenschaftliches Interesse an 2. Makkabäer, wobei sie sich vor allem mit der Vorstellung des stellvertretenden Todes und der posthumen Rehabilitation der sogenannten makkabäischen Märtyrer beschäftigen. Diese Konzentration auf Sühne und Auferstehung in den Geschichten über den freiwilligen Tod des neunzigjährigen Schriftgelehrten Eleasar und der anonymen Mutter mit ihren sieben Söhnen ist verständlich, weil die Gelehrten hoffen, eine jüdische Basis für zentrale Elemente des Glaubensbekenntnisses der frühen Christen zu finden. Dieses Interesse, wie geartet auch immer, mündete in Interpretationen, die den geschichtlichen Kontext in 2. Makk. 6,16-7,42 sowie die politische Dimension von 2. Makkabäer vernachlässigen. Wie verläßlich 2. Makkabäer als eine historische Quelle für Antiochos' Interventionen in Jerusalem und deren Vorgeschichte auch sein mag – es gibt verschiedene Gründe, die Arbeit als wichtiges Dokument der patriotisch-politischen Ansichten des jüdischen Volkes im zweiten Jahrhundert v. Chr. anzusehen. Gleichermaßen hat der philosophische Diskurs über die Autonomie der frommen Vernunft (bekannt als 4. Makkabäer) ebenfalls einen politischen Aspekt. Sowohl 2. als auch 4. Makkabäer sind »parole politique«, um ein Wort von Nicole Loraux zu verwenden, das sich auf die *epitaphios logos*[2] genannten athenischen Grabreden bezieht. In diesem Beitrag werde ich mich auf die politischen und patriotischen Inhalte in beiden Werken konzentrieren, indem ich die politische Bedeutung der makkabäischen Märtyrer in diesen Schriften behandele. Ich werde zunächst aufzeigen, daß die Darstellung der Märtyrer Teil einer kohärenten politischen

---

1. Ich danke Detlev Bohlken, Irina Ose und Hermann Lichtenberger für ihre hochgeschätzte Hilfe bei der Übersetzung und Korrektur dieses Beitrages. Siehe für eine neuere Synthese D. *Gera*, Judea and Mediterranean Politics 219 – 161 BCE, Brill's Series in Jewish Studies 8, Leiden 1998, 121-74; 223-318.
2. N. *Loraux*, L'invention d'Athènes. Histoire de l'oraison funèbre dans la ›cité classique‹, Civilisations et Sociétés 65, Paris-Den Haag-New York 1981.

und patriotischen Präsentation des jüdischen Volkes ist, zweitens, daß die Märtyrer als beispielhafte Gestalten und Nachweis des einzigartigen Charakters des jüdischen Volkes dienen und drittens, daß die Märtyrer als Wiederhersteller dieses jüdischen Staates dargestellt werden. Im vierten und letzten Teil meines Beitrages werde ich zu zeigen versuchen, daß frühchristliche Märtyrertexte in analoger Weise eine patriotische Dimension haben. Hierzu werde ich einige Beispiele anführen, die diesen Vorschlag plausibel machen sollen.

1. Die politische Dimension von 2. und 4. Makkabäer

2. Makkabäer kann als eine Befreiungsgeschichte angesehen werden. Die Kapitel 3-15 teilen ein Erzählmuster mit 1. Makkabäer, wie auch mit anderen jüdischen Schriften aus der Zeit des Zweiten Tempels. Eine Attacke auf das jüdische Volk durch einen fremden Herrscher dient als Ausgangspunkt für die Erzählung und als erstes Element in dem narrativen Muster, das unweigerlich mit der Restauration des jüdischen Staates endet. Ein übergreifendes Element, die Einsetzung eines nationalen Feiertags (2. Makk. 10,8; 15,36), bekräftigt und institutionalisiert die Befreiung des Volkes.[3]

Die formelle Charakterisierung von 2. Makkabäer als Befreiungsgeschichte kann durch einen Vergleich mit nichtjüdischen Traditionen über fremde Angriffe auf ein berühmtes Heiligtum und der nachfolgenden Einsetzung eines Feiertages zum Gedenken an dessen Befreiung untermauert werden. Seit dem 3. vorchristlichen Jahrhundert zirkulierten Berichte in verschiedenen lokalen Traditionen der hellenistischen Welt, die von einer Bedrohung eines berühmten Heiligtums durch einen fremden Aggressor berichten und der nachfolgenden Rettung dieses Heiligtums durch die gemeinsame Anstrengung der Schutzgottheit und des mit ihr verbundenen Volkes. Die wohlbekannte Befreiung des berühmten Heiligtums Apolls in Delphi von den Galliern 279 v. Chr. ist ein solcher Fall.[4] Außerdem bestehen vergleichbare Traditionen bezüglich der Befreiung einer *polis* von Tyrannei.[5] Ein wichtiges Element dieses Materials, mit dem 2. Makkabäer auf interessante

3. Über 1. Makkabäer als eine Befreiungsgeschichte siehe *N. Martola*, Capture and Liberation. A Study in the Composition of the First Book of Maccabees, Acta Academiae Aboensis Ser. A, 63.1, Åbo 1984. Siehe weiter *J. W. van Henten*, »2 Maccabees as a History of Liberation« (im Druck).
4. *G. Nachtergael*, Les Galates en Grèce et les Σωτήρια de Delphes: Recherches d'histoire et d'épigraphie hellénistiques, Mémoires de l' Académie Royale de Belgique, Classe des Lettres, Collection in 8° 63, Brussel 1977.
5. Für eine Analyse der Bedeutung und Funktion von Festen in der hellenistischen Periode, siehe *F. Dunand*, »Sens et fonction de la fête dans la Grèce hellénistique: Les

Weise korrespondiert, ist die Einsetzung eines Festes zum Gedenken der Befreiung eines Tempels oder der Befreiung eines Stadtstaates. Diese Feste, manchmal Σωτήρια genannt, wurden auf zwischenstaatlicher Ebene organisiert. Die Übereinstimmungen zwischen 2. Makkabäer und den Texten, die sich auf die Σωτήρια-Feiertage beziehen, helfen uns, die Gegenwart und Funktion der Festbriefe am Anfang von 2. Makkabäer zu erklären. In Verbindung mit Σωτήρια und verwandten Feiertagen wurden viele Kopien von Einladungsbriefen an Stadtstaaten, Völker, Völkerbünde und Herrscher gesandt. Solchen Briefen folgte oft ein Dekret, das eine Antwort auf die Einladung enthält. Die an die Juden in Ägypten adressierten Festbriefe aus 2. Makk. 1,1-2,18 könnten also einem ähnlichen Ziel gedient haben wie die Einladungsbriefe der Aetolier, die wegen der Σωτήρια von Delphi oder wie die des Volkes der Magnesia über dem Meander, die zu den Spielen zu Ehren von Artemis Leukophryene an andere Staaten geschickt wurden. Wir haben Kenntnis von der Praxis von Dekreten zur Annahme einer Einladung durch die Versammlung des Volkes oder durch eine andere Autorität.[6] Die Funktion der Geschichte, die in 2. Makk. 3-15 in Verbindung mit den Festbriefen erzählt wird, kann ebenso vor dem Hintergrund des nichtjüdischen Σωτήρια-Festes verstanden werden, an dem der Befreiung eines wichtigen Heiligtums oder Stadtstaates gedacht wurde. Die Geschichte der Befreiung in 2. Makkabäer kann sehr gut als Bericht gedient haben, der erklärt, wodurch das neue Fest an die Befreiung und Restauration des jüdischen Staates erinnert. Die Kombination von Festbrief und Befreiungsgeschichte sollte also vor diesem Hintergrund verstanden werden. Die Analogie mit diesen nichtjüdischen Praktiken bei Befreiungsfesten kann auch andeuten, daß 2. Makkabäer authentisches Material enthält und seine gegenwärtige Form höchstwahrscheinlich um das Jahr 124 v. Chr. in Judäa (Jerusalem) erhalten hat, einem Datum, das mit der im ersten Festbrief gefundenen Information übereinstimmt (2. Makk. 1,9).

2. Makkabäer und 4. Makkabäer bieten eine kohärente Präsentation des jüdischen Volkes. Das Auftreten der Märtyrer in 2. Makkabäer ist in die Befreiungsgeschichte des jüdischen Staates, die in diesem Buch präsentiert wird, integriert. Die Juden haben in 2. Makkabäer ihr eigenes Territorium (Ἰουδαία, 1,1.10; 5,11; 8,9; 10,24; 11,5; 13,1.13; 14,12.14; 15,22)[7] und eine Hauptstadt mit einem berühmten Tempel.[8] Jerusalem (Ἱεροσόλυμα) ist die

cérémonies en l'honneur d'Artémis Leucophryéné«, in: Dialogues d'histoire ancienne (1978), 201-15.
6. Siehe als Beispiel die Antwort von Chios und einer Insel der Zykladen auf die Einladung, an der Σωτήρια von Delphi teilzunehmen. Siehe *Nachtergael*, Galates, Nr. 22 Zeilen 8-9, 13-15, 23-25; Nr. 24 Zeilen 3-11.
7. Judäa wird in 4. Makkabäer nicht genannt.
8. Stadt und Tempel werden zusammen genannt als ὁ τόπος καὶ τὸ ἱερόν (3,2) und ὁ νεώς

zentrale Stadt des jüdischen Staates (1,1.10; 3,6.9.37; 4,9.19.21; 5,22.25; 6,2; 8,31.36; 9,4; 10,15; 11,5.8; 12,9.29.31.43; 14,23.37; 15,30; cf. 4. Makk. 4,3.22; 18,5).⁹ Andere Städte spielen eine untergeordnete Rolle in der Erzählung. Die Juden sind ein Volk mit politischen Institutionen und speziellen Bräuchen, wie andere Völker im östlichen Teil der antiken Mittelmeerwelt. Die einheimischen Bewohner von Jerusalem werden »Bürger« (πολῖται, 4,5.50; 5,6.8.23; 9,19; 14,8; 15,30) genannt, was in einem konstitutionellen Sinn im fiktiven Brief des Antiochos IV. in Kapitel 9 (»den redlichen jüdischen Bürgern ... herzliche Grüße«; τοῖς χρηστοῖς Ἰουδαίοις τοῖς πολίταις πολλὰ χαίρειν, 9,19) verwandt wird. Die Meinung, daß diese Passage sich entweder auf Bürger der Stadt Antiochien, in Jerusalem von Jason gegründet (2. Makk. 4,9), oder auf alle Juden im Seleukidenreich bezieht, scheint ungerechtfertigt.¹⁰ Jüdische Bürger von Jerusalem werden schon in 2. Makk. 4,5 vor Jasons Reform in 4,9-20 genannt. Obwohl dies nicht explizit geäußert wird, legt die Fortsetzung der Erzählung nahe, daß Judas der Makkabäer die griechische Lebensweise aufgehoben hat, der von Jason und Antiochos IV. eingeführt wurde. Trotzdem wird Jerusalem von dem Epitomator selbst konsequent als eine *polis* präsentiert,¹¹ und alle Juden scheinen die Bürgerrechte dieser *polis* zu haben.¹² Der Epitomator hat wohl die Spiele, die unter der Herrschaft von Jason organisiert wurden (4,12; cf. 4,18-20), und andere

καὶ ὁ τόπος (13,23). Ὁ τόπος bezeichnet Jerusalem inklusive Tempel, die Tempelstadt (3,37-38; 5,17-20). *D. Arenhoevel*, Die Theokratie nach dem 1. und 2. Makkabäerbuch, Walberberger Studien der Albertus-Magnus-Akademie, Theologische Reihe 3, Mainz 1967, 122, folgert, daß die Bedeutung des Tempels in 5,17 in dieser Perspektive dargestellt wird. Dies bedeutet nicht, daß der Tempel in 2. Makkabäer unwichtig wäre. Im Gegenteil. Der Epitomator schenkt den Ereignissen um den Tempel große Aufmerksamkeit. Die Blasphemie dem Tempel gegenüber und die entweihenden Handlungen, die von Nichtjuden begangen werden, werden besonders betont (2. Makk. 3; 5,15-16.21; 6,2-5; 14,32-33); und die Apostasie von Simon in Kapitel 3, sowie die von Jason und Menelaos in den Kapiteln 4-5, werden durch ihre Einstellung zum Tempel beschrieben (z.B. 5,21). Der Tempel scheint in 5,17 wegen seiner Entweihung von geringerer Wichtigkeit zu sein. Dies erklärt auch, warum in 2. Makk. 6,18-7,42 nicht auf den Tempel verwiesen wird. Vgl. *F.-M. Abel*, Les livres des Maccabées, Paris 1949, xliv; *J. G. Bunge*, Untersuchungen zum zweiten Makkabäerbuch: Quellenkritische, literarische, chronologische und historische Untersuchungen zum zweiten Makkabäerbuch als Quelle syrisch-palästinensischer Geschichte im 2. Jh. v.Chr., Bonn 1971, 177-81 und 595-617; *C. Habicht*, 2. Makkabäerbuch, JSHRZ 1.3, 165-285, bes. 176 und 186f.
9. Jerusalem wird oft durch ἡ πόλις angedeutet, siehe 1,12; 2,22; 3,1.4.9.14; 4,2.22.36.38-39.48; 5,2.5.6A.11; 6,10; 8,3.17; 9,14; 10,1.27; 11,2; 13,13-14; 15,14.17.19.37.
10. Vgl. *Habicht*, 2. Makkabäerbuch 247 mit Fußnoten.
11. Vgl. *Arenhoevel*, Theokratie 126-9; *M. Hengel*, Judentum und Hellenismus. Studien zu ihrer Begegnung unter besonderer Berücksichtigung Palästinas bis zur Mitte des 2. Jh.s v.Chr., Tübingen 1969; 1973², 182f.
12. 2. Makk. 5,23; 9,19. Πολίτης kommt ein- oder zweimal in wenigen anderen Büchern der Septuaginta vor, siehe Gen. 23,11; Num. 4,18 *v.l.*; Prov. 11,9.12; 24,28; Jer. 36,23; 38,34 *v.l.*; Sach. 13,7; 3. Makk. 1,22.

griechische Bräuche gehaßt, aber er stört sich nicht an dem politischen Status von Jerusalem als *polis*. In 9,15 erwähnt er anerkennend eine (fiktive) Erweiterung der Bürgerrechte der Bürger von Jerusalem durch Antiochos, indem er den Juden *isonomia* mit den Bürgern von Athen gibt (πάντας αὐτοὺς ἴσους Ἀθηναίοις ποιήσειν).[13]

Die einheimischen Bewohner von Juda und Jerusalem werden Ἰουδαῖοι genannt (2. Makk. 1,1.10; 4,36; 5,23.25; 9,4; 11,2.15 f. neben anderen Passagen; einmal in 4. Makk. 5,7). Es ist aus verschiedenen Gründen unwahrscheinlich, daß Ἰουδαῖοι als »Judäer« im geographischen Sinn des Wortes zu verstehen ist.[14] Der Name Ἰουδαῖοι ist in 2. Makkabäer deutlich Teil eines semantischen Feldes, das mit einem Volk verbunden ist. Antike Ansichten über Staaten sind üblicherweise auf ein zusammenhängendes Netzwerk von ethnisch aufeinander bezogenen Menschen gegründet und nicht so sehr auf ein territoriales Gebiet.[15] Die gemeinsame politische Bezeichnung des jüdischen Volkes scheint οἱ Ἰουδαῖοι gewesen zu sein, wie es aus den jüdischen und nichtjüdischen Dokumenten hervorgeht, auf die sich

---

13. Ἴσος deutet auf ähnliche Bürgerrechte in diesem Kontext, *LSJ* 839 s.v. I.3; II.2. Πάντας bezieht sich auf τοὺς Ἰουδαίους am Anfang des Verses. Siehe für unilaterale und bilaterale Formen von ἰσοπολιτεία zwischen zwei Städten *J. Oehler*, »Isopoliteia«, in: PW 9.2227-31. 2. Makk. 4,9 und 9,15 betreffen königliche Privilegien, was wahrscheinlich impliziert, daß unilaterale *isopoliteia* gemeint ist (ohne Konsequenzen für die Einwohner von Antiochien und Athen). Für die Gewährung der Bürgerrechte von Athen an Nichtathener siehe *M. J. Osborne*, »Last Athenian«, in: Ancient Society 5 (1974), 83-104; *Idem*, »Athenian Grants of Citizenship after 229 B. C.«, in: Ancient Society 7 (1976), 107-25; *Idem*, »Athenian Grants of Citizenship after 229 B. C. Again«, in: Ancient Society 9 (1978), 75-81. Bezüglich 2. Makk. 4,9 siehe *E. Bickermann*, Der Gott der Makkabäer: Untersuchungen über Sinn und Ursprung der makkabäischen Erhebung, Berlin 1937, 59-65; *V. Tcherikover*, Hellenistic Civilization and the Jews, New York 1959, 161-9. 404-8; *G. le Rider*, Suse sous les Séleucides et les Parthes: Les trouvailles monétaires et l'histoire de la ville, Paris 1965, 410f.; *Hengel*, Judentum, 132 Fußnote 115, 505-7 Fußnote 126. Ein ähnlicher Bürgerstatus wie für die griechischen Bürger wird für die jüdischen Einwohner in mehreren Quellen genannt, siehe z.B. Josephus, Bell. 7.44 bezüglich Antiochien (ἐξ ἴσου τῆς πόλεως τοῖς Ἕλλησι μετέχειν) mit den Kommentaren von *E. G. Kraeling*, »The Jewish Community at Antioch«, in: JBL 51 (1932), 130-160, S. 138f.; *E. M. Smallwood*, The Jews under Roman Rule: From Pompey to Diocletian: A Study in Political Relations, SJLA 20, Leiden 1981, 359-64. Betreffend Alexandria siehe *Smallwood*, Jews, S. 227.232-5.237.246-9.366.406; *A. Kasher*, The Jews in Hellenistic and Roman Egypt. The Struggle for Equal Rights, Texte und Studien zum Antiken Judentum 7, Tübingen 1985.
14. Siehe z.B. *M. Lowe*, »Who were the IOYDAIOI?«, in: NT 18 (1976), 101-30; *P. J. Tomson*, »The Names Israel and Jew in Ancient Judaism and in the New Testament«, in: Bijdragen 47 (1986), 120-40; 266-89. Für einen Überblick zu den verschiedenen Bedeutungen von Ἰουδαῖοι siehe *S. J. D. Cohen*, Beginning of Jewishness: Boundaries, Varieties, Uncertainties, Hellenistic Culture and Society, San Francisco 1999, 69-139.
15. *E. Meyer*, Einführung in die antike Staatskunde, Darmstadt 1980, 68. Vgl. *A. Dihle*, Laos, ethnos, demos: Beiträge zur Entwicklung des Volksbegriffs im frühgriechischen Denken, Göttingen 1947.

2. Makkabäer bezieht (1,1.7.10; 9,19; 11,24.27.31.34). Die Juden bilden eine ethnische Einheit, das ἔθνος τῶν Ἰουδαίων (10,8; 11,25.27). Ἔθνος ist eine allgemeine formal-politische Bezeichnung eines Volkes in hellenistisch-griechischen Texten.[16] Die ethnische Dimension dieser Nomenklatur ist in den Passagen zentral, die sich auf die Ἰουδαῖοι beziehen, die in der Diaspora leben (1,1.10), sowie auf die, die in den »griechischen Städten« von Joppa (12,3),[17] Jamnia (12,8) und Skythopolis (12,30; cf. 12,17) leben.[18] Piattelli legt auf der Basis von Josephus, Ant. 14,114; 117f. dar, daß nicht die innere Organisation oder das Territorium von Judäa das jüdische ἔθνος ausmacht, sondern seine konstitutionelle Anerkennung durch andere Staaten und seine Bräuche und Werte.[19] Dies impliziert, daß Diaspora-Juden zum jüdischen ἔθνος gehören konnten.[20]

Der gemeinsame Ursprung der Juden wird in der Wendung τὸ γένος angezeigt, die manchmal fast synonym zu τὸ ἔθνος steht (2. Makk. 5,22; 6,12; 7,16.38; 8,9; 12,31; 14,8; cf. 4. Makk. 12,18A; 17,10). 2. Makk. 8,9 zufolge ist dieses γένος mit der Region von Judäa verbunden, weil Nikanors Auftrag mit den Worten »das ganze Geschlecht von Judäa vernichten« bezeichnet wird (τὸ σύμπαν τῆς Ἰουδαίας ἐξᾶραι γένος).[21]

Das jüdische ἔθνος hat ein Vaterland (πατρίς). Auf diese politische Konzeption wird in 2. und 4. Makkabäer häufig hingewiesen (2. Makk. 4,1; 5,8-9.15; 8,21.33; 13,3.10.14; 14,18; 4. Makk. 1,11; 4,1.5.20; 17,21; 18,4), was wiederum den patriotisch-politischen Tenor beider Bücher bestätigt. In der Septuaginta tritt die Wendung als Entsprechung von ארץ מולדת) »Geburtsland«, »Heimatland« (Jer. 26[46],16; cf. Jer. 22,10; Ez. 23,15) auf, aber es kann sich auch auf das jüdische Volk in der Bedeutung von »Verwandtschaft«, »Abstammung« (מולדת, Est. 2,10.20; 8,6) beziehen.[22] In 2. Mak-

---

16. Vgl. 1. Makk. 8,23.25; 10,25; 13,36; 15,2. Siehe *E. Bikerman* (Bickermann), Institutions des Séleucides, Bibliothèque Archéologique et Historique 26, Paris 1938, 164.
17. Auf die jüdische Bevölkerung von Joppa verweist die Wendung πολίτευμα (2. Makk. 12,7). Vgl. zur Bedeutung dieser Bezeichnung *Tcherikover*, Civilization, 296-332; *Smallwood*, Jews, 225-50.366.406; *M. Stern*, »The Jewish Diaspora«, in: *S. Safrai* und *M. Stern* (Hg.), The Jewish People in the First Century: Historical Geography, Political History, Social, Cultural and Religious Life and Institutions, CRINT 1.1, Assen 1974, 117-83; *G. Lüderitz*, »What is the Politeuma?«, in: *J. W. van Henten* und *P. W. van der Horst* (Hg.), Studies in Early Jewish Epigraphy, AGJU 21, Leiden 1994, 183-225.
18. Ἔθνος ist die meist verwendete Bezeichnung des jüdischen Volkes in 4. Makkabäer, siehe 1,11; 4,1.7.18.24.26; 6,28; 9,24; 12,17; 15,29; 16,16; 17,8.20f.; 18,4.
19. *D. Piattelli*, »Ricerche intorno alle relazioni politiche tra Roma e l'ΕΘΝΟΣ ΤΩΝ ΙΟΥΔΑΙΩΝ dal 161 a.C. al 4 a.C.«, in: Bolletino dell'Istituto di Diritto Romano 74 (1971), 219-340, bes. 251.304.
20. Vgl. Philo, Virt. 212; Spec. Leg. 2,163.
21. Vgl. *Hecateus von Abdera*: τὸ γένος τῶν Ἰουδαίων, FGrH 264 F 6. Siehe *Preisigke*, Wörterbuch I, 287 s.v. γένος; auch IV, 394; *Bauer*, Wörterbuch, 309f. s.v. 3. In 2. Makk. 1,10 verweist γένος auf die priesterliche Abstammung Aristobuls.
22. Siehe ebenso Lev. 25,10; 1. Chron. 5,7; Tob. 5,11; Est. 4,8A.

kabäer hat die Wendung eine geographische, eine politische und eine kulturelle Bedeutung, indem sie das jüdische Volk mit seinem Territorium und seiner eigenen Lebensweise bezeichnet. Der letzte Aspekt wird in der Bezeichnung von Simon, Jason und Menelaos als Verräter oder Deserteure ihres Landes deutlich (πατρίς, 2. Makk. 4,1; 5,8-9.15). Die geographische Bedeutung ist in 4. Makkabäer verblaßt.

Die patriotische Dimension der Präsentation des jüdischen Volkes wird an den Adjektiven πάτριος »ererbt«, »Vorfahren-« (2. Makk. 7,2.37; siehe auch 6,1 und vergleiche 7,30) und πατρῷος, das häufig als Synonym von πάτριος verwendet wird, deutlich. Wie ἅγιος werden diese Adjektive häufig in Verbindung mit jüdischer Kultur und Religion als Gegensatz zu den griechischen Bräuchen gebraucht. 2. Makk. 4,15 erwähnt, daß die Priester den Gottesdienst im Tempel vernachlässigten und nach Jasons Reformen ungeduldig am Ringen und Diskuswerfen teilnahmen, »und was den Vätern eine Ehre war, galt ihnen nichts, aber die griechischen Auszeichnungen hielten sie für ungemein wertvoll« (4,15).[23] 2. Makk. 5,10 und 12,39 machen deutlich, daß ein Grab auf jüdischem Boden an dem Platz, wo die Verwandten begraben sind (πάτριος/πατρῷος τάφος), ein wichtiges Gut ist. 2. Makk. 6,6 erwähnt den Sabbat und »Ahnenfeiertage« im Zusammenhang mit der Abschaffung der jüdischen Lebensweise durch Antiochos. Zwei nationale Feste der Befreiung, die nach den Siegen über Timotheos, Bacchides und Nikanor gestiftet wurden, werden den jüdischen Feiertagen aus den alten Zeiten hinzugefügt (2. Makk. 10,8; 15,36). 2. Makk. 8,33 erwähnt eine nicht sicher erfassbare Siegesfeier. Aus einigen Passagen in 2. Makkabäer wird deutlich, daß die Befolgung des Sabbats als wichtiger jüdischer Brauch angesehen wird (5,25 f.; 6,10 f.; 8,25-28; 12,38; 15,2-5). Schließlich finden wir nicht weniger als fünf Hinweise auf die übernommene Sprache der Juden (ἡ πάτριος φωνή, 7,8.21.27; 12,37; 15,29). Die Daten, die hier aufgelistet werden, zeigen, daß die Juden ihre eigenen alten Institutionen und Bräuche hatten, was impliziert, daß sie in 2. Makkabäer als ein Volk mit ihren eigenen Gesetzen (οἱ πάτριοι νόμοι)[24] und Sitten (πολιτεία, 4,11; 8,17; 13,14; cf. 6,23A; cf. 4. Makk. 3,20; 8,7; 17,9)[25] anwesend sind.

---

23. 2. Makk. 4,15: καὶ τὰς μὲν πατρῴους τιμὰς ἐν οὐδενὶ τιθέμενοι, τὰς δὲ Ἑλληνικὰς δόξας καλλίστας ἡγούμενοι.
24. Vgl. *P. R. Franke*, »Die κάπηλοι-Inschrift von Samos und der στατὴρ πάτριος«, in: Zeitschrift für Papyrologie und Epigraphik 54 (1984), 119-26, bes. 123 über die übliche Bedeutung von πάτριοι νόμοι und verwandten Wendungen: »Begriffe wie patrios politeia ..., patria hiera ..., patrioi nomoi, patrion estin ... u.a. beziehen sich stets auf die Vorväter, auf die Vorfahren insgesamt, also auf viele Generationen, und umschließen immer etwas, was von jeher zur eigenen Polis, zur eigenen Lebenswelt gehört hat«.
25. Diese Wendung ist in anderen Schriften, die zur Septuaginta gehören, sehr selten und bezieht sich üblicherweise in antiken griechischen Schriften auf Bürgerrechte, ein Staats-

2. Die makkabäischen Märtyrer als Vorbilder

Es besteht eine klare Grenze zwischen den Personen, die in 2. und 4. Makkabäer beschrieben werden, die aber nicht dem Unterschied zwischen Juden und Nichtjuden entspricht. Beide Autoren haben das ganze jüdische Volk vor Augen, unterscheiden aber zwischen den Juden, die loyal gegenüber dem Herrn und den jüdischen Bräuchen bleiben und den Juden, die ihre eigene Kraft, Ehre und ihren Reichtum suchen und sich gegen den Herrn wenden. Dies wird an der Vorgeschichte des Martyriums in 4. Makk. 3,20-4,26 deutlich, wie auch aus der narrativen Struktur von 2. Makkabäer und der Rolle von Simon, Jason, Menelaos, Lysimachos und Alkimos in diesem Werk, die Mitjuden aus Selbstinteresse den Wölfen vorgeworfen haben (4,34; 5,6.8.23). In deutlichem Kontrast zu ihrem Verrat am Volk (cf. 2. Makk. 5,15), halten sich Judas und seine Leute von der Entweihung von Jerusalem fern, und nach einer erfolgreichen Schlacht verteilen sie einen Teil ihrer Beute unter Witwen, Behinderten und älteren Menschen (5,27; 8,28.30). Onias Frömmigkeit und Befolgung der Gesetze wird in 2. Makk. 3,1 gepriesen (cf. 4. Makk. 3,20; 4,2). Beide Autoren geben Hinweise, daß die Märtyrer besonders als exemplarische Personen angesehen werden sollen.

Die makkabäischen Märtyrer und Razis sind keine militärischen Helden wie Judas der Makkabäer, zumindest nicht in strengem Sinne. Nichtsdestotrotz wird aus ihrer persönlichen Beschreibung und der Beschreibung ihres Verhaltens ersichtlich, daß sie besondere Personen sind, und daß ihre Taten für das jüdische Volk von Bedeutung sind. Ihre besondere Qualität wird schon mit den Adjektiven angegeben, die ihr edles Verhalten beschreiben:

wesen oder eine Verfassung; siehe *H. Strathmann*, »πόλις κτλ.«, in: ThWNT VI, 518 f.; *J. Bordes*, Politeia dans la pensée grecque jusqu'à Aristote, Paris 1982; B. Renaud, »La loi et les lois dans les livres des Maccabées«, in: RB 68 (1961), 39-67, bes. 62 f. In der alternativen Lesung von 2. Makk. 6,23 weist die Wendung auf Eleasars Lebensweise hin. In 2. Makk. 8,17 und 13,14 könnte es sich auf die Verfassung der jüdischen Vorfahren beziehen, oder, wahrscheinlicher, in Verbindung mit dem Gebrauch des Plurals in 4,11, auf die alte jüdische Lebensweise. Nach 2. Makk. 4,11 schafft Jason die jüdische Lebensweise ab (τὰς νομίμους καταλύων πολιτείας) und ersetzt sie durch neue Praktiken, die das jüdische Gesetz verletzen. Eine ähnliche Bedeutung von πολιτεία ist in der Inschrift von Stobi überliefert (1./2. Jh. n.Chr.); s. *N. Vulic*, »Inscription grecque de Stobi«, in: Bulletin de correspondance hellénique 56 (1932), 292 f. Zeilen 6-9 (siehe auch 295). Judas Makkabäus weist während der Ermutigung der Soldaten auf die Auflösung der alten Lebensweise (ἡ τῆς προγονικῆς πολιτείας κατάλυσις, 8,17) und seine Männer kämpften bis zum Tod für die jüdischen Gesetze, den Tempel, die Stadt, das Vaterland und die *politeia* (13,14). Das Verb πολιτεύομαι in diesem Vers weist darauf hin, daß die Lebensweise mit den alten Gesetzen, die als Gesetze des Herrn angegeben werden, vereinbar ist. Judas Makkabäus stellt diese Lebensweise wieder her, und ein Brief von Antiochos V. an Lysias und die Juden ratifiziert dies (11,24-25.31). Es ist offensichtlich, daß das göttliche Recht, das von Moses an die jüdischen Vorfahren gegeben wurde, die Grundlage der jüdischen Lebensweise in 2. Makkabäer (7,30) ist.

γενναῖος/-ως (2. Makk. 6,28.31; 7,2.11.21;²⁶ 4. Makk. 6,10; 7,8; 8,3; 11,12; 15,24.30.32; 16,16; 17,3.4v.l.24).²⁷ Besonders die Art ihres Sterbens wird in diesen Wendungen angegeben: προθύμως καὶ γενναίως ... ἀπευθανατίζειν (»einen guten Tod bereitwillig und vornehm sterben«, 2. Makk. 6,28); ἀνδρείως ... διαλλάξας τὸν βίον (»mutig das Leben aufgeben«, 2. Makk. 6,27). Eleasar, Razis und die anonyme Mutter mit ihren sieben Söhnen scheinen als ideale Repräsentanten des jüdischen Volkes in 2. und 4. Makkabäer dargestellt worden zu sein. Sie werden in 2. und 4. Makkabäer explizit als »Beispiele« (ὑπόδειγμα oder παράδειγμα) präsentiert (2. Makk. 6,28.31; 4. Makk. 6,19; 17,23). In 2. Makk. 6,28.31 wird Eleasars Tod ein »edles Beispiel« (ὑπόδειγμα γενναῖον) genannt und ein »Beispiel von Edelmut« (ὑπόδειγμα γενναιότητος).²⁸ Die Wiederholung des Wortes ὑπόδειγμα in 2. Makk. 6,18-31 kann als Hinweis auf eine der Funktionen der Märtyrer und Razis im Zusammenhang mit der politischen Aussage von 2. und 4. Makkabäer betrachtet werden. Ὑπόδειγμα kann sich auf das richtige Verhalten in einem religiösen Kontext beziehen, wie in Sir. 44,16: Henoch gefiel dem Herrn und wurde hinweggenommen, um für alle Generationen ein Beispiel der Buße zu sein.²⁹ In 2. Makk. 6,28.31 hat die Wendung jedoch nicht nur religiöse, sondern auch kulturell-politische Bedeutungselemente. Dasselbe gilt für 4. Makkabäer. Der Autor dieses Werkes verwendet παράδειγμα in seiner Beschreibung der Antwort Eleasars an die Menschen, die ihn davon zu überzeugen suchen, das Essen von Schweinefleisch vorzutäuschen: Eleasar verweigert das, weil »... wir selbst [in diesem Fall] ein Vorbild von Gottlosigkeit für die Jugend werden, indem wir ihnen ein Beispiel geben im Essen von unreiner Nahrung (καὶ αὐτοὶ μὲν ἡμεῖς γενοίμεθα τοῖς νέοις ἀσεβείας τύπος, ἵνα παράδειγμα γενώμεθα τῆς μιαροφαγίας)« (6,19).

Die Märtyrer repräsentieren die eindeutigsten Bestandteile der jüdischen Bevölkerung: Männer und Frauen, alt und jung. Die sieben Söhne können sehr gut als symbolisches Zeichen des alten jüdischen Volkes oder des gläubigen Teils von ihm verstanden werden.³⁰ Es ist wichtig, sich darüber klar zu

26. Vgl. 2. Makk. 8,16; 13,14; 14,31; 15,17; ebenso 1. Makk. 4,35; 3. Makk. 2,32.
27. Vgl. εὐγενῶς, verweisend auf Razis in 2. Makk. 14,42.
28. Vgl. 6,26f.; 7,5 γενναίως τελευτᾶν; 14,42 εὐγενῶς θέλων ἀποθανεῖν; 8,16 über Judas Soldaten: ἀγωνίσασθαι δὲ γενναίως; auch 13,14: γενναίως ἀγωνίσασθαι μέχρι θανάτου.
29. Sir. 44,15: Ενωχ εὐηρέστησεν κυρίῳ καὶ μετετέθη ὑπόδειγμα μετανοίας ταῖς γενεαῖς. Vgl. Philo, Her. 256; Conf. 64 (ein Beispiel schlechten Verhaltens); Josephus, Bell. 2,397; 6,103. Ὑπόδειγμα kann ebenso »Model« bedeuten, zum Beispiel ein Model für den Tempel (Hes. 42,15).
30. Vgl. Ass. Mos. 9, ein Text, der von 2. Makk. 7 oder von Traditionen zu diesem Text inspiriert sein könnte. Vgl. *G. W. E. Nickelsburg*, Resurrection, Immortality, and Eternal Life in Intertestamental Judaism, HTS 26, Cambridge (MA) 1972, 97-102.

sein, daß die Darstellung dieser Idealfiguren[31] Teil einer umfangreichen Präsentation des jüdischen Volkes ist. In 2. Makkabäer stellen die Märtyrer einen wesentlichen Teil der Befreiungsgeschichte des jüdischen Tempelstaates dar. In 4. Makkabäer vollbringen sie allein die Niederlage Antiochos IV. Die Lebenseinstellung der Märtyrer und Razis und ihr Vorsatz, sich nicht den seleukidischen Autoritäten zu ergeben, machen sie zu Musterbürgern des jüdischen Staates, und es ist deutlich, daß die ersten Leser von 2. und 4. Makkabäer sie sehr wohl als Beispielfiguren erkannt haben. Die Leser konnten sich bezüglich ihrer eigenen Lebenseinstellung und ihrer jüdischen Identität an der Beschreibung der Märtyrer in ihrer extremen Situation orientieren. Die Entscheidung der Märtyrer, Antiochos nicht zu gehorchen, ist gleichzeitig eine Entscheidung für eine besondere Lebensweise. Die Leser von 2. und 4. Makkabäer konnten sich mit den Märtyrern identifizieren und konnten auf diese Weise wissen, was in religiösen und politischen Angelegenheiten getan werden mußte, auch wenn sie sich selbst wahrscheinlich nicht in einer vergleichbaren Extremsituation wie die Märtyrer und Razis befanden. Sowohl 2. als auch 4. Makkabäer legen nahe, daß die Juden, wenn sie die durch die Märtyrer vorgestellte Lebensweise beibehalten, der Hilfe des Herrn für das jüdische Volk sicher sein können.

Es gibt noch einen anderen Aspekt der Funktion der Märtyrer als Referenzgruppe. Die Märtyrer und Razis bewahren nicht nur in exemplarischer Weise die richtige jüdische Lebensweise, sondern sie sind auch persönliche Beweise des einzigartigen Charakters des jüdischen Volkes. Für Juden und Nichtjuden zeigt die Beschreibung ihrer Persönlichkeit und ihres Verhaltens gleichermaßen, wie mutig und unnachgiebig das jüdische Volk während der Verfolgung durch Antiochos IV. war. Die Lektüre von 2. und 4. Makkabäer kann aber bei den Lesern des 21. Jahrhunderts einen schlechten Geschmack hinterlassen, da im Zweiten Weltkrieg Millionen von Juden starben, ohne daß sie eine Wahl gehabt hätten. Es wäre grotesk, aus dieser schrecklichen und unerträglichen Tatsache Verallgemeinerungen über das jüdische Volk abzuleiten. Wenn man jedoch den unfreiwilligen Tod der makkabäischen Märtyrer und Razis in 2. und 4. Makkabäer mit Darstellungen von Helden in nichtjüdischen Texten der griechisch-römischen Zeit vergleicht, wird man feststellen, daß die Autoren beider Schriften die Figuren der Märtyrer und Razis verwendet haben, um ein positives Porträt des jüdischen Volkes zu

---

31. Vgl. *G. W. E. Nickelsburg* und *J. J. Collins*, Ideal Figures in Ancient Judaism: Profiles and Paradigms, SBLSCS 12, Chico 1980.

präsentieren, analog zu griechischen und römischen patriotischen Heldenbeschreibungen. Im Gegensatz zu heutigen Werten war der freiwillige Tod in der Antike hoch angesehen.[32] Viele positive Behauptungen über Selbstopfer zum Nutzen anderer Personen oder wegen der Treue zu einem politischen Standpunkt oder einer philosophischen Überzeugung, wie auch Bezüge zu Personen, die den freiwilligen Tod aus solchen Gründen vollbracht haben, sind in alten Texten überliefert. Der Tod für jemandes Vaterland, Heimatstadt oder die übernommenen Gesetze wird regelmäßig in solchen Texten betont. Martin Hengel hat hierüber ein ausführliches Dossier zusammengestellt.[33] Wichtig für unser Thema ist jedoch, daß religiöse Motive für einen freiwilligen Tod wesentlich seltener in diesen Texten angegeben werden. In dieser Hinsicht sind jüdische und frühchristliche Märtyrertexte von verwandten nicht-jüdischen Texten unterschieden.[34] Die patriotische Dimension des freiwilligen Todes wird aber von griechisch-römischen, jüdischen und selbst frühchristlichen Texten geteilt (zum Beispiel 1. Klem. 5-6.55; Martyrium Polycarpi; Mart. Lugd. 7.17.19-20.36; Diognetbrief).

Die Wendung παράδειγμα (»Beispiel«, »Modell«) wird in der griechisch-römischen Literatur für berühmte Helden des Volkes, die bereit waren, für ihr Land zu sterben, verwendet. Diese glorreichen Beispiele kommen auch in Lykurgs Rede Contra Leocratem (83-9; 98-101; 4. Jhd. v. Chr.) vor, um zu zeigen, daß Leocrates, der nach der Schlacht von Chaeronea aus Athen floh, ihr Gegenteil war.[35] Ältere und zeitnähere heidnische Helden, nicht nur Athener, sondern auch Spartaner und Römer, erscheinen in Listen von παραδείγματα oder *exempla virtutis*, wie sie in der römischen Literatur genannt werden.[36] Aufzählungen dieser *exempla*, die sich selbst oft für ihr Vaterland geopfert haben, sind nicht nur in den athenischen Grabreden zu

---

32. Siehe z.B. *A. J. Droge* und *J. D. Tabor*, A Noble Death: Suicide and Martyrdom among Christians and Jews in Antiquity, San Francisco 1992.
33. *M. Hengel*, The Atonement: A Study of the Origins of the Doctrine in the New Testament, London 1981, 4-32. Siehe auch die wichtigen Beiträge von *Loraux*, L'invention d'Athènes, und *H. S. Versnel*, »Self-Sacrifice, Compensation and the Anonymous Gods«, in: *O. Reverdin* und *B. Grange* (Hg.), Le sacrifice dans l'antiquité, Entretiens sur l'Antiquité classique 27, Vandoeuvres-Genève 1981, 135-94.
34. Vgl. *H. S. Versnel*, »Quid Athenis et Hierosolymis? Bemerkungen über die Herkunft von Aspekten des ›effective death‹«, in: *J. W. van Henten, B. A. G. M. Dehandschutter* und *H. J. W. van der Klaauw*, Die Entstehung der jüdischen Martyrologie, SPB 38, Leiden 1989, 162-96; *J. F. Borghouts*, »Martyria: Some Correspondent Motifs in Egyptian Religion«, in: *van Henten et al.*, Entstehung, 197-203.
35. Diese Rede ist mit den athenischen Begräbnisreden verwandt und hat mit ihnen die Idealisierung Athens gemein; s. *M. von Albrecht*, ›Ἐπιτάφιος‹, in: KP II, 329.
36. *H. W. Lichtfield*, »National Exempla Virtutis in Roman Literature«, in: HSCP 25 (1914), 1-71; *F. A. Marx*, »Tacitus und die Literatur der exitus illustrium virorum«, in: Philologus 92 (1937), 83-103. *A. Ronconi*, »Exitus illustrium virorum«, in: RAC VI, 1258-63.

finden, deren propagandistische Funktion bereits erwähnt wurde, sondern z. B. auch in den Tusculanae disputationes von Cicero (1,89f.100-2.116).[37]

Reihen von *exempla* in verschiedenen lateinischen Schriften nennen oft dieselben Personen, was einen Prozeß der Kanonisierung voraussetzt. Hier könnte es eine interessante Analogie zur Bildung von Märtyrerkalendern und Martyrologia geben, die einen »Kanon« von Märtyrern voraussetzen. Hinzu kommt, daß diese *exempla* auch eine patriotische Bedeutung haben.[38] Dies wird in Ciceros Tusculanae disputationes deutlich, einem Werk über den Tod als etwas Gutem, in dem Cicero ausführlich die Bereitschaft, für das eigene Vaterland zu sterben, diskutiert. Er legt dar, daß solch ein Tod positiv bewertet werden sollte, selbst wenn man nicht an die Unsterblichkeit der Seele glaubt. Sein Verdienst besteht im Nutzen für das Volk (Tusc. disp. 1,91). Um dies deutlich zu machen, verweist Cicero nicht nur auf heldenhafte Römer, sondern auch auf griechische, besonders spartanische Traditionen. Er bemerkt über die Hinrichtung eines anonymen Lakedaimoniers folgendes: »Da doch ein Spartaner, dessen Namen nicht einmal bekannt ist, den Tod so sehr verachtet hat. Als man ihn von den Ephoren verurteilt zum Tode führte, war er heiteren und fröhlichen Aussehens, und als ein Gegner ihm sagte: ›Du verachtest die Gesetze Lykurgs?‹ antwortete er: ›Im Gegenteil, ich bin ihm äussertst dankbar, da er mich mit einer Strafe belegt hat, die ich ohne Anleihe und Geldaufnahme bezahlen kann‹« (Cicero, Tusc. disp. 1.100, Übers. Büchner). Cicero hält die hohe Wertschätzung des Rechts, die durch das Verhalten dieser Person offenbart wird, für repräsentativ für das spartanische Volk, indem er diese Passage abschließt mit: »Ein Mann, Spartas würdig« *(o virum Sparta dignum!)*. Mit großer Bewunderung berichtet Cicero die Worte, die von einer spartanischen Frau mit Namen Macaena in dem Moment, in dem sie vom Tod ihres Sohnes auf dem Schlachtfeld hört, gesagt werden: »[Sie] sagte: ›Darum habe ich ihn geboren – ein Mann zu sein, der nicht zauderte, den Tod für sein Vaterland zu erleiden‹ (… genueram, ut esset, qui pro patria mortem non dubitaret occumbere)«.[39] Diese Haltung erinnert an das Verhalten der Mutter der sieben Söhne in 2. und 4. Makkabäer. In einem dritten Beispiel für den patriotischen Tod von Spartanern hat Cicero ein gegenwärtiges Interesse, diese Traditionen zu präsentieren. Er zeigt eine lateinische Version des berühmten Epigramms von Simonides für Leonidas und seine Soldaten, das wiederum den Gesetzesgehorsam des spartanischen Volkes betont:

---

37. Vgl. Seneca, Ep. 98,12.
38. *Lichtfield*, »National Exempla«, 10-6.
39. Tusc. disp. 1,102.

Kommst du nach Sparta, so sag, o Wanderer, du sahst uns hier liegen,
da wir dem heiligen Gesetz unserer Heimat getreu.[40]

Cicero bemerkt im Zusammenhang mit diesem Fall des edlen Todes: »das war ein mutiges Volk, so lange Lykurgs Gesetze ihre volle Wirkung hatten« (*fuit haec gens fortis, dum Lycurgi leges vigebant,* Tusc. disp. 1,101). Spartas glorreiche Tradition vom edlen Tod war Geschichte. Sparta hatte seine Unabhängigkeit vor langer Zeit verloren.

Cicero erwähnt die Lacedaemonier als eine geeignete Etappe auf dem Weg zu dem Volk, das eine ähnliche glorreiche militärische Tradition für die Gegenwart beanspruchen kann: Rom. Dieses Motiv ist auch aus Ciceros Bemerkung in der Diskussion der spartanischen *exempla* ersichtlich, in der er nahelegt, daß *sein Staat* unzählige solcher Personen hervorgebracht habe: »Unser Land hat unzählige ähnlicher Fälle hervorgebracht« (*talis innumerabilis nostra civitas tulit,* Tusc. disp. 1,101). Ciceros Schwerpunkt liegt auf den berühmten Römern, die ihr Leben für ihr Vaterland geopfert haben.

Cicero erwähnt in einer Liste dieser *exempla* Lucius Brutus, die Decier (Vater, Sohn und Enkel), zwei Scipionen, deren Weg in Spanien endete (Gn. C. Calvus und Publius C.), sowie Paulus und Geminus, Marcellus, Albinus und Gracchus (1,89).[41] Diese Personen haben die Bereitschaft gemeinsam, sich selbst für das Wohlergehen von Rom zu opfern, und Cicero präsentiert sie als Nationalhelden. Er gibt sogar an, daß es viel mehr Römer gab, die diese Pflicht erfüllten. Er führt die Namen der Reihen von *exempla* mit der folgenden Bemerkung ein: »Wie oft haben sich nicht nur unsere Generäle, sondern selbst ganze Armeen in den sicheren Tod gestürzt!« (1,89). Am Ende des ersten Buches der Tusculanae disputationes präsentiert Cicero eine andere Reihe, fast einen Katalog, von berühmten Fällen von Selbstopfern für das eigene Vaterland *(clarae mortes pro patria),* auf die sich griechische Schriften beziehen: der athenische König Kodros, die Töchter von Erechtheus, Menoikeus, die Mörder eines Tyrannen Harmodios und Aristogeiton, so wie Leonidas und Epaminondas (Tusc. disp. 1,116). Dieser Li-

---

40. Tusc. disp. 1,101:
Dic hospes, Spartae nos te hic vidisse iacentis,
Dum sanctis patriae legibus obsequimur.
Der Rechtsgehorsam ist bereits in dem originalen Epigramm hervorgehoben worden (Anthologia Graeca 7,249), was von Herodot genannt wurde (7,228) und von Lykurg angepaßt, Contra Leocr. 109. Was den athenischen Rechtsgehorsam betrifft, siehe Plato, Apol. 32bc und 37a (über Sokrates); Demosthenes, Or. 27,23.

41. Tusc. disp. 1,89: *quae quidem si temeretur, non Lucius Brutus arcens eum reditu tyrannum, quem ipse expulerat, in proelio concidisset; non cum Latinis decertans pater Decius, cum Etruscis filius, cum Pyrrho nepos se hostium telis obiecissent; non uno bello pro patria cadentis Scipiones Hispania vidisset, Paulum et Geminum Cannae, Venusia, Marcellum, Litana Albinum, Lucani Gracchum.*

ste folgt eine Schlußbemerkung, die wiederum auf die Herrlichkeit von Rom hinweist: »Sie kennen die Römer nicht. Es wäre eine große Aufgabe, diese aufzuzählen, so viele sind es, bei denen wir sehen, daß ein Tod mit Ehre ein Gegenstand des Wunsches ist« (1,116f.). Diese Worte sind, wie die kurze Bemerkung über die Spartaner, die nicht mehr unter Lykurgs Gesetzen leben, in Ciceros Argument über den Tod als etwas Gutem, überflüssig. Sie demonstrieren aber, daß Cicero ein weiteres Motiv bei seiner Präsentation griechischer und römischer *exempla* hatte. Das erste Buch seiner *disputationes* scheint nicht nur eine philosophische und ethische Diskussion zu sein, sondern auch eine politisch-patriotische Schrift. Die berühmten Fälle des ehrenvollen Todes in der Vergangenheit der Griechen, besonders der Spartaner mit ihrer militärischen Tradition, werden verwendet, um die Hingabe an Rom zu betonen. Er möchte aufweisen, daß die Römer selbst mehr Beispiele eines heldenhaften Todes für das Vaterland hatten als die Griechen. Die Römer, die von Cicero genannt werden, wie die Decier und die Scipionen, werden von ihm als ideale Bürger präsentiert. Sie beweisen als Personen die besondere Qualität des römischen Volkes.

Was ist nun die Relevanz meiner Bemerkungen zu den griechisch-römischen Texten über das Sterben für das eigene Vaterland und was ist der Bezug zu den *exempla* in diesem Zusammenhang? Die nichtjüdischen Texte zeigen, daß ein ehrenvoller Tod nicht nur der betroffenen Person Ehren bringt, sondern daß dies von dem Volk dieser Person oft geteilt wird. Athener und Römer betonen gleichermaßen die besondere Qualität ihres Volkes, indem sie auf berühmte Fälle von Selbstopfern und Patriotismus in ihrer Vergangenheit verweisen. Kodros, Erechtheus' Tochter, Leonidas, P. Decius Mus, Vater, Sohn und Enkel, und andere Helden werden in den Texten als für das ganze Volk Beispielhafte beschrieben. Sie dienen als παράδειγμα oder *exemplum* für andere Mitglieder des Volkes. Sicher, sie können imitiert werden, aber ihre primäre Funktion scheint die gewesen zu sein, daß man auf sie als Höhepunkte der glorreichen Tradition des eigenen Volkes stolz verweisen kann. Weder die Athener noch die Römer zögerten, ihre eigene Ehre zu vergrößern, indem sie ihre Verbundenheit mit dem hervorstechenden militärischen Volk der Antike, Sparta, betonen. Es ist wahrscheinlich, daß der Epitomator und der Autor von 4. Makkabäer nicht nur die glorreichen nationalen Traditionen der Athener,[42] Spartaner und Römer[43] im allgemeinen

---

42. Vgl. den Verweis auf die *isopoliteia* der Bürger von Jerusalem mit denen von Athen in 2. Makk. 9,15, siehe oben.
43. Rom wird in jüdischen Schriften des 2. Jhs. v.Chr. ziemlich positiv dargestellt. Siehe zur Verbindung zwischen den Juden in ihrem Heimatland und Rom: 2. Makk. 4,11; 8,36; 11,34-38. Vgl. 1. Makk. 8; 12,1-4; 14,16-19.24.40; 15,15-24. Siehe *A. Giovannini* und *H. Müller*, »Die Beziehungen zwischen Rom und den Juden im 2. Jh. v.Chr.«, in: Mu-

gekannt haben, sondern daß sie auch mit einigen der hier zusammengefaßten nichtjüdischen Texte vertraut waren, entweder direkt oder indirekt. Die Beschreibung von Razis Selbstmord zeigt große Übereinstimmung mit Euripides Darstellung von Menoikeus' Selbstopfer wie auch mit der Tradition einer *devotio*. An anderer Stelle habe ich die Sichtweise diskutiert, daß die Komposition und der Inhalt von 4. Makkabäer sehr gut teilweise von den athenischen Grabreden, ausgesprochen patriotischen Texten, inspiriert sein könnten.

In seiner Beschreibung des Lebensendes von Jason in 2. Makk. 5,6-10 berichtet der Epitomator von 2. Makkabäer, daß Jason nach einigen Streifzügen auf seinem Weg nach Sparta starb: »Dort starb er, der viele aus ihrem eigenen Land ins Exil getrieben hat, im Exil, nachdem er begonnen hatte, zu den Lakedaimoniern zu gelangen, in der Hoffnung, dort Schutz zu finden, wegen ihrer Verwandtschaft [mit den Juden] (συγγένεια, 5,9)«.[44] Der kurze Verweis auf die Verwandtschaft von Juden und Spartanern in 2. Makk. 5,9, wie auch das Nennen ihrer gemeinsamen Abstammung in 1. Makk. 12,10.21, kann einen Wunsch der Juden widerspiegeln, sich selbst mit einem Volk in Beziehung zu bringen, von dem behauptet wird, daß es unbesiegbar sei, und das wegen seiner Todesverachtung, seinem Gehorsam gegen die Gesetze und seinem besonderen Erziehungssystem, weltberühmt war. Solch eine Verbindung wurde auf jeden Fall ausführlich von Josephus in Contra Apionem diskutiert.[45] Josephus nimmt den Gehorsam gegen die Gesetze als Ausgangspunkt für einen Vergleich von Juden und Spartanern[46] und kommt zu dem Schluß, daß die Juden die Spartaner selbst noch übertreffen. Wie Cicero in Tusc. disp. 1,101, bemerkt Josephus, daß die Spartaner ihren Gesetzen

---

seum Helveticum 28 (1971), 156-71; *D. Timpe*, »Der römische Vertrag mit den Juden von 161 v.Chr.«, in: Chiron 4 (1974), 133-52; *J.-D. Gauger*, Beiträge zur jüdischen Apologetik: Untersuchungen zur Authentizität von Urkunden bei Flavius Josephus und im I. Makkabäerbuch, BBB 49, Köln-Bonn 1977, 155-328; *J. C. H. Lebram*, »Eerste ontmoetingen tussen Rome en de joden«, in: Phoenix 26.2 (1980), 94-106; *Gera*, Judea, 242f.; 249-52.

44. Bezüglich der Verbindung von Juden und Spartanern siehe neben 1. Makk. 12,20-23; 2. Makk. 5,9.10 und 14,16-24 Josephus, Ant. 12,226f. Siehe weiter *A. Momigliano*, Prime linee di storia della tradizione Maccabaica, Turin 1931; Amsterdam 1968², 141-51; *M. S. Ginsburg*, »Sparta and Judaea«, in: CP 29 (1934), 117-22; *F. Dornseiff*, »Echtheitsfragen II«, in: Würzburger Jahrbücher für die Altertumswissenschaft 1 (1946), 128-32; *S. Schüller*, »Some Problems Connected with the Supposed Common Ancestry of Jews and Spartans and Their Relations during the Last Three Centuries B.C.«, in: JSS 1 (1956), 257-68; *B. Cardauns*, »Juden und Spartaner: Zur hellenistisch-jüdischen Literatur«, in: Hermes 95 (1967), 317-24; *A. Momigliano*, Alien Wisdom: The Limits of Hellenization, Cambridge 1975, 113-44, und *L. H. Feldman*, Jew and Gentile in the Ancient World: Attitudes and Interactions from Alexander to Justinian, Princeton 1993, 11f.; 142-4 und 516 mit Fußnoten.
45. Ap. 2,225-35.
46. Vgl. *V. Ehrenberg*, »Sparta (Geschichte)«, in: PW 2. Reihe III/2, 1373-1453, S. 1425.

nur so lange treu blieben, wie sie unabhängig waren (c. Ap. II.226f.). Im Gegensatz dazu haben die Juden ihre Gesetze nie verraten[47] und wurden gezwungen, Qualen und Nöte zu erleiden (ἆθλοι καὶ πόνοι), wesentlich härter als es das Durchhaltevermögen (καρτερία) von den Spartanern verlangte (c. Ap. II.228). In einer Linie mit den nichtjüdischen Autoren gipfelt Josephus' Passage über *exempla* in einer Lobrede seines eigenen Volkes (II.232-5), welches das Gesetz selbst unter größtem Leiden achtet. Josephus scheint die Juden hier selbst als ein Volk von Märtyrern darzustellen. Er betont, daß die Juden gezwungen wurden, auf die schlimmste Weise zu sterben: »... den Tod begleitet von physischen Qualen, was als das schlimmste von allen angesehen wird (λέγω ... τὸν μετὰ λύμης τῶν σωμάτων, ὁποῖος εἶναι δοκεῖ πάντων χαλεπώτατος)«. Er verweist auf die Weigerung der Juden, in der Gegenwart von fremden Herrschern etwas zu tun oder zu sagen, was gegen ihre Gesetze verstoßen würde (c. Ap. II.233). Er bemerkt in diesem Zusammenhang, daß diese Herrscher nicht aus Haß gegen die Juden aufgebracht waren, sondern durch »eine Neugier Zeuge zu sein des erstaunlichen Spektakels von Männern (θέαμα), die glaubten, daß das einzige Böse, das ihnen passieren könnte, sei, gezwungen zu werden, irgendeine Tat zu tun oder ein Wort gegen ihre Gesetze zu äußern« (II.233). Josephus charakterisiert die Juden wegen ihrer Bereitschaft, für ihre Gesetze zu sterben, und wegen ihres Durchhaltevermögens während des Leidens als ein einzigartiges Volk, das jede Nation in dieser Beziehung übertrifft (II,234f.). Im Licht der nichtjüdischen Traditionen über das Selbstopfer für das Vaterland und Josephus' Lob der Juden mit ähnlicher Konnotation, kann man fragen, ob die makkabäischen Märtyrer und Razis einer exemplarischen Aufgabe, analog zu den nichtjüdischen *exempla* des Todes für das Vaterland, dienen.[48]

3. Die makkabäischen Märtyrer als Wiederhersteller des jüdischen Staates

Es gibt einige Hinweise dafür, daß der Epitomator von 2. Makkabäer den makkabäischen Märtyrern eine Funktion von Befreiern oder Restauratoren des jüdischen Staates zuschreibt. Der Autor von 4. Makkabäer hat diese Funktion jedenfalls deutlich herausgearbeitet. Der Abschnitt über die Vorgeschichte des Martyriums in 4. Makk. 3,20-4,26 läßt, in Übereinstimmung mit Grundzügen der Erzählung in 2. Makkabäer, erkennen, daß prominente

---

47. »Wir, dagegen, haben uns, ungeachtet der unzähligen Katastrophen die uns Wechsel von Herrschern in Asien gebracht haben, selbst in der schrecklichsten Not, nie als Verräter an unseren Gesetzen erwiesen« (Ap. 2,228).
48. Vgl. *U. Kellermann*, Auferstanden in den Himmel: 2. Makkabäer 7 und die Auferstehung der Märtyrer, SBS 95, Stuttgart 1979, 22.

Juden eine Phase friedvoller Existenz des jüdischen Volkes durch einen Wechsel der politischen Ordnung und der jüdischen Lebensweise beendet haben. Dieser Modernismus (»bestimmte Personen versuchten eine Revolution ...«, τινες νεωτερίσαντες, 3,21) verursachte die Verfolgung von Antiochos IV. Als Hoherpriester und Führer des jüdischen Volkes hat Jason »die Lebensweise des Volkes gewechselt und seine Regierungsform in vollständiger Verletzung des Gesetzes verändert« (4,19).[49] Der Autor von 4. Makkabäer verweist auf Jasons Einführung der griechischen Lebensweise mit der Gründung eines Gymnasiums nahe der Zitadelle und der Abschaffung des Tempelkultes und als nächstes auf den Versuch von Antiochos IV., die Juden zu zwingen, auf ihre traditionelle Lebensweise zu verzichten. Folglich ist, wie in 2. Makkabäer, der Ausgangspunkt der Erzählung die traditionelle und ideale Existenz des jüdischen Volkes. Diese Art des Bestehens wird in einigen Stichwörtern in 3,30f. angegeben, die eine allgemeine, aber eindeutig positive Bedeutung haben. Das goldene Zeitalter der Vorfahren der Märtyrer (οἱ πατέρες) war von einer Situation des stabilen Friedens (βαθεῖα εἰρήνη), Befolgung des Gesetzes (εὐνομία) und Solidarität (ὁμόνοια) des jüdischen Volkes charakterisiert. Die Juden lebten unter seleukidischer Herrschaft, die seleukidischen Herrscher aber unterstützten den Tempel und seinen Kult finanziell und erkannten die jüdische Lebensweise an (πολιτεία).

Die Märtyrer erklären, daß sie an den Bräuchen und Werten der glorreichen Vergangenheit ihres Volkes festhalten. Sie sind bereit, eher zu sterben, als gegen die Verbote ihrer Vorfahren zu verstoßen (παραβαίνειν τὰς πατρίους ἡμῶν ἐντολάς, 9,1). Sie bleiben dem von Moses vermittelten Gesetz treu wie ihre Vorfahren (9,2; cf. 5,29) und können den Verstoß gegen das Gesetz, wie er vom König gefordert wird (9,3), nicht akzeptieren. Das Gesetz Gottes ist nicht nur der Ausgangspunkt für die jüdische Philosophie, die in 4. Makkabäer beschrieben wird, sondern ebenfalls die Basis der politischen Ordnung und der Lebensweise der Juden. Wendungen, die Antiochos' Verfolgung bezüglich des jüdischen Volkes andeuten, wiederholen die Beschreibung der idealen Situation des Volkes in der Zeit der Vorfahren der makkabäischen Märtyrer. Antiochos versucht, die Möglichkeit zur Rückkehr zur Lebensweise der Vorfahren auszuschließen, indem er »der Befolgung des Gesetzes durch das Volk ein Ende macht« (καταλῦσαι τὴν τοῦ ἔθνους εὐνομίαν, 4,24). Er versucht, die Juden ihre jüdische Identität verleugnen zu lassen (ἐξόμνυσθαι τὸν Ἰουδαϊσμόν, 4,26). Das fiktive Epitaph in 17,9f. erinnert an den erfolglosen Versuch des Tyrannen, die jüdische Lebensweise abzuschaffen, und in 18,5 wird dargelegt: »... Weil er (Antiochos)

---

49. 4. Makk. 4,19: καὶ ἐξεδιῄτησεν τὸ ἔθνος καὶ ἐξεπολίτευσεν ἐπὶ πᾶσαν παρανομίαν.

keineswegs in der Lage war, die Israeliten zu zwingen, Heiden zu werden und auf die Gebräuche ihrer Vorfahren zu verzichten (ἀναγκάσαι τοὺς Ἱεροσολυμίτας ἀλλοφυλῆσαι καὶ τῶν πατρίων ἐθῶν ἐκδιαιτηθῆναι), verließ er Jerusalem und marschierte gegen die Perser«.

Die häufigste Bezeichnung für den König in 4. Makkabäer ist »(der) Tyrann« (ὁ τύραννος).[50] Sie wird deutlich in abwertendem Sinn verwendet.[51] Typisch für die Weise, wie die Märtyrer den König anreden, ist 4. Makk. 9,15: »Widerwärtigster Tyrann (τύραννε μιαρώτατε), Feind der himmlischen Gerechtigkeit, Barbar des Geistes ...«. Eleasar gibt in seinen letzten Worten an, daß der Tyrann nicht über Menschen herrscht, die sich in Wort und Tat dem Glauben (εὐσέβεια) widmen, sondern über die Gottlosen (ἀσεβεῖς, 5,38). Die Darstellung der sieben Brüder beinhaltet einige Wendungen, die Teil der traditionellen Typologie vom schlechten Tyrannen sind.[52] Der König ist μιαρώτατος (»widerwärtigster«) nach 9,32 und 10,10, und in 9,30 wird er mit »grausamster aller Tyrannen« (πάντων ὠμότατε τύραννε) angeredet. Demselben Vers zufolge verweist einer der Brüder auf die arrogante und tyrannische Argumentationsweise des Königs.[53] Der König wird »Hasser der Tugend und Hasser der Menschheit« (μισάρετος καὶ μισάνθρωπος, 11,4) genannt, »Entweiher und alles Übel überbietender gottlosester Tyrann« (ἀνόσιέ ... καὶ πάντων πονηρῶν ἀσεβέστατε τύραννε, 12,11), und »die grausamste Bestie« (θηριωδέστατος, 12,13). Am Ende seines Diskurses verweist der Autor auf Antiochos als »den bitteren Tyrannen der Griechen« (ὁ πικρὸς Ἑλλήνων τύραννος, 18,20). Gerade Antiochos' vergeblicher Versuch, die Juden zu hellenisieren, macht ihn in 4. Makkabäer zu einem kopflosen Tyrannen. Antiochos' Durchkreuzen des jüdischen Gesetzes und der jüdischen Religion demonstriert, daß er nicht weiß, was gut für seine jüdischen Staatsbürger war (τὸ συμφέρον), und was ihr Wohlergehen (σωτηρία) garantierte. Die Märtyrer machen Antiochos deutlich, daß sie zum Volk Gottes gehören, der Himmel und Erde gemacht hat, und daß sie Sein Gesetz nicht verraten könnten. Dies wurde prinzipiell von Eleasar in seinem Dialog mit dem König in 4. Makk. 5 vorgebracht. Die sieben Brüder nehmen eine ähnliche Position ein und erklären nach 9,4:

50. Wie in 2. Makkabäer wird der König auch in 4. Makkabäer (4,15.21; 5,1.5.16; 10,17; 17,23; 18,5) Antiochos genannt. Sein Beiname Epiphanes (ὁ Ἐπιφανής) ist nur einmal zu finden (4. Makk. 4,15).
51. *Hatch* und *Redpath* zufolge kommt τύραννος in 4. Makkabäer 46 mal vor und nur drei mal in 2. Makkabäer, wovon zwei auf Antiochos IV. verweisen (4,25; 7,27).
52. Über die negative Darstellung von Tyrannen siehe *H. Berve*, Die Tyrannis bei den Griechen, Darmstadt 1967, I, 476-509; II, 747-53. Hinsichtlich verschiedener negativer Vorstellungen von Antiochos IV. siehe *J. C. H. Lebram*, »König Antiochus im Buch Daniel«, in: VT 25 (1975), 737-72.
53. Ὁ τῆς τυραννίδος ὑπερήφανος λογισμός.

»Schrecklicher nämlich als der Tod dünkt uns dein Mitleid, das uns Rettung nur um den Preis des Gesetzesverstoßes (τὸν ἐπὶ τῇ παρανόμῳ σωτηρίᾳ ἡμῶν ἔλεον) gewähren will.« (vgl. 9,3). Der jüngste Bruder sagt dem König, daß er sich schämen sollte, weil auch er alle guten Dinge von Gott bekommen hat, inklusive seines Königreichs (12,11).

Diametral entgegengesetzt zum Handeln des griechischen Tyrannen ist die Frömmigkeit (εὐσέβεια), die Einhaltung des Gesetzes (εὐνομία), die Solidarität (ὁμόνοια) und das Leben der jüdischen Menschen in Übereinstimmung mit dem überkommenen Gesetz (πάτριος νόμος). Die Märtyrer veranschaulichen diese Eigenschaften. Sie handeln aber, wie oben gezeigt wurde, als Repräsentanten des ganzen jüdischen Volkes. Entgegen der Befreiungsgeschichte in 2. Makkabäer gibt 4. Makkabäer kaum konkrete Informationen über jüdische Institutionen. Die jüdische Staatsform hat eine theokratische Grundlage wie in 2. Makkabäer. Jüdische Führer oder Verwalter jedoch werden nicht getrennt von der Vorgeschichte des Martyriums genannt. Aus dieser Vorgeschichte wird deutlich, daß eine ideale jüdische Lebensweise, charakterisiert durch eine Situation von εὐνομία, sehr wohl unter fremder Regierung realisiert werden kann. Die jüdische Staatsform scheint in 4. Makkabäer vor allem durch die Lebensweise der Juden selbst bestimmt zu sein, wie durch die makkabäischen Märtyrer veranschaulicht wird.

In nichtjüdischen Quellen der klassischen Periode betrifft εὐνομία oft die »gute Ordnung« im Stadtstaat. Mehr als einmal wird diese harmonische Ordnung als aristokratische Regierungsform angegeben.[54] Aristoteles gibt εὐνομία als hauptsächliches Ziel für Politiker an (Nic. eth. 3,5 1112b; Eud. eth. 1,5 1216b). Er bemerkt ebenfalls, daß dieses Konzept zwei Aspekte hat, die miteinander zusammenhängen: 1) Die Gesetze sollten gut sein, und 2) wenn dies der Fall ist, ist es vernünftig, daß die Bürger die Gesetze befolgen (Pol. 4,8 1294a). Aristoteles führt diese Passage mit einem Plädoyer für eine »gemischte« Verfassung weiter. Plato verweist ebenfalls auf die Rolle der Bürger in diesem Zusammenhang und bemerkt, daß εὐνομία im Denken der Bürger wichtig für das Leben in der *polis* ist.[55] In der kaiserlichen Periode wird der Herrscher als Garant von εὐνομία angesehen. Philippus

---

54. Siehe V. *Ehrenberg*, Polis und Imperium: Beiträge zur alten Geschichte, herausgegeben von K. F. *Stroheker* und A. J. *Graham*, Zürich/Stuttgart 1965, 26 und 139-58; A. W. H. *Adkins*, Moral Values and Political Behaviour in Ancient Greece: From Homer to the End of the Fifth Century, London 1972, 46-57. Die ideale Situation von εὐνομία war nach der Meinung von Tyrtaeos am besten in Sparta verwirklicht, siehe *Ehrenberg*, Polis 26 und 205; vgl. Plutarch, Lyk. 29 (*Mor.* 58A); Philo, Det. 134.
55. Leg. 12 960d. Vgl. die Definition von εὐνομία in Ps. Plato, Def. 413e: πειθαρχία νόμων σπουδαίων »Einverständnis mit guten Gesetzen«. Siehe H. *Leisegang*, »Platon«, in: PW 25/2, 2342-2537, bes. 2365f.

Epigrammaticus bemerkt in einem Epigramm aus der Regierungsperiode von Gaius, daß Bienenstöcke auf den Schiffen, die dem Sieg bei Actium gewidmet waren, gefunden wurden. Er beendet sein Epigramm wie folgt: »So gut ist die Gnade der Gesetze und Befehle des Kaisers; er hat die feindlichen Armeen gelehrt, dafür Früchte des Friedens mit sich zu führen«.[56]

In jüdischen Texten kann εὐνομία sich auch auf eine Situation guter Ordnung zum Vorteil des Volkes beziehen.[57] Die korrekten Handlungen der Führer der Völker bringen diese Situation hervor. Josephus bemerkt z.B. bezüglich der Verwaltung Israels durch Samuel: »Er selbst richtete während seines jährlichen Rundganges durch diese Städte ihre Fälle und setzte so für lange Zeit die Verwaltung vollkommener Gerechtigkeit fort (... καὶ πολλὴν ἐβράβευεν εὐνομίαν ἐπὶ χρόνον πολύν)« (Ant. VI.31).[58] Die theokratische Grundlage dieser Art von εὐνομία ist von Josephus, c. Ap. II.159f. bezüglich Mose bekannt. Josephus erzählt uns, daß Moses als Führer von Israel es für unentbehrlich hält, »fromm zu leben und für eine perfekte Ordnung für sein Volk zu sorgen (εὐσεβεῖν καὶ πολλὴν εὐνομίαν τοῖς λαοῖς ἐμπαρασχεῖν)«.[59] Auf diesem Weg konnte er sowohl seine eigene Tugendhaftigkeit demonstrieren, als auch das »andauernde Wohlergehen derer, die ihn zu ihrem Führer gemacht haben«, sicherstellen. Er selbst sieht den Herrn als seinen Führer (ἡγεμών) und Berater (σύμβουλος, II.160). Εὐνομία und εἰρήνη können in jüdischen Texten eng verbunden werden. Josephus gibt Davids Ruf an die Führer der Völker, Salomo beim Bau des Tempels zu unterstützen und sich selbst dem Dienst für Gott (θρησκεία) zu widmen, wieder. Als eine Belohnung können sie Frieden und Ordnung (εἰρήνη καὶ εὐνομία) genießen.[60] Philo betrachtet den Hohenpriester als Garant für die gute Ordnung in der jüdischen Gemeinschaft. Er verwaltet Gerechtigkeit nach den Gesetzen, vollbringt tägliche Gebete und Opfer und bittet um Gottes Segen für alle Brüder, Eltern und Kinder, so daß alle Mitglieder und Generationen des Volkes eine harmonische Gemeinschaft bilden können, die nach Frieden und guter Ordnung strebt (εἰρήνη καὶ εὐνομία, Spec. leg. III.131). In Flac. 94 gibt Philo an, daß die Aktivitäten der Juden zur guten

---

56. ... Καίσαρος εὐνομίης χρηστὴ χάρις. Ὅπλα γὰρ ἐχθρῶν/καρποὺς εἰρήνης ἀντεδίδαξε τρέφειν, Anth. Gr. 6,236. Für Text, Übersetzung und Kommentar siehe *A. S. F. Gow* und *D. L. Page*, The Greek Anthology: The Garland of Philip and Some Contemporary Epigrams I-II, Cambridge 1968, I, 298 f.; II, 331.
57. Manchmal steht εὐνομία aber auch beinahe synonym zu νόμος oder πολιτεία in einem allgemeineren Sinn von Regierungsform. Herodes hat den Bürgern von Samaria/Sebaste nach Josephus, Bell. 1,403, eine besondere Regierungsform (ἐξαιρετὸς εὐνομία) angeboten, die wahrscheinlich Privilegien für die Bürger bedeutete.
58. Vgl. Ant. 7,195 betreffend Absalom.
59. *Thackeray* übersetzt »... provide for his people an abundance of good laws«.
60. Ant. 7,341. Vgl. Ant. 11,216 Artaxerxes' Verfügung betreffend (vgl. Est. 3,12 und Addition B).

Ordnung und Stabilität (εὐνομία καὶ εὐστάθεια) der Stadt Alexandria beigetragen haben.

Der Autor von 4. Makkabäer hat die (nichtjüdische) Vorstellung von εὐνομία sorgfältig als den Gesetzesgehorsam der Bürger herausgearbeitet, indem er dies mit der Thora und dem ganzen jüdischen Volk verbindet. In 4. Makk. 3,20 legt der Verweis auf die Vorfahren im Rückblick nahe, daß die εὐνομία des Volkes zu stabilem Frieden für das jüdische Volk führt. Dies ist auch mit dem Resultat des Martyriums impliziert. Wie in 2. Makkabäer endet auch 4. Makkabäer mit der friedlichen und unbedrohten Existenz des jüdischen Volkes. Der rote Faden dieses Diskurses in diesem Zusammenhang scheint zu sein, daß die Lebensweise der Mitglieder des jüdischen Volkes die Situation des jüdischen Verbandes bestimmt. Indem sie dem Herrn und seinem Gesetz treu bleiben, indem sie in Übereinstimmung mit Glauben (εὐσέβεια) und frommer Vernunft (εὐσεβὴς λογισμός) leben, wird die Situation von Gesetzesgehorsam und Frieden, von εὐνομία garantiert. Diese Interpretation kann die Bemerkung in 4,24 erklären, daß der Tyrann nicht in der Lage war, die εὐνομία der Juden durch seine Verordnung, die die Lebensweise der Vorfahren der Juden verbot, zu beenden. Ebenso kann die Passage über Eleasar in 7,9 verstanden werden. In seiner Ausdauer während des Leidens hat Eleasar »unsere Loyalität zu dem Gesetz bestärkt (τὴν εὐνομίαν ἡμῶν ... ἐκύρωσας)«. Das Personalpronomen ἡμῶν verweist in diesem Vers wahrscheinlich auf das jüdische Volk.

Der Autor bemerkt, daß die Märtyrer die Situation des Friedens und der εὐνομία, die in der Periode der Vorfahren bestanden hat, erneuert haben (3,20f.): »Ihretwegen hat die Nation Frieden erworben, und indem sie die Einhaltung des Gesetzes im Heimatland wiederbelebt haben, verwüsteten sie den Feind« (18,4).[61] Die Passage in 3,20f. ist Teil des Übergangs vom Abschnitt über die berühmten Beispiele der Kontrolle über die Leidenschaften in Israels Vergangenheit (Josef, Moses, Jakob und David, 2,1-3,16) zur Beschreibung der Ereignisse, die zu der Unterdrückung durch Antiochos (Kap. 4) führten. Diese Tradition legt nahe, daß die übliche Art der Existenz des jüdischen Volkes durch ein Leben in Übereinstimmung mit frommer und maßvoller Vernunft charakterisiert ist (3,17f.). In der Fortsetzung des Diskurses wird deutlich, daß die Märtyrer diese Situation wiederhergestellt haben. Die Märtyrer haben Vaterland und Volk von der Sünde gereinigt, zu der die kurzen Perioden von Simons Verrat und Jasons griechischen Neuerungen (cf. 17,21f. sowie Kap. 4) geführt haben. Ihre Fürsprache betrifft ausdrücklich das ganze jüdische Volk (6,28f.; 12,17; 17,21; 18,4),

---

61. Καὶ δι' αὐτοὺς εἰρήνευσεν τὸ ἔθνος, καὶ τὴν εὐνομίαν τὴν ἐπὶ τῆς πατρίδος ἀνανεωσάμενοι ἐκπεπόρθηκαν τοὺς πολεμίους.

und die Feststellung in 18,4 deutet darauf hin, daß ihr Selbstopfer zum Wohl aller Juden geschah (»Ihretwegen erlangte *das Volk* Frieden ...«). Folglich bestimmen die Taten der Märtyrer die Situation des Volkes. Das erklärt, warum sie mit den Vorfahren des jüdischen Volkes und sogar mit den Patriarchen der Juden in Verbindung gebracht werden. Die Bedeutung ihrer Taten waren denen der Patriarchen vergleichbar, die die Grundlagen des Volkes gelegt haben. In diesem Licht können wir den wiederholten Beinamen »Vater« für Eleasar verstehen. 4. Makk. 7,1 verweist auf »die Vernunft unseres Vaters Eleasar« (ὁ τοῦ πατρὸς ἡμῶν Ελεαζαρου λογισμός). Der Verweis auf Eleasars Erneuerung von εὐνομία in 7,9 wird mit »Du, Vater ... (σύ, πάτερ)« eingeleitet. Außerdem wird Eleasar als würdiger Nachfolger von Aaron beschrieben. Er wird in 7,11 f. mit Aaron als Patriarchen verglichen: »Denn wie unser Vater Aaron (ὁ πατὴρ Ααρων) mit dem Rauchfaß bewaffnet, durch die Volksmenge eilte und den feurigen Engel besiegte, so ließ sich auch der Aaronide Eleasar (ὁ Ααρωνίδης Ελεαζαρ) wiewohl von Feuersglut verzehrt, in seiner Urteilskraft nicht beirren«. 4. Makk. 7,11 spielt darauf an, daß Aaron mit der Hilfe seines Weihrauchfasses wie in Num. 16,46-50 (= 17,10-15 MT) ein Sühneopfer für das Volk darbringt.[62] In einer ähnlichen Weise wird die Mutter der sieben Brüder mit einem anderen Patriarchen, Abraham, verglichen. 4. Makk. 15,28 nennt ihre Ausdauer (καρτερία): »aber als die Tochter des gottesfürchtigen Abraham erinnert sie sich an ihre innere Kraft«.[63] Der nächste Vers fährt mit dem ehrenvollen Beinamen »Mutter des Volkes« (μήτηρ ἔθνους, 15,29) fort, was daran erinnert, daß Abraham der Vater Israels ist (4. Makk. 16,20; 18,1; cf. 6,17.22; 7,19; 13,17; 16,25; 17,6)[64]. Die Mutter der sieben Brüder widersetzt sich auch dem gewalttätigen Tyrannen (17,2: καταλύσασα τὴν τοῦ τυράννου βίαν) und erobert ihn (τύραννον ἐνίκησας, 16,14).

Folglich haben die makkabäischen Märtyrer den Sieg über Antiochos allein errungen und die alte und ideale Situation des jüdischen Staates wiederhergestellt. Wir haben bereits dargelegt, daß der Konflikt zwischen dem seleukidischen König und dem jüdischen Volk in 4. Makkabäer als Wettkampf beschrieben wird. Die Märtyrer bekämpfen den griechischen König als Re-

---

62. Der Autor fügt dem masoretischen Text verschiedene Details hinzu. Vgl. Weish. 18,20-25 über Aaron, die auf dieselbe Episode in Num. 16 anspielt.
63. 4. Makk. 15,28: ἀλλὰ τῆς θεοσεβοῦς Αβρααμ καρτερίας ἡ θυγάτηρ ἐμνήσθη. Vgl. 4. Makk. 14,20: »Aber Sympathie für ihr Kind hat die Mutter des jungen Mannes nicht beeinflußt; sie war vom selben Geist wie Abraham (... τὴν Αβρααμ ὁμόψυχον ... μητέρα)«. Siehe *R. D. Young*, »The ›Woman with the Soul of Abraham‹. Traditions about the Mother of the Maccabean Martyrs«, in: ›Women like This... New Perspectives on Jewish Women in the Greco-Roman World, hg. von A.-J. *Levine*, SBLEJL 1, Atlanta 1991, 67-81. Siehe auch 18,20 und 9,21 bezüglich des ersten Bruders.
64. Siehe z.B. Jes. 41,8; Ps. 105,6; Ps. Sal. 9,9; 3. Makk. 6,3.

präsentanten des jüdischen Volkes. Ihr Triumph wird durch ein semantisches Feld, das aus τύραννος (»Tyrann«), τυραννίς (»Tyrannei«), καταλύω (»abschaffen«, »zerstören«, im doppelten Sinn von Angriff des Tyrannen, um die Regierungsform der Juden zu zerstören, sowie der Zerstörung der griechischen Tyrannei durch die Märtyrer), νίκη (»Sieg«), νικάω (»siegen«) und verwandten Wendungen besteht, ausgedrückt. Der Sieg der Märtyrer über »den Tyrannen« wird schon in 1,11 angedeutet: »... sie wurden der Grund für den Fall der Tyrannei über ihr Volk. Durch ihr Durchhaltevermögen haben sie den Tyrannen bezwungen ... (... αἴτιοι κατέστησαν τοῦ καταλυθῆναι τὴν κατὰ τοῦ ἔθνους τυραννίδα νικήσαντες τὸν τύραννον ...)«. Die fiktive Grabinschrift in 4. Makk. 17,9f. verweist auf einen politischen Grund für den Tod der Märtyrer. Das politische Vokabular der Inschrift erweckt das Interesse des Lesers. Die Schlüsselwörter, die in diesem Zusammenhang verwendet werden, sind τύραννος, πολιτεία und καταλύω. Die Grabinschrift erwähnt den Versuch des Tyrannen, die jüdische politische Ordnung abzuschaffen, und erinnert an das heldenhafte Verhalten der Märtyrer. Sie präsentiert als Grund für den Tod der Märtyrer »die Gewalt des Tyrannen, der die Lebensweise der Hebräer zerstören wollte (διὰ τυράννου βίαν τὴν Ἑβραίων πολιτείαν καταλῦσαι θέλοντος)«. In 11,24f. sagen die sechs Brüder zu dem König: »Wir sechs Jungen haben deine Tyrannei zum Erliegen gebracht (καταλελύκαμέν σου τὴν τυραννίδα). Weil du nicht in der Lage warst, uns zu überzeugen, unsere Meinung zu ändern oder uns zu zwingen, verunreinigte Nahrung zu essen, ist dies nicht dein Ruin (κατάλυσις σου)?«[65] Folglich entspricht das Verhalten der Märtyrer dem Tenor einer kurzen Bemerkung, die Seneca Sokrates zuschrieb: »spring vorwärts und greife an: indem ich aushalte, werde ich triumphieren« *(assilite, facite impetum: ferendo vos vincam).*[66]

In den athenischen Grabreden ist die Gefahr für die Freiheit von Hellas durch die Tyrannei eines fremden – persischen oder makedonischen – Königs ein wichtiges Motiv.[67] Die Passage in 4. Makkabäer über den Konflikt zwischen Antiochos und den makkabäischen Märtyrern kann also sehr wohl griechischen Quellen folgen. Tatsächlich korrespondiert die Zusammenfassung des Versuches des Tyrannen, die Juden zu unterdrücken, in 17,9 einem semantischen Feld in literarischen und epigraphischen nichtjüdischen Quellen, besonders wenn wir πολιτεία durch Worte wie νόμοι, δῆμος (im Sinne

---

65. Siehe auch 6,10; 7,3f.; 8,2.15; 9,6.8.30; 16,14; 17,2.11-16.21.
66. Siehe *K. Döring*, Exemplum Socratis: Studien zur Sokratesnachwirkung in der kynisch-stoischen Popularphilosophie der frühen Kaiserzeit und im frühen Christentum, Hermes Einzelschriften 42, Wiesbaden 1979, 28-30.
67. Siehe Lysias, Or. 2,21.41.57.59; Plato, Men. 239d-240a; Hyperides, Or. 6,38-40. Siehe *Loraux*, L'invention d'Athènes, 210f.

von Herrschaft durch das Volk) oder δημοκρατία ersetzen.⁶⁸ Dieses Vokabular kann z. B. in athenischen Dekreten gegen Tyrannei gefunden werden. Eine Inschrift, die in Athen nahe der *Agora* gefunden wurde, enthält ein Gesetz, das zwei Jahre nach der Schlacht von Chaeronea (338 v. Chr.) von Eukrates vorgeschlagen wurde. In dieser Inschrift wird unter anderem dargelegt, daß die Hände des Mörders einer Person, die eine Tyrannei gründen wollte, rein sein würden: »Wenn irgend jemand sich gegen den Demos für Tyrannei erhebt (ἐπαναστῆι τῶι δήμωι ἐπὶ τυραννίδι) oder an der Gründung einer Tyrannei teilnimmt oder den Demos der Athener oder die Demokratie in Athen (ἢ τὴν δημοκρατίαν τὴν Ἀθήνησιν καταλύσηι) zu Fall bringt – wer immer diesen tötet, der irgend eines dieser Dinge tut, wird schuldlos bleiben«.⁶⁹ Dieses Gesetz hatte verschiedene Vorläufer, wie die Gesetze von Draco und das Dekret von Demophantos (410-409 v. Chr.), welches auch Wendungen wie τυραννέω und καταλύω τὴν δημοκρατίαν enthält.⁷⁰ Die Terminologie ist auch in Lykurgs Rede gegen Leokrates zu finden (siehe oben).⁷¹ Anderes wichtiges nichtjüdisches Material betrifft die Befreiung einer *polis* oder eines anderen Staates von Tyrannei oder die Befreiung eines Staates von einer ernsten Bedrohung seiner Existenz durch Außenseiter oder sogar Bürger des Staates. Dieser Befreiung wurde manchmal während der sogenannten Σωτήρια-Feste gedacht. Das Dekret mit der Einsetzung von Σωτήρια in Priene (297 v. Chr.) erinnert an die göttliche Befreiung von der Tyrannei von Hieron (Zeilen 11 und 20), an deren Abschaffung und an die Rückkehr zu Freiheit und Unabhängigkeit der *polis* (Zeilen 14-15.17.25).⁷² Der Beseitigung der Tyrannei in Eritrea 308 v. Chr. und der damit verbundenen Rückkehr zu den Gesetzen der Vorfahren und zur Demokratie wurde während einer Prozession für Dionysos gedacht.⁷³

68. Siehe z. B. Plato, Leg. 9 864d; Isokrates, Pan. 148; Polybios 2,47,3; Dionysios von Halikarnassos 7,8,3; Pausanias 7,27,7; Libanius, Declam. 20,14; Progymn. 7,4,1.
69. B. D. Meritt, »Greek Inscriptions«, in: Hesperia 21 (1952), 340-380, Nr. 5 Zeilen 7-11. Siehe den Kommentar auf den Seiten 357-9. Ebenso C. Mossé, La fin de la démocratie athénienne. Aspects sociaux et politiques du déclin de la Cité grecque au IVe siècle avant J.-C., Paris 1962, 282, Fußnote 3.
70. Andocides 1,96-98. Siehe *M. Ostwald*, »The Athenian Legislation against Tyranny and Subversion«, in: TAPA 86 (1955), 103-28.
71. Contra Leocr. 124-27: Verweis auf das Dekret von Demophantos. Siehe weiter *E. Berneker*, »Hochverrat und Landesverrat im griechischen Recht«, in: Eos 48 (1956) [= Symbolae Taubenschlag I], 105-37. Καταλύω mit τὸν δῆμον als Objekt kommt z. B. in dem Dekret über einen Vertrag einer Allianz von Athen und Arcadia, Achaia, Elis und Phleius von 362/1 v. Chr. vor (*IG* II² 112, Zeilen 26.30-32), siehe *H. Bengtson*, Die Verträge der griechisch-römischen Welt von 700 bis 338 v. Chr., Die Staatsverträge des Altertums 2, München-Berlin 1962, 250-52. Siehe für weitere Hinweise SEG 29 90. Auch IG II² 236, Fragm. A, Zeilen 11-13; 687, Zeilen 14-16.
72. *F. Hiller von Gaertringen*, Inschriften von Priene, Berlin 1906, Nr. 11. Vgl. *L. Robert*, »Hellenica«, in: Revue Philologique 70 (1944), 5-56, bes. 5-9.
73. *Dittenberger*, Syll³ Nr. 323. Siehe zu Diskussionen dieses Textes *A. F. Jaccottet*, »Le

Sicher, das begriffliche Universum von 4. Makkabäer unterscheidet sich in Inhalt und Zweck von diesen Inschriften. Aber die Bedeutung der makkabäischen Märtyrer für das jüdische Volk in 2. und 4. Makkabäer kann analog zu den griechischen Befreiern von Tyrannei verstanden werden. Plutarch beschreibt die Taten eines dieser glorreichen Befreier der Alten Welt, Aratos von Sikyon. Aratos nahm an der Befreiung mehrerer Staaten teil. In seiner Biographie erwähnt Plutarch, daß die Einwohner seiner Stadt Sikyon ihm einmal jährlich ein Opfer darbrachten, an dem Tag, an dem er die Stadt von der Tyrannei des Nikokles befreit hatte. Diese Opfer wurden Σωτήρια genannt.[74] In seinen »Prinzipien der Staatskunst« schreibt Plutarch: »Auf diesem Weg kam Aratos zu Ruhm: er begann sein öffentliches Leben mit der Zerstörung des Tyrannen Nikokles (... ἀρχὴν ποιησάμενος πολιτείας τὴν Νικοκλέους τοῦ τυράννου κατάλυσιν)«. Wahrscheinlich bedeutet πολιτεία in dieser Wendung »politische Karriere« und nicht »Verfassung« oder »Lebensweise«, und außerdem ist es der Befreier, der den Tyrannen überwunden hat, und nicht umgekehrt. Plutarchs Behauptung bezüglich Aratos korrespondiert jedoch sehr wohl mit der Bewertung der makkabäischen Märtyrer in 4. Makkabäer. Man könnte die paradoxe Schlußfolgerung ziehen, daß die Märtyrer die Wiederherstellung des jüdischen Staates herbeigeführt haben, ebenso wie griechische militärische Helden wie Aratos oder auch die makkabäischen Brüder die ›ursprüngliche‹ Situation ihres Staates durch Beseitigung der Tyrannei wiederhergestellt haben.

4. Christliche Märtyrer als Helden eines neuen Volkes

In 4. Makkabäer bleiben die Märtyrer wie in 2. Makkabäer nicht nur der jüdischen Lebensweise treu, sondern sie repräsentieren auch das Volk im Konflikt mit Antiochos IV. und erlangen im Interesse des Volkes (4. Makk. 17,9-10.11-16) den Sieg. Diese repräsentative Form der Märtyrer wird in christlichen Texten noch expliziter ausgedrückt. Christliche Märtyrer weigern sich, ihre christliche Identität zu leugnen und ziehen nachdrücklich *als Christen* in den Kampf gegen ihre Kontrahenten. Häufig führen sie sich selbst mit einer Formel wie χριστιανός εἰμι ein, während sie ihren eigentlichen Namen und andere persönliche Angaben unerwähnt lassen. Name und sozialer Status werden im Vergleich mit ihrer christlichen Identität als völlig unwichtig angesehen.[75] Dieser Trend kann schon im Martyrium von Polykarp,

---

lierre de la liberté«, in: ZPE 80 (1990), 150-56; *N. Lewis*, »The ›Ivy of Liberation‹ Inscription«, in: Greek, Roman and Byzantine Studies 31 (1990), 197-202.
74. Plutarch, Arat. 53,3-4. Siehe FGrH 231; *B. Niese*, »Aratos (2)«, in: PRE II, 383-90.
75. *R. Merkelbach*, »Der griechische Wortschatz und die Christen«, in: ZPE 18 (1975),

einem der ersten christlichen Märtyrertexten, beobachtet werden.⁷⁶ Auf das wiederholte Ersuchen des römischen Beauftragten, auf den *genius* oder das Glück des Kaisers zu schwören, antwortet Bischof Polykarp von Smyrna: »Wenn du noch immer denkst, daß ich auf das Glück des Kaisers schwören würde und immer noch vorgibst, nicht zu wissen, wer ich bin, laß mich dir jetzt deutlich sagen, daß ich ein Christ bin; und wenn du die Botschaft des Christentums kennen lernen willst, brauchst du nur einen Tag zu nennen und mir Gehör zu geben (Χριστιανός εἰμι. Εἰ δὲ θέλεις τὸν τοῦ Χριστιανισμοῦ μαθεῖν λόγον, δὸς ἡμέραν καὶ ἄκουσον, Mart. Pol. 10,1)«. Mart. Pol. 12,1 zufolge läßt der Beauftragte seinen Ausrufer von der Mitte der Arena aus dreimal bekannt geben, daß Polykarp zugegeben habe, ein Christ zu sein (Χριστιανός εἶναι). Der Trend, christliche Märtyrer als Patrioten zu charakterisieren, kann mit einer anderen Passage des Martyriums Polykarps untermauert werden. Polykarp wird von einer schreienden Menge von Juden und Heiden in Mart. Pol. 12,2 »der Vater der Christen« (πατὴρ τῶν Χριστιανῶν) genannt. Im unmittelbaren Kontext impliziert der Beiname, daß Polykarp als ein sehr wichtiger Christ, der hingerichtet werden mußte, angesehen wird. Aus der Perspektive der frühchristlichen Leser dieses Werkes war dies ein ehrenhafter Titel. Noch deutlicher ist in diesem Zusammenhang eine Passage über den heldenhaften Tod von Polykarps Vorboten Germanicus: »Es war damals, daß die ganze Menge, betroffen von der edlen Gesinnung, die dieses Geschlecht von Christen in ihrer Liebe und Furcht Gott gegenüber zeigten (... θαυμάσαν τὴν γενναιότητα τοῦ θεοφιλοῦς καὶ θεοσεβοῦς γένους τῶν Χριστιανῶν), plötzlich mit Schlachtrufen wie ›Nieder mit den Ungläubigen! Gehe und finde Polykarp!‹ begannen« (Mart. Pol. 3,2). Die häufige Verwendung von athletischen Bildern im Zusammenhang mit den Taten von jüdischen und christlichen Märtyrern kann sehr wohl mehr als nur die Verwendung angemessener konventioneller Sprache sein. Die athletischen Bilder könnten wegen ihrer repräsentativen Funktion in einem patriotischen Kontext gewählt worden sein. Athleten verteidigten die Ehre ihrer Heimatstadt. Märtyrer standen für die Überzeugungen, die Werte und die Identität des jüdischen Volkes oder der christlichen Gemein-

---

101-48, S. 120, der in dieser Verbindung verweist auf Basilius, Hom. 19,4 (*In sanctos quadraginta martyres*, PG 31 512BC); Acta Carpi 3; Mart. Lugd. 10,19-20; Acta Dasii 6.1: τὸ μὲν ἐξαίρετον μου ὄνομα Χριστιανός εἰμι, τὸ δὲ᾽ ἐκ γονέων ἐπιτεθέν μοι Δάσιος καλοῦμαι. Siehe auch *J. N. Bremmer*, »Christianus sum: The Early Christian Martyrs and Christ«, in: *G. J. M. Bartelink* und *A. Hilhorst* (Hg.), Eulogia: Mélanges offerts à Antoon A. R. Bastiaensen à l'occasion de son soixante-cinquième anniversaire, Steenbrugge-Den Haag 1991, 11-20.

76. Das Martyrium von Polycarp ist wahrscheinlich zwischen 156 und 160 n. Chr. zu datieren; s. *B. A. G. M. Dehandschutter*, »The Martyrium Polycarpi: A Century of Research«, in: *ANRW* II,27.1, 485-522, bes. 497-502.

schaft. Ihre Ausdauer in Leiden und Selbstopfer machte sie zu Athleten *par excellence*.⁷⁷

Es gibt Hinweise darauf, daß die christlichen Märtyrer auch als Beispiele gedient haben. Das Wort ὑπόδειγμα ist einige Male im 1. Klemensbrief zu finden (5,1; 6,1; 46,1; 55,1; vgl. 4. Makk. 17,23) und verweist da auch auf heidnische Helden, wie sie in Lykurg, Leocr. 83-89; 98-101 erwähnt werden. Folglich dürfte sich die Bedeutung des Wortes nicht sehr von der von παράδειγμα bei Lykurg und 4. Makk. 6,19 unterscheiden.⁷⁸ Es ist in den Kapiteln 5-6 einer der ältesten christlichen martyrologischen Passagen zweimal zu finden. In seinem Brief an die Gemeinde von Korinth präsentiert Klemens die Kirche als das von Gott auserwählte Volk (29,1-30,1; 64). Er scheint die Christen auch als Volk zu beschreiben, und deswegen müssen wir die Möglichkeit in Erwägung ziehen, daß die Bedeutung der christlichen Märtyrer als der Bedeutung der heidnischen und jüdischen *exempla* vergleichbar anzusehen ist. In diesem Fall würden die Christen als ein sehr besonderes Volk und die Märtyrer als die Helden dieses Volkes dargestellt worden sein.

In 4,1-6,4 zählt Klemens eine Liste von Beispielen im Zusammenhang des Motivs von Neid (ζῆλος) auf, dem Element, das in der Gemeinde von Korinth Uneinigkeit schuf. Die Liste beginnt mit Abel. In 5,1-6,2⁷⁹ folgt eine Passage über die christlichen Märtyrer, die wahrscheinlich von einer separaten martyrologischen Tradition abgeleitet ist, und die auch das Martyrium Polykarps und das Martyrium von Lyon und Vienne beeinflußt haben könnte.⁸⁰ 1. Klem. 5,1 bildet den Übergang von den Beispielen aus der vergangenen Geschichte von Israel⁸¹ auf die Beispiele der allerjüngsten christlichen Zeit: »Lasse diese Beispiele aus der Vergangenheit hinter dir und komme zu einigen der Helden neuerer Zeit. Nimm die edlen Gestalten aus unserer eige-

---

77. Philo hält die Essener für sein bestes Beispiel in seiner Darstellung der philosophischen These, die in *Quod omnis probus liber sit* (Prob. 75-91) diskutiert wird. Er nennt sie ἀθληταί ἀρετῆς (Prob. 88). Josephus betont in seiner Beschreibung der Essener, daß sie ἐγκράτεια als zentrale Tugend ansehen und daß sie Leidenschaften nicht nachgaben (Bell. 2,120), was der Einstellung der makkabäischen Märtyrer korrespondiert, wie sie in 4. Makkabäer dargestellt wird.
78. Vgl. C. Spicq, Notes de lexicographie néo-testamentaire II (OBO 22,2), Fribourg/Göttingen 1978, 906-909.
79. Siehe K. Beyschlag, Clemens Romanus und der Frühkatholizismus. Untersuchung zu I Clemens 1-7, Beiträge zur historischen Theologie 35, Tübingen 1966, 207-353. Ebenso B. A. G. M. Dehandschutter, »Some Notes on 1 Clement 5, 4-7«, in: A. A. R. Bastiaensen, A. Hilhorst und C. H. Kneepkens (Hg.), Fructus centesimus, Mélanges offerts à Gerard J. M. Bartelink, Instrumenta Patristica 19, Dordrecht 1989, 83-89.
80. G. Brunner, Die theologische Mitte des Ersten Klemensbriefes. Ein Beitrag zur Hermeneutik frühchristlicher Texte, FTS 11, Frankfurt am Main 1972, 91, zieht das Motiv von ζῆλος in 5,1-6,2, als sekundär in Betracht. Vgl. Beyschlag, Clemens, 227-234.
81. Vgl. die kurzen Verweise in Pass. Mont. Luc. 3,4 und 16,4.

nen Generation (Ἀλλ' ἵνα τῶν ἀρχαίων ὑποδειγμάτων παυσώμεθα, ἔλθωμεν ἐπὶ τοὺς ἔγγιστα γενομένους ἀθλητάς· λάβωμεν τῆς γενεᾶς ἡμῶν τὰ γενναῖα ὑποδείγματα)«. Die Wendung ἡ γενεὰ ἡμῶν in dieser Passage kann als »unsere eigene Generation« übersetzt werden,[82] aber sie kann auch als »unsere eigene Herkunft« oder »unser eigenes Volk« verstanden werden.[83] Die letzte Interpretation ist vorzuziehen, weil der Übergang zu der zeitgleichen Periode auch ein Übergang zu der Gruppe des Autors ist. Dies wird an den in 5,1-6,2 genannten Märtyrern, welche alle als Christen anzusehen sind, deutlich. Petrus und Paulus sind die wichtigsten Beispiele, und mit ihnen wird eine Vielzahl von ausgewählten, auch weiblichen, Märtyrern verbunden (6,1-2). Dies wird auch mit dem Verweis auf diese anonymen Märtyrer als den edelsten Beispielen *unter uns*, d.h. den Christen, gezeigt, vgl. 6,1: ... διὰ ζῆλος παθόντες ὑπόδειγμα κάλλιστον ἐγένοντο ἐν ἡμῖν.

Die Apostel Petrus und Paulus (5,4; 5,5-7), die nach Klemens (5,2.5) wegen Neids für ihr Predigen mit dem eigenen Leben bezahlen mußten, sind die eindrucksvollsten Beispiele, die er den rebellierenden Korinthern vor Augen führen kann (vgl. die *inclusio* mit μέγιστος in 5,2 und 5,7 und die Wendung ὑπομονῆς γενόμενος μέγιστος ὑπογραμμός 5,7).[84] Mit der Betonung darauf, daß sie ein Muster von Ausdauer (ὑπομονή) bis zum Tode seien, zeigen die Märtyrer ein besonderes Kennzeichen der christlichen Herkunft. Petrus' vielfältiges Leiden wird durch eine Anapher betont: οὐχ ἕνα οὐδὲ δύο, ἀλλὰ πλείονας ὑπήνεγκεν πόνους (»Petrus war dem Leiden unterworfen, nicht ein- oder zweimal, sondern viele Male«, 5,4). Paulus erlitt eine Kombination von Qualen, bekannt aus den Traditionen vom gewaltsamen Geschick der Propheten (ἑπτάκις δεσμὰ φορέσας, φυγαδευθείς, λιθασθείς ... »er war siebenmal in Fesseln, er wurde verbannt, er wurde gesteinigt«, 5,6; cf. 45,4).[85] Nach der Benennung der gesamten Lebensweise von Petrus und Paulus (ὁσίως πολιτευσαμένοις, vgl. 44,6), fährt Klemens mit den anonymen Märtyrern, die viele Qualen ertragen haben, fort (6,1). Im Licht der sehr kurzen und allgemeinen Information über die Verfolgung in 1,1 ist es vielsagend, daß er diese Märtyrer eine große Vielzahl Ausgewählter nennt (πολὺ πλῆθος ἐκλεκτῶν). Indem er einerseits auf die physische Schwäche der Frauen unter ihnen anspielt, und auf den Kontrast zwischen

---

82. Siehe z.B. *Bauer*, Wörterbuch, 308 s.v. γενεά 2 und 3a und *Beyschlag*, Clemens, 207.214 f.
83. LSJ 342 s.v. γενεά I,1. Vgl. den Ausdruck τὸ γένος τῶν Χριστιανῶν in Mart. Pol. 3,2.
84. Vgl. Jesus Christus als ὑπογραμμός in 1. Klem. 16,17; 33,8 (vgl. 1. Petr. 2,21) und Polykarp, Phil. 8,2 (10,1 als *exemplar*); wie ὑποτύπωσις in Mart. Ludg. 1,23. Polykarp zählt in Phil. 9,1 f. die Martyrien von Ignatius, Zosimus, Rufus und von zeitgenössischen Märtyrern und Paulus »und den anderen Aposteln« auf, ohne den Begriff ὑπόδειγμα oder eine verwandte Wendung zu verwenden. Vgl. auch Mart. Pol. 17,3; 18,3 und 19,1.
85. Vgl. 1. Klem. 17,1 und Hebr. 11,36 f.; *Beyschlag*, Clemens, 217-219.

dem unverdienten Leiden dieser christlichen »Athleten« sowie der sehr beklagenswerten und wohlbekannten Strafe für die (heidnischen) Danaiden und Dirken andererseits, wird der besondere Charakter der Christen und ihrer Hingabe an ihren Glauben akzentuiert.[86]

Möglicherweise ist die Bezeichnung von Petrus und Paulus als die am meisten gerechtfertigten Stützpfeiler in 5,2 (οἱ ... δικαιότατοι στῦλοι, vgl. Mart. Lugd. 1,6.17) auch eine Erklärung, die das Christentum als Ganzes betrifft. Klemens gibt nicht genauer an, wovon Petrus und Paulus Stützpfeiler waren. Der Ausdruck kann sowohl ihre Rolle als Führer als auch ihre repräsentative Bedeutung für ihre Gruppe betonen. Das Bild einer Person als Stützpfeiler war in der Antike weit verbreitet, und es wurde z.B. für Hektor verwendet, der Troja als ein Stützpfeiler trug.[87] Das Bild scheint die Bedeutung der Gestalt Hektors für die Trojaner zu betonen und setzt irgendwie voraus, daß Hektor die Personifikation von Troja war. Wenn die Metapher des Stützpfeilers in 1. Klemens in analoger Weise verwendet wird, ist die Ausdauer von Petrus und Paulus, die in dieser Passage betont wird, als charakteristisch für die Christen als Gesamtheit anzusehen.

In diesem Fall hätten wir eine interessante Parallele in jüdischer und christlicher Martyrologie. In 4. Makkabäer wird eine ähnliche Metapher für die makkabäischen Märtyrer verwendet. Die sieben Jungen erlitten mit ihrer Mutter als unzerstörbares Haus das Erdbeben der Qualen des Tyrannen (17,3). Die Mutter wird hier als das Dach auf den Stützpfeilern ihrer Söhne beschrieben (στέγη ἐπὶ τοὺς στύλους τῶν παίδων).[88] Dieses Bild veranschaulicht das, was davor von der Mutter gesagt wurde, nämlich, daß sie die Gewalt des Tyrannen gebrochen und den Adel des Glaubens gezeigt hat (δείξασα τὴν τῆς πίστεως γενναιότητα, 17,2). Dieser Glaube verweist na-

---

86. Die Töchter von Danaos mußten einen Kübel mit durchlöchertem Boden in der Unterwelt mit Wasser füllen. Dirke war auf die Hörner eines Bullen gefesselt und wurde herumgezogen, bis sie tot war. Siehe *J. A. Fischer*, Die Apostolischen Väter, Schriften des Urchristentums 1, Darmstadt 1981[8], 33 Fußnote 49; *H. C. Brennecke*, »Danaiden und Dirken. Zu 1. Klem. 6,2«, in: *Zeitschrift für Kirchengeschichte* 88 (1977), 302-08. *Baumeister*, Theologie, 246 Fußnote 71. Vgl. die Charakterisierung des jüdischen Volkes durch Josephus, Ap. 2,232-235.

87. Das Bild (auch mit dem Wort κίων ausgedrückt) wird in verschiedenen Texten in der antiken Welt verwendet, siehe z.B. Euripides, Iph. Taur. 57; Pindar, Ol. Od. 2,81f. (Hektor); Vita Aesopi Vita G 106 (ed. *B. E. Perri*, Aesopica I [Urbana, 1952], 68); Philo, Migr. Abr. 124, Lykophron, Alexandra 281 (Hektor), und die Scholien zu diesem Vers, siehe *E. Scheer*, Lycophronis Alexandra II (Berlin 1958), 120f. Vgl. Eustathius von Thessaloniki, ed. *G. Stahlbaum*, Eustathii archiepiscopi Thessalonicensis commentarii ad Homeri Odysseam I-II, Leipzig 1825-26, II,299. *Beyschlag*, Clemens, 225-227, diskutiert verschiedene Bedeutungen von στῦλος in frühchristlichen Schriften.

88. Die Passage enthält auch eine Anspielung an Prov. 9,1-6; siehe *K. G. Sandelin*, Wisdom as Nourisher. A Study of an Old Testament Theme, its Development within Early Judaism and its Impact on Early Christianity, AAA Ser. A 64,3, Åbo 1986.

türlich in erster Linie auf die Mutter selbst (cf. 15,24), aber betrifft zugleich das jüdische Volk.[89] Wie die anderen Motive in Verbindung mit der Entscheidung, als Märtyrer zu sterben, z.B. die Frömmigkeit oder die Thora (z.B. 9,1.29; 16,16), ist es Teil der jüdischen Identität, die durch den Autor weitergeführt wird.

In der Ermutigung ihrer Söhne, zu sterben, setzt die Mutter den Glauben ihrer Kinder mit dem von Abraham, Daniel, Chananja, Azarja und Mischaël während deren Ordalien gleich (cf. Gen. 22; Dan. 3 und 6, siehe 4. Makk. 16,20-22). Sie nennt Abraham »unseren Vorfahren« (ὁ πατὴρ ἡμῶν) und Isaak den Vater des Volkes (ἐθνοπάτωρ). Hiermit stehen die Märtyrer wiederum in einer durchgehenden Tradition von berühmten Idealfiguren des jüdischen Volkes. 1. Klem. 45,8-46,1 erwähnt Daniel und seine drei Begleiter in einer ähnlichen Weise als Teil der Beispiele (ὑποδείγματα) derer, die wegen ihres Glaubens nicht aufgegeben haben (46,1). Aus Kapitel 55 wird deutlich, daß Klemens mit den jüdischen und heidnischen *exempla* vertraut war. Er verweist in 55,1 auf diese berühmten Personen, die bereit waren, sich selbst für ihr Volk zu opfern: »Selbst unter den Heiden kann man sich an Beispiele dieser Art erinnern. Zahlreiche Könige und Herrscher haben sich in Zeiten des Verderbs selbst zu Tode geopfert, als sie ein Orakel erbeten haben, um ihre Bürger auf Kosten ihres eigenen Blutes zu retten (παρέδωκαν ἑαυτοὺς εἰς θάνατον, ἵνα ῥύσωνται διὰ τοῦ ἑαυτῶν αἵματος τοὺς πολίτας)«.[90] In diesem Zusammenhang erwähnt er ebenfalls den Patriotismus von Judith (παραδοῦσα οὖν ἑαυτὴν τῷ κινδύνῳ ἐξῆλθεν δι' ἀγάπην τῆς πατρίδος καὶ τοῦ λαοῦ, 55,5) und Esther (Ἐσθὴρ κινδύνῳ ἑαυτὴν παρέβαλεν, 55,6). Wahrscheinlich ist die Bedeutung von Petrus und Paulus für die Christen in ähnlicher Weise zu sehen. Die *exempla* der Märtyrer in 1. Klem. 5,1-6,2 können mit denen in Kapitel 55 angedeuteten verbunden werden. Es besteht ein Verweis auf die christlichen Märtyrer in 55,2f., der wahrscheinlich auf die weiblichen Märtyrer von Kapitel 6 anspielt.

Wie schon angedeutet, haben die Märtyrer auch in anderen Schriften die Funktion, Vorbilder für die Gläubigen zu sein. Die aristokratische junge Dame Perpetua, die ein einzigartiges Egodokument hinterlassen hat, ist mit ihrer Gruppe von Märtyrern durch den Redaktor als Beispiel in dem zuge-

---

89. Siehe zur Bedeutung von πίστις in einem martyrologischen Kontext *J. W. van Henten*, »The Tradition-Historical Background of Romans 3.25: A Search for Pagan and Jewish Parallels«, in: *M. C. de Boer* (Hg.), From Jesus to John: Essays on Jesus and New Testament Christology in Honour of Marinus de Jonge, JSNTSup 84; Sheffield 1993, 101-128.
90. *A. W. Ziegler*, Neue Studien zum ersten Klemensbrief, München 1958, 98f. Vgl. Tertullian, Apol. 50.

fügten Rahmen des Berichtes dargestellt worden. Er (oder sie?) hat die Schrift weitergegeben an andere Christen, so dass sie an der Erfahrung der Märtyrer teilnehmen und durch die Märtyrer in die Gemeinschaft Christi eintreten konnten (Pass. Perp. 1,6). Die Märtyrer werden als Vorbilder des Glaubens dargestellt *(exempla fidei)*, die in nichts geringer waren als die alten Modelle (1,1-2; 21,11). Die fruchtbare Lektüre der *Passio* würde den Aufbau der Kirche erstarken lassen (21,11). Das religiöse und das patriotische Motiv sind hier offenbar kombiniert worden. In einigen Schriften wird der Gedankengang der Märtyrer als Helden des christlichen Volkes noch einen Schritt weitergeführt.[91]

Klemens von Rom betont schon am Ende des ersten Jahrhunderts die Entschlossenheit der Christen während ihres Leidens, aber ihm zufolge bildet die Geschichte Israels und die der Kirche noch eine Einheit. Andere Autoren verbinden jedoch die Darstellung der Märtyrer als Helden des Christentums mit der Idee der Christen als drittem Volk oder drittem Geschlecht, hinter Heiden und Juden. Der anonyme, aber sicher gebildete Autor des Briefes an Diognet charakterisiert die Christen nicht nur durch seine Hinweise auf christliches Martyrium, sondern zeigt mit dem Aufbau seiner Schrift auch eine bestimmte heilsgeschichtliche Deutung der Geschichte auf.[92] Schon die Andeutung der Neuheit des christlichen Volkes ganz am Anfang zeigt die Botschaft von Kap. 1-6. Wo andere apologetische Schriften die Fragen der Gegner über diese Neuheit und die daraus resultierende Unwichtigkeit der Christen in der antiken Welt angreifen mit Hinweisen auf die Geschichte Israels als der uralten Vorgeschichte des Christentums oder auf Prophezeiungen im Alten Testament, die Christus betreffen würden, argumentiert der Autor dieser Schrift umgekehrt. Er nimmt an, dass Gott nicht eingreift in die Geschichte, auch nicht in die Geschichte Israels. Die Weltgeschichte entwickelt sich seiner Meinung nach gemäss einem prädeterminierten Plan, der Israel keine besondere Rolle zuerkennt. Die Christen haben Israels Rolle als Bundesvolk übernommen und in ihnen kulminiert die Geschichte. Deshalb ist der Aufbau von Kap. 1-6 so vielsagend. Die Geschichte ist in drei Perioden eingeteilt, wobei die Heiden bzw. Griechen vorangehen, die Juden folgen, und die Christen als drittes Geschlecht die Erfüllung der Geschichte bringen. Dieses heilsgeschichtliche Schema geht zusammen mit der konsequenten Charakterisierung der Christen als einem Volk von Märtyrern

---

91. Siehe auch *J. Lieu* über die Christen als Volk der Gottesfürchtigen in »The Race of the God-fearers«, in: *JThS* ns 46 (1995), 483-501, bes. 485-93; *Idem*, Image and Reality: The Jews in the World of the Christians in the Second Century, Edinburgh 1996, 82-86.
92. Die Hinweise auf Verfolgungen (Diogn. 1,1; 5,5.11-2.14-7; 6,5 f.9; 7,7-9; 10,7 f.) und die Verwandtschaft mit der christlichen apologetischen Literatur machen eine Datierung zwischen dem Ende des zweiten und dritten Jahrhunderts wahrscheinlich.

(1,1; 5,11-16; 6,7-10; 7,7-9). Diese Idee der Christen als drittes und letztes Volk ist ausgearbeitet in apologetischen Schriften wie der griechischen Version der Apologie des Aristides, wo die genealogische Herkunft der Christen auf Jesus Christus zurückgeführt wird.[93] Diese Darstellung müsste wohl grosse Konsequenzen für das Bild der Juden im frühen Christentum haben. Sie ist ohne Zweifel auch Ausdruck des christlichen Strebens nach einer Identität für die eigene neue Gruppe. Paradoxerweise schliesst sich dieses Streben nach einer einzigartigen Identität gerade in der Darstellung der Helden dem Bild der beiden anderen Geschlechter, den Griechen und Juden, an, wie ein Vergleich mit dem oben beschriebenen Material zeigen kann.

---

93. Aristides 2,2; 16,4; 17,5; Kerygma Petri Frag. 5 (Clemens Alex., Strom. 6.5.41); Tertullian, Ad nationes 1,8; Origen, Contra Celsum 1,26; 8,43; *A. von Harnack*, Die Mission und die Ausbreitung des Christentums in den ersten drei Jahrhunderten, Leipzig 1924[4], 259-89; *A. Oepke*, Das neue Gottesvolk, Gütersloh 1950, 266f.

Die Erschließung der JSHRZ durch ein Register
Gesamtkonzeption und ausgewählte Beispiele

*Claudia Büllesbach, Friedrich Wilhelm Horn,
Hermut Löhr und Heike Omerzu*

1. Gesamtkonzeption des Registerbandes

1.1 Intention und Grundkonzeption des Registers

Der Registerband zu den JSHRZ erschließt das jüdische außerqumranische und nichtrabbinische Schrifttum der Antike (außer Philo, Josephus) detailliert über Sach-, Namens-, Orts- und Stellenregister. Es soll insbesondere die Lücke im deutschsprachigen Raum schließen, wo bislang ein ausführliches Register zur o. g. Literatur des Zweiten Tempels fehlt.[1] Es ist zum einen als allgemeines Nachschlagewerk konzipiert, zum anderen bietet es eine systematische und ausführliche Übersicht über zentrale Themen und wichtige Motive in der frühjüdischen Überlieferung. Das Register verfolgt darüber hinaus zwei Ziele: Ein wesentliches Anliegen besteht darin, die Quellen möglichst unter verschiedenen Perspektiven zu erschließen, um die Arbeit am Register auf diese Weise für einen breiten Interessentenkreis fruchtbar zu machen. Außerdem soll der Aufbau des Registers übersichtlich und benutzerfreundlich strukturiert sein.

Um das Register benutzerfreundlich zu gestalten, wird z. B. auf »Zahlenkolonnen« weitestgehend verzichtet, und es werden jeweils Unterstichpunkte gebildet, damit sich die Benutzer und Benutzerinnen präzise orientieren können. Darüber hinaus enthält jedes Register eine Systematisierung unter Oberbegriffen und Querverweise, die einen schnellen Überblick ermöglichen sollen. Da jedes Faszikel der JSHRZ eine Einführung und kommentierende Anmerkungen enthält, werden neben dem Übersetzungstext auch er-

---

1. Als zentrale Hilfsmittel mit Registerteil und Konkordanzen sind aus der internationalen Forschung zu nennen: *J. H. Charlesworth* (Hg.), The Old Testament Pseudepigrapha, Vol. 1-2, New York 1983-1985; *A. Díez Macho* (Hg.), Los Apócrifos del Antiguo Testamento, Vol. 1-5, Madrid 1982-1985; *A.-M. Denis*, Concordance grecque des pseudépigraphes d'Ancient Testament, Leiden 1987; *E. Hatch, H. A. Redpath*, Concordance to the Septuagint and other Greek Versions of the Old Testament (Including Apocryphal Books), Vol. 1-3, Oxford 1897 (Nachdruck Graz 1975); *W. Lechner-Schmidt*, Wortindex der lateinisch erhaltenen Pseudepigraphen zum Alten Testament, TANZ 3, Tübingen 1990; *C. A. Wahl, J. B. Bauer*, Index verborum in libris Pseudepigraphis usurpatorum, Graz 1972; *M. Philonenko, A. Dupont-Sommer*, La Bible, Écrits Intertestamentaires, Bibliotheque de la Pleïade, Paris 1987.

Die Erschließung der JSHRZ durch ein Register

läuternde Hinweise aus den Einführungen und dem Anmerkungsapparat berücksichtigt. Ferner wird nicht nur auf die Seitenzahl der JSHRZ verwiesen, sondern es erfolgt eine vollständige Quellenangabe, so daß auch Benutzer anderer Ausgaben mit dem Register arbeiten können. Auch die Schreibweise der Orte und Namen, die zwischen den einzelnen Bearbeitungen zum Teil abweicht, wird das Register vereinheitlichen, damit identische Personen und Orte jeweils unter dem gleichen Stichwort zu finden sind.

Die inhaltlichen Schwierigkeiten bei der Konzeption des Registerbandes liegen speziell für das Sachregister darin, daß seine Grundlage die Übersetzungstexte der JSHRZ sind. Das Problem der divergierenden Übersetzungen versuchen wir soweit wie möglich dadurch zu mildern, daß zum Beispiel auf verwandte Begriffe verwiesen wird. Darüber hinaus liegt der Schwerpunkt der Arbeit am Sachregister insgesamt nicht darauf, einen Wortindex zu erstellen, sondern vielmehr ein allgemeines Hilfsmittel, das den gesamten Stoff überblicksartig aufarbeitet.

1.2 Aufbau, Arbeitsweise und Stand des Registers

Das Register umfaßt vier Unterrubriken: Sachen/Begriffe, Namen, Orte und Stellen.

- Das *Sachregister* stellt das »Herzstück« des Gesamtregisters dar. Im Sachregister werden zusammenhängende Stichwörter unter einem Oberbegriff zusammengefaßt und detailliert aufgelistet (z.B. Abgaben/Steuern, Briefe, Festkalender, Götter, Göttergestalten, Herrscherinsignien, Kleider, Landwirtschaft, Schmuck, Tiere, Trauerriten). Aufgrund der Fülle des Materials werden zentrale Begriffe – wie etwa Angelologie, Gott, Kriegswesen oder Tempel – systematisiert, um eine bessere Übersicht zu bieten.

- Die zweite »Säule« des Registers ist das *Namensregister*. Es erfaßt alle in den JSHRZ erwähnten historischen und biblischen Personen mit jeweils geeigneten Unterpunkten, die stichwortartig ihre wichtigsten Rollen oder ihre theologische Bedeutung umschreiben. Bekannte biblische Figuren sind im Namensregister nicht näher charakterisiert; ansonsten erfolgt eine Identifikation über ihre Hauptfunktion. Die Personen werden – soweit dies möglich ist – genau identifiziert, wobei wir uns – wie z.B. bei den umstrittenen Identifizierungen der Oniaden – an den Vorgaben der Bearbeiter orientieren. Bei den hellenistischen Herrschern erfolgt ebenso eine genaue Identifikation mit den Ordnungszahlen und Beinamen.

- Das *Ortsregister* enthält eine Übersicht über alle genannten Orte und ebenso eine kurze Stichwortangabe über ihre Bedeutung in den jeweiligen Schriften.
- Im *Stellenregister* wird das traditions- und religionsgeschichtliche Vergleichsmaterial aus der jüdischen, christlichen und paganen Literatur gesammelt, das im Anmerkungsapparat der JSHRZ aufgeführt ist.

Um die Einheitlichkeit und Vollständigkeit des Registers weitestgehend zu gewährleisten, wird die Arbeit durch verschiedene Schritte abgesichert: Jede Schrift wird zunächst von einem Mitarbeiter/einer Mitarbeiterin für die einzelnen Indizes (Sachen, Namen, Orte und Stellen) bearbeitet. Die Einträge werden von einem weiteren Bearbeiter/einer Bearbeiterin in einem Kontroll- und Korrekturdurchgang ergänzt. Die Schriften werden anschließend per EDV erfaßt, wobei wir mit einem Datenbankprogramm auf der Grundlage von Access arbeiten, das speziell auf die Anforderungen des Registers zugeschnitten wurde und eine sichere Verwaltung des umfangreichen Datenmaterials ermöglicht.

Mittlerweile hat das Register folgenden Stand erreicht: Das Sachregister enthält zur Zeit fast 23.000 Datensätze, das Namensregister umfaßt knapp 4.800 Einträge, das Ortsregister ca. 800 Datensätze und das Stellenregister verweist auf 3000 Parallelstellen. Insgesamt sind fast 2/3 der JSHRZ-Faszikel für das Register bearbeitet, so daß es mit Ablauf der Förderung durch die Thyssen-Stiftung abgeschlossen wird.

1.3 Beispielseiten

Wie die Gestaltung des Registers konkret aussieht, soll im folgenden anhand von Beispielseiten aus dem aktuellen Sach- und Namensregister gezeigt werden (vgl. Abb. Aaronit bis Agora und Deborah/Oniaden/Seleukos). Die Daten sind folgendermaßen sortiert: Bandangabe der JSHRZ, Schrift, Kapitel, Vers, Seitenzahl. Ein Sternchen (*) bedeutet, daß es sich um eine Anmerkungsstelle handelt; zwei Sternchen (**) bedeuten, daß der Begriff im Text vorkommt und im Anmerkungsapparat z. B. durch Parallelstellen, Literaturhinweise oder Kommentierungen des Übersetzers näher erläutert wird. Bei Einleitungsstellen werden nur die Seitenzahlen angegeben.

Claudia Büllesbach

2. Gebet

Bekanntlich ist die in den Bänden von JSHRZ erfasste o. g. jüdische Literatur des Zweiten Tempels geprägt durch eine Fülle von Psalmen, Hymnen und Gebeten, sei es eingebunden in den jeweiligen, vor allem narrativen Kontext (etwa in den Zusätzen zu Daniel, Judit, Tobit oder im Liber Antiquitatum Biblicarum, aber auch in zahlreichen Apokalypsen), sei es in eigenen Sammlungen (z. B. den sogenannten »fünf syrischen Psalmen« Pss 151-155 sowie den Psalmen Salomos). Die Bedeutung dieser Texte bzw. Textstücke für unsere Kenntnis jüdischer Glaubensvorstellungen, aber auch wenigstens indirekt für die religiöse Praxis der Zeit wurde recht spät erkannt.[2] In den letzten Jahren mehren sich die Versuche, das reiche Material textsynchron zu analysieren und traditionsgeschichtlich aufzuarbeiten, ohne daß freilich diese Arbeit traditions- oder formgeschichtlich zum Abschluß gekommen wäre. Daß mit den Funden aus Qumran unsere Kenntnis über jüdische – und kaum nur spezifisch qumranische! – Psalmendichtung und Gebetspraxis noch erheblich erweitert wurde, daß es hier bis jetzt nur ansatzweise erforschte Verwandtschaften gibt, kann nur erwähnt werden[3], ebenso wie die Tatsache, daß einige wichtige Texte keinen Eingang in JSHRZ gefunden haben. Ich nenne die von Kaufmann Kohler[4], Wilhelm Bousset[5], Erwin Ramsdell Goodenough[6] und dann wieder von David Fiensy[7] analysierten jüdischen

---

2. Vgl. den programmatischen Aufsatz von *J. H. Charlesworth*, »A Prolegomenon to a New Study of the Jewish Background of the Hymns and Prayers in the New Testament«, in: JJS 33 (1982), 265-285.
3. Wichtige neuere Arbeiten zur Gebetsliteratur aus Qumran sind u. a. *D. K. Falk*, Daily, Sabbath and Festival Prayers in the Dead Sea Scrolls (StTDJ 27), Leiden / Boston / Köln 1998; *B. Nitzan*, Qumran Prayer and Religious Poetry. Translated from the Hebrew by J. Chipman (StTDJ 12), Leiden u. a. 1994.
4. Vgl. *K. Kohler*, »Über die Ursprünge und Grundformen der synagogalen Liturgie. Eine Studie,« in: MGWJ 37 Dritte Folge 1 (1893), 441-451.489-497; *ders.*, »The Origin and Composition of the Eighteen Benedictions with a Translation of the Corresponding Essene Prayers in the Apostolic Constitutions,« in: HUCA 1 (1924), 387-425; *ders.*, Art. Didascalia, JE 4, 588-594.
5. Vgl. *W. Bousset*, Eine jüdische Gebetssammlung im siebenten Buch der Apostolischen Konstitutionen (NGWG.PH 1915), Berlin 1916, wieder in: *ders.*, Religionsgeschichtliche Studien. Aufsätze zur Religionsgeschichte des Hellenistischen Zeitalters. Herausgegeben von *A. F. Verheule* (NT.S 50), Leiden usw. 1979, 231-286.
6. Vgl. *E. R. Goodenough*, By Light, Light. The Mystic Gospel of Hellenistic Judaism, Amsterdam 1969 (Nachdruck der Ausgabe New Haven 1935).
7. Vgl. *D. A. Fiensy*, »The Hellenistic Synagogal Prayers: One Hundred Years of Discussion«, in: JSP 5 (1989), 17-27; *ders.*, Prayers Alleged to be Jewish. An Examination of the Constitutiones Apostolorum (BJSt 65), Chico (Calif.) 1985; *ders.*, »Redaction History and the Apostolic Constitutions«, in: JQR 72 (1982), 293-302; *ders., D. R. Darnell*, »Hellenistic Synagogal Prayers (Second to Third Century A. D.)«, in: *J. H. Charlesworth* (Hg.), The Old Testament Pseudepigrapha, Band 2, Garden City / New York 1985, 671-697.

Gebete aus dem siebten Buch der Apostolischen Konstitutionen und die von A. A. Harkavi 1902 edierten und von Marc Philonenko und Alfred Marx erst jüngst ins Französische übersetzten und annotierten pseudo-davidischen Psalmen aus der Kairoer Geniza[8].

Für die Arbeit am Register fungiert »Gebet« als die allgemeine Sammelbezeichnung, unter der direkt oder indirekt an Gott bzw. Götter adressierte sprachliche Äußerungen gefaßt werden. Restriktiver werden die verwandten Begriffe Bekenntnis, Hymnus, Klage, Lied und Psalm gefaßt; unter diesen Stichwörtern erfolgen nur Einträge, wenn dies durch Text, Anmerkungen oder Einleitungen terminologisch gefordert ist. Natürlich verweisen diese Stichwörter aufeinander. Wir versuchen damit den Schwierigkeiten zu begegnen, welche sich aus der nicht eindeutig möglichen terminologischen wie formkritischen Abgrenzung zwischen Psalm und Hymnus, Hymnus und Gebet etc. ergeben könnten.

Restriktiv handhaben wir auch die Verwendung des Stichwortes »Fürbitte«; es findet Berücksichtigung, wenn es sich in Text, Anmerkung oder Einleitung findet, sonst nur, wenn es sich um ein Gebet zugunsten anderer Menschen oder Menschengruppen bzw. Institutionen handelt.

Die Übersicht (Abb. Fürbitte) lässt erkennen, wie weit verbreitet die Vorstellung des Betens für andere in der uns beschäftigenden Literatur ist, und zwar innerhalb (vgl. z. B. 2 Makk 8,2; 3 Esr 6,30) wie außerhalb einer gemeinschaftlichen gottesdienstlichen Begehung.

Wir haben uns entschlossen, das Hauptstichwort »Gebet« zu untergliedern, um bei der Fülle der Belege der Benutzerin und dem Benutzer eine bessere Übersicht zu ermöglichen. Folgende sechs Hauptrubriken wurden aufgenommen:

1. Gebet (allgemein);
2 Gebet, Anlaß, Anliegen
3. Gebet, Bittriten und -gesten
4. Gebet, Betende
5. Gebet, Ort
6. Gebet, Zeit

Dabei nehmen wir unter der ersten Rubrik (Abb. Gebet) Aspekte des Themas auf, die unter den weiteren Stichwörtern nicht auszugliedern waren, unter anderem das breite und theologisch zentrale Feld der ausdrücklichen oder

---

8. Vgl. *M. Philonenko, A. Marx*, »Quatre ›chants‹ pseudo-davidiques trouvés dans la Gueniza du Caire et d'origine esséno-qoumrânienne«, in: RHPhR 77 (1997), 385-406; dort S. 385 Anm. 2 der Hinweis auf die Ausgabe des Textes von *A. A. Harkavi*, Hagoren, III, Berditchev 1902, 82-85.

impliziten Reflexion auf die Annahme bzw. Erhörung des Gebets, aber auch die Erwähnung einzelner liturgischer Gebetstexte wie Achtzehngebet oder das *Schema Israel*.

Unter dem Stichwort »Gebet, Anlaß, Anliegen« (Abb. Gebet, Anlaß, Anliegen) versuchen wir, wesentliche Gelegenheiten und Intentionen der in unserer Literatur geäußerten Gebete zu erfassen, soweit sie nicht durch das Stichwort »Fürbitte« zu beschreiben sind. Gerade was die Intention der Gebete angeht, müssen wir uns natürlich auf deutlich erkennbare, die jeweiligen Texte insgesamt erfassende Aspekte beschränken, eine Auflistung etwa *aller* in der bearbeiteten Literatur begegnenden Bitten, so interessant ein solches Inventar wäre, ist aus Platzgründen nicht möglich.

Unter dem Stichwort »Gebet, Bittriten und -gesten« (Abb. Gebet, Bittriten und -gesten) notieren wir, welche Handlungen und Gesten das Gebet jeweils vorbereiten oder begleiten und wie das Gebet geäußert wird. So kennen wir als »normale« Gebetsgesten nicht nur des Judentums in der Antike das Ausstrecken der Hände zum Himmel, das Beugen der Knie und unter besonderen Umständen die Proskynese. Daß auch das Verschränken der Hände (vgl. JosAs 11,9; 11,2) zu den begleitenden Gesten gehören kann, dürfte hingegen weniger bekannt sein.

Auch die in den Quellen begegnenden Angaben zum Ort des Gebets und den Gebetszeiten werden gesammelt (Abb. Gebet, Ort; Gebet, Zeit).

Die letzte große Kategorie des Stichwortes Gebet erfaßt die Betenden, die in der Literatur unserer Zeit auftreten, und zwar sowohl ausgezeichnete Einzelpersonen, nach dem bisherigen Stand der Bearbeitung von Abraham über Judit bis Susanna, als auch der Gemeinde bzw. des Volkes (Abb. Gebet, Betende). Wenn auch die Gebete einzelner, namentlich genannter Personen im Namensregister verzeichnet sind, ermöglicht die Sammlung im Sachregister einen schnellen Überblick über die in der jüdischen Literatur des Zweiten Tempels auftauchenden Betenden und vieler zumal in narrative Kontexte eingebetteter Gebetstexte.

Die im entstehenden Sachregister angebotene Übersicht und Systematisierung kann demjenigen, der sich intensiver mit dem Phänomen des jüdischen Gebets in der Zeit des Zweiten Tempels auseinandersetzen will, natürlich nicht die eigene Lektüre der einschlägigen Texte ersetzen. Zumal in Bezug auf mögliche formkritische Einteilungen haben wir uns ganz bewußt auf das Wesentliche beschränkt, um so einerseits die unterschiedliche und ja auch dem Wandel in der Forschung unterliegende Terminologie und Kriteriologie in der Einzelbearbeitung der Schriften ausgleichen zu können und andererseits den Weg zu einer neuen, das Register als Hilfsmittel benutzenden Analyse nicht durch zu feste Raster zu versperren. Wesentlich ist uns, daß mit Hilfe des Registers eine schnelle Erfassung der relevanten Texte möglich ist und dem Benutzer zugleich ein erster Einblick in die Vielfalt des Phänomens Gebet ermöglicht wird.

Hermut Löhr

3. Gürtel/Gürtung

Nachdem soeben ein Eindruck von einem »großen« Stichwort vermittelt wurde, soll nun an einem »kleineren« Begriff der Ertrag eines deutschsprachigen Registers zu den JSHRZ aufgezeigt werden. Ein gutes Beispiel dafür bietet der Eintrag »Gürtel/Gürtung«. Dieses Doppelstichwort wurde gewählt, um nominale und verbale Ausdrücke, die in den Quellen wechselseitig gebraucht werden, im Register zusammenzuführen. Während es im Hebräischen zahlreiche Äquivalente für die deutschen Begriffe *gürten* und *Gürtel* gibt,[1] stehen dafür im Griechischen in hellenistischer Zeit hauptsächlich ζώννυμι und ζώνη sowie ζωστήρ bzw. Komposita durch die Präfixe παρά, περί oder διά.[2] Diese Repräsentation durch eine griechische Wortgruppe entspricht somit durchaus dem deutschen Sprachgebrauch. Darüber hinaus ermöglicht die Verweisstruktur des Registers, sachverwandte Ausdrücke aufzuspüren, wie noch dargestellt werden soll.

Das Hauptstichwort »Gürtel/Gürtung« enthält mehrere Unterpunkte, die die verschiedenen Bedeutungsnuancen des Begriffsfeldes widerspiegeln. Ein Gürtel diente in der Antike in erster Linie dazu, das lange Untergewand zum Gehen oder zur Arbeit aufzuschürzen. Neben dieser Grundfunktion unterscheidet Albrecht Oepke im Artikel ζώννυμι des Theologischen Wörterbuchs zum Neuen Testament die Verwendung von Gürteln als Waffenteil, als Schmuckstück und als Tasche sowie einen übertragenen Wortgebrauch.[3] Auch wenn Oepke den Abschnitt II mit »Gürtel und Gürtung im Alten Testament und Judentum« betitelt, trägt er hier hauptsächlich alttestamentliche Belege zusammen, während die frühjüdische Literatur kaum berücksichtigt wird, obwohl sie selbstverständlich den Sprachgebrauch und die Vorstellungen des Alten Testaments rezipiert und an manchen Stellen auch

---

1. Vgl. *A. Oepke*, Art. ζώννυμι κτλ., in: ThWNT V (1954), 302-308, bes. 303-305; *W. Speyer*, Art. Gürtel, in: RAC 12 (1983), 1232-1266, bes. 1249 (Lit!).
2. Weitere Bezeichnungen wie z. B. μίτρη, μίτρα, κεστός oder στρόφιον zeigen in der Regel einen speziellen Gebrauch etwa als Leibschurz oder Busengürtel an; vgl. dazu *Speyer*, Art. Gürtel, 1237f.
3. Vgl. *Oepke*, Art. ὄννυμι, 302-308.

weiterentwickelt hat. Diesem Material soll daher anhand des gegenwärtigen Stands des Registers[4] nachgegangen werden (s. Abb. Gürtel/Gürtung).

Die ursprüngliche Funktion des Gürtels zur Aufschürzung des Gewandes, aber auch die Signalisierung der Aufbruchs- und Kampfbereitschaft wird in den JSHRZ in der Regel mit der bereits im Alten Testament und dessen Umwelt geläufigen Wendung *die Lenden umgürten* bezeichnet. Da dieser Begriff häufig vorkommt, wurde er nach den allgemeinen Bearbeitungsprinzipien aus dem Hauptstichwort ausgegliedert und unter dem Stichwort *Lende* aufgenommen (s. Abb. Lende). Die spezielle Funktion von Gürteln als Teil der Kampfausrüstung, um die Waffen über dem Panzer zu befestigen, findet sich in 1 Makk 3,3.58 und AntBibl 36,2.

Während Leder und Leinen die üblichen Materialien von Gürteln sind, besteht derjenige der Aseneth aus Gold. Er wird in JosAs 18,6 außerdem als königlich bezeichnet.[5] Hier zeigt sich die sachliche Nähe zur *goldenen Spange*[6], die im 1. Makkabäerbuch wiederholt als Herrscherinsignie erwähnt wird (10,89; 11,58; 14,44) und technisch den gleichen Zweck wie ein Gürtel erfüllt. Aufgrund der – im Griechischen wie im Deutschen – unterschiedlichen Bezeichnung wird im Register auf die *goldene Spange* lediglich verwiesen.

Auch der Gürtel des Hohenpriesters ist besonders verziert. In Arist 97 und Sir 45,10 wird er als kostbar und bunt gewirkt beschrieben.[7] Aus der Verwendung von besonders gefertigten Gürteln als Schmuckstücke ergibt sich deren Ersatz durch einen Strick zum Ausdruck der Trauer oder Buße, so etwa JosAs 10,10 und 13,4. In den gleichen Zusammenhang gehört der Begriff *sich mit einem Sack umgürten*.

Der Einsatz von Gürteln als Tasche, wie er etwa Mk 6,8/Mt 10,9 vorausgesetzt wird, findet sich weder im Alten Testament noch in den frühjüdischen Schriften, so daß abschließend der metaphorische Sprachgebrauch betrachtet werden soll. Hier sind der *Gürtel des Wissens* (AntBibl 20,2f.), aber auch die Ausdrücke *mit Stärke* (PsSal 17,22) bzw. *mit Schönheit umgürtet* (Sir 45,7) zu nennen, bei denen der Vergleichspunkt in der engen Umschließung einer Person durch einen Gürtel besteht.[8] Ebenfalls in den Bereich der Metaphorik gehört der auch in der griechisch-römischen Umwelt bekannte Ausdruck *Lösen des Jungfrauengürtels* als Umschreibung für

---

4. Frühjahr 2000.
5. Ein – allerdings nicht aus Gold gefertigter – Gürtel ist auch TestXII (Jud) 12,4; 15,3 Zeichen königlicher Gewalt.
6. Gr. πόρπη χρυσῆ.
7. Vgl. auch den purpurfarbenen Gürtel des Levi TestXII (Lev) 8,7.
8. Vgl. *Oepke*, Art. ζώννυμι, 304.

die Eheschließung oder die Entjungferung;[9] der Begriff weist im JSHRZ-Register zwei Einträge auf, JosAs 21,19 und Judt 9,2, während er weder im Alten noch im Neuen Testament verwendet wird. Allerdings zeigt der Anmerkungsapparat zur Judith-Stelle, daß Erich Zenger in 9,2 gegen die gut bezeugte Lesart τὴν μήτραν: τὴν μίτραν konjiziert und entsprechend *Gürtel* statt *Schoß* übersetzt.[10] Hier wird besonders deutlich, daß die Benutzung des Registers nicht die eigene Lektüre des Textes ersetzen kann.

Eine spezielle Art von Gürtel findet sich in TestHi 46-50. Bezeichnenderweise liegt hier nicht das griechische Wort ζώνη zugrunde, sondern – wie auch die Anmerkung zu TestHi 46,7 bemerkt – χορδή, ein Begriff, der sonst für die deutschen Ausdrücke *Saite* oder *Schärpe* gebraucht wird. Aus dem Kontext wird jedoch deutlich, daß es sich von der Sache her um Gürtel handelt, wie Berndt Schaller daher zu Recht im Wechsel mit *Band/Bänder* übersetzt.[11] Die Gürtel, die Hiob seinen drei Töchtern vererbt, verleihen ihnen magische Kräfte und verwandeln sie in himmlische Wesen.[12] In der Antike wurde Gürteln häufig eine magische Wirkung zugeschrieben.[13] Dem besonderen Charakter der Gürtel der Hiobtöchter korrespondiert, daß sie nicht wie üblich über den Lenden, sondern – auf ausdrückliche Anweisung Hiobs (46,9) – um die Brust getragen werden. Davon zu unterscheiden ist 2 Makk 3,19, wo die Trauergewänder unterhalb der Brust geschnürt sind.[14] Eine Analogie besteht vielmehr zu dem der Aseneth durch den Engelfürsten überreichten »doppelten Gürtel der Jungfrauenschaft« (JosAs 14,12), wobei nach JosAs 14,14 der erste um die Lende und der zweite auf der Brust getragen wird. Diese Erläuterung zeigt ebenso wie die ausdrückliche Bestätigung TestHi 48,1, daß sich Hiobs Tochter Hemera den Gürtel so umlegt »wie der Vater gesagt hatte«, wie ungewöhnlich die hohe Gürtung ist.[15] Im Alten Testament wird sie gar nicht erwähnt, doch im Neuen Testament erscheint nach Offb 1,13 dem Seher Johannes der »Menschensohnähnliche« »um die Brust mit goldenem Gürtel umgürtet«, wobei allein die hohe Gürtung über

---

9. Vgl. *Speyer*, Art. Gürtel, 1238-1240.
10. Vgl. *E. Zenger*, Das Buch Judit, JSHRZ I/6, Gütersloh 1981, 492.
11. Vgl. *B. Schaller*, Das Testament Hiobs, JSHRZ III/3, Gütersloh 1979, 366-370.
12. *Schaller*, Testament 367 Anm. 7a u. 9a weist auf die Analogie zum *kusti*, dem heiligen Gürtel der Parsen, hin, der allerdings nicht über der Brust getragen wurde. Eine Verwandlung durch einen Gürtel wird auch AntBibl. 20,2 f. beschrieben.
13. Vgl. *Speyer*, Art. Gürtel passim.
14. Vgl. den entsprechenden ägyptischen Trauerritus bei Diod I 72.
15. Sie stellt also keineswegs die gängige Mode der Frauen dar. Man kannte zwar einen Busengürtel, doch besaß dieser andere Bezeichnungen und wurde direkt auf der Haut, nicht aber sichtbar über dem Gewand getragen. Vgl. *Speyer*, Art. Gürtel, 1237f.; *W. H. Groß*, Art. Fasciae, KP II (1979), 517f. Daß die hohe Gürtung auch nicht mit der Jungfrauenschaft in Verbindung steht, zeigt TestHi. 46-50.

die sonst offensichtliche Anlehnung an Dan. 10,5[16] hinausgeht. Nach Offb 15,6 sind auch die Engel der Plagen »um die Brust mit goldenen Gürteln gegürtet«.[17] Josephus schließlich kennzeichnet die Gürtung um die Brust in Ant. III.154 und 159 als besonderes Merkmal der priesterlichen Gewänder; der hohepriesterliche Gürtel sei zusätzlich mit Gold[18] verziert. Aufgrund dieser Beschreibung wird in der Regel der Gürtel um die Brust des Menschensohnes in Offb 1,13 als hohepriesterliches Symbol gedeutet,[19] obwohl dies nicht in den Kontext paßt und viele andere priesterliche Merkmale fehlen.[20] Anhand der Belege aus JosAs und TestHi, die zeigen, daß die hohe Gürtung in der jüdischen Tradition keineswegs ein priesterliches Vorrecht war, soll daher eine neue Interpretation der Stelle angeregt werden.

Die Gürtung um die Brust bewirkt in beiden Schriften die Verwandlung in eine besondere, himmlische Existenz.[21] Aseneth werden nach ihrer Umkleidung die Geheimnisse Gottes offenbart (JosAs 15,1-17,7), während die Töchter Hiobs zu himmlischen Wesen werden (TestHi 47,3), die die Sprache der Engel sprechen (TestHi 48,3; 49,2; 50,1) und als einzige der Anwesenden die Aufnahme ihres Vaters in den Himmel sehen (TestHi 47,11; 52,9f.). In den gleichen Kontext ist auch die Gürtung um die Brust in der Johannesoffenbarung einzuordnen. Für die Gürtel der Engel in Offb 15,6 ist dies offensichtlich, doch auch Offb 1,13 läßt sich auf diese Weise besser erschließen als durch die Annahme einer hohepriesterlichen Symbolik: Die hohe Gürtung des Menschensohnes betont dessen himmlisches Wesen[22] und unterstreicht insofern tatsächlich die Darstellung der Danielvorlage.

Soweit die knappen Ausführungen zum Stichwort *Gürtel/Gürtung*, die zeigen sollten, wie die Erschließung der frühjüdischen Quellen durch ein ausführliches Register auch die Forschung an Detailfragen erhellen kann.

Heike Omerzu

---

16. Anders als der masoretische Text und Theodotion liest die LXX sogar nur *Leinengürtel*: τὴν ὀσφὺν περεζωσμένος βυσσίνῳ.
17. Vgl. auch die noch nicht im Register erfaßte Stelle ApcZeph. 9,4.
18. Vgl. Ex. 28,8; 39,5.
19. So die meisten Kommentare zur Stelle.
20. Daher äußern sich gegenüber der gängigen Auslegung zu Recht kritisch *D. E. Aune*, Revelation 1-5, WBC 52 A, Dallas 1997, 93f. sowie *J. Roloff*, Die Offenbarung des Johannes, ZBK 18, Zürich ²1987, 43. Die hohe Gürtung diente jedoch nicht »zur Ruhe und zur Pracht ..., damit das Kleid faltenreicher herabfallen sollte«, wie *W. M. L. de Wette*, Kurze Erklärung der Offenbarung Johannis, KEH.NT 3,3, Leipzig 1848 im Anschluß an *Bengel* und *Züllig* meinte.
21. Ein entsprechender Hinweis fehlt in AntBibl. 20,2f.
22. Vgl. auch *Schaller*, Testament 367 Anm. 9. Bei der doppelten Gürtung in verschiedenen Mithrasdarstellungen, auf die *Aune*, Revelation 94 hinweist, dürfte es sich um Teile der Waffenrüstung handeln.

4. Laster, Lasterkatalog

Ich möchte Ihre Aufmerksamkeit auf die Stichworte »Laster, Lasterkatalog« richten (s. Abb. Laster, Lasterkatalog). Die Verweisstichworte »Dekalog, Ethik, Paränese, Tugend« übergehe ich in der kurzen Zeit.

Die deutschen Wörter Laster und Tugend haben keine direkten hebräisch-aramäischen Äquivalente, in κακία und ἀρετή aber wenige Entsprechungen in der biblischen und in der griechisch-hellenistischen Literatur aus römischer Zeit. Gleichwohl ist die mit dem Wort Laster verbundene Sache in der Bibelwissenschaft bestens eingeführt, da im Neuen Testament etliche Reihenbildungen von drei und mehr Lastern begegnen, die wir Lasterkatalog nennen.

Die neuere Forschung zu den Tugend- und Lasterkatalogen nimmt ihren Ausgangspunkt bei Anton Vögtles Promotionsschrift aus dem Jahr 1936, in welcher vor allem auf die Vorgabe der kynisch-stoischen Tugendlehre, die ausgehend von den Kardinaltugenden in weiteren katalogmäßigen Aufstellungen Ausdruck fand, aufmerksam gemacht wird.[1] Unter dem Eindruck der Qumran-Funde verwiesen sodann Siegfried Wibbing 1959 und Ehrhard Kamlah 1964 zusätzlich über das von Vögtle bereits vorgelegte jüdische Material auf die Rezeption popularphilosophischer Kataloge im Frühjudentum und lenkten den Blick auf Reihenbildungen, in denen unter dem Einfluß des Zwei-Wege-Schemas oder dualistischer Grundkonzeptionen (Zwei-Geister, Licht-Finsternis) Tugend- und Lasterkatalogue nebeneinander bezeugt sind.[2]

Die traditionsgeschichtliche und formgeschichtliche Arbeit an den Lasterkatalogen (und den ihnen häufig korrespondierenden Tugendkatalogen) ist noch nicht zu einem Abschluß gekommen. Ich möchte kritisch anfragen, ob eine durchgehende Traditionsgeschichte von den frühen Gnomensammlungen über die jüdische Literatur bis ins frühe Christentum nachgezeichnet werden kann. So jedenfalls orientiert sich Klaus Berger an der klassisch griechischen Vorgabe der beiden Frauengestalten Schlechtigkeit und Tugend und verfolgt diesen Gegensatz durch die Literatur bis hin zu ihrer sektenhaften Verfestigung im frühen Christentum.[3] Vor allem die Übergänge von Popularphilosophie zu jüdischer und sodann zu christlicher Morallehre bedürfen weiterer Erhellung. Formgeschichtlich trifft die Klassifizierung auf Reihun-

---

1. A. *Vögtle*, Die Tugend- und Lasterkataloge exegetisch, religions- und formgeschichtlich untersucht, NTA 16,4-5, Münster 1936. Vögtle berichtet auf S. 1-9 über die ältere Forschung, ausgehend von *Hugo Grotius* und *Jacob Wettstein*.
2. S. *Wibbing*, Die Tugend- und Lasterkataloge im Neuen Testament und ihre Traditionsgeschichte unter besonderer Berücksichtigung der Qumrantexte, BZNW 25, Berlin 1959; E. *Kamlah*, Die Form der katalogischen Paränese im Neuen Testament, WUNT 7, Tübingen 1964.
3. K. *Berger*, Formgeschichte des Neuen Testaments, Heidelberg 1984, 150.

gen nominalen Charakters wohl die meisten der neutestamentlichen Kataloge, ist aber zur Erfassung des außerneutestamentlichen, hier des jüdischen Materials nicht hinreichend. Einerseits ist eine strenge Formgebung nicht vorhanden. Andererseits gibt auch der Anlaß und die jeweilige Verwendung der Beschreibung lasterhaften Verhaltens (in Paränese, Gesetzespredigt, Apologetik, Polemik, Mission, Weisheitslehre etc.) Raum zu Differenzierungen.

Im Stadium des gegenwärtigen Bearbeitungsstands möchte ich mittels des Registers zu den JSHRZ auf folgende Lasterkataloge hinweisen:

- Sap 14,25 f. Dieser Lasterkatalog und der Kontext 14,22-31 bieten sowohl in der Anklage der fehlenden Gotteserkenntnis als auch in dem dies belegenden Lasterkatalog, sogar in etlichen der 15 genannten Laster, eine weitgehende Parallele zu Röm 1,24-32.
- ApcBar (gr) 4,17; 8,5; 13,4 – drei Lasterkataloge, die nach Einschätzung des Bearbeiters Wolfgang Hage vielleicht christlichen Ursprungs sind.[4] 4,17 bietet eine Filiation, da alle Laster auf den Taumel des Weins zurückgeführt werden (so auch ApcBar [sl] 4 f.). 8,5 hingegen leitet die Aufzählung der insgesamt 13 Laster (so auch 13,4) von der Gesetzlosigkeit und Ungerechtigkeit ab.
- TestXII (Rub) 3,3-6 nennt sieben Geister, die gegen die Menschen gegeben sind. Bei der Erwähnung eines jeden Geistes sind die ihm korrespondierenden Laster genannt, nicht wirklich durchgehend katalogmäßig, aber doch ab dem vierten Geist zunehmend ausweitend, bis zu vier Laster nennend.
- TestXII (Jud) 16,1. Der viergliedrige Lasterkatalog wird abgeleitet von vier bösen Geistern, die sich in der Grenze des Weins befinden.
- ApcAbr 24,4-8. Auch hier wird die Leserin/der Leser nicht notwendig einen Katalog erkennen, sondern eher eine Beschreibung lasterhaften Verhaltens, die dem Visionär Abraham widerfährt. Die Bearbeiter Belkis Philonenko-Sayar und Marc Philonenko haben zu Recht darauf hingewiesen, daß diese Verse einen Lasterkatalog voraussetzen, der auf dem Dekalog beruht.[5] Es sind Anspielungen auf das 6.,7.,8. und 10. Gebot erkennbar.
- Hen (sl) 10,4. Die textgeschichtlichen Probleme sind diffizil. Der Bearbeiter Christfried Böttrich erwähnt die Anfügung eines siebengliedrigen Katalogs sozialer Art in P an den vorangehenden Katalog mit religiösen Ver-

---

4. W. *Hage*, Die griechische Baruch-Apokalypse, JSHRZ V/1, 27.
5. B. *Philonenko-Sayar* und M. *Philonenko*, Die Apokalypse Abrahams, JSHRZ V/5, 446. Von den oben angeführten Lasterkatalogen aus dem gegenwärtigen Bearbeitungsstand des Registers ist allein dieser Katalog bei Vögtle nicht verzeichnet.

gehen. In diesem wiederum ist das ausführliche Eingehen auf die päderastische Praxis ungewöhnlich.⁶

Ich füge hier zunächst einen Zwischengedanken ein. Im Kreis der Bearbeiterinnen und Bearbeiter haben wir entschieden, daß nur dann Begriffe unter Laster aufgenommen werden, wenn sie in einem Katalog begegnen oder vom Bearbeiter der Übersetzung in den Anmerkungen oder im Einleitungsteil als Laster benannt worden sind.

Der Blick auf die vier angezeigten Kataloge läßt erkennen, daß ihr jeweiliger Deuterahmen unterschiedlich zu bestimmen ist. Sap. und Hen (sl) argumentieren ausgehend von einer Anklage der Heiden, TestXII (Rub) und TestXII (Jud) ausgehend von einer je unterschiedlichen Geisterlehre (sieben bzw. vier Geister), an deren Spitze – wie häufig in weiteren Lasterkatalogen – die Hurerei bzw. die Begierde steht, ApcAbr. hingegen ausgehend von einer Dekalogreflexion. Schließlich muß man fragen, ob nicht auch das situative Moment neben der usuellen Ausrichtung stets mitbedacht werden muß, wenn, wie in ApcBar (gr) und ApcBar (sl), alle Laster in eine Filiation zum Taumel des Weins gesetzt, in TestXII (Jud) 16,1 sogar zusätzlich noch mit einer Geisterlehre verbunden werden.

Blicken wir nun noch auf die angeführten Laster. Es muß daran erinnert werden, daß dieser vorliegende Ausdruck den gegenwärtigen Eingabestand wiedergibt, also z.B. etliche Belegstellen aus den Apokalypsen mit Recht noch vermißt werden. Das Unterstichwort »Angeberei« findet sich auch, wie alle weiteren Unterstichworte, an der vom Alphabet vorgegebenen Stelle im Register.

Für Anton Vögtle gehörte zu den interessanten Resultaten seiner Arbeit an den Katalogen, daß, obwohl sich ein Drittel der Bezeichnungen der paulinischen Lasterkataloge mühelos in den popularphilosophischen Lasterkatalogen nachweisen läßt, die charakteristischen Grundbegriffe der stoischen Morallehre bei Paulus fehlen oder vereinzelt, aber sinnverschieden begegnen.⁷ Dieser durchaus zutreffend beschriebene Sachverhalt kann durch einen Blick auf das Register zu den JSHRZ zumindest in einer Hinsicht einer weiteren Klärung zugeführt werden. Ein Vergleich der im Register aufgeführten Laster aus den Jüdischen Schriften mit den in Lasterkatalogen des paulinischen und deuteropaulinischen Schrifttums genannten Lastern zeigt, daß etwa zwei Drittel der dort genannten Laster hier wiederkehren. Nun ist ein gewisser Unsicherheitsfaktor einerseits durch die jeweilige Übersetzung gegeben. Der Sachverhalt müßte also am Urtext überprüft werden. Außerdem besteht

---

6. *Chr. Böttrich*, Das slavische Henochbuch, JSHRZ V/7, 857.
7. *A. Vögtle*, Art. Lasterkataloge, in: LThK 6 (1961), (806-808)807.

natürlich die Möglichkeit, wie bei ApcBar (gr) angesprochen, daß Kataloge in jüdischen Schriften sich einer christlichen Interpolation verdanken. Die Benutzerin/der Benutzer erfährt dies über ebenfalls erfaßte Einleitungs-/Anmerkungsstellen. Weitere hier im Register genannte Laster begegnen zudem in der paulinischen und deuteropaulinischen Briefliteratur außerhalb von Katalogen im Kontext von Einzelparänesen. Dieser Befund macht deutlich, daß die Erfassung der jüdischen Schriften durch ein Register das Verständnis der urchristlichen Ethik auf ein breiteres Fundament stellt und hierbei die Vermittlung des Ethos des hellenistischen Judentums betont. Das Register gibt damit auch der zukünftigen Forschung Materialien an die Hand.

Friedrich Wilhelm Horn

Abbildungen

Abb. Aaronit bis Agora

Aaronit   2 Makk 14,7/I 272*; 1 Makk 2,26/I 305*; 3 Esr 1,12f./I 391
  – Einsetzung als Priestergeschlecht   AntBibl 17,1-4/II 145
  – Hoherpriester als A. (Alkimos)   1 Makk 7,5/I 327*; 7,14/I 328
Abendland
  – mächtiger König des A.s   AssMos 6,8/V 74**
Abfall
  – Verführung zum A.   2 Makk 7,24/I 236; AntBibl 30,1/II 188; 34,1-5/II 200f.; 38,1-4/II 206
  – vom Bund   1 Makk 1,15/I 300; AntBibl 38,4/II 207
  – vom Gesetz   1 Makk 1,52/I 302
  – vom Schöpfer   AssMos 5,6/V 73
  – vom väterlichen Glauben   2 Makk 6,1/I 229
  – von Gott   ZusDan 3,29f./I 71; 2 Makk 1,7/I 200f.**; MartJes II,2-8/II 26f.; PsSal 9,1/IV 82; AssMos 5,6/V 573
Abgaben, Steuern
  – Erstlinge   ZusDan 3,38/I 72; 1 Makk 3,49/I 312; Judt 11,13/I 501; AntBibl 63,1/II 260
  – Schuldenerlaß   1 Makk 15,7/I 361
  – Steuer

- *für Baumfrüchte*   1 Makk 10,30/I 339f.; 11,34/I 346f.
- *für Saatfrüchte*   1 Makk 10,30/I 339f.; 11,34/I 346f.
- *Kronensteuer*   1 Makk 10,29/I 339; 11,35/I 347; 13,39/I 355
- *Salzsteuer*   1 Makk 10,29/I 339
- *Tempelsteuer*   1 Makk 10,41 f./I 340; 3 Esr 4,51/I 401
- Steuerfreiheit   ApcEl 31,7-9/V 250**
  - *für 3 1/2 Jahre*   ApcEl 31,7-9/V 250**
  - *für Kultpersonal*   3 Esr 8,22/I 413
  - *für Samarien*   PseuHek I F 2 §43/I 157**
  - *unter Antiochos III.*   ApcEl 31,7f./V 250*
  - *unter Dareios*   3 Esr 4,50/I 401; ApcEl 31,7f./V 250*
  - *unter Jonathan Makkabäus*   1 Makk 10,29-35/I 339f.; 11,28-37/I 346f.
  - *unter Simon Makkabäus*   1 Makk 13,39/I 355; 15,7/I 361
- Steuernachlässe   ApcEl 31,8/V 250*
- Tribut   Eup F 2 §30,4/I 100; F 2 §33,1/I 102; 2 Makk 8,10/I 239**; 8,36/I 243; 1 Makk 1,4/I 298; 8,4/I 330f.; 8,7/I 331; 3 Esr 2,18/I 396; 2,23/I 396; Judt 3,7/I 464*
- Zehnt   PseuHek I I 148*; F 1 §188/I 154f.; 1 Makk 3,49/I 312; 10,31/I 340; 11,35/I 347; Judt 11,13/I 501; AntBibl 14,4/II 140f.*
- Zollfreiheit   1 Makk 10,31/I 340; 11,35/I 347

Abgrund   siehe auch: *Hölle; Tiefe*   AntBibl 3,5/II 106**; OrMan 3/IV 23**
- Auftun   4 Esr 5,8/V 325**
- Darstellung/Bild im siebten Himmel   ApcAbr 21,5/V 443
- des Wassers   JosAs 12,2/II 663 f.**
- Hölle als A.   ApcAbr 12,8/V 433**; 21,5/V 443
- in der Vision   ApcAbr 12,8/V 433**
- Lüfte der Abgründe   ApcAbr 31,3/V 454
- Qualen des A.s   ApcAbr 21,5/V 443
- Verderben   ApcAbr 21,5/V 443

Abschiedsgruß   siehe: *Gruß*

Abschiedsrede   siehe auch: *Testament*
- Antiochos IV.   2 Makk 9,12-27/I 245-247; 1 Makk 6,10-15/I 323f.
- Debora   AntBibl 33,1-6/II 198-200
- Eleazar   AntBibl 28,4/II 184f.
- Josua   AntBibl 23,1-13/II 163-166; 24,1-5/II 167f.
- Kenas   AntBibl 28,1-10/II 183-187
- Mattathias   1 Makk 2,49-69/I 306-308**
- Mose   AntBibl 19,2-5/II 150f.; AssMos V 60f.*; 1,9f./V 68
- Simon Makkabäus   1 Makk 16,2f./I 364

- Zebul   AntBibl 29,4/II 188
Abtreibung
- Verbot   PseuPho 184/IV 213
Abtrünnige   siehe auch: *Gesetzlose*
2 Makk 5,8/I 225 f.; 1 Makk 2,44/I 306; 3,5/I 308; 9,23/I 334; 10,61/I 342; 11,21/I 345; 14,14/I 357; MartJes I,9/II 25; PsSal IV 57*
Achat   siehe: *Stein*
Achämeniden   Judt 1,1/I 449 f.*; 1,5/I 450 f.*
Acht   siehe: *Zahl*
Achtzehnbittengebet   siehe: *Gebet*
Acker   siehe auch: *Landwirtschaft*
- Achtung des A.s des Nachbarn   PseuPho 35/IV 201
- Ackerbau
  - *in Palästina*   Arist 107/II 59
  - *Vernachlässigung*   Arist 109/II 60
- des Erbteils   JosAs 3,5/II 638**; 4,2/II 639; 16,4/II 679; 20,6/II 694; 24,15/II 710
- des Guten   4 Esr 4,29/V 320
- im Gleichnis   4 Esr 9,16/V 372
Adar   siehe: *Monatsnamen*
Adoption
- des Mose   AntBibl 9,16/II 126**
Agon   siehe auch: *Kampf*
- Festspiel in Tyros   2 Makk 4,18/I 218**
- Leben als Kampf   4 Esr 7,127 f./V 359**
Agora   siehe: *Markt*

Abb. Deborah/Oniaden/Seleukos

Debora
- Abschiedsrede/Testament   AntBibl 33,1-6/II 198-200
- Beauftragung des Barak   AntBibl 31,1/II 190 f.
- Befehlshaberin   AntBibl 31,1 f./II 190 f.
- Begräbnis   AntBibl 33,6/II 200
- D.lied   AntBibl 32,1/II 193 f.*
- Erleuchtung des Volkes   AntBibl 30,2/II 188 f.; 33,1/II 198 f.
- Frau Gottes   AntBibl 33,1/II 198 f.**
- Heilige   AntBibl 33,6/II 200
- Herrschaft über Israel   AntBibl 30,2/II 188 f.**; 33,6/II 200

– Hymnus   AntBibl 32,1-18/II 193-198**
– Mutter des Volkes   AntBibl 33,1/II 198f.; 33,4/II 199; 33,6/II 200
– Rede an das Volk Israel   AntBibl 30,5-7/II 189f.
– Richterin   AntBibl 32,18/II 198**
– Tod   AntBibl 33,6/II 200

Onias I., Hoherpriester
– Brief des Areos I. (Verwandtschaft Juden und Spartaner)   1 Makk 12,7f./I 350**; 12,19-23/I 351
Onias III., Hoherpriester   1 Makk 1,11/I 299f.*
– Absetzung   2 Makk 4,7/I 215
– Ermordung   2 Makk 4,33f./I 221**
– Flucht in das Apollonheiligtum in Daphne   2 Makk 4,33/I 221**
– Frömmigkeit   2 Makk 3,1/I 209
– in der Vision des Judas Makkabäus   2 Makk 15,12-14/I 277f.**
– Intrige des Tempelvorstehers Simon   2 Makk 3,4-6/I 210**; 4,1-6/I 214f.
– Opfer für Heliodor   2 Makk 3,31-33/I 213
– Sorge um die Schatzkammer   2 Makk 3,9-21/I 211f.
– Trauer um O.   2 Makk 4,35-38/I 222
Onias IV., Hoherpriester
– Tempelgründung in Leontopolis   2 Makk 9,29/I 248f.*; Arist II 43*

Seleukos IV. Philopator
2 Makk 4,9/I 216*; 1 Makk 1,10/I 299*
– Stiftungen für Jerusalemer Tempel   2 Makk 3,3/I 209f.**
– Tempelplünderung des Heliodor   2 Makk 3,7-40/I 210-214**
– Tod   2 Makk 4,7/I 215**

Abb. Fürbitte

Fürbitte   siehe auch: *Gebet, Anlaß, Anliegen*
  – der ägyptischen Juden   2 Makk 1,8/I 200*
  – der Engel   AntBibl 15,5/II 141f.**; JosAs 15,7/II 676f.*; ApcBar (gr) 11,4/V 31f.**
  – der Gerechten   4 Esr 7,102-111/V 356f.
    – am Tag des Gerichts nicht möglich   ApcEl 40,13-16/V 267*; 4 Esr V 304*; 7,102-115/V 356-358
  – der Lebenden füreinander   AntBibl 33,5/II 199f.
  – der palästinischen Juden   2 Makk 1,2-6/I 200

- der Starken für Schwache   4 Esr 7,112/V 357
- der Toten
  - *Unmöglichkeit der F.*   AntBibl 33,5/II 199f.**
- des Abraham   4 Esr 7,106/V 356f.
- des Daniel   AssMos V 63*; 4,1-4/V 72*
- des Elia   4 Esr 7,109/V 357
- des Esra   AssMos 4,1/V 72*; 4 Esr 8,17/V 364
- des Hiskia   4 Esr 7,110/V 357
- des Jeremia   2 Makk 15,14/I 278
- des Josua   4 Esr 7,107/V 357
- des Judas Makkabäus   2 Makk 10,25-27/I 253
- des Mose   AntBibl 12,8f./II 135; 15,7/II 143; 19,3/II 150**; AssMos 11,9-11/V 78f.; 11,17/V 79f.; 12,6/V 80; 4 Esr 7,106/V 356f.
  - *unablässige F.*   AssMos 11,17/V 79f.
- des Onias III.   2 Makk 15,12/I 277f.
- des Salomo   4 Esr 7,108/V 357
- des Samuel   AntBibl 64,2/II 261f.; 4 Esr 7,107/V 357
- des Volkes   2 Makk 3,18/I 212; 8,29/I 242
- für ägyptische Juden   2 Makk 1,2-6/I 200
- für das ganze Haus   PsSal 6,5/IV 76
- für das Volk   2 Makk 15,12/I 277f.; 15,14/I 278; AssMos 4,1-4/V 72**; 11,9-11/V 78f.; 4 Esr 7,110/V 357; 8,17/V 364
- für den König   3 Esr 6,30/I 410; Arist 45/II 52
- für den Tempel   2 Makk 1,8/I 201*; 3,18-22/I 212; 4 Esr 12,48/V 393
- für die Nachkommen   Arist 248/II 76f.
- für die Sodomiter   4 Esr 7,106/V 356f.
- für die Sünder   2 Makk 12,42/I 265f.**; 4 Esr 7,102-111/V 356f.; AntBibl 19,3/II 150; AssMos 12,6/V 80
  - *am Tag des Gerichts nicht möglich*   4 Esr V 304*; 7,102-115/V 356-358
- für die Toten   2 Makk 12,44/I 266
- für die Väter   4 Esr 7,106/V 356f.
- für Israel   AntBibl 12,8f./II 135f.**; 19,3/II 150; 64,2/II 261f.; AssMos 4,1-4/V 72**; 11,11/V 78f.; 11,17/V 79f.; 4 Esr 7,107/V 357; 8,17/V 364
- für Jerusalem   2 Makk 1,8/I 201*; 15,14/I 278
- für palästinische Juden   2 Makk 1,8/I 201*
- für Zion   4 Esr 12,48/V 393

Abb. Gebet (allgemein)

Gebet, allgemein   siehe auch: *Bekenntnis; Hymnus; Klage; Liturgie; Psalm*
- Abwendung Gottes von denen, die ihn anklagen   ApcAbr 17,13/V 439
- Achtzehnbittengebet   JosAs 2,11/II 636*
- Annahme des G.s   4 Esr 13,14/V 395; ApcAbr 17,13/V 439
  - *Bitte um A.*   ApcAbr 17,17/V 439
- aufmerksames G.   AntBibl 47,3/II 228**
- Erhörung   ZusEst D,15/I 49*; ZusDan Sus,44/I 79; 2 Makk 1,8/I 201; AntBibl 4,5/II 109; 10,1/II 126f.; 19,3/II 150; 31,5f./II 192; 32,7/II 195f.; 42,3/II 216; 42,6/II 217; 50,6f./II 236; JosAs 27,11/II 717; PsSal 5,5/IV 73**; 6,5f./IV 76; 7,7/IV 77; 18,2/IV 107; ApcEl 23,15/V 237**; 4 Esr 9,45/V 376
  - *Bitte um E.*   ZusEst C,10/I 41**; C,30/I 46f.; Judt 9,12/I 495; ApcAbr 28,1/V 450
  - *durch heidnische Götter unmöglich*   ApcAbr 3,5/V 423f.
  - *Morgenstern als Symbol*   JosAs 14,1/II 671**
- Gebetsformel   ZusEst C,23/I 45**
- Genesung nach G.   Arist 316/II 85
- heiliges G.   ApcEl 23,16/V 237
- im Brief   2 Makk 1,2-6/I 200
- innerliches G.   Arist 17/II 48; JosAs 11,3/II 659**
- Not des Beters   OrMan 13/IV 25f.*; Pssyr 152S,1-6/IV 41f.; 153S,4/IV 42; PsSal 1,1/IV 62**; 5,5/IV 73; 15,1/IV 92
- Ruf zum Himmel   1 Makk 3,50-53/I 312f.; 4,40/I 316; 4,55/I 317; 9,46/I 336
- Schema Israel   s. *Schema Israel*
- und Opfer   2 Makk 1,23-29/I 204**; ApcAbr 12,17/V 439**
- und Wunder   ZusEst A,9/I 33f.; Artap F 3 §27,21/I 133; AntBibl 27,7/II 180
- von Michael entgegengenommen   ApcBar (syr) 11,4/V 31f.**; ApcBar (sl) 11/V 40
- Vorsprecher   2 Makk 1,23/I 204
- Zweifel beim G.   ApcEl V 204*; 24,8-10/V 238

Abb. Gebet, Anlaß, Anliegen

Gebet, Anlaß/Anliegen siehe auch: *Eulogie; Fürbitte; Klage; Lob Gottes; Sündenbekenntnis*
- beim Opfer   2 Makk 1,24-29/I 204**
- Bitte um Belehrung   ApcAbr 17,18/V 439
- Bitte um Erbarmen Gottes   AssMos 4,4/V 72
- Bitte um Regen   4 Esr 7,109/V 357
- Bitte um Vergebung   JosAs 13,13/II 670**
- Bitte um Visionsdeutung   4 Esr 12,8/V 388; 13,15/V 395
- Buße   3 Esr 8,71-87/I 416f.; Judt 4,9-12/I 468f.
- Erlösung/Rettung vor Feinden   JosAs 27,10/II 716f.
- Erwählung eines Führers   AntBibl 21,4/II 158
- Gastmahl   Arist 184/II 68f.
- Geschichtsrückblick   4 Esr 3,4-27/V 312-315**
- Kampf und Krieg   2 Makk 12,28/I 264; 15,21-24/I 278f.; 15,26f./I 279; 1 Makk 5,33/I 320; Arist 193/II 70
    - *Gebet vor dem Kampf*   2 Makk 8,2-4/I 238; 10,25f./I 253; 1 Makk 3,44/I 312; 4,30-33/I 315**; 7,40-42/I 329f.; 11,71f./I 349; AntBibl 27,7/II 180
- Preisgebet auf eine heidnische Gottheit   ZusEst C,21/I 44**
- Reise   3 Esr 8,50/I 415
- Rettung Israels   2 Makk 11,6/I 255; AntBibl 39,7/II 209; 39,11/II 210f.
- Segen   JosAs 8,9/II 650f.
- Tempelentweihung   1 Makk 4,39/I 316
- Tempelplünderung   2 Makk 3,18-22/I 212
- Todesnähe   ZusEst C,11f./I 41**; AntBibl 43,7/II 219
- Unfruchtbarkeit   AntBibl 22,2/II 215f.; 50,4f./II 235f.; 50,7/II 236; 4 Esr 9,44/V 376
- vor dem Losorakel   AntBibl 25,6/II 170
- vor der Tötung eines Feindes   Judt 13,4/I 507**; AntBibl 31,5/II 192**
- Vorbereitung zum Offenbarungsempfang   4 Esr 5,13/V 326; 9,25/V 374
- Wiedereinweihung des Tempels   1 Makk 4,55/I 317

Abb. Gebet, Bittriten und -gesten

Gebet, Bittriten und -gesten
- Arme zum Himmel   2 Makk 3,20/I 212; 15,12/I 277f.; JosAs 11,15/II 661f.; TragEz 212/IV 130
- auf den Bauch werfen   2 Makk 10,4/I 249
- Augen zum Himmel   3 Esr 4,58/I 402; JosAs 11,19/II 662f.
- Bestreuen mit Erde   2 Makk 10,25/I 253; 14,15/I 273; 1 Makk 11,71/I 349; Judt 9,1/I 492
- Fasten und Gebet   *siehe auch*: Fasten, und Beten
  ZusEst D,1/I 47**; 2 Makk 13,12/I 268; 3 Esr 8,49f./I 415; 8,70/I 416; JosAs 10,17/II 657*; ApcBar (sl) 4f./V 36f.; ApcEl 23,1f./V 236**; 23,15/V 237**; 4 Esr 5,13/V 326; 6,31/V 337
- Hände ausbreiten   3 Esr 8,70/I 416; JosAs 11,15/II 661f.; 11,19/II 662f.; AssMos 4,1/V 72
- in Richtung Jerusalem   3 Esr 4,58/I 402; JosAs 11,1y/II 659*
- in Richtung Osten   JosAs 2,8/II 636*; 11,1y/II 659**; 11,15/II 661f.; 11,19/II 662f.
- Kleider beim G.   ZusEst C,13/I 41f.; D,1/I 47**
  - *Sack*   2 Makk 10,25/I 253; Judt 4,10/I 469**; 9,1/I 492**
- Knie beugen/Knien   2 Makk 13,12/I 268; 3 Esr 8,70/I 416; JosAs 11,1x/II 658; 11,2/II 659; 15,15/II 661f.; 15,19/II 662f.**; OrMan 11/IV 25**; ApcBar (sl) 4f./V 37; AssMos 4,1/V 72; 11,17/V 79f.**
- lautloses G.   AntBibl 50,5/II 235**; JosAs 11,2f./II 659
- Niederfallen/Niederwerfen   2 Makk 10,26/I 253; 1 Makk 4,40/I 316; 4,55/I 317; Judt 6,18/I 478; 9,1/I 492
- Schrei zu Gott   ZusEst A,9/I 33f.; F,6/I 55; Judt 4,9-12/I 468f.; 4,15/I 470; 5,12/I 472; 7,19/I 483; 7,29/I 484; 9,1/I 492; AntBibl 10,1f./II 126f.; 32,7/II 195f.; 32,11/II 196; TragEz 211f./IV 130
- Stehen   JosAs 11,19/II 662f.*
- Tränen beim G.   3 Esr 8,88/I 417f.; AntBibl 50,5/II 235f.**; TragEz 211f./IV 130
- Verschränken der Hände   JosAs 11,1x/II 658; 11,2/II 659
- Waschung
  - *der Hände vor G.*   Arist 305f./II 83
  - *Reinigungsbad*   Judt 12,7f./I 504f.**

Abb. Gebet, Ort; Gebet, Zeit

Gebet, Ort
- Altar   1 Makk 7,36/I 329
  - *Fundament gegenüber dem Opferaltar*   2 Makk 10,26/I 253**
- Berg   AntBibl 12,8/II 135; 19,8/II 152
- Fenster
  - *Richtung Osten*   JosAs 2,8/II 636*; 11,1y/II 659**; 11,15/II 661 f.; 11,19/II 662 f.
- Feuerofen   ZusDan 3,24 f./I 71
- himmlischer Tempel   ApcAbr 25,5/V 447 f.**
- Kirche   ApcBar (sl) 15 f./V 40 f.
- Söller   AntBibl 42,2/II 215 f.**
- Tempel
  - *als Haus des Gebets*   Eup F 2 § 34,10/I 104; 1 Makk 7,37/I 329
  - *vor dem T.*   1 Makk 8,88/I 417 f.; 3 Esr 8,88/I 417 f.

Gebet, Zeit
- 3tägiges Gebet   ZusEst D,1/I 47**; 2 Makk 13,12/I 268
- 40tägiges Gebet   ApcBar (gr) 4,14/V 26
- am Morgen   Arist 304 f./II 83; JosAs 11,1/II 658*; PsSal 6,4/IV 76
- in der Nacht   Judt 6,21/I 479**; AntBibl 22,2/II 215 f.
- ständiges G.   AssMos 11,17/V 79 f.; 4 Esr 9,25/V 374; 9,44/V 376
- stündliches G.   JosAs 15,7/II 676 f.**; AssMos 11,17/V 79 f.; 4 Esr 9,44/V 376
- Tag und Nacht   AssMos 11,17/V 79 f.; 4 Esr 9,44/V 376
- tägliches G.   Judt 12,8/I 505; 13,3/I 507; 13,10/I 508; 4 Esr 9,44/V 376
- zur Zeit des Abendopfers   Judt 9,1/I 492**

Abb. Gebet, Betende

Gebet, Betende
- Abraham   4 Esr 7,106/V 356 f.; ApcAbr 17,7-18/V 438 f.
- Antiochos IV.   2 Makk 9,13-17/I 245 f.
- Armer   PsSal 18,2/IV 107
- Asarja   ZusDan 3,24-45/I 71-73; 3,52-90/I 73-76
- Aseneth   JosAs 12,1-13,15/II 663-671**; 15,2/II 675; 27,10/II 716 f.**
- Daniel   Judt 9,1/I 492*; AssMos 4,1-4/V 72*
- David   4 Esr 7,108/V 357

Die Erschließung der JSHRZ durch ein Register

- Eleasar   ZusEst C,1/I 39*
- Elia   4 Esr 7,109/V 357
- Engel   JosAs 15,7/II 676f.*; ApcBar (sl) 11,4/V 31f.**; ApcBar (gr) 15,5/V 141f.**
- Esra   3 Esr 8,25-27/I 413f.; 8,71-87/I 416f.; AssMos 4,1-4/V 72*; 4 Esr 3,4-27/V 312-315**; 7,132-139/V 360f.; 8,6-36/V 363-367**; 12,6-9/V 388f.; 12,48/V 393; 13,14-20/V 395
- Ester   ZusEst C,14-30/I 42-47
- Frommer   PsSal 6,5/IV 76**
- gerechtes Volk   ZusEst A,8f./I 33f.
- Gottesfürchtiger   PsSal 6,5/IV 76
- Hanna   AntBibl 50,4f./II 235f.; 51,3-6/II 237**; 53,12/II 243
- Hiskia   Pssyr 154S,1-20/IV 43-45; 155S,1-21/IV 45f.; 4 Esr 7,110/V 357
- Israel   ZusEst C,11/I 41; F,6/I 55
- Jael   AntBibl 31,5/II 192**
- Jeremia   2 Makk 15,14/I 278
- Jojakim   Judt 4,13-15/I 469f.
- Joseph   JosAs 8,9/II 650f.**
- Josua   AntBibl 21,2-6/II 157-159; 4 Esr 7,107/V 357
- Judas Makkabäus   2 Makk 10,25-27/I 253; 12,39-45/I 265f.; 15,22-24/I 278f.; 1 Makk 4,30-33/I 315**; 7,40-42/I 329f.
- Judit   Judt 9,1-14/I 492-495**; 11,17/I 502; 13,4f./I 507f.**; 15,14-16,17/I 517-521; AntBibl 31,5/II 192*
- Kenas   AntBibl 27,7/II 180
- Leviten   Judt 4,14/I 469f.**
- Manasse   OrMan IV 17-20*; 1-15/IV 23-26**
- Mardochai   ZusEst C,1-10/I 39-41
- Mose   Artap F 3 § 27,21/I 133; 2 Makk 2,10/I 206**; AntBibl 12,8f./II 135f.; 15,7/II 143**; 19,3/II 150**; 19,8f./II 152; AssMos 11,9-11/V 78f.; 11,14/V 79; 11,17/V 79f.; 4 Esr 7,106/V 356f.
- Nehemia   2 Makk 1,23-29/I 204**
- Noah   ApcBar (gr) 4,14/V 26; ApcBar (sl) 4f./V 36f.
- Onias III.   2 Makk 15,12/I 277f.**
- Pinehas   AntBibl 46,4-47,3/II 227f.
- Priester   2 Makk 1,23-29/I 204**; 3,15/I 212; 14,34-36/I 275; 1 Makk 7,36-38/I 329; Judt 4,14f./I 469f.
- Salomo   2 Makk 2,8/I 206**; 2,10/I 206**; 4 Esr 7,108/V 357
- Samuel   AntBibl 55,1/II 245f.; 64,2/II 261f.; 4 Esr 7,107/V 357
- Serubbabel   3 Esr 4,59f./I 402

- Simson   AntBibl 43,7/II 219
- Susanna   ZusDan Sus,42 f./I 79
- Volk   2 Makk 3,18-22/I 212; 13,10-12/I 268; 14,15/I 273; 1 Makk 4,55/ I 317; 3 Esr 9,47/I 421; Judt 4,9-12/I 468 f.; 6,18 f./I 478 f.; 7,29/I 484; AntBibl 10,1/II 126; 32,7/II 195 f.; 39,7/II 209; 39,11/II 210 f.
- Zwölf Stämme Israels   AssMos 3,9/V 71

Abb. Gürtel/Gürtung

Gürtel/Gürtung   siehe auch: *Band; Herrscherinsignien, Spange, goldene*
- bunter G.   Arist 97/II 58**
- der Jungfrau
   - *doppelter G.*   JosAs 14,12/II 673 f.; 14,14/II 674**
- Lösen des G.s   Judt 9,2/I 492**; JosAs 21,19/II 699 f.**
- der Parsen   TestHi 46,7/III 367*; 46,9/III 367*
- der Töchter Hiobs   TestHi 46,7-50,3/III 366-371**; 52,12/III
- des Hohenpriesters   Arist 97/II 58**; AntBibl 13,1/II 136 f.**; Sir 45,10/618
- des Levi   TestXII (Lev) 8,7/III 52
- des Wissens   AntBibl 20,2 f./II 155
- einen Sack umgürten   2 Makk 10,25/I 253; Judt 4,10/I 469; 4,14/I 469 f.; 13,4/I 668; JosAs 10,14/II 657**
- goldener G.   JosAs 3,6/II 638 f.; 10,10 f./II 655 f.; 13,4/II 668; 18,6/II 687 f.
- königlicher G.   JosAs 18,6/II 687 f.; TestXII (Jud) 12,4/III 69**; 15,3/ III 71
- magische G.   TestHi 46,7-50,3/III 366-371; 52,1/III 371; 52,12/III 372
- mit Schönheit umgürtet   Sir 45,7/III 617 f.
- mit Stärke umgürtet   PsSal 17,22/IV 102
- purpurfarbener G.   TestXII (Lev) 8,7/III 52
- Strick als G.   JosAs 10,10/II 655 f.; 13,4/II 668
- um die Brust   JosAs 14,14/II 674**; TestHi 46,9/III 367**
- unter der Brust   2 Makk 3,19/I 212
- Waffen umgürten   1 Makk 3,3/I 308; 3,58/I 313; AntBibl 36,2/II 203 f.

Abb. Lende

Lende siehe auch: *Hüfte*
- gebrochen   PsSal 8,4/IV 78**
- lösen (Beschneidung)   EpiPhil F 1 § 20,1 (1)/IV 148**
- umgürten   2 Makk 10,25/I 253; Judt 4,10/I 469; 4,14/I   469f.; Ant-Bibl 20,2f./II 155; 31,1/II 190f.; 35,5/II 202; 51,6/II 238; JosAs 10,14/II 657; 14,12/II 673f.; 14,14/II 674**; TestHi 47,5/III 368

Abb. Lasterkatalog

Laster, Lasterkatalog   siehe auch: *Dekalog; Ethik; Paränese; Tugend*
TestXII (Rub) 3,3-6/III 34f.**; (Jud) 16,1/III 72; Sap 14,25f./III 454; ApcBar (gr) 4,17/V 26f.**; 8,5/V 29f.; 13,4/V 33; ApcBar (sl) 4f./V 36-38; ApcAbr 24,4-8/V 446f.**; Hen (sl) 10,4/V 856f.**
- Aufruhr   Sap 14,25/III 454
- Ausschweifung   Arist 205/II 71; TestXII (Jud) 16,1/III 72; Sap 14,26/III 454
- Befleckung der Seele   Sap 14,26/III 454
- Begierde   TestXII (Jud) 16,1/III 72; ApcAbr 24,5/V 447; 24,8/V 447
- Begierde nach Unmäßigem   Arist 211/II 72
- Begierde nach Unziemlichem   Arist 211/II 72
- Betrug   Sap 14,25/III 454
- Diebstahl   TestXII (Rub) 3,6/III 34f.; Sap 14,25/III 454; PseuPho 6/IV 197; ApcBar (gr) 4,17/V 26f.; 8,5/V   29f.; 13,4/V 33; ApcAbr 24,6/V 447
- Ehebruch   Sap 14,25/III 454; PseuPho 3/IV 197; ApcBar (gr) 4,17/V 26f.; 8,5/V 29f.; 13,4/V 33; ApcBar (sl) 4f./V 36-38; 8/V 38f.; 8/V 38f.
- Eifersucht   ApcBar (gr) 8,5/V 29f.
- Gefallsucht   TestXII (Rub) 3,4/III 34
- Geldgier   PseuPho 42-47/IV 202
- Götzendienst   Sap 14,27/III 454; ApcBar (gr) 8,5/V 29f.; 13,4/V 33
- Hochmut   PseuPho 62/IV 203
- Homosexualität   Sap 14,26/III 454**; PseuPho 3/IV 197**; ApcAbr 24,7/V 447**
- Hurerei   TestXII (Rub) 3,3/III 34; ApcBar (gr) 8,5/V 29f.; 13,4/V 33; ApcBar (sl) 4f./V 36-38
- Korruption   Sap 14,25/III 454
- Lüge   Arist 206/II 71; TestXII (Rub) 3,5/III 34; PseuPho 7/IV 198

- Lust   TestXII (Jud) 16,1/III 72
- *maßlose Liebeslust*   PseuPho 61/IV 203**; 67/IV 204
- Maßlosigkeit   PseuPho 59-69/IV 203f.
- Meineid   Sap 14,25/III 454; ApcBar (gr) 4,17/V 26f.; 13,4/V 33
- Mord   Sap 14,25/III 454; PseuPho 4/IV 197; ApcBar (gr) 4,17/V 26f.; 8,5/V 29f.; 13,4/V 33; ApcBar (sl) 4f./V 36-38; 8/V 38f.; ApcAbr 24,4/V 446f.
- mürrische Gebärden   ApcBar (gr) 8,5/V 29f.
- Neid   TestXII (Sim) 3,1-3/III 42; ApcBar (gr) 13,4/V 33
- nutzloser Aufwand   Arist 205/II 71
- Ohrenbläserei   ApcBar (gr) 8,5/V 29f.; 13,4/V 33
- Raub   TestXII (Rub) 3,6/III 34f.
- schändlicher Gewinn   TestXII (Jud) 16,1/III 72
- Schmarotzertum   PseuPho 91-94/IV 206; 156/IV 211
- sittenwidrige Wollust   PseuPho 190/IV 213
- Streit   TestXII (Rub) 3,4/III 34
- Trunkenheit   ApcBar (gr) 8,5/V 29f.
- Übermut   Arist 191/II 69
- üble Nachrede   ApcBar (gr) 8,5/V 29f.; 13,4/V 33
- Unersättlichkeit   TestXII (Rub) 3,3/III 34
- Unrecht   TestXII (Rub) 3,6/III 34f.
- Untreue   Sap 14,25/III 454
- Unzucht   ApcAbr 24,5/V 447
- Vergessen der Wohltat   Sap 14,25/III 454
- Verschwendung   PseuPho 61/IV 203
- Vertauschung des Geschlechts   Sap 14,26/III 454**
- Vertrauen auf Reichtum   Arist 211/II 72
- Wahrsagerei   ApcBar (gr) 8,5/V 29f.; 13,4/V 33
- Wut   PseuPho 63/IV 203
- Ziererei   TestXII (Rub) 3,4/III 34
- Zorn   Arist 253/II 77; PseuPho 57/IV 203; 64/IV 203; ApcBar (gr) 8,5/V 29f.; 13,4/V 33

II. Weisheit und Apokalyptik

Antediluvian Knowledge
Jewish Speculations About Wisdom From Before the Flood in Their Ancient Context

Pieter W. van der Horst

1. Introduction

»I studied inscriptions from before the flood.« This remark can be found in a document of Ashurbanipal, king of Assyria in the middle of the seventh century BCE, whose library included editions of creation and flood accounts.[1] It indicates that this king claimed to have access to information from time immemorial. This age, the antediluvian period, has fascinated mankind ever since stories about an all-devastating flood began to circulate around the beginning of the second millennium BCE. In this primordial time, so it was thought, mankind certainly possessed precious knowledge now lost, great wisdom now only attainable to those who are fortunate enough to lay hold of documents that survived that cosmic catastrophe, that is, on ›inscriptions from before the flood.‹[2] No wonder that such claims were rampant in antiquity, especially in the Hellenistic period when claims of priority played such a large role in the cultural battle between the nations that was waged with a definite ›fondness for speculation about εὑρήματα,‹[3] that is, the origins of the arts and sciences.[4]

1. See *R. S. Hess & D. T. Tsumura* (eds.), »I Studied Inscriptions From Before the Flood.« Ancient Near Eastern and Literary Approaches to Genesis 1-11, Winona Lake: Eisenbrauns, 1994, XI. For text and (German) translation of the whole passage see *M. Streck*, Assurbanipal und die letzten assyrischen Könige, vol. 2: Texte, Leipzig: Hinrichsche Buchhandlung, 1916, 252-259 (quote at 257); see also the Introduction and notes in *S. Parpola*, Letters from Assyrian and Babylonian Scholars (State Archives of Assyria 10), Helsinki: Helsinki University Press, 1993, xxxiv.
2. On lists of antediluvian sages and kings in Babylonian documents see, e. g., *W. Lambert*, ›Enmeduranki and Related Matters,‹ Journal of Cuneiform Studies 21 (1967) 126-138; and *R. Borger*, ›Die Beschwörungsserie Bît Mêseri und die Himmelfahrt Henochs,‹ Journal of Near Eastern Studies 33 (1974) 183-196.
3. *W. Adler*, Time Immemorial. Archaic History and its Sources in Christian Chronography from Julius Africanus to George Syncellus (Dumbarton Oaks Studies 26), Washington: Dumbarton Oaks, 1989, 3. Cf. also *K. Thraede*, ›Das Lob des Erfinders: Bemerkungen zur Analyse der Heuremata-Kataloge,‹ Rheinisches Museum für Philologie 105 (1962) 158-186.
4. See *K. Thraede*, ›Erfinder II (geistesgeschichtlich),‹ RAC 5 (1962) 1191-1278; *B. L. van*

2. Graeco-Roman Evidence

To begin with the last-mentioned aspect, there is ample evidence that in Hellenistic and Roman times learned Babylonians and Egyptians battled over priority issues, especially as regards the invention of the then prestigious science of astronomy or astrology.[5] Let me quote some of the evidence from the first centuries BCE and CE.

In the first century BCE both the Roman orator and politician Cicero, and his contemporary, the Greek historian Diodorus Siculus, report on the respective claims of Babylonians and Egyptians as far as the great antiquity of their astronomical and astrological lore is concerned, and in the first century CE we see the same theme recurring in the writings of both the Graeco-Egyptian author Chaeremon and the Roman scholar Pliny the Elder. Apparently the topic was of some concern to authors around the turn of the era.

Since Cicero is chronologically the first, at least probably, let me start with him, even though he does not mention the flood explicitly. In *De divinatione* (I 19, 36; cf. II 46, 97), he says that we should mock the Babylonians who in their astronomical observations and calculations of the signs of heaven make the ridiculous claim that these are based upon documents which contain data that have been gathered over a period of 470.000 years.[6] No flood is mentioned here, but, as we shall presently see, it lurks at the background. Cicero's near-contemporary, the Greek historian Diodorus of Sicily devotes all of the first book of his *Bibliotheca historica* to Egypt, the country he visited himself in the early fifties of the first century BCE.[7] He calls Egypt the country where ›the earliest observations of the stars are said to have been made‹ (I 9, 6); it is the land that ›better than any other could have been the place where mankind came into being because of the well-tempered nature of its soil‹ (I 10, 3); it is said, Diodorus continues, ›that if in the flood

---

  der Waerden, Die ›Ägypter‹ und die ›Chaldäer‹ (Sitzungsberichte der Heidelberger Akademie der Wissenschaften: mathematisch-naturwissenschaftliche Klasse, Jahrgang 1972, 5. Abhandlung), Berlin-Heidelberg: Springer, 1972, esp. 30-31.

5. Often no distinction between these two ›sciences‹ was made since many regarded astrology simply as applied astronomy (or astronomy as theoretical astrology for that matter). See W. Hübner, Die Begriffe ›Astrologie‹ und ›Astronomie‹ in der Antike, Mainz & Stuttgart: Steiner, 1989, and P. W. van der Horst, ›Jewish Self-Definition by Way of Contrast in Oracula Sibyllina III 218-247,‹ in my Hellenism – Judaism – Christianity: Essays on Their Interaction, Louvain: Peeters, 1998 (2nd ed.), 96-99. For a good general introduction in ancient astrology see T. Barton, Ancient Astrology, London-New York: Routledge, 1994.

6. On the number and its variations – 400,000; 432,000; 473,000; 480,000; 490,000 – in similar traditions (deriving mostly from Berossus; see below in the text) see A. S. Pease in his commentary M. Tulli Ciceronis de divinatione libri duo, Darmstadt: Wissenschaftliche Buchgesellschaft, 1963 [= Urbana 1920-1923], 158.

7. See A. Burton, Diodorus Siculus, Book I. A Commentary, Leiden: Brill, 1972, Introd.

which occurred in the time of Deucalion most living beings were destroyed, it is probable that the inhabitants of southern Egypt survived rather than any others, since their country is rainless for the most part‹ (I 10, 4);[8] it was the Egyptian Hermes (i. e., Thoth) who ›was the first to observe the orderly arrangement of the stars‹ (I 16, 1); when Babylonian priests, called Chaldaeans, make observations of the stars, they only follow the example of the Egyptian priests (I 28, 1); much further on, Diodorus states that according to the Egyptians it was they who first discovered writing and the observation of the stars, and that the best proof of this is that Egypt ›for more than 4,700 years‹ [very probably a textual corruption for 470,000!] was ruled by kings of whom the majority were native Egyptians and that the land was the most prosperous of the whole inhabited world (I 69, 5-6); and finally he observes that the positions and arrangements of the stars as well as their motions have always been the subject of careful observation among the Egyptians: ›they have preserved to this day the records concerning each of these stars over an incredible number of years, this subject of study having been zealously preserved among them from ancient times‹ (I 81, 4), and according to them the Chaldaeans of Babylon enjoy the fame which they have for their astrology only because they learned that science from the priests of Egypt (I 81, 6). When in his second book Diodorus describes the Babylonians, he says on the one hand that it is reasonable to state that of all nations the Chaldaeans have the greatest knowledge of astrology. On the other hand, he says, as far as the number of years is concerned which they claim Chaldaeans have spent on the study of the heavenly bodies, it is simply not to be believed: ›for they reckon that, down to Alexander's crossing over into Asia, it has been 473,000 years since they began their observations of the stars‹ (II 31, 10). The rivalry between Hellenistic Egypt and Babylon as far as the origin of astrology is concerned becomes quite clear here in Diodorus' dossier, and it is to be noticed that the flood is mentioned in this connection as a catastrophe that is not likely to have occurred in Egypt.

When we turn to Pliny the Elder, we find another important element added, since, apart from a claim to an even greater antiquity, the motif of inscribed stones is introduced: ›Epigenes,[9] an authority of the first rank, teaches that the Babylonians had astronomical observations for 720,000 years inscribed on baked bricks; and those who argue for a very short period, Berossus and Critodemus, make it 490,000 years‹ (*Naturalis historia* VII 56, 193).[10] Finally all the pieces of this puzzle are put together by our fourth

---

8. It is notable that ancient Egypt does not seem to have known a flood legend, unlike most other civilizations in the Ancient Near East.
9. A well-known astrologer from Byzantium who lived in the 2nd cent. BCE.
10. For the textual uncertainty as far as the numbers are concerned, see the synopsis in the

witness, Pliny's contemporary Chaeremon. This Graeco-Egyptian scholar writes in his history of Egypt about the chronological quarrel between the Chaldaeans and the Egyptians as far as the invention of astrology is concerned.[11] Even though he is an Egyptian himself, he seems to concede, albeit very indirectly, that the Egyptians learned this science from the Babylonians. He writes (as summarized by Michael Psellus):

The wisdom of the Chaldaeans is older than that practised zealously among the Egyptians, but neither people was the teacher of the other (...). The Nile once flooded the country of the Egyptians and destroyed, besides their other possessions, all the astronomical data which they had collected in books. Then, because they needed to know the eclipses and conjunctions, they collected the basic data about these from the Chaldaeans. The latter, however, being malicious in the matter of communicating these data, altered the times in their reports and gave out the movements of the planets and fixed stars contrary to their natural order. Then, when the Egyptians were in great uncertainty about the principles, they made themselves the disciples of the Chaldaeans and brought home the true knowledge of reality and inscribed these subjects on baked bricks in order that neither fire could touch them nor water could damage them in case of a flood.

This passage teaches us several things. Firstly, as already said, Chaeremon concedes that there was Chaldaean priority as far as astronomy or astrology is concerned, which is indeed correct from a historical point of view,[12] but the concession is limited: that the Chaldaeans can now claim priority is only due to an accident, namely a flood, but not a flood in Babylon or a worldwide deluge, but one restricted to Egypt, i.e. an inundation of the Nile, by which the Egyptians lost their knowledge! This theory seems so farfetched that it is not hard to see Egyptian patriotism at work here,[13] although mixed with some small grains of historical insight. Another important element in Chaeremon's account, to which we shall return presently, is that the knowledge finally acquired by the Egyptians is brought to safety by inscribing the data on baked bricks because in this way it is invulnerable to both water and fire. A similar piece of ethnic boasting as in Chaeremon, but now the other

---

edition by *R. König*, C. Plinius Secundus d. Ä.: Naturkunde, Buch VII, Zürich: Artemis, 1996, 257.

11. See the edition of the Greek fragments with translation and commentary by *P. W. van der Horst*, Chaeremon, Egyptian Priest and Stoic Philosopher, Leiden: Brill, 1987 (2nd ed.), 8-11, 51-52.

12. See *Van der Waerden*, Die ›Ägypter‹ und die ›Chaldäer‹ 31, and *K. von Stuckrad*, Frömmigkeit und Wissenschaft: Astrologie in Tanach, Qumran und frührabbinischer Literatur, Frankfurt etc: Lang, 1996, 17-54.

13. *Adler*, Time Immemorial 60-61, assumes that the inundation of the Nile was invented by Chaeremon for polemical reasons.

way round, is found in Diodorus of Sicily (possibly based upon a work by Zenon of Rhodes; see *FGH* 523 F 1)[14], where he reports a tradition that the Egyptians learned astrology from the Greeks:

But when at a later time there came a flood among the Greeks and the majority of mankind perished by reason of the abundance of rain, it came to pass that all written documents were also destroyed in the same manner as mankind. This is the reason why the Egyptians, seizing this favourable occasion, declared the knowledge of astrology to be their own, and why, since the Greeks, because of their ignorance, no longer could claim to possess any documents, the belief prevailed that the Egyptians were the first to make the discovery of the stars (V 57, 3-4).

Two things have to be noticed here. It is taken for granted, in contradistinction to what Chaeremon says, that the universal flood that Diodorus speaks of, did not touch Egypt so that the Egyptians could retain their astrological lore and wisdom. Secondly, again we find the motif of dishonestly claiming this knowledge to be one's own – a claim made possible by a catastrophe – whereas it had in fact been received from others. When cultural prestige is at stake, nations are not interested in historical truth. The desire for ethnic boasting is always stronger than the wish to know the truth, as we know from our own times.

Now it has to be said at this point that Diodorus (or Zeno's) report is based upon or inspired by the famous introductory passage in Plato's *Timaeus* 22b-23b. There, in a story about a meeting of Solon and a very learned and old Egyptian priest, the latter says to Solon that the Greeks are nothing but children and that there is no such thing as an old man among them. When Solon asks what he means by that, the Egyptian replies:

I mean to say that in mind you are all young; there is no old opinion handed down among you by ancient tradition, nor any science which is hoary with age. And I will tell you why. There have been, and will be again, many destructions of mankind arising out of many causes; the greatest have been brought about by fire and water, and other lesser ones by innumerable other causes. There is a story which even you have preserved, that once upon a time Phaethon, the son of Helios, having yoked the steeds in his father's chariot, because he was not able to drive them in the path of his father, burned up all that was upon the earth and was himself destroyed by a thunderbolt. Now this has the form of a myth, but really signifies a declination of the bodies moving in the heavens around the earth, and a great conflagration of things upon the earth which recurs after long intervals; at such times those who live upon the mountains and in dry and lofty places are more liable to destruction than those who dwell by rivers or on the seashores. And from this calamity we are pre-

---

14. This Zeno was a local historian who lived in the early second century BCE; see Oxford Classical Dictionary s. v.

served because we have the Nile, who is our never-failing saviour. When on the other hand the gods purge the earth with a deluge of water, the survivors in your country are herdsmen and shepherds who dwell on the mountains, but those who, like you, live in cities are carried by the rivers into the sea. But in this land [Egypt] neither then nor at any other time does the water come down from above on the fields, it always has a tendency to come up from below; and it is for this reason that the traditions preserved here are the most ancient; though as a matter of fact in all regions where inordinate cold or heat does not forbid it, mankind exists, in larger or smaller numbers. Whatever great or noble achievements or otherwise exceptional events that have come to pass, either in your country or in ours or in any other region of which we are informed, they have all been written down by us of old and are preserved in our temples. Whereas when you and other nations are just beginning again to be provided with letters and the other requisites of civilized life, after the usual interval the torrents from heaven sweep down like a pestilence leaving only the rude and unlettered among you, and so you have to begin all over again like children, and you know nothing of what happened in ancient times, either among us or among yourselves.[15]

This is a very important passage. It makes clear that as early as the middle of the 4th cent. BCE in certain Greek circles it was believed that, since Egypt was safeguarded against devastating floods, only this civilization was in the privileged position of having kept records of the past in all its aspects.[16] It was this motif that induced a later Hermetic author, usually called Pseudo-Manetho, to claim that the Graeco-Egyptian priest Manetho knew stelae that were inscribed in the sacred tongue in hieroglyphic letters by Thoth, the first Hermes, and translated *after the flood* (μετὰ τὸν κατακλυσμόν) from the sacred language into Greek and deposited in books in the sanctuaries of Egyptian temples (*FGH* 609 F 25).[17] And of course these stelae contained texts with primordial, Hermetic wisdom.[18] Maybe it was in reaction to the

15. This translation is basically the one by B. *Jowett*, reprinted in The Collected Dialogues of Plato, ed. by *E. Hamilton & H. Cairns*, Princeton: Princeton University Press, 1989, 1157-1158, slightly revised after *F. M. Cornford*, Plato's Cosmology, London: Routledge & Kegan Paul, 1937, 15-16. For the contents cf. also Aristotle, *Meteor.* I 14, 352a; *De philosophia fragm.* 8 Walzer. Note the echo of this passage in Josephus, *Contra Apionem* I 7-9. It is also exploited (but now against the Jews and Christians!) by Celsus; see Origen, *Contra Celsum* I 19-20; IV 9-13.
16. As *Adler* remarks, ancient Jewish and Christian chronographers agreed in their opinion of ›the poor quality of Greek records for primordial history‹ (Time Immemorial 21).
17. Quoted by Syncellus, *Ecloga chronographica* 72-73 (p. 41 ed. Mosshammer). The text is also in *W. G. Waddell (ed.)*, Manetho (LCL), Cambridge MA – London: Harvard University Press – Heinemann, 1940, 208-211. See further *B. Copenhaver*, Hermetica, Cambridge: CUP, 1992, XV. *Adler*, Time Immemorial 58-59, points out the pseudepigraphic character of the text.
18. Iamblichus tells us that Pythagoras and Plato, during their visit to Egypt, read the stelae of Hermes with the help of native priests (*Myst.* I 1,3). I owe this reference to *G. Fowden*, The Egyptian Hermes: A Historical Approach to the Late Pagan Mind, Cambridge: Cambridge University Press, 1986, 30. The complete dossier of texts about

kind of theory as set out in the *Timaeus* that in the late fourth or early third century BCE the Babylonian scholar Berossus wrote his *Babyloniaka*.[19] He was the first native Babylonian to write about Mesopotamian culture in Greek. Although, as is also the case with his Egyptian counterpart, Manetho, only small fragments of his work have been preserved, they give us some valuable glimpses into the Babylonian variant of what has been called ›apologetic historiography.‹[20] The *Babyloniaka* consisted of a description of the origins of Babylonian culture and its history down to Alexander.[21] The flood figured prominently in his work as a watershed, and ten antediluvian sages or kings are mentioned. Berossus also relates Cronos' order to Xisutros (= Bel's order to Ziusudra, the Sumerian Noah) to dig a hole and to bury all writings in Sippar, the city of the sun, before the flood would destroy everything (*FGH* 680 F 2-4).[22] Berossus claimed to have ›found‹ (these?) many ancient documents that had been preserved carefully (ἀναγραφὰς φυλασσομένας ἐπιμελῶς, *FGH* 680 T 1).[23] So the work may quite well

---

Plato's ›Egyptian connection‹ is collected in *H. Dörrie & M. Baltes*, Der Platonismus in der Antike, Band 2, Stuttgart – Bad Cannstatt 1990, 166-175, with commentary at 433-453.

19. For a recent study see *A. Kuhrt*, ›Berossus' Babyloniaka and Seleucid Rule in Babylonia,‹ in *A. Kuhrt & S. Sherwin-White (eds.)*, Hellenism in the East: The Interaction of Greek and non-Greek Civilizations from Syria to Central Asia after Alexander, London: Duckworth, 1987, 32-56. See also *S. M. Burstein*, The Babyloniaca of Berossus, Malibu: Undena Publications, 1978.

20. *G. E. Sterling*, Historiography and Self-Definition: Josephos, Luke-Acts, and Apologetic Historiography, Leiden: Brill, 1992, 103-136 (103-117 on Berossus, 117-135 on Manetho). Sterling defines apologetic historiography as ›the story of a subgroup of people which deliberately hellenizes the traditions of the group in an effort to provide a self-definition within the context of the larger world.‹

21. Apart from being a historian, Berossus is also credited by some ancients with being an excellent astrologer (c.q. astronomer), but that is of doubtful credibility according to Kuhrt, ›Berossus‹ 36-44, against *Burstein*, The Babyloniaca of Berossus 31-32.

22. Discussion of these fragments in *W. G. Lambert & A. R. Millard*, Atra-Hasis: The Babylonian Story of the Flood, Oxford: Clarendon Press, 1969, 134-137, and esp. *Burstein*, The Babyloniaca of Berossus 18-21. The passages are misunderstood in *L. Ginzberg*, The Legends of the Jews, vol. 5, Philadelphia: Jewish Publication Society, 1925, 203. The burying of all writings in Sippar is known from Berossus alone, not from other Mesopotamian sources, although a tradition concerning antediluvian inscriptions did exist, as Ashurbanipal's remark quoted at the beginning proves. It should be noted that the Mesopotamian counterpart of Enoch, Enmeduranki, is said to have been king of Sippar, the city of the sun, and that the 365 years that Genesis 5 claims Enoch to have lived is the number of days of the solar year; see further below in the text. See *A. Jeremias*, Das Alte Testament im Lichte des Alten Orients, Leipzig: Hinrichs Buchhandlung, 1907, 242, but especially *H. S. Kvanvig*, Roots of Apocalyptic. The Mesopotamian Background of the Enoch Figure and of the Son of Man, Neukirchen-Vluyn: Neukirchener Verlag, 1988, 160-213.

23. Syncellus adds that Berossus claims this δοξάσαι θέλων τὸ τῶν Χαλδαίων ἔθνος καὶ δεῖξαι πάντων τῶν ἐθνῶν ἀρχαιότερον (25, p. 14-15 *Mosshammer*). On the frequently occurring motif of the ›finding‹ of (heavenly) books and inscribed stelae see *W. Speyer*,

have contained (perhaps implicitly) anti-Graeco-Egyptian polemics as far as the antiquity of Chaldaean lore and science is concerned, but we are not in a position to substantiate this claim fully.[24]

3. Jewish Evidence

It is time to turn to parallel Jewish traditions, which we will not discuss exhaustively, however, only some important aspects will be dealt with. The theme of antediluvian knowledge looms large in the Enochic literature.[25] In fact the whole of this literature is regarded as the embodiment of antediluvian wisdom since as the supposed source of all the information contained in these books, the antediluvian hero, Enoch, is deemed to have been the only sage from before the flood who passed on his knowledge to later generations by writing it down (thus already *Jubilees* 4:17-26).[26] Although mentioned only very briefly in Genesis 5, Enoch became the central figure in several of the oldest surviving Jewish apocalypses of the pre-Christian period. As an antediluvian person who enjoyed special privileges with God (he walked with God, and he did not have to die for God took him away; Gen. 5:24), he was credited with the role of receiver of many of God's special revelations and, in a typically Greek way, with the status of ›first inventor.‹[27]

One of the motifs that is prominent already in the earliest part of the Enochic Pentateuch known as *1 Enoch* (chs. 1-36, the so-called *Book of the Watchers*) is that of the activities of the Watchers, the fallen angels of Genesis 6. One of their evil deeds was that they taught humanity all kinds of magic and technology. In 7:1 we read that the angels taught women ›magical

---

Bücherfunde in der Glaubenswerdung der Antike, Göttingen: Vandenhoeck & Ruprecht, 1970; here at 114-115 a brief discussion of Berossus and some of the Jewish evidence. *Adler*, Time Immemorial 59: »The motif of stelae left for postdiluvian generations was a device commonly employed by oriental historians to explain the survival of pre-flood wisdom after the flood.«

24. *Sterling*, Historiography 116, rightly notes that in Berossus' description civilization began in Babylonia and was given to its inhabitants by means of a divine revelation (by Oannes) which was not given to the Greeks or Egyptians but only to the Babylonians. On the many traditions, especially in the Imperial period, about Chaldaeans as the teachers of humanity in general or of individual philosophers, see W. J. W. Koster, ›Chaldäer,‹ Reallexikon für Antike und Christentum 2 (1954) 1019-1020.
25. A good survey is J. C. VanderKam, Enoch, A Man for All Generations, Columbia: University of South Carolina Press, 1995.
26. Cf. Jub. 4:21: ›He wrote down everything.‹ See *Kvanvig*, Roots of Apocalyptic 135-143.
27. See G. H. van Kooten, ›Enoch, the ›Watchers‹, Seth's Descendants and Abraham as Astronomers: Jewish Applications of the Greek Motif of the First Inventor (300 BCE-CE 100),‹ in A. Brenner & J. W. van Henten (eds.), Recycling Biblical Figures, Leiden: DEO Publishers, 1999, 292-316.

medicine, incantations, and the cutting of roots.‹[28] And in 8:1-4 we read the following:

Azazel[29] taught men to make swords, and daggers, and shields and breastplates; and he showed them the metals of the earth and gold, how to fashion adornments and bracelets for women, and the art of making up the eyes and of beautifying the eyelids, and the most precious and choice stones, and all kinds of coloured dyes. And the world was changed by that. There arose great impiety and much fornication on the earth. They went astray, and all their ways became corrupt. (...) Baraqi'el taught them astrology, Kokavi'el the knowledge of the signs, Tami'el the observation of the stars, and Asder'el the course of the moon.[30]

In sum: the invention and teaching by the angels of metallurgy, cosmetics, magic, and astrology were the main cause of mankind's going astray.[31] Now it has to be said that in the extant versions of *1 Enoch*, the complete Ethiopic and the partial Greek translations, there are no references to antediluvian written documents, either on brick or on rock. But among the Dead Sea Scrolls some Aramaic fragments with Enochic material were found which do contain references to tablets. The fact that these passages do not have counterparts in the versions of *1 Enoch* as we have them has to do with the circumstance that they belong to the so-called *Book of Giants*, a document which does belong to the Enochic cycle, may originally even have formed part of *1 Enoch* (the Enochic Pentateuch), but now no longer does so in the forms of the books as we have them. Be that as it may, as the most recent editor of these fragments claims, the *Book of Giants* may have been composed during the early 2nd century BCE in response to historiographic tendencies to regard the giants as significant links in the spread of culture from ante- to postdiluvian times.[32] Some of the fragments (*2Q26, 4Q203 7 B II, 4Q203 8*),[33] though badly damaged, clearly refer to the washing or effacing or erasing of tablets. The meaning of this is far from clear,[34] but it suggests

28. Note that in Jub. 10:13-14 it is said that also Noah wrote a book with medical knowledge which he gave to his son Shem.
29. Or: Asael, one of the leaders of the fallen angels.
30. The text is corrupt here in many places; the Greek and Ethiopic versions (the Aramaic original is lost for the most part; see below) differ considerably, so that the translation is only an approximation, but the gist of the story is clear enough. I consulted *M. A. Knibb,* The Ethiopic Book of Enoch, 2 vols., Oxford: Clarendon Press, 1978, I 79-84; *M. Black,* The Book Enoch or 1 Enoch, Leiden: Brill, 1985, 127-128; *S. Uhlig,* Das Äthiopische Henochbuch (JSHRZ V 6), Gütersloh: Gerd Mohn, 1984, 520-522.
31. See *M. J. Davidson,* Angels at Qumran: A Comparative Study of 1 Enoch 1-36, 72-108 and Sectarian Writings from Qumran, Sheffield: Sheffield Academic Press, 1992, 37-53.
32. See *L. T. Stuckenbruck,* The Book of Giants from Qumran, Tübingen: Mohr, 1997.
33. Texts also in *J. A. Fitzmyer & D. J. Harrington,* A Manual of Palestinian Aramaic Texts, 2nd ed., Rome: Ed. Pontificio Istituto Biblico, 1994, 72-79, and *F. García Martínez & E. J. C. Tigchelaar,* The Dead Sea Scrolls Study Edition, vol. I, Leiden: Brill, 1997, 220-221, 399-445. Cf also *J. T. Milik,* The Books of Enoch. Aramaic Fragments of Qumran

at least wilful destruction of information. ›If so, then it is possible that BG [= *Book of Giants*] presupposes traditions known through Greek and Babylonian historiographical works which, from the perspectives of its author(s), are thought to espouse views about the history of culture at the expense of an adherence to the framework of the biblical narrative.‹[35] But this remains speculative to a relatively high degree, and we leave it therefore as it is.

In *2 Enoch* 33 we read an interesting passage about Enoch's books, where he had written down all that God had revealed him when ›he walked with God‹ (Gen. 5:24). Concerning these books God tells Enoch that he should distribute them among his descendants and that they will not be destroyed before the end of time. ›I have commanded the seasons, so that they might preserve them so that they might not perish in the future flood that I shall bring about in your generation‹ (33:12). That antediluvian knowledge survives the flood is here something God himself has taken care of! The similarity with what Berossus tells us about Cronos' command to Xisutros is striking.

4. Christian and Jewish Evidence

The Enochic literature enjoyed a great prestige in both Jewish and Christian circles in the centuries around the turn of the era. The New Testament *Epistle of Jude* even quotes the work as Scripture (vv. 14-15).[36] And in his *De cultu feminarum* I 3, the Christian author Tertullian uses it in order to ›exploit[s] the angel story to support his belief that women's finery is to be traced back to the sinful teachings of the angels.‹[37] He wants to urge Christian women

---

Cave IV, Oxford: Oxford University Press, 1976, 334-335, and F. García Martínez, Qumran and Apocalyptic, Leiden: Brill, 1992, 97-115.

34. Even though the development of the story can be partly reconstructed with the aid of the Manichaean Book of Giants; see *J. C. Reeves,* Jewish Lore in Manichaean Cosmogony. Studies in the Book of Giants Traditions, Cincinnati: Hebrew Union College Press, 1992, with the many corrections by *Stuckenbruck*, Book of Giants.

35. *Stuckenbruck*, Book of Giants 38.

36. The book is clearly cited here as an uncontested authority and is placed on the same level as the Old Testament prophets; see *VanderKam*, Enoch 170-171. For extensive discussion of this passage see *R. J. Bauckham*, Jude, 2 Peter (WBC 50), Waco: Word Books, 1983, 93-101; *H. Paulsen*, Der zweite Petrusbrief und der Judasbrief (KEK XII 2), Göttingen: Vandenhoeck & Ruprecht, 1992, 73-78; *A. Vögtle*, Der Judasbrief, Der 2. Petrusbrief (EKK XXII), Solothurn – Neukirchen-Vluyn: Benziger – Neukirchener Verlagshaus, 1994, 71-86.

37. *VanderKam*, Enoch 174.

to dress as modestly as possible and for that reason appeals to the book of Enoch, but he realizes that he owes his readers an explanation for that:[38]

(1) I am aware that the Scripture of Enoch, which has assigned this role to angels, is not acceptable to some because it is not admitted in the Jewish canon. I suppose that they thought that, having been published before the flood, it could not have safely survived that world-wide calamity, which had destroyed everything. If that is their reasoning, let them bear in mind that Noah, who was the great-grandson of Enoch himself, survived the flood, and he, of course, had heard and remembered, from familial renown and hereditary tradition, about his great-grandfather's grace in the sight of God and about all his preachings, since Enoch had given no other command to Methuselah than that he should hand on the knowledge of them to posterity. There can therefore be no doubt that Noah may have succeeded in the trusteeship of his preaching; or, had it been otherwise, he would not have been silent about the plan of God, his preserver, and about the glory of his own house.

(2) In case, however, that would seem less obvious, there is still another reason to warrant the authority of this Scripture: If it would have been destroyed by the violence of the flood, Noah could have restored it again by divine inspiration, just as, after the destruction of Jerusalem by the Babylonian conquest every document of the Jewish Scriptures is generally agreed to have been restored through Ezra.[39]

(3) But since in the same Scripture Enoch has also preached concerning the Lord, nothing at all must be rejected by us which pertains to us; and we read that ›every Scripture that is suitable for edification, is divinely inspired‹ (2 Tim. 3:16). It may later have been rejected by the Jews for exactly that reason, just like almost all other texts that speak of Christ. And it is really not surprising that they did not accept some Scriptures that have spoken of Him whom they rejected when he in person spoke in their presence. In addition to that, Enoch possesses a testimony in the apostle Jude.[40]

Some remarks are in order here. I have to leave aside the intriguing question of how at the beginning of the third century a Church Father could still regard *1 Enoch* as Holy Scripture.[41] More important for our purposes is Tertullian's argument that antediluvian literature should not necessarily be regarded as lost. This motif has older roots, of course, although the reasoning that Noah's knowledge of family traditions enabled him to restore the lost writings of his great-grandfather certainly has an air of originality (it might,

---

38. I used the edition by *M. Turcan*, Tertullien: La toilette des femmes, Sources Chrétiennes 173, Paris: Ed. du Cerf, 1971.
39. See 4 Ezra 14:37-50.
40. Because *Jude* 14 quotes 1 Enoch.1:9.
41. See about that matter *R. Beckwith*, The Old Testament Canon of the New Testament Church and Its Background in Early Judaism, London: SPCK, 1985, 395-405, who points out (397) that Clement of Alexandria, a contemporary of Tertullian, also quotes 1 Enoch as authoritative Scripture.

however, have been based upon passages such as *1 Enoch* 68:1). Another way of solving that problem is to be found in Josephus, about a century before Tertullian. In his rendering of the book of Genesis in the *Antiquitates Judaicae*, Josephus tells us about Seth:

> He strove after virtue and, being himself excellent, left descendants who imitated the same virtues. (...) They discovered the science of the heavenly bodies and their orderly arrangement. And in order that humanity might not lose their discoveries or perish before they came to be known – since Adam had predicted that there would be a destruction of the universe, at one time by a violent fire and at another time by a force with an abundance of water – they made two pillars, one of brick and the other of stones, and they described their findings on both, in order that if the brick one should be lost owing to the flood the stone one should remain and offer an opportunity to teach men what had been written on it and to reveal that a pillar of brick had also been set up by them. And it remains till today in the land of Seiris (I 68-71).[42]

This is an important passage for more than one reason.[43] Discoveries pertaining to astronomy or astrology are attributed to various ante- and postdiluvian figures in early Jewish literature.[44] Especially Enoch is credited with this discovery (or rather, this knowledge is revealed to him by an angel: *1 Enoch* 72-82, *Jub.* 4:17 and Ps-Eupolemus, Fragm. 1 = Eus., *Praep. Ev.* IX 17,8-9),[45] but also Seth, Noah, Shem, and Abraham receive this honour, for instance.[46] Again it should be emphasized that, though sometimes the theo-

---

42. Translation (slightly adapted) by *L. H. Feldman*, Flavius Josephus. Translation and Commentary, vol. 3: Judean Antiquities 1-4, Leiden: Brill, 2000, 24. Note that Philo too speaks about ›the constant and repeated destructions by water and fire‹ by reason of which the later generations did not receive from the former the memory of the order and sequence of events in the series of years (*Vit. Mos.* II 263), although this seems to be more inspired by his favourite Platonic dialogue, the *Timaeus*, than by biblical motifs.
43. I leave aside here the topic of Adam's prediction of future events, which one finds in several other haggadic sources; see, e.g., *Th. W. Franxman*, Genesis and the Jewish Antiquities of Flavius Josephus, Rome: Biblical Institute Press, 1979, 79 with notes 33-35, where he points to *b.Avodah Zarah* 5a, *Chronicles of Jerahmeel* 24:7, and *Sefer ha-Yashar* 2:12-13.
44. See *J. H. Charlesworth*, ›Jewish Interest in Astrology during the Hellenistic and Roman Period‹, ANRW II 20, 2, Berlin – New York: W. de Gruyter, 1987, 926-950, and esp. *K. von Stuckrad*, Frömmigkeit und Wissenschaft: Astrologie in Tanach, Qumran und frührabbinischer Literatur, Frankfurt etc.: Peter Lang, 1996, 105-191.
45. On the ambiguous status of astronomy/astrology in 1 Enoch – bad when revealed to mankind by the Watchers but good when revealed by angels to Enoch – see Van Kooten, ›Enoch‹ 297-301.
46. References in *Charlesworth*, ›Jewish Interest‹ and in my essay, ›Jewish Self-Definition‹ 97-99. Cf. also the anonymous tradition in a medieval astrological manuscript edited by *F. Boll* in Catalogus Codicum Astrologorum Graecorum, vol. VII, Bruxellis: H. Lamertin, 1980, 87: Λόγος ἄδεται ἐξ ἀρχῆς ὅτι αἱ τῶν ἀστέρων πλοκαὶ καὶ ὀνομασίαι μηνῶν τε καὶ ἐνιαυτῶν καὶ εἴ τι ἄλλο ἐν τοῖς μετεώροις λεγόμενον Σὴθ ὁ τοῦ Ἀδὰμ

retical distinction between astronomy and astrology was indeed made, quite often the two were seen as two sides of one and the same coin, and many Jews did not feel at all embarrassed by the idea that their forefathers invented astrology, though some did (see *Orac. Sib.* III 221-229!). Be that as it may, in order to prevent their precious discoveries from getting lost for humanity, the descendants of Seth inscribed their wisdom on two pillars of different materials, one waterproof and the other fireproof, the former still preserved in a mysterious country in the Far East.[47] The two different materials are clearly related to the two possible forms of large-scale destruction, water and fire.[48] We hear here a clear echo of the passage from Plato's *Timaeus*, quoted above, where the Egyptian priest speaks about these two forms of annihilation, as does the Egyptian Manetho somewhat later.[49] But the motif of the different materials of the pillars, or stelae, is not original with Josephus either, for we also meet it in the *Life of Adam and Eve*, and there in such a different form that neither one could have borrowed it from the other.[50] In that probably first century CE document, although only in its Latin version which is widely different from the (original) Greek,[51] we read:

Six days after Adam died, Eve, aware that she too would die, gathered all her sons and daughters, Seth with thirty brothers and thirty sisters, and Eve said to them all: ›Listen to me, my children, and I will tell you that I and your father transgressed the command of God, and the archangel Michael said to us, »Because of your transgressions, our Lord will bring over your race the wrath of his judgement, first by water and then by fire; by these two the Lord will judge the whole human race. But listen to me, my children, make now tablets of stone and other tablets of clay and

υἱὸς ἐν πλαξὶ πετρίναις Ἑβραϊκῇ διαλέκτῳ ἐνεγράφατο παρὰ θείου ἀγγέλου διδαχθείς, εἶτα μετὰ τὴν τῶν γλωσσῶν διαίρεσιν Ἄμμων ὁ Ἕλλην ἐμήκυνε καὶ καθεξῆς ἕτεροι. λέγεται δὲ ὅτι καὶ ὁ ἕβδομος ἀπὸ Ἀδαμ Ἐνὼχ συνέγραφε τὴν μέλλουσαν τοῦ θεοῦ ὀργὴν ἐν πλαξὶ λιθίναις Ἑβραϊκῇ διαλέκτῳ. καὶ μετὰ τὸν κατακλυσμὸν εὑρέθησαν ἐκ τούτων ἐν ὄρει τινὶ καὶ μετὰ καιροὺς μετεκομίσθησαν ἐν Παλαιστίνῃ. Here we see different traditions being recorded side by side.

47. The location of Seiris is unknown, but it is probably someplace in the Far East; see G. J. Reinink, ›Das Land »Seiris« (Shir) und das Volk der Serer in jüdischen und christlichen Traditionen,‹ Journal for the Study of Judaism 6 (1975) 72-85.
48. On these two forms of world-wide destruction see *P. W. van der Horst*, »»The Elements Will Be Dissolved With Fire.« The Idea of Cosmic Conflagration in Hellenism, Ancient Judaism, and Early Christianity,‹ in my Hellenism – Judaism – Christianity 271-292, and the instructive note 166 in *Feldman's* commentary on Josephus ad loc.
49. And we are also reminded of Pseudo-Manetho as quoted earlier in the text above.
50. See *M. D. Johnson,* ›Life of Adam and Eve,‹ in J. H. Charlesworth (ed.), The Old Testament Pseudepigrapha II, Garden City: Doubleday, 1985, 292 n.a.
51. All ancient versions are now easily available in G. A. Anderson & M. E. Stone (edd.), A Synopsis of the Books of Adam and Eve, Atlanta: Scholars Press, 1999. For valuable discussions of the many textual problems and the dating of this document see *M. E. Stone*, A History of the Literature of Adam and Eve, Atlanta: Scholars Press, 1992, and *M. de Jonge & J. Tromp*, The Life of Adam and Eve, Sheffield: Sheffield Academic Press, 1997.

write upon them all my life and your father's which you have heard and seen from us. If he [God] should judge our race by water, the tablets of earth will dissolve but the tablets of stone will remain; if, however, he should judge our race by fire, the tablets of stone will break up but those of clay will be thoroughly baked.‹

After saying that Eve dies, the author ends with the remark, ›Then Seth made the tablets‹ (51).[52] Most striking here is the fact that the antediluvian information inscribed on the tablets is *not* about ›scientific‹ (astrological) lore but the story of the lives of the protoplasts, from which posterity is evidently supposed to learn a warning lesson. As we have seen, in Jewish tradition the antediluvian information is sometimes something to be evaluated negatively, since it derives from the wicked angels, or their offspring, who brought violence and idolatry into the world. We find that as early as the book of *Jubilees*.

Jubilees, a second cent. BCE retelling of Genesis and Exodus, is – perhaps apart from the *Book of Giants* – the earliest extant witness to the motif of the antediluvian stelae in Jewish literature. In *Jub.* 8:1-4 it is narrated that one of Seth's postdiluvian descendants, Arpachshad, had a son whom he named Cainan.[53] Of this Cainan the author writes:

He went forth in order that he might seek a place where he could build a city. And he found a text which his ancestors had engraved on stone. And he read what was in it, and he transcribed it. And he sinned because of what was in it, since there was in it the teaching of the Watchers by which they used to observe the omens of the sun and moon and stars within all the signs of heaven.[54] And he copied it down, but he did not speak about it because he feared to tell Noah about it lest he be angry with him because of it.

Here there can be no doubt that the contents of the antediluvian tablets are seen as nefarious. It is highly probable that here, as elsewhere, the book of *Jubilees* draws upon the earlier parts of the Enochic Pentateuch, especially chapters 1-36, the *Book of the Watchers*.[55] It is the evil teachings of the fallen

---

52. In many medieval manuscripts one finds a variety of additions, most of them to the effect that it was only Solomon who recovered the tablets inscribed by Seth. For some versions of this Latin legend see W. Meyer, ›Vita Adae et Evae,‹ Abhandlungen der königlichen bayerischen Akademie der Wissenschaften, Philosophisch-philologische Klasse 14:3 (München 1878), 244; and J. H. Mozley, ›The Vita Adae,‹ Journal of Theological Studies 30 (1929) 144-149.
53. In the Hebrew Bible Cainan occurs only as the son of Enosh (Gen. 5:9), but the Septuagint makes him a son of Arpachshad (Gen. 11:12-13).
54. The later rabbinic commentary on Genesis also mentions astrology/astronomy as the main activity of the antediluvian fallen angels, and the immoral behavior that was its consequence (*Bereshit Rabba* XXVI 5). Note that according to an anonymous tradition preserved in several Byzantine chronographers, Cainan found the *graphê* of the Giants hidden in a field; W. Speyer, ›Giganten,‹ RAC 10 (1978) 1263-1264.
55. See the various contributions to the volume edited by *M. Albani e. a.,* Studies in the

angels, described in detail in *1 Enoch* 6-11, that is referred to here. But there is a striking contrast with Josephus and the *Life of Adam and Eve* as far as the moral quality of the text on the pillars or stone slabs is concerned: In Josephus it is the valuable discoveries of the science of astronomy or astrology by Seth's descendants that had to be preserved for posterity; in the *Life of Adam and Eve* it is the valuable story of paradise and why the protoplasts were expelled from it; but in *Jubilees* it is the obnoxious teaching of the Watchers (i.e. astrology) that Cainan found, even though it is also explicitly stated that these teachings were inscribed by his otherwise good ancestors, Seth and Arpachshad![56] Apparently there is good and bad antediluvian knowledge, or one and the same body of antediluvian knowledge is assessed as bad by the one and as good by the other.[57] That the story of Adam and Eve in and outside paradise would be judged positively stands to reason. But that the records of the discoveries of Seth and his descendants would evoke such contrary reactions seems confusing.

Part of this confusion is caused by the biblical text itself. On the one hand the famous passage of Gen. 6:1-4 clearly implies that the behavior of the angels (there called ›sons of God‹) is immoral: they had sex with earthly women simply because they found them pretty, and for that reason God speaks words that can only be read as depreciative. On the other hand, at the end of the passage the offspring of these immoral unions, the giants, are called ›men of renown‹ (6:4), which seems to imply that they had an excellent reputation.[58] If the Bible itself seems to be equivocal about the ethical quality

Book of Jubilees, Tübingen: Mohr, 1997; also A. F. J. Klijn, Seth in Jewish, Christian and Gnostic Literature, Leiden: Brill, 1977, 13-16.

56. Note that in 4Q227, 2 (4QPseudo-Jubilees) it is said of Enoch that ›he wrote down everything [...] of the heavens and the paths of their armies and the months [...] so that the just would not go astray‹(!). In *Jub.* 4:15 it is said that the Watchers descended upon the earth ›that they should instruct the children of men and do judgement and uprightness on the earth.‹ It is only after they begin to have sexual intercourse with women that the teaching of the angels changes from good to bad, at least this seems implied by Jubilees.

57. Cf. *Van Kooten*, ›Enoch‹ 301 (on Jubilees): »There seems to have been a shift in the contents of the astronomical teachings by the Watchers after their transgression, since otherwise – if these had not differed from the astronomy they originally revealed to Enoch – their writings would not have had to be forbidden.« He plausibly suggests that the difference between the two forms of astronomy is to be found in the divergences between Enochic and non-Enochic calendar systems (306, on *1 Enoch*): »Enoch is the first inventor of the ›right astronomy‹ whereas the angelic Watchers were the first to teach the aberrant type of astronomy, leading to eschatological destruction.« See on this matter also *M. Küchler*, Schweigen, Schmuck und Schleier. Drei neutestamentliche Vorschriften zur Verdrängung der Frauen auf dem Hintergrund einer frauenfeindlichen Exegese des Alten Testaments im antiken Judentum, Göttingen: Vandenhoeck, 1986, 432-435. Also *Kvanvig*, Roots of Apocalyptic 146-147.

58. For *shem* in the sense of ›good reputation‹ or ›fame‹ see *Köhler-Baumgartner*'s Lexicon

of the generations immediately preceding the flood, no wonder that the early interpreters could go either way: antediluvian documents contained either valuable or harmful information. Those who chose the latter road felt no qualms in contradicting the Bible by picturing the ›men of renown‹ as ›a race of tyrannical and oppressive creatures who terrorize humanity, deplete the earth's resources, and spread violence and death everywhere.‹[59] But when we look at the *Sibylline Oracles*, we see that the Watchers are depicted as good and their teachings as beneficial. We read there (*Or. Sib.* I 89-96):

They were concerned with fair deeds, noble pursuits, proud honour, and solid wisdom. They practiced skills of all kinds, discovering inventions as a result of their needs. One discovered how to till the earth by plows, another carpentry, another was concerned with sailing, another astronomy and divination by birds, another medicine, again another magic.

That they are later (in 101-103) said to end up, nevertheless, in Gehenna, – unexplained though it goes[60] – hardly detracts from the fact that the Watchers are depicted here mainly as inventors of arts that are necessary for the survival of humanity (›fair deeds and noble pursuits‹).[61] In the same vein the second century BCE (Samaritan?) author called Pseudo-Eupolemus (Fragm. 1 = *PE* IX 17,1-9) seems to imply that the giants were *saved* from the deluge (διασωθέντες ἐκ τοῦ κατακλυσμοῦ) and thus in a position to hand down the astrological knowledge discovered by Enoch to Abraham, who in his turn passed it on to other peoples; in the second fragment (*PE* IX 18,2) Abraham's lineage is even explicitly derived from the giants![62] The-

---

s.v. On the merging of two traditions that has brought about this confusion in the biblical text see C. *Westermann*, Genesis 1-11 (BKAT I 1), Neukirchen-Vluyn: Neukirchener Verlagshaus, 1976, 491-517.

59. J. L. *Kugel*, Traditions of the Bible. A Guide to the Bible As It Was at the Start of the Common Era, Cambridge MA – London: Harvard University Press, 1998, 180 n. 8. At pp. 201-203 Kugel deals with traditions about the passing on of forbidden knowledge by the angels.

60. Does it have to do with the tradition also found in Josephus, *Ant. Jud.* I 72, about the degeneration of Seth's later descendants, who are said to have ›changed from their ancestral habits for the worse‹; see *Feldman*'s valuable note *ad loc.*

61. *VanderKam*, Enoch, a Man for All Generations 147-148. Note that according to *Jub.* 5:6 it is God himself who sent the angels to the earth, whereas *1 Enoch* 6 has the angels descend out of heaven in an act of rebellion against God. On this difference see J. T. A. G. M. van Ruiten, ›The Interpretation of the Flood Story in the Book of Jubilees,‹ in F. *García Martínez* & G. P. *Luttikhuizen* (edd.), Interpretations of the Flood, Leiden: Brill, 1999, 82.

62. Texts in C. R. *Holladay*, Fragments from Hellenistic Jewish Authors, vol. 1, Chico: Scholars Press, 1983, 157-187. On giants being saved from the flood see P. W. *van der Horst*, ›Nimrod After the Bible,‹ in my Essays on the Jewish World of Early Christianity, Göttingen: Vandenhoeck, 1990, 220-232. On Abraham as astrologer in Ps-Eupolemus and elsewhere see M. *Küchler*, Frühjüdische Weisheitstraditionen, Göttingen: Vandenhoeck, 1979, 119-121; A. J. *Droge*, Homer or Moses: Early Christian Interpreta-

se fragments link Abraham *and* the giants to the transmission of Babylonian astrology. In contradistinction to the *Book of the Watchers*, this author ›does not demonstrate any effort to draw a qualitative distinction between the angels who instructed Enoch in the sciences and the giants who learned this from Enoch.‹⁶³ Here again we see a positive depiction of the knowledge of the ›sons of God‹ and their offspring.⁶⁴ In order to understand this better, one has to keep in mind that, in some strands of post-biblical Jewish and Christian tradition, the ›sons of God‹ in Gen. 6:2 were equated with the sons of Seth. This had to do with the fact that according to some interpreters the descendants of the righteous Seth, who were of course righteous and good people, ›men of renown‹(!), deserved to be called ›sons of God‹ (quite unlike the Cainites).⁶⁵ So there was more than one reason for differences in Jewish opinions about the moral nature of antediluvian wisdom: it depended upon the identification of the sons of God and their offspring in Gen. 6:1-4, upon the identification of the sort of knowledge that was discovered or passed on in these generations preceding the flood, upon one's assessment of astrology, and upon whether or not one was able to distinguish between astrology (which was ›officially‹ a sinful activity) and astronomy (which was necessary if one wanted to be strict in calendrical matters).

Though it is outside the scope of this paper to deal with the Christian ›Wirkungsgeschichte‹ of the motif, let me finally pay brief attention to a quite special application of the motif of the evil nature of antediluvian knowledge, which is Christian but probably of Jewish origin. We find it in a contemporary of Tertullian, this time a Greek author, the otherwise unknown Hermias, who wrote his *Irrisio gentilium philosophorum* at the beginning of the third century CE.⁶⁶ From beginning to end this short treatise is nothing but a sus-

tions of the History of Culture, Tübingen: Mohr Siebeck, 1989, 19-25; and *P. Pilhofer*, Presbyteron Kreitton. Der Altersbeweis der jüdischen und christlichen Apologeten und seine Vorgeschichte, Tübingen: Mohr Siebeck, 1990, 149-153.

63. *Stuckenbruck*, Book of Giants 37. On the rivalry between Enochic and Mosaic wisdom see *G. W. E. Nickelsburg*, ›Enochic Wisdom: An Alternative to the Mosaic Torah?,‹ in *J. Magness & S. Gitin (edd.)*, Hesed Ve-Emet. Studies in Honor of Ernest S. Frerichs, Atlanta: Scholars Press, 1998, 123-132.

64. *Stuckenbruck*, Book of Giants 35: ›The surviving *gigantes* become therein an important link in the introduction of culture and are not singled out for overt vilification.‹ Cf. *M. Hengel*, Judaism and Hellenism, London: SCM Press, 1974, 243: ›What other Jewish circles regarded as a positive wisdom tradition deriving from Seth, was rejected in the Essene movement as demonic knowledge coming from the betrayal of divine secrets by fallen angels, and it may be supposed that in fact this included all the wisdom of the pagans and the refined culture of the Hellenistic period.‹

65. See *Adler*, Time Immemorial 113-122, and *Kugel*, Traditions 209-210, for references.

66. The Greek title is Διασυρμὸς τῶν ἔξω φιλοσόφων = ›ridicule of the outside [= non-Christian] philosophers.‹ I used the Sources Chrétiennes edition by *R. P. C. Hanson &*

tained satirical attack on Greek philosophers. He accuses them of inconsistency, lack of clarity, sensationalism, boasting etc. But it is already in the opening paragraph (§1) that one short sentence reveals what is at the back of his mind: ›I think that it [this wisdom] has its origin in the apostasy of the angels‹ (δοκεῖ γάρ μοι τὴν ἀρχὴν εἰληφέναι ἀπὸ τῆς τῶν ἀγγέλλων ἀποστασίας). This is new and unique in the history of the motif of antediluvian knowledge: it is not only astrology, the art of weapon-making and cosmetics that mankind learnt from the fallen angels, the whole of Greek philosophy has the same origin. Greek philosophy has very old roots indeed, but these are demonic![67]

5. Conclusion

We have come a long way, from the mid-7th century BCE Assyrian king Ashurbanipal to early third century CE Christian writers such as Tertullian and Hermias.[68] There seems to be no unifying thread that connects all the traditions apart from the claim to antiquity for the knowledge or wisdom one professes to have. But yet a line of development is traceable. That line begins in Mesopotamia, where after the coming into being of stories about a worldwide flood and antediluvian kings and their sages[69] in the early second

---

D. Joussot, Hermias: Satire des philosophes païens, Paris: Ed. du Cerf, 1993. I published an annotated Dutch translation of this treatise in my book Mozes – Plato – Jezus: Studies over de wereld van het vroege christendom, Amsterdam: Prometheus, 2000, 109-119, 240-242.

67. See R. Bauckham, ›The Fall of the Angels as the Source of Philosophy in Hermias and Clement of Alexandria,‹ Vigiliae Christianae 39 (1985) 313-330.

68. I leave out of account not only the later history of the motif in Christian literature (for instance, in the Byzantine chronographers, on which see Adler, Time Immemorial), but also Gnostic literature. See, for example The Three Stelae of Seth = Nag Hammadi Codex VII 5 (B. Layton, The Gnostic Scriptures, Garden City: Doubleday, 1987, 149-158). Many more references in J. C. VanderKam, ›1 Enoch, Enochic Motifs, and Enoch in Early Christian Literature,‹ in J. C. VanderKam & W. Adler (edd.), The Jewish Apocalyptic Heritage in Early Christianity, Assen: Van Gorcum – Minneapolis: Fortress, 1996, 33-101 (70-76 on Gnostic literature).

69. Foremost among them Enmeduranki, the seventh in the king-list (cf. Jude 14!), who, together with his *apkallu* (sage) Utu'abzu, is the Sumerian equivalent of Enoch; see the informative discussion by J. C. VanderKam, Enoch and the Growth of an Apocalyptic Tradition, Washington: Catholic Biblical Association of America, 1984, 33-51, and Lambert, ›Enmeduranki‹ (see note 2 above). Lambert (126-127) also quotes a Babylonian text in which a king of the last quarter of the 12th century BCE calls himself ›distant scion of kingship, seed preserved from before the flood, offspring of Enmeduranki, king of Sippar, who set up the pure bowl and the cedarwood rod [divinatory activities], who sat in the presence of Shamash and Adad, the divine adjudicators.‹ On antediluvian kings and sages in Mesopotamian literature see esp. Kvanvig, Roots of Apocalyptic, 160-213.

millennium BCE,[70] speculations about the nature of their wisdom began to develop long before the Hellenistic period, as Ashurbanipal's remark demonstrates. When in Hellenistic and Roman times the meeting of cultures is more intensified and people(s) are able to exchange ideas more easily, the rivalry between Babylonia and Egypt about the antiquity of their respective civilizations begins to play a significant role. ›Egypt‹ had already played its trump card as a country never to be threatened by a deluge in Plato's *Timaeus*. Babylonia now claimed for that very reason to possess antediluvian inscriptions. The Jews then joined the debate, they too claiming antediluvian traditions in their wish to prove that Jewish culture is older than Greek culture,[71] but since the biblical story ties the flood to the motif of the wickedness of mankind, some of these traditions tend to be regarded as very bad and connected with idolatry and violence. Others, however, having a less negative image of the ›sons of God‹ in Gen. 6:1-4, or of the giants, or of their cultural achievements – *i.e.*, by and large, the Hellenistic cultural achievements! – tend to see this antediluvian knowledge as worthwhile. And in ancient Christianity, of which we have examined only two early witnesses, we saw that on the one hand even the prestigious philosophy of the Greeks was declared to be antediluvian wisdom, but of the worst possible sort, while on the other hand the wisdom of the antediluvian sage par excellence, Enoch, was still deemed good and authoritative enough to be used for the purpose of compelling women to dress with the greatest possible modesty.[72]

---

70. See for this dating *Lambert-Millard*, Atra-hasis, 139.
71. I do not imply here that the Jews borrowed the motif of antediluvian wisdom from the Greeks (though that cannot be entirely excluded); they may well have taken it over from the Babylonians.
72. I owe thanks to my colleagues Bob Becking and Marten Stol for valuable suggestions and to my friend James Pankhurst for the correction of my English.

Als Mose und Henoch zusammenfanden
Die Entstehung der frühjüdischen Apokalyptik in Reaktion auf die Religionsverfolgung unter Antiochos IV. Epiphanes

Andreas Bedenbender

1. Jenseitsreise und/oder »historische« Apokalypse. Die eigenartige Dichotomie der frühjüdischen Apokalyptik

Vor etwas über zwanzig Jahren präsentierte J. J. Collins in einer Nummer von *Semeia* den bis heute wohl detailliertesten und auch einflußreichsten Versuch einer literarischen Näherbestimmung der (früh-)jüdischen Apokalypsen.[1] Seine Arbeit hatte ihren Platz im Rahmen paralleler Untersuchungen einer Arbeitsgruppe des *SBL Genres Project*, welche auf die Klassifikation der zwischen ca. 250 v. Chr. und 250 n. Chr. im östlichen Mittelmeerraum entstandenen Apokalypsen zielten (5). In Zusammenfassung der Arbeit der gesamten Gruppe legte Collins eine Definition vor, die bald schon – zumindest für den Bereich der frühjüdischen Apokalyptik – zu einem Quasi-Standard werden sollte:

»›Apocalypse‹ is a genre of revelatory literature with a narrative framework, in which a revelation is mediated by an otherworldly being to a human recipient, disclosing a transcendent reality which is both temporal, insofar as it envisages eschatological salvation, and spatial insofar as it involves another, supernatural world« (9).

Das Schlüsselwort, welches den inneren Zusammenhalt der Teile der Definition sicherstellt, ist »Transzendenz« (10): Von da aus erklären sich sowohl die Umstände der Offenbarung (otherworldly being) als auch ihr Inhalt (eschatological salvation/supernatural world).[2]

Eine *Typologie des Genres* kann bei der Unterscheidung zwischen Apo-

---

1. *J. J. Collins*, The Jewish Apocalypses, in: ders. (Hg.), Apocalypse: The Morphology of a Genre (Semeia 14), Missoula 1979, 21–59.
2. Es legt sich nahe, in ihr die Kehrseite eines Gefühls der Entfremdung hinsichtlich der Gegenwart zu sehen. Doch zu Recht warnt *Collins* vor soziologischen Kurzschlüssen, da sich Jenseitsreisen gleichermaßen in jüdischen und gnostischen Texten wie auch bei Platon und Cicero finden (11). – *Collins'* Zurückhaltung gegenüber der Frage nach der sozialen Funktion der Apokalyptik zeigt sich auch in späteren Texten. Vgl. etwa *J. J. Collins*, The Apocalyptic Technique: Setting and Function in the Book of Watchers, in: CBQ 44 (1982), 91–111: 110; ders., Genre, Ideology and Social Movements in Jewish Apocalypticism, in: ders. und *J. H. Charlesworth* (Hg.), Mysteries and Revelations: Apocalyptic Studies since the Uppsala Colloquium, Sheffield 1991, 11–32: 19.

kalypsen mit und ohne Jenseits- (in der Regel: Himmels-)Reise ansetzen, die Collins als »most obvious and fundamental« ansieht (13). Die Art des eschatologischen Inhalts ermöglicht weitere Differenzierungen (ebd.). Es gibt:
- Apokalypsen, die außer einer politischen und/oder kosmischen Eschatologie auch einen Geschichtsüberblick (»historical review«) bieten (a),
- Apokalypsen mit politisch/kosmischer Eschatologie, aber ohne Geschichtsüberblick (b)
- und schließlich Apokalypsen ohne Geschichtsüberblick, deren Eschatologie lediglich persönlicher Art ist (c).

Die Kombination beider Kriterien führt somit zu sechs Typen, denen im Untersuchungsbereich der *Apocalypse Group* auch jeweils mehrere Vertreter zugeordnet werden können und von denen vier durch jüdische Apokalypsen repräsentiert werden. Die wichtigsten beiden sind:
- *Typ Ia* (»historische« Apokalypse ohne Jenseitsreise) mit den Kapiteln 7–12 des Danielbuches und mit äthHen 85–90 (Tiervision) sowie äthHen 93,1–10; 91,11*.12–17 (Zehnwochenapokalypse).[3] Weiter gehören hierhin Jub 23, 4Esr und syrBar.
- *Typ IIb* (Jenseitsreise mit kosmisch/politischer Eschatologie) mit äthHen 1–36; 37–71; 72–82 (also dem Wächterbuch [WB], den Gleichnisreden und dem Astronomischen Buch [AB]). Auch slHen (= 2 Henoch) und TestLev 2–5 sind hier einzuordnen.

Die Leistungsfähigkeit der SBL-Definition ist wohl unbestritten. Paradoxerweise stellt gerade sie aber auch deren größtes Problem dar. Die Definition ist in der Lage, ihre volle Stärke in der Bereitstellung eines ausdifferenzierten Rasters zur Einordnung apokalyptischer Texte zu entfalten, ohne dem historisch-genetischen Zusammenhang entscheidendes Gewicht einräumen zu müssen. Damit kann sie dazu verführen, die historischen Umstände, unter denen die Texte entstanden sind, nicht mit letzter Schärfe in den Blick zu nehmen. Aber zumindest von der frühjüdischen Apokalyptik gilt, wie im folgenden gezeigt werden soll, daß die höchst turbulenten Verhältnisse, welche die Texte hervorbrachten, diese in ihrer Eigenart bleibend prägen konnten. Das betrifft sowohl die inhaltliche (also »theologische«) Seite der Texte als auch ihre formale Signatur. Und so kann eine konsequent zeitgeschichtliche Erklärung ein Problem beseitigen, das von Collins zwar deutlich gesehen, aber nicht entschieden genug angegangen wurde: Die dargestellte sechsfache Differenzierung ist für die frühjüdischen Apokalypsen nicht in dem Maße signifikant, wie das Raster vielleicht glauben läßt. Wirklich fundamen-

---

3. Zur Textfolge und zur Gestalt von V. 11 vgl. F. *Dexinger*, Henochs Zehnwochenapokalypse und offene Probleme der Apokalyptikforschung, Leiden 1977, S. 104.

tal ist nur der Unterschied zwischen »historischen« Apokalypsen und Himmelsreisen.[4] Tatsächlich war Collins bereits 1979 in der eingangs erwähnten Publikation der Frage nachgegangen, ob es sich dabei nicht sogar um zwei verschiedene Genres handeln könne; und lediglich aus praktischen Gründen (eine scharfe Trennung erwies sich als undurchführbar) hatte er sich für einen übergreifenden Genrebegriff ausgesprochen (16). In seinen Worten:

»The clear distinction between ›historical‹ apocalypse and otherworldly journey in the earliest Jewish apocalypses, Daniel and 1 Enoch 1–36 may be taken as one stage in the development of the genre. In a later stage, represented by the Similitudes of Enoch and the book of Revelation, this distinction becomes far less clear« (17).

Diese Frage gilt es also mittels einer zeitgeschichtlichen Erklärung der frühjüdischen Apokalyptik zu beantworten: *Wie ist die anfangs so deutliche Unterschiedenheit von Himmelsreise und »historischer« Apokalypse zu erklären, und was ermöglichte das spätere Zusammenwachsen?*[5]

2. Eine innerjüdische Religionsverfolgung

Grundlegend für das Verständnis der Religionsverfolgung, die über den toratreuen Teil des jüdischen Volkes im Palästina des Jahres 167 v. Chr. hereinbrach, ist auch nach über sechs Jahrzehnten die von E. Bickermann vorgelegte Rekonstruktion der Ereignisse.[6] Vor allem Bickermanns umfangreiche ideologiekritische Analyse der Quellenschriften kann noch immer bestechen. Darum orientiert sich die folgende Darstellung weitgehend an den Resultaten dieser Untersuchung und diskutiert die nennenswerten Alternativen anmerkungs- bzw. exkursweise.

Im Jahre 168 v. Chr. wurden die traditionell guten Beziehungen Jerusalems zur seleukidischen Herrschaft erschüttert, indem im Verlaufe der Wirren des seleukidisch-ptolemäischen Krieges und seiner diplomatischen Nachgeschichte vorübergehend ägyptenfreundliche Kreise in der Stadt ans Ruder kamen (Bickermann, 69). Daraufhin ließ der Epiphanes im Rahmen einer

---

4. Vgl. *Collins*, Genre (s. o., Anm. 2), 14; *ders.*, Daniel, Minneapolis 1993, 54, und im weiteren M. *Himmelfarb*, Tours of Hell: An Apocalyptic Form in Jewish and Christian Literature, Philadelphia 1985, 61, Anm. 68.
5. Aufgrund der Platzbeschränkung und um einer möglichst stringenten Durchführung willen müssen sich die Ausführungen auf einige in ihrer Bedeutung bislang unterschätzte Aspekte konzentrieren. Eine ausführlichere und an vielen Stellen differenziertere Version findet sich in *A. Bedenbender*, Der Gott der Welt tritt auf den Sinai. Entstehung, Entwicklung und Funktionsweise der frühjüdischen Apokalyptik, Berlin 2000. So wird dort auch die Danielapokalyptik miteinbezogen, die hier weitgehend außer Betracht bleibt.
6. *E. Bickermann*, Der Gott der Makkabäer, Berlin 1937.

militärischen Strafexpedition die Mauern Jerusalems schleifen. Gegenüber dem Zionsberg wurde eine Festung, die Akra, errichtet (71), welche offenbar als griechische Polis die umliegende Landschaft beherrschen, also die politische Rolle des entmachteten Jerusalem übernehmen sollte (73).⁷ In der Akra saßen neben einer Besatzung aus fremden Militärkolonisten (71) auch »abtrünnige«, d. h. stark hellenisierte Juden. Zu ihnen gehörte vor allem der von Antiochos eingesetzte Oberpriester Menelaos (72; vgl. 66). Der Tempel wurde der Akra zugeordnet (77). Unter solchen Umständen wollten die hellenisierten Juden um Menelaos die Gunst der Stunde dafür nutzen, den in ihren Augen teilweise barbarisch wirkenden Gottesdienst in Jerusalem gemäß den Ideen griechischer Aufklärung zu reformieren und den Vorstellungen einer »vernünftigen« Naturreligion anzupassen: Nach syrischer Art sollte nunmehr die bildlose Verehrung des Himmelsgottes der Vorfahren, für den Zeus Olympios oder Baal Schamim nur als andere Namen angesehen wurden,⁸ auf einem Altar unter freiem Himmel erfolgen (132, vgl. auch 116).⁹ Diese Kult-

---

7. Die Frage ist, ab wann die Konstituierung einer griechischen Polis, die Jerusalem politisch verdrängen sollte, zur Debatte stand. So bringt *V. Tcherikover* (Hellenistic Civilization and the Jews, Philadelphia/Jerusalem ²1961, 161) das Projekt schon mit dem von ca. 174-171 v.Chr. amtierenden Hohenpriester Jason in Verbindung. Doch Sicherheit ist hier nicht zu erlangen; und ebenso müssen auch die verwandten Fragen, wie weit die Angelegenheit gedieh und wann sie endgültig in der Schublade verschwand bzw. von den Ereignissen überholt war, als offen gelten.
8. Genauer handelt es sich wohl um eine uneigentliche Benennung, vgl. *Bickermann*, Gott der Makkabäer (s. o., Anm. 6), 94 f.
9. Zur Art des Kultes, der im Tempel installiert wurde, gibt es eine Reihe von alternativen Deutungen (vgl. *K. Koch*, Das Buch Daniel, Darmstadt 1980, 136-140), ebenso zu seiner Veranlassung: Teilweise wird die aktive Rolle von Antiochos stärker herausgestellt. (Vgl. *F. Millar*, The Background of the Maccabean Revolution: Reflections on Martin Hengel's »Judaism and Hellenism«, in: JJS 29 [1978], 1-21: 16; *H. Gese*, Die Bedeutung der Krise unter Antiochus IV. Epiphanes für die Apokalyptik des Danielbuches, in: ZThK 80 [1983], 373-388: 382. Kritisch dazu *Collins*, Daniel [s. o., Anm. 4], 65.) Am für die Ausbildung der Apokalyptik relevanten Sachverhalt ändert sich dadurch nichts, sofern nicht mit *J. C. H. Lebram* die Existenz der jüdischen Reformpartei und damit auch ihr Anteil an den Vorgängen völlig bestritten wird: Der Verfasser von 1 Makk habe eine Auseinandersetzung seiner eigenen Zeit zurückprojiziert (*J. C. H. Lebram*, Apokalyptik und Hellenismus im Buche Daniel. Bemerkungen und Gedanken zu Martin Hengels Buch über »Judentum und Hellenismus«, in: VT 20 [1970], 503-524: 511.515). – Doch *Lebrams* Rekonstruktionsversuch hängt zum einen daran, daß er die Geltung einer erst in der Mischna überlieferten Vorschrift über die Entweihung des Heiligtums voraussetzen muß (513), bei der einiges dafür spricht, daß sie gerade im Rückblick auf den Präzedenzfall von 167 geschaffen sein dürfte, zum anderen ignoriert er die starke Kritik in der Tiervision und vor allem in der Zehnwochenapokalypse an jüdischen Abtrünnigen, die – anders als die Schilderungen ab 1 Makk – nicht aus späterer Zeit entstammen und damit als historisch verläßlich gelten dürften. Zu der 1981 präsentierten Theorie *J. C. VanderKams*, 167 v.Chr. sei die Kalenderzählung des Jerusalemer Tempels vom altjüdischen solaren auf das hellenistische lunisolare System umgestellt worden (*J. C. VanderKam*, 2 Maccabees 6, 7a and Calendrical Change in Jerusalem, in: JSJ 12 [1981], 52-74), vgl. *Bedenbender*, Gott der Welt (s. o., Anm. 5), 168 f.

reform im Geiste der hellenistischen Ökumene stieß jedoch auf den erbitterten Widerstand von Altgläubigen. Um hier ein für allemal reinen Tisch zu machen, bewog die jüdische Reformpartei Antiochos, in Judäa die traditionelle jüdische Religionsausübung zu verbieten, die Juden zum Verzehr von Schweinefleisch zu zwingen etc.

Die Annahme, Menelaos und sein Umfeld hätten sich als religiöse Reformatoren verstanden, bildet vermutlich den schwächsten Punkt in Bickermanns Argumentation. Wie J. J. Collins mit anderen hervorhebt, ist die dargestellte Rekonstruktion der Absicht, von der die Gruppe um Menelaos sich habe leiten lassen,

»very speculative, as it attributes to the Hellenizers a theological ideology for which there is no direct evidence. It is also possible to attribute a more pragmatic role to Menelaus, by supposing that he was primarily concerned with retaining power, that he recognized the Law as a foundation of traditionalist opposition and wished to eradicate it.«[10]

Für die zuletzt angedeutete Möglichkeit hat sich vor Collins schon K. Bringmann, gestützt auf eine überzeugende Analyse der Interessenlage von Menelaos, ausgesprochen:[11] Als willfähriges Werkzeug des Epiphanes bei der steuerlichen Aussaugung Judäas, als aktiver Handlanger bei dessen Tempelraub im Jahre 169 v.Chr. und als Auftraggeber des Mordes am früheren Hohenpriester Onias III. habe Menelaos es verstanden, sich die Todfeindschaft praktisch des ganzen jüdischen Volkes zuzuziehen (129). Um dann aber sein Leben und seine Machtstellung zu retten, sei er auf den »wahrhaft diabolische(n) Plan« verfallen, die gesamte herkömmliche jüdische Religion abzuschaffen und sich so aller seiner Gegner mit einem Schlag zu entledigen. Menelaos habe beabsichtigt,

»die Juden von den Wurzeln ihrer geschichtlichen Existenz zu trennen und ein ›neues‹ Volk zu schaffen, das von den Erinnerungen an seine Geschichte unbelastet war« (130).

So läßt sich mit Bringmann auch, besser als mit Bickermann, die Wahl gerade der *syrischen* Religionsform erklären: Menelaos sei davon ausgegangen,

»daß die jüdische Religion in Auseinandersetzung mit den Baal- und Astartereligionen der syrisch-kanaanäischen Umwelt ihre unverwechselbare Eigenart gewonnen hatte, daß gerade diese Religionen für den frommen Juden der Inbegriff des Grauens waren« (130f.).

Ab hier kann die Erörterung wieder der von Bickermann vorgegebenen Hauptlinie folgen:

Antiochos, der gegen die herkömmliche jüdische Religion nichts hatte, aber an einem guten Auskommen mit Menelaos interessiert war (Menelaos stand für die Tributpflicht Judäas ein [57]),[12] kam diesem Ansinnen nach. Im De-

---

10. *Collins*, Daniel (s.o., Anm. 4), 64.
11. *K. Bringmann*, Hellenistische Reform und Religionsverfolgung in Judäa, Göttingen 1983.
12. Zu einer ähnlichen Einschätzung kommt *Collins*, Daniel (s.o., Anm. 4), 62, Anm. 494f.

zember 167 v. Chr.[13] erließ er ein regional begrenztes Religionsverbot (80),[14] das aufgrund des heftigen Widerstandes im März des Jahres 164 v. Chr. dann wieder aufgehoben wurde. Noch im gleichen Jahr konnten die Makkabäer den Tempel militärisch zurückerobern und dem »Götzendienst« ein Ende bereiten. Im Winter 163/2 v. Chr. wurde Judäa dann wieder zum Tempelstaat, was die Entmachtung der Akra bedeutete (85). Dennoch bestand die Festung als Hort der »Abtrünnigen« weiter. Wenn der Darstellung von 1 Makk an diesem Punkte zu trauen ist, beteiligte sie sich in den folgenden Jahren immer wieder an militärischen Aktionen gegen die Makkabäer oder versuchte, den syrischen König gegen sie aufzubringen.[15] Erst 141 v. Chr. gelang es dem Makkabäer Simon, sie zu erobern (88). So hielt die Akra, als von Antiochos längst keine Bedrohung mehr ausging, noch für über zwei Jahrzehnte in unmittelbarer Nähe des Tempels die Erinnerung daran wach, daß die Zeit von 167–164 v. Chr. sich nur unvollkommen als eine Bedrängnis Israels durch die Heiden charakterisieren ließ: Das Zustandekommen wie auch die fanatische

---

13. Zur Datierung vgl. allerdings *Bringmann*, Hellenistische Reform (s. o., Anm. 11), 28 u. ö. Gestützt auf eine Analyse der gesamten Chronologie von 1–2 Makk (vgl. 15–28), setzt *Bringmann* die allgemein dem Jahre 167 v. Chr. zugeordneten Ereignisse schon für das Jahr 168 v. Chr. an. Entsprechend vertritt er, daß es bereits im Dezember 165 v. Chr. zur Neuweihe des Tempels kam (40). Die Frage ist hier nicht weiter zu behandeln, da von keinem speziellen Belang.
14. Insbesondere die Darstellung von 1 Makk 1,41 f., Antiochos habe für sein gesamtes Reich eine Zwangshellenisierung aller Völker durchführen wollen, erweist sich als unhaltbar. Sie ist nirgends außerhalb der jüdischen Tradition belegt. Vgl. auch *Bickermann*, Gott der Makkabäer (s. o., Anm. 6), 46 f.; *Collins*, Daniel (s. o., Anm. 4), 63 f. – *Tcherikover* vertritt die Hypothese, die Religionsverfolgung sei nicht der Auslöser der Rebellion, sondern umgekehrt eine hartnäckige Rebellion der Anlaß für die Religionsverfolgung gewesen. Der neu im Tempel eingeführte Kult stand in seinen Augen in keinem unmittelbaren Zusammenhang damit, da er lediglich für die Militärkolonisten bestimmt war (*Tcherikover*, Hellenistic Civilization [s. o., Anm. 7], 195.198). Aber der Vorschlag verkleinert das Problem nicht, er verlagert es nur: Eine derartige Maßnahme wäre als Reaktion auf einen Aufstand völlig ungewöhnlich. (Vgl. *Collins*, Daniel [s. o., Anm. 4], 65.) – Überdies widerspricht *Tcherikover* sich selbst: Einerseits war die Revolte massiv und das religiöse Element in ihr – zumindest nach Meinung des Epiphanes – zentral (198; und das ist auch nötig: sonst wäre es absurd gewesen, mit einer Religionsverfolgung zu reagieren). Andererseits aber war Antiochos davon überzeugt, es nur mit einer kleinen Minderheit religiöser Fanatiker zu tun zu haben (199; und auch dies ist für *Tcherikovers* Theorie erforderlich: sonst wäre es Wahnsinn gewesen, die Verfolgung einzuleiten). Dann aber erhebt sich die Frage, wie (alles nach Meinung des Königs) eine unbedeutende und marginale Gruppe in der Lage gewesen sein sollte, eine derartige Massenwirkung zu entfalten. – *Tcherikovers* Versuch, die Veranlassung der Religionsverfolgung ausschließlich Antiochos zuzuschreiben und die jüdische Seite (d. h. Menelaos) davon völlig zu entlasten, ja ihr sogar die Zustimmung zu den Maßnahmen abzusprechen (201), kann mithin nicht überzeugen.
15. Belege bei *K. Müller*, Die frühjüdische Apokalyptik, in: *ders.*, Studien zur frühjüdischen Apokalyptik, Stuttgart 1991, 35–173: 79.

Durchführung der Religionsverfolgung erklärten sich daraus, daß sie *von Juden* veranlaßt worden war.[16]

3. Der theologische Widerstand

Der bereits erwähnte Widerstand gegen das Religionsedikt formierte sich nicht nur auf der militärischen, sondern auch auf der ideologischen Ebene. Und wie nun der letztendlich errungene Erfolg gegen einen zunächst übermächtig wirkenden Gegner vermuten läßt, die sicher heterogenen Gruppen der Aufständischen seien nicht regellos und unkoordiniert, sondern nach einem gemeinsamen Plan vorgegangen, so gibt es Grund zu der Annahme, daß sie auch im Bereich der Ideologie zu einer regelrechten Koalition zusammenfanden. An dieser Koalition werden sich zumindest zwei Gruppierungen beteiligt haben: die in Jerusalem ansässigen oder auf Jerusalem und seinen Tempel hin orientierten Tradenten der biblischen Schriften einerseits, andererseits die Gefolgsleute des Vorzeitweisen Henoch.[17] Man kann davon ausgehen, daß diese beiden jüdischen Gruppierungen sich in vormakkabäischer Zeit nur aus der Distanz und mit einem doch schon erheblichen Maß an Mißtrauen beobachtet hatten. Darauf deutet hüben das Auftauchen eines »Henoch« in verschiedenen Stammbäumen der Genesis hin,[18] drüben die

---

16. Vgl. *Bickermann*, Gott der Makkabäer (s.o., Anm. 6), 136: »Einem Epiphanes, der die Lehrvorträge der Epikureer besuchte, wird es ziemlich gleichgültig gewesen sein, ob man sich in Jerusalem wie in Hieropolis des Schweinefleisches enthielt oder diese Kost, griechischem Geschmack gemäß, bevorzugte. Den Reformisten, die aus dem Judentum hervorgegangen waren, erschien aber naturgemäß jedes Jota im Gesetz nicht weniger bedeutsam als den Orthodoxen, und sie übertrafen wie alle Religionsreformatoren an Intoleranz die Altgläubigen, indem sie die ›Rückständigen‹ blutig verfolgten.«
17. Daß jene, die sich mit der Überlieferung der Tora betraut sahen, zu den Opfern der Verfolgung gehörten, versteht sich von selbst. Bei den Henochgruppen hingegen ist dies durchaus erstaunlich. Hier können wir nur darum mit Sicherheit davon ausgehen, weil die im weiteren noch erörterte Tiervision, ein Henochtext, aus der Perspektive des Verfolgtwerdens geschrieben wurde und klar mit der makkabäischen Erhebung sympathisiert. Es läßt sich nur folgern, daß die vormakkabäischen Autoren des Henochbuches entweder halachisch näher an der Jerusalemer Orthopraxie standen, als die Texte zu erkennen geben, oder daß Menelaos die Gelegenheit günstig schien, mit diversen Gegnern gleichzeitig aufzuräumen.
18. Vor allem die Notiz Gen 4,17, die Henoch als Erstgeborenen Kains ausweist, wird als scharfe Kritik an allen »Henochitern« zu deuten sein. Aber auch die Erwähnung Henochs in Gen 5,22–24 (Henoch als der – von Gott entrückte – Siebente in der Folge der Patriarchen) und Gen 46,9 (Henoch als Erstgeborener Rubens) dienen wohl vor allem dazu, Henoch und alle seine geistigen Nachfahren auf Abstand zu halten. Vgl. *A. Bedenbender*, Theologie im Widerstand. Die Antiochoskrise und ihre Bewältigung im Spiegel der Bücher Exodus und Richter, in: TeKo 85 (1/2000), 3–39: 12–18.

Kritik am Tempel von Jerusalem, die in codierter Form im WB (einer wohl im 3. Jh. v. Chr. entstandenen Henochkomposition) enthalten ist.[19]

In makkabäischer Zeit ändert sich das schlagartig. Mit der Tiervision und mit der Zehnwochenapokalypse entstehen nun auf einmal zwei Texte, die formal der Henochliteratur zugehören, inhaltlich aber – sie rekapitulieren beide die Geschichte Israels nach einem verfremdeten deuteronomistischen Schema[20] – in der Tradition der biblischen Literatur stehen.[21] Damit war etwas völlig Neues entstanden. Die Henochgruppen hatten bisher bei ihrer Beschäftigung mit der universalen Macht der Sünde und mit der kosmischen Ordnung kein Interesse an der Geschichte Israels gezeigt, die Tradenten der biblischen Literatur hatten es, gestützt auf »Gesetz und Propheten«, wohl weder für nötig noch auch für ratsam gehalten, auf Urzeitoffenbarungen jenseits der Tora zu rekurrieren.

Die Annahme eines geistig-geistlichen Bündnisses der beiden Gruppierungen findet aber nicht nur in der Existenz einer aus mosaischen wie henochitischen Traditionen gespeisten Textproduktion in der Makkabäerzeit, also in der Empirie, Anhalt. Vielmehr ergibt eine nähere Betrachtung der biblischen Geschichtsdarstellung wie der vormakkabäischen Henochtexte, aus welchen *sachlichen* Gründen die Beteiligten bereit waren, gemeinsam theologisches Neuland zu beschreiten.

Die ungeheuerlichen Ereignisse gegen Ende des Jahres 167 v. Chr. schrieen geradezu nach theologischer Deutung. Und wer sich nun zum mosaisch-prophetischen Flügel des Widerstandes zählte, dürfte bei seinen Reflexionen wie von selbst auf das in der biblischen Literatur breit verankerte sog. deuteronomistische Geschichtsbild[22] gestoßen sein.

19. Vgl. *D. W. Suter*, Fallen Angel, Fallen Priest: The Problem of Family Purity in 1 Enoch, in: HUCA 50 (1979), 115–135; *J. J. Collins*, The Place of Apocalypticism in the Religion of Israel, in: *P. D. Miller, Jr.*; *P. D. Hanson* und *S. M. McBride* (Hg.), Ancient Israelite Religion: Essays in Honor of Frank Moore Cross, Philadelphia 1987, 539–558: 546.
20. Als »deuteronomistisch« wird dabei – orientiert an den Darlegungen von *O. H. Steck* (Israel und das gewaltsame Geschick der Propheten, Neukirchen-Vluyn 1967) – folgendes Geschichtsbild betrachtet: Das von Gott erwählte und gesegnete Israel wurde seinem Herrn ungehorsam (was sich an der Nichtbeachtung des Gesetzes und vor allem an falschem Kult zeigte), blieb trotz der Umkehrrufe, die von den Propheten übermittelt wurden, halsstarrig und wurde von Gott um seiner Sünden willen gestraft (letztlich dann mit dem Exil). Aber Gott läßt Raum für eine Umkehr des Volkes und stellt sie unter die Verheißung einer künftigen Segenszeit (teilweise damit verbunden: eines künftigen Gerichts an den Feinden Israels).
21. Zur literarischen Abhängigkeit der Zehnwochenapokalypse von der Tiervision (die ihre Entstehung in vormakkabäischer Zeit ausschließt) vgl. *G. Reese*, Die Geschichte Israels in der Auffassung des frühen Judentums, Berlin u. a. 1999 [Diss. masch. Heidelberg 1967], *Müller*, Frühjüdische Apokalyptik (s. o., Anm. 15), 74 f., *K. Koch*, Sabbatstruktur der Geschichte, in: ZAW 95 (1983), 403–430: 424.
22. Vgl. dazu oben, Anm. 20.

Schließlich lehrte das deuteronomistische Geschichtsbild, die gewaltsame Bedrükkung und Verfolgung Israels (oder jener, die sich als »Israel« betrachteten) durch fremde Völker nicht als sinnloses Spiel des Zufalls oder als Produkt eines geschichtlichen Auf und Ab zu verstehen. Der theologisch geschulte Blick konnte darin ein Strafgericht Gottes erkennen, veranlaßt durch die Sünden des eigenen Volkes. So aber wurde der Blick weg von den Erscheinungen hin in das Reich der *Ursachen* gelenkt, wo der Versuch, dem Geschehen analytisch gegenüberzutreten, Anhalt fand. Weiter gehörte zur deuteronomistischen Geschichtskonzeption die Betonung des Umkehrrufes, also eine bedenkenswerte, auf die Gesamtheit des Volkes zielende *Strategie*. Und schließlich bot sich hier auch eine *Perspektive* jenseits des göttlichen Zornes.

Einleuchtend urteilt O. H. Steck über das deuteronomistische Geschichtsbild (bei Steck: »dtrGB«), daß es auch für weitere Kreise des Widerstandes von Interesse war. Schließlich vermochte es

> »mit seinem Umkehrelement (E) das Anliegen aller antihellenistischen Kräfte zusammenzufassen und durch die Bindung von E an die Vorstellung von der Gerichtsandauer dieses Anliegen mit den bedrängenden zeitgeschichtlichen Vorgängen theologisch zu verknüpfen. Kurz: *die levitische Tradition des dtrGB war diejenige Konzeption, die eine theologische Erfassung der zeitgeschichtlichen Vorgänge im Zusammenhang mit dem Anliegen Israels ermöglichte.*«[23]

Es ist gut nachzuvollziehen, daß in der Zeit des Religionszwanges auch die Henochgruppen sich mit dieser Vorstellung anfreunden konnten; um so mehr, als sie sich bis auf die Tora zurückführen ließ.[24] Denn die Erfahrung, gemeinsam mit den Toratreuen verfolgt zu werden und gemeinsam mit ihnen zu widerstehen, dürfte bei den Henochgruppen fast zwangsläufig ein Umdenken im Blick auf die Tora hervorgerufen haben.

Doch soviel das überkommene deuteronomistische Geschichtsbild zur theologischen Bewältigung der Krise auch beitragen konnte, in einem entscheidenden Punkt erwies es sich als defizitär: Die Verfolgung durch die heidnische Weltmacht ließ sich nicht als ein Strafgericht Gottes interpretieren, weil sie ja gerade die »Frommen« traf und die »Gottlosen« verschonte. Die Situation glich eher jener Bedrückung der Propheten, die von der Überlieferung den Tagen Elias zugeschrieben wurde (vgl. dazu 1 Kön 19,10), jedoch mit zwei Unterschieden: Zum einen war die Schärfe der gegenwärtigen Verfolgung größer, zum anderen ließ sie sich – jedenfalls von denen, die Einblick in die Entwicklung des Geschehens hatten[25] – nicht auf heidnische Bos-

---

23. *Steck,* Israel (s. o., Anm. 20), 206.
24. Vgl. Dtn 28; 30.
25. Die Situation wird natürlich nicht für alle, die vom Religionsedikt betroffen waren, durchschaubar gewesen sein. Zumindest aber die in Jerusalem, in unmittelbarer Umgebung des Tempels, Ansässigen, welche die katastrophale Politik des Hohenpriesters, aus

heit schieben.²⁶ Die Heiden waren offenkundig lediglich willfährige Büttel; und als wahrer Drahtzieher fungierte der Hohepriester von Jerusalem. Die Religionsverfolgung, und darin lag die ganze Absurdität des Geschehens, wurde von jenem Ort aus initiiert, der für die verfolgte Religion eben das Zentrum bedeutete: Der Tempel von Jerusalem war zum Sitz des Widergöttlichen schlechthin geworden.²⁷

Wer sich in seinem Glauben vormals vom Tempel nicht weniger als von der Tora bestärkt sehen konnte, hätte nun allen Grund gehabt, an der Heilsgeschichte zu verzweifeln und dem Väterglauben öffentlich den Abschied zu geben: Warum das eigene Leben in der Verfolgung für etwas opfern, was, den Zeichen der Zeit nach zu urteilen, ohnehin mit Sinn nicht viel zu tun hatte? Bei dem Versuch, unter solchen Umständen wieder theologischen Boden unter die Füße zu bekommen, muß das theologische Potential der neuen, dezidiert jüdischen Bundesgenossen, der Henochgruppen, wie eine Offenbarung erfahren worden sein. Zwei Punkte werden in besonderem Maße für »Henoch« gesprochen haben: Die Henochgruppen bewiesen durch ihre bloße Existenz, daß sich auch in kritischer Distanz zum Tempel ein Judentum leben ließ; und Henoch war Bürge von Offenbarungen, die schon aufgrund ihres Alters die Tora an Dignität übertrafen. Gerade dieser letzte Punkt ist in einer Situation, die mit der Tora nicht mehr hinreichend zu erklären war, an Bedeutung kaum zu überschätzen.

Die diskontinuierliche Anknüpfung an das deuteronomistische Denken in der Tiervision wie in der später entstandenen Zehnwochenapokalypse soll nun exemplarisch an einem Punkt entfaltet werden, an dem besonders deutlich wird, in welchem Maße die Tradenten der mosaisch-prophetischen Überlieferungen unter dem Eindruck einer verzweifelten Situation an der eigenen Bestimmung als Teil des Gottesvolkes irre geworden waren. Beide Texte sind von der Unmöglichkeit geprägt, jene Größen weiterhin miteinander zu verknüpfen, welche diese Bestimmung einst verbürgt hatten: die Erwählung des Volkes, sein Bund mit Gott und die Gabe der Tora. Zugleich jedoch lassen sie den Versuch erkennen, noch in der Abkehr vom unhaltbar gewordenen Gesamtmodell zumindest wesentliche Teile der Überlieferung zu retten. Hier freilich gabelt sich der Weg. Die Tiervision gibt die Überzeugung auf, am Sinai habe Gott einen Bund mit seinem Volk geschlossen und ihm ein Gesetz gegeben.²⁸ Dadurch wird die Brisanz des während der Reli-

       der dann letztlich die Verfolgung erwuchs, über längere Zeit beobachten konnten, müßten erkannt haben, wer hier der Motor des Geschehens war.
26. So erscheint bei Elia die sidonische Prinzessin Isebel als Urheberin von Götzendienst und Verfolgung der wahren Gläubigen; vgl. 1 Kön 16,31; 18,3; 19,2.
27. Die Vorstellung vom Widersacher, der sich in den Tempel Gottes *setzt* (vgl. 2 Thess 2,4), könnte ihr Urbild durchaus in der Gestalt des Menelaos haben.
28. Vgl. äthHen 89,35.

gionsverfolgung in Israel um sich greifenden Abfalls so weit gemindert, daß immerhin die *Geschichte Israels* Bezugspunkt aller Reflexionen bleiben kann. Die Zehnwochenapokalypse hingegen hält – unter dem Eindruck der status-confessionis-Situation von 167 v. Chr. – an der Gabe des Sinaigesetzes als einer unauflöslichen Norm fest. Sie zahlt dafür den Preis, daß das Scheitern eines Großteils von Israel in jener Verfolgung (oder was der Trägerkreis der Zehnwochenapokalypse für ein Scheitern hielt) nun ein immenses Gewicht erlangt, ja daß die Vorstellung von der Einheit des Volkes unter jener Last zerbricht.[29] In beiden Fällen mußte die Lage zunächst verstörend genug erscheinen. Die alte Trias Erwählung – Bund – Gesetz hatte sich der Aufgabe nicht gewachsen gezeigt, die neue Situation zu bewältigen, und war darüber selber zu Schaden gekommen. Das Scheitern der Tradition umfaßte die Summe dessen, worauf Israel sich jemals gegründet hatte – theologisch gesprochen: seit den Tagen des Sinai. Schon deshalb mußte der rückwärts ausgeworfene Notanker noch über den Anfang der Geschichte Israels hinausgelangen, ehe er – in der Urzeit – haltenden Grund finden konnte.[30] Daß er dort allerdings weder bei Adam noch bei Noah, sondern ausgerechnet bei Henoch niederging, ist das Produkt einer anderen Art von Notwendigkeit: Es war das Bündnis der erwähnten Tradenten biblischen Gedankenguts eben mit einer bereits an Henoch orientierten Gruppierung, welches hierin seinen sprechendsten Ausdruck fand.

4. Die Wirkung

Nicht nur in der Hinsicht erwies sich das Bündnis aus deuteronomistischen Kreisen und Henochgruppen als folgenreich, daß ihr die weitere Existenz des uns bekannten Judentums zu verdanken ist. Darüber hinaus nämlich bedeutete es eine geistige Anregung, deren Spuren sich in einer Vielzahl frühjüdischer Schriften nachweisen lassen. Die weitere Darstellung beschränkt sich auf drei Texte: die Eingangskapitel des Wächterbuches (äthHen 1–5), das Jubiläenbuch und die Assumptio Mosis.[31]

29. Vgl. äthHen 93,6: Die Zehnwochenapokalypse kennt zwar (im Unterschied zur Tiervision) ein am Sinai gegebenes »Gesetz für alle Generationen«, will von einem dort geschlossenen Bund aber (gerade wie die Tiervision) nichts wissen.
30. Vgl. *K. Müller*, Die Pseudepigraphie im Schrifttum der frühjüdischen Apokalyptik, in: ders., Studien zur frühjüdischen Apokalyptik, 195–227: 226. – Daß der zweite Schutzpatron der frühjüdischen Apokalyptik, Daniel, ein jüdischer Weiser am babylonischen Hof ist, könnte in Anbetracht des zur Henochapokalyptik entfalteten Argumentationsganges befremden. Aber der Name »Daniel« ist historisch doppelbödig: »Dan(i)'el« heißt eine bekannte Vorzeitgestalt. Vgl. dazu *Bedenbender*, Gott der Welt (s. o., Anm. 5), 212.
31. Darüber hinaus wären in Betracht zu nehmen: äthHen 90,29–36 (ein Nachtrag in der

4.1 Die Mosaisierung des WB in äthHen 1–5

Die ersten fünf Kapitel des WB (und damit inzwischen des gesamten äthHen) heben sich thematisch vom folgenden Text deutlich ab. Ab Kap. 6 geht es um die katastrophischen Folgen des Falls der Wächterengel sowie um deren Bestrafung (und in impliziter Analogie also auch: um die als unerträglich wahrgenommenen Zustände im Umfeld der Verfasserkreise und um das richtende Eingreifen Gottes, das diesbezüglich noch aussteht). Am Anfang des äthHen hingegen wird das umfängliche Wissen Henochs über die ewige Dauer der Ordnungen Gottes (Kap. 2: unwandelbare Gestirne; 3 f.: Beständigkeit der Bäume sowie der Hitze in der Trockenzeit) geschlossen in einer zum Trost der Gerechten gedachten Gerichtsrede gegen die pflichtvergessenen Übertreter des Gesetzes ins Feld geführt (vgl. Kap. 5). – Neben dieser inhaltlichen Differenz gibt es noch einen weiteren bemerkenswerten Unterschied. Vor allem in den neun Versen des ersten Kapitels nämlich findet sich ein dichtes Netz von Anspielungen auf die Traditionen der späteren Hebräischen Bibel, ja von direkten Zitaten, welches die motivlichen Berührungen des WB mit dem auch in Gen 6 erwähnten Engelfall weit in den Schatten stellt.[32] Die Vermutung liegt nahe, wir hätten es in den Anfangskapiteln des äthHen mit einer anderen Schicht zu tun als in dem anschließenden Kernstück des WB. Wird nun der Abstand zwischen den Henochtraditionen des 3. vorchristlichen Jh. und der Hebräischen Bibel bedacht, weiter auch der prologartige Charakter von äthHen 1–5, so spezifiziert sich diese Überle-

---

Tiervision, welcher der Integration der Messiaserwartung dient); äthHen 72,1; 80f. (die sekundäre eschatologische Rahmung des AB) und die Verbindung der völlig unterschiedlichen Kapitel Sach 1–8; 9–14 eben zum Sacharjabuch. Vgl. *Bedenbender*, Gott der Welt (s. o., Anm. 5), 208–211.230–238.

32. Mit *K. Beyer* läßt sich in 1,1 ein Bezug zu Dtn 33,1 erkennen; weiter in 1,3 f. ein Zitat aus Mi 1,3, in 1,5 ein Zitat aus Jes 41,5, in 1,9 ein Zitat aus Dtn 33,2 (*K. Beyer*, Die aramäischen Texte vom Toten Meer ... Aramaistische Einleitung. Text. Übersetzung. Deutung. Grammatik/Wörterbuch ..., Göttingen 1984, 232). Ähnlich *G. W. E. Nickelsburg*, der auch einen Bezug zur Bileamsweissagung (Num 24) sieht (*G. W. E. Nickelsburg*, Salvation without and with a Messiah: Developing Beliefs in Writings Ascribed to Enoch, in: *J. Neusner u. a.* (Hg.), Judaisms and Their Messiahs at the Turn of the Christian Era, Cambridge u. a. 1987, 49–68: 53), und *M. E. Stone*, der für die Anfangsverse über Bileam hinaus noch auf Hes 1,1 verweist (*M. E. Stone*, Lists of Revealed Things in the Apocalyptic Literature, in: *F. M. Cross u. a.* (Hg.), Magnalia Dei, New York 1976, 414–454: 444, Anm. 1). *E. Rau* vermutet ebenfalls, daß der Anfang von äthHen »in Analogie zu dem Anfang von Prophetenbüchern gestaltet worden ist« (*E. Rau*, Kosmologie, Eschatologie und die Lehrautorität Henochs, Hamburg 1974 [Diss. Hamburg 1970], 39). Zustimmend *Chr. Münchow* (Eschatologie und Ethik, Berlin 1981, 17). – Die wohl umfangreichste (in vielen Fällen allerdings auch nicht allzu signifikante) Zusammenstellung der Entsprechungen zwischen äthHen 1 und der Hebräischen Bibel gibt *L. Hartman* (Asking for a Meaning. A Study of 1 Enoch 1–5, Uppsala 1979, 22–26).

gung schnell dahin, daß es sich hierbei um einen jüngeren Text handeln müsse; entstanden nicht allzu lange Zeit vor der Niederschrift des ältesten überlieferten Fragmentes, 4Q201. Dessen Datierung ist bis auf wenige Jahrzehnte genau möglich – K. Beyer setzt den Text um 170 v. Chr. an,[33] J. Maier grenzt ihn auf 180–150 v. Chr. ein (II, 138).[34] Leider jedoch gerät er dabei in eine Epoche, in der schon wenige Jahre einen immensen Unterschied machen:

Entweder stammt nicht nur die uns vorliegende Kopie, sondern schon das Original aus der Makkabäerzeit. Dann können wir in ihm das Bemühen erkennen, den Steg, der in Gestalt der Tiervision erstmals über den Graben zwischen den Henochgruppen und den biblisch orientierten Kreisen gelegt wurde, zu verbreitern, also die Einbeziehung weiterer henochitischer Stoffe (Astronomie!) in das deuteronomistische Denken zu ermöglichen.

Oder aber zumindest die Erstfassung von äthHen 1–5 ist vormakkabäisch, gehört mithin in den Zeitraum zwischen etwa 200 und 167 v. Chr. In dem Fall müßte das gerade gezeichnete Bild – geringfügig – modifiziert werden. Die Kontakte zwischen den unterschiedlichen Oppositionsgruppen der Makkabäerzeit (und damit auch zwischen den ihnen jeweils zuzuordnenden Traditionsströmen) wären dann nicht schlagartig zustande gekommen, sondern hätten sich in Reaktion auf die schon länger im Gang befindliche hellenisierende Umgestaltung des Judentums bereits seit einer Weile angebahnt. Hinsichtlich der Ereignisse von 167 v. Chr. könnte lediglich von einer Intensivierung des Austausches gesprochen werden.

Wenngleich ich die – zeitliche und traditionsgeschichtliche – Vorordnung der Tiervision gegenüber äthHen 1–5 favorisiere, scheint mir die Prioritätsfrage kein entscheidendes Gewicht zu besitzen. Offenbar ist der historische Vorgang hinreichend komplex, um beide Betrachtungsweisen zugleich Bestand haben zu lassen. Die Antiochosverfolgung war eben sowohl Teil eines historischen Prozesses als auch – kraft eines Umschlags von Quantität in Qualität – ein Ereignis *sui generis*. Dementsprechend kann dann auch die Gegenbewegung eine kontinuierliche *und* eine diskontinuierliche Seite aufweisen.

Mit Abstand eindrucksvollstes Beispiel für die Angleichung der Henochtradition an »Tora und Propheten« als die konstituierenden Texte eines deuteronomistisch und eschatologisch bestimmten Denkens ist eine in 1,4 (bzw. in den Zeilen 5 und 6 von 4Q201) zu findende Aussage, die leider auf aramäisch nur stark verstümmelt überliefert ist, deren hohes Alter aber aufgrund

---

33. *Beyer*, Aramäische Texte (s. o., Anm. 32), 227.
34. *J. Maier*, Die Qumran-Essener: Die Texte vom Toten Meer. Bd. II, München/Basel 1995, 138. – *Miliks* Datierung auf das Ende des 3. oder den Anfang des 2. Jh. ist damit nach unten zu korrigieren. (Vgl. *J. T. Milik*, The Books of Enoch: Aramaic Fragments of Qumrân Cave 4, Oxford 1976, 7.)

ihrer Eigenart als hinreichend verbürgt gelten kann: »*Der Gott der Welt*«, so heißt es dort gemäß der Übersetzung von Uhlig, *wird (zum Gericht) auf den Sinai treten.*[35]

Was den Sinai betrifft, so ist zunächst bemerkenswert, daß er in äthHen 1,4 überhaupt erwähnt wird – handelt es sich dabei doch um den einzigen derartigen Fall in äthHen.[36] Interessanter noch ist der Vergleich mit der Theophanie von Dtn 33,2, die ja bei der Abfassung von äthHen 1 unbestritten Pate gestanden hat:[37] In Dtn 33 kommt Gott *vom* Sinai, in äthHen 1 von seinem Wohnsitz *zum* Sinai. Treffend dazu J. J. Collins:
»The slight change is significant. Sinai has a place in Enoch's revelation, but it is not the ultimate source.«[38]

Wo aber der Sinai ist, wird das mosaische Gesetz, die Tora, nicht weit sein. Und so sollte es nicht verwundern, daß sich dicht hinter 1,4 – die ersten Kapitel des äthHen sind sehr kurz – in 5,4 ein Beleg für die Rede vom Gesetz im absoluten Sinne findet: »Ihr habt nicht durchgehalten und das Gesetz des Herrn nicht erfüllt …«. Der Sprachgebrauch fällt auf. In den älteren Henochtexten AB und WB bezeichnet das »Gesetz« durchgehend entweder die kosmische Ordnung oder, unspezifisch, die Befehle Gottes.[39] Daher stellt 5,4 den neben 93,4.6 in der Zehnwochenapokalypse[40] frühesten Beleg für die prägnante Verwendung des Wortes dar, der dem äthHen zu entnehmen ist.[41] Der Sachverhalt erklärt sich zwanglos daraus (und bestätigt umgekehrt noch einmal sehr schön), daß für Henoch eben wirklich etwas Neues auf den Plan tritt, wenn sein Gott sich zum Sinai aufmacht.

Als Ergebnis läßt sich festhalten: Die *interpretatio Mosaica et apocalyptica* der Henochüberlieferung erfolgte weniger durch Eingriffe in den Textbestand als durch Vorschaltung einer programmatischen Einleitung, von der zu hoffen stand, daß sie den auch von geübten Interpretatoren sicher nicht immer leicht zu steuernden Zug schon auf das richtige Gleis setzen werde.

---

35. Eine nähere Begründung der Übersetzung von *'alam* mit »Welt« (anstelle des scheinbar näher liegenden »Ewigkeit«) bietet *Bedenbender*, Gott der Welt (s. o., Anm. 5), 222–228.
36. Der Bezug in 89,29 kommt, dem Duktus der Tiervision entsprechend, ohne Namensnennung aus.
37. Vgl. oben, Anm. 32.
38. *J. J. Collins*, The Apocalyptic Imagination: An Introduction to Jewish Apocalyptic Literature. Second Edition, Grand Rapids u. a. 1998, 48.
39. Vgl. *Münchow*, Eschatologie (s. o., Anm. 32), 39.
40. In 93,4 geht es um das Noahgesetz »für die Sünder«, in 93,6 um das Sinaigesetz »für alle kommenden Geschlechter«.
41. Vgl. *Münchow*, Eschatologie (s. o., Anm. 32), 39. – Ebd. auch Näheres zum äthiopischen Sprachgebrauch und den möglichen hebräischen Äquivalenten.

4.2 Das Jubiläenbuch:
eine apokalyptisierte Tora bzw. eine mosaisierte Apokalypse

Das *Jubiläenbuch*, das aus levitischen und/oder priesterlichen Kreisen stammen dürfte,[42] ist wohl zwischen der makkabäischen Erhebung und dem Ende des 2. vorchristlichen Jahrhunderts entstanden,[43] vermutlich in Palästina.[44]

Bei Jub handelt es sich um eine – an einigen Stellen bis zur Modifizierung gehende[45] – Neuformulierung der herkömmlichen Tora, am ehesten zu vergleichen mit der Tempelrolle aus Qumran.[46] Der Text sieht sich zu solcher Freiheit im Umgang mit der Tradition legitimiert, weil er sich selbst als die Enthüllung eines von Gott beauftragten Engels versteht und weil seiner Überzeugung nach die in ihm enthaltenen Gesetze (sowie eine Vielzahl weiterer Informationen) schon in den himmlischen Tafeln niedergelegt sind,[47] mit denen die Steintafeln des Mose fraglos übereinstimmen müssen.[48]

Anliegen wie Leistung von Jub lassen sich ausgehend von der traditionsgeschichtlichen Beobachtung bestimmen, daß

»in den Vätergeschichten des Jubiläenbuches eine ganz andere Überlieferungskonzeption zur Geltung kommt als in den durch die Theorie des Rahmens bestimmten Abschnitten, nach denen Moses die einzige Autorität ist: nicht Moses, sondern eine Reihe von Vätern, die ihrerseits in der Autorität Abrahams ihren Beziehungspunkt haben, ist die eigentliche Überlieferungsautorität.«[49]

Hinter den Patriarchen Israels wiederum werden die Patriarchen der Vorzeit

---

42. Vgl. *Rau*, Kosmologie (s.o., Anm. 32), 465 f.; *K. Berger*, Das Buch der Jubiläen (JSHRZ II/3), Gütersloh 1981, 273–575: 299 f.; *F. Schubert*, Tradition und Erneuerung. Studien zum Jubiläenbuch und seinem Trägerkreis, Frankfurt (Main) u.a. 1998, 16–19.257.
43. Zur Datierung vgl. *Bedenbender*, Gott der Welt (s.o., Anm. 5), 240. Was den u.a. von G. W. E. Nickelsburg unternommenen Versuch angeht, Jub in vormakkabäische Zeit zu datieren (*G. W. E. Nickelsburg*, Chapter Three: The Bible Rewritten and Expanded, in: M. E. Stone (Hg.), Jewish Writings in the Second Temple Period [CRINT II/2], Assen u.a. 1984, 89–156: 102 f.), vgl. kritisch *Collins*, Apocalyptic Imagination (s.o. Anm. 38), 84.
44. Vgl. *Berger*, Buch der Jubiläen (s.o., Anm. 42), 299.
45. *Nickelsburg* hält es mit *Safrai* für wahrscheinlich, daß Jub in einigen Punkten gegen die geläufige Praxis des zweiten Tempels protestiert (*Nickelsburg*, Bible Rewritten [s.o., Anm. 43], 100).
46. Vgl. *Stone*, Lists (s.o., Anm. 32), 444 f.
47. Vgl. *Nickelsburg*, Bible Rewritten (s.o., Anm. 43), 101. Ähnlich auch *Collins*, Apocalyptic Imagination (s.o., Anm. 38), 81: »*Jubilees* can correct the traditional law by appealing to the words of the angel and the heavenly tablets.«
48. Vgl. *Münchow*, Eschatologie (s.o., Anm. 32), 45.
49. *Rau*, Kosmologie (s.o., Anm. 32), 465. Vgl. auch *Raus* Urteil, daß Mose in Jub »zum ausschließlichen Garanten auch der Traditionen gemacht werden soll, die sich gegen seine Autorität sperren« (412).

als Gewährsmänner der Tradition sichtbar: In 7,38 erscheint Henoch als Quelle der vom Vater dem Sohn überlieferten und so bis auf Noah gekommenen Gesetzgebung; und in 21,10 schärft der sterbende Abraham dem Isaak Bestimmungen ein, die er auf das Buch seiner Vorväter und auf die Worte Henochs und Noahs zurückführt.[50]

An und für sich wäre auch denkbar, daß der Verweis auf die Lehrautorität der Patriarchen eine bloß literarische Rückprojektion der mosaischen Überlieferung darstellt. Aber wir haben es bei der auf die Väter gestützten Vermittlung der Gesetze nicht mit einer abgeschlossenen Episode der Vor- und Frühzeit Israels zu tun, die ein bloßes Analogon zur späteren Unterrichtung in der Tora des Mose bedeutete. Vielmehr wird die Weisung der Väter den Leviten zur beständigen Weitergabe anvertraut und kommt dergestalt implizit in Kontakt mit der Zeit von Jub: Jakob, so ist Jub 45,16 zu entnehmen, übergibt seinem Sohn Levi alle seine Schriften und auch die Schriften seiner Vorväter,

»›damit er sie bewahre und sie erneuere für seine Söhne bis auf diesen Tag‹ (...). Damit ist Levi allein Träger aller Väterüberlieferungen und der Lehrautorität in der Gegenwart. Die Traditionslinie, die von Henoch zu den Leviten führt, steht so in eigentümlicher Spannung zur Autorität des Mose.«[51]

Nach der sorgfältigen Analyse von E. Rau ist davon auszugehen, daß Jub bei der Ausbildung seiner eigenen Konzeption aus drei unterschiedlichen Überlieferungsströmen schöpfen konnte:[52] Neben der Orientierung an der Tora und an typisch henochitischem Gedankengut (Kalendersystem!) wurden wohl auch die Impulse eines »Väterjudentums« aufgenommen, also einer weiteren Richtung innerhalb des Frühjudentums, für deren Existenz die TestXII (mit einem Vorbehalt hinsichtlich ihrer Datierung) ein unabhängiges Zeugnis bieten.

Die Väter, Mose und das henochitische Kalendersystem in einem einzigen Text zu versammeln, stellt ein traditionsgeschichtliches Wagestück dar. Am leichtesten wird es aus dem Versuch zu erklären sein, mit den Überlieferungen auch die jeweiligen Trägerkreise zueinander ins Verhältnis zu setzen. – Wie fällt nun die Integration von Henoch-, Väter- und Mosetradition in Jub aus, und welche Folgerungen lassen sich daraus ziehen?

1. Jub löst das angesprochene Problem der alternativen Letztbegründungen, indem es nicht nur die Tora des Mose, sondern auch die Lehren der Väter

---

50. Vgl. *J. C. VanderKam*, Enoch Traditions in Jubilees and Other Second-Century-Sources, in: *P. J. Achtemeier* (Hg.), Society of Biblical Literature 1978 Seminar Papers. Vol. I, Missoula 1978, 229–251: 239f.
51. *Berger*, Buch der Jubiläen (s. o., Anm. 42), 280.
52. Vgl. *Rau*, Kosmologie (s. o., Anm. 32), 414–416.

mit dem Inhalt der himmlischen Tafeln identifiziert: Henoch wird die – auf den Himmelstafeln verzeichnet zu denkende – Geschichte der Menschen geoffenbart (vgl. Jub 4,19); Jakob nimmt unmittelbar in die Tafeln Einsicht (vgl. Jub 32,21 f.). Die Sinaioffenbarung kann also zugleich unmittelbare und neue himmlische Offenbarung sein und – dank der gemeinsamen norma normans – mit der Lehre der Vorväter übereinstimmen.[53]

2. Indem die Vätergeschichten in die Tora vom Sinai einbezogen werden, wird der Inhalt der Genesis durch die Autorität des Mose legitimiert. Zu einer Zeit, als »Mose« und »die Väter« noch zwei konkurrierende Bezugssysteme (mit unterschiedlicher Anhängerschaft) darstellten, war eine derartige Korrelation weder selbstverständlich noch belanglos:

»(I)n dem theologischen Milieu, in dem Jub, TestXII und die Henochliteratur entstanden, besaßen Bücher nicht an sich Autorität, sondern nur in Zuordnung zu einem der großen Propheten und Lehrer Israels, die dieses Buch jeweils aufschrieben. Insbesondere für das Buch Gen war diese Frage bis zum Jub hin offen.«[54]

3. Umgekehrt bedeuten die an Mose ergehenden Offenbarungen über die Vergangenheit seine Aufwertung als Apokalyptiker:

»Durch das Einbringen der Vätergeschichten in die Sinaioffenbarung selbst gelingt es dem Verfasser des Jub, Mose nicht mehr nur einseitig mit den ›Geboten‹ in Verbindung zu bringen. Wie andere Apokalyptiker empfängt Mose Offenbarung über die vergangene wie über die zukünftige Geschichte.«[55]
Damit ist Mose gegenüber andern Empfängern apokalyptischer Offenbarungen »›konkurrenzfähig‹ geworden«.[56]

4. Die Gebote (Sabbat) werden schon von den Vätern gehalten. Umgekehrt heißt das: Das Tun der Väter entspricht den Geboten und wird an ihnen gemessen.[57] Daher haben halachisch Interessierte allen Grund, sich den Vätern anzuschließen, während die Halacha für die Kinder Abrahams (Isaaks, Jakobs) von Bedeutung sein sollte.

---

53. Vgl. *Berger*, Buch der Jubiläen (s.o., Anm. 42), 281 f., sowie zu den Himmelstafeln in Jub allgemein *F. García Martínez*, The Heavenly Tablets in the Book of Jubilees, in: M. Albani, J. Frey und A. Lange (Hg.), Studies in the Book of Jubilees, Tübingen 1997, 243–260.
54. *Berger*, Buch der Jubiläen (s.o., Anm. 42), 279.
55. *Berger*, a.a.O., 280.
56. Ebd.
57. Wie wenig selbstverständlich das ist, zeigt der Vergleich mit TestXII: Dort werden Tugenden und Laster in den Vätergeschichten exemplifiziert, ohne daß das Gesetz als normierende Instanz eine Rolle spiele. Vgl. *Nickelsburg*, Bible Rewritten (s.o., Anm. 43), 99.

5. Doch die Aufwertung der mosaischen Tora geht noch weiter. Sie wurde ja nicht nur schon in der Vorzeit Israels gehalten und steht auf den himmlischen Tafeln verzeichnet – nein, im Himmel selbst wird sie praktiziert, und zwar seit Anbeginn der Welt! Die Engel, so enthüllt der Text, feierten das Wochenfest im Himmel vor Noah (6,18), sie hielten vor den Menschen den Sabbat (2,30) und sind seit dem Tag ihrer Erschaffung beschnitten (15,27).[58] Das Sinaigesetz erfährt in Jub also eine Ausweitung in kosmische Dimensionen.[59] Wenn Israel demnach die von der himmlischen Tora vorgegebenen Festzeiten und Sabbate bewahrt und wenn die Sterne des Himmels zu der für sie angeordneten Zeit auf- und untergehen, so haben wir es mit zwei Facetten der göttlichen Weisung zu tun, die unmittelbar, und ohne Bildung einer Hierarchie zwischen ihnen, korreliert werden können.[60] Das Dtn und das AB, auf den ersten Blick thematisch völlig verschieden, finden, von Jub auf ihren Inhalt befragt, zur völligen Harmonie, wenn nicht zu einem Gleichklang.

6. Das wechselseitige Legitimierungsverhältnis, welches Jub zwischen den unterschiedlichen Traditionen herstellt, ist dermaßen ausbalanciert, daß der Text gleichermaßen als Apokalyptisierung der Tora wie als Mosaisierung der Apokalyptik erscheint. Der Konvergenzprozeß von Tora und Apokalyptik, dessen Beginn in der Verheißung von äthHen 1,3 f., Gott werde am Ende der Tage auf den Sinai treten, einen knappen Niederschlag gefunden hatte, bestimmt das Jubiläenbuch auf der Länge des gesamten Textes. Mit diesem Fazit gelangt die vorliegende Untersuchung auf anderem Wege zu eben dem Ergebnis, das J. J. Collins bei der Frage nach dem Genre von Jub gefunden hatte: Jub ist ein »borderline case« der Apokalyptik.[61]

7. Der historische Ort von Jub dürfte mit Berger so zu bestimmen sein, daß der Text darauf zielt,

---

58. Vgl. *Münchow*, Eschatologie (s. o., Anm. 32), 48.
59. Damit geht Jub weit über die Verbindung von Bundes- und Schöpfungstheologie bei Sir hinaus: Die Weisheit ist für Sir ewig und kommt vor allem anderen. Indem sie das All einschließlich der Himmelskörper regiert (vgl. Sir 42 f.), steht sie nur dem Schöpfer nach. Auch der Bund ist ewig, aber er gehört der Geschichte an. Darum hat auch das Gesetz – für Sir die Manifestation der Weisheit innerhalb der Geschichte – keine Funktion außerhalb der Gott-Mensch-Beziehung (vgl. *G. Boccaccini*, Middle Judaism, Minneapolis 1991, 89.94).
60. *Münchow*, Eschatologie (s. o., Anm. 32), 48, spricht allerdings von einer »Urbild-Abbild-Korrelation« zwischen himmlischem und irdischem Geschehen. – Ein angesichts der dezidiert nicht sektiererischen Position von Jub vielleicht nicht zufälliger Nebenaspekt mag sein, daß ein kultisch-kalendarisches Abirren auch eines Großteils von Israel (wie es bei Zugrundelegung des von Jub propagierten 364-Tage-Jahres schnell wahrgenommen werden konnte) längst nicht mehr so katastrophal erscheinen mußte, wenn denn die rechte Beachtung der Festzeiten im Himmel sichergestellt war.
61. *Collins*, Apocalyptic Imagination (s. o., Anm. 38), 83.

»auf der Basis der Autorität der Väter und des Mose noch einmal allen verschiedenen Gruppen des Volkes ein gemeinsames, historisch begründetes Selbstverständnis zu vermitteln. Jub ist der Versuch, die durch den Hellenismus bedrohte Identität des Volkes durch Rückgriff auf Vätertraditionen herzustellen.«[62]

Die Antwort auf die Frage nach den Verfasserkreisen hängt natürlich nicht unwesentlich von einer genaueren Einordnung des Textes innerhalb der makkabäisch-hasmonäischen Epoche ab. Sollte eine »Frühdatierung« das Richtige treffen, wäre wohl Bergers Urteil beizupflichten:

»Träger ist (...) eine antihellenistische priesterliche restaurative Reformgruppe, die sowohl mit den Asidäern als auch mit der kurz danach entstandenen Qumrangruppe in enger historischer Verbindung steht.«[63]

4.3 Die Assumptio Mosis: eine deuteronomistische Apokalypse

Die Assumptio Mosis (AssMos), die ihre gegenwärtige Form um die Zeitenwende (oder ein wenig später) erreicht haben wird,[64] wirft hinsichtlich ihrer Entstehungsgeschichte erhebliche Probleme auf: Haben wir die Erstkomposition vor uns oder aber die durch einen Einschub ergänzte Aktualisierung einer älteren Fassung? Die Diskussion ist verwickelt,[65] hier aber auch nicht von Belang. Die Darstellung käme mit jeder Datierung *nach* der makkabäischen Verfolgung zurecht, und eine Entstehung der hypothetischen Grundschrift noch während des Religionszwanges läßt sich ausschließen.[66]

Die Schrift »may be viewed somewhat loosely as a rewriting of Deutero-

---

62. *Berger*, Buch der Jubiläen (s.o., Anm. 42), 298; unter Rückverweis auf *L. Finkelstein*, der bereits 1930 eine ähnliche Position vertrat (*L. Finkelstein*, Some Examples of the Maccabean Halaka, in: JBL 49, 20–42). – Vgl. auch *Berger*: »(W)ie könnte man die vom Zerreißen bedrohte Einheit des Volkes besser fördern als durch Aufweis der in der Abkunft von den Vätern begründeten Bruderschaft?« (a.a.O., 280.)
63. *Berger*, Buch der Jubiläen (s.o., Anm. 42), 298. Ähnlich auch *Schubert*, Tradition (s.o., Anm. 42), 257. – Was die von *Berger* erwähnten Asidäer betrifft, vgl. *Bedenbender*, Gott der Welt (s.o., Anm. 5), 46.105–107.
64. Vgl. *E. Brandenburger*, Himmelfahrt Moses, in: JSHRZ V/2, Gütersloh 1976, 57–84: 60; *J. Tromp*, The Assumption of Moses: A Critical Edition With Commentary, Leiden u.a. 1993, 116f.; *Collins*, Apocalyptic Imagination (s.o., Anm. 38), 129. – Ältester Zeuge ist ein lateinisches MS aus dem 5. Jh.; vgl. *Brandenburger*, 59.
65. Für die zweite Möglichkeit optieren *J. Licht*, Taxo, or the Apocalyptic Doctrine of Vengeance, in: JJS 12 (1961), 95–103: 102f.; *G. W. E. Nickelsburg*, Resurrection, Immortality, and Eternal Life in Intertestamental Judaism, Cambridge/London 1972, 43–45, und *Collins*, Apocalyptic Imagination (s.o., Anm. 38), 129f. (mit weiterer Literatur), dagegen *Tromp*, Assumption of Moses (s.o., Anm. 64), 109–111.120–122. Auch *Brandenburger*, Himmelfahrt Moses (s.o., Anm. 64), 59f., behandelt den Text als Einheit.
66. Vgl. *Bedenbender*, Gott der Welt (s.o., Anm. 5), 248.

nomy 31–34«.⁶⁷ In ihr äußert sich eine Geschichtstheologie, die deutlich das deuteronomistische Muster von Sünde und Strafe widerspiegelt⁶⁸ und den Text insgesamt als »deeply rooted in the covenantal theology of Deuteronomy«⁶⁹ erscheinen läßt. Ihr ausgeprägt apokalyptischer Charakter (ex eventu-Prophetie, transzendente Eschatologie, Mose als apokalyptischer Seher und Offenbarungsmittler) rechtfertigt es durchaus, sie als Apokalypse im Sinne der SBL-Definition zu betrachten.⁷⁰ Dementsprechend haben wir es bei AssMos mit einer *Integration von apokalyptischem und deuteronomistischem Denken (bei apokalyptischer Form und mit Mose als zentraler Gestalt)* zu tun. An synthetischer Kraft wie an Komplexität kann sie es (nach dem geurteilt, was vom Text erhalten geblieben ist) zwar mit Jub nicht aufnehmen. Dennoch ist nicht uninteressant, wie sie sowohl die göttliche Determination des Weltgeschehens⁷¹ als auch die Möglichkeit, auf das Handeln Gottes Einfluß zu nehmen,⁷² zu behaupten sucht. Zugleich haben wir hier eine bemerkenswerte Änderung des deuteronomistischen Schemas vor uns: Außer der Umkehr einer Generation vermag auch das Martyrium eines Gerechten den Lauf der Geschichte zu ändern⁷³ und nicht weniger zu bewirken, als daß »der Himmlische ... aus seiner heiligen Wohnung [heraustreten wird] ..., um die Heiden zu strafen« (10,3.7).

Die in äthHen 1,3 f. aus Mi 1,3 aufgenommene Wendung, mit der Henoch den erwarteten Aufbruch des »Gottes der Welt« zum Sinai schildert,⁷⁴ begegnet uns damit erneut; nur daß vom Sinai selbst nicht mehr die Rede ist. Die Differenz ist bezeichnend. In gewisser Weise ist zusammen mit seinem Gott auch äthHen 1–5 noch zum Sinai unterwegs, während AssMos dank des weitergegangenen Traditionsprozesses der Apokalyptik den Berg bereits in seinem Rücken weiß und von ihm herkommt. Wenn Mose es unmittelbar vor Abbruch des Textes für unmöglich erklärt, daß Gott sein Volk (und sei es auch noch so ungehorsam) gänzlich verstoße und verlasse, und wenn er dafür

---

67. *Collins*, Apocalyptic Imagination (s. o., Anm. 38), 130 (im Anschluß an *D. J. Harrington*).
68. Vgl. *Collins*, a. a. O., 130; *Brandenburger*, Himmelfahrt Moses (s. o., Anm. 64), 63 f.
69. *Collins*, a. a. O., 132.
70. Vgl. *Bedenbender*, Gott der Welt (s. o., Anm. 5), 57 f.
71. Nicht nur das Ende, sondern auch der Verlauf der Geschichte können dabei als determiniert betrachtet werden; vgl. AssMos 12,4 f.
72. In AssMos 12,6 ist Mose als Fürbitter für die Sünden des Volkes eingesetzt; 3,10–4,4 schildert die Reue des Volkes im Exil und die Fürbitte eines Einzelnen (Daniels? Esras?), die in 4,5 »wegen des Bundes mit ihren Vätern« erhört wird.
73. Zu AssMos 9 vgl. *J. J. Collins*, Chapter Eight: Testaments, in: *M. E. Stone* (Hg.), Jewish Writings in the Second Temple Period (CRINT II/2), Assen u. a. 1984, 325–355: 347 f. (mit Verweis auf den impliziten Kontrast zwischen Taxo, einem Vater von sieben Söhnen, und Mattathias, dem Stammvater der Makkabäer).
74. Vgl. oben, Anm. 32.

auf den fest gegründeten Bund verweist (vgl. 12,12 f.), dann wird dabei nicht weniger als an den Bund mit den Vätern (vgl. 4,5) auch an den Bund vom Sinai zu denken sein (vgl. 1,14: Mose als Bundesmittler).

Welch weiter Weg damit hinter der apokalyptischen Theologie der Ass-Mos liegt, läßt sich daran ermessen, daß die eschatologische Versetzung an den Sternenhimmel – ein typisch apokalyptischer Topos – anders als Dan 12,3 und äthHen 104,2 nicht bloß den Gerechten, sondern ganz Israel verheißen wird (vgl. AssMos 10,8 f.), ohne daß der am Ende seines Lebens stehende Visionär sich im Blick auf die Treue und Verläßlichkeit des Volkes nennenswerten Illusionen hingäbe (vgl. 12,8.11). Die Aufmerksamkeit des Textes richtet sich, ganz apokalyptisch, auf die Gerechtigkeit und den Duldermut des Individuums. Der Text versichert den gerechten Einzelnen jedoch nicht seines privaten Heils, sondern ordnet ihn wieder seinem (oft genug schwachen und sündhaften) Volk zu, welches – und darin ist AssMos ganz deuteronomistisch – das vorzügliche Objekt des göttlichen Heilswillens darstellt. Der Gott der Welt ist auf den Sinai getreten.

5. Zusammenfassung der Resultate

1. Die Apokalypse-Definition der Gruppe um J. J. Collins, die auf der Verknüpfung zweier heterogener Kriterien basiert (Himmelsoffenbarung *und* eschatologische Erlösung), orientiert sich ihrem eigenen Anspruch nach lediglich an der beobachtbaren Empirie. Es läßt sich jedoch zeigen, daß diese beiden Merkmale in einem unmittelbaren Entsprechungsverhältnis zu den Bedingungen stehen, die für die Ausbildung der frühjüdischen Apokalyptik konstitutiv waren. Die Offenbarungsliteratur der frühjüdischen Apokalyptik ging (vereinfacht gesagt) aus der Verbindung zweier unterschiedlicher Traditionen hervor, von denen die eine mit Henoch, dem versierten Himmelsreisenden, den Offenbarungsmittler und zugleich die Offenbarungs*form*, die andere – mit ihrer Ausrichtung an Geschichte (Israels) und Eschatologie – die *inhaltlich* dominierende Linie beisteuerte. Somit erweist sich die synthetische Definition der Collins-Gruppe für den Bereich der frühjüdischen Apokalyptik gerade auch historisch als sachgemäß und brauchbar.

2. Darüber hinaus läßt sich im historischen Längsschnitt – durch die Angabe von Triebkraft wie Hemmnis – Collins' Beobachtung erklären, Himmelsreise und »historische« Apokalypse seien in der frühjüdischen Apokalyptik anfänglich noch klar verschieden, dann aber allmählich zusammengewachsen: Die Einheit beider Traditionen, als Besiegelung eines politischen Bündnisses sicher erstrebenswert, war infolge der Widerspenstigkeit des zunächst völlig heterogenen Materials eben leichter zu statuieren (äth-

Hen 1,3 f.) als durchzuführen. Auch nach der Verständigung auf eine gemeinsame ideologische Basis nahm es daher naturgemäß einen längeren Zeitraum in Anspruch, ehe die formale Konvergenz der unterschiedlichen Überlieferungen gänzlich vollzogen war.

3. Wird die Hauptachse betrachtet, längs deren sich die frühjüdische Apokalyptik entwickelte, so zeigt sich ein Paradoxon: Die Apokalyptik kam auf, als der Rückbezug auf Mose und auf den unter seiner Mitwirkung zustande gekommenen Bund Gottes mit Israel eben den mosaischen Kreisen nicht mehr auszureichen schien, um sich in den Wirrnissen des Jahres 167 v. Chr. (samt ihrer Vor- und Nachgeschichte) zu behaupten. Auf der Suche nach einer Gestalt mit größerer Verläßlichkeit stießen sie auf Henoch.[75] In der Folgezeit aber entfaltete das alte Bezugssystem wieder zunehmend seine Wirkung. Selbst die Zehnwochenapokalypse, die Gesamtisrael den Abschied gegeben hatte, kehrte dazu zurück, daß am Sinai ein »Gesetz für alle Generationen« verkündet worden war. Jub aber und ebenso AssMos rückten statt Henoch wieder Mose in den Mittelpunkt ihres Denkens und stellten die apokalyptische Belehrung, die er empfing bzw. erteilte, ganz in den Dienst einer Bundestheologie. *Während apokalyptische Theologie, wie sie etwa in der Tiervision ihren Niederschlag fand, für ein Denken, das sich am Mosebund vom Sinai orientierte, zunächst also eine Quelle der Irritation darstellen mußte (und gerade deshalb unter bestimmten Umständen attraktiv werden konnte), verkehrt sich die Konstellation nun in ihr Gegenteil: Die apokalyptischen Offenbarungen werden dazu genutzt, die Autorität des Mose zu erhöhen.*[76]

---

75. Vgl. *G. W. E. Nickelsburg*, 1 Enoch and Qumran Origins: The State of the Question and Some Prospects for Answers, in: *K. H. Richards* (Hg.), Society of Biblical Literature 1986 Seminar Papers, Atlanta 1986, 341–360: 356. – H. Stegemann sieht in der Autoritätsfrage eine »Problemstellung (...), der (...) wahrscheinlich fundamentale Bedeutung für das Phänomen ›Apokalyptik‹ zukommt« (*H. Stegemann*, Die Bedeutung der Qumranfunde für die Erforschung der Apokalyptik, in: *D. Hellholm*, (Hg.), Apocalypticism in the Mediterranean World and the Near East: Proceedings of the International Colloquium on Apocalypticism Uppsala, August 12–17, 1979, Tübingen ²1989, 495–530: 505). Diese Autoritätsfrage bringt er bereits für das AB in Anschlag: Die Gabe des Kalenders durch Henoch sei »lange vor Mose« (506) erfolgt. – Zum latenten Konkurrenzverhältnis zwischen Henoch und Mose in vormakkabäischer Zeit vgl. weiter *R. T. Beckwith*, The Earliest Enoch Literature and its Calendar: Marks of Their Origin, Date and Motivation, in: RQ 10 (1979–1981: 1981), 365–403: 398; *H. S. Kvanvig*, Roots of Apocalyptic, Neukirchen-Vluyn 1988, 23.
76. Ein im Ansatz vergleichbarer Gedanke findet sich bei *K. E. Pomykala:* Das WB habe für sich eine Offenbarungsautorität reklamiert, die von der Tora unabhängig war. Gleichzeitig aber sei die Autorität der Tora dadurch gesteigert worden, daß ihre Überlieferungen sich im WB als »existentially relevant« erwiesen (*K. E. Pomykala*, A Scripture Profile of the Book of the Watchers, in: *C. A. Evans* und *Sh. Talmon* (Hg.), The Quest for Context and Meaning: Studies in Biblical Intertextuality in Honor of James A. Sanders, Leiden u. a. 1997, 263–284: 283).

The Character of the Arabic Version of the Apocalypse of Baruch[1]

A. Frederick J. Klijn

Until the year 1986 the text of the Apocalypse of Baruch was known from one Syriac manuscript only.[2] In that year the text of a recently discovered Arabic manuscript was published.[3] In the Introduction to this edition it was said that the contents of the newly discovered Arabic version was of limited value for the reconstruction of the original text for two reasons. In the first place the Arabic version is a rather free rendering of a Syriac original and, secondly, this original is again closely related with the Syriac version already known to us. This means that the Arabic version may be of help to discover whether some of the numerous conjectures proposed in earlier editions of the Syriac text can be justified by the Arabic.[4]

This situation does not exclude the possibility to go into the linguistic, cultural and religious background of the Arabic translation.[5] It appears that the following results have been reached. The Arabic version of the Apocalypse of Baruch is the first of two writings present in a manuscript under the name Ms. Mt. Sinai Arabic Codex 589, on fols. 1r-33v, dated in the ninth or tenth century. The second writing is that of IV Ezra. The two works have been copied by the same hand. However, the underlying Arabic texts of 2 Baruch and IV Ezra were produced by different translators based upon two Syriac original texts. Of these the one responsible for the Apocalypse of Baruch was handling his text more freely than the translator of IV Ezra. Study of the Arabic version of the Apocalypse of Baruch did not result into

---

1. This contribution could not have been written without the help and advice of Mrs. Dr. Adriana Drint and Dr. Fred Leemhuis.
2. *Milan*, Ambrosianus Libr., MS B. 21. Inf., fols. 257a – 265b. Latest edition by S. Dedering, Apocalypse of Baruch, in: *S. Dedering* and *R. J. Bidawid*, The Old Testament in Syriac, Part IV, fasc. 3, Leiden 1973, i-iv and 1-50.
3. *F. Leemhuis, A. F. J. Klijn* and *G. J. H. van Gelder*, The Arabic Text of the Apocalypse of Baruch. Edited and Translated with a Parallel Translation of the Syriac Text, Leiden 1986.
4. See *Leemhuis e. a.*, 9-11.
5. The following is based upon the Introduction to the edition of the Arabic text; *F. Leemhuis*, »The Arabic Version of the Apocalypse of Baruch: A Christian Text?«, in: JSPE 4 1989, 19-26; *A. Drint*, The Mount Sinai Arabic Version of IV Ezra. Text, Translation and Introduction, Dissertation Groningen 1995, and especially *A. Drint*, »Some Notes on the Arabic Versions of IV Ezra and the Apocalypse of Baruch in MS MT Sinai Arabic Codex 589«, in: Parole de l'Orient 24 1999, 165-177.

an agreement whether this translator was of Muslim or Christian descent, but Koranic phraseology is undeniable.[6]

In this contribution we want to go into the character of the Arabic translation compared with the Syriac version of the Apocalypse of Baruch. Nevertheless, we have to make the preliminary remark that the Syriac text underlying the Arabic version must have been slightly different from the one we know, a situation which can be the cause of some problems of which we shall give an example.

The text of the Apocalypse of Baruch refers to numerous Old Testament names and continuously alludes to particular events and passages.[7] This is to be expected in this writing. But it is remarkable that the text of Baruch often reminds us of New Testament phrases or expressions.[8] Here we may assume Christian influence on the text. But, on the other hand, we have to take into account that both the Apocalypse of Baruch and the contents of the New Testament are apocalyptic writings of about the same date. But, finally, here follows the example of a passage which cannot be fully evaluated because of our lack of knowledge of the underlying Syriac text.

In 3.3 it is said in the present Syriac text: »For two things press me hard. For I cannot resist you, but my soul can also not behold the evil of my mother«. The passage reminds us of Philipp. 1,23 not only because of its contents but also because the Syriac text in Paul is strikingly similar. The Arabic reads: »for that is too hard for me«. Here we have to decide whether we are dealing with a free rendering on the part of the Arabic translator or an example of a passage which did not yet show Pauline influence.[9]

But speaking about possible Pauline influence we want to go into another passage. In the chapters 49-52 it is asked by Baruch:

»In which shape will the living live in your day?« (49.2) The text continues with: »Will they perhaps then take again that present form and will they put on members of bonds which are in evils now ... (49.3) For then the earth will surely give back the dead which it received now to keep them, not changing anything in their form ... (50.3) And it will be that when they have recognized each other ... then judgement will become strong ... (50.4) And it will happen after this day which he appointed is over, then after this both the shape will be changed of those who have

---

6. See *Drint*, o.c., 9, but *Leemhuis* suggested a Muslim origin.
7. The following Old Testament quotations can be found: 2.2 – Jer. 1,18; 4.2 – Is. 49,16; 6.8 – Jer. 22,29 and 19. 1 – Deut. 30,15.19.
8. We may give the following summary 3.3 – Philipp. 1,23; 10.6 – Matth. 26,24; 14.5 – Rom. 3,1; 14.8 – Rom. 11,32 and 34-36; 15.5 – Rom. 4,15; 15.8 – Rom. 8,18 and 2 Cor. 4,17; 21.4 – Rom. 4,17; 21.13 – 1 Cor. 15,19; 21.20-21 – 2 Peter 3,9; 23.5 – Rom. 11,25; 23.7 – Luke 21,28; 29.3 – 2 Thessal. 1,7; 30.1 – 1 Thessal. 4,13; 40.3 – Gal. 4,4; 49.2 – 50.3 – 1 Cor. 15,35-9; 73.1 – 1 Cor. 15,24-25; 78.2 – Rom. 1,7 and other Pauline passages; 86.1 – Col. 4,16.
9. See *Leemhuis e. a.*, 6 and 144, where is also referred to 21.20 – 2 Peter 3,9.

been condemned and the glory of those who have been righteous. For the shape of those who act wickedly now will be made more evil than it is [now] so that they suffer torment. And the glory of those who now have been justified by my law who had understanding in their life ... will be glorified into changes and the shape of their faces will be changed into the light of their beauty« (51.1-3). But Arabic reads: »And I also beseech you ... that you may explain to me how the people will be raised on the day of the resurrection and how their bodies will be after that, because these bodies and these bones that they have had in the world – because they were in hardship and evilness. Or will you change them as you change time? (49.1-3) For the earth will bring forth the dead on that day as they were driven to it, so that it should preserve them. And thus they will be raised ... And the reckoning will be severe as it has been written (50.2-4). Then after the day of judgement their bodies will be changed that deserved to be punished. And the righteous are [destined] for the glory [and] bliss; those who have kept themselves from their inclinations ... As for those their light will shine and the appearances of their faces will be changed into grace and glory ...« (51.1-3).

It is obvious that the Arabic translator was prepared to give a faithful translation of this passage but he was not interested in its details. He has a particular idea in mind about the end of the world according to which the bodies will be raised. Next they will be judged and be punished or they will receive the eternal bliss. It is this reduction to essentials which does not agree with the original writing of which one of its main interests was, what we may call, »times« and »periods«. They make the subject of judgement part of a long process of time.

The idea of »times« and »periods« is important in the Apocalypse of Baruch. This can be seen from the final letter starting with chapter 78 in which the contents of the Apocalypse have been summarised. This we find in 81.4: »And the Mighty One did according to the multitude of his mercies ... and he made known to me the mysteries of the times and the coming of the periods he showed me«. The Arabic is interested in the end of time only and reads: »And he explained to me what will be at the end of times and what will come at the termination of this world«. In the same letter we read in 83.1 that »the Most High will surely hasten his times and he will certainly cause to arrive his periods« which was rendered by the Arabic translator by: »the Most High will hasten the termination of times and will not break his promise«. This agrees with 83.6 where words about »the ends of time and the periods« in Syriac have been omitted in Arabic.[10] It is remarkable that the

---

10. We may also refer to 14.1, where the Arabic translates the words »course of times« into »end of time« and 19.5 where »the termination of time« became »the termination of deeds«. In 42.6 the words »according to the length of times and according to the hours of periods« have been omitted in Arabic.

passage 25.4 – 29.3 is missing in the Arabic text in which is spoken of the »twelve parts into which time will be divided«.

From the difference between the Syriac and the Arabic text we may conclude that the Arabic translator does not know or is not interested in apocalyptic speculation about »times and periods«. He wants to give his readers a straightforward account of what is to be expected at the end.

It appears that the Arabic translator is showing his dislike of speculation not only with regard to the end of time. The same applies to his ideas about angels and demons. In 10.8 it is said: »And you, Lilith, come from the desert and demons and dragons from the forests« which has been translated by »Let the demons of the sea come, and the demons of the desert and the *djinn* and the demons of the forest ...«. The translator is again prepared to render faithfully but he does not show sufficient imagination to go into the subtilities of the spiritual world. No wonder that he avoids to speak about the angels as beings »created from eternity« in 21.6. And it is again striking that the passage 56.10-14 has been deleted. This may have been done by the translator himself already but otherwise by someone who is in sympathy with him.[11]

Since we begin to get acquainted with the Arabic translator we can understand that the apocalyptic ideas about »wisdom« and »understanding« are strange to him. The words are often met in the original and again the translator is willing to use them in his translation, but it is obvious that he is constantly trying to avoid the original meaning. In 14.5 the Syriac text speaks about »those who have gained knowledge« but the Arabic translator changed the passage into »those who follow your statutes«. In 44.14 the Syriac reads: »These ... who acquire for themselves treasures of wisdom. And stores of understanding are found with them«, but the Arabic reads: »... whose hearts are submissive to wisdom and safety«. In 48.9 Syriac reads: »You instruct the creatures with your understanding ...«, and Arabic: »You instruct your creation and you let them understand your wisdom ...«. In 48.24 is spoken about »the excellent wisdom which is in us«, but in Arabic about »your wisdom that you have made among us ...«. In 51.3 the Syriac mentions those who had »understanding in their life« but the Arabic about »those who have kept away from their inclinations«. Finally in 66.2 it is said that all those were honoured »who were wise with understanding« and in Arabic we read about »people of wisdom with thinking and understanding«.

We assume that the translator was not influenced by a particular religious

---

11. See *Drint*, o.c., 106. In this connection we can understand that the Arabic does not speak about those »who sleep in the earth«, see 30.1, and continuously avoids to mention the word *sheol*, see 11.1; 23.5; 48.16. 52.2 and 83.7.

conviction. This can be demonstrated by passages speaking about Israel and the temple of Jerusalem. At the beginning of the Apocalypse of Baruch is spoken about »the evils of my mother« (3.1 and 3), an expression that has been omitted by the Arabic translator. However, in 3.2 he speaks about »my nation« and in 3.5 about »your, *scil.* God's, nation, the Israelites«. In 6.7 we read that the contents of the temple have been removed by angels before its destruction. Also here the Arabic translator is trying to render the Syriac text but he betrays a lack of intimate knowledge about the names of the various utensils. The translator obviously did not suppose it to be necessary to go into details. This appears from 42.3-5 where is spoken of those Israelites that »subjected themselves and separated themselves later and mixed themselves with the seed of the mingled nations« and those who acted the other way round. Here the Arabic translator is giving a translation which clearly misses the point, obviously by lack of interest. But on the other hand the Arabic translator faithfully renders the passage in 72.4 that every nation that did not know the people of Israel and did not tread the progeny of Jacob underfoot, will be saved.

We meet an Arabic translator as a man of simple convictions who was able to agree with the contents of the Apocalypse of Baruch as long as it deals with apocalyptic ideas about God's decisions, responsibility of men and a coming judgement.

This makes it possible to give some final conclusions. It is not justified to say that we are dealing with a free translation.[12] It is a translation which has been adapted to the comprehension of the author and his immediate readers. In this way this translation missed most of the apocalyptic subtilities of its origin. We have no reason to go into the question whether we are dealing with a Muslim or a Christian. We may say that he is showing himself as a professional translator with traditional and generally accepted ideas about God, men and the world.

---

12. See *Drint*, o.c., 102-103. She is comparing the translation of Baruch with that of Pethion's ninth century translation of Jeremias, see R. H. Franck, »The Jeremias of Pethion ibn Ayyûb Al-Saphhâr«, in: CBQ 21 1959, 136-170. However, this translation is characterised by glosses, the addition of words and phrases, doubling of single words and interpolations, phenomena which can not be found in the translation of Baruch.

Die Gottesvorstellung des 3. Makkabäerbuches

Thomas Knöppler

Eine eingehende Beschäftigung mit dem 3. Makkabäerbuch provoziert sehr bald die Frage nach dem diese historisch-legendarische Erzählung eigentlich bewegenden theologischen Thema. In der Literatur finden sich dazu recht unterschiedliche Vorschläge. So geht es etwa ganz allgemein um die Verherrlichung des jüdischen Volkes,[1] konkreter um »Befürchtungen und Hoffnungen der ägyptischen Judenschaft«,[2] noch spezieller um den Erweis der Standhaftigkeit gerade der ägyptischen Juden[3] oder aber überhaupt um die Stärkung des durch äußerliche Bedrängnis angefochtenen Gottesglaubens.[4] Unter anderem wird an dieser Stelle auch die Unschuld und Staatstreue der ägyptischen Juden genannt.[5]

Alle diese Vorschläge greifen zwar durchaus vorhandene Momente auf, sind aber im Ergebnis nicht recht befriedigend. Denn die Suche nach dem zentralen theologischen Thema hat auch die Frage zu beantworten, warum es im 3. Makkabäerbuch zwei relativ ausführliche Gebete gibt (2,2-20; 6,2-15). Das Ergebnis dieser Suche muß darüber hinaus, sofern man keine literarkritischen Gesichtspunkte geltend machen will, erklären können, warum das Buch mit einer Doxologie schließt, die an den ῥύστης Ἰσραηλ gerichtet ist (7,23).

Der momentane Stand meiner Überlegungen und zugleich mein Versuch einer Antwort auf die gestellten Fragen geht in die Richtung, daß diese Er-

---

1. S. *C. W. Emmet*, The Third Book of Maccabees; in: *R. H. Charles* (Hg.), The Apocrypha and Pseudepigrapha of the Old Testament in English with Introductions and Critical and Explanatory Notes to the Several Books. Vol. I: Apocrypha, Oxford 1963, 155-173 (159-161).
2. *L. Rost*, Einleitung in die alttestamentlichen Apokryphen und Pseudepigraphen einschließlich der großen Qumran-Handschriften, Heidelberg/Wiesbaden ³1985, 79.
3. So *U. Mittmann-Richert*, Historische und legendarische Erzählungen, hg. v. *H. Lichtenberger* und *G. S. Oegema*, Einleitung zu den Jüdischen Schriften aus hellenistisch-römischer Zeit, JSHRZ VI.1,1, 79-81; s. auch den Beitrag von *U. Mittmann-Richert* in diesem Sammelband S. 87-113.
4. S. *C. L. W. Grimm*, Das zweite, dritte und vierte Buch der Maccabäer, Kurzgefaßtes exegetisches Handbuch zu den Apokryphen des Alten Testamentes 4, Leipzig 1857, 217; *E. Kautzsch*, Das sogenannte dritte Buch der Makkabäer, in: APAT I, 119-135, hier: 120; *J. Tromp*, The Formation of the Third Book of Maccabees, in: Henoch 17 (1995), 311-328, hier: 328. – S. dagegen die zutreffende Feststellung von *H. Anderson*: »3 Maccabees is hardly a crisis document« (Art. Maccabees, Books of. Third Maccabees, in: AncB Dictionary IV (1992), 450-452, hier: 452; im Original z.T. kursiv).
5. Vgl. *Tromp*, Formation, 328.

zählung eine für ihre Zeit gültige Darlegung über die Erhabenheit Gottes und über dessen rettende Zuwendung zu seinem Volk Israel geben will. Mit dieser Antwort habe ich freilich schon Position bezogen. Der Transzendenz Gottes kommt offenbar größeres Gewicht zu als seiner Immanenz, und für sein bedrängtes Volk ist er mehr der Retter als der Helfer.[6]

Der Sachgehalt dieser Postulate soll im folgenden erhärtet werden. Nur soviel sei vorweggenommen: die Gottesvorstellung des 3. Makkabäerbuches schlägt sich vor allem in den beiden Gebeten (2,2-20; 6,2-15)[7] nieder; dort ist eine Fülle von Gottesprädikationen zu finden. Aber auch die Reflexionen über das Eingreifen Gottes als Retter bzw. Helfer Israels, wie es sich vor allem im Anschluß an die Gebete findet (2,21; 6,18.28f.), sind in dieser Hinsicht sehr ergiebig.[8]

---

6. »Retter« und »Helfer« sind durchaus synonyme Begriffe, erscheinen auch beide im 3. Makkabäerbuch. Beide Begriffe bezeichnen eine Person, die zugunsten anderer handelt. Aber die zugrundeliegende Situation ist eine jeweils andere. Während der Retter jemand ist, der aus ausweglose Situation befreit, unterstützt der Helfer das eigene Bemühen, einer solchen Situation zu entgehen. Der Retter tut etwas, was die Geretteten nicht selbst tun können. Der Helfer handelt demgegenüber im Verbund mit denjenigen, die eine Schwierigkeit zu überwinden suchen. Angesichts der Größe der im 3. Makkabäerbuch beschriebenen Not ist es wohl nicht zufällig, daß ganz am Schluß Gott als »der Retter Israels« (7,23: ὁ ῥύστης Ισραηλ) gepriesen wird.

7. Eine Grobgliederung der beiden Gebete ergibt folgenden Aufbau: beschreibendes Lob (2,2f.; 6,2f.), berichtendes Lob (2,4-12; 6,4-8), Darlegung der gegenwärtigen (νῦν) Situation der Bedrängnis (2,13-18; 6,9-11), Bitte um Erbarmen (2,19f.; 6,12-15). Vgl. auch den Hinweis auf Parallelen im kanonischen Psalter bei *Anderson*, 3 Maccabees, OTP 2, 509-529, hier: 514.

8. Zur Frage nach der Gottesvorstellung im Rahmen einer Theologie der jüdischen Schriften aus hellenistisch-römischer Zeit s. neben den einleitenden Bemerkungen in den einzelnen Faszikeln der JSHRZ: *F. W. Schultz / D. v. Orelli*, Theologie des Alten Testaments; in: O. Zöckler (Hg.), Handbuch der theologischen Wissenschaften in enzyklopädischer Darstellung, Bd. I/1: Grundlegung und der Schrifttheologie erste Hälfte, Nördlingen 1889, 422-477; *L. Couard*, Die religiösen und sittlichen Anschauungen der alttestamentlichen Apokryphen und Pseudepigraphen, Gütersloh 1907; *R. Marcus*, Divine Names and Attributes in Hellenistic Jewish Literature, in: PAAJR 3 (1931/2), 43-120; *P. Volz*, Die Eschatologie der jüdischen Gemeinde im neutestamentlichen Zeitalter nach Quellen der rabbinischen, apokalyptischen und apokryphen Literatur dargestellt, Tübingen 1934; *F. Kuhr*, Die Gottesprädikationen bei Philo von Alexandrien, Diss.masch., Marburg 1944; *N. B. Johnson*, Prayer in the Apocrypha and Pseudepigrapha: A Study of the Jewish Concept of God, Philadelphia 1948; *W. G. Kümmel*, Die Gottesverkündigung Jesu und der Gottesgedanke des Spätjudentums; in: ders., Heilsgeschehen und Geschichte, MThSt 3 (1965), 107-125; *H. J. Wicks*, The Doctrine of God in the Jewish Apocryphal and Apocalyptic Literature, New York ²1971; *Y. Amir*, Die Begegnung des biblischen und des philosophischen Monotheismus als Grundthema des jüdischen Hellenismus, in: EvTh 38 (1978), 2-19; *J. Maier*, Zwischen den Testamenten. Geschichte und Religion in der Zeit des zweiten Tempels, NEB. Ergänzungsband zum Alten Testament 3, Würzburg 1990.

I. Die Existenz Gottes

Die Frage nach der Existenz Gottes ist in den Jüdischen Schriften aus hellenistisch-römischer Zeit eigentlich keine Frage. Diese Schriftengruppe steht diesbezüglich »völlig auf dem Standpunkt des kanonischen Alten Testaments.«[9] Von konkreten Anfechtungen einmal abgesehen bestehen keinerlei Zweifel an der Existenz Gottes. Das läßt sich auch an dem Fehlen von Gottesbeweisen erkennen. Wenn der seleukidische Feldherr Nikanor in 2. Makk 15,3 seinen Zweifel daran äußert, daß es einen Herrscher im Himmel gebe, der die Einhaltung des Sabbats befohlen habe, so setzen die als Soldaten zwangsverpflichteten Juden diesem Zweifel nicht einen Beweis entgegen. Ihre Antwort lautet vielmehr lapidar: »Es ist der lebendige Herr selbst, Herrscher im Himmel, der befohlen hat, den Sabbat zu feiern« (2. Makk 15,4).

Auch die Frage nach der Einheit Gottes wurde nicht besonders diskutiert: es gehört zu den unaufgebbaren Grundsätzen der jüdischen Religion, daß Gott *einer* ist.[10] Demgegenüber bestand vor den paganen Mitbürgern der hellenistischen Welt sehr viel mehr die Notwendigkeit, die Einzigkeit Gottes zu vertreten. Entsprechend wird der Gott Israels im 3. Makkabäerbuch als der lebendige Gott (6,28: θεὸς ζῶν) oder der wahrhaftige Gott (6,18: ἀληθινὸς θεός), ja als der Alleinherrscher (2,2: μόναρχος) bezeichnet. Die damit ausgesagte Einzigkeit Gottes wird zudem gegenüber paganen Vorstellungen polemisch untermauert: die Götter der Heiden gelten als stumme Götzen (4,16: τὰ μὲν κωφά).

II. Das Wesen Gottes

Das Wesen des Gottes Israels wird zunächst auf die Weise anthropomorphen Redens bestimmt. Wie in der hebräischen Bibel wird Gott als Person vorgestellt. Nach Aussage des 3. Makkabäerbuches tritt Gott in doppelter Weise in Erscheinung: den hochmütigen Heiden gegenüber durch seine Hand (5,13: αὐτοῦ χείρ) und den bedrängten Juden gegenüber durch sein Angesicht (6,18: τὸ ... αὐτοῦ πρόσωπον). Neben diesen Anthropomorphismen finden sich wie in der hebräischen Bibel Anthropopathismen, ebenfalls in einer doppelten Weise: die Juden erflehen in der Situation der Bedrängnis sein Erbarmen (2,20: τὸ ἔλεός σου; 6,12: ἐλέησον ἡμᾶς), den judenfeindlichen Staat aber bedroht er mit seiner Rache (7,9: ἐκδίκησις).

Trotz dieser Anthropomorphismen und -pathismen tritt im 3. Makkabäer-

---

9. *Couard*, Anschauungen, 17.
10. S. a. a. O. 18 f.

buch wie auch in der übrigen Literatur unserer Zeit die transzendente Gottesvorstellung deutlich hervor.[11] Er ist nicht nur der Himmlische (6,28: ἐπουράνιος; 7,6: ὁ ἐπουράνιος θεός), der die himmlischen Pforten (6,18: αἱ οὐράνιαι πύλαι) öffnet. Als König des Himmels (2,2: βασιλεὺς τῶν οὐρανῶν) wohnt er, für die Menschen unerreichbar, im höchsten Himmel (2,15: τὸ μὲν γὰρ οἰκτήριόν σου οὐρανὸς τοῦ οὐρανοῦ ἀνέφικτος ἀνθρώποις). Gleichwohl bleibt Gott nicht streng jenseitig, sondern er offenbart sich in Erscheinungen (2,9: ἐν ἐπιφανείᾳ; 5,51: μετὰ ἐπιφανείας; 6,39: ἐπιφᾶναι).

Daß das Judentum dieser Zeit Gott nicht als eine rein geistige Person zu verstehen in der Lage war, hat mit seiner theologischen Tradition zu tun. Denn dem damaligen Judentum waren in der Begegnung mit der herrschenden Philosophie seiner Zeit zwei Fragen aufgegeben: Besteht eine Einheit des philosophisch verstandenen, jenseitigen Gottes mit dem biblisch bezeugten, sich dem Menschen zuwendenden Gott? Und: Besteht eine Einheit des in den heiligen Schriften mit konkreten Eigenschaften und Handlungsweisen bezeugten Gottes mit dem philosophisch als akzidenzlosem Wesen verstandenen Gott?[12] In dem Bemühen, sowohl der herrschenden philosophischen Zeitströmung als auch der eigenen theologischen Tradition gerecht zu werden, war das Judentum in hellenistischer Zeit genötigt, sich diesen Fragen zu stellen. Dabei wurde zunächst der Platonismus, später dann der Neuplatonismus »zur bestimmenden Denkrichtung«.[13]

Das 3. Makkabäerbuch nimmt im Kontext dieser Fragen eine relativ frühe Position ein. Denn Gott handelt selbst, ist also noch nicht als eine überwiegend geistige Person vorgestellt. Gleichwohl finden sich auch Aussagen, die in diese Richtung weisen. Gott findet als der Bedürfnislose volles Genüge in sich selbst (2,9: ὁ τῶν ἁπάντων ἀπροσδεής). Hier wird eine philosophische Tradition aufgenommen, die von Platon (Timaios 33d) bis zu Plutarch (Arist. et Cato 4) reicht. In diese Tradition gehören auch Philo (Quod Deus sit immutabilis 56) und Josephus (Ant VIII. 111). Diese Auskunft über die Bedürfnislosigkeit Gottes, die sich im Rahmen des Judentums erstmalig in 2. Makk 14,35 und 3. Makk 2,9 findet, ist ein deutliches Signal für die Tendenz einer Vergeistigung Gottes.

11. S. *Wicks*, Doctrine, 102 f.; *Maier*, Zwischen den Testamenten, 195 f.
12. S. zu diesem Problem *C. Thoma*: »Wie kann der absolut eine Gott, von dem die Philosophen sagen, er sei erhaben, geistig, unveränderlich und in seinem Wesen unerkennbar, mit den anthropomorphistischen Aussagen der Bibel zur Deckung gebracht werden, von dem sich herabneigenden, innerhalb von Raum und Zeit menschlich sichtbar werdenden Gott die Rede ist? Dies ist die Frage nach der vertikalen Einheit Gottes ... Wie lassen sich die Eigenschaften und Wirkweisen, die die Bibel Gott zuschreibt, mit der akzidenzlosen Einheit Gottes vereinen, ohne daß dieselbe gleichsam von innen her auseinanderfällt? Dies ist die Frage nach der horizontalen Einheit Gottes« (Art. Gott III. Judentum, in: TRE XIII, 635).
13. Ebd.

Die spiritualisierende Tendenz der Gottesvorstellung spiegelt sich auch im Gebrauch der Gottesnamen. Allein schon die Übertragung der Gottesnamen der hebräischen Bibel ins Griechische der LXX impliziert einen universalistischen Zug in der Gottesvorstellung.[14] Daneben erscheinen Hoheitstitel, die im Rahmen der LXX singulär sind.[15]

Anders als im 1. Makkabäerbuch, wo die beiden Bezeichnungen κύριος und θεός vermieden werden, scheuen sich die Verfasser des 2., 3. und 4. Makkabäerbuches nicht, diese Prädikationen zu verwenden. Freilich wird die Gottesbezeichnung im 3. Makkabäerbuch durchaus auch (wie sehr viel breiter noch im 1. Makkabäerbuch) mit »Himmel« umschrieben: vom Himmel her (4,21; 5,50: ἐξ οὐρανοῦ) kommt Gott den bedrängten Seinen zu Hilfe, und diese wiederum suchen ihre Zuflucht in einem zum Himmel (5,9; 6,17.33: εἰς οὐρανόν)[16] gerichteten Flehen.

Der transzendente Charakter der Gottesvorstellung im 3. Makkabäerbuch äußert sich besonders, wenn Gott als der höchste Gott (7,9: θεὸς ὕψιστος; 7,22: ὁ μέγιστος θεός; 6,2: ὕψιστος παντοκράτωρ θεός), der große (7,2: ὁ μέγας θεός) oder der größte Gott (1,9.16; 3,11; 4,16; 5,25: ὁ μέγιστος θεός) bezeichnet wird.

Auch die Benennungen Gottes als König (2,9: βασιλεύς) und Herrscher (2,3: δυνάστης; 5,12; 6,5.10: δεσπότης) tragen im 3. Makkabäerbuch einen eher jenseitigen Charakter. In Spielarten zur ersten Benennung erscheinen die Titel König der Könige (5,35: βασιλεὺς τῶν βασιλέων), großmächtiger König (6,2: βασιλεὺς μεγαλοκράτωρ), König des Himmels (2,2: βασιλεὺς τῶν οὐρανῶν) und heiliger König (2,13: ἅγιος βασιλεύς). Die zweite Benennung wird variiert durch die Titel Beschützer des Alls (6,9: τῶν ὅλων σκεπαστής), Beherrscher aller Dinge (6,39: ὁ τῶν πάντων δυνάστης), Alleinherrscher (2,2: μόναρχος) oder Herrsch(end)er über alle Macht (5,7: ὁ πάσης δυνάμεως δυναστεύων; 5,51: ὁ τῆς ἁπάσης δυνάμεως δυνάστης). Der Verfasser des 3. Makkabäerbuches geht also davon aus, daß Gott den Gang der Weltgeschichte bestimmt,[17] insofern er alle Macht (5,7.51) und alle Dinge (6,39) beherrscht.

---

14. S. die Gegenüberstellung bei *Couard*, Anschauungen, 27f.
15. Es sind dies μόναρχος (2,2), προπάτωρ (2,21), μεγαλοκράτωρ (6,2) und μίσυβρις (6,9). Während die Hoheitstitel μεγαλοκράτωρ und μίσυβρις sonst nirgendwo vorkommen, nennt R. *Marcus* zu μόναρχος und προπάτωρ Parallelen (s. ders., Names, 91.106; weiter: H. G. Liddell, R. Scott, H. St. Jones, A Greek-English Lexicon. With a Supplement 1968, Oxford ⁹1940 (Nachdr. 1985), 1143.1494). Insgesamt lassen sich im 3. Makkabäerbuch deutlich über hundert Gottesnamen und -attribute feststellen.
16. Sogar der König spricht nach 6,33 εἰς οὐρανόν gewendete Dankgebete.
17. *Wicks* findet im 3. Makkabäerbuch eine Lehre vertreten »of a very complete divine control over all events« (Doctrine, 127) verbunden mit »the doctrine of the absolute and active sovereignty of God over all human affairs« (ebd.).

Deutlich weniger dem Weltgeschehen entrückt erscheint dagegen die bei weitem nicht so häufig verwendete Gottesbezeichnung als Vater (6,8: πατήρ), als Gott Vater (5,7: θεὸς αὐτῶν καὶ πατήρ) oder als heiliger Urvater (2,21: προπάτωρ ἅγιος ἐν ἁγίοις). Diese Bezeichnung, bei der das Gebet als Sitz im Leben zu gelten hat, geht insofern über entsprechende Titel in der hebräischen Bibel hinaus, als Gott hier nicht nur in einer bestimmten Beziehung, sondern ganz allgemein als Vater angeredet wird.

Schließlich steht die Rede von Gottes ὄνομα in unserer Literatur offensichtlich anstelle des eigentlichen Gottesnamens. Daher wird der Jerusalemer Tempel als der dem herrlichen Gottesnamen geweihte, heilige Ort (2,14: ὁ ... ἀναδεδειγμένος τῷ ὀνόματι τῆς δόξης σου ἅγιος τόπος) bezeichnet. Eine auf die Weisheit oder den Geist Gottes bezogene Hypostasen-Spekulation fehlt dagegen im 3. Makkabäerbuch.

III. Die Eigenschaften Gottes

Nach der Bestimmung des Wesens Gottes, die bereits einige Hinweise auf Gottes Relation zur Welt anklingen ließ, folgt nun die Beschreibung der Eigenschaften Gottes, wie sie sich im 3. Makkabäerbuch darstellen. Hierbei wird sich noch einmal das Problem der Transzendenz oder Immanenz Gottes stellen, wenn wir zunächst nach den absoluten Eigenschaften Gottes fragen und dann nach seinen Eigenschaften, die sich auf ein Handeln am Menschen beziehen. Vorab ist jedoch festzustellen, daß eine philosophisch motivierte Distanz von Aussagen der hebräischen Bibel und damit eine Distanzierung Gottes vom Menschen hier nicht in gleichem Maße zu erwarten ist wie bei der Frage nach dem Wesen Gottes, wo das Verlangen nach begrifflicher Deduktion eine weitaus größere Rolle spielt.

Nur an zwei Stellen ist im 3. Makkabäerbuch von Gott als dem Ewigen (6,12: αἰώνιος) bzw. als dem ewigen Retter Israels (7,16: αἰώνιος σωτὴρ τοῦ Ἰσραηλ) die Rede. Die Ewigkeit Gottes gehört also nicht zu seinen besonders hervorgehobenen, absoluten Eigenschaften.

Völlig anders verhält es sich mit den Aussagen über die Allmacht Gottes, die von allen Eigenschaften am häufigsten genannt werden. Mit diesen Aussagen sind Beobachtungen aufzunehmen, die bereits bei der Darstellung der Namen Gottes eine Rolle gespielt haben: wenn Gott zum einen als großer und höchster Gott und zum anderen als universaler König und All(ein)herrscher benannt wird, so entspricht dies seinen Eigenschaften. Hervorgehoben werden in diesem Zusammenhang Gottes allumfassende Herrschaft und seine universale Macht. Die allumfassende Herrschaft Gottes wird vor allem mit der Bezeichnung »Allherrscher« (2,2.8: παντοκράτωρ) bzw. »Allherrscher Gott« (6,2.18.28: παντοκράτωρ θεός), aber auch mit den Titeln »Alleinherrscher« (2,2: μόναρχος) und »Großmächtiger« (6,2: μεγαλοκράτωρ) sowie den Ausdrücken »der über alles gebietet« (5,28: ὁ πάντα δεσποτεύων), »der Beherrscher aller Dinge« (6,39: ὁ τῶν πάντων δυνάστης) und »der Herr Allherrscher und Herrscher über alle Macht« (5,7: ὁ παντοκράτωρ κύριος καὶ πάσης δυνάμεως δυναστεύων; 5,51: ὁ τῆς ἁπάσης δυνάμεως δυνάστης) zur Sprache gebracht. Die universale Macht Gottes ist mit den Wendungen »der alle Macht hat« (1,27: ὁ πᾶν κράτος ἔχων), »deine große Macht« (2,6: τὸ μέγα σου κράτος), »der alle Stärke und alle Macht hat« (6,12: ὁ πᾶσαν ἀλκὴν[18] καὶ δυναστείαν ἔχων ἅπασαν), »deine unbesiegbare Macht« (6,13: σὴ δύναμις ἀνίκητος) und schlicht mit einem auf Gottes Macht bezogenen Gebetswort (6,5: τὸ σὸν κράτος) ausgesagt. Die Fülle der Aussagen über die Allmacht Gottes bekräftigt die besondere Bedeutung der transzendenten Gottesvorstellung im 3. Makkabäerbuch.

Gottes Allgegenwart und Allwissenheit ist dem Verfasser dieser historisch-legendarischen Erzählung dagegen weniger wichtig. Diese Eigenschaft deutet sich nur in 2,21 an, wo von Gott als dem Beobachter aller Dinge (ὁ πάντων ἐπόπτης θεός) die Rede ist, was die auf eine Handlungseigenschaft Gottes abzielende Folge impliziert, daß nämlich die zu ihm aufsteigenden Gebete erhört werden (εἰσακούσας τῆς ἐνθέσμου λιτανείας).

Schließlich gehört zu den absoluten Eigenschaften Gottes in herausragender Weise die bereits erwähnte Rede von der völligen Bedürfnislosigkeit Gottes (2,9: ὁ τῶν ἁπάντων ἀπροσδεής), die einen philosophisch motivierten Akzent setzt im Sinne der Vorstellung von Gott als rein geistiger Person.

Die Aussagen über die sich auf das Handeln beziehenden Eigenschaften Gottes erscheinen im 3. Makkabäerbuch nicht ganz so häufig wie die Aussagen über die absoluten Eigenschaften, zeichnen sich aber durch eine größere Vielfalt aus.

Auch wenn die Aussage über die Heiligkeit Gottes eher eine Distanz zur Welt anzeigt, gehört die Heiligkeit doch zu den Handlungseigenschaften. So erfährt der Leser vom heiligen Gott (6,1; 7,10: ὁ ἅγιος θεός) und vom heiligen König (2,13: ἅγιος βασιλεύς), vom Heiligen unter Heiligen (2,2.21: ἅγιος ἐν ἁγίοις) und heiligen Retter Gott (6,29: ὁ ἅγιος σωτὴρ θεός). In der Heiligung des Jerusalemer Tempels (2,16: ἁγιάσαι τὸν τόπον τοῦτον), aber auch im Haß gegen den Übermut (6,9: μίσυβρις) erweist sich,

---

18. Der hier zur Aussage über eine Eigenschaft Gottes verwendete Begriff ἀλκή wird im 3. Makk auch in einem ptolemäischen Dekret zur Bezeichnung der Stärke des ägyptischen Königs verwendet (3,18; vgl. weiter Dan LXX 11,4; 2. Makk 12,28).

ohne daß dies ausdrücklich ausgesprochen wird, Gottes Heiligkeit. An zwei Stellen sieht sich, wie auch nicht selten in der hebräischen Bibel, der heilige König mit den Sünden seines Volkes (2,13: Anrufung des ἅγιος βασιλεύς angesichts der πολλαὶ καὶ μεγάλαι ἡμῶν ἁμαρτίαι) bzw. der heilige Gott mit dem Abfall von Mitgliedern seines Volkes (7,10: τὸν ἅγιον θεὸν αὐθαιρέτως παραβεβηκότες) konfrontiert. Ohne Anhalt an der theologischen Tradition[19] und insofern einzigartig ist dagegen die Rede vom heiligen und (zugleich) leicht versöhnlichen Gott (5,13: ὁ ἅγιος ... θεὸς ... καὶ ... ὁ εὐκατάλλακτος).

Damit ist auch schon eine andere wesentliche Handlungseigenschaft Gottes angesprochen. Vor allem in den beiden Gebeten hebt der Verfasser des 3. Makkabäerbuches Gottes Zuwendung zu den Glaubenden hervor. Gott wird in 2,19f. angerufen als der, der Sünden wegwischen (ἀπάλειψον τὰς ἁμαρτίας ἡμῶν) und Fehler zerstreuen (διασκέδασον τὰς ἀμβλακίας ἡμῶν), sein Erbarmen zeigen (ἐπίφανον τὸ ἔλεός σου) und mit seiner Barmherzigkeit überraschen (προκαταλαβέτωσαν ἡμᾶς οἱ οἰκτιρμοί σου) kann. Auch in 5,7 wird eine Bitte an den barmherzigen Gott und Vater (ἐλεήμων θεὸς ... καὶ πατήρ) gerichtet. Und in 6,2ff. wird Gott angefleht als der, der die ganze Schöpfung mit Erbarmen regiert (6,2: τὴν πᾶσαν διακυβερνῶν ἐν οἰκτιρμοῖς κτίσιν) und dem Volk Israel das Licht der Barmherzigkeit scheinen läßt (6,4: φέγγος ἐπιφάνας ἐλέους Ισραηλ γένει). Über diese Gebetsformulierungen hinaus ist schließlich auch noch in 6,39 von dem mit seiner Barmherzigkeit erscheinenden Gott die Rede (ἐπιφάνας τὸ ἔλεος αὐτοῦ), womit die Gebetserhörung unterstrichen wird.

Auch die anderen Aussagen über die sich auf das Handeln beziehenden Eigenschaften Gottes gehören in aller Regel der Gebetssprache an. Wird Gott in 2,3 als Richter derer angesprochen, die in Überhebung und Stolz handeln (τοὺς ὕβρει καὶ ἀγερωχίᾳ τι πράσσοντας κρίνεις), so erweist er sich nach 2,21 in der Züchtigung des Übeltäters als ein solcher Richter (τὸν ὕβρει καὶ θράσει μεγάλως ἐπηρμένον ἐμάστιξεν αὐτόν). Über die damit formulierte Aussage der Gerechtigkeit Gottes[20] hinaus wird in diesem Gebet Gottes Treue und Wahrhaftigkeit gepriesen; denn aus Liebe zu seinem Volk erhört er dessen Gebet (2,10f.: καὶ ἀγαπῶν τὸν οἶκον τοῦ Ισραηλ ἐπηγγείλω διότι ... εἰσακούσῃ τῆς δεήσεως ἡμῶν. καὶ δὴ πιστὸς εἶ καὶ

---

19. Vgl. aber *Wicks*, der sich an Hos 6,1-3 erinnert sieht (s. *ders.*, Doctrine, 325). Das angesichts von Hos 6,4-6 in negativem Licht erscheinende Zitat aus dem Mund unbekümmerter Büßer (Hos 6,1-3) läßt sich jedoch nicht vergleichen mit der Aussage über eine Handlungseigenschaft Gottes, bei der ὁ εὐκατάλλακτος in Parallele zu ὁ ἅγιος steht.
20. Zu der in diesem Zusammenhang relevanten Anschauung von der Gerechtigkeit Gottes s. auch *Wicks*, Doctrine, 235.253-263.

ἀληθινός; vgl. 2,21). In Erwartung der Gebetserhörung wird Gott dann als Hochgeschätzter (6,13: ἔντιμος) angesprochen. Es ist daher nur konsequent, daß zu den Handlungseigenschaften Gottes schließlich auch seine wunderbare Rettungskraft gehört. Diese Aussage konkretisiert sich in der Rede vom Beschützer des Alls (6,9: τῶν ὅλων σκεπαστής), vom Retter (6,6: ῥύσασθαι; 6,32: ὁ σωτήρ; 7,23: ὁ ῥύστης) und vom wundertätigen Gott (6,32: ὁ ... τερατοποιὸς ... θεός).

IV. Das Wirken Gottes

Die Aussagen des 3. Makkabäerbuches über Gottes Schöpferhandeln bewegen sich im 3. Makkabäerbuch fast vollständig im Rahmen der theologischen Tradition. Allein in 2,9 wird die Erde als unbegrenzt und unermeßlich bezeichnet.

Ähnliches ist von Gottes Erhaltungswirken zu sagen. Seine Vorsehung (4,21; 5,30: πρόνοια) erstreckt sich über die ganze Erde. Er regiert die ganze Schöpfung mit Erbarmen (6,2: τὴν πᾶσαν διακυβερνῶν ἐν οἰκτιρμοῖς κτίσιν).

Während Gott sein Eingreifen in diese Welt in unserer Literatur, sieht man einmal von Jdt, Sir und dem 1. Makkabäerbuch ab,[21] meist durch dienende Wesen geschehen läßt, spricht das 3. Makkabäerbuch an drei Stellen von einem direkten Handeln Gottes. Gott selbst straft den in das Jerusalemer Heiligtum eindringenden Ptolemäer mit einer Schüttellähmung (2,22: κραδάνας). Er selbst verhindert eine Untat, indem er dem König Schlaf sendet (5,11: ἀπέστειλεν); in diesem Zusammenhang ist sogar ausdrücklich von dem Wirken des Herrn (5,12: ἡ ἐνέργεια τοῦ δεσπότου) die Rede.[22] Als der König seinen geplanten Anschlag vergißt, wobei Gott aufgrund der Fürsorge für sein bedrängtes Volk (5,30: προνοίᾳ θεοῦ) zusätzlich den Verstand des feindlichen Königs verwirrt, wird erneut das Wirken Gottes (5,28: ἡ ἐνέργεια τοῦ πάντα δεσποτεύοντος θεοῦ) zur Sprache gebracht.

Gottes Wirken bleibt freilich auch im 3. Makkabäerbuch nicht ganz ohne Vermittlung durch dienende Wesen. Gott verhindert die unmittelbar bevorstehende Vernichtung seines in Ägypten lebenden Volkes zwar durch die Erscheinung seines heiligen Angesichts (6,18a: ἀληθινὸς θεὸς ἐπιφάνας τὸ ἅγιον αὐτοῦ πρόσωπον), aber er vermittelt den Ernst seiner Erscheinung

---

21. Vgl. *Schultz, Orelli*, Theologie, 473.
22. Das hier gebrauchte griechische Wort ἐνέργεια bezeichnet im Neuen Testament ein Wirken, das »in d. Regel von überirdischen Wesen« (*W. Bauer*, Griechisch-deutsches Wörterbuch zu den Schriften des Neuen Testaments und der frühchristlichen Literatur, hg. v. *K. Aland, B. Aland*, Berlin/New York ⁶1988, Sp. 534) ausgesagt ist.

durch Sendung zweier schrecklich aussehender Engel (6,18b: δύο φοβεροειδεῖς ἄγγελοι).

An dieser Stelle erhebt sich die Frage nach der Bedeutung von Engeln. Während der in der hebräischen Bibel vorfindliche Glaube um eine Existenz von Engeln weiß, transformiert sich dieser Glaube in der Literatur unseres Zeitraums zu einer Lehre von den Engeln als Vermittler göttlicher Offenbarung. In diesem Zusammenhang ist von verschiedenen Rangstufen und den Aufgaben der Engel die Rede. Mit eben der Aufgabe versehen, die Feinde der Juden zu erschrecken, erscheinen in 3. Makk 6,18 zwei Engel am Himmel. Verglichen mit den Engelvisionen im Buch Daniel nehmen diese Himmelsboten in unserer Literatur konkretere Gestalt an: so der Engel Raphael aus dem Tobit-Buch oder die Engel im 2. und 3. Makkabäerbuch, die der Errettung Israels von seinen Feinden dienen. Die in einem Teil unserer Literatur entfaltete Lehre von gefallenen oder bösen Engeln sowie von Geistern und Dämonen ist im 3. Makkabäerbuch nicht präsent. Abgesehen von der Aussage in 6,18 spielen Engel in diesem Buch keine hervorgehobene Rolle; eine Angelologie läßt sich für das 3. Makkabäerbuch also nicht feststellen.[23]

V. Gott und sein Volk

Zur Vorstellung von Gott im 3. Makkabäerbuch gehört als ein wichtiges Element auch sein besonderes Verhältnis zu Israel.[24] Es ist sein heiliges Volk (2,6: ὁ λαός σου ὁ ἅγιος Ἰσραήλ) und sein geheiligtes Erbteil (6,3: μερίδος ἡγιασμένης σου λαός). Die Mitglieder dieses Volkes sind Gottes Geliebte (6,11: οἱ ἠγαπημένοι σου). Umgekehrt dürfen die Juden[25] sich Gottes als ihres Vaters (6,3: πάτερ) rühmen. Ja, am Ende müssen sogar die Feinde erkennen, daß der himmlische Gott wie ein Vater für seine Söhne streitet (6,28; 7,6).

Denn Gott handelt an seinem Volk. Er hilft ihm in der Bedrängnis durch die Feinde (1,16; 2,12; 4,21: βοηθεῖν; vgl. 6,18f.). Er achtet auf die Mitglieder des Volkes (2,2) und erhört ihre Gebete (2,10.21: εἰσακοῦσαι; vgl. 5,25.35; 6,17f.). Gott errettet die Juden aus allen Gefahren (2,12; 6,36). Er gibt Gedeihen (7,2) und streitet für die Seinen (7,6).

---

23. S. dagegen das Urteil von *Rost*: »Bemerkenswert ist die Angelologie« (Einleitung, 79).
24. Die Belege für Ἰσραηλ finden sich in 2,6.10.16; 6,4.9; 7,16.23, also abgesehen von Kap. 7 nur in den beiden Gebeten.
25. Der meist im Plural erscheinende Name Ἰουδαῖος steht in 1,3.8; 2,28; 3,3.27.29; 4,2.17.21; 5,2.3.6.13.18.20.25.31.35.38.42.48; 6,17.18.30.35; 7,3.6.10. Er wird also nur außerhalb der beiden Gebete verwendet.

Vor allem das Ende des Buches gibt Auskunft über das rettende Handeln Gottes an seinem Volk. Er ist der heilige Retter der Seinen (6,29: ὁ ἅγιος σωτὴρ θεὸς αὐτῶν). Als der Gott ihrer Väter (7,16: ὁ θεὸς τῶν πατέρων αὐτῶν) ist er der Retter Israels (7,16: σωτὴρ τοῦ Ισραηλ). In dem letzten Vers wird Gott schließlich gepriesen als ewiger Erretter Israels (7,23: ὁ ῥύστης[26] Ισραηλ εἰς τοὺς ἀεὶ χρόνους).

In seiner besonderen Fürsorge für Israel wird er zudem als der wundertätige Gott (6,32: τερατοποιὸς θεός) bezeichnet. Sein wunderbares Handeln hat sich in der Vergangenheit ereignet (2,4-8; 6,4-8) und erweist sich auch in der das Volk so bedrängenden Gegenwart (2,21f.; 5,11f.28.30; 6,18).

Zu der auf das Verhältnis zwischen Gott und seinem Volk bezogenen Vorstellung gehört auch Gottes Wertschätzung gegenüber Jerusalem und seinem Tempel, wie sie in Kap. 2 zur Sprache gebracht wird. Gott hat die Stadt erwählt (2,9: ἐκλέξασθαι τὴν πόλιν ταύτην).[27] Der Tempel ist der auf Erden dem herrlichen Gottesnamen geweihte, heilige Ort (2,14), den Gott selbst geheiligt hat (2,9.16: ἁγιάσαι τὸν τόπον τοῦτον) und der für Israel das Haus der Heiligung (2,18: ὁ οἶκος τοῦ ἁγιασμοῦ) darstellt.

Was dagegen auffällt, ist zum ersten die Tatsache, daß das Gesetz Gottes im 3. Makkabäerbuch keine besonders hervorgehobene Rolle spielt: während in 1,12.23 um die Gültigkeit des dem Tempel betreffenden Gesetzes gerungen wird, steht nach 7,10.12 denen, die nicht dem Gesetz gemäß gelebt haben (3,4), sondern von Gottes Gesetz (τοῦ θεοῦ ὁ νόμος)[28] abgefallen sind, der verdiente Tod bevor. Zum zweiten ist verwunderlich, daß der Verfasser des Buches kein Interesse an einer Bekehrung von Heiden erkennen läßt. Und zum dritten fällt auf, daß die Gottesvorstellung im 3. Makkabäerbuch ohne eine eschatologische Komponente auskommt.[29]

---

26. Vgl. die weiteren Belege von ῥύστης in Ps 17(18),3.49; 69(70),6; 143(144),2.
27. Mit *J. Tromp* ist an dieser Stelle darauf zu verweisen, daß in 3. Makk 2,31 wohl kaum von ἡ πόλις εὐσεβείας die Rede ist, sondern τῆς πόλεως εὐσέβεια in den Blick genommen wird (s. ders., »Not enough«: επιπολαιως in 3 Maccabees 2:31, in: Journal for the Study of Judaism 30 (1999), 411-417). Es liegt hier also kein Beleg vor für die Nennung von Jerusalem als Stadt der Frömmigkeit. Es geht vielmehr um die Annahme der für die Stadt Alexandria bestimmenden Religion (s. a.a.O. 417).
28. Vgl. daneben die Verwendung des Wortes νόμος in 5,36 und 7,5 in der Bedeutung von »Sitte« bzw. »Gewohnheit« (vgl. *C. A. Wahl*, Clavis librorum Veteris Testamenti apocryphorum philologica, Graz 1972, 343, der freilich νόμος in 5,36 als »lex, Gesetz« in einem allgemeinen Sinne versteht).
29. S. *C. W. Emmet*, The Third Book of Maccabees, 162; *Anderson*, 3 Maccabees, 514.

VI. Fazit

Angesichts der Rede von der völligen Bedürfnislosigkeit Gottes in 3. Makk 2,9 und im Blick auf die theologische Auskunft über den leicht versöhnlichen Gott in 3. Makk 5,13 sowie in Hinsicht auf den Eindruck, den die Gottesvorstellung des 3. Makkabäerbuches insgesamt hinterläßt, sollte man nicht zu dem Schluß kommen, dieses Buch »represents the most orthodox type of old-fashioned Judaism ... From the theological standpoint ... the book seems to belong to the strict and conservative school of the Ḥasidim, devoted to the law ... It expresses a bitter opposition to the attempts at hellenizing ... The keenest heresy-hunter could have found no fault with its uncompromising orthodoxy.«[30]

Gegen dieses Urteil ist am Ende unserer Untersuchung festzuhalten, daß sich im 3. Makkabäerbuch theologische Aussagen über Gott finden, die man nicht in jedem Fall als »orthodox« bezeichnen kann. Es gibt durchaus Abweichungen gegenüber der in der hebräischen Bibel vorhandenen theologischen Tradition.

Zum einen ist also die Gottesvorstellung des 3. Makkabäerbuches keineswegs frei von Bemühungen, den Anforderungen an ein philosophisch zeitgemäßes und also am Hellenismus orientiertes Gottesverständnis zu genügen. Die gute Beherrschung der hellenistischen Sprache, die am ehesten mit der des 2. Makkabäerbuches, aber auch mit Lk und Act zu vergleichen wäre,[31] oder wenigstens die Fülle des zur Verfügung stehenden Wortschatzes[32] unterstreicht diesen Eindruck.

Zum anderen steht die Gottesvorstellung der theologischen Tradition zwar nicht im Vordergrund der Aussagen über Gott, aber sie tritt auch nicht völlig in den Hintergrund. Die anthropomorphe Rede von Gott ist durchaus

---

30. *Emmet*, The Third Book of Maccabees, 162. S. auch *Anderson*: »His theology and faith are completely orthodox« (Third Maccabees, 452).
31. Zu diesem Ergebnis kommt *W. K. L. Clarke*, The Use of the Septuagint in Acts; in: *F. J. F. Jackson, K. Lake* (Hg.), The Beginnings of Christianity, Part I: The Acts of the Apostles, Vol. II: Prolegomena II. Criticism, London 1922, 66 ff. Er stellt dabei die durch wortstatistische Analysen begründete These auf: »Luke may have read 2 and 3 Maccabees before writing Acts« (a. a. O. 74).
32. Vgl. hierzu das Urteil von *Grimm*: »Schwerlich hat einem anderen biblischen Schriftsteller ein so reicher Sprachschatz zu Gebote gestanden, wie unserem Verfasser; aber derselbe hat einen üblen Gebrauch davon gemacht« (Maccabäer, 215). *Ders.* hat im Vorwort zu seiner mit einer Einleitung versehenen Kommentierung auf die sprachlichen Probleme des 3. Makkabäerbuches hingewiesen: »Das seiner geschichtlichen Veranlassung und Stellung nach nicht leicht zu erklärende wunderliche dritte Buch der Maccabäer bietet auch in sprachlicher Beziehung einige harte Knoten. Möchte es mir gelungen seyn, dieselben, wenn auch nur annäherungsweise, zu lösen!« (a. a. O. III).

vorhanden,[33] und er selbst greift persönlich ein auf Erden, um sein Volk aus der drohenden Vernichtung zu retten.

Wenn sich im 3. Makkabäerbuch auch verschiedene Indizien für eine eher orthodox anmutende Frömmigkeit finden lassen, so zeigen doch die Äußerungen, in denen sich die Gottesvorstellung des Verfassers widerspiegelt, daß das Buch eine vermittelnde Position einnimmt. Philosophische Elemente des Gottesbildes werden durchaus aufgenommen und unter traditionell jüdische Vorstellungen über Gott gestreut. Wenn nicht alles täuscht, dann kann man den Autor des 3. Makkabäerbuches mit guten Gründen als einen »Vermittlungstheologen« bezeichnen.[34]

33. Vgl. *Wicks*, Doctrine, 120-122.
34. Es bleibt freilich offen, ob mit diesem Ergebnis ein Gewinn für die Frage nach der Datierung des Buches erzielt werden kann. Die von *U. Mittmann-Richert* in diesem Sammelband beleuchtete Frage, in welcher Weise theologische Aussagen für die Datierung von Schriften fruchtbar gemacht werden können, bewegt auch den Autor dieses Beitrags. Allerdings ist dabei zwischen sprachgeschichtlichen Gesichtspunkten als primären und theologiegeschichtlichen Gesichtspunkten als sekundären Argumenten zu unterscheiden (s. den Aufsatz von *B. Schaller* in diesem Band, S. 71-86). Die hier zusammengetragenen Elemente der Gottesvorstellung erlauben darum für den Zeitrahmen von 110 v. Chr bis 70 n. Chr. keine eindeutige Festlegung.

Die vergessene Geburtsgeschichte

Mt 1-2 / Lk 1-2 und die wunderbare Geburt des Melchisedek in slHen 71-72

Christfried Böttrich

Wer die Geburtsgeschichten bei Matthäus und Lukas sachgemäß interpretieren will, kann den religionsgeschichtlichen Horizont, in dem sie stehen, nicht außer acht lassen. Das ist sicher eine Binsenweisheit. Längst sind auch die relevanten Texte und Überlieferungen von wunderbaren Geburten aus den verschiedensten Traditionsbereichen umfänglich gesammelt und diskutiert worden.[1] Doch erstaunlicherweise scheint die Geschichte von der wunderbaren Geburt des Melchisedek, wie sie in slHen 71-72 erzählt wird,[2] dabei völlig in Vergessenheit geraten zu sein. Obgleich gerade diese Geschichte eine Fülle frappierender Bezüge bietet, kommt sie bis in die jüngsten Untersuchungen zu den Geburtsgeschichten der Evangelien nicht vor.[3]

Eine solche Vergessenheit hat ihre Parallelen auch in anderen Bereichen, für die Melchisedeks wunderbare Geburt nicht weniger Bedeutung besitzt. So hat z.B. in der Qumranforschung die Vorstellung einer himmlischen Melchisedekgestalt durch 11QMelch größtes Interesse erfahren, ohne daß zu ihrem Verständnis die Melchisedeküberlieferung des slHen je in nennenswerter Weise herangezogen worden wäre.[4] Ganz ähnlich sieht es im Blick auf die Beschäftigung mit der Melchisedekgestalt in der gnostischen Literatur (NHC IX) aus.[5] Selbst die intensive Bemühung um die rätselhaften Aus-

---

1. Vgl. z.B. *Clemen*, Religionsgeschichtliche Erklärung 1909, 223-244; *Michel* und *Betz*, Von Gott gezeugt 1960; *Perrot*, Les récits d'enfance 1967; *Schubert*, Kindheitsgeschichten 1972; *Brunner-Traut*, Geburtsgeschichte 1960; *Zeller*, Ankündigung 1981; ders., Geburtsankündigung 1992.
2. Vgl. Text und Kommentierung bei *Böttrich*, JSHRZ V/7 1995; dazu *Böttrich*, Weltweisheit 1992, 43-48 und 204-209.
3. Zuletzt z.B. *Radl*, Ursprung 1996, der slHen 71-72 noch nicht einmal in der Fußnote (72 Anm. 2) zu den außer Betracht bleibenden Belegen notiert.
4. Es genügt, unter der Flut von Literatur nur die wenigen Ausnahmen zu nennen: *Flusser*, Melchizedek and the Son of Man 1966, liefert einen kurzen Hinweis auf das slHen; *Amusin*, Novyj eschatologičeskij tekst 1967, stellt die Beziehung umfänglicher her, belastet sie aber mit schwierigen Hypothesen zum Überlieferungsweg einer hebr. Vorlage des slHen gemeinsam mit anderen hebr. (Qumran-!) Texten in die Kiever Rus; *Vulčanov*, Kumranski tekstove 1973-74, baut bei moderateren Beobachtungen grundsätzlich auf *Amusin* auf. Das war es dann aber auch schon.
5. Lediglich *Schenke*, Melchisedekgestalt 1980, geht hier näher auf das slHen ein und vermutet – auch unter Einbeziehung der Melchisedeküberlieferungen der syr. »Schatzhöhle« – einen frühjüdischen Legendenkranz.

sagen in Hebr 7,3 sind bei allem religionsgeschichtlichen Aufwand komplett ohne den Melchisedek des slHen ausgekommen.⁶ Entsprechend sucht man slHen 71-72 dann auch in allen monographischen Arbeiten zur Melchisedektradition insgesamt vergebens.⁷ Der Text liegt auch gut 100 Jahre nach seiner Entdeckung noch immer außerhalb des Blickfeldes der Forschung.⁸

Gründe sind für diesen Umstand schnell benannt: Schon bei der ersten Veröffentlichung des Textes im Jahre 1896 hatte R. H. Charles die Melchisedekerzählung des slHen in einen »Appendix« verbannt und als das Werk eines christlichen Häretikers beurteilt. Obwohl diese Entscheidung durch verbesserte Handschrifteneditionen bald darauf hinfällig wurde, konnte sich doch das einmal gesprochene Urteil hartnäckig festsetzen. In der Diskussion um den jüdischen oder christlichen Charakter des slHen war man am ehesten geneigt, wenigstens die Melchisedekerzählung als einen christlichen Passus zu betrachten und nun aus inhaltlichen Gründen auszublenden. Auch detailliertere Beobachtungen, die Argumente für den jüdischen Charakter zusammentrugen, beließen es aufgrund der schwierigen Textüberlieferung stets bei vorsichtigen Vermutungen und konnten deshalb kaum durchdringen.

Mein Beitrag hat deshalb die Absicht, slHen 71-72 gegen alles Vergessen erneut und nachdrücklich zur Diskussion zu stellen. Die Geschichte von der wunderbaren Geburt des Melchisedek repräsentiert eine Überlieferung des alexandrinischen Judentums aus dem 1. Jh. n. Chr., noch vor der Tempelzer-

6. Das zeigen deutlich die auf breiter Quellenbasis erarbeiteten jüngeren Untersuchungen von *Casalini*, Una Vorlage 1984; *Neyrey*, Without Beginning 1991; *Manzi*, Melchisedek e l'angelologia 1997. Der letzte Aufsatz von *Gieschen*, Different Functions 1997, bezieht sich zwar ganz gezielt auf slHen 71-72, baut indessen auf einem längst überholten Forschungsstand auf und bleibt somit weit hinter seinen Möglichkeiten zurück; besonders nachteilig wirkt sich hier aus, daß die beiden christl. Interpolationen 71,32-37 und 72,6-7 (vgl. dazu ausführlich *Böttrich*, Weltweisheit 1992, 118-125) nicht als solche erkannt und deshalb mit der ursprünglichen Konzeption verwirrt werden; vgl. indessen *Böttrich*, Hebr 7,3 1994.
7. So etwa *Horton*, Melchizedek Tradition 1976 (81: »far beyond the chronological bounds of this present study«) und *Gianotto*, Melchisedek e la sua tipologia 1984 (der den Passus trotz seines Bezuges auf *Vaillant* noch immer als »Appendix« bezeichnet und 45 Anm. 1 aufgrund der »hypothetischen Datierung« ausklammert). Die älteren Darstellungen von *Jerôme*, Melchisedech-Bild 1920 und *Wuttke*, Melchisedech 1927 hatten slHen 71-72 noch berücksichtigt. Unter den zahlreichen weiteren Gesamtüberblicken zur Melchisedektradition stellt allein *Delcor*, Melchizedek 1971, eine Ausnahme dar (127-130 behandelt er slHen 71-72 als Text des frühen Judentums). Zur weiteren Literatur vgl. insgesamt die Bibliographie bei *Manzi*, La figura di Melchisedek 1995.
8. Selbst eine Untersuchung wie die von *Bodinger*, L'enigme 1994, die Melchisedek generell als eine Figur der kanaanäischen Mythologie darstellen möchte und dabei alle biblischen und außerbiblischen Texte umfänglich konsultiert, verfällt nicht auf den Gedanken, slHen 71-72 mit einzubeziehen – obwohl gerade dieser Text *Bodinger*s (ansonsten sicher schwierigen) Hypothese wie gerufen kommen müßte!

störung im Jahr 70.[9] Ihre Berücksichtigung erweist sich ganz besonders für das Verständnis der Kindheitsgeschichten in den Evangelien als unverzichtbar.

1. Melchisedekerzählung und slHen

Als R. H. Charles 1896 zum ersten Mal eine Übersetzung des slHen veröffentlichte, standen ihm nur mangelhafte Hss. zur Verfügung. Die Melchisedekerzählung war in ihnen nicht enthalten. Allerdings hatte er bereits seit 1893 durch M. I. Sokolov Kenntnis von jenen weit besseren Hss., auf denen dann auch der Appendix seiner Ausgabe basierte. Charles vermerkte sogar, daß die Geschichte dort als ein »organic factor« des slHen erscheine, ohne daraus jedoch die entsprechenden editorischen Konsequenzen zu ziehen. In seiner erneuten Ausgabe von 1913, die zudem auf die inzwischen vollständig publizierten Materialien Sokolovs hätte zurückgreifen können, fällt selbst der »Appendix« dann kommentarlos aus.[10] Das hat prägend gewirkt und ist erst durch die Edition A. Vaillants von 1952 relativiert worden.

Die Melchisedekerzählung ist in allen maßgeblichen Hss. des slHen eindeutig bezeugt. Zwei der längeren Hss. (R / J) sowie drei der kürzeren (A / U / B) bieten sie im vollen Umfang.[11] Die längere Hs. P und die beiden kürzeren Hss. V / N, auf die sich Charles stützte, lassen zwar die Erzählung selbst vermissen, bieten jedoch noch deutliche Spuren, die auf eine sekundäre Kürzung hinweisen. Selbständig ist die Erzählung vermutlich nicht überliefert worden.[12] Auch jene vier Fragmente (Rum / Tr / Nr. 41 / Nr. 42), die auf slHen 71-72 konzentriert sind, stellen unmißverständlich den Bezug zum Gesamttext her.[13] Bereits die handschriftliche Überlieferung weist die Melchisedekerzählung damit als integralen Bestandteil des slHen aus. Ihr Text

---

9. Zur Datierung siehe unten; eine Sammlung von Belegen (insgesamt 19) für eine Lokalisierung des Textes in Alexandrien bei *Böttrich*, JSHRZ V/7 1995, 811 Anm. 99.
10. Vgl. zur Forschungsgeschichte ausführlich *Böttrich*, Weltweisheit 1992, 20-43.
11. Wenn man bei *Horton*, Melchizedek Tradition 1976, 81, noch immer liest, daß die Erzählung nur in einer Rezension des Textes vorkäme, dann ist das einfach falsch. Bereits *Bonwetsch*s deutsche Übersetzung von 1922, spätestens aber die (auch von *Horton* benutzte) Ausgabe *Vaillant*s von 1952 hätte hier Aufklärung bieten können.
12. Die bislang umfänglichste Bibliographie von *Jacimirskij*, Bibliografičeskij obzor 1921, bietet unter »Melchisedek« (100-111) insgesamt 108 Einträge, die sich jedoch zum größten Teil auf die apokryphe Legende des Ps-Athanasius beziehen; eine eindeutige Zuordnung eines jeden Eintrages ist aufgrund der spärlichen Angaben jedoch kaum möglich; auf *Jacimirskij* baut auch *Tvorogov*, Apokrify o Melchisedeke 1987, auf. Klarheit sollte hier der dritte Band von *A. de Santos Otero* über die handschriftliche Überlieferung der altslavischen Apokryphen (Bd. 1: 1978; Bd. 2: 1981) bringen.
13. Vgl. die Beschreibungen bei *Böttrich*, JSHRZ V/7 1995, 793-794.

liegt ausreichend gesichert und in allen wesentlichen Fassungen publiziert vor.[14]

Auch in die literarische und theologische Gesamtkonzeption des slHen ist die Melchisedekerzählung fest eingebunden. Wollte man sie dort herauslösen, dann bliebe ein Torso zurück. Immer wieder begegnet das Argument, daß mit dem Wechsel des Protagonisten von Henoch zu Melchisedek ein Bruch in Stoff und Aufriß des Buches vorliege. Das trifft jedoch nicht zu. Ein Wechsel erfolgt bereits mit der Einsetzung Methusalems zum Priester und der Etablierung einer kultischen Tradition nach Maßgabe der Mahnreden Henochs. In diese Geschichte eines urzeitlichen priesterlichen Kultes ist die Geschichte von Melchisedeks wunderbarer Geburt eingebettet. Mit ihr bleibt sie auch auf vielfältige Weise verbunden. Das alles aber geht über die Vorgaben der Henochtradition selbst nicht hinaus, deren zeitlicher Rahmen auch im äthHen bis zur Sintflut gespannt ist und die Geschichte der Henochsöhne bzw. der Geburt des Noah integriert. Gegenüber der vorausliegenden Tradition aber hat das slHen die Stoffe jener »Nachgeschichte« von Henochs Entrückung konzeptionell viel konsequenter genutzt und an ihnen die urzeitliche Verankerung der kultischen Tradition am zentralen Heiligtum erzählerisch dargestellt. Damit ergibt sich eine Dreiteilung des gesamten Textes: I. 1-38 entfaltet anhand der Himmelsreise Henochs die Grundlagen einer universalen Weltweisheit, II. 40-67 zieht in den Mahnreden Henochs daraus die Konsequenzen einer auf breiten Konsens angelegten Menschheitsethik, III. 68-73 begründet in der unmittelbaren Aufnahme von Henochs Vermächtnis die Etablierung einer kultischen Praxis.[15] Weisheit, Ethik und Kult reißen die zentralen Themen an, die für jüdische Identität in Auseinandersetzung mit einer andersgläubigen Umwelt von Belang sind. Der Bereich des Kultes könnte hier nur unter Beschädigung des Gesamtkonzeptes abgetrennt werden.

---

14. Die Fülle des Materials bietet *Sokolov*, Slavjanskaja Kniga 1910 (slav., für R auch lat.); *Vaillant*, Le livre 1952 (slav. / franz.), ermöglicht den bequemsten Zugang zur kürzeren Fassung; jüngst ist noch die bislang nur in Andersens Übersetzung bekannte Fassung nach A zugänglich geworden durch *R. B. Tarkovskij*, Skazanie o Melchisedeke (slav. / russ.), in: Biblioteka Literatury Drevnej Rusi 3, St. Petersburg 1999, 114-119.
15. Die Verbindungen sind vielfältig: Zur Kontinuität des Ortes (»Achuzan« als Ort der Entrückung und des Altars als neuem Zentralheiligtum) kommt eine personelle Kontinuität (die Söhne Henochs errichten den Altar und beginnen zu opfern, Methusalem als ältester der Söhne und bevorzugter erster Adressat der Mahnreden Henochs übernimmt leitende priesterliche Funktion); Gott stellt sich dem Methusalem ausdrücklich als »Gott deines Vaters Henoch« vor (69,5; 70,3). Die zahlreichen Ermahnungen Henochs aus dem zweiten Teil des Buches, die konkrete Anweisungen zur Opferpraxis enthalten, werden im dritten Teil realisiert und mit z. T. präzisem Rückbezug (z. B. 69,12 / 70,20 => 59,4) aufgenommen.

2. Datierung

Für die Datierung des ganzen Textes hat nun gerade der dritte Teil des Buches besonderes Gewicht.[16] Daß eine funktionierende Opferpraxis ebenso wie die Wallfahrt zum zentralen Heiligtum vorausgesetzt werden, spielt dabei noch gar nicht die Hauptrolle. Viel aufschlußreicher ist die Beobachtung, daß im dritten Teil die priesterliche Investitur Methusalems mit einem sehr genau terminierten, dreitägigen »Kultgründungsfest« (68,5-69,19) verbunden wird. Am Ort der Entrückung Henochs errichten die Henochsöhne einen Altar. Die Ältesten des Volkes bitten Methusalem daraufhin, als Repräsentant des Volkes die Verantwortung für den Opferdienst zu übernehmen. In einer nächtlichen Vision am Heiligtum erhält Methusalem dafür auch den göttlichen Auftrag. Nun aber erfolgt die Investitur, bei der das Auftreten Methusalems am Altar deutlich in Analogie zur Beschreibung des Hohenpriesters Simeon aus Sir 50 geschildert wird.[17] Nach der internen Kalenderrechnung des Buches erreicht dieses Fest am 17. Tammuz seinen Höhepunkt[18] – einem Termin, der wohl ganz bewußt im Blick auf das Sommersolstitium gewählt ist und von dorther auch seine Symbolik erhält.[19] Vom

---

16. Auch *Milik* hat seine Spätdatierung gerade an der Melchisedekerzählung festgemacht – allerdings ganz irrtümlich. Er behauptet, daß der Autor »zweifellos« ein Mönch sein müsse, weil a) die monastische Amtsübertragung vom Onkel auf den Neffen und b) der byzantinische Brauch der Weihe eines Hierarchen durch drei Bischöfe im Text gespiegelt werde. Beides ist eindeutig falsch. Die Sukzessionsfolge lautet »Methusalem – Nir – Melchisedek« (= Großvater – Enkel – Sohn); von Noah (als dem Onkel des Melchisedekknaben) wird an keiner einzigen Stelle priesterliche Funktion behauptet; *Milik* hat das vermutlich aus der Liste ConstApost 8,5 in den Text hineingelesen. Die Investitur erfolgt nur im Falle Methusalems durch drei »Älteste des Volkes« (69,8); im Falle Nirs ist Methusalem allein aktiv (70,13); im Falle Melchisedeks sind es mit Nir und Noah zwei Personen (71,21); d.h. eine Regel ist gerade nicht ablesbar. Diese Behauptungen *Milik*s sollten endgültig zu den Akten gelegt und nicht weiter als ernsthafte Möglichkeit zitiert werden!
17. Vgl. insgesamt 69,7-19 mit Sir 50,1-24; besonders auffällig sind die Wendungen 69,10 »M. stieg hinauf zum Altar des Herrn« (Sir 50,11: ἐν ἀναβάσει θυσιαστηρίου ἁγίου); 69,10: »sein Angesicht erstrahlte wie die Sonne, die in der Mitte des Tages aufgeht« bzw. Variante »wie der Morgenstern, wenn er aufgeht« (Sir 50, 6-7: ὡς ἀστὴρ ἑωθινὸς ἐν μέσῳ νεφελῶν ὡς σελήνη πλήρης ἐν ἡμέραις ὡς ἥλιος ἐκλάμπων ἐπὶ ναὸν ὑψίστου).
18. Diese Rechnung hängt an der Interpretation des »festgesetzten Tages« im ersten Monat (1,2). Versteht man ihn – was am wahrscheinlichsten ist – als Beginn des Passafestes, ergibt sich folgendes Schema: erste Entrückung Henochs am 15. Nisan => Rückkehr Henochs nach 60 Tagen am 15. Siwan zum Wochenfest (nach dem 364-Tage-Kalender) => endgültige Entrückung Henochs nach 30 Tagen am 15. Tammuz => Investitur Methusalems nach 3 Tagen am 17. Tammuz. Vorausgesetzt wäre die konstante Monatslänge von 30 Tagen; das widerspricht zwar 13,3-4 – doch dort ist das Schema aus äthHen 72,8-32 ohnehin hoffnungslos korrumpiert. Eine sekundäre Veränderung macht sich in 1,2 (Zusatz: »am 1. Tag des 1. Monats«) und 68,1-3 (Einschub: Harmonisierung der Geburts- und Sterbedaten Henochs) bemerkbar.
19. Als Tag des Sommersolstitiums wird der 17. Tammuz ausdrücklich in 48,2 benannt. Me-

2. Jh. an gilt der 17. Tammuz indessen als Tag der Eroberung Jerusalems durch Titus im Jahre 70 und hat sich – unter Hinzuziehung weiterer Ereignisse – zu einem der wichtigsten Trauer- und Fastentage im Judentum entwickelt.[20]

Es ist völlig undenkbar, daß der Autor des slHen dieses Ereignis in seiner konkreten Zeitbestimmung hätte ignorieren können. Nichts klingt an die Tempelzerstörung an. Die Bewältigung einer Katastrophe liegt ihm völlig fern. Das »Kultgründungsfest« in slHen 69 atmet die Ruhe einer ungetrübten Selbstverständlichkeit und ist lediglich an der urzeitlichen Legitimierung des jüdischen Kultgeschehens interessiert. Der dritte Teil des Buches mit der Melchisedekerzählung muß demzufolge nicht erst von den vorausgehenden Teilen aus für eine frühe Datierung in Schutz genommen werden – er bietet vielmehr selbst das stärkste Argument für eine Datierung der gesamten Schrift in das 1. Jh. noch vor dem Jahre 70.[21]

3. Kontext und Struktur

Im Rahmen des dritten Teiles (68,5-73,9) ist die Erzählung von Melchisedeks wunderbarer Geburt (71,1-72,11) fest mit ihrem Kontext verbunden. Schon in 70,4 wird Nir als der zweite Sohn Lamechs und jüngere Bruder Noahs eingeführt. Das geschieht im Zusammenhang mit einer Ankündigung der Flut durch Gott selbst, die dann in 73 auch den Schlußpunkt des ganzen Buches darstellt.[22] Von da an aber ist die Konzeption des dritten Teiles nun auf zwei Erzählstränge hin angelegt, die über die beiden Brüder laufen: Noah steht für die Bewahrung der Menschheit in der bevorstehenden Katastrophe, während sich mit Nir der Bestand der priesterlichen Tradition verbindet. Zunächst richtet sich alles Interesse auf Nir und seine Amtszeit in der Nachfolge Methusalems. Am Ende dieser Zeit kommt es zu dem vorhergesagten großen Abfall von Gott im Vorfeld der Flut. In diese Phase hinein wird Melchisedek geboren, wobei Nir und Noah gemeinsam agieren. Nach Nirs Tod

---

thusalems Herrlichkeit erscheint dann nach 69,10 in Analogie zu der Sonne auf der Höhe ihrer Pracht.
20. Vgl. yTaan 68c und bTaan 26b.
21. Gegen *Rubinstein*, Observations 1962, 5: »Nor can the legend help materially in the dating of the Slavonic Enoch even if we assume that it formed part of the original pseudepigraph.«
22. In seiner gegenwärtigen Gestalt ist slHen 73 ohne Frage sekundär; eine ganze Reihe von Einzelheiten entstammt nachweislich der Tradition christl. Chronographie (vgl. die Nachweise in JSHRZ). Dennoch dürfte an der Stelle dieses wohl später ausgetauschten bzw. überarbeiteten Kapitels ein ursprünglicher Schlußpassus über die Flut gestanden haben; das legen sowohl die ältere Henochtradition als auch die verschiedenen Vorverweise auf die Flut im slHen selbst (33,12; 34,3-35,1; 70,26; 71,27; 72,1) nahe.

geht alles Interesse dann auf Noah über, mit dem die Schrift schließlich endet.

Daß die Geburtsgeschichte Melchisedeks dabei nach Umfang und Gewicht mehr als nur einen Exkurs darstellt, läßt sich von der Gesamtstruktur des dritten Teiles her verstehen. Wieder fällt eine Dreigliedrigkeit auf: I. 68,5-70,26 handelt von der Begründung und ersten zeitlichen Erstreckung eines Priestertums, wobei Investitur und Amtsführung Methusalems und Nirs auf eine bis in Details hinein genau parallele Weise beschrieben werden; II. 71,1-72,11 ist mit der Melchisedekerzählung dann dem Gedanken einer jenseitigen Garantie dieses Priestertumes gewidmet; III. 73,1-9 bringt mit der Fluterzählung kurz und bündig auch die über Noah laufende Linie zum Abschluß, die mit der Bewahrung der Menschheit den notwendigen Bezugsrahmen jedes priesterlichen Dienstes beschreibt.[23] Durch die Melchisedekgestalt des slHen wird die priesterliche Sukzession der Urzeit in einer Weise transzendiert, die ihre Sicherung bis weit über die Flut hinaus garantieren soll. Genau da liegt der Hauptakzent des dritten Teiles.

Die Erzählung selbst ist sehr durchdacht aufgebaut. Der Anfangsrahmen beschreibt die Situation Sopanimas als die der Unfruchtbarkeit und einer rätselhaften Empfängnis; der Schlußrahmen konstatiert die Trauer und das Ende Nirs. Dazwischen liegen vier große erzählerische Blöcke: Die ersten beiden sind von dem Geburtsgeschehen selbst und der Ratlosigkeit aller Beteiligten bestimmt, während die letzten beiden der nachgeholten Aufklärung und Interpretation des Geschehens vorbehalten bleiben. Sopanima als die Mutter des Kindes spielt eine völlig untergeordnete Rolle. Alles Interesse ist vielmehr auf Nir und Noah als die beiden Hauptakteure sowie dann auf die Offenbarungsreden Gottes und des Erzengels Michael konzentriert.

Anfangsrahmen	71,1-3
1. Konflikt Nir / Sopanima	71,4-9
Begegnung	71,4-5
1. Dialoggang	71,6-7
2. Dialoggang	71,8-9
Reflexion	71,10-11
2. Aktion Nir / Noah	71,10-23
Beratung und Plan	71,12-16
Geburt und Deutung	71,17-21
Bestattung Sopanimas	71,22-23a
Verbergung des Knaben	71,23b

---

23. Der (sekundäre) Schluß des Buches berichtet nur noch von der Lebenszeit Noahs nach der Flut. Möglicherweise ist das Opfer Noahs (Gen 8,20) in einer ursprünglichen Fassung Haftpunkt für eine Wiederaufnahme des Opferdienstes gewesen.

3. Belehrung Nirs 71,24-37
    Gesetzlosigkeit auf Erden 71,24
    Bittgebet Nirs 71,25-26
    Antwort Gottes 71,27-29
    Lobpreis Nirs 71,30-31
    [Interpolation I] [71,32-37]
4. Bewahrung Melchisedeks 72,1-9
    Auftrag an Michael 72,1-2
    Erscheinung Michaels 72,3-5
        Michael: Botenauftrag 72,3
        Nir: Einwand 72,4
        Michael: Erläuterung 72,5
    [Interpolation II] [72,6-7]
    Nir: Zustimmung 72,8
    Entrückung Melchisedeks 72,9
Schlußrahmen 72,10-11

Die Geschichte beginnt mit einem Geheimnis, das erst allmählich und in erzählerisch genau kalkulierten Schritten gelüftet wird: Sopanima weiß nichts von der Herkunft und der Zukunft des Kindes, das sie austrägt, und stirbt in völliger Unkenntnis. Nir und Noah ringen im gemeinsamen Gespräch um ein Verständnis des Geschehens, entdecken dafür an dem auf wunderbare Weise entbundenen Knaben wichtige Indizien und bestimmen seinen Namen. Nir erhält daraufhin durch die Gottesrede in einer nächtlichen Vision Aufklärung über die Identität des Knaben und seine künftige Bestimmung. Der Erzengel Michael schafft als Gottesbote mit der Entrückung Melchisedeks schließlich vollendete Tatsachen. Anfangs- und Schlußpunkt der Erzählung liegen außerhalb von Raum und Zeit: Der Ursprung des Melchisedekknaben resultiert aus einer übernatürlichen Empfängnis, seine Zukunft spielt sich im »Paradies Eden« ab. Dazwischen steht ein kurzes, 40tägiges Intermezzo auf Erden, von dem das Kind in seiner ganzen Vollkommenheit kaum wirklich berührt wird.

Aus dieser Anlage ergibt sich bereits die Konsequenz, daß der Melchisedekknabe des slHen nur vordergründig auf das bevorstehende Flutgeschehen bezogen ist. Er kehrt jedenfalls nicht wieder auf die Erde zurück und kann deshalb auch nicht einfach als Garant für die Sukzessionsfolge des urzeitlichen Priestertums nach der Flut betrachtet werden.[24] Ebensowenig geht

---

24. So z.B. *Wuttke*, Melchisedech 1927, 41; *Schubert*, Kindheitsgeschichten 1972, 230; *Stichel*, Namen 1979, 50; *Schenke*, Melchisedekgestalt 1980, 132. Ein solches Sukzessionsverständnis bestimmt lediglich den Interpolator (»dieser Melchisedek wird das Haupt dieser 13 Priester sein, die zuvor waren« 71,32), wobei selbst er dann den Priesterkönig

es darum, dem geheimnisvollen Priesterkönig aus Gen 14 schärfere Konturen zu verleihen.²⁵ Auch die verlockende Analogie zu der späteren Überlieferung, die Melchisedek mit Sem identifiziert und damit ebenfalls schon vor der Flut unterbringt, trägt für die Erzählung nichts aus.²⁶ Nach allem, was der Text erkennen läßt, soll der Melchisedekknabe hier lediglich als das jenseitige Urbild des Priestertums eingeführt werden. Im Gottesspruch erfährt Nir (71,29), daß Melchisedek »ein Priester aller geweihten Priester sein soll.« Diese Bestimmung nimmt ihn aus der konkreten Sukzessionsfolge heraus und ordnet ihn dem Gesamtphänomen des Priestertums zu. Er verkörpert damit so etwas wie die Idee des Priestertums überhaupt, die sich gleichzeitig am Anfang der priesterlichen Sukzession für kurze Zeit personifiziert. An dieser merkwürdigen Spannung zeigt sich eine der wichtigsten Eigenarten des slHen überhaupt auf besonders eindrückliche Weise: das Bemühen um eine Verbindung von hellenistisch-philosophischen Vorstellungen mit erzählerischen Elementen aus biblischer Tradition.²⁷

Die Integrität des Textes wird durch zwei christliche Interpolationen gestört, die auch das ursprüngliche theologische Konzept nachhaltig verändern.²⁸ Beide stammen offensichtlich von einer Hand. Sie sprengen den jeweils vorliegenden Zusammenhang deutlich und sind um die Konstruktion typologischer Bezüge bemüht.²⁹ In 71,32-37 präsentiert der Interpolator eine Reihe von 12 urzeitlichen Priestern, die in dem Melchisedekknaben als ihrem »Haupt« gipfelt. Eine solche Reihe widerspricht allem, was das slHen anson-

   von Salem nicht mit dem wunderbar geborenen Melchisedek identifiziert (»dieser Melchisedek« / »ein anderer Melchisedek« 71,33-34; »nach dem Bild dieses Melchiseks« 72,6).
25. Der Melchisedek des slHen ist auf alle Priester bezogen, nicht auf den späteren Namensvetter aus Gen 14 allein. Für den Interpolator besteht eine besondere Beziehung insofern, als sich in den beiden Gestalten gleichen Namens auch beide Priesterreihen miteinander verschränken.
26. Diese Tradition findet sich in den Targumim zum Pentateuch; vgl. alle Belege und ihre Diskussion bei *Hayward*, Shem, Melchisedek. Doch der Autor des slHen präsentiert Melchisedek gerade nicht als Sohn Noahs; und daß er die Flut überdauerte, um dank seines langen Lebens (Gen 11,10-11) dann als Priesterkönig von Salem noch Abraham begegnen zu können, schließt das slHen durch die Versetzung des Melchisedekknaben in das Paradies Eden eindeutig aus.
27. Am deutlichsten ist das in der Vorgeschichte des Sechstagewerkes zu beobachten, wo Elemente aus der ägypt. Mythologie mit dem hebr. Begriff »עד / Ewigkeit« und dem griech. »ἀρχή / Ursprung, Anfang« verbunden und in eine Erzählung von der »Herausrufung« zweier Äonen gekleidet werden (24-27); vgl. ferner die Einordnung von Brontologien in Gottes Schöpfungswerk (30,6), die Mikrokosmosidee bei der Erschaffung Adams (30,8), die stoische Lehre von den Seelenteilen in der Beschreibung des Menschen (30,9), das unwandelbare Sein Gottes in Gestalt eines Offenbarungswortes (33,4) u.a.m.
28. Vgl. ausführlich *Böttrich*, Weltweisheit 1992, 118-125.
29. Für die Datierung der Interpolation in das 4.-7. Jh. bietet vor allem die Überlieferung zu Abels Bestattung einen aufschlußreichen Anhaltspunkt – vgl. *Böttrich*, Vögel 1995.

sten über die Begründung eines priesterlichen Dienstes sowie über die genealogischen Beziehungen der Urzeit sagt. Für den Interpolator fungiert sie jedoch als notwendiger Ausgangspunkt für eine zweite Zwölferreihe, die nun mit dem Priesterkönig aus Salem beginnt und bei Christus endet. Der Name »Melchisedek« verbindet beide Reihen wie ein Scharnier, ohne daß die Beziehung der beiden Gestalten näher geklärt würde. Ähnlich verfährt 72,6-7, wo unter Aufnahme der Melchisedeklegende des Ps-Athanasius[30] der auf dem Tabor verborgene Melchisedek von Abraham als Priester und König in Salem installiert und erneut zum Anfang einer Zwölferreihe gemacht wird, die dann wiederum bei Christus ihren Höhepunkt findet. Ohne eine sorgfältige Unterscheidung dieser beiden sekundären Passagen muß jede Interpretation der Melchisedekgestalt in slHen 71-72 zwangsläufig in die Irre führen.

Beide Interpolationen zeigen zudem, wie christliche Tradenten mit dem ihnen vorliegenden Text umgegangen sind.[31] Das allein könnte schon als ein Indiz für seinen jüdischen Charakter gelten. Viel eher sah man wohl in der wunderbaren Geburt des Melchisedek sowie in seinen priesterlichen Insignien Anknüpfungspunkte für einen typologischen Bezug auf Christus, als daß andersherum die merkwürdige Erzählung den Geburtsgeschichten der Evangelien oder der Hohepriesterchristologie im Hebr nachgebildet sein könnten. Die stärksten Argumente für den jüdischen Charakter der Erzählung ergeben sich jedoch dann, wenn man sie mit anderen analogen Erzählungen vergleicht.

4. Formkritische Beobachtungen

Die Geburt des Melchisedek fügt sich dem verbreiteten Schema alttestamentlich-jüdischer »Geburts-« bzw. »Kindheitsgeschichten« ein.[32] Je nach-

---

30. Vgl. *Robinson*, Apocryphal Story 1987.
31. Christologische Bezüge, etwa im Lichte des Hebr, sind also gerade nicht als Eigenheit des Textes empfunden worden und mußten erst mehr oder weniger gewaltsam in ihn eingetragen werden.
32. Hinsichtlich der Gattungsbestimmung mangelt es noch immer an einem breiteren Konsens: Die ältere Formgeschichte sprach von »Legenden«, bevor dann der Begriff »Midrasch« in die Diskussion geriet; *Zeller* (Ankündigung; Geburtsankündigung) unterscheidet eine Gattung »Geburtsankündigung« von der durch ihn eingeführten »Geburtsverkündigung«; *Bergers* Beschreibung von »Kindheitsgeschichten« (Formgeschichte 1984, 357-359) entspricht weitgehend Zellers »Geburtsankündigung«; vgl. auch *Radl*, Ursprung 35-43 und 72-74. Meist werden die »Erzählungen vom verfolgten und geretteten Königskind« gesondert behandelt. Vielfache Überschneidungen sowie das gemeinsame Interesse an dem Ursprung großer Persönlichkeiten empfehlen m. E. jedoch eine Verbindung der verschiedenen Elemente unter dem schlichten Oberbegriff »Geburtsgeschichten«.

dem, wie detailliert man hier vorgeht, lassen sich wenigstens fünf grundlegende Elemente erkennen, die z. T. auch in zahlreichen altorientalischen und hellenistisch-römischen Überlieferungen nachweisbar sind:

1. Ausgangssituation   Kinderlosigkeit – Unfruchtbarkeit / Alter / Askese
2. Geburtsankündigung   Träume / Gottesspruch / Engelerscheinung
                        Auftrag zur Namensnennung
                        Ankündigung der künftigen Bedeutung
                        Einwände / Rückfragen / Zweifel / Bekräftigung
3. Empfängnis und Geburt natürliche Empfängnis / übernatürliche Empfängnis
                        Wunder / Omina / Begleiterscheinungen bei der Geburt
4. Geburtsverkündigung Lobpreis der Mutter / des Vaters / beteiligter Personen
5. Verfolgung und Bewahrung Nachstellung / Aussetzung / Bedrohung
                        Flucht / Verbergen / Anonymität
                        Überleben / Rückkehr

Dieses idealtypische Schema begegnet in den konkreten Texten in sehr verschiedenen Ausprägungen. Selten sind alle Elemente gleichzeitig versammelt. Zudem läßt sich eine erstaunliche Verbreitung und Streuung einzelner Elemente selbst in weit auseinanderliegenden Kulturkreisen und Religionen beobachten. Auswahl und Akzentuierung gestatten dabei bereits entscheidende Rückschlüsse auf die Intention der jeweiligen Erzählung.

Den nächstliegenden Vergleichsrahmen bieten für die Geburtsgeschichte Melchisedeks zweifellos die entsprechenden Geschichten der atl. Tradition,[33] in die sich auch die Geburtsgeschichte Johannes des Täufers bei Lukas einfügen läßt.[34] Mit ihnen teilt die Melchisedekgeschichte des slHen eine ganze Reihe von Gemeinsamkeiten. Die Ausschmückungen der atl. Geschichten, wie sie etwa im Jubiläenbuch, im Liber Antiquitatum Biblicarum oder bei Josephus zu finden sind,[35] kommen hinzu, tragen jedoch für einen

---

33. I. Gen 17,15-22 / 18,1-15 / 21,1-8: Sara und Abraham – Isaak; II. Ri 13,1-25: Manoach und Frau – Simson; III. 1 Sam 1,1-20: Hannah und Elkana – Samuel; IV. 2 Kön 4,4-17: die Sunamitin – ein anonymer Sohn. Besonderes Gewicht kommt den Geburtsgeschichten Simsons und Samuels zu.
34. Daß hier vermutlich eine in sich geschlossene, auf vorchristlicher Tradition beruhende Überlieferung vorliegt, ist schon lange erwogen worden; vgl. dazu grundlegend *Dibelius*, Jungfrauensohn 1953, 3; zuletzt *Radl*, Ursprung 1996, 48-64.
35. Vgl. Jub 15,15-22 / 16,1-31: Isaak; LAB 42,1-43,1: Simson; LAB 49,1-51,7 / 53,12: Samuel; LAB 9,1-16: Mose; Jos Ant I 10,3-5: Isaak; Jos Ant II 9,2-7: Mose; Jos Ant V 8,2-4:

weitergehenden Vergleich nur wenig aus. Besondere Beachtung verdienen vor allem die Eigenheiten, die Melchisedeks Geburt von ihren atl. Analogien unterscheiden.

Die Ausgangssituation fügt die Eltern Melchisedeks, Nir und Sopanima, zunächst noch in die Reihe der atl. Elternpaare ein. Doch für ihre Kinderlosigkeit werden mit Unfruchtbarkeit, Alter und langer Enthaltsamkeit gleich drei gewichtige Gründe in äußerster Konzentration angeführt,[36] die jede natürliche Schwangerschaft von vornherein ausschließen. Die Kinderlosigkeit selbst erscheint auch gar nicht als Problem, obwohl gerade die Frage einer Fortsetzung der priesterlichen Sukzession das Interesse an einem männlichen Nachkommen begründen müßte.[37] Vielmehr tritt der auffälligste Zug gleich zu Beginn hervor: Sopanima empfängt ein Kind ohne Zutun ihres Mannes und ohne ihr Wissen selbst, also auf übernatürliche Weise. Die Ahnungslosigkeit der Mutter wird durch ihre Scham, durch ihren Rückzug in die Verborgenheit sowie durch den aufschlußreichen Hinweis auf ihre 282tägige Schwangerschaftsdauer[38] nachdrücklich unterstrichen. Deshalb fällt auch das Element der Geburtsankündigung aus. Einzelzüge wie Reaktion und Disput, Namensnennung oder Ankündigungen künftiger Bedeutung werden anderen Elementen zugeordnet. So nimmt etwa der Dialog um den unbegreiflichen Zustand der Mutter die Gestalt eines dramatischen Konfliktes mit dem Ehemann an,[39] der in dem plötzlichen Tod der Sopanima endet. Das Motiv der Scham wird erzählerisch breit entfaltet und in dem Versuch einer heimlichen Bestattung Sopanimas durch Noah und Nir zur Darstellung gebracht. Die Ahnungslosigkeit der Mutter verlängert sich über die Ahnungslosigkeit von Ehemann und Schwager schließlich bis zum Zeitpunkt der unerwarteten Geburt. Das Element der Geburt selbst läßt wiederum eine

---

Simson; Jos Ant V 10,2-4: Samuel. Einen weiteren wichtigen, wenngleich ganz anders strukturierten Text bietet die Geburtsgeschichte Noahs in äthHen 106-107 / 1QGenAp 2-5.

36. Unfruchtbarkeit äußert sich in »hatte dem Nir niemals geboren«; das Alter ist bis zum äußersten gesteigert durch die Terminierung »in der Zeit (wörtl.: am Tag) ihres Todes empfing sie« – der Todesfall hängt also nur mittelbar mit der bevorstehenden Entbindung zusammen; die Enthaltsamkeit beruht auf der kultischen Keuschheit des Nir seit Beginn seines priesterlichen Dienstes.

37. Erst nach der aufklärenden Vision und den Worten Gottes formuliert Nir seine Kinderlosigkeit als Problem (71,31); nach der Entrückung des Melchisedekknaben wird noch die Trauer Nirs um diesen einzigen Sohn erwähnt (72,10).

38. Die präzise Zahl beruht auf einer Berechnung, die vom ersten Tag der letzten Regel ausgeht – die Berechnung vom Tag der Konzeption aus (267 Tage) ist für Sopanima nicht möglich.

39. In 1QGenAp kommt es zum Streit zwischen Lamech und Batenosch angesichts der herrlichen Erscheinung des bereits entbundenen Kindes. Eine andere Konfliktsituation bietet LAB 42,1-2 mit dem Streit zwischen Eluma und Manoach um die Schuld am Zustand ihrer Kinderlosigkeit.

ganz einzigartige Steigerung wunderhafter Züge erkennen. Aus der toten Mutter entbindet sich das Kind von selbst. Es erscheint in der Vollkommenheit eines Dreijährigen, der seine Sprachfähigkeit sogleich zum Gotteslob nutzt.[40] Das Kind wird außerdem schon bekleidet geboren und trägt für Noah und Nir erkennbar priesterliche Insignien an sich. Seine herrliche Erscheinung läßt keinen Zweifel daran, daß in ihm Gottes Handeln zutage tritt: »Siehe, Gott erneuert das Priestertum um der Obhut willen über uns hinaus, wie er will.«[41] Damit wird ein Einzelzug der Geburtsankündigung nachgeholt – nur daß Noah und Nir diese künftige Bedeutung des Kindes nun an seiner Erscheinung selbst erkennen. Ähnlich verhält es sich mit der Namensnennung, die beide Brüder selbst vollziehen. Erst später wird Gott den Namen Melchisedek dann gegenüber Nir in einer nächtlichen Vision bestätigen (71,29). Eigenwillige Züge trägt auch das Element der Geburtsverkündigung. Zunächst steht diese Verkündigung in einer erzählerischen Spannung. Der dialogische Austausch der Brüder über das Kind erfolgt ebenso wie dessen priesterliche Investitur im Verborgenen. Dann aber scheint der Knabe an der öffentlichen Bestattung Sopanimas[42] mit beteiligt zu sein, woraufhin Noah wiederum Nir empfiehlt, den Knaben »im Geheimen« zu bewahren. Alles Gewicht liegt dann auf der nachträglichen Information und Aufklärung des Vaters. Doch auch sie erfolgt erst nach der inständigen Bitte Nirs (71,25), die von Gott erhört und mit einer nächtlichen Vision beantwortet wird. Als weitere Züge einer Geburtsverkündigung könnte man noch den Auftrag im Himmel (72,1) und die anschließende Begegnung zwischen Nir und dem Erzengel Michael (72,2-9) verstehen. Ein letztes Element deutet sich in der Bedrohung und Entrückung des Kindes an. Die Bedrohung gewinnt indessen an keiner Stelle wirklich konkrete Gestalt. Sie wird allein in der Befürchtung Noahs (71,23) und in dem Bittgebet Nirs (71,26) erkennbar: Während Noah davon ausgeht, daß das Volk in seiner Gottlosigkeit den Knaben töten werde,[43] richten sich Nirs Befürchtungen allein auf die Bedro-

40. Zu dem Motiv vom vollendeten Neugeborenen vgl. unten Anm. 48.
41. *Anderson* übersetzt in beiden Fassungen: »Gott erneuert das Blut des Priestertums ...«; diesen Wortlaut bieten jedoch nur zwei fragmentarische Hss. Das Problem erwächst aus der Doppeldeutigkeit von »Krov« als »Obhut / Blut« bei einer leichten lautlichen Verschiebung vom Kirchenslavischen hin zum Russischen. Blutsverwandtschaft besteht aber gerade nicht zwischen Nir und dem Knaben, den Gott selbst »erschafft«. Vielmehr bietet sich »Obhut« an als Ausdruck für das Kind als Urbild / Garant des Priestertums überhaupt.
42. Auch dieser Zug verdient Beachtung: Der Sprachgebrauch deutet (bei einigen hsl. Varianten) auf die Errichtung eines regelrechten Grabmales hin, was durchaus Grabbauten im 1. Jh. n. Chr. vor Augen haben könnte und einen weiteren Beitrag zu dem von *Jeremias*, Heiligengräber 1958, gesammelten Material bietet; vgl. auch *Schwemer*, JSHRZ I/7 1997, 548-550.
43. Unklar bleibt, woher diese feindliche Absicht stammen könnte und welche Rolle dabei die Teilnahme des Knaben an der öffentlichen Bestattung seiner Mutter (71,23) spielt.

hung durch die bevorstehende Flut, in der auch der Knabe umkommen müßte. Die Antwort Gottes nimmt dann auch nur auf die allgemeine Bedrohung durch die Flut Bezug. Erst in der Begegnung mit dem Erzengel Michael formuliert Nir noch einmal die Gefahr einer feindlichen Nachstellung des gottlosen Volkes (72,4).[44] Auf jeden Fall hat die »Bewahrung« Melchisedeks ihre Besonderheit darin, daß der Gefährdete nicht nur für einige Zeit verborgen wird, um sein Überleben zu sichern und eine künftige Rückkehr vorzubereiten. Vielmehr vollzieht sich der Akt der Bewahrung als eine endgültige Entrückung zu Gott. Der Knabe soll nach den Worten des Erzengels in das »Paradies Eden«[45] versetzt werden und dort »in Ewigkeit« bleiben (72,5).

Als die wichtigsten Gemeinsamkeiten mit den atl.-jüd. Vergleichstexten lassen sich das Ausgangsmilieu frommer, kinderloser Eltern, die Problemsituation des gottlosen Volkes sowie die Behandlung des Geburtsgeschehens in Träumen und Visionen, vermittelt durch Gott und einen Gottesboten, bestimmen. Auf die Vollkommenheit des Knaben und den Konflikt der Eltern hat fraglos die Geburtsgeschichte Noahs aus äthHen 106-107 / 1QGenAp eingewirkt.[46]

Für einen Vergleich mit Mt 1-2 / Lk 1-2, speziell der Geburtsgeschichte Jesu, gewinnen indessen die Unterschiede zur atl.-jüd. Tradition entscheidende Bedeutung. Zwei sind besonders hervorzuheben: Zum einen erfolgen Zeugung bzw. Empfängnis des Kindes unter Ausschluß des Ehemannes, allein durch die schöpferische Tätigkeit Gottes. Zum anderen richtet sich das gesamte Interesse der Erzählung darauf, den Melchisedekknaben als Teil der Welt Gottes zu präsentieren und ihn dennoch als ein menschliches, neun Monate ausgetragenes und (wenngleich höchst wundervoll) entbundenes Wesen zu beschreiben.[47] M. Delcor hat darauf aufmerksam gemacht, daß

---

44. Nir greift hier den Rat seines Bruders aus 71,23 auf. In seiner »Verwirrung« angesichts der nächtlichen Erscheinung rechnet er offensichtlich auch den Erzengel zu jener bedrohlichen Front und stellt sich ihm gegenüber ahnungslos. Erst die Selbstvorstellung und der Botenauftrag Michaels schaffen dann Klarheit.

45. Nach der Vorstellung des slHen befindet sich das Paradies im dritten Himmel und fungiert als jenseitiger Heilsort der Gerechten. Melchisedek befände sich demnach nicht in der unmittelbaren Umgebung des Gottesthrones; auch von einem besonderen himmlischen Heiligtum ist sonst keine Rede. Allerdings beginnt vom 3./4. Himmel an der himmlische Gottesdienst – vgl. 8,8; 15,2; 17,1.

46. So in der herrlichen Erscheinung des Säuglings, seiner Sprachbegabung zum Gotteslob, im Disput der Eltern (wenngleich mit einem ganz anderen Inhalt), der Verunsicherung angesichts des Kindes, der nachgeholten Auskunft über seine Bestimmung, dem im Falle Noahs nur geäußerten Verdacht übernatürlicher Zeugung. Ein weiterer Beleg zu Noahs Geburt findet sich in 1Q19; ob sich 4Q534-536 auf Noah bezieht, bedarf weiterer Diskussion – der »Auserwählte Gottes« scheint sich hier ebenfalls durch außergewöhnliche Geburtsumstände auszuzeichnen.

47. In diesem Zusammenhang ist auch die kurze Notiz, der Knabe habe »Brot der Heiligung« gegessen (71,21), zu verstehen: Das Kind hat vollständig teil an den irdischen Le-

sich gerade an dieser Stelle auch Einflüsse der griech. Mythologie in der Melchisedekerzählung niedergeschlagen haben könnten, was m. E. jedoch nicht zwingend zu sein scheint.[48] Auf jeden Fall ist das Geschehen von Zeugung und Empfängnis ganz auf die Verbindung von diesseitigen und jenseitigen Wesenszügen des Melchisedekknaben hin angelegt.

5. Religionsgeschichtliche Bezüge

Mit ihrer auffälligsten Besonderheit, der Voraussetzung einer übernatürlichen Empfängnis, steht die Erzählung des slHen im Kontext der frühjüdischen Theologie durchaus nicht isoliert da. Die wichtigsten Analogien sollen im folgenden benannt werden.

Spätestens seit M. Dibelius spielt hier in der Diskussion die Deutung der atl. Geburtsgeschichten durch Philo in Cher 40-52 eine wichtige Rolle.[49] Ausgangspunkt ist die Überzeugung, daß Tugend und Sinnlichkeit einander ausschließen. Jene Männer und Frauen also, denen vom Gesetzgeber Tugend bezeugt wird, haben ihre Kinder demzufolge direkt von Gott empfangen. Diesen Gedanken entwickelt Philo nun am Beispiel von Sarah, Rebekka, Lea und Zippora: Gott gibt den Samen, ohne jedoch in seiner Bedürfnislosigkeit selbst die Frucht für sich zu beanspruchen. Die Empfängnis kommt von Gott, doch das Kind wird (rechtlich) dem jeweiligen Ehemann geboren: »Also empfängt die Tugend zwar von dem göttlichen Urheber den göttlichen Samen, sie gebiert aber einem ihrer Liebhaber, der von allen Freiern von ihr vorgezogen wird.« Es ist ein merkwürdiges Gewand, in das Philo seine Interpretation gekleidet hat. Einerseits erscheinen die Frauengestalten als Allego-

bensbedingungen (vgl. Lk 24,41-43; Joh 21,5.12-13). Der transfigurierte Henoch bedarf nach 56,2 keiner Speise mehr; vgl. dazu die Ablehnung von Speise durch Engel in Ri 13,16; Tob 12,19.
48. *Delcor*, Naissance merveilleuse 1990. *Delcor* verweist auf die Geburt des Asklepios (Pindar Epin pyth 3,40-46) und des Dionysios (Euripides, Bakchen 288-297.597): Vergleichbar sind sie darin, daß auch hier die beiden von Göttern gezeugten Kinder (Asklepios von Apollo, Dionysios von Zeus) erst nach dem Tod der Mütter geboren und von ihren göttlichen Vätern gerettet werden – die zuvor freilich auch den Tod der Mütter verursacht hatten; im Falle des Dionysios findet noch das Grabmal seiner Mutter Semele (vgl. das Grabmal der Sopanima slHen 71,22) Erwähnung. Die frühreifen Fähigkeiten des Hermes (von Zeus mit der Nymphe Maia gezeugt; vgl. Homer, Hymnus an Hermes) sind insofern interessant, als dieser – am Morgen erst geboren – schon am Mittag desselben Tages die Leier erfindet und seine Eltern besingt; eine näherliegende Analogie bietet indessen äthHen 106,11 (Noah erhebt sich in den Händen der Hebamme und preist den Herrn); andere Überlieferungen von sprachbegabten Säuglingen sind später zu datieren (vgl. Abraham und Mose in der Haggada; ein Säugling in ActPetr 15; Jesus im Koran, Sure 19,31 ff.).
49. *Dibelius*, Jungfrauensohn 1953, 30-34.

rien der Tugend, was zur Vorsicht gegenüber einem allzu realistischen Verständnis der Aussagen über Zeugung und Empfängnis rät. Andererseits bemüht sich Philo jedoch auch um den exegetischen Aufweis von Haftpunkten im Text – so etwa, wenn er Sarahs Schwangerschaft damit beginnen läßt, daß Gott »auf sie schaut« (Gen 21,1?), bei Lea entdeckt, daß Gott »ihren Mutterschoß öffnete« (Gen 29,31), im Falle Rebekkas auf die Schwangerschaft infolge des Gebetes Isaaks verweist (Gen 25,21) oder von Zippora bemerkt, daß Mose sie »schwanger gefunden« habe (?). Es liegt nahe, daß Philo hier auf einen Vorstellungshintergrund Bezug nimmt, für den die göttliche Erschaffung eines Kindes unter Ausschaltung des Ehemannes zumindest denkbar ist.[50] Zwar bezeichnet er das Ganze ausdrücklich als ein »Mysterium«, das nur für würdige Eingeweihte bestimmt sei. Aber es ist ein Mysterium, das er doch immerhin zu lehren unternimmt und bei dem er durchaus auch auf ein Vorverständnis rechnen kann. Nach Dibelius handelt es sich dabei weder um einen Mythos noch um eine reine Allegorese bzw. eine allein aus exegetischen Beobachtungen abgeleitete Schlußfolgerung,[51] sondern um ein »Theologumenon des hellenistischen Judentums, das die ausschließliche Urheberschaft Gottes bei gewissen Geburten durch fromme Frauen behauptet«.[52] Ein weiterer Beleg könnte auch in Gal 4,21-31 zu finden sein, wo Paulus die beiden Söhne Abrahams auf allegorische Weise als »den nach dem Fleisch gezeugten« und »den nach dem Geist gezeugten« unterscheidet.[53] Hier steht auch Paulus möglicherweise in einer Auslegungstradition, die den Vorstellungen Philos nahekommt. Der Gegensatz von Fleisch und Geist

---

50. Vgl. auch Jos Ant I 3,9 (106), der das hohe Lebensalter der Patriarchen vor der Flut u. a. damit begründet, daß sie »Gottgeliebte« und »von ihm selbst, Gott, Geschaffene / ὑπ' αὐτοῦ τοῦ θεοῦ γενόμενοι« gewesen seien; damit ist weniger als in der Übers. von Clementz (»von ihm selbst *direkt* geschaffen«) gesagt – doch immer noch genug, um die Vorstellung einer besonderen Beteiligung Gottes an dem Ursprung der Patriarchen anzudeuten.
51. Von einer Art »hieros gamos« kann gar keine Rede sein. Auch die Allegorese stellt nicht das tragende Gerüst dar: Sie wird bei Lea und Rebekka eher angedeutet als wirklich durchgeführt, bei Sarah und Zippora fällt sie völlig aus. Die exegetischen Argumente tragen deutlich sekundäre Züge: Bei Sarah macht Philo aus dem ἐπεσκέψατο der LXX zu seinen Gunsten ἐπισκοπεῖ; bei Lea bleibt das »Öffnen des Mutterschoßes« in seiner Konkretion völlig unbestimmt, ähnlich wie die Reaktion auf das Bittgebet Isaaks im Falle Rebekkas; für Zippora ist Philos Wortlaut (»er fand sie ...«) überhaupt nicht nachzuweisen.
52. *Dibelius*, Jungfrauensohn 1953, 33. Sicher muß das allegorische Interesse Philos stärker berücksichtigt werden, als das bei *Dibelius* geschieht. Das Thema der Tugend im Blick auf Frauen wird auch in anderen Zusammenhängen allegorisch entfaltet – für Sara etwa in Abr 206; Ebr 59-61; QuestGen 4,15; vgl. zum Ganzen *Wegner*, Portrayal of Women. Dennoch ist deutlich erkennbar, daß die Vorstellung in Cher 40-52 der allegorischen Auslegung dienstbar gemacht und damit schon vorausgesetzt wird.
53. 4,23 führt die Alternative zunächst in Gestalt von »nach dem Fleisch gezeugt« und »aufgrund der Verheißung« ein, was 4,29 dann straffer parallelisiert.

ruft indessen im Gal ein ganz anderes Assoziationsgefüge auf und führt sehr viel weniger zwingend auf ein entsprechendes »Theologumenon« zurück.[54]

Auch die Auslegungsgeschichte von Jes 7,14 muß im Zusammenhang solcher Vorstellungen betrachtet werden. Denn zumindest hat Matthäus den Vers in 1,23 so verstanden, und das setzt wiederum einen bestimmten Vorstellungshorizont voraus. Durch eine Konzentration auf die lexikalische Bedeutung von παρθένος allein läßt sich diese Frage sicher nicht entscheiden. Doch die Einbeziehung des gesamten Kontextes von Jes 7 in der LXX-Fassung legt, wie M. Rösel gezeigt hat,[55] einen solchen Zusammenhang durchaus nahe. Unter den Akzentverschiebungen gegenüber dem hebräischen Text fällt auf, daß die besonderen Begabungen des Kindes herausgestrichen werden.[56] Die Züge einer Heilsgestalt treten gemeinsam mit der Erwartung einer Heilszeit deutlicher hervor. Daß dabei Traditionen von der Jungfrauengeburt eines Heilskönigs aus der Umwelt eingewirkt haben, liegt nahe. Gerade in Alexandrien waren sie in großer Fülle und kultisch begangener Vitalität präsent.[57] Auch Philo nimmt offensichtlich diese Vorstellungen auf, wenn er in Cher 40-52 die »Jungfräulichkeit« der Mütter betont als Voraussetzung für die Begegnung mit Gott beschreibt. Vor diesem Hintergrund gewinnt es an Wahrscheinlichkeit, daß die Übersetzung von Jes 7, die selbst ein Stück Auslegung repräsentiert, das Kind der Jungfrau in 7,14 bereits »als ein übernatürliches, sündloses Wesen gesehen« hat.[58]

O. Michel und O. Betz haben die These vertreten, daß die Vorstellung einer Zeugung des Messias durch Gott bereits in den Schriften aus Qumran nachweisbar und somit in der Theologie der Essener beheimatet sei.[59] Haftpunkt ist dabei die Ansage einer Zeit in 1QSa II 11, »wenn Gott (?) den Mes-

---

54. Entsprechend zögerlich ist auch die Interpretation von *Dibelius*, Jungfrauensohn 1953, 27-30, aufgenommen worden. Es scheint, daß hier die kritischen Stimmen überwiegen.
55. *Rösel*, Jungfrauengeburt 1991.
56. Fungiert z.B. 7,15 im MT als Zeitbestimmung (bevor der Knabe versteht, das Böse zu verwerfen und das Gute zu wählen, wird die Gefahr vorüber sein), so betont 7,15 in der LXX die erstaunliche Fähigkeit des Kindes (bevor das Kind zwischen gut und böse unterscheiden kann, hat es schon das Böse verworfen und das Gute gewählt); vgl. ebd. 149.
57. Vgl. eine repräsentative Sammlung der Überlieferungen bei *Rösel*, Jungfrauengeburt 1991, 145-148. Ähnlich argumentiert auch *Kilian*, Geburt des Immanuel, der vor allem den ägypt. Mythos von der Zeugung des Pharao aus der jungfräulichen Königin heranzieht.
58. *Rösel*, Jungfrauengeburt 1991, 149.
59. *Michel* und *Betz*, Von Gott gezeugt 1960, 11-12; *diess.*, Nocheinmal: Von Gott gezeugt 1962/63. Dabei wird die entscheidende Wendung 1QSa II 11 in den weiteren Horizont der Rede von der »Gottessohnschaft« in Qumran gestellt. Vor allem gegen *Dibelius*, Jungfrauensohn, halten beide Autoren fest (15), »daß vor den ersten Christen die Sekte vom Toten Meer das Theologumenon von der göttlichen Zeugung des Messias besaß« und daß es unnötig sei, »für die Zeugung Jesu κατὰ πνεῦμα das hellenistische Judentum zu bemühen.«

sias bei ihnen *zeugen* wird«.⁶⁰ Abgesehen von der kontroversen Diskussion um diese Stelle⁶¹ kommt damit jedoch zunächst nichts anderes zur Sprache, als schon Ps 2,7 vom König zu sagen weiß: »Mein Sohn bist du: Heute habe ich dich gezeugt.«⁶² Ob die Unbestimmtheit des Zeitpunktes in 1QSa II 11 bereits als Ablösung von der Vorstellung der Inthronisation und Verschiebung hin zu der Annahme göttlichen Ursprunges verstanden werden kann, wird sich wohl kaum sicher entscheiden lassen.

Schließlich muß man noch einmal die Tatsache in Erinnerung rufen, daß die schon in Gen 6,1-4 und dann vor allem in der Henochtradition weit verbreitete Überlieferung von den »Engelehen« (äthHen 1-36 u. ö.; slHen 7 und 18; u. a.) die Vorstellung übernatürlicher Zeugungen kennt und im Kontext apokalyptischer Texte popularisiert. In der Geburtsgeschichte Noahs (äthHen 106 / 1QGenAp) etwa wird die Möglichkeit eines außerehelichen Kontaktes der Mutter mit einem der »Wächter« oder »Himmelssöhne« selbstredend für denkbar gehalten. Solche Verbindungen setzen allerdings einen vorherigen Fall der »Gottessöhne« und damit den Verlust ihres einstigen Ranges (d.h. eine Art »Vermenschlichung«) voraus. Sie vollziehen sich zudem in Gestalt des Koitus als »Vermischung« (slHen 18,5) und werden deshalb auch durchgängig negativ beurteilt. Sicher kommt darin eine deutliche Polemik gegen die Mythen von Heroen und göttlichen Zeugungen der hellenistischen Welt zum Ausdruck. Aber die Vorstellung als solche ist damit doch der eigenen Tradition schon integriert.⁶³ Daß sie auch positiv aufgenommen werden konnte, dafür fehlen Belege. Die späte Überlieferung von der wunderbaren Empfängnis des Rabbi Jischmael dank der Mithilfe des Erzengels Gabriel, auf die D. Flusser hinweist,⁶⁴ ist mit zu vielen Unsi-

---

60. Alles Gewicht hängt an der Rekonstruktion des Textes zu יוליד (»zeugen wird«), was durch den Buchstabenbestand zumindest eher gerechtfertigt erscheint als die Rekonstruktion zu יוליך (»bringen wird«); E. Lohse übersetzt ersteres mit »geboren werden läßt«, J. Maier ergänzt insgesamt anders zu »wenn sich *zusammenfindet* der Gesalbte mit ihnen«.
61. Vgl. dazu z.B. *Gordis*, »Begotten« Messiah 1957; *Smith*, God's Begetting the Messiah 1958-59.
62. MT: אני היום ילדתיך; LXX: ἐγὼ σήμερον γεγέννηκά σε. In ihrer Richtigstellung gegenüber W. G. Kümmel (Nocheinmal: Von Gott gezeugt 1962/63) stellen *Michel* und *Betz* diesen Bezug auch noch einmal deutlich heraus: »Wir glaubten sie [die Zeugung] vielmehr, wie im Alten Testament, als Salbung eines natürlich gezeugten und geborenen Menschen mit dem heiligen Geist verstehen zu müssen.«
63. Bezeichnenderweise parallelisiert gerade Josephus (Ant I 3,1) die aus den Engelehen stammenden Kinder mit »den Giganten der Griechen« und spricht damit aus, was sich wohl insgesamt einfach aufdrängte.
64. *Flusser*, Geburt 1985. Die Geschichte findet sich in der Legende von den zehn Märtyrern unter Hadrian. *Flusser* stützt sich allein auf die 1853 bei A. Jellinek gedruckte Fassung (Bet ha-Midrasch 2, 64-72); inzwischen liegt der Text in einer kritischen Edition aller bekannten Rezensionen vor bei *Reeg*, Zehn Märtyrer 1985 (zu den Fassungen der

cherheiten behaftet, um hier den fehlenden positiven Beleg liefern zu können.[65]

In dieses Spektrum fügt sich die wunderbare Geburt des Melchisedek in slHen 71-72 ein. Sie basiert auf der Vorstellung, daß Gott selbst das Kind erschafft. Einzelheiten bleiben in der Erzählung völlig offen. Erst im Nachhinein, nach einer nächtlichen Erscheinung Gottes, bestätigt Nir in einem kurzen, respondierenden Lobpreis, »daß er (Gott) in meinen Tagen einen großen Priester erschaffen hat[66] im Schoß der Sopanima, meiner Frau« (71,30). Alles ist auf das Schöpfungshandeln Gottes konzentriert, der den Melchisedek erschafft und sich dabei der Sopanima bedient. Ganz ähnlich wie bei Philo bleiben alle Einzelheiten des Vorganges selbst strikt ausgeblendet. Und ebenso wird dann die Beziehung des Melchisedekknaben zu Nir als dem Ehemann der Mutter in rechtlichen Kategorien bestimmt. Denn unmittelbar nach der Bestätigung von Gottes Schöpfermacht reklamiert Nir Gott gegenüber das Kind als seinen Sohn (71,31): »Denn ich hatte keinen anderen Knaben in diesem Stamm, daß er ein großer Priester werde. Doch dieser ist mein Sohn und dein Knecht, und du bist der große Gott.« Dieser Anspruch wird abschließend noch einmal referiert (72,10): »Und er (Nir) hatte anstatt der Freude sehr großen Kummer, denn er hatte keinen anderen Sohn außer diesem.«[67] Einen Nachklang dieser Erzählung hat Gonzalo in dem christlich-koptischen *Henochapokryphon* (5. Jh.)[68] entdecken wollen, was aber aufgrund des fragmentarischen Textcharakters Spekulation bleibt.[69]

Geburtsgeschichte Rabbi Jischmaels vgl. besonders 40); weitere mittelalterliche Parallelen nennt *Reeg* 56.

65. *Flusser* stützt sich auf jene Fassung, nach der Gott den Erzengel Gabriel aussendet und in Gestalt des Ehemannes die Zeugung vollziehen läßt – und bringt dies in Verbindung mit der Sage von der Zeugung des Herakles, in der Zeus die Gestalt des abwesenden Amphitryon annimmt und so mit Alkmene den Beischlaf vollzieht. Die bei *Reeg* auch in Übersetzung gebotene Rezension VII läßt Metatron allerdings nur als Boten der ersehnten Empfängnis an der Tür des Tauchbades wissen, ohne daß er an der Zeugung dann selbst beteiligt wäre. Über Alter und Ursprung dieser Geschichte gibt es m. E. noch zu viele offene Fragen, um hier schon eine alte, bis in die Zeit des zweiten Tempels zurückreichende Überlieferung reklamieren zu können; auch *Flusser*, 12, räumt verschiedene Schwierigkeiten kritisch ein.

66. Der Terminus съзьдати bedeutet soviel wie κτίζειν, πλάσσειν, ποιεῖν, οἰκοδομεῖν und steht auch sonst für die Schöpfertätigkeit Gottes.

67. Die kürzeren Hss. versuchen, diese Aussage durch den Zusatz »an Sohnes statt« zu relativieren. U / A fügen in 71,11 noch eine eindeutig sekundäre Erscheinung des Erzengels Gabriel ein, der dem Nir u. a. schon hier mitteilt: »… Und ich werde es [das Kind] aufnehmen in das Paradies, damit du nicht der Vater einer Gabe Gottes sein sollst.« Demgegenüber ist die Betrachtung des Kindes unter rechtlichem Aspekt als eines Sohnes des Nir ursprünglich.

68. Erstedition *Crum* 1913; die Fragmente völlig neu geordnet und interpretiert hat *Pearson* 1976; vgl. *Gonzalo*, Conceptión virginal 1986.

69. Im Kontext einer Unterredung Henochs mit seiner jungfräulichen Schwester (Sibylle) fallen 9 f. die Worte: »… except by forming another man like our father Adam, and (that)

6. Mt 1-2 / Lk 1-2 und die wunderbare Geburt des Melchisedek

Für das Verständnis der Geburtsgeschichten bei Matthäus und Lukas bietet die Erinnerung an die vergleichbaren atl. Erzählungen den wichtigsten Bezugsrahmen. Nach Form und Inhalt stellen sie ein reichhaltiges Reservoir an Assoziationen bereit, aus dem die Evangelisten wohl ganz bewußt schöpften. Das gilt umso mehr, als die Erzählungen von Isaak, Simson, Samuel und Mose zu den populärsten Stoffen atl.-jüd. Frömmigkeit zählten. Davon legen ihre Ausschmückungen und Erweiterungen im Kontext der »rewritten Bible« ebenso wie in der späteren Haggada ein beredtes Zeugnis ab. Es erscheint deshalb als völlig sachgerecht, gerade jenen frühjüdischen Texten, in denen die biblischen Erzählungen fortgeschrieben werden und die nun Einblicke in ihre Auslegungsgeschichte bis hin zur Zeit der Evangelisten gestatten, besondere Aufmerksamkeit zu widmen. Das ist in den letzten Jahren verstärkt im Blick auf den Liber Antiquitatum Biblicarum geschehen.[70] In der Tat finden sich hier viele aufschlußreiche Einzelzüge, die im Umgang mit dem Bibeltext ein vergleichbares Milieu und eine vergleichbare Arbeitsweise wie bei den Evangelisten erkennen lassen.[71] Dennoch scheint mir der LAB dabei über Gebühr strapaziert worden zu sein. Letztlich verbleibt er in den entscheidenden Punkten ganz im Rahmen der jeweiligen atl. Vorbilder, während die durchaus interessanten Einzelheiten nirgends wirklich gravierende Entwicklungen erkennen lassen.[72]

Einen markanten und deutlichen Schritt über die atl.-jüd. Vergleichstexte hinaus vollzieht indessen die Geburtsgeschichte des Melchisedek im slHen. An Einzelzügen vermag sie nicht weniger Interessantes zu Auslegungstradi-

---

he inhabit the earth.« Da der gleich anschließend genannte Methusalem nicht gemeint sein kann, bezieht *Gonzalo* die Aussage auf den Melchisedek des slHen, der im Mutterleib der Sopanima von Gott »nach der Art unseres Vaters Adam« gemacht worden sei. Dagegen spricht, daß die fragmentarische Notiz jeden Bezug auf eine Mutter vermissen läßt und der Melchisedek des slHen gerade nicht die Erde bewohnen wird, sondern sich auf ewig im Paradies befindet; der Bezug müßte dann allenfalls dem Konzept des Interpolators folgen. Interessant bleibt die Vorstellung, daß Gott auch künftig direkt (»nach der Art unseres Vaters Adam«) einen Menschen zu erschaffen vermag.

70. Vgl. *Dietzfelbinger*, Pseudo-Philo 1964, 219-221; *Harrington*, Birth Narratives 1989; *van der Horst*, Portraits of Biblical Women 1989; *Cook*, Song of Hannah 1991; *Halpern-Amaru*, Portraits of Women 1991; *Reinmuth*, Pseudo-Philo und Lukas 1994, 155-167.

71. So das Urteil von *Reinmuth* 1994, 167: »Beide Autoren verbinden in der Gestaltung ihrer Erzählinhalte Schrift- und Traditionsbezug miteinander und produzieren auf diese Weise vergleichbare Texte.«

72. *Dietzfelbinger* nennt: die Ankündigung eines Retters, das Verbot des Weingenusses, Vollendung der Schwangerschaft, Namensgebung, Schönheit des Kindes, Abschlußbemerkungen; *Reinmuth* fügt hinzu: Frömmigkeit der Eltern, Losauswahl des Elkana / des Zacharias, Ankündigung des Engels, Verstummen der Eluma / des Zacharias, Verborgenheit Elisabeths, sowie eine Reihe sprachlicher Wendungen.

tion und Erzähltechnik beizutragen als die Geburtsgeschichten des LAB. In ihrer entscheidenden Akzentuierung aber erhellt sie den Hintergrund, vor dem gerade die Geburtsgeschichte Jesu bei Matthäus und Lukas gelesen wurde, auf weitaus bedeutendere Weise. Unmißverständlich kommt hier die Vorstellung einer übernatürlichen Empfängnis zum Zuge – und dies im Kontext einer jüdischen Erzählung des 1. Jhs. n. Chr. Sie beruht nicht wie in den Evangelien auf der Wirksamkeit des Geistes Gottes, sondern wird – ähnlich wie bei Philo – ganz unmittelbar dem Schaffen Gottes zugeschrieben.[73] Die Ausgangssituation bleibt noch an das Motiv des kinderlosen, frommen Elternpaares gebunden. Doch die Zeugung erfolgt eindeutig unter Ausschluß des Ehemannes. Ein zweiter, wichtiger Zug deutet sich in der Zukunft des Kindes an: Es durchläuft den Prozeß einer vollen Schwangerschaftsdauer und Entbindung. Es lebt ein (wenn auch begrenztes) reales Leben. Aber seine Zukunft liegt bei Gott. Von dieser Zukunft her fällt alles Licht auf seine Herkunft und die wunderbaren Umstände seiner Geburt. Es erscheint als ein Wesen, das dadurch gleichen Anteil an der Welt Gottes und an der Welt der Menschen hat.

Weitere Einzelzüge mögen jenes Bild vervollständigen, das bereits die Erzählungen des LAB von dem kreativen Umgang mit der Tradition atl. Geburtsgeschichten entwerfen: So wird etwa auch im Falle Melchisedeks das Milieu priesterlicher, vorbildlicher Frömmigkeit der Eltern besonders herausgestellt.[74] Das Motiv von der Verborgenheit der Mutter erhält durch die Scham der Sopanima eine eigenständige Note.[75] Im Blick auf die Schwangerschaftsdauer sind bestimmte Fristen von Interesse.[76] Als auffällig erweist sich die erzählerische Favorisierung des Vaters, während die Mutter völlig zu-

73. Der Geist Gottes spielt im slHen ohnehin keine Rolle (abgesehen von 30,8). Dafür wird die Schöpfertätigkeit Gottes durch das Wort (25-32; besonders 25-27; explizit 33,4) und durch handwerkliche Termini (44,1 der Mensch als Händewerk Gottes; ansonsten Verben wie: ausbreiten, machen, schaffen, befestigen, verbinden, sammeln, bändigen, aufrichten, gründen, bilden, abschlagen, pflanzen, setzen, schmücken, nehmen usw.) betont.
74. Vgl. Lk 1,5-25.57-80. An der Frömmigkeit und Aufrichtigkeit der Sopanima läßt die Erzählung keinen Zweifel. Nirs sexuelle Askese wird mit seiner kultischen Funktion begründet; die Unterredung der Eheleute sowie die anschließende Geburt findet offensichtlich im Heiligtum statt.
75. Vgl. die Verborgenheit der Elisabeth Lk 1,24. Während in Lk 1,24 das erstaunliche Ereignis noch bis zum Augenblick deutlicher Wahrnehmbarkeit (5. Monat) zurückgehalten, dann aber sehr wohl publik gemacht wird, ist im Falle der Sopanima die Geheimhaltung durch die Unkenntnis hinsichtlich der Herkunft der Schwangerschaft begründet. Sie wird von Noah und Nir aus Gründen der Reputation auch beibehalten, solange noch keine Aufklärung erfolgt ist.
76. Vgl. Lk 1,24.26 (5. / 6. Monat der Elisabeth); Lk 1,57 / 2,6 (»es erfüllte sich die Zeit, daß sie entbinden sollte«). 71,4 berechnet die Schwangerschaftsdauer der Sopanima zur Bestätigung ihrer Unschuld; 71,1.5.13 bezeichnen die Zeit der nahen Entbindung in analoger Weise zu Lk 1,57 / 2,6.

rücktritt.⁷⁷ Aufklärung und Anweisung an den Vater erfolgen direkt durch Gott bzw. durch die Vermittlung eines Erzengels, wobei sich die Mitteilung im Medium nächtlicher Traumvisionen vollzieht.⁷⁸ Verwirrung und Unverständnis prägen die Reaktion des Vaters.⁷⁹ Durch das Geschehen von Schwangerschaft und Geburt ist das Kind allein mit der Mutter verbunden, wird aber rechtlich dem Vater zugeordnet.⁸⁰ Die Weisheit des Kindes tritt schon frühzeitig zutage.⁸¹ Seinen Eltern ist es nur anvertraut.⁸² Die Lebensspanne von 40 Tagen erscheint als Zeit der Vorbereitung auf eine Funktion, die dann an einem anderen Ort zur Geltung kommt.⁸³ Vor allem aber ist auch das Motiv der Bedrohung und göttlichen Errettung des Kindes in die Erzählung mit eingebunden, wenngleich sie in der Schwebe eines potentiellen Falles verbleibt.⁸⁴ Der Duktus der ganzen Erzählung steht insgesamt näher bei der Geburtsgeschichte Jesu nach Matthäus, während eine Reihe von Einzelzügen vor allem Analogien bei Lukas haben.

Die Bezüge zwischen der wunderbaren Geburt des Melchisedek in slHen 71-72 und den Geburtsgeschichten bei Matthäus und Lukas, namentlich der Geburtsgeschichte Jesu, sind frappierend.⁸⁵ Abgesehen von der Bereicherung, die diese markante Erzählung für alle formgeschichtlichen Fragestellungen insgesamt sowie für einzelne typische Züge im besonderen darstellt,

---

77. Dieser Zug entspricht vor allem der erzählerischen Anlage von Mt 1,18-2,23.
78. Vgl. Mt 1,20; 2,13.19 (κατ' ὄναρ). Eigentümlich ist das Moment, daß Nir nach seinem Erwachen die Traumvision noch einmal reflektiert (71,30-31) bzw. in der Vision selbst in einen Disput mit dem Gottesboten tritt (72,4), während Josef lediglich ausführt, was ihm im Traum gesagt worden ist.
79. Vgl. Lk 1,19. Die offensichtliche Lüge Nirs gegenüber Michael (72,4) bleibt indessen ohne Konsequenzen.
80. Vgl. Lk 2,41.48 (»seine Eltern« / »dein Vater und ich«); 3,23 (»wurde für einen Sohn Josefs gehalten«); dazu Mt 13,55 / Lk 4,22 und Joh 1,45; 6,42. Nir reklamiert den Melchisedekknaben selbst als seinen Sohn (71,31; 72,5.10).
81. Vgl. Lk 1,80; 2,40.41-52. Im Falle Melchisedeks erscheinen Vollkommenheit und Frühreife (71,17-18) als Teil der wunderbaren Geburtsumstände.
82. Mt 2,13.14.20.21 (»das Kind und seine Mutter« in der Obhut des Josef); Lk 2,49.51 (Verweis auf Gott als Vater und gleichzeitige Unterordnung unter die Eltern). Der Botenspruch Michaels betrifft in 72,3 »den Knaben ..., den ich dir anvertraut habe.«
83. Die 40tägige Vorbereitungszeit in der Wüste Mt 4,2 / Lk 4,2 schließt die Phase Jesu im Elternhaus ab; im Falle Melchisedeks umfaßt sie die gesamte irdische Existenz des Knaben.
84. Dieses Element dominiert die Erzählung in Mt 1-2. Melchisedeks Errettung bewahrt ihn indessen weniger für eine künftige Aufgabe, als daß sie ihn nun seiner ursprünglichen Bestimmung zuführt.
85. Vgl. bislang nur *Schubert*, Kindheitsgeschichten 1972, 230-234; *Flusser*, Rabbi Ismael 1985: »Die wichtigste alte jüdische Parallele zur Geburtsgeschichte Jesu nach Matthäus und Lukas befindet sich in dem sogenannten slawischen Henochbuch.« (14); »Es ist keine Frage: Diese Geschichte über Melchisedek ist die seltsamste, aber gleichzeitig die aufschlußreichste unter den verschiedenen jüdischen Geschichten über übernatürliche Geburten ...« (15); der Mangel an argumentativer Absicherung hat bislang jedoch verhindert, daß *Flussers* zutreffende Ansicht aufgenommen worden wäre.

liegt ihr Wert vor allem in einer Erkenntnis: Die Vorstellung einer übernatürlichen Zeugung ist dem Judentum im 1. Jh. durchaus nicht so fremd, wie lange Zeit behauptet wurde. Gott als der Schöpfer des Lebens, der durch das natürliche Geschehen von Zeugung und Empfängnis einen jeden Menschen erschafft,[86] vermag auch da helfend einzugreifen, wo der natürliche Vorgang wie im Falle der atl. Erzählungen ausgesetzt ist. Dabei bleibt es seiner Souveränität vorbehalten, selbst über die biologischen Vorgaben hinweg als Schöpfer unmittelbar tätig zu werden. Viel klarer als in den allegorischen Ausführungen Philos kommt dieses Schöpfungshandeln in der Geburtsgeschichte Melchisedeks zum Ausdruck. Daß dabei auch die jüdische Interpretation von Ps 110 im Hintergrund stehen mag, wie D. Flusser vermutet,[87] liegt angesichts der Auslegungsgeschichte von Jes 7,14 nahe. Auf jeden Fall aber deutet diese glücklich erhaltene Geschichte darauf hin, daß der Vorstellungshintergrund für die Geburtsgeschichten der Evangelien bereits im hellenistischen Judentum bereitliegt.

Schluß

Es bleibt erstaunlich, daß gerade die so aufschlußreiche Geschichte von der wunderbaren Geburt Melchisedeks derart in Vergessenheit geraten konnte. Das Licht, das sie auf die Geburtsgeschichten bei Matthäus und Lukas wirft, läßt deren Eigenheiten in ihrem ursprünglichen Kontext sehr viel deutlicher als das anderer Vergleichstexte hervortreten. Die Erzählung aus slHen 71-72 gehört in jede Untersuchung zu Mt 1-2 / Lk 1-2 nicht nur am Rande, sondern an zentraler Stelle hinein.

Bibliographie

Amusin, Josif Davidovič, Novyj eschatologičeskij tekst iz kumrana (11 Q Melchisedek), VDI 3 (1967), 45-62.
Andersen, Francis I., 2 (Slavonic Apocalypse of) Enoch. (Late First Century A. D.). Appendix: 2 Enoch in Merilo Pravednoe. A New Translation and Introduction, in: OTP I, hrsg. von *J. H. Charlesworth*, New York 1983, 91-221.

86. Vgl. z.B. Ps 139,13; Hi 10,8-12.
87. *Flusser*, Melchisedek 1966, 26-27 verweist auf die LXX-Fassung von Ps 110,3 »aus dem Schoß, (noch) vor der Morgenröte / dem Morgenstern habe ich dich gezeugt« und auf die nachfolgende Erwähnung Melchisedeks als Ausgangspunkt jener Vorstellung von Melchisedeks übernatürlicher Herkunft – hier sieht er auch eine Querverbindung zu slHen 71,30: »Gottes Wort« habe den Melchisedek erschaffen im Mutterschoß der Sopanima (vom »Wort« ist an dieser Stelle freilich keine Rede).

Berger, Klaus, Formgeschichte des Neuen Testaments, Heidelberg 1984.
Bindella, Francesco, Melchisedek alla luce della rivelazione del Nome divino. Sacerdozio – Regalità – Profezia all'origine, Praesidium Assisiense 2, Assisi 1994, 88-91.
Bodinger, Martin, L'énigme de Melkisédeq, RHR 211 (1994), 297-333.
Böttrich, Christfried, Das slavische Henochbuch, JSHRZ V/7, Gütersloh 1995, 781-1040.
Böttrich, Christfried, »Die Vögel des Himmels haben ihn begraben.« Überlieferungen zu Abels Bestattung und zur Ätiologie des Grabes, Schriften des Institutum Judaicum Delitzschianum 3, Göttingen 1995.
Böttrich, Christfried, Hebr 7,3 und die frühjüdische Melchisedeklegende, in: The Bible in Cultural Context, hrsg. von *H. Pavlincová* und *D. Papušek,* Brno 1994, 63-68.
Böttrich, Christfried, Weltweisheit – Menschheitsethik – Urkult. Studien zum slavischen Henochbuch, WUNT 2/50, Tübingen 1992.
Bovon, François, Die Geburt und die Kindheit Jesu. Kanonische und apokryphe Evangelien, BiKi 42 (1987), 162-170.
Brown, Raymond E., The Birth of the Messiah. A Commentary on the Infancy Narratives in Matthew and Luke, Garden City, New York, London 1977, ²1993.
Brunner-Traut, Emma, Die Geburtsgeschichte der Evangelien im Lichte ägyptologischer Forschungen, ZRGG 12 (1960), 97-111.
Campenhausen, Hans Frhr. von, Die Jungfrauengeburt in der Theologie der alten Kirche, SHAW.PH 1962 / 3.
Caquot, André, La pérennité du sacerdoce, in: Paganisme, Judaisme, Christianisme: Influences et affrontement dans le monde antique. Mélanges offerts à Marcel Simon, Paris 1978, 109-116.
Casalini, Nello, Una Vorlage Extra-Biblica in Ebr 7,1-3? (Verifica delle ragioni letterarie dell'ipotesi), LASBF 34 (1984), 109-148.
Charles, Robert H. und *Morfill, William R.,* The Book of the Secrets of Enoch. Translated from the Slavonic by W. Morfill, Reader in Russian and the Other Slavonic Languages, and Edited, with Introduction, Notes and Indices by R. H. Charles, Dublin; Oxford 1896.
Charles, R. H. und *Forbes, Nevil,* The Books of the Secrets of Enoch, in: APOT II, hrsg. von *R. H. Charles,* Oxford 1913, 425-469.
Clemen, Carl, Religionsgeschichtliche Erklärung des Neuen Testaments, Gießen 1909.
Cook, Joan E., Pseudo-Philo's Song of Hannah: Testament of a Mother in Israel, JSP 9 (1991), 103-114.
Delcor, Mathias, La naissance merveilleuse de Melchisédeq d'après l'Hénoch slave, in: Kecharitonene. Mélanges R. Laurentin, hrsg. von *C. Augustin* u.a., Paris 1990, 217-229.
Delcor, Mathias, Melchizedek from Genesis to the Qumran Texts and the Epistle to the Hebrews, JSJ 2 (1971), 115-136.

Dietzfelbinger, Christian, Pseudo-Philo Liber Antiquitatum Biblicarum, Diss. masch. Göttingen 1964.
Dibelius, Martin, Jungfrauensohn und Krippenkind. Untersuchungen zur Geburtsgeschichte Jesu im Lukas-Evangelium, in: *ders.*, Botschaft und Geschichte. Gesammelte Aufsätze I, hrsg. von *G. Bornkamm,* Tübingen 1953, 1-78.
Flusser, David, Die übernatürliche Geburt des Rabbi Ismael. Jüdische Parallelen, Entschluß 40/12 (1985), 11-15.
Flusser, David, Melchizedek and the Son of Man. (A Preliminary Note on a New Fragment from Qumran), CNFI 17 (1966), 23-29.
Gese, Hartmut, Natus ex virgine, in: *ders.*, Vom Sinai zum Zion. Alttestamentliche Beiträge zur biblischen Theologie, BEvTh 64, München 1974, 130-146.
Gianotto, Claudio, Melchisedek e la sua tipologia. Tradizioni giudaiche, cristiane e gnostiche (sec. II a.C. – sec. III. d.C.), SRivBib 12, Brescia 1984.
Gieschen, Charles A., The Different Functions of a Similar Melchizedek. Traditions in 2 Enoch and the Epistle to the Hebrews, in: Early Christian Interpretation of the Scriptures of Israel: Investigation and Proposals, hrsg. von *C. Evans* und *J. A. Sanders,* JSNTS.SS 148, Sheffield 1997, 364-379.
Gonzalo, Aranda Pérez, Concepción virginal de Jesús y apocaliptica. A propósito de un fragmento copto sobre Henoc, in: Salvación en la Palabra. Targum – Derash – Berith. En memoria del profesor Alejandro Diez Macho, hrsg. von *D. Muñoz León,* Madrid 1986, 543-552.
Gordis, Robert, The »Begotten« Messiah in the Qumran Scrolls, VT 7 (1957), 191-194.
Halpern-Amaru, Betsy, Portraits of Women in Pseudo-Philo's Biblical Antiquities, in: »Women Like This«. New Perspectives on Jewish Women in the Greco-Roman World, hrsg. von *Amy-Jill Levine,* Early Judaism and its Literature 1, Atlanta 1991, 83-106.
Harrington, Daniel J., Birth Narratives in Pseudo-Philo's Biblical Antiquities and the Gospels, in: To Touch the Text. Biblical and Related Studies in Honour of Joseph A. Fitzmyer, hrsg. von *M. P. Horgan* und *P. J. Kobelski,* New York 1989, 316-324.
Hayward, Robert, Shem, Melchizedek, and Concern with Christianity in the Pentateuchal Targumim, in: Targumic and Cognate Studies. FS M. McNamara, hrsg. von *K. J. Cathcart* und *M. Maher,* JSOT.SS 230, Sheffield 1996, 67-80.
Helderman, Jan, Melchisedeks Wirkung. Eine traditionsgeschichtliche Untersuchung eines Motivkomplexes in NHC IX, 1,1-27,10 (Melchisedek), in: The New Testament in Early Christianity. La réception des écrits néotestamentaires dans le christianisme primitif, hrsg. von *J.-M. Severin,* BEThL 86, Leuven 1989, 335-362.
Horst, Pieter Willem van der, Portraits of Biblical Women in Pseudo-Philo's Liber Antiquitatum Biblicarum, JSP 5 (1989), 29-46.
Horton, Fred L., The Melchizedek Tradition, SNTS.MS 30, Cambridge 1976.
Ivšić, St., Hrvatski glagoljski apokrif o Melhisedekovu rodjenju i spasenju za općega potopa, Nastavni vjesnik 39, 1930-31, 101-108.
Jacimirskij, A. I., Bibliografičeskij obzor apokrifov v južnoslavjanskoj i russkoj pis'mennosti (spiski pamjatnikov). I: Apokrifi vetchozavetnye, Petrograd 1921.

Jeremias, Joachim, Heiligengräber in Jesu Umwelt (Mt. 23,29; Lk. 11,47). Eine Untersuchung zur Volksreligion der Zeit Jesu, Göttingen 1958.

Jerôme, Franz Josef, Das geschichtliche Melchisedech-Bild und seine Bedeutung im Hebräerbriefe, Freiburg i. Br. 1920.

Kilian, Rudolf, Die Geburt des Immanuel aus der Jungfrau Jes 7,14, in: ders., Studien zu alttestamentlichen Texten und Situationen, hrsg. von *W. Werner* und *J. Werlitz,* SBAB 28, Stuttgart 1999, 93-121.

Kobelski, Paul J., Melchizedek and Melchireša', SBQ.MS 10, Washington 1981.

Marshall, J. L., Melchizedek in Hebrews, Philo and Justin Martyr, in: Studia Evangelica VII., hrsg. von *Elisabeth A. Livingstone,* TU 126, Berlin 1982, 339-342.

Manzi, Franco, La figura di Melchisedek: Saggio di bibliografia aggiornata, EL 109 (1995), 331-349.

Manzi, Franco, Melchisedek e l'angelologia nell'epistola agli Ebrei e a Qumran, Rom 1997.

Merklein, Helmut, Ägyptische Einflüsse auf die messianische Sohn-Gottes-Aussage des Neuen Testaments, in: Geschichte – Tradition – Reflexion. III Frühes Christentum. FS M. Hengel, hrsg. von *H. Cancik, H. Lichtenberger* und *P. Schäfer,* Tübingen 1996, 21-48.

Michel, Otto und *Betz, Otto,* Von Gott gezeugt, in: Judentum Urchristentum Kirche. FS Joachim Jeremias, hrsg. von *W. Eltester,* BZNW 26, Berlin 1960, 3-23.

Michel, Otto und *Betz, Otto,* Nocheinmal: ›Von Gott gezeugt‹, NTS 9 (1962/63), 129-130.

Neyrey, Jerome H., »Without Beginning of Days or End of Life« (Hebrews 7:3): Topos for a True Deity, CBQ 53 (1991), 439-455.

Pearson, Birger A., Melchizedek in Early Judaism, Christianity, and Gnosticism, in: Biblical Figures Outside the Bible, hrsg. von *M. E. Stone* und *Th. A. Bergren,* Harrisburg 1998, 176-202.

Perrot, Charles, Les récits d'enfance dans la Haggada antérieure au IIe siècle de notre ère, RSR 55 (1967), 481-518.

Pesch, Rudolf (Hg.), Zur Theologie der Kindheitsgeschichten, München; Zürich 1981.

Radl, Walter, Der Ursprung Jesu. Traditionsgeschichtliche Untersuchungen zu Lukas 1-2, Herders Biblische Studien 7, Freiburg, Basel, Wien 1996.

Reeg, Gottfried, Die Geschichte von den Zehn Märtyrern. Synoptische Edition mit Übersetzung und Einleitung, TSAJ 10, Tübingen 1985.

Reinmuth, Eckart, Pseudo-Philo und Lukas. Studien zum Liber Antiquitatum Biblicarum und seiner Bedeutung für die Interpretation des lukanischen Doppelwerkes, WUNT 74, Tübingen 1994.

Robinson, Stephen E., The Apocryphal Story of Melchizedek, JSJ 18 (1987), 26-39.

Rösel, Martin, Die Jungfrauengeburt des endzeitlichen Immanuel. Jesaja 7 in der Übersetzung der Septuaginta, in: Altes Testament und christlicher Glaube, hrsg. von *I. Baldermann* u. a., JBTh 6, Neukirchen 1991, 135-151.

Rubinstein, Arie, Observations on the Slavonic book of Enoch, JJS 13 (1962), 1-21.

Schenke, Hans-Martin, Die jüdische Melchisedekgestalt als Thema der Gnosis, in: Altes Testament-Frühjudentum-Gnosis. Neue Studien zu »Gnosis und Bibel«, hrsg. von *K.-W. Tröger*, Berlin 1980, 111-137.

Schubert, Kurt, Die Kindheitsgeschichten Jesu im Lichte der Religionsgeschichte des Judentums, BiLi 45 (1972), 224-240.

Simon, Marcel, Melchisédech dans la polémique entre juifs et chrétiens et dans la légende, RHPhR 17 (1937), 58-93.

Smith, Morton, ›God's begetting the Messiah‹ in 1QSa, NTS 5 (1958/59), 218-224.

Sokolov, Matvej Ivanovič, Materialy i zametki po starinnoj slavjanskoj literature. Vypusk tretij. VII. Slavjanskaja Kniga Enocha Pravednago. Teksty, latinskij perevod i izledovanie. Posmertnyj trud avtora prigotovil k izdaniju M. Speranskij, ČOIDR 4, 1910.

Stichel, Rainer, Die Namen Noes, seines Bruders und seiner Frau. Ein Beitrag zum Nachleben jüdischer Überlieferungen in der außerkanonischen und gnostischen Literatur und in Denkmälern der Kunst, AAWG.PH 3. Folge 112, Göttingen 1979.

Tvorogov, Oleg Viktorovich, Apokrify o Melchisedeke, in: Slovar knižnikov i knižnosti drevnej Rusi I, hrsg. von *Dmitri S. Lichačev*, Leningrad 1987, 62-63.

Vaillant, André, Le livre des secrets d'Hénoch. Texte slave et traduction française, Textes publiés par l'Institut d'Études slaves IV, Paris 1952, ²1976.

van der Woude, Adam S., Melchizedek als himmlische Erlösergestalt in den neugefundenen eschatologischen Midraschim aus Qumran Höhle XI, OTS 14, 1965, 354-373.

Vulčanov, Sl., Kumranski tekstove s apokrifno suduržanie i slavjanskite starozavetni apokrifi, GDA 23, Sofia 1973-74.

Wegner, Judith Romney: Philo's Portrayal of Women – Hebraic or Hellenic?, in: »Women Like This«. New Perspectives on Jewish Women in the Greco-Roman World, hrsg. von *Amy-Jill Levine*, Early Judaism and its Literature 1, Atlanta 1991, 41-66.

Wolter, Michael, Wann wurde Maria schwanger? Eine vernachlässigte Frage und ihre Bedeutung für das Verständnis der lukanischen Vorgeschichte (Lk 1-2), in: Von Jesus zum Christus. FS P. Hoffmann, hrsg. von *R. Hoppe* und *U. Busse*, BZNW 93, Berlin; New York 1998, 405-422.

Wuttke, Gottfried, Melchisedech, der Priesterkönig von Salem. Eine Studie zur Geschichte der Exegese, BZNW 5, Gießen 1927.

Zeller, Dieter, Die Ankündigung der Geburt – Wandlungen einer Gattung, in: *R. Pesch* (Hg.), Zur Theologie der Kindheitsgeschichten, München; Zürich 1981, 27-48.

Zeller, Dieter, Geburtsankündigung und Geburtsverkündigung. Formgeschichtliche Untersuchung im Blick auf Mt 1f., Lk 1f., in: Studien und Texte zur Formgeschichte, hrsg. von *K. Berger, F. Vouga, M. Wolter* und *D. Zeller*, TANZ 7, Tübingen; Basel 1992, 59-134.

III. Qumran und Hellenismus

»Faire la vérité«

Contribution à l'étude du sociolecte esséno-qoumrânien

Marc Philonenko

Dès 1950, les hébraïsants se sont engagés dans des études précises de la langue des manuscrits hébreux découverts sur le site de Qoumrân. Ces travaux ont porté essentiellement sur la phonétique, la morphologie et la syntaxe, beaucoup plus rarement sur le lexique. Nous possédons aujourd'hui une grammaire de l'hébreu qoumrânien,[1] mais pas encore de dictionnaire. Les recherches phraséologiques, en dehors de l'ouvrage déjà ancien de H. Kosmala,[2] qui fourmille de remarques précieuses, sont assez négligées.

Or, on relève dans les textes de Qoumrân nombre d'expressions originales inconnues de la Bible hébraïque. Il faut accorder une attention soutenue à ces locutions spéciales, à leurs parcours souterrains et à leurs surgissements: mieux que des parentés générales de caractère doctrinal, elles indiquent des filiations.[3] Il s'agit d'un langage de secte, d'un sociolecte. Entendons par là le parler propre à un groupe socio-culturel donné.

Dans des conditions d'isolement et de repli, peuvent se développer et se fixer des traits langagiers qui distinguent le groupe de ceux qui l'entourent et qui reflètent ses conceptions particulières. Telle fut, à n'en pas douter, la situation de la secte de Qoumrân qui, après avoir rejeté le culte du temple, s'était coupé de la communauté juive par l'usage d'un calendrier spécial.[4]

Un exemple classique de ces locutions qui constituent le sociolecte esséno-qoumrânien est l'expression »fils de lumière« vs »fils de ténèbres«. Ces tournures, étrangères à la Bible, ont dans les textes de Qoumrân une valeur technique. Les »fils de lumière« sont les membres de la secte et les »fils de ténèbres« sont ses adversaires.

On relève dans l'»Instruction sur les deux Esprits« l'expression »fils de lumière«.[5] *La Règle de la Communauté* connaît les »fils de lumière« et les »fils de ténèbres«,[6] de même le *Règlement de la Guerre*.[7] On retrouve les

1. *Qimron*, 1986.
2. *Kosmala*, 1959.
3. *Philonenko*, 1995, 167-168.
4. *Jaubert*, 1957; *Albani*, 1997.
5. Règle de la Communauté 3,13.24.25.
6. Règle de la Communauté 1,9-10.
7. Règlement de la Guerre 1,1.3.9.11.13 (»fils de lumière«) ; 1.1.7.10; 3,6.9; 13,16; 14,17 (»fils de ténèbres«).

»fils de lumière« et les »fils de ténèbres« dans un fragment araméen des »Visions de 'Amram«.⁸

Les écrits du Nouveau Testament connaissent »les fils de lumière« οἱ υἱοὶ τοῦ φωτός⁹ ou υἱοὶ φωτός¹⁰ ou encore τέκνα φωτός.¹¹ J. Wellhausen avait reconnu là un sémitisme:¹² il faut préciser aujourd'hui davantage et y voir un véritable qoumrânisme. On notera que la tournure »fils de ténèbres« est inconnue du Nouveau Testament.

Nous ne pouvons donner ici un inventaire même partiel des expressions »fils de lumière« ou »fils de ténèbres« dans la littérature chrétienne ancienne: nous l'avons fait ailleurs.¹³

On fera seulement une place à part aux textes mandéens qui opposent »fils de lumière« *(bnia nhura)* et »fils de ténèbres *(bnia hsuka).*¹⁴ Ces expressions sont dans la littérature mandéenne d'origine qoumrânienne.

Il fallait rappeler avec quelque insistance le caractère exemplaire d'une étude des expressions »fils de lumière« / »fils de ténèbres« qui, d'une certaine façon, nous guidera dans l'explication de l'expression »faire la vérité«.

Sans prétendre procéder à des relevés exhaustifs, l'enquête doit reposer sur des dépouillements aussi étendus que possible, en sorte d'enrichir les données rassemblées dans les dictionnaires et les commentaires.

L'expression »faire la vérité« est attestée en *Jean* 3,21: »Celui qui fait la vérité vient à la lumière«. L'expression se retrouve en *I Jean* 1,6 et, du moins selon certains manuscrits, en *Ephésiens* 4,15. Cette tournure, même si elle n'est pas complètement dépourvue d'antécédents bibliques, a toujours paru singulière.

R. Bultmann, dans son étude de 1928,¹⁵ plus complète que son article du *Theologisches Wörterbuch zum Neuen Testament*, paru en 1930,¹⁶ déclare que cette expression est tout à fait étrangère au grec.¹⁷ Il indique qu'elle est la traduction de la tournure hébraïque *'asâh émèth* »faire la vérité« et illustre cette interprétation de plusieurs textes: *Genèse* 24,49; 47,29; *Josué* 2,14; *Néhémie* 9,33;¹⁸ *Tobit* 4,6.¹⁹ Cette dernière référence, importante, figure

8. »Visions de 'Amram«, 4Q548 fragment 1,10.13.16.
9. Luc 16,8.
10. Jean 12,36; I Thessaloniciens 5,5.
11. Ephésiens 5,8.
12. *Wellhausen,* 1911, 19.
13. *Philonenko,* 1995, 168-169.
14. Voir *Odeberg,* 1929, 335; *Drower-Macuch,* 1963, 291, s.v. *nhura* et *Widengren,* 1967, 56, note 4 à qui revient le mérite d'avoir fait, le premier, ce rapprochement.
15. *Bultmann,* 1928.
16. *Bultmann,* 1930.
17. *Bultmann,* 1928, 122.
18. *Bultmann,* 1928, 122.
19. *Bultmann,* 1928, 130.

dans la marge du Nouveau Testament grec de Nestle-Aland.[20] Billerbeck, dans son commentaire,[21] fait un seul rapprochement et renvoie au targoum d'*Osée* 4,1, ce qui a pu faire croire que l'expression était très rare dans la littérature rabbinique. Cette unique référence a d'ailleurs été reprise par Bultmann,[22] Odeberg,[23] Kosmala[24] et Dupont-Sommer.[25]

La discussion a rebondi avec la publication de la *Règle de la Communauté* où nombre d'auteurs en signalent trois mentions, ainsi Martin Hengel.[26]

J. H. Charlesworth, à propos de cette expression, écrit même: »It is important to stress that the evangelist (like others in his community) probably has been influenced by Qumran's terminology.«[27]

L'origine éloignée de l'expression »faire la vérité« est à trouver dans une formule de *Genèse* 24,49; 47,29: »Maintenant donc, si vous voulez user de bienveillance *(héséd)* et de fidélité *(émeth)* envers mon maître, apprenez-le moi. »Observons que, dans ces deux exemples, on a l'ordre »grâce et vérité« et non pas »vérité et grâce«. Dans la vingtaine d'exemples que l'on peut relever dans la Bible hébraïque et où figurent associés les termes »grâce« et »vérité«, c'est toujours dans cet ordre qu'on les trouve et jamais dans l'ordre inverse.

La formule »faire la grâce et la vérité« a donné naissance à deux formules abrégées, l'une »faire la grâce«, attestée au *Psaume* 109, 16 et l'autre, »faire la vérité«, que l'on rencontre deux fois dans la Bible hébraïque, en *Néhémie* 9,33 et en *Ezéchiel* 18,19, si l'on se refuse à corriger le texte massorétique.

La formule courte »faire la vérité« était promise à un bel avenir. Elle donne, en effet, le primat à la vérité. C'est elle qui est reprise en *Tobit* 4,6 et 13,6 *(Sinaiticus)* et dans une petite addition de la *Vetus latina* de ce même livre (14,7),[28] de même dans les *Testaments des douze Patriarches*, en *Ruben* 6,9 et *Issachar* 7,5, du moins selon certains manuscrits.[29] C'est elle, enfin, qui est reprise en *Jean* 3,21.

La formule courte »faire la vérité« a donné naissance à des formules binaires non signalées et attestées par la version latine du livre des *Jubilés*. En 20,9: *facite ueritatem et iustitiam* ; en 22,10: *facite ueritatem et uolontatem suam*. Ces deux formules binaires sont étrangères, sous ces libellés, à la Bi-

---

20. *Nestle-Aland*, 1998, 254.
21. *Strack-Billerbeck*, 1924, 429.
22. *Bultmann*, 1928, 130, note 5 et 1930, 243, 8.
23. *Odeberg*, 1929, 144.
24. *Kosmala*, 1959, 192.
25. *Dupont-Sommer*, 1969-1970, 386.
26. *Hengel*, 1993, 281.
27. *Charlesworth*, 1996, 75.
28. Voir l'édition critique de *Hanhart*, 1983, ad loc.
29. Les autres manuscrits lisent: »J'ai gardé la vérité«.

ble hébraïque. On en rapprochera *Testament de Benjamin* 10,3: »Faites donc la vérité et la justice« (ποιήσατε οὖν ἀλήθειαν καὶ δικαιοσύνην), chacun à l'endroit de son prochain«.

Les formules réemploient naturellement des expressions vétérotestamentaires: »vérité et justice« (*Zacharie* 8,8); »vérité et droit« (*Psaume* 111,7; *Zacharie* 8,16).

Ces formules binaires sont, sans doute, l'origine des nouvelles formules longues de la *Règle de la Communauté*: »faire la vérité et la justice et le droit sur la terre« en 1,6 ; »ils feront la vérité en commun et l'humilité, la justice et le droit et l'affectueuse charité et la modestie de conduite en toutes leurs voies« en 5,3-4 ; »faire la vérité et la justice et le droit et la charité affectueuse et la modestie de conduite l'un envers l'autre« en 8,2.

Herbert Braun, en 1966, a eu le sentiment que, puisque l'expression »faire la vérité« était attestée dans la version des Septante en *Esaïe* 26,10 ; *Tobit* 4,6 ; 13,6, elle était judéo-hellénistique, et que puisqu'elle était relevée dans le targoum d'*Osée* 4,1 elle était rabbinique et donc très généralement juive (allgemein-jüdisch).[30] Cette appréciation paraît trop rapide et insuffisamment étayée: elle ignore les deux attestations du livre des *Jubilés*, oublie les trois attestations des *Testaments des douze Patriarches* et interprète mal le témoignage du livre de *Tobit*.

En effet, les références à la *Règle de la Communauté*, au livre des *Jubilés* et aux *Testaments des douze Patriarches* permettent aisément de circonscrire le milieu ou l'expression »faire la vérité« a joui d'une faveur particulière: la secte de Qoumrân. Quant au livre de *Tobit*, on savait depuis 1957 que des fragments araméens et hébreux de l'ouvrage avaient été découverts sur le site de Qoumrân[31] et il n'était plus possible, en 1966, de considérer ce deutéro-canonique comme judéo-hellénistique.[32]

Il y a plus. Dans le fragment hébreu de *Tobit* 4,6 on restitue sans grande peine l'expression »faire la v[érité]«.[33]

Enfin et surtout l'expression »ceux qui font la vérité« que Billerbeck avait repérée dans le targoum d'*Osée* 4, 1 est expressément attestée dans les »Visions de 'Amram«.[34] Klaus Beyer a parfaitement rendu par »die Täter der Wahrheit« l'expression araméenne ›*abedêy kushtâ.*‹[35]

L'expression »ceux qui font la vérité« mérite que l'on y revienne un instant. Elle n'est pas si rare qu'on l'a cru et on peut en relever plusieurs atte-

---

30. *Braun*, 1966, 113.
31. *Milik*, 1957, 29.
32. *Braun*, 1966, 113.
33. *Beyer*, 1993 138 ; *Fitzmyer*, 1995, 65.
34. »Visions de 'Amram«, 4Q548, fragment 2, col. i, 11.
35. *Beyer*, 1994, 89, et 388.

stations. L'une dans le targoum de *Jérémie* 2,21 que Schlatter a signalé dans son commentaire de l'évangile de *Jean*.[36] A cette référence, il faut en ajouter quatre autres, toutes prélevées dans le targoum d'*Esaïe* (16,5; 26,10; 59,14; 59,15).

Ces attestations groupées d'une expression typiquement qoumrânienne dans le targoum d'*Esaïe* soulèvent la question de la préhistoire du targoum d'*Esaïe* de façon pressante. Nous ne pouvons ici qu'évoquer ce problème. Il nous faut, cependant, signaler, en passant, la présence dans le targoum d'*Esaïe* 12,3 de l'expression »élus de justice«, elle aussi typiquement qoumrânienne.[37] Observons, enfin, que l'expression »élus de justice« est attestée, à maintes reprises, dans les écrits mandéens.[38]

Nous avons fait état, il y a un instant, des textes mandéens. L'expression »faire la vérité« y est attestée dans un texte du *Ginza, labdia kušta*[39] rom. »*Diener der Kušta*«[40] rom. »*the servants of the Truth*«.[41] Rom. *abdia* est un participe qui devrait être traduit par *facientes*: »ceux qui font la vérité«.[42]

On ne s'étonnera pas de la présence d'une telle formule dans la littérature mandéenne qui connaît d'autres expressions qoumrâniennes. *Kušta* est le concept central de la religion mandéenne.[43] La vérité occupe un rôle de premier plan dans l'idéologie qoumrânienne.

*
* *

L'expression »faire la vérité« a, sans nul doute une origine biblique: nous nous sommes efforcés de la dégager, mais c'est en milieu qoumrânien qu'elle a pris un caractère technique et qu'elle est entré dans le sociolecte essénien. Pratiquer la vérité et rejeter le mensonge est l'apanage et le devoir des membres de la secte. Rappelons qu'au témoignage de Flavius Josèphe, les Esséniens juraient lors de leur entrée dans la secte, »d'aimer toujours la vérité et de poursuivre les menteurs«.[44] »Faire la vérité«, pratiquer la vérité, être un adepte de la vérité, tel était l'idéal essénien.

Nous avons insisté sur l'isolement dans lequel s'était tenu la communauté

---

36. *Schlatter*, 1975, 101.
37. *Hymnes*, 2,13.
38. *Drower-Macuch*, 1963, 53, s.v. *bhir, bhira*.
39. *Ginza* 64, 18.
40. *Lidzbarski*, 1925, 58, 13.
41. *Macuch*, 1965, 484.
42. *Macuch*, 1965, 485.
43. *Sundberg*, 1953.
44. Flavius Josèphe, Guerre juive, 2, 8, 141.

de Qoumrân. Il faut souligner, en contre-point, que les Esséniens n'étaient pas restés sans ouverture sur le monde extérieur. La création d'un tiers ordre, dont les membres, sans renoncer au mariage, cultivaient les grands idéaux de la secte, à joué ici un rôle capital.[45] C'est à ce milieu qu'il faut attribuer, selon nous, les livres de *Tobit* et de *Judith*.[46] Le tiers ordre essénien a assuré, au près et au loin, la diffusion des formules esséniennes. Nous avons suivi, ensemble, le parcours de l'une d'entre elles: »Faire la vérité«.

Bibliographie

Albani, 1997: M. Albani, »Zur Rekonstruktion eines verdrängten Konzepts: Der 364-Tage-Kalender in der gegenwärtigen Forschung«, *M. Albani, J. Frey, A. Lange*, Studies in the Book of Jubilees, Tübingen 1997, 79-125.

Beyer, 1984: K. Beyer, Die aramäischen Texte vom Toten Meer, Tübingen 1984.

— 1994: Die aramäischen Texte vom Toten Meer. Ergänzungsband, Tübingen 1994.

Braun, 1966: H. Braun, Qumran und das Neue Testament I, Tübingen 1966.

Bultmann, 1928: R. Bultmann, »Untersuchungen zum Johannesevangelium«, Zeitschrift für die neutestamentliche Wissenschaft 27 (1928), 113-163.

— 1930: article ἀλήθεια, Theologisches Wörterbuch zum Neuen Testament I, Stuttgart 1930, 239-253.

Charlesworth, 1996: J. H. Charlesworth, »The Dead Sea Scrolls and the Gospel according to John«, Exploring the Gospel of John, Louisville 1996, 65-97.

Drower-Macuch, 1963: E. S. Drower-Macuch, A Mandaic Dictionary, Oxford 1963.

Dupont-Sommer, 1968-1969: A. Dupont-Sommer, »L'Essénisme à la lumière des manuscrits de la Mer Morte: angélologie et démonologie; le livre de Tobie«, Annuaire du Collège de France, 68è année (1968-1969). Résumé des cours de 1967-1968, 414-426.

1969-1970: »Recherches sur quelques aspects de la Gnose essénienne à la lumière des manuscrits de la Mer Morte«, Annuaire du Collège de France, 69è année (1969-1970). – Résumé des cours de 1968-1969, 383-391.

Fitzmyer, 1995: J. Fitzmyer, »Tobit«, dans Discoveries in the Judean Desert XIX, Oxford 1995, 1-76.

Hanhart, 1983: R. Hanhart, Tobit, Göttingen 1983.

Hengel, 1993: M. Hengel, Die johanneische Frage, Tübingen 1993.

Jaubert, 1957: A. Jaubert, La date de la Cène, Paris 1957.

Kosmala, 1959: H. Kosmala, Hebräer-Essener-Christen, Leyde 1959.

Lidzbarski, 1925: M. Lidzbarski, Ginza, Göttingen 1925.

Macuch, 1965: R. Macuch, Handbook of Classical and Modern Mandaic, Berlin 1965.

---

45. *Philonenko*, 1996, 1153.
46. Pour l'origine essénienne de Tobit, voir *Dupont-Sommer*, 1968-1969, 414-415; pour l'origine essénienne de Judith, voir *Philonenko*, 1996.

Milik, 1957: *J. T. Milik*, Dix ans de découvertes dans le désert de Juda, Paris 1957.

Nestle-Aland, 1998: *E. Nestle – K. Aland*, Novum Testamentum Graece, Stuttgart ^{27}1998.

Odeberg, 1929: *H. Odeberg*, The Fourth Gospel, Upsal 1929.

Philonenko, 1995: *M. Philonenko*, »La doctrine qoumrânienne des deux Esprits. Ses origines iraniennes et ses prolongements dans le judaïsme essénien et le christianisme antique«, *G. Widengren, A. Hultgård, M. Philonenko*, Apocalyptique iranienne et dualisme qoumrânien, Paris 1995, 163-211.

– 1996: »L'origine essénienne du livre de Judith«, Comptes rendus des séances de l'Académie des Inscriptions et Belles-Lettres, 1996, 1139-1156.

– 1998: »Aimer la vérité et haïr le mensonge. Histoire d'une formule«, Comptes rendus des séances de l'Académie des Inscriptions et Belles-Lettres, 1998, 459-473.

Qimron, 1986: *E. Qimron*, The Hebrew of the Dead Sea Scrolls, Atlanta 1986.

Schlatter, 1975: *A. Schlatter*, Der Evangelist Johannes, Stuttgart ^{4}1975.

Sperber, 1992: *A. Sperber*, The Bible in Aramaic III, Leyde ^{2}1982.

Strack-Billerbeck, 1924: *H. L. Strack – P. Billerbeck*, Kommentar zum Neuen Testament aus Talmud und Midrasch II, Munich 1924.

Sundberg, 1953: *W. Sundberg*, Kushta, Lund 1953.

Wellhausen, 1911: *J. Wellhausen*, Einleitung in die drei ersten Evangelien, Berlin ^{2}1911.

Widengren, 1967: *G. Widengren*, »Les origines du gnosticisme et l'histoire des religions«, The Origins of Gnosticism, Leyde, 1967, 28-60.

The Book of Tobit and the Problem of »Magic«

Loren T. Stuckenbruck

During the final three centuries before the Common Era, the legitimacy of using »magico-medical«[1] cures against illness seems to have been matter of debate among Jewish circles. Accordingly, fundamentally different perspectives are reflected in the literature from the period. As the JSHRZ series has consistently seen the publication of scholarly treatments over the years that have shown sensitivity to the existence of different recensions for some Jewish compositions,[2] I would like to offer some observations on how differences observed among the recensions of the Book of Tobit throw light on the character of the cures which in the narrative represent the divine solution to the predicaments faced by pious Tobit and Sarah. After briefly delineating the basic positions regarding medicines and doctors espoused during the Second Temple period, I shall attempt to situate the views to be identified in Tobit by drawing attention to the significance of differences between the ancient versions of the story.

1. Early Jewish Traditions Opposed to the Use of Medicines

On the one side, there was considerable suspicion towards the application of medicines and the consultation of physicians. This view could be derived from the basic notion in Exodus 15.26 in which *God* is identified as Israel's

---

1. For reasons that will become clear in the discussion of Tobit below, it is important that the categories of »medicine« and »magic« not be neatly distinguished from one another. Scholars and students of antiquity have gone to considerable lengths in attempting to define what »magic« is in contrast, for example, to »religion«; see D. Aune, »Magic in Early Christianity«, in: W. Haase (ed.), Aufstieg und Niedergang der römischen Welt, II.23.2 (Berlin/New York: Walter de Gruyter, 1980), 1507-1557, who therefore attempts to define »magic« sociologically, while subordinating the conceptual dimension which he terms »goal-oriented practices with virtually guaranteed results« (1515). However, rather than attempting to define what magic is from the »outside« of a given passage from antiquity (the »etic« approach), it is important that one attempt to listen to what such a text itself may have to say about its author's particular conception of the problem (the »emic« approach), which may in turn have varied from that of other writers. In the present article on Tobit, this is what I shall venture to do. For an excellent treatment of »etic« and »emic« approaches in the study of magic from antiquity, see S. R. Garrett, The Demise of the Devil (Minneapolis: Fortress Press, 1989), 27-36.
2. This is exemplified, for instance, in B. Ego's recent contribution to the series, Buch Tobit (JSHRZ II.6; Gütersloh: Gütersloher Verlagshaus, 1999), 875-1007.

physician: כי אני יהוה רפאך.³ A logical extension of this conviction was the widespread belief that sickness and other misfortunes experienced by people are ultimately the result of human wrongdoing and transgression, that is, that bad circumstances are at least ideally mitigated or altogether removed through the appropriation of divine forgiveness and mercy.

Such a framework for understanding illness surfaces in both the Hebrew Bible and early Jewish sources. Among the Jewish scriptures, there are passages which attest that disease could be interpreted as the result of divine punishment for a misdeed.⁴ The assumption of such texts is that the cure or restoration to wholeness can only appropriately come from God (Ex. 15.26; 23.25; Deut. 7.15; 1 Kgs. 13.6; 2 Chr. 7.14; Ps. 41.3; 103.3). Consequently, resorting to doctors would be considered unacceptable, as this could be thought to encroach upon a divine prerogative.⁵ For example, the author of 2 Chronicles 16.12 (*contra* the earlier parallel version in 1 Kgs. 15.23), deems it reprehensible that Asa the king of Judah, when struck with a malady in his feet, sought the help of doctors without relying on the Lord.⁶ These texts reflect the rejection of medical techniques and practices which were more widespread among the Babylonian, Egyptian, and Hellenistic cultures contiguous to Judaism in post-exilic antiquity.

Among some of the Dead Sea documents, a very similar view is preserved.⁷

3. See the Septuagint tradition: ἐγὼ γάρ εἰμι κύριος ὁ ἰώμενός σε; cf. also Deut. 32,39; Job 5,17-18. Concerning the development of this idea, which crystalized in the postexilic period, see Norbert Lohfink, »›Ich bin Jahwe, dein Arzt‹ (Ex 15,26). Gott, Gesellschaft und menschliche Gesundheit in einer nachexilischen Pentateuchbearbeitung (Ex 15,25b.26)«, in N. Lohfink et al. (eds.), »Ich will euer Gott werden«. Beispiele biblischen Redens von Gott (Stuttgarter Bibelstudien, 100; Stuttgart: Verlag Katholisches Bibelwerk, 1981), 11-73 and esp. H. Niehr, »JHWH als Arzt. Herkunft und Geschichte einer alttestamentlichen Gottesprädikation«, BZ vol. 35 (1991), 3-17. See further B. Kollmann, »Göttliche Offenbarung magisch-pharmakologischer Heilkunst im Buch Tobit«, ZAW 106 (1994), 289-99, esp. 289-91 and his monograph on Jesus und die Christen als Wundertäter. Studien zu Magie, Medizin und Schamanismus in Antike und Christentum (FRLANT, 170; Göttingen: Vandenhoeck & Ruprecht, 1996), esp. 118-73.
4. See, for instance, the following passages: (a) Num. 12,4-15, in which Miriam is struck with leprosy for criticising Moses; (b) Deut. 28,22.27.35 (cf. 28,61; 29,22) a catalogue of afflictions to come upon Israel for disobedience; (c) 2 Chr. 21,18, Jehoram is struck by God with a disease for idolatrous activities (v. 11); and (d) 1 Kgs. 13,4-6, Jerobeam's hand withers because of his wickedness and is later restored by the prophet. It is this view which exacerbated the problem of suffering in the book of Job.
5. So, e.g., the later *m.Qid.* 4.14: טוב שברופאים לגיהנם. See on this emerging attitude the overviews by H. C. Kee, »Medicine and Healing«, in: D. N. Freedman (ed.), Anchor Bible Dictionary (Garden City, New York: Doubleday, 1992) vol. 4, 660-2 and S. Munter, »Medicine«, in: Encyclopedia Judaica (Jerusalem: Keter, 1971) vol. 11, 1178-85.
6. MT: ברפאים כי יהוה את דרש לא בחליו וגם (LXX tradition: καὶ ἐν τῇ μαλακίᾳ αὐτοῦ οὐκ ἐζήτησεν κύριον ἀλλὰ τοὺς ἰατρούς). Significantly, the Syriac Peshitta altogether omits this criticism of Asa. See further Job 13,4 and Jer. 46,11 (cf. 8,22; 51,8).
7. Of course, uniformity on this point cannot be expected. Not clear is the position of the difficult text of 4Q266 (4QDamascusDocument^a) frg. 6 col. i,5-13 and parallels (4Q269

In the Aramaic 4Q242 (4Q*Prayer of Nabonidus*), Nabonidus the king, after being punished by God for his haughtiness with bad sores, is healed when he receives divine forgiveness of his sin through the mediation of a »sojourner«[8] (frg.'s 1-3.4-5). The *Genesis Apocryphon* (1Q20) recasts the story of Abraham's sojourn in Egypt (Gen. 20) by having bodily sores, which were caused by an afflicting spirit sent by »the Most High«, convince Pharaoh and his household that Sarah ought to be returned to Abraham. In the account, it is God who is called upon to act as healer through Abraham's prayer which is accompanied by the laying on of hands (col. xx.12-16.28-29).[9] Although these texts refer to human intermediaries and, to a certain extent, particular actions on their part, the authors of these passages leave no indication that they regarded the immediate source of healing to be anyone other than God.

Such a perspective was consistent with the categorical rejection of the use of magico-medical cures in the early Enochic tradition, the *Book of Watchers* chapters 7 and 8. According to *1 Enoch* 7.1, and in contrast to Genesis 6.1-4, the fallen watchers held responsible for introducing evil into the world instruct the earthly women they chose in the use of medicines (Cod.Pan. – φαρμακεῖαι; 4Q*Enoch*^{a} = 201 iii, 15-חרשה), incantations (Cod.Pan. – ἐπαοιδαί), and the cutting of roots to make medicinal herbs (Cod.Pan. – ῥιζοτομίαι). In chapter 8 the watcher tradition associated with 'Asa'el (Grk., Eth.-'Azaz'el) also refers to reprehensible instructions, but within a more elaborate list that includes instruments of violence, techniques of beautification, and astrological methods of divination (vv. 1-2). In verse 3 the Greek translation (consistent with the Aram. fragment of 4Q*Enoch*^{b} = Q202 1 iii, 1-6) ascribes the teaching on cutting of roots and spells to Shemihazah, while according to the Aramaic evidence Hermoni taught the un-

---

frg. 7; 4Q272 frg. 1 cols. i-ii; 4Q273 frg. 4 col. ii): a condition of ringworm referred to in Lev. 13,33 is attributed to a »spirit« and subjected to a priest's examination, to determine whether the condition has been healed. It could be argued, however, that the priest is not acting as a physician and that the text assumes that God is the one who heals the condition described.

8. The source of healing does not depend on whether the mediary is read ניר (as here) or נזר (»exorcist«).
9. See A. Lange, »1QGenAp XIX$_{10}$-XX$_{32}$ as Paradigm of the Wisdom Didactive Narrative«, in: H.-J. Fabry, A. Lange and H. Lichtenberger (eds.), Qumranstudien. Vorträge und Beiträge der Teilnehmer des Qumranseminars auf dem internationalen Treffen der Society of Biblical Literature, Münster, 25.-26. Juli 1993 (Schriften des Institutum Judaicum Delitzschianum 4; Göttingen: Vandenhoeck & Ruprecht, 1996), 197-8. *Lange* correctly argues that it is the prayer of Abraham (a »hymnic exorcism«, as in *Jub.* 10,3-6 and 12,19-20) and not the laying on of hands as such, which results in Pharaoh's healing.

doing of incantations, sorcery (כשפו), magic (חרתמו), and such knowledge (תושין).[10] The rejection of medicinal cures is reinforced by their association with practices involving incantations which may have involved the risk of misusing the holy name of God. The implication is that those who use cures will be judged together with the fallen angels whose culpability derives in part from the kind of knowledge they have disseminated through their instructions to humankind (*1 En.* 9.8b; 16.3).

2. The Legitimation of Medicine in Early Judaism

As is well known, during the late 3rd through 1st centuries B. C. E. some Jews were attempting to find theological justification for medico-magical cures whose increased application derived from the influence of surrounding, in particular Hellenistic, culture. In contrast to the Enoch tradition, the author of Wisdom of Solomon (1st cent. B. C. E.) considers the knowledge of, among other things, various plants »and the powers of roots« to be *God-given* (7.15-16,20). This perspective is even more pronounced in relation to medicines and doctors in the early 2nd century B. C. E. composition of Ben Sira. According to the Greek tradition in Sirach 37.27-38.15, the author justifies the use of medicines and the consultation of physicians on the basis of a creation theology. Since »the Lord created medicines (φάρμακα) from the earth, the sensible man (ἀνήρ) will not despise them« (38.4). Since »the Lord created« the physician (38.1), the author (so, if we follow the Hebrew texts from Masada) goes so far as to conclude that »the one who sins against his Maker« will at the same time be the one who is »defiant towards the physician« (38.15). Both prayer to God (38.9) and seeking help from a doctor – especially from one who prays (38.14) – are regarded as complementary activities. Thus there is no inherent contradiction between a doctor's use of medicines and the belief in God who is the healer *par excellence* (so 38.9-11).[11]

In the *Book of Jubilees* we encounter a tradition in which medical-herbal cures are justified on a very different basis. Here the role of an angelic intermediary is crucial, as the kind of tradition known through the *Book of Watchers* is reconfigured. Like the Enochic tradition, the author of *Jubilees* regarded rebellious angels as the source of reprehensible practices among humanity. Specifically, as in *1 Enoch* 8, these include divination through the

---

10. A precise meaning for each of the Aramaic terms is difficult to establish.
11. See e.g. *J. G. Snaith*, Ecclesiasticus or the Wisdom of Jesus Son of Sirach (Cambridge Commentary on the New English Bible; Cambridge: Cambridge University Press, 1974), 184.

observation of heavenly bodies (8.3; this teaching of the Watchers is passed on through an inscribed stone discovered by the post-diluvian Cainan, son of Arpachshad). However, the *Jubilees* version of the tradition differs from the *Book of Watchers* in two main ways. First, the angelic rebellion does not occur in heaven but takes place on earth where the angels have been sent to by God. Second, and more important, nothing is said in *Jubilees* about any instructions concerning cures by the wayward angels. Instead, the knowledge of herbal medicine is taught through one of the good angels (10.10,13). This instruction is given to Noah who has prayed to God that his children might be delivered from the evil spirits who have been corrupting his progeny following the great flood (10.1-6). God's response to the prayer is to have the angels banish the spirits to a place of judgment. But after pleading from Mastema, the chief of the evil spirits, a tenth are allowed to remain on earth. It is in order to combat the afflictions brought about by these spirits that the angels are told to inform Noah how to effect cures by means of herbs from the earth (10.10-13). Thus, the medicinal use of herbs according to *Jubilees* is justified not only on the basis that it is revealed through good angels but also because it is applied to counter the malevolence of evil spirits. Whereas in the *Book of Watchers* medicines are categorically attributed to the fallen angels who beget giants (also regarded as »evil spirits«; cf. *1 En.* 15.8-11), in *Jubilees* this same knowledge is revealed in order to be used against those spirits which cause harm.

3. *The Medico-Magical Cures in the Book of Tobit.* An analogy to the justification offered in *Jubilees* for the use of medicine has been observed in the Book of Tobit: magico-medical cures are admissible on condition that they are knowledge revealed through an angel sent by God.[12] The cures in Tobit are, of course, two-fold since they are brought to bear on the problems of two protagonists in the story, Tobit and Sarah. They involve, on the one hand, a fish's heart and liver and, on the other the same fish's gall. In a recent detailed study of »magisch-pharmakologische Heilkunst« in Tobit (1994), Bernd Kollmann[13] has argued that the nature of these cures are to be distinguished, since they are used to treat two essentially different kinds of illness: First, there is *Tobit's blindness which has a natural cause*, that is, the condition is the result of white films which have formed when sparrow droppings fall upon his eyes (2.10). Such a problem, argues Kollmann,

---

12. So esp. *Kollmann*, »Heilkunst im Buch Tobit«, 298-9 n. 27 and *Lange*, »The Essene Position on Magic and Divination«, in: *M. Bernstein, F. García Martínez* and *J. Kampen* (eds.), Legal Texts and Legal Issues. Proceedings of the Second Meeting of the International Organization for Qumran Studies, Cambridge 1995, Published in Honour of Joseph M. Baumgarten (STDJ, 23; Leiden: Brill, 1997), 384-5.
13. *Kollmann*, »Heilkunst im Buch Tobit«, esp. 291-7.

would therefore have required a *rational medical procedure* which in the story is provided by the gall of the fish. Despite its straightforwardness, the treatment could not be implemented by anyone, such as a physician; and so, the doctors consulted by Tobit serve only to worsen his condition (2.10). Instead, the application of the gall to cure Tobit's blindness belongs in the category of divine knowledge revealed by God through the angel Raphael. The second problem addressed, is *Sarah's loss of seven bridegrooms because of the activity of the demon* Asmodeus (3.7-8) at a point penultimate to marital consummation. Kollmann maintains that, given the demonic explanation for Sarah's misfortune, the cure is to be effected in the story by *less rational, magical means*: the fish's heart and liver are burned to produce a pungent odor intended to drive the malevolent demon away.

Although no exact parallel exists in ancient sources for burning the organs of a fish to expel demonic power, no one has yet doubted that this technique has a »magical« character (cf. Tob. 6.17, esp. the long recension of Cod. a). The preservation of several documents from antiquity demonstrates, for instance, how widespread the notion was of driving out demons through foul-smelling substances.[14] According to Kollmann, this »magical« solution is essentially different from the »medical« approach exemplified in the use of the fish's gall. For the latter, Kollmann is able to cite its medical use in antiquity for a condition of λευκώματα (»white scales«), a *terminus technicus* for a bad case of the swelling of membranes over the iris (Grk. – οὐλή; Lat. – cicatrix) resulting from a wound (so Galen, Pedanius Dioskurides, and Pliny).[15] Although the problems of Sarah and Tobit are resolved by means of the same fish by knowledge revealed through the angel Raphael, the methods are categorically distinguishable.

For all the excellence of Kollmann's thoroughgoing study of the background for interpreting the cures effected in the Book of Tobit, his reading of the story is nevertheless flawed by his exclusive focus on the shorter recension which is represented above all in the Greek codices Vaticanus (B) and Alexandrinus (A) and is largely followed by the Vulgate. In a brief note, Kolling explains his approach to the text of Tobit: »Zitiert wird Tob im folgenden nach der Edition von R. Hanhart ... und zwar in der von BA überlieferten, dem ausschmückenden Text des Sinaiticus vorzuziehenden Re-

---

14. Perhaps the most well-known example remains Josephus' report in *Ant.* viii,47 about Eleazar the Jewish exorcist who reportedly used a ring with a root to extract a demon through the nostrils of a possessed man. See further Josephus' *Bell.* vii,185; the *Papyri Graecae Magicae* (collection ed. by *K. Preisendanz* et al.; Stuttgart: Teubner, 1973-74, 2nd ed.) ms. no. XIII, lines 242-4; *Pesiqta Rabbati* 14.14; and Justin Martyr, *Dialogue with Trypho* 85.3.
15. See on this *Kollmann's* excellent overview, »Heilkunst im Buch Tobit«, 293-7.

zension.«[16] As I would like herewith to show, Kollmann's view of the text, upon which his interpretation of »magic« and »medicine« in Tobit is based, is highly suspect. He completely neglects the longer recension of Sinaiticus which is not only reflected in the Old Latin version, but also now has its closest correspondences in the Aramaic and Hebrew manuscript fragments from Qumran Cave 4 (4Q196-199 Aram. and 4Q200 Heb.). As a result, his distinction between »magic« and »medicine« fails to consider what may have been a »conversation« about the legitimacy of magic or medicine that took place, not so much *between* different early Jewish writings, but *within the creative transmission and rewriting* of the Book of Tobit itself.

As the history of research on the text of Tobit during the nineteenth and twentieth centuries has shown, determining the more original of the several recensions of the book has been fraught with difficulty.[17] During the nineteenth century a number of scholars argued that the longer recension was a reworking of the shorter one.[18] This text-critical judgment was based, quite naturally, on the assumption that a shorter text would more likely have been expanded in time through changes and additions than have been the result of reduction from a longer one. Such a premise has continued to govern the more recent work of Paul Deselaers (1982),[19] Heinrich Gross (1987),[20] and now Kollmann (1994). There has, however, been an increasing tendency to regard the shorter, not the longer, recension as the more secondary of the two recensions.[21] Now, the study and publication of the Tobit fragments from Qumran Cave 4 by J. T. Milik (1966)[22] and especially the official edition in the Discoveries in the Judaean Desert series published by Joseph A. Fitzmyer[23] have furnished sufficient evidence for the existence of a Semitic

16. *Ibid.*, 290-1 n. 5.
17. See the overviews by *P. Deselaers*, Das Buch Tobit. Studien zu seiner Entstehung, Komposition und Theologie (OBO, 43; Freiburg, Schweiz/Göttingen: Universitätsverlag/Vandenhoeck & Ruprecht, 1982), 16-20; C. A. *Moore*, »Scholarly Issues in the Book of Tobit Before Qumran and After: An Assessment«, in JSP vol. 5 (1989), 65-81 and Tobit. A New Translation with Introduction and Commentary (The Anchor Bible, 40A; New York: Doubleday, 1996), 53-64.
18. *Moore*, e.g. Tobit, 56 and n. 144, refers to *Fritzsche, Hilgenfeld, Nöldeke, Grimm, Plath, Löhr* and *Müller*. Unfortunately, *Moore* does not give sufficient consideration to the status of a third Greek recension–though independent, it preserves a text that shares similarities with the other two recensions–in the scholarly discussion.
19. *Deselaers*, Das Buch Tobit, esp. 19-20.
20. *Gross*, Tobit and Judit (NEBAT, 19; Würzburg: Echter Verlag, 1987), 5 ff.
21. *Moore*, Tobit, 56, lists *Nestle* (1899), *Simpson* (1913), *Zimmermann* (1958) and *Thomas* (1972), citing with special approval the arguments of *Simpson* and *Thomas*.
22. *J. T. Milik*, »La patrie de Tobie«, RB vol. 73 (1966), 522-30.
23. *J. A. Fitzmyer* »4Q196 (4QTob^a ar)«, »4Q197 (4QTob^b ar)«, »4Q198 (4QTob^c ar)«, »4Q199 (4QTob^d ar)« and »4Q200 (4QTob^e hebr)«, in: *M. Broshi* et al. (eds.), Qumran Cave 4 XIV. Parabiblical Texts, Part 2 (DJD, XIX; Oxford: Clarendon Press, 1995), 1-

recension which, with a very few exceptions,[24] comes closest to the text of Codex Sinaiticus. Significant here is that this is especially true for the passages in Tobit which are concerned with the use of the fish's liver and heart, on the one hand, and its gall, on the other.

Without assuming that the version of Sinaiticus should in every case be thought to preserve a more original text than BA, a comparison reveals differences in two main areas. The first main digression lies in the use of the term φάρμακον in Sinaiticus. Whereas in 6.4 the shorter recension the angel teaches Tobias to »[c]ut open the fish, take the heart and the liver and the gall and arrange (them) exactly«,[25] the longer recension reads, »Cut open the fish and remove the gall and the heart and its liver and keep them with you, and take out the entrails, for the gall and the heart and its liver are useful medicine (φάρμακον).«[26] Furthermore, in 6.7 Tobit is made to ask the angel:

B,A	א
What is the liver and the heart and the gall of the fish?	What medicine (φάρμακον)[27] is in the heart and the liver of the fish, and in the gall?

76 (and Plates I-IX); cf. also *Fitzmyer*, »The Aramaic and Hebrew Fragments of Tobit from Cave 4«, CBQ vol. 57 (1995), 655-75.

24. These exceptions (see a few examples thereof given by *Moore*, Tobit, 57) need to be scrutinized for possible correspondences to the third Greek recension. With the aim *inter alia* of taking the position of the third recension seriously, my Durham colleague Dr. Stuart Weeks, Dr. Simon Gathercole (University of Aberdeen), and I are at present preparing a horizontally presented synopsis of the Tobit recensions and Semitic manuscripts (Qumran and the medieval materials) with glossaries and analysis.

25. καὶ εἶπεν αὐτῷ ὁ ἄγγελος ἀνάτεμε τὸν ἰχθὺν καὶ λαβὼν τὴν καρδίαν καὶ τὸ ἧπαρ καὶ τὴν χολὴν θὲς ἀσφαλῶς. The text citations here follow the edition of *R. Hanhart*, Tobit (SVTG, VIII.5; Göttingen: Vandenhoeck & Ruprecht, 1985). Words without parallel in the other recension are underlined.

26. καὶ εἶπεν αὐτῷ ὁ ἄγγελος ἀνάσχισον τὸν ἰχθὺν καὶ ἔξελε τὴν χολὴν καὶ τὴν καρδίαν καὶ τὸ ἧπαρ αὐτοῦ καὶ ἀπόθες αὐτὰ μετὰ σαυτοῦ καὶ τὰ ἔγκατα ἔκβαλε ἔστιν γὰρ εἰς φάρμακον χρήσιμον ἡ χολὴ καὶ ἡ καρδία καὶ τὸ ἧπαρ αὐτοῦ. The Old Latin, which closely preserves this recension, reflects a slightly shorter text at the end: *sunt enim necessaria haec ad medicamenta utilia* (following the edition of *A. E. Brooke, N. McLean* and *H. St. J. Thackeray*, The Old Testament in Greek, vol. 3, part 1 [Cambridge: Cambridge University Press, 1940]). It is likely that the Vulgate at this point has been influenced by the longer recension: *sunt enim haec necessaria ad medicamenta utiliter* (text in eds. *B. Fischer, I. Gribomont, H. F. D. Sparks, W. Thiele, R. Weber*, Biblia Sacra. Iuxta Vulgatam Versionem, vol. 1 [Stuttgart: Württembergische Bibelanstalt, 1975, 2nd ed.]).

27. The Old Latin and Vulgate translate *medicamentum* and *remedium* respectively.

Here the main difference between the recensions, beyond word order, is the use of the term φάρμακον in the longer Greek version. This clearly corresponds to the text in the Aramaic 4Q197 (see frg. 4, line 12: מה סם בלבב נונא), and it is likely that this text may be reconstructed for 4Q196 frg. 13, line 2 as well. Finally, twice more, in 11.8,11 the term φάρμακον, absent in BA, is used in Sinaiticus to describe the function of the fish's gall through which Tobit's blindness is healed (below, the underlined words have no correspondence in the parallel recension):

B,A	א
⁸You, therefore,	⁸
apply	Rub
the gall	the gall of the fish
into his eyes,	into his eyes,
and taking hold	and the medicine (φάρμακον)²⁸
it will penetrate	will shrink
and drive out	and peel off
the white scales,	the white scales from his eyes,
and he will see you.	and your father will look up and see the light.
¹¹And he took hold of	¹¹And Tobiah went up to
his father	him,
and rubbed	with the gall of the fish in his hand
the gall	and he blew²⁹
upon the eyes	into his eyes
of his father	and he took hold of him
saying,	and said,
»Take courage, father!«	»Take courage, father!«
	And he put the medicine (φάρμακον)³⁰ on him, and it took effect.

Though a correspondence to φάρμακον is not extant in the fragmentary Hebrew text of 4Q200, the Dead Sea fragments, though perhaps preserving

28. The Old Latin translates *medicamentum*, while the Vulgate, in contrast to ch. 6,4.7, does not preserve an equivalent.
29. This section of the text is extant in the corresponding Hebr. of 4Q200: ...ומר[ורת הדג בידו ונפוץ [בעיניו (frg. 5, line 1). The blowing procedure is, as in 6,9, omitted in the short recension. It is not clear whether this blowing is intended to activate the gall ointment or, as also possible, to have some effect on an assumed demonic source of the problem (cf. *Moore*, Tobit, 202 and 263). Since the demon is only identified in relation to Sarah's problem, the former alternative seems the more likely.
30. See note n. 27.

a slightly shorter text than Sinaiticus, nevertheless agree more with the longer than with the shorter version.

A second difference between the recensions may be observed in 6.8: The angel instructs Tobias on what to do with the heart and liver. The recensions agree that the burning of these organs »before a man or a woman« being attacked by »a demon or an evil spirit« will guarantee protection against the danger posed by the demon. Notably, however, Raphael's assurance of success is more emphatic in the longer version: »... and every attack will flee from him and they will not remain with him for ever«.[31] This again corresponds to the very fragmentary remains of 4Q196 (frg. 13, 4: [)°[ו]ל[א] יסחר[ן) and 4Q197 (frg. 4, 14: לעלם [ו]סחרתהון יסחרון[לא). The formulaic guarantee in the longer recension underscores that the procedure is not only intended to work in the case of Asmodeus's lethal activity against Sarah in the storyline, but is expected to be potent *in any situation* of demonic attack, whether the victim be a man or woman. It seems likely, therefore, that Raphael's instruction in Sinaiticus preserves a recipe that has been inserted into the story, a recipe not unlike those for ridding oneself of unwanted demons preserved in ancient magical texts (cf. esp. *Papyri Graecae Magicae* XIII, 242-4).

Because of his neglect of the longer recension, Kollmann's analysis does not take any of these differences between the recensions into account. A careful reading of the recensions, along with a comparison with the Qumran Aramaic and Hebrew fragments (where possible), reveals versions that diverge in the degree to which magico-medical vocabulary is deemed appropriate for describing the cures revealed by Raphael. The evidence for the text from Qumran Cave 4 supports the likelihood that the version which identifies all three fish organs as φάρμακον is to be preferred as the more original; although it remains unclear whether the shorter recension already existed in Aramaic and/or Hebrew, there are grounds for proposing that the BA and corresponding versions, while retaining the essential elements of the story, have nevertheless excised some words which allowed for unwanted »magico-medical« associations in the story.[32] Indeed, the longer recension in chapters 6 and 8 creates a logical difficulty in Codex Sinaiticus when one considers the text of 2.10, in which Tobit is made to describe how in vain he consulted doctors (ἰατροί) in hopes of finding a cure through their medicines (φάρμακα). That is, in Sinaiticus some φάρμακα are rejected as impo-

---

31. καὶ φεύξεται ἀπ' αὐτοῦ πᾶν ἀπάντημα καὶ οὐ μὴ μείνωσιν μετ' αὐτοῦ εἰς τὸν αἰῶνα. BA simply have »and he / she will no longer be attacked«.
32. This observation in relation to the omission of medical terminology in the shorter recension was made already by D. C. Simpson, »The Chief Recensions of the Book of Tobit«, JTS vol. 14 (1913) 516-30, esp. 519; cf. Moore, Tobit, 131.

tent and even disastrous in their effects,[33] while others that are revealed through an angel designated by God provide the essential resolution in the story. Given the different views expressed in related traditions among some Jews during the Second Temple period (see above), the application of the same language for both reprehensible and acceptable activity may have been regarded as problematic or even as inconsistent by some later scribal editors.

Conclusions

How, in the end, does a consideration of the longer recension of Tobit affect the presentation of cures in the story? In contrast to Kollmann, who on the basis of BA alone, forges a clearcut distinction between the magic of the heart and liver and the medicine of the gall, Codex Sinaiticus – indeed, supported by the fragmentary Dead Sea fragments of Tobit – lumps these together under the same category (φάρμακον, Aramaic סמ). If one inquires into what the author of Tobit considered magic/medicine to be and not to be, it becomes problematic to draw the distinction proposed by Kollmann. For the author, »magic« and »medicine«, however these categories are defined, are virtually indistinguishable. The cures revealed to Tobias by God's angel are, therefore, not more or less medical or more or less magical than the cures and ointment which the physicians in 2.10 are said to have tried without success (even, in the longer recension, inflicting more damage on Tobit and being the very cause of him becoming blind). The difference between right and wrong does not lie in the appropriateness or impropriety of the means itself; rather, the means – whatever the procedure may involve – are simply justified on the basis of their ultimately divine origin.[34]

As in *Jubilees*, an allowance is made for cures that can be attributed to knowledge revealed by an emissary of God. It is clear that this justification not only serves the interests of the narrative, but also implies that the author(s) may have been attempting to make room for a practice with which the readers would have been familiar.[35] The shorter recension has toned this

---

33. That is, the doctors in Sinaiticus 2.10 are made the cause of Tobit's blindness. According to the Old Latin version, the point is stressed even more, as the medicines of the doctors are derogatorily identified as »magic«: *et ibam caucus ad medicos ut curarer et quanto mihi medicamenta imponebant tanto magis excaecabantur oculi mei maculis donec perexcaecatus sum.*
34. Although the character Tobias in the story does not know the identity of 'Azariah as God's angel Raphael, this is made known to the reader from the beginning (3.16-17).
35. This would be likely if, for instance, the recipe in 6.8 has been imported into the story and reflects known practices.

down; by removing a label sometimes open to controversy in Jewish tradition (cf. Sirach 38 and *1 En.* 7-8), the shorter recension has produced a more innocuous text. If this is the case, then the shorter recension may reflect a mild hesitation to apply medico-magical language to a practice which it otherwise affirms. In this way, the shorter and longer recensions of Tobit betray different theological concerns which are reflected by their respective use of terminology. While it is precarious at the outset to assume that differences between the versions are going to have a theological explanation, I hope here at least to have shown how the Tobit recensions' respective attitudes towards the use of descriptive terms for cures are based on different views regarding the propriety of φάρμακα, views variously reflected by those who produced the recensions for the same Jewish document. A study of the versions, then, opens for us a window into a »conversation« that extended beyond the time of composition into the period during which Tobit was being copied and re-edited.

»Heimat in der Fremde«

Zur Konstituierung einer jüdischen Identität im Buch Tobit

Beate Ego

0. Einführung

Mit nüchternen Worten gelingt es dem Verfasser des Buches Tobit, in die zentrale Thematik seines Werkes einzuführen. Tobit, die Hauptperson der Erzählung, gehört – nach der einleitenden Genealogie – zum Stamme Naftali und stammt – so der Schluß dieser Personenbeschreibung – aus dem obergaliläischen Thisbe. Spannung entsteht durch den eingeschobenen Mittelteil: Der Held und Protagonist der Erzählung weilt und wirkt nämlich nicht mehr in seiner Heimat, sondern im Lande der Gefangenschaft, unter den Assyrern – im Exil, in der Fremde.

Buch der Geschichte Tobits, des (Sohnes) Tobiels, des (Sohnes) Ananiels, des (Sohnes) Aduels, des (Sohnes) Rafaels, des (Sohnes) Raguels, aus dem Geschlecht Asiels, aus dem Stamm Naftali,	genealogische Herkunft
der in den Tagen Salmanassars, des Königs der Assyrer, in die Gefangenschaft geführt wurde,	Exil
aus Thisbe, das südlich von Kedesch-Naftali in Obergaliläa, oberhalb von Hazor, nordwestlich von Phogor liegt.[1]	lokale Herkunft

Dieser Buchanfang mit seiner Spannung zwischen Heimat einerseits und Fremde andererseits nimmt den Leser der Erzählung gleich in eine ganz bestimmte Problematik hinein. Das Buch will nämlich, so Paul Deselaers in seiner 1982 erschienenen grundlegenden Monographie zu Entstehung, Komposition und Theologie des Werkes, »von einem ›wahren Israeliten‹ in der bedrohlichen Situation des Exils erzählen. Weil er [sc. Tobit] den Gegensatz zwischen dem Wohnen im Land und in der Fremde kennengelernt hat, ist die neue Situation besonders einschneidend. Wenn die Aufmerksamkeit auf To-

---

1. Tob 1,1 f.; sofern nicht anders vermerkt, wird nach der wohl ursprünglichen Langversion G^{II} zitiert und nach meiner Übersetzung in JSHRZ. Zur Frage der Relation von Lang- und Kurztext s. die Ausführungen *Ego*, Tobit, 875 f.

bit gelenkt wird, geht es um die Frage, was denn den ›wahren Israeliten‹ im Exil ausmacht.«[2]

Vor dem Hintergrund dieser Einsicht ist es der Tobiterzählung durchaus angemessen, wenn in neueren Arbeiten das Thema der Konstituierung einer jüdischen Identität besonderer Relevanz erachtet wird. So formulierte Amy-Jill Levine in einem 1992 erschienenen Aufsatz mit dem programmatischen Titel »Tobit. Teaching Jews how to Live in the Diaspora«:

> Outlandish in both Diaspora setting and plot, Tobit in fact offers a sophisticated response to the problem of assimilation. Emphasizing the acute threat to identity posed by the loss of land and access to the Temple, the Book of Tobit attempts to bring stability to an unstable world.[3]

Diese These, wonach die Tobiterzählung die Aufgabe hat, die Koordinaten einer jüdischen Existenz und Identität in der Diaspora aufzuzeigen, vertritt auch Helmut Engel in seinem 1993 erschienenen Aufsatz »Auf zuverlässigen Wegen und in Gerechtigkeit«:

> Als Tobit noch ›im Land Israel‹ war, lebte er nach dem im ›Gesetz des Mose Angeordneten‹, im Exil aber wird anderes als die Jerusalemwallfahrten und die genaue Entrichtung der Zehntabgaben wichtig: Die Identitätswahrung und Festigung unter ›meinen Brüdern, in meinem Volk, die als Kriegsgefangene ins Land der Assyrer nach Ninive mitgezogen waren‹. Dazu dienen ›nach außen‹ Abgrenzungen: das Nichtessen vom ›Brot der Heiden‹ (1,10-11) und die Einschärfungen, einen Ehepartner nur innerhalb der Verwandtschaft zu suchen. ›Nach innen‹, im Umgang miteinander der jüdischen Brüder und Schwestern vor ihrem Gott, gruppiert sich alles um die ... ›Gerechtigkeit‹ ...[4]

Wie dieses Zitat deutlich macht, werden als zentrale Aspekte der Identitäts-

---

2. *Deselaers*, Buch Tobit, 61. Vgl. auch *Schüngel-Straumann*, Tobit, 39: »Darum würde ich Tob auch als eine didaktische Wegerzählung beschreiben, die Antwort gibt auf die Frage: Wie soll ein frommer Israelit/eine fromme Israelitin in einer heidnischen Umwelt gottgefällig leben?«
3. *Levine*, Teaching Jews, 48; vgl. zum Ganzen auch *Levine*, Diaspora as Metaphor. Zum Thema der jüdischen Identität vgl. weiterführend für die hellenistische Diaspora: *Collins*, Between Athens and Jerusalem. Für die rabbinische Literatur sei hier auf die grundlegende Arbeit von *Stern*, Jewish Identity verwiesen.
4. *Engel*, Auf zuverlässigen Wegen, 95; s.a. *Engel*, Buch Tobit, 254f. Vgl. hierzu auch *Rabenau*, Studien, 99: »Der fromme Jude lebt in der Diaspora und muß sich in seiner nichtjüdischen Umgebung bewähren« (99); s.a. ibid. die Kapitelüberschrift: »Die Grunderzählung als Beispiel jüdischen Lebens in der Diaspora« (116-147). Weiterführend wäre zu überlegen, ob die Nicht-Aufnahme des Buches Tobit in den jüdischen Kanon zumindest mittelbar auch mit der Konzentration auf diese Verhaltensweisen zusammenhängt. Die Beschneidung, die gerade in der Zeit nach der Zerstörung des Tempels, in der es auch zu einer Festlegung des Kanons kam, als *Nota iudaica* eine ganz entscheidende Rolle spielte, wird im Buch Tobit mit keinem Wort erwähnt; zur Relevanz der Beschneidung im rabbinischen Judentum vgl. *Urbach*, Dekalog, 180; *Stern*, Jewish Identity, 63-67.

konstitution die Einhaltung der Speisegebote und die Endogamie, d. h. die Heirat innerhalb der eigenen Großfamilie, sowie Solidaritätshandlungen innerhalb des Volkes genannt.[5] Da sich diese Aspekte aber auf die physische, konkrete Handlungsebene beschränken und den mentalen, symbolischen Aspekt der Konstitution von Identität, der mit diesem ersten Aspekt aufs engste zusammengesehen werden muss,[6] außer Acht lassen, soll dieses Thema hier noch einmal aufgegriffen und in einem breiteren Horizont abgehandelt werden. Weitere Aspekte ergeben sich zudem, wenn man die verschiedenen didaktischen Elemente, die im Kontext dieser Erzählung erscheinen, explizit in die Betrachtungen miteinbezieht.

Bevor die einzelnen identitätskonstituierenden Elemente einer detaillierten Betrachtung unterzogen werden (3.), soll zunächst als Grundlegung auf die Erzählstruktur des Tobitbuches (1.) sowie auf die Bedeutung des Exils (2.) hingewiesen werden. Ausführungen zu den dieser Erzählung impliziten Raumdimensionen in ihrer Spannung zwischen Land und Fremde werden den Beitrag abschließen (4).

1. Die Erzählstruktur des Tobitbuches

In diesem Zusammenhang ist es zunächst hilfreich, die Erzählstruktur des Buches mit in den Blick zu nehmen. Die Tobitgeschichte ist ja insofern eine eher komplexe narrative Einheit, als wir es ganz grundsätzlich mit zwei verschiedenen »Erzählern« zu tun haben, nämlich einem auktorialen Erzähler einerseits, der in der 3. Person erzählt, und einem Ich-Erzähler andererseits. Beide Perspektiven wechseln sich ab: der auktoriale Erzähler läßt seine Stimme in der Buchüberschrift hören, sowie ab Tob 3,7, dem Bericht über das Schicksal Sarras; der Ich-Erzähler dagegen erscheint am Anfang des Werkes in Tobits biographischem Rückblick (Tob 1,3–3,6).[7] Diese Differenzierung ist nicht nur formaler Art, sondern hat Konsequenzen inhaltlichen Charak-

---

5. Ganz ähnlich schon bei *Levine*, Teaching Jews, 41: »Prescriptions for cultural cohesion are presented in the narratives' insistence on endogamy, dietary and burial regulations, and physical impurity«; zum einzelnen dann ibid., 48 f.
6. Zur Zusammengehörigkeit der beiden Elemente vgl. die grundlegenden Ausführungen bei *Stern*, Jewish Identity, 51: »The physical *milieu* of Jewish identity ... may be interpreted as a medium of experience and expression, as a range of symbols which *embody* Jewish identity, and through which the mental cognition of being Jewish is experienced and conveyed. ... It would be wrong, however, to treat the physical body of the Jew as merely symbolic; i.e. as a vehicle of serving to ›represent‹, symbolically or otherwise, the identity of the Jewish person: ... the body must be seen *itself* as an intrinsic, constitutive part of the *subjective* person ... the experience of being Jewish is as much a ›*bodily*‹ experience as it is a mental cognition.«
7. *Engel*, Tobit, 247 f.

ters. Während es beim auktorialen Erzählen einer expliziten Innenschau bedarf, um bestimmte Werthaltungen, Gefühle usw. zum Ausdruck zu bringen, fallen in der Perspektive des Ich-Erzählers »Innen« und »Außen« von vornherein zusammen; im Modus der Ich-Erzählung wird unabhängig vom objektiven Erzählinhalt gleichzeitig ein Blick auf die Gefühls- und Bewußtseinswelt der Protagonisten gegeben. Ein weiteres Element kommt hinzu, wenn man die verschiedenen Gattungen und den paränetisch-lehrenden Duktus der Redepassagen noch mit in die Betrachtung einbezieht, in denen Tobit sowie auch andere Protagonisten als Lehrende fungieren können.

2. Zur Bedeutung des Exils

Das Exil, wie es sich in der Tobiterzählung präsentiert, ist ein Ort, der etwas zutiefst »Un-Eigentliches« hat. Auffällig ist ja bereits in der Buchüberschrift, dass der Name des Exilortes gar nicht genannt wird, sondern lediglich die Tatsache, dass der Protagonist der Erzählung seine Heimat verlassen musste, weil er exiliert wurde. Das Exil stellt sich so zunächst lediglich als Negation eines Ortes dar. Wie Tobit selbst in seinem Bittgebet in Tob 3,4-5 sowie im abschließenden Jerusalemhymnus in Tob 13,5-6 deutlich zum Ausdruck bringt, ist sein gegenwärtiger Aufenthalt im Exil die von Gott verhängte Strafe für die Sünden seines Volkes.[8]

Dass das Exil seine Bedeutung nicht aus sich heraus bezieht, verdeutlicht dann auch die gesamte Struktur der Erzählung: Die eigentliche Geschichte, die in der Diaspora spielt, wird von einem Jerusalem-Rahmen umrandet: In Tob 1,4-8 blickt Tobit zurück auf seine Jugendzeit, die von alljährlichen Wallfahrten nach Jerusalem gekennzeichnet war, und dieses Motiv wird wieder am Ende der Erzählung, nach der Überwindung der Krise und nach der Heilung Tobits, aufgegriffen. Denn sowohl im großen Lobgesang in Kap. 13 (13,10f.16) als auch in seinem Vermächtnis in Kap. 14 (14,5) schaut Tobit lobpreisend auf die eschatologische Erbauung Jerusalems, wenn es heißt: »Denn Jerusalem wird erbaut werden, der Stadt sein (d.h. Gottes) Haus in alle Ewigkeiten ... Und die Tore Jerusalems werden mit Saphir und Smaragd erbaut werden und mit Edelstein all deine Mauern ...«.[9] Gleichzeitig artikuliert sich hier die Hoffnung auf eine Rückkehr des Volkes in die Heilige

---

8. S. hierzu *van Unnik*, Selbstverständnis, 111-115. Zur Fortsetzung dieser Linie einer positiven Wertung des Exils in der rabbinischen Literatur vgl. *Schreiner*, Galut, 150. Zur Bedeutung von Exil und Diaspora generell vgl. auch den grundlegenden Beitrag von *Scott*, Exile, spez. 174.179f.
9. Zu dieser Struktur s. bereits *Mendels*, Land of Israel, 129.

Stadt, wenn es fast unmittelbar darauffolgend in Tob 14,7 heißt: »Alle Kinder Israel, die in jenen Tagen gerettet werden und Gottes in Wahrheit gedenken, werden versammelt werden und nach Jerusalem kommen und in Ewigkeit im Land Abrahams wohnen in Sicherheit ...«.[10]

Der eigentliche lokale Fixpunkt der Erzählung ist somit Jerusalem mit dem Tempel; aus diesem Grund bezeichnete Helmut Engel zurecht die Tobitgeschichte als »eine fiktive Diaspora-Erzählung mit jüdisch-jerusalemischer Orientierung«.[11] Stammt Tobit aus dem Stamme Naftali und aus Obergaliläa, so deutet sich damit wohl der Anspruch auf ein »Groß-Israel« an, in dem Nord- und Südreich miteinander verbunden sind. Auf diesen Fixpunkt, auf Jerusalem als Hauptstadt eines »Zwölf-Stämme-Israels«, ist der Ort der Handlung, das Exil, bezogen, von ihm her wird er – gleichsam *ex negativo* – determiniert.[12] Das Exil erscheint damit als ein zutiefst uneigentlicher Ort, eine Art Un-Ort, und dem entspricht es, wenn es als Ort des Chaos dargestellt wird.[13] Dies zeigen vor allem die Elemente der Nicht-Bestattung der Toten sowie Tobits Erblindung, die angesichts seines integren Lebenswandels nur ungerecht erscheinen kann; im Exil findet sich eine Auflösung fester Bezüge:

In exile, dead bodies lie in the streets and those who bury them are punished; demons fall in love with women and kill their husbands; and righteous action is rewarded with blindness and depression. In the Diaspora, no immediately clear, fixed boundaries for self-definition exist.[14]

Wenn der Jerusalem-Rahmen in dieser narrativen Einheit durch den Ich-Erzähler aufgebaut wird, so zeigt sich, dass Tobit selbst in seinem eigenen Denken eine solche Orientierung verkörpert. Er befindet sich nicht nur in einem fremden Land, sondern empfindet auch diese Fremdheit und Uneigentlichkeit, indem er seine Ortsbestimmung rückblickend oder vorausblickend eben an Jerusalem verankert. Die Distanz zu Jerusalem ist somit nicht nur äußerer Handlungsrahmen, sondern gleichzeitig eine Art Grundbefindlichkeit der Hauptperson, die deren eigener Bewußtseinslage entspricht.

---

10. Zur Hoffnung auf Rückkehr nach Jerusalem in der Literatur der griechisch-römischen Epoche allgemein s. *Scott*, Exile and Self-Understanding, 209-213.
11. *Engel*, Tobit, 251.
12. Dieser Zusammenhang deutet sich wohl auch an, wenn Sarra bei ihrem Gebet die Hände zum Fenster hin streckt (3,11 G^{II}) bzw. am Fenster betet (G^{I}); vor dem Hintergrund von Dan 6,11 und 1 Kön 8,44.48 ist anzunehmen, dass Sarra ihr Gebet hin zum Tempel verrichtete. Zur Gebetsrichtung allgemein vgl. die Ausführungen bei *Scott*, Exile, 195-197, mit Hinweisen auf die ältere Literatur. Für die Relation zwischen Land und Diaspora in rabbinischer Zeit vgl. weiterführend *Gafni*, Land.
13. *Levine*, Teaching Jews, 48. Zur Bedeutung des Exils s.a. *Soll*, Misfortune, 222ff.
14. *Levine*, Teaching Jews, 48.

3. Elemente der Identitätskonstitution und ihre Symbolik

Identitätsfindung bedeutet angesichts einer Existenz in der Amorphität des Chaos zunächst einmal Grenzziehung. Eine solche »Selbst-Definition« erfolgt im Buche Tobit in doppelter Hinsicht, einmal nach außen als Distanzierung von den Völkern, und zum anderen nach innen, als gruppeninterne Kohäsion. Während für den ersten Fall die Beachtung der Speisegebote eine zentrale Rolle spielt, ist für den zweiten Fall auf die praktische Solidarität gegenüber den Volksgenossen und auf die Stärkung familiärer Beziehungen zu verweisen. »Innen« und »Außen« verhalten sich in diesem Kontext komplementär zueinander, da auch die gruppeninternen Bindungen letztendlich zu einer Distanzierung von der fremden Umwelt führen.[15]

a) Die Speisegebote

Im Hinblick auf eine Abgrenzung nach außen ist es zunächst bedeutsam, dass Tobit – im Gegensatz zu seinen mitexilierten Brüdern – sich von den Speisen der Heiden distanziert: »Und alle meine Brüder und die aus meinem Volk aßen von den Speisen der Heiden. Ich aber hütete mich davor, von den Speisen der Heiden zu essen« – heißt es in Tob 1,10.11 (G^{II}). Dass Speisegebote gruppensoziologisch eine abgrenzende und ausschließende Funktion haben, ist allgemein bekannt und muss hier nicht weiter entfaltet werden.[16] Entscheidend in unserem Kontext und über diesen Aspekt hinausweisend ist der sich anschließende Hinweis auf die Sinndimension bzw. Bedeutung der Beachtung der Speisegebote, der im folgenden Vers zum Ausdruck kommt, in dem es heißt: »Und da ich mit ganzer Seele meines Gottes gedachte, gab mir der Höchste Gnade und Ansehen vor Salmanassar ...«.[17] Unverkennbar klingt hier deuteronomisch-deuteronomistischer Sprachduktus an. Damit werden zwei Aspekte deutlich: Wenn das Objekt des Gedenkens – abgesehen von Dtn 8,18 – im Deuteronomium nicht direkt Gott, sondern viel-

---

15. Daher die etwas andere Zuordnung bei *Engel*, Auf zuverlässigen Wegen, 95; s. oben das entsprechende Zitat.
16. Vgl. hierzu u.a. *Bryan*, Cosmos, 131; *Douglas*, Reinheit, 60-78; *Douglas*, Forbidden Animals, 6; *Douglas*, Deciphering, 71 ff.; *Houston*, Purity, 147.242; ; zum ganzen s.a. *Ego*, Reinheit, 141 f. mit weiteren Literaturangaben. Speziell für die Bedeutung der Speisegebote im rabbinischen Judentum vgl. *Stern*, Jewish Identity, 56-58.
17. So der Text der Langform G^{II}, die Kurzform verbindet beide Aspekte kausal in der Hypotaxe: »Ich aber hütete mich davor zu essen, denn ich gedachte mit ganzer Seele meines Gottes«. Zur Distanzierung von der Speise der Heiden allgemein vgl. Dan 1,8; Est C 28; Jdt 12,2; vgl. Jdt 10,5; ferner 1 Makk 1,62 f.; Jub 22,16.

mehr »bestimmte Einzelmotive der heilsgeschichtlichen Tradition« wie der Auszug aus Ägypten[18] oder die Wüstenzeit[19] ist, so deutet sich in der Redeweise vom Gedenken Gottes eine Verallgemeinerung dieser Vorstellung an, die die einzelnen Heilserweise umfaßt. Wie im Deuteronomium stellt diese Erinnerung aber nicht nur eine kognitive Vergegenwärtigung dar, sondern wird »der Einschärfung der Jahwegebote dienstbar gemacht«.[20]

Für Tobits Beachten der jüdischen Speisebestimmungen impliziert dies zweierlei: Das Einhalten eines bestimmten göttlichen Gebotes, das Ausdruck ist, Gottes zu gedenken, wird einerseits zum Medium der Verbindung mit seinem Gott.[21] Wenn »Sich-Gottes-Erinnern« im Erinnern an die göttlichen Hulderweise gegenüber Israel konkretisiert wird, so partizipiert Tobit im Modus der Einhaltung der Speisegebote gleichzeitig auch an der Geschichte seines Volkes; er bindet sich so in die Geschichte seines Volkes ein, und seine Zugehörigkeit zu Israel erhält eine historisch-theologische Tiefendimension. Durch die Einhaltung der Speisegebote integriert sich Tobit in das kollektive Gedächtnis seines Volkes und partizipiert sowohl an dessen Geschichte als auch an dessen Gottesbeziehung.[22]

b) Solidarisches Handeln

Komplementär zu diesem Aspekt einer Abgrenzung nach außen fungieren gruppeninterne Kohäsionskräfte. Als weiteres zentrales Moment für eine Konstituierung einer jüdischen Identität sind die solidarischen Handlungen zu nennen, mit denen Tobit seinen Volksgenossen begegnet. Auf diese Zusammenfassung verweist der Ich-Erzähler gleich zu Beginn des biographischen Rückblicks, wenn Tobit von sich sagen kann, dass er alle Tage »auf den Wegen der Wahrheit und in gerechten Werken« gewandelt sei und »seinen Brüdern und seinem Volk, die mit ihm in die Gefangenschaft in das Land der Assyrer nach Ninive gezogen waren, viele Barmherzigkeitstaten erwiesen habe« (1,3). Welche Gerechtigkeitswerke dies im Einzelnen waren, zeigt

---

18. Dtn 5,15; 7,18; 15,15; 16,3.
19. Dtn 8,2; 9,7; s. a. Dtn 24,9; 25,17.
20. Zum ganzen s. *Schottroff*, Art. זכר, 517; *Schottroff*, Gedenken, 117-126; *Hardmeier*, Erinnerung, 139ff.; *Fabry*, Gedenken, 179ff.
21. Zum Gedenken als Beziehungsgeschehen s. a. *Fabry*, Gedenken, 185: »Im *zakar* knüpfen Mensch und Gott eine Beziehung zueinander, die eine historische Qualifikation besitzt.« Als weiteres Medium, mit dessen Hilfe Tobit sein Geschick immer wieder aufs Neue in Beziehung zu seinem Gott stellt, sind die Gebete zu nennen; vgl. Tob 3,1-6; 11,14.15; 13,1-18; zu den Gebeten im Tobitbuch allgemein s. *Ego*, Tobit, 895; *Rabenau*, Studien, 134-147; *Moore*, Tobit, 30; *Mayer*, Gebete, 19.24; *Flusser*, Psalms, 555-556.
22. Zum Ganzen s. *Assmann*, Das kulturelle Gedächtnis; spez. zum Dtn s.a. *Hardmeier*, Erinnerung, 136.

der Fortgang der Handlung: Tobit speist und bekleidet seine Volksgenossen (1,16.17; 2,2) und sorgt für deren würdige Bestattung (1,18; 2,4-8).[23]

Andererseits erfährt auch Tobit solche solidarische Zuwendung: Nach dem Machtantritt Asarhaddons legt Achikar, der Neffe Tobits, Fürsprache für diesen ein, der wegen der Bestattung seiner Volksgenossen denunziert worden war und die Flucht hatte ergreifen müssen. Daraufhin kann Tobit wieder in sein Amt eingesetzt werden (1,19-22).

Wenn Tobit gleich am Anfang seiner Lebenslehre sagt: »Und alle deine Tage gedenke des Herrn, und du wollest nicht sündigen und seine Gebote nicht übertreten«, und seinem Sohn die Bedeutung gerechter Werke einschärft (4,5), so unterstreicht dies zunächst einmal die Bedeutung solcher Handlungsweisen. Gleichzeitig wird deutlich, dass die oben genannten Solidaritätsakte – wie auch die Speisegebote – zeichenhaften Charakter haben, da die entsprechenden Akteure in ihrem Handeln zum Ausdruck bringen können, dass sie »des Herrn gedenken«. Das Handeln in ethischer Integrität und die Solidarität mit den Armen des Volkes dient so – wie bereits die Speisegebote – der Konstruktion eines kollektiven Gedächtnisses, in dem sich Tobit in die Beziehung zu seinem Gott stellt und sich zugleich mit der Geschichte seines Volkes verbindet.

Zu unterstreichen ist an dieser Stelle darüber hinaus die Tatsache, dass dieser Zusammenhang in der Lebenslehre des Tobit im Modus der Unterweisung formuliert wird. Wenn Tobit seinen Sohn konkret anweist, später einmal für eine würdige Bestattung seiner Eltern zu sorgen (4,3 [G^{II}]), die Bedürftigen zu bekleiden und zu speisen (4,16) bzw. ganz generell Almosen zu geben (4,7ff.16), so wird deutlich, daß Tobit nicht nur solidarisch handelt, um »seines Gottes zu gedenken«, sondern dass er auch als Lehrer solchen Handelns und des entsprechenden Bewußtseins fungiert. Die Lebenslehre wiederholt somit nicht einfach Tobits vorbildliches Verhalten in allgemeinen Anweisungen und bekräftigt diese, sondern fügt gleichzeitig eine weitere Ebene hinzu. Wenn Tobit durch die Belehrung seines Sohnes für eine künftige Beachtung der fundamentalen Werte seines Handelns sorgt, so agiert er – um eine Formulierung Jan Assmanns aufzunehmen – im Hinblick auf die »kulturelle Kontinuierung« und »Reproduktion«[24] dieser ethischen Leitlinien. Derselbe Aspekt erscheint schließlich auch am Ende der Erzählung im Vermächtnis Tobits, in dem Tobit sowohl seinen Sohn Tobias als auch dessen Kinder und Kindeskinder nachdrücklich zu einem Wandeln in Gerechtigkeit und Barmherzigkeit auffordert:

---

23. Wahrheit (ἀλήθεια), Gerechtigkeit (δικαιοσύνη) und Barmherzigkeit (ἐλεημοσύνη) können als Leitwörter der Tobiterzählung bezeichnet werden; hierzu *Schüngel-Straumann*, Tobit, 101; *Ego*, Tobit, 890f.; beide mit Hinweisen auf die ältere Literatur.
24. *Assmann*, Das kollektive Gedächtnis, 16.

Und nun, Kinder, gebiete ich euch: Dient Gott in Wahrheit und tut das Rechte vor ihm. Und euren Kindern werde auferlegt, Gerechtigkeit und Barmherzigkeit zu tun, und dass sie Gottes gedenken und seinen Namen zu aller Zeit in Wahrheit und mit ihrer ganzen Kraft preisen mögen. (14,8.9)

Hier liegt insofern eine Steigerung der Unterweisung vor, als nun auch die künftigen Geschlechter mit einbezogen werden.

c) Die Bindung an familiäre Strukturen und die Endogamie

Dem Zusammenhalt der Gruppe und der Stärkung gruppeninterner Kohäsionskräfte dient schließlich auch die Betonung familiärer Strukturen. Bereits die Buchüberschrift mit der ausführlichen Genealogie Tobits weist in diesem Zusammenhang auf die große Bedeutung der Familie hin; ebenso spielt in den Begrüßungsszenen zwischen dem greisen Tobit und Asarja alias Rafael (5,9-14) bzw. beim Empfang Tobias' bei Raguel und Edna (7,2-5) die familiäre Herkunft eine entscheidende Rolle.[25]

Im Zentrum der Betonung familiärer Strukturen freilich steht das Gebot der Endogamie, d. h. die Heirat innerhalb der eigenen Großfamilie.[26] Dieses Prinzip garantiert den synchronen Zusammenhalt der Gruppe und verhindert gleichzeitig eine Assimilation durch Eheschließungen mit »Nicht-Israeliten«.[27] Wieder ist auf der Handlungsebene einzusetzen: Tobit selbst heiratet mit Anna eine Frau aus seinem Vaterhaus (ἡ πατρία)[28], und auch Sarra, die Frau des jungen Tobias, entstammt demselben Vaterhaus wie dieser (vgl. 6,16; s. a. 3,15; 6,11-13; 7,10-12). Auch in diesem Zusammenhang erlaubt die Tobiterzählung gleichsam einen Blick hinter die Kulissen, wenn Tobit in seinem Vermächtnis seinen Sohn anweist, nach dem Vorbild der Väter eine Frau aus seinen »Brüdern« zu nehmen:

---

25. Wie *Skemp*, ΑΔΕΛΦΟΣ gezeigt hat, bildet der Begriff ἀδελφός mit seinen unterschiedlichen Bedeutungsdimensionen vom leiblichen Bruder bis zum Stammesgenossen ein Leitwort innerhalb der Tobitgeschichte. Zur Bedeutung familiärer Strukturen im Tobitbuch s. a. *Gamberoni*, Gesetz, 233 f.
26. Zur Endogamie allgemein vgl. *Rabenau*, Studien, 46-48; *Gamberoni*, Gesetz, 228 ff.; *Moore*, Tobit, 41.22-32; weitere Literatur bei *Ego*, Tobit, 892.
27. Vgl. weiterführend zum Verbot der Heirat mit Nicht-Juden in der rabbinischen Literatur die Hinweise bei *Stern*, Jewish Identity, 162-170.
28. πατρία meint den Verband mehrerer Familien, die durch die Abstammung von einem drei bis sechs Generationen früher lebenden Stammvater verbunden sind: Mehrere Vaterhäuser ergeben eine Sippe (σπέρμα), der wiederum der Stamm (φυλή) übergeordnet ist. Zur Struktur des Verwandtschaftssystems in der Tobiterzählung vgl. die Ausführungen sowie die instruktive Skizze bei *Deselaers*, Buch Tobit, 309-315.

Hüte dich, Kind, vor jeder Unzucht. Vor allem nimm eine Frau aus dem Geschlecht deiner Väter, daß du nicht nimmst eine fremde Frau, die nicht aus dem Stamme deines Vaters ist. Denn wir sind Söhne von Propheten. Noah, Abraham, Isaak, Jakob, unsere Väter von Ewigkeit an, bedenke, Kind, dass sie alle Frauen nahmen von ihren eigenen Brüdern.[29] Und sie wurden gesegnet in ihren Kindern, und ihr Geschlecht wird das Land erben ... (4,12 f. [G^I; G^{II} fehlt an dieser Stelle]).

Der Sinn der Endogamie gründet demnach in einer Traditionskonformität. Durch die Einhaltung dieser Weisung fügen sich die Protagonisten in eine Kontinuität und damit in die Gemeinschaft mit den Vätern Israels – wie beim »Gedenken Gottes« erfolgt ein Brückenschlag in die Geschichte des Volkes, mit Hilfe dessen sich die so Handelnden aufs neue mit dieser Geschichte verbinden.

Vergangenheit und Zukunft verschränken sich hier explizit ineinander: Wenn nämlich auf die Hoffnung, »das Land zu erben«, verwiesen wird,[30] so klingt an dieser Stelle gleichzeitig ein utopisches Moment an: Wie die Väter befindet sich Israel in dieser Erzählung ja nicht im Besitz des Landes und erhofft sich selbst, wieder des Landbesitzes teilhaftig zu werden.

Im Hinblick auf die Endogamie ist neben der Orientierung am Handeln der Väter noch ein weiterer Aspekt erwähnenswert, nämlich der der Torakonformität. Mehrmals wird in dieser Erzählung deutlich gemacht, daß die Heirat zwischen Sarra und Tobias der »Bestimmung des Buches Mose« entspricht: Diese Tatsache erfährt der junge Tobias zunächst auf der Reise von seinem Begleiter Asarja, wenn dieser zu ihm spricht:

Dir ist es bestimmt, sie zu nehmen. ... Und ich weiß, daß Raguel sie dir nicht verweigern wird oder sie einem anderen anvertrauen kann, er wäre nach der Bestimmung des Buches Mose des Todes schuldig, weil er weiß, dass das Erbe dir zusteht, sie zu nehmen vor jedem (anderen Menschen) ... Gedenkst du nicht der Gebote deines Vaters, dass er dir gebot, eine Frau aus dem Hause deines Vaters zu nehmen? ... (6,13.16).

In Ekbatana angekommen hört er dann von seinem künftigen Schwiegervater eine ganz entsprechende Anweisung:

Und Raguel sagte zu ihm: ... sie ist dir gegeben nach der Bestimmung des Buches Mose, und vom Himmel her ist es bestimmt, dass sie dir gegeben werde ... Nimm sie nach der Bestimmung, die im Buch des Mose geschrieben steht, dass sie dir zur Frau gegeben sei ... (7,11 f.).

---

29. Zur Heirat Noahs mit einer Frau seiner eigenen Sippe vgl. Jub 4,33; für die Patriarchen s. Gen 20,12; 24,4; 28,2; 29,9 ff.
30. Zur Wendung »das Land erben« vgl. Dtn 1,8; 2,31; 4,1.22.38, 6,18; 8,1; 9,4-6.23 u. ö. Ein eschatologisches Verständnis liegt in Jes 60,21; 65,9 u. a. vor.

Für die Gegenwart des Exils erscheint die Einhaltung des Endogamiegebotes als die Realisierung der Tora schlechthin;[31] Traditions- und Torakonformität werden damit im Modus der Unterweisung ganz konkret übermittelt.

Die zentralen Elemente, die in der Tobiterzählung der Bewahrung und Neukonstituierung der Identität der Exilierten dienen und deren Ausübung normativen Charakter hat – die Einhaltung der Speisegebote, Taten der Barmherzigkeit sowie die Stärkung der Familienstrukturen durch Endogamie –, stehen somit im Tobitbuch in einem komplexen Bedeutungsgeflecht, wenn neben der Handlungsebene weitere Dimensionen wie die Kommunikations- und Symbolebene in die Betrachtung miteinbezogen werden. Durch die expliziten symbolischen Referenzen fungieren diese Handlungsweisen als ein Medium der Vergegenwärtigung der Heilsgeschichte; durch den Verweis auf das »Gedenken Gottes«, auf die Väter und auf die Tora des Moses wird ein Erinnerungsraum, das »kollektive Gedächtnis«, aufgebaut, durch den sich die Akteure ihrer Beziehung zu Gott vergegenwärtigen und zugleich in die Geschichte ihres Volkes integrieren. Wenn im Modus des rituellen und ethischen Verhaltens Tobits und Tobias prägende Erinnerungen und Erfahrungen wachgehalten und immer wieder neu geformt werden, erhält die Volkszugehörigkeit eine historisch-theologische Tiefendimension.

Da diese Handlungsweisen schließlich auch Gegenstand der Unterweisung für künftige Generationen sind, bindet sich Israel so aber nicht nur an das Gestern, sondern verbindet auch das Heute mit dem Morgen. Tobit, Asarja und Raguel, die als Lehrer dieser Handlungsweisen und der ihnen impliziten Symbolik erscheinen, legen mit ihrer Belehrung der jüngeren Generation gleichzeitig die Basis für ein künftiges Israel.

Symbolik	Handlungsebene	Didaktische Elemente
»Gottes gedenken«	Speisegebote	
»Gottes gedenken«	Solidaritätsakte	Unterweisung durch Tobit
»Vorbild der Väter« »Tora des Moses«	Endogamie	Unterweisung durch Tobit Asarja und Raguel
kollektives Gedächtnis	Normativität	kulturelle Kontinuierung der Normativität
VERGANGENHEIT	GEGENWART	ZUKUNFT

31. Der Terminus »Tora des Moses« erscheint ansonsten im Kontext der Opferbestimmungen in Tobits Rückblick auf sein frommes Leben im Land in Tob 1,6 und 1,8 (G^{II}); vgl. hierzu *Gamberoni*, Tora, 234-237: »Für eigentlich kultische Angelegenheiten spielt das Gesetz nur in der Rückschau und nur in Verbindung mit Jerusalem eine Rolle« (237).

4. Raumdimensionen im Tobitbuch

Auffällig im Kontext der Raumstrukturen ist die Tatsache, dass das Buch Tobit zwei grundsätzlich verschiedene Dimensionen eines »lieu de mémoire«, eines Erinnerungsortes, enthält: Konkreter Ort der Erinnerung und der Hoffnung ist in der Anlage der Erzählung Jerusalem. Dieser lokale Aspekt spielt bezeichnenderweise aber im Kontext der verschiedenen Bräuche und Riten, die Israels Identität konstituieren, keine Rolle. In diesem Zusammenhang begegnet kein expliziter Ortsbezug; versucht man, die in den Referenzen auf die Väter und die Tora sowie das Gedenken Gottes implizierte Ortssymbolik zu bestimmen, fällt auf, dass diese Referenzen allesamt nicht auf das Land Israel direkt bezogen sind. Die Formulierung vom »Gedenken Gottes« weckt durch die Assoziationen an den Auszug aus Ägypten Verbindung zum Deuteronomium. In der Rede von der Tora des Mose wiederum klingt der Sinai an, und auch für das Motiv der Väter, von denen ausdrücklich gesagt wird, dass sie darauf hofften, das Land zu erben, artikuliert sich eine gewisse Distanzierung zur lokalen Bindung an das Land Israel. In der Symbolik der identitätskonstituierenden Handlungsweisen Tobits zeigt sich somit eine Transzendierung des konkreten Bezuges zum Land; deutlich wird, daß die Beziehung zwischen Gott und seinem Volk unabhängig vom Lande Israel erfolgen kann.

Damit wird der Antagonismus zwischen Heimat und Fremde, der für den Anfang der Tobitgeschichte sowie für die gesamte Anlage der Erzählung als Diasporageschichte mit einem »Jerusalem-Rahmen« eine derart bedeutende Rolle spielt, ein Stück weit entschärft. Aufgrund dieser Relativierung eines konkreten Landbezuges der Geschichte zwischen Israel und seinem Gott und aufgrund der Tatsache, dass sich Tobit bzw. mit seinem Verhalten und dessen symbolischen Implikationen in diese Geschichte einbindet und mit seinem Gott immer wieder aufs neue verbindet, entsteht in der Fremde der Diaspora selbst ein Stück Heimat.

Dass die Fremde nicht – wie es zunächst scheint – das Land der Gottferne, der verkehrten Welt und des Chaos schlechthin sein muss, bestätigt im Verlaufe der Erzählung die Errettung Tobits und Sarras. Sie macht deutlich, dass Gott auch im Exil seines Volkes gedenkt und seine schützende Hand über die Seinen hält. Identitätskonstituierung, die zunächst als die Grenzziehung zu den Heiden hin erfolgte, erscheint am Ende des Buches nicht nur als Selbstbehauptung gegen die drohende Auflösung, sondern wird ins Positive gewendet, wenn Israel in der Zerstreuung als Zeuge des göttlichen Rettungshandelns vor den Völkern seinem Gott danken soll (13,3).[32] Einst aber

---

32. Zur Fortsetzung dieser Linie einer positiven Wertung des Exils in der rabbinischen Literatur vgl. S. *Schreiner*, Galut, 150.

werden sich die Grenzen zwischen Israel und den Völkern verwischen, und »viele Völker werden kommen von ferne zu dir und die Bewohner von allen Enden der Erde zu deinem heiligen Namen« (13,11).

Bibliographie

Assmann, J., Das kulturelle Gedächtnis. Schrift, Erinnerung und politische Identität in frühen Hochkulturen, München 1992.
Bryan, D., Cosmos, Chaos and the Kosher Mentality, JSP 12 (1995), 144-154.
Collins, J. J., Between Athens and Jerusalem. Jewish Identity in the Hellenistic Diaspora, New York 1983.
Deselaers, P., Das Buch Tobit. Studien zu seiner Entstehung, Komposition und Theologie, OBO 43, Freiburg (Schweiz)/Göttingen 1982.
Douglas, M., Deciphering a Meal, in: Daedalus 101, 1972, 61-81.
Douglas, M., Reinheit und Gefährdung. Eine Studie zu Vorstellungen von Verunreinigung und Tabu, Berlin 1985.
Douglas, M., The Forbidden Animals in Leviticus, in : JSOT 59 (1993), 3-23.
Ego, B., Buch Tobit, JSHRZ II/6, Gütersloh 1999.
Ego, B., Reinheit und Schöpfung. Zur Begründung der Speisegebote im Buch Leviticus, in: ZAR 3 (1997), 131-144.
Engel, H., Auf zuverlässigen Wegen und in Gerechtigkeit. Religiöses Ethos in der Diaspora nach dem Buch Tobit, in: *G. Braulik, W. Groß, S. McEvenue* (Hg.), Biblische Theologie und gesellschaftlicher Wandel. Für Norbert Lohfink, Freiburg u.a. 1993, 83-100.
Engel, H., Das Buch Tobit, in: *E. Zenger* u.a. (Hg.), Einleitung in das Alte Testament, Studienbücher Theologie 1,1, Stuttgart u.a. ³1998, 246-256.
Fabry, H.-J., »Gedenken« im Alten Testament, in: *J. Schreiner* (Hg.), Freude am Gottesdienst. Aspekte ursprünglicher Liturgie. Festschrift für Josef Ploeger zum 60. Geburtstag, Stuttgart 1983, 177-187.
Flusser, D., Psalms, Hymns and Prayers, in: *M. Stone* (Hg.), Jewish Writings of the Second Temple Period. Apocrypha, Pseudepigrapha, Qumran Sectarian Writings, Philo, Josephus, CRI 2,2, Assen, Philadelphia 1984, 551-77.
Gafni, I. M., Land, Center and Diaspora. Jewish Constructs in Late Antiquity JSPE.S 21, Sheffield 1997.
Gamberoni, J., Das »Gesetz des Mose« im Buch Tobias, in: *G. Braulik* u.a. (Hg.), Studien zum Pentateuch. Walter Kornfeld zum 60. Geburtstag, Wien/Freiburg i.Br./Basel 1977, 227-242.
Hardmeier, Chr., Die Erinnerung an die Knechtschaft in Ägypten. Sozialanthropologische Aspekte des Erinnerns in der hebräischen Bibel, in: *F. Crüsemann, Chr. Hardmeier* und *R. Kessler* (Hg.), Was ist der Mensch ...? Beiträge zur Anthropologie des Alten Testaments. Hans Walter Wolff zum 80. Geburtstag, München 1992, 133-152.

Levine, A.-J., Diaspora as Metaphor: Bodies and Boundaries in the Book of Tobit, in: J. A. Overman und R. S. MacLennan (Hg.), Diaspora Jews and Judaism. Essays in Honor of, and in Dialogue with, A. Thomas Kraabel, South Florida Studies in the History of Judaism 41, Atlanta/Georgia 1992, 105-117.

Levine, A.-J., Tobit. Teaching Jews How to Live in the Diaspora, in: BiRev 8 (1992), 42-51.64.

Mayer, G., Die Funktion der Gebete in den alttestamentlichen Apokryphen, in: W. Dietrich (Hg.), Theokratia 2. Festgabe für K. H. Rengstorf zum 70. Geburtstag, Leiden 1973, 16-25.

Mendels, D., The Land of Israel as a Political Concept in Hasmonean Literature. Recourse to History in Second Century B. C. Claims to the Holy Land, TSAJ 15, Tübingen 1987.

Moore, C. A., Tobit. A New Translation with Introduction and Commentary, AnB 40A, New York 1996.

Rabenau, M., Studien zum Buch Tobit, BZAW 220, Berlin u. a. 1994.

Schottroff, W., Art. זכר zkr gedenken, in: ThAT I, Gütersloh ⁵1994.

Schottroff, W., Gedenken im Alten Orient und im AT, WMANT 15, Neukirchen-Vluyn ²1967.

Schreiner, S., Galut oder Vom Sinn des Exils, in: BiKi 55 (2000), 147-151.

Schüngel-Straumann, H., Tobit, HThKAT, Freiburg i. Br. u. a. 2000.

Scott, J. M., Exile and Self-Understanding of Diaspora Jews in the Greco-Roman Period, in: J. M. Scott (Hg.), Exile. Old Testament, Jewish and Christian Conceptions, JSJ.S 56, Leiden/New York/Köln 1997, 173-220.

Skemp, V., ΑΔΕΛΦΟΣ and the Theme of Kinship in Tobit, in: Ephemerides Theologicae Lovanienses 1 (1999), 92-103.

Soll, W., Misfortune and Exile in Tobit: The Juncture of a Fairy Tale Source and Deuteronomic Theology, in: CBQ 51 (1989), 209-231.

Stern, S., Jewish Identity in Early Rabbinic Writings, AGJU 23, Leiden/New York/Köln 1994.

van Unnik, W. C., Das Selbstverständnis der jüdischen Diaspora in der hellenistisch-römischen Zeit; hg. v. P. W. van der Horst, AGJU 17, Leiden/New York/Köln 1993.

Urbach, E., The Role of the Ten Commandments in Jewish Worship, in: B.-Z. Segal (Hg.), The Ten Commandments in History and Tradition, Publications of the Perry Foundation for Biblical Resarch. The Hebrew University of Jerusalem, Jerusalem 1985.

Der Mose-Roman des Artapanos und die Frage nach einer Theios-Anër-Vorstellung im hellenistischen Judentum sowie nach »paganen« Einflüssen auf die neutestamentliche Christologie

Nikolaus Walter

I.

Seit der Arbeit von Otto Weinreich über »Türöffnung im Wunder-, Prodigien- und Zauberglauben der Antike, des Judentums und Christentums« von 1929[1] kommt dem Mose-Roman des Artapanos, der wohl etwa um 100 v. Chr. geschrieben wurde,[2] bei der Frage nach einer »Theios-Anër«-Vorstellung im hellenistischen Judentum eine gewisse Bedeutung zu, zumal nachdem Ludwig Bieler das Mosebild des Artapanos unter die von ihm recht locker gehandhabte Bezeichnung »θεῖος ἀνήρ« einbezogen hatte[3] und seitdem andere Forscher, auf Richard Reitzenstein zurückgreifend, diese Bezeichnung als quasi antiken Terminus für einen relativ fest umrissenen Typ von Gestalten mit besonderen religiösen Qualitäten benutzt hatten.

Nun soll die Kontroverse um diesen angeblich antiken bzw. spätantiken *Terminus* keineswegs noch einmal aufgerollt werden. Ich meine, dieser Streit kann nach den Darlegungen von Peter Wülfing von Martitz im ThWNT[4] und insbesondere nach der 1997 erschienenen Arbeit von David S. du Toit[5] als ausgestanden gelten. Freilich scheint mir, dass es manch-

---

1. Teil II von *O. Weinreich*, »Gebet und Wunder«, in: Genethliakon W. Schmid, Stuttgart 1929, TBAW 5, 169-464, bes. 200-452, bes. 298-341.
2. Vgl. *N. Walter*, Fragmente jüdisch-hellenistischer Historiker (JSHRZ I/2), Gütersloh 1976 (²1980), 121-136 (zur Datierung: 125), bzw. *C. R. Holladay*, Fragments from Hellenistic Jewish Authors, Vol. I: Historians, TT 20, Chico/Calif. 1983, 189-243, der jeweils auch den griechischen Text (aus Eusebs *Praeparatio Evangelica* IX 27) abdruckt.
3. *L. Bieler*, ΘΕΙΟΣ ΑΝΗΡ. Das Bild des »göttlichen Menschen« in Spätantike und Frühchristentum, I-II, Wien 1935/36, zu Artapanos bes. II, 26 und 30-33. Die Definition *Bielers* für seinen Gebrauch der Wendung (I, 10) zitiert z.B. *H.-J. Schoeps*, Paulus, Tübingen 1959, 164.
4. *P. Wülfing von Martitz*, Art. υἱός, A: υἱός im Griechischen, in: ThWNT VIII, 1969, 335-340, spez. 337ff. Vgl. noch unten bei und mit Anm. 39.
5. *D. S. du Toit*, THEIOS ANTHROPOS. Zur Verwendung von θεῖος ἄνθρωπος und sinnverwandten Ausdrücken in der Literatur der Kaiserzeit, WUNT II/91, Tübingen 1997. Vgl. auch schon die Arbeit von *C. R. Holladay*, THEIOS ANER in Hellenistic Judaism. A Critique of the Use of This Category in New Testament Christology, SBL.DS 40, Missoula/Mont. 1977, die natürlich auch auf Artapanos speziell eingeht (199-232).

mal nicht ganz klar ist, in welchem Sinne das gilt, und deshalb sei daran erinnert, dass es den beiden genannten Autoren in erster Linie um die Feststellung geht, dass die besagte griechische Wendung θεῖος ἀνήρ bzw. θεῖος ἄνθρωπος eben kein in der antiken Literatur selbst gebrauchter Terminus für »halbgöttliche« Personen o. dgl. ist, sondern ein modern »erfundener« Ausdruck zur Beschreibung eines religionsgeschichtlichen Sachverhalts – wie zum Beispiel auch der für die biblische Theologie wichtige Begriff »Eschatologie«, dessen Geltung niemand ernsthaft davon abhängig machen wird, ob er in spätantiker, z.B. biblischer Literatur vorkommt. Die Sache selbst, die die heute manchmal vornehm-abfällig als »älter« deklarierte (und damit als »erledigt« abgetane) »Religionsgeschichtliche Schule« meinte und die durch den eigens dafür »erfundenen« Ausdruck θεῖος ἀνήρ gewiss einen über die tatsächlichen Gegebenheiten hinaus »festen« Charakter zu bekommen schien, ist weder nach Peter Wülfing von Martitz noch nach David du Toit einfach hinfällig. Letzterer legt ausgesprochenermaßen Wert darauf, dass seine Arbeit als *semantische* Untersuchung verstanden wird, die der genauen Erfassung des aus den Quellen belegbaren Sinnes der in Frage stehenden Wendung dient, ohne dass damit zugleich die religionsgeschichtliche Frage erledigt sein sollte.[6] Aber auch Wülfing von Martitz hatte summiert: »Es werden Personen θεῖοι genannt, ohne daß ihnen damit ein charismatischer Charakter verliehen würde ...; andere, die diesen Charakter durchaus besitzen, heißen nirgends in der Überlieferung θεῖος.«[7] Das besagt gewiss, dass die Verwendung dieser Wendung im Sinne eines (vorgeblich) klar umschriebenen Terminus für etwas, was diese Wendung in der (Spät-)Antike jedenfalls nur gelegentlich und zufällig bezeichnet, missverständlich ist, ja irreführend sein kann.[8] So sagt Wülfing von Martitz weiterhin: »Die mehr oder weniger deutliche Vorstellung von Göttlichkeit erfährt keine terminologische Festlegung, insbesondere keine Betonung eines Sohncharakters. Die Verbindung von Gottessohnschaft und Bezeichnung als θεῖος, sofern

---

6. *Du Toit*, 39. 40-65. 405 f.; natürlich ist ihm auch darin Recht zu geben, dass der semantische Aufweis durchaus auch Folgen für die religionsgeschichtliche Sicht hat; von einem fest ausgebildeten »Typ« des »göttlichen Menschen« kann nun eben nicht mehr die Rede sein. Vgl. auch *F. Hahn*, Christologische Hoheitstitel [1963], 5., erw. Aufl. Göttingen 1995, Nachtrag: 482, der die Sichtweise von *du Toit* akzeptiert.
7. ThWNT VIII, 339, 32-35.
8. Das muss z. B. angesichts der stereotypen Verwendung des Ausdrucks im Artikel »Gottmensch, II: Griechisch-römische Antike und Urchristentum« von *H.-D. Betz* (in: RAC XII, 1983, 234-312) unterstrichen werden. – Noch ganz selbstverständlich wird die Wendung z. B. auch noch benutzt von *A. Pilgaard* (The Hellenistic Theios Aner – A Model for Early Christian Christology?, in: *P. Borgen* and *S. Giversen* [eds.], The New Testament and Hellenistic Judaism, Aarhus 1995, 101-122); er belegt die Vorstellung mit vielen Beispielen aus der griechisch-römischen Antike, weist jedoch einen Einfluss dieses Typus auf die – insbesondere markinische – Christologie zurück.

sie auftritt, ist also akzidentiell«. Und abschließend: »Die Vorstellungswelten vom Gottessohn und vom θεῖος mögen sich berühren; die Terminologie stützt diese Assoziation nicht«.⁹ Auf die Frage einer Verbindung hinüber zum christologischen Gottessohn-Titel ist später noch einzugehen. Festzuhalten ist aus dem ersten Zitat aber auch, dass Wülfing von Martitz hier, fast nebenher, die Wendung »charismatischer Charakter« (von Personen) eingeführt hat. Die Rede von »Charismatikern« hat sich ja in den letzten Jahrzehnten als religionsgeschichtlicher bzw. -phänomenologischer Terminus weithin eingebürgert, der auch weit über theologisch-christliche Zusammenhänge hinaus verwendet wird. In unseren Zusammenhang hat ihn wohl zuerst David L. Tiede¹⁰ 1972 eingeführt oder jedenfalls in seinen Buchtitel aufgenommen. Ähnlich spricht Wolfgang Speyer statt vom »göttlichen« lieber vom »numinosen Menschen«.¹¹ Im Übrigen scheinen auch Ausdrücke wie »Heros« oder »Held«, zumindest wenn sie in Anführungszeichen gesetzt sind, von den an der Diskussion Beteiligten ziemlich unbefangen verwendet zu werden.¹² Von der – in jedem dieser Fälle ja in einem modernen Sinne benutzten – Terminologie sollte also eigentlich nichts Wesentliches abhängen.

Es erwies sich jedoch, wie gesagt, auf die Dauer nicht als besonders glücklicher Griff, dass – zuerst wohl vor allem – Richard Reitzenstein¹³ die von uns besprochene Wendung als festen *Begriff* für einen relativ fest umschreibbaren Typus des »Gottmenschen« in der Spätantike in die religionswissenschaftliche Arbeit einführte.¹⁴ Auch Hans Windisch¹⁵ setzt diesen

---

9. ThWNT VIII, 340, 7-12.
10. *D. L. Tiede*, The Charismatic Figure as Miracle Worker (SBL.DS 1), Missoula /Mont. 1972 (mir leider in Jena nicht zugänglich); vgl. auch *ders.*, Religious Propaganda and the Gospel Literature of the Early Christian Mission, ANRW II 25/2, Berlin 1984, 1705-1729. Zur Arbeit von 1972 vgl. die Rezension von *P. Pokorný*, ThLZ 100 (1975), 40f.
11. *W. Speyer*, Der numinose Mensch als Wundertäter, Kairos 27, 1985, 129-153 (auch in: *ders.*, Frühes Christentum im antiken Strahlungsfeld. Ausgewählte Aufsätze I, WUNT 50, Tübingen 1989); vgl. dazu *du Toit* (s. Anm. 5: 17).
12. Vgl. etwa *Holladay* (s. o. Anm. 5) und *T. Holtz*, Rez. zu *Holladay*, ThLZ 106 (1981), 747f.
13. *R. Reitzenstein*, Die hellenistischen Mysterienreligionen nach ihren Grundgedanken und Wirkungen, (1. Aufl. 1910) 3. Aufl. Leipzig 1927 (Nachdruck Darmstadt 1956).
14. »Eine allgemeine Vorstellung von dem θεῖος ἄνθρωπος beginnt sich durchzusetzen [gemeint ist: in der Spätantike], nach welcher ein solcher Gottmensch auf Grund einer höheren Natur und persönlicher Heiligkeit in sich tiefstes Erkennen, Seher- und Wunderkraft verbindet« (*Reitzenstein*, 26; vgl. noch 237-240).
15. *H. Windisch*, Paulus und Christus, WUNT 24, Leipzig 1934, wendet den Typos auf die Beschreibung Jesu und des Paulus an, wobei er feststellt, dass für den Ausdruck selbst im Neuen Testament freilich kein Platz sei (287ff.; lt. *Bieler* I, 3 Anm. 7). Doch vgl. auch die Darstellung der Position *Windischs* durch *du Toit* (s. Anm. 5: 11-17).

Typus dann als mehr oder weniger festumrissenen voraus, wobei er dem Bilde insbesondere noch den θεῖος φιλόσοφος hinzufügte.

Aber die Terminologie ist ja in den frühen Arbeiten zur Sache eben noch gar nicht als Problem erkannt worden. Ludwig Bieler etwa benutzt die Ausdrucksweise – wie oben schon erwähnt – zunächst relativ locker im Sinne einer Umschreibung eines religionsgeschichtlichen Phänomens, das er auch mit anderen, z.T. mit deutschen Ausdrücken umschreiben bzw. benennen kann: »Das Geheimnis des Großen ... faßte das ganze Altertum als Ausfluß, als unmittelbaren Erweis göttlicher Kraft, als ein θεῖον oder δαιμόνιον, der Mensch selbst, an dem sich dieses Göttliche offenbart, war ihm θεῖος oder δαιμόνιος.«[16] Und dann folgt bei Bieler eine ganze Reihe von Bezeichnungen wie »Helden und Könige, ... der Herold, der Priester, der Seher, der Dichter,« dann – vom 7. Jh. v. Chr. an insbesondere – die »religiösen Erwekker« wie Wundermänner und Katharten, besonders solche mit Bezügen zur »apollinischen oder dionysischen Religion« – wir würden bei dieser Art von »religiösen Erweckern« heute also eher von Charismatikern sprechen –, wozu schließlich noch hervorragende weise Männer, ja Philosophen kommen, ohne dass jeder, der in diese sehr pauschale Füllung der Benennung »göttliche Menschen« fällt, eine bestimmte Anzahl oder gar alle dieser genannten Züge komplett in sich vereinigte. Nur *eine* Abgrenzung vollzieht Bieler ausdrücklich: nicht gemeint seien der »Heros im eigentlichen [d.h. wohl: im original antiken] Sinne« und »jene Götter ..., die auf Erden wandeln, wie vor allem Dionysos«.[17] Gemeint ist also *der besondere Mensch*, dessen Besonderheit sich dem (spät-)antiken Menschen nicht ohne göttliche Einwirkung und Auszeichnung verständlich macht. Und es ging wohl – in der Geisteslage zu Beginn unseres Jahrhunderts – einfach darum, klar zu machen, dass der Mensch der (Spät-)Antike geneigt war, das Besondere an besonderen Menschen auf göttliche Wirkung zurückzuführen, ein Gedanke, der dem abendländischen, »aufgeklärten« Menschen um und nach 1900, zumal im Bereich fachwissenschaftlicher, philologischer Arbeit, eher fremd war; gerade deswegen bedurfte es solcher Unterstreichung durch einen in

---

16. *Bieler* (s. Anm. 3) I, 1.
17. Ebd. I, 1. 4. 5. – Erst in der »Schlußbetrachtung« (I, 140-150) versucht er dann, »ein Gesamtbild des Typus zu entwerfen« (140), den er zunächst als den des »religiösen Helden« umschreibt (141). Aber auch da geht es weniger um den Nachweis, dass dieser Typus in der Spätantike unter einen bestimmten Begriff gestellt worden sei, als vielmehr darum, zu zeigen, dass die spätere Antike und das sich entwickelnde Christentum in der gleichen Welt mit gemeinsamen religiösen Vorstellungen leben (145 f.). – Ein ähnliches Schwanken im Gebrauch der Wendung vom »θεῖος ἀνήρ« zwischen festem Terminus und unscharfer Bezeichnung eines religionsgeschichtlichen Sachverhalts stellt übrigens *du Toit* bei *Hans Windisch* fest (s. oben Anm. 15). – Zum Begriff des »Heros« in der (Spät-)Antike vgl. *W. Speyer*, Heros, in: RAC XIV, 1988, 861-877.

die Sphäre des »Göttlichen« verweisenden Ausdruck.[18] Dazu kam, dass die klassische Philologie ja auch erst seit der Mitte des 19. Jh. nach und nach die Eigenständigkeit und Beachtlichkeit der spätantiken Kulturwelt erkannt hatte. Es war also durchaus zeitbedingt, dass eine solche Kategorie gebildet wurde, um mit ihrer Hilfe bestimmte Sachverhalte im Umfeld des Neuen Testaments verständlicher zu machen; der Fehler liegt in der Verfestigung dieser Kategorie als Bezeichnung eines scheinbar konstanten und eindeutigen religionsgeschichtlichen Sachverhalts.

Indem wir also die Vorstellung einer festen, schon durch spätantike Texte selbst belegbaren Terminologie für einen festen Typ »Göttlicher Mensch« aufgeben, wird die Sache, um die es geht, freilich keineswegs einfacher, sondern eher diffuser und schwerer greifbar. Nun – gerade das dürfte der religionsgeschichtlichen Wirklichkeit der Spätantike, in der das entstehende Christentum mit seiner Jesusüberlieferung seinen geschichtlichen Platz hat, durchaus angemessen sein. Denn die Prozesse, die bei der Herausbildung der frühen, noch tastenden Vorstellungen von Jesus als dem Christus (Messias) wirksam waren, wurden ja gewiss nicht von einem religionsgeschichtlich versierten Verkehrspolizisten geregelt, der nur genau definierte Vorbedingungen und Einflüsse auf den Prozess der urchristlichen Traditionsbildung zuließ, während er andere – und insbesonders solche, die wir vielleicht gar voreilig als »unbiblisch« disqualifizieren möchten – von allen Einflussmöglichkeiten ausschloss. Denn selbst Denk- und Vorstellungsformen, die nicht aus den hebräischen Schriften oder aus dem sie weiterschreibenden Schrifttum Israels stammen, können ja für die christliche Betrachtungsweise zu »biblischen« Aussageweisen werden, wenn sie das Christuszeugnis in einer bestimmten Zeit, in einem bestimmten Umfeld angemessen und verstehbar zum Ausdruck bringen; ich nenne vorgreifend nur eben einmal die Rede von der »Menschwerdung Gottes« in Jesus – für einen Juden eine durchaus »unbiblische« Vorstellungsweise.

2.

Was trägt nun der Mose-Roman[19] des Artapanos – jenes nicht eben »orthodoxen« hellenistisch-jüdischen Schriftstellers, der wohl um 100 v. Chr. in Ägypten lebte – zu unserer Fragestelllung bei?

---

18. Vgl. etwa auch das in diese Zeit gehörende, damals stark beachtete Buch von *Erwin Rohde* (1845-1898), Psyche. Seelenkult und Unsterblichkeitsglaube der Griechen, 1893 (mir liegt eine Auswahl-Ausgabe mit Einleitung von *H. Eckstein* [Kröners Taschenausgabe Bd. 61], Leipzig o.J. [ca. 1929], vor).

19. Der Ausdruck »Roman« in Bezug auf die nur fragmentarisch erhaltene Schrift des Arta-

Hinsichtlich der Terminologie fällt natürlich sogleich auf, dass Artapanos über Mose einleitend-zusammenfassend einmal sagt (F 3 §6), er sei als »gottgleicher Ehre für würdig angesehen« worden (ἰσοθέου τιμῆς καταξιωθείς).[20] Doch liegt darin keine Verwendung eines Terminus von der Art des fraglichen Theios-Anër-Topos vor. Vielmehr wird hier in romanhafter, ein wenig ironischer Weise die Reaktion der ägyptischen Priester geschildert, die von den zuvor (§4-5) ausführlich katalogisierten großen kulturellen Leistungen des Mose[21] sehr beeindruckt sind, zumal diese zum Teil direkt zu ihrem Nutzen erfolgten: Mose hatte – bei einer generellen Ordnung der Verhältnisse in der Bodennutzung – den Priestern besonderes »Vorzugsland« (ἐξαίρετον χώραν) zugewiesen. Zudem hätten ihn die Priester »Hermes« genannt,[22] und zwar wegen der auf ihn zurückgehenden »Deutung« (ἑρμηνεία) der Hieroglyphen (ἱερὰ γράμματα), die er – unter Verwendung von (Symbolen in der Art von) »Katzen, Hunden und Ibissen« – überhaupt erst erfunden hatte (§4 und 6).[23] In jeder Weise ist also Mose den Ägyptern überlegen, so dass sie in ihm eine besondere Nähe zum Göttlichen anerkennen müssen; insoweit entspricht Mose durchaus dem Typ des »besonderen Menschen« mit »numinosen« Fähigkeiten. Aber das ist alles nicht ohne einen ironischen Unterton (gegenüber den »abergläubischen« Ägyptern) gesagt. Im Ernst wäre für einen jüdischen Autor die Feststellung, Mose sei »gottgleicher Ehre würdig« gewesen, gänzlich unakzeptabel, ja gotteslästerlich.

In solchen und ähnlichen Aussagen lag wohl einst für Jakob Freudenthal, den ersten gründlichen Bearbeiter der jüdisch-hellenistischen Historikerfragmente, der Grund für die Meinung, der Artapanos-Roman könne eigent-

---

panos (über deren Originaltitel keine Klarheit besteht; vgl. dazu *Walter*, JSHRZ I/2, 121) scheint zuerst von *I. Heinemann* (im Art. Moses, in: RE XVI/1, 1935, 367) gebraucht worden zu sein. Dagegen scheint der gelegentlich in den verwandten Zusammenhängen verwendete spätantike Ausdruck »Aretalogie« gleichfalls ein von der religionsgeschichtlich orientierten Philologie der letzten Jahrhundertwende zum Terminus hochstilisierter Ausdruck zu sein, mit dem sich eine bestimmte *literarische Gattung* jedoch nicht bezeichnen lässt; vgl. dazu jetzt *A. Yarbro Collins*, Art. in: RGG⁴ I, 1998, 719f.

20. Artapanos F 3 §6 (JSHRZ I/2, 130; *Holladay*, Fragments I [s.o. Anm. 2], 210).
21. Mose nimmt damit einen besonderen Platz in der Kategorie des πρῶτος εὑρετής ein. Dies ist ein für die hellenistische Schriftstellerei wichtiger und verbreiteter Topos; vgl. dazu *K. Thraede*, Erfinder II: geistesgeschichtlich, RAC 5, 1962, 1191-1278.
22. Man denke an die gleichartige »Ehre«, die dem Paulus nach Apg 14,12 in Lystra zuteil wird (Hinweis von *Markus Öhler*, 2.5.2000 in Tübingen); auch hier ist die Ironie (des Autors Lukas) nicht zu übersehen.
23. So verstehe ich die Aussagen in F 3 §4 und 6 (JSHRZ I/2, 130), im Unterschied zu *Holladay*, der bei den »ἱερὰ γράμματα« an ägyptische »heilige Schriften« denkt, die Mose den Priestern »zugewiesen« (assigned) habe (*Holladay*, Fragments I, 210 und 234 Anm. 50). Übrigens meint Philon (Vit. Mos. I 23) gerade umgekehrt, dass Mose die ägyptischen Hieroglyphen und ihre Deutung von den ägyptischen Gelehrten gelernt habe.

lich nicht auf einen jüdischen Autor zurückgehen, und wenn doch, dann müsse er unter der Maske eines heidnischen Autors geschrieben worden sein; Freudenthal hielt demzufolge »Artapanos« für ein Pseudonym, das einen persischen Autor vorspiegeln sollte.[24] Solche Bedenken sind tatsächlich nicht leicht von der Hand zu weisen, wenn man sieht, wie sehr Mose immer wieder in göttliche oder halbgöttliche Höhe gerückt wird. Das Motiv der Verwechselbarkeit mit Hermes, also mit dem ägyptischen Gott Thot in hellenistischer Benennung, spielt bei Artapanos mehrfach eine Rolle: Nach einer – entgegen der heimtückischen Absicht des ihn entsendenden Pharao – gewonnenen Feldschlacht gegen die Äthiopier wurde Mose zu Ehren die Stadt Hermupolis gegründet und in ihr der Ibis, der für den Sieg eine Rolle gespielt hatte, für heilig erklärt; die Äthiopier und auch die (ägyptischen?) Priester hätten sogar aus lauter Begeisterung für Mose die Sitte der Beschneidung von ihm übernommen (F 3 §7-10). Ja noch mehr und – im jüdischen Sinne – noch diskriminierender: Mose habe Vorschläge für die Anbetung der Rinder (der Apis wird genannt) gemacht (§12) und überhaupt das ägyptische Tierkultwesen distriktweise so geordnet, dass die Bevölkerung nach dem Prinzip »divide et impera« leichter beherrscht werden konnte (§4-5).[25] Der seinerzeit von der Pharaonentochter Merris adoptierte Mose (in den Artapanos-Fragmenten wird er durchweg Μώϋσος geschrieben) sei mit dem griechischen (mythischen) Dichter Musaios identisch, und als solcher sei er auch der Lehrer des (ebenso mythischen) Orpheus gewesen (§3; nach der griechischen Überlieferung ist Musaios jedoch *Schüler* des Orpheus). Später habe Mose seine Adoptivmutter Merris in Oberägypten bestattet und die dort gelegene Stadt Meroë benannt, woraufhin die Ägypter eben diese Merris »nicht weniger als Isis selbst verehrt« hätten (§16) – also auch hier eine (heidnische) Götterverehrung auf Grund einer Initiative des Mose. So erscheint also Mose als ein kluger, allen gegen ihn gerichteten Anschlägen gewachsener »Held«, der auch völlig unjüdische Bräuche in Ägypten eingeführt bzw. stabilisiert hat.

Erst von F 3 §20 ab nähert sich die Darstellung des Artapanos stärker der biblischen Exodusgeschichte an. Bei der ersten Konfrontation mit dem Pharao sagt ihm Mose, dass »der Herr der Welt« ihm – dem Pharao – gebiete, die Juden freizugeben (§22). Mose wird daraufhin gefangengesetzt, und es folgt

---

24. *J. Freudenthal*, Alexander Polyhistor und die von ihm erhaltenen Reste jüdischer und samaritanischer Geschichtswerke, I-II (Jahresberichte des jüdisch-theologischen Seminars »Fraenkel'scher Stiftung« 1874 und 1875), Breslau 1874/75, 146-153.
25. Vgl. dagegen die biblische Polemik gegen den Tierkult (insbesondere in Ägypten), z.B. Dtn 4,15-18; Sap 15,18f.; 16,1; Röm 1,23, vor allem auch im Zusammenhang mit der Anbetung des »Goldenen Kalbes« in der Wüste nach Ex 32: Ps 106,19f.; Sap 11,15f.; 12,24.

die Episode, wegen derer Otto Weinreich auf Artapanos aufmerksam geworden war: das Türöffnungswunder, das ganz ähnlich erzählt wird wie die entsprechenden Vorgänge in der Apg (5,17-25; 12,3-17; 16,23-40), das aber auch hinter der Erzählung von der Selbstöffnung des Grabes Jesu in Anwesenheit der Grabwächter nach Mt (vgl. Mt 27,62-66; 28,2-4. 11-15) noch zu erkennen ist:[26] Die Kerkertüren öffnen sich »automatisch« (F 3 §23), und Mose geht ungehindert an den schlaftrunkenen, z. T. sogar vor Schreck tot umgefallenen Wächtern vorbei in den Königspalast, wo ihn die ebenfalls schlafenden Wächter nicht hindern, an das Bett des Pharao zu treten (§ 23-24). Auf dessen Befehl habe Mose den Namen des ihn sendenden Gottes genannt; daraufhin sei der Pharao in Ohnmacht gefallen, aber von Mose wieder zu Bewusstsein gebracht worden; ein Priester, der sich auch dann noch über den Namen Gottes lustig gemacht habe, habe sein Leben unter Krämpfen ausgehaucht (§ 25-26). Sicher soll man das nicht so verstehen, als habe Mose das aus einer ihm selbst innewohnenden Fähigkeit heraus getan; vielmehr soll man wohl an Gott als den Bewirkenden denken, ganz wie es auch in den entsprechenden Erzählungen der Apostelgeschichte gemeint ist. Insofern wird Mose hier als ein Inspirierter, ein »Charismatiker« dargestellt. Und man muss bei solchen Fragen immer auch im Kopf haben, dass uns durchweg ein in indirekte Aussageform umgesetztes, oft kürzendes *Exzerpt* aus dem Original des Artapanostextes vorliegt, das von einem – für solche theologischen Probleme – mehr oder weniger verständnislosen, jedenfalls nicht gerade an theologischer Genauigkeit (in jüdischem Sinne) interessierten Autor, dem römischen Hellenisten Alexandros Polyhistor, angefertigt wurde. Da kann manche Nuance verlorengegangen sein, die für eine genaue Textanalyse wichtig wäre, und nur die überraschende Ausdrucksweise in § 22b, es sei der »Herr der Welt« (ὁ τῆς οἰκουμένης δεσπότης), der ihn zum Pharao gesandt habe, macht einmal die jüdische Zugehörigkeit des Autors ganz eindeutig.

Auch die – mit einiger Sicherheit – auf einen vollständigeren Text des Artapanos zurückgehenden Partien bei Josephus (innerhalb von Ant. II, 201-349)[27] zeigen kein wesentlich deutlicheres Bild; es bleibt auch hier der Eindruck von einem Bild des Mose, dem schlechterdings alles gelingt, was er sich vornimmt bzw. wozu er von Gott beauftragt ist, so z. B. die Hochzeit

---

26. Das Petrus-Evangelium erzählt diese Version der Ostergeschichte noch ausführlicher und deutlicher, offenbar literarisch unabhängig von Mt 27f. Vgl. dazu: *N. Walter*, Eine vormatthäische Schilderung der Auferstehung Jesu (1973), in: *ders.*, Praeparatio Evangelica, WUNT 98, Tübingen 1997, 12-27.
27. Vgl. JSHRZ I/2, 121; dort auch Hinweise auf eine weitere Spur von selbständiger Kenntnis des Artapanos-Romans. Genaueres in meinen (ungedruckten) »Untersuchungen zu den Fragmenten der jüdisch-hellenistischen Historiker«, Habil.-Schrift Halle 1968, 70-76.

mit der äthiopischen Prinzessin[28] als Ergebnis jenes bereits erwähnten Feldzuges, der nach der Absicht des auftraggebenden Pharao an sich als Todeskommando gedacht war (§ 7b-10).[29] Und mit der Erzählung von Vorgängen, in denen der Gott Israels im Handeln seiner »Gottesmänner«[30] der eigentlich Wirkende ist, wird ja der Horizont jüdisch-biblischer Tradition durchaus nicht überschritten.

Nur anhangsweise sei noch erwähnt: (1) dass Artapanos auch andere biblische Gestalten, insbesondere Joseph, in solch »heroisierender« Weise schildert, auch wenn das nur kurz und wohl im Sinne einer Vorgeschichte zu dem eigentlichen Gegenstand des Romans, eben Mose, geschieht,[31] (2) dass David du Toit auch einen anderen, dem Artapanos etwa gleichzeitigen jüdisch-hellenistischen Autor, den Epiker Theodotos, in diesem Zusammenhang erwähnt, und zwar, weil dieser dem Abraham, dem Garanten des jüdischen Brauches der Beschneidung, das Epitheton δῖος beilegt,[32] das aber – aus homerisch-epischer Tradition stammend – auch wiederum keine »Vergöttlichung« Abrahams, sondern eben eine Heroisierung seiner Gestalt bedeutet, und andererseits, (3) dass auch bei Philon und Josephus Mose in charismatisch-heroische Höhen gerückt wird, ohne dass für diese Autoren dabei eine »Vergöttlichung« im eigentlichen Sinne in Frage käme.[33]

So oder so – es bleibt die Frage: Ist das ein jüdischer Roman? Und wenn der Autor tatsächlich ein Jude ist (sich also nicht hinter einem heidnischen Pseudonym versteckte): Was sollen wir von seinem Judentum halten? Manche Forscher haben hier von einem Beispiel von »Synkretismus« gesprochen; gemeint wäre damit eine Haltung, in der Jüdisches und Heidnisches ineinander übergehen und nicht mehr genau zu trennen sind. Ich möchte eher, wie angedeutet, an eine gewisse literarische Ironie denken, mit der Artapanos – von eigener intimerer Kenntnis der ägyptischen Kultur und ihrer geistigen Höhe einigermaßen ungetrübt[34] – den Ägyptern bis hin zu ihren Priestern

28. Das soll wohl die »kuschitische Frau« des Mose nach Num 12,1 sein.
29. Dazu JSHRZ I/2, 121 sowie 130 Anm. 7b.
30. Dieser Ausdruck wird in der Debatte um den θεῖος ἀνήρ übrigens gern und ohne Bedenken als ein »biblischer« benutzt, obwohl die hebräische Bibel vom »Mann Gottes« nur in Bezug auf Elia (1. Kön 17,18; 2. Kön 1,2-13) und die unbenannten Propheten von 1. Kön 13,1-10 spricht, den Ausdruck also nur sehr speziell und keineswegs als einen generellen Oberbegriff benutzt, als der er in unserem Zusammenhang vielfach – sozusagen als biblische Alternative – gebraucht wird.
31. Artapanos, F 2, JSHRZ I/2, 127f.
32. Theodotos der Epiker, F 4, Zeile 31 (JSHRZ IV/3, Gütersloh 1983, 154-171: 168). – Übrigens könnte einem dazu auch die sehr pathetische, ebenfalls vom Stil des homerischen bzw. hellenistischen Epos geprägte Prädizierung Abrahams bei dem Epiker Philon (F 1: JSHRZ IV/3, 148f.) einfallen.
33. Vgl. dazu ausführlich: *du Toit* (s. Anm. 5), Kap. 14, S. 349-399.
34. Praktisch alles, was Artapanos über ägyptische Verhältnisse zu sagen weiß, lässt sich aus der von Ägypten berichtenden hellenistischen Literatur (besonders aus den vermutlich

ziemlich viel Dummheit und leichte Beeinflussbarkeit unterstellt, mit der sie »auf Mose fliegen« und ihn gewissermaßen »anhimmeln«, ihn in göttliche Sphären versetzen, was Mose, der allen Mit- oder Gegenspielern überlegene Held, sich klug zu Nutze macht. Aber auf jeden Fall sehen wir, dass sich Artapanos – weit über die biblischen Vorlagetexte hinaus – eine Denk- und Erzählweise angeeignet hat, die allenfalls mit manchen Erzählungen von »Gottesmännern« wie Elia und Elisa vergleichbar ist, jedenfalls aber »heidnischen« Lesern gewiss nicht befremdlich vorgekommen ist.[35]

Wie schon gelegentlich erwähnt, hat dergleichen durchaus seine Analogien in neutestamentlichen Erzählungen, vor allem in solchen Episoden, in denen die Apostel der Frühzeit, Petrus oder Paulus, als wunderwirksame Charismatiker dargestellt werden. Auch in den Wundererzählungen der Jesus-Überlieferung kann man Analogien finden, z. B. in solchen, die sein übernatürliches Vorauswissen schildern; man denke etwa an die Erzählungen von der Findung des Esels für den Einzug in Jerusalem oder des Saales für das letzte Mahl Jesu mit den Seinen (Mk 11,1b-6 und 14,12-16).[36] Dergleichen ist in Überlieferungen, die durch mehrere Jahrzehnte von Menschen in hellenistischer Umwelt weitergegeben wurden, ja nicht eben verwunderlich. Aber – und das sei hier bei der Frage nach der Bedeutung der Artapanos-Fragmente für das Neue Testament noch einmal ausdrücklich gesagt: Für die neutestamentliche *Christologie* im engeren Sinne – also für etwas, was über eine »Jesulogie«, eine überhöhende Darstellung der Gestalt Jesu in Richtung auf das Bild eines »Helden« oder »Charismatikers«, hinausreicht – haben diese Erzählungen tatsächlich keine Bedeutung.[37]

---

auf Hekataios von Abdera zurückgehenden Berichten bei Diodoros von Sizilien) belegen, deren sich Artapanos zu bedienen scheint (durchgehende Nachweise habe ich – im Anschluss an *J. Freudenthal* [s. oben Anm. 24] – in der oben Anm. 27 genannten Arbeit gegeben).

35. *Ein* heidnischer Leser ist uns immerhin bekannt: eben der römische Exzerptor unserer Fragmente, Alexandros Polyhistor, dem es aber vor allem um geographisch-historische Informationen über die ferne Provinz Syria, die 64 v. Chr. dem römischen Imperium angegliedert wurde, gegangen sein dürfte; er griff offenbar auf eine einschlägig ausgestattete Bibliothek (in Jerusalem? in einer römischen Synagoge?) zurück. Wieweit man sonst mit einer »propagandawirksamen« Lektüre solcher Literatur durch Heiden rechnen kann, ist in der Forschung strittig.
36. *Wolfgang Speyer* weist insbesondere auf die Wirkungsgeschichte dieser Erzählweise in den altchristlichen Heiligenlegenden hin: W. Speyer, Der kirchliche Heilige als religiöses Leitbild in der Kirchengeschichte, in: W. Kerber (Hg.), Personenkult und Heiligenverehrung, München 1997, 57-120 (mir vom Vf. freundlich zugesandt).
37. Das betont z. B. *du Toit* (s. Anm. 5) mit vollem Recht (Kap. 15, S. 400-406).

3.

Damit sind wir bei der mit unserem Thema traditionell in Zusammenhang gebrachten Frage nach der Entstehung des christologischen Titels »Sohn Gottes«, die hier natürlich in keiner Weise erschöpfend behandelt werden kann.[38]

Wie schon gesagt: Die in Frage stehende Wendung vom θεῖος ἀνήρ bzw. ἄνθρωπος ist für die Erklärung des auf Jesus bezogenen *Titels* »Sohn Gottes« überhaupt nicht geeignet; diese Wendung ist ja ohnehin – ganz gleich, was genauer über sie zu sagen ist – durchaus anders formuliert als der christologische Gottessohn-Titel. Insofern mag es verwunderlich erscheinen – und ist eben nur aus einer bestimmten Diskussionslage erklärbar –, dass Peter Wülfing von Martitz die fragliche Wendung überhaupt im Artikel υἱός des ThWNT besprochen hat.[39] Mag diese Wendung semantisch nun dies oder jenes »bedeutet« haben – die Formulierung des Titels υἱὸς τοῦ θεοῦ kann von ihr her gewiss nicht erklärt werden. Es kann oder könnte also allenfalls um Implikate dieser Gottessohn-Titulatur gehen. Aber es sollte mindestens dies geklärt sein, dass selbst dann, wenn die Theios-Anēr-Wendung den semantischen Gehalt hätte, den ihr die Reitzenstein'sche Hypothese geben wollte, ein θεῖος ἀνήρ immer noch nicht »*der* Sohn Gottes« wäre. Andererseits ist es aber wohl klar, dass auch die Bemühungen um die Herleitung des Gottessohn-Titels für Jesus aus der Tradition des Judentums nur bis zu einem gewissen Punkt, aber nicht bis zum vollen Gehalt der neutestamentlich-christlichen Gottessohn-Christologie führen können. In der gebotenen Kürze kann ich natürlich nur ein paar Gedanken zum Thema aussprechen, aber in keiner Weise das Problem und die dazu vorliegende Literatur irgendwie umfassend behandeln.

Martin Hengel hat es sich in seinem kleinen, aber eindrucksvollen Büchlein mit dem Titel »Der Sohn Gottes« zur Aufgabe gemacht, der Gottessohn-Christologie in ihrer Entwicklung etwa in den Jahren von 30 bis 50 nachzugehen,[40] nachdem er schon früher sehr nachdrücklich auf die außer-

---

38. Vgl. etwa die neuere Darstellung von *M. Karrer*, Jesus Christus im Neuen Testament, NTD Erg.-R.: Grundrisse zum Neuen Testament, 11, Göttingen 1998, und seinen jüngsten, kurz zusammenfassenden Überblick: *M. Karrer*, Christologie, I: Urchristentum, RGG⁴ II, 1999, 273-288 (wichtigste Literatur: 288).
39. ThWNT VIII, 337-340 (s. oben Anm. 4). Dazu ist anzumerken, dass etwa 30 Jahre zuvor *Hermann Kleinknecht* im Abschnitt θεῖος des Artikels θεός (in: ThWNT III, 1938, 123,6-18) nur kurz – und ohne dabei ein beachtenswertes Problem zu sehen – auf die Wendung vom θεῖος ἀνήρ eingegangen war. Man mag vermuten, dass die Redaktion des ThWNT angesichts der inzwischen geführten Diskussion darauf mit dem Auftrag an *Wülfing von Martitz* reagierte.
40. *M. Hengel*, Der Sohn Gottes. Die Entstehung der Christologie und die jüdisch-helle-

ordentlich schnelle Entwicklung der urchristlichen Christologie aufmerksam gemacht hatte. 1972 hatte er geschrieben: »Zwischen dem Tode Jesu und der voll entfalteten Christologie, wie sie uns in den frühesten christlichen Dokumenten, den paulinischen Briefen, begegnet, besteht ein zeitlicher Zwischenraum, der im Blick auf die darin geschehene Entwicklung als erstaunlich kurz bezeichnet werden muß«.[41] Im Untertitel des Aufsatzes spricht er sogar von einer Aporie. Beides ist völlig zutreffend, und es ist gar nicht daran zu denken, dass ich hier etwa in der Lage wäre, diese Aporie aufzulösen. Der aporetisch kurze »Zwischenraum« ist eben der der Jahre 30-50, den Hengel in der Studie von 1975 bespricht; nur anhangsweise geht er, darüber hinausblickend, noch kurz auf den Hebräerbrief ein. Aber das Neue Testament enthält ja weit mehr Schriften aus der Zeit nach 50 als aus der Zeit davor – das sind eben nur die Paulusbriefe, großzügig gerechnet (mit etwas verlängerter Zeitspanne) alle gewöhnlich als echt anerkannten, bis hin zum Römerbrief (etwa Winter 55/56).[42]

Was ist nun in dieser frühesten Zeit im Blick auf die Gottessohn-Christologie geschehen? Es ist wohl keine Frage, dass die jüdische messianische Davidssohn-Erwartung den ihr zugeordneten Gottessohn-Titel mit sich geführt und so wohl auch in die Christologie eingebracht hat. Mit Recht scheint mir Georg Fohrer von einer »Legitimationsfunktion« der Gottessohn-Bezeichnung im Alten Testament gesprochen zu haben, um die nicht angemessene Bezeichnung »Adoptionsformel« zu vermeiden.[43] Und kein Jude kann in alttestamentlicher oder späterer Zeit gemeint haben, der erwartete neue König David oder der Messias sei in irgendeinem ans Physische auch nur grenzenden Sinne (eben auch nicht einmal im Sinne einer Adoption) »Gottes Sohn« bzw. würde, wenn er aufträte, ein solcher sein. Mit der schon an sich fast unerklärlichen, alsbaldigen Anwendung des Titels »Messias« auf Jesus – den uns erkennbaren jüdischen Messiaserwartungen hatte Jesus in seinem Auftreten, ganz zu schweigen von seinem Tode am Kreuz, ja gar nicht entsprochen – scheint auch der Gottessohn-Titel, in jenem Sinne einer Legitimierungsaussage, sehr bald auf Jesus angewendet worden zu sein, wohl im Zusammenhang mit der Verheißung an David nach 2. Sam 7,14 und den Psal-

nistische Religionsgeschichte, Tübingen 1975, 2., durchges. u. erg. Aufl. 1977: 5. 11. 137.

41. *M. Hengel*, Christologie und neutestamentliche Chronologie. Zu einer Aporie in der Geschichte des Urchristentums, in: *H. Baltensweiler, B. Reicke* (Hg.), Neues Testament und Geschichte (FS O. Cullmann), Zürich, Tübingen 1972, 43-67; Zitat: 45.

42. Den Philipperbrief halte ich für etwas älter als den Römerbrief, da er nach meiner Auffassung in Ephesus, nicht erst in Rom geschrieben wurde (vgl. NTD 8/2, Neubearbeitung 1998, 16 f.); so anscheinend auch *Hengel* (Sohn Gottes, 9 f.).

43. *G. Fohrer*, Art. υἱός, Abt. B: Altes Testament, in: ThWNT, VIII, 1969, 340-354, speziell 349-352.

men 2 und 89. Und noch im Markus-Evangelium, also noch um 70, kann man in der Tauferzählung (1,9-11) die an Jesus gerichtete Gottesstimme als Berufung und die Anrede als »mein Sohn« sehr gut als Legitimations-Zuspruch verstehen. Aber in anderer, und zwar schon vorpaulinischer, Traditionslinie, auf die Paulus in Röm 1,3b-4 zurückgreift, reicht dieses Verständnis nicht mehr zu. Denn hier wird ja schon differenziert zwischen dem (irdisch-menschlichen) »Davidssohn« (in der verdeutlichenden Umschreibung: »geboren aus dem Geschlecht Davids, dem Fleische nach«) und dem »Gottessohn«: als letzterer ist Jesus erst »durch die Auferstehung von den Toten«, durch die ihm von Gott zu Teil gewordene österliche Auferweckung, »bestimmt« – man könnte ὁρισθείς geradezu übersetzen: »definiert«. Das kann man kaum noch nur im Sinne einer Legitimationsaussage verstehen; jedenfalls ist der »Geltungsbereich« dieser Aussage nun ein anderer als der der Davidssohn-Aussage, die eindeutig auf den Irdischen bezogen wird, während der Titel »Gottessohn« nun dem erhöhten Christus »zur Rechten des Vaters« gilt; hier darf man dann schon die christologisch verstandene Stelle aus Psalm 110,1 als den Quellort der Aussage sehen[44] – eine Stelle, auf deren Bedeutung ja gleichfalls Martin Hengel mehrfach nachdrücklich hingewiesen hat.[45] Jedenfalls setzt die Differenzierung zwischen irdischem und erhöhtem Jesus voraus, dass die *unmittelbare* Identifizierung von Davids- und Gottessohnschaft, wie sie aus gängiger jüdischer Messiaserwartung abzuleiten wäre, in Beziehung auf Jesus aufgegeben ist – wie in Mk 12,35-37 auch.

Bei der in Röm 1,3b-4 vorliegenden Differenzierung wird beim »Sohn Davids«, bezogen auf den irdischen Jesus, niemand an eine reale, physische Zeugung Jesu durch David selbst denken, sondern an eine Nachkommenschaft nach vielen Generationen, und für den österlich Auferweckten gilt bei »Sohn Gottes« eine metaphorische Bedeutung natürlich erst recht. Nun vertritt aber Paulus selbst bereits eine weiterentwickelte Gottessohn-Christologie. In Röm 1,3a gibt er das dadurch zu erkennen, dass er schon *vor* die zitierte Formel die Aussage »seinen Sohn« setzt, womit Paulus deutlich macht, dass nach seinem Verständnis schon dem Irdischen der Gottessohntitel gebührt. An anderen Stellen wird das ja von Paulus auch klar ausgesprochen; wir brauchen nur an Röm 8,3 zu denken: Gott »sandte seinen Sohn« in das irdi-

---

44. Spielt die Herleitung des Psalms 110 von David (V. 1a) dabei eine Rolle? Argumentativ in Anspruch genomnen wird sie bekanntlich in Mk 12,35-37. So könnte es auch schon für die vorpaulinische Formel gelten, dass »David« selbst seinem »Herrrn« eine höhere Stellung als jedem denkbaren »Davids-Sohn« zuweist; als Davids Sohn (= Nachkomme) ist Jesus der Irdische, der Mensch.
45. Ich nenne hier nur: *M. Hengel*, Ps 110 und die Erhöhung des Auferstandenen zur Rechten Gottes, in: *C. Breytenbach, H. Paulsen* (Hg.), Anfänge der Christologie (FS F. Hahn), Göttingen 1991, 43-73.

sche Leben hinein (hinter Röm 5,7-10 steht natürlich die gleiche Auffassung); er kam also bereits als Gottessohn von Gott her in die Welt. Als Mensch? Paulus würde das nie bezweifelt haben, auch wenn er in Röm 8,3 sehr vorsichtig andeutend hinzufügt: Gott »sandte seinen Sohn in der Gestalt des sündlichen Fleisches und um der Sünde willen« – also ihn selbst doch jedenfalls ohne Sünde! Kam dann also doch kein »wirklicher« Mensch in die Welt? Das aber sagt Paulus eben auch nicht! Im Gegenteil: In Gal 4,4 betont er, dass Jesus – wie jeder Mensch – ein von einer Frau Geborener und – wie jeder Jude – ein dem »Gesetz« Untergeordneter war. Und doch könnte er sehr wohl von einer »Menschwerdung Gottes« sprechen. Das tut ja auch das von ihm zitierte Christuslied Phil 2,6-11. Gewiss, hier kommt der Titel »Gottessohn« nicht explizit vor; aber ich denke, kein Exeget wird sich weigern anzuerkennen, dass zumindest Paulus, m. E. gewiss aber auch schon der oder die Dichter des Liedes eben gerade vom »Gottessohn« sprechen wollte(n), der da »wie ein Mensch« wird und einen – ganz bestimmt nicht als »doketisch« verstandenen – Menschentod stirbt, um daraufhin von Gott erhöht und nun auch zum »Kyrios« eingesetzt zu werden: »Menschwerdung« eines, der »in göttlicher Gestalt« war und das »Gott-gleich-sein« hatte, um es preiszugeben und es daraufhin – nun in höherer Position als vorher – wiederzugewinnen.[46]

Man muss solche Aussagen nur einen Moment lang mit den Ohren eines Juden hören, der nicht an den von Gott auferweckten Jesus aus Nazareth als »Messias« glaubt, um zu wissen: Eine solche Redeweise ist im Gefolge keiner bis dahin geltenden biblisch-jüdischen Tradition denkbar; sie muss als Verletzung der Einshaftigkeit Gottes, als gotteslästerlich gelten. Darin wird man wohl Hans-Joachim Schoeps[47] oder Georg Fohrer[48] Recht geben müssen.

46. Hier ist daran zu erinnern, dass dieser Typ von Präexistenzchristologie nicht von der Linie der – im hellenistischen Judentum im Weiterdenken älterer weisheitlicher Traditionen vollzogenen – Hypostasierung der Gestalt der σοφία oder des λόγος erklärbar ist (wie einerseits die Vorlage von Kol 1,15-20, andererseits die von Joh 1,1-18), sondern einen deutlich »mythologischen« Ansatz hat. Vgl. *N. Walter*, Geschichte und Mythos in der urchristlichen Präexistenzchristologie (1988), in: Praeparatio Evangelica (oben Anm. 26), 281-292. – Zum christologischen Unterthema »Menschwerdung« vgl. *D. Zeller*, Die Menschwerdung des Sohnes Gottes im Neuen Testament und die antike Religionsgeschichte, in: *ders.* (Hg.), Menschwerdung Gottes – Vergöttlichung des Menschen, NTOA 7, Fribourg, Göttingen 1988, 141-176, sowie *U. B. Müller*, Die Menschwerdung des Gottessohnes. Frühchristliche Inkarnationsvorstellungen und die Anfänge des Doketismus, SBS 140, Stuttgart 1990 (zu den einschlägigen Aussagen des Paulus: 14-19; zu Phil 2,6-11: 20-28; im übrigen geht *Müller* vor allem auf die johanneische und nach-johanneische Christologie ein).

47. *M. Hengel* knüpft in seinem Buch »Der Sohn Gottes« (oben Anm. 40: S. 14-16) seine Erörterungen an Sätze aus dem Paulus-Buch von *H.-J. Schoeps* (s. oben Anm. 3) an.

48. *Fohrer*, ThWNT VIII, 349,8-11: »Die Vorstellung von einem physischen Vater-Sohn-Verhältnis zwischen Jahwe und anderen Gottwesen oder Engeln ... ist dem Alten Te-

Und auch der Gedanke an eine Entwicklung aus jüdischen Engelvorstellungen hilft hier nicht weiter, wie Hengel mit Recht betont hat.[49] Der Engel, der Tobias auf seiner Wanderschaft begleitet und vor allerlei Unfällen bewahrt, ist ein »dienstbarer Geist« und weder Mensch noch gar Gott, wie auch der Engel, der dem Daniel die ihm widerfahrenen Träume deutet, zwar ein Sprachrohr Gottes, aber eben nur sein beauftragtes Werkzeug ist. Im Hebräerbrief (1,4-14) ist es deutlich, dass der Vergleich des Sohnes mit Engeln erst nachträglich an die Gottessohn-Aussage herangetragen ist und etwas völlig Unvergleichbares vergleicht – eben um es als unvergleichbar zu erweisen.

Und dann[50] kommt in den sogenannten »Vorgeschichten« des Matthäus- und des Lukas-Evangeliums noch – im Rahmen zweier völlig verschieden angelegter Erzählungen von der Geburt Jesu und im Zusammenhang mit zwei ganz verschiedenen »Stammbäumen« für Jesus, die doch jedenfalls beide die Herkunft Jesu aus dem Stamme Davids aufzeigen wollen – die Aussage von der Jungfrauengeburt hinzu (die mindestens in Lk 1 noch leicht aus dem narrativen Kontext herauslösbar ist,[51] also wohl der dort von Lukas benutzten Überlieferung in irgendeinem früheren Stadium noch nicht angehörte).[52] Damit ist freilich ein weiteres christologisches Thema angesprochen, das wiederum in unserem Zusammenhang nur eben gestreift werden kann. Die Probleme beginnen bei der Stelle, auf die sich Mt 1,22 f. ja ausdrücklich bezieht: bei Jes 7,14.[53] Dabei ist von vornherein deutlich, dass dieser Jesaja-

---

stament gänzlich fremd und wird nicht einmal entfernt angedeutet«. Von einem Verhältnis solcher Art zwischen Gott und einem *Menschen* gilt dasselbe gewiss erst recht.

49. *M. Hengel*, Sohn Gottes, 131-134. – Kaum anders sieht das jetzt *L. T. Stuckenbruck*, Angel Veneration and Christology, WUNT II/70, Tübingen 1995. Er möchte der Angelologie wenigstens eine Nebenrolle bei der *Ausgestaltung* der Christologie (zumal in der Apk) zugestehen.

50. Weitere Varianten späterer neutestamentlicher Sohn-Gottes-Christologie, insbesondere die ganz eigen geprägte johanneische mit ihren speziellen Problemen, müssen hier völlig übergangen werden.

51. Außerhalb von Lk 1,(27?)34-35 spielt das Thema keine Rolle, auch nicht – bis auf das an 1,27 erinnernde Stichwort (μ)εμνηστευμένη (γυναικί) – in Lk 2,5.

52. *M. Hengel* läßt den Topos »Jungfrauengeburt« in seiner Arbeit »Der Sohn Gottes« völlig außer Betracht, an sich zu Recht, da dieser ja sicher nicht in die ersten 20 Jahre der Urchristenheit hineingehört, sondern erst nach etwa 80 belegt ist. Aber ist diese Vorstellung nun deshalb – für uns Christen – »unbiblisch« und keiner theologischen Behandlung wert? Schon im Blick auf die außerordentliche Wirkungsgeschichte dieses Theologumenons in den christlichen Kirchen kann man eine Behandlung des Themas im Rahmen der neutestamentlichen Christologie doch wohl nicht umgehen. Der Versuch von *U. Mittmann-Richert* (Magnifikat und Benediktus [WUNT II/90], Tübingen 1996, bes. 224-231), die Ursprünge der Erzählung(en) von der Gottessohn-Geburt schon in der ganz frühen jüdisch-urchristlichen Gemeinde anzusetzen, kann mich freilich nicht überzeugen (vgl. *N. Walter,* in: ThLZ 126 (2001), 532-534).

53. Ich nenne hier nur eine ältere und eine jüngere Studie zur Sache, wovon die ältere – wegen ihres Titels und ihres Erscheinungsortes – leider kaum einschlägige Beachtung gefunden hat: *S. Herrmann*, Prophetie und Aktualität. Biblische Denkstrukturen in ih-

Bezug jedenfalls erst die Septuaginta-Fassung im Sinn hat, da der hebräische Text bekanntlich nichts Auffälliges über die »junge Frau« sagt, von der da die Rede ist. Die Bezugsmöglichkeit (im Sinne des Matthäus) beginnt also erst mit dem LXX-Text, und es ist dabei nicht einmal wesentlich, ob schon der LXX-Übersetzer tatsächlich und bewusst – etwa im Blick auf ägyptisch-hellenistische Vorstellungen von besonderen »göttlichen« Geburten von Herrscherpersönlichkeiten – den griechischen Ausdruck παρθένος gewählt hat oder ob sich Assoziationen dieser Art erst bei späteren Lesern dieses Textes eingestellt bzw. herausgebildet haben. Sicher ist, dass spätestens Matthäus die Stelle im wörtlichen – und nun einmal von einem »physischen« Verständnis nicht mehr ernstlich zu trennenden – Sinne als Verheißung eines kommenden Retters verstanden hat.[54] Dieser würde von einer nicht verheirateten – wobei gemeint ist: noch nicht im Sexualverkehr mit einem Manne stehenden – »Jungfrau« geboren werden und ist nun von Maria geboren worden; das »physische« Verständnis des gemeinten Vorgangs macht Matthäus (1,18-20) ja dem Leser ganz nachdrücklich klar.

Woher kommt eine solche Vorstellungs-Möglichkeit? Aus dem jüdisch-biblischen Denken und Vorstellen von möglichen Beziehungen zwischen Gott und Mensch doch wohl keinesfalls.[55] Also aus »heidnischen« Vorstellungen? genauer: aus ägyptischen Traditionen? oder aus griechisch-hellenistischer Mythologie? Denkt man an Zeus, der in tierischer Verkleidung halbgöttliche Menschen zeugt und diese gegebenenfalls später auch in den olympischen Himmel aufnimmt, dann wird jeder Bibelleser mit vollem Recht sagen: So ist es nun aber doch in Mt 1 oder Lk 1 wirklich nicht gemeint. Das gilt schon insofern, als in mythologischen Erzählungen dieser Art der Vorgang – wenn überhaupt, dann – als jederzeit wiederholbares Geschehen gedacht ist; Zeus kann viele solche halb göttlichen, halb menschlichen Kinder haben. In der Christologie dagegen geht es eindeutig um ein einmaliges, unwiederholbares Geschehen an dem *einen* besonderen Menschen Jesus aus Nazareth, dessen wirkliche Menschlichkeit damit auch gar

---

rer Begegnung mit abendländischer Geistigkeit, in: *ders.* und *O. Söhngen*, Theologie in Geschichte und Kunst (FS W. Elliger), Witten 1968, 61-73 (der Aufsatz widmet sich im Wesentlichen der Wirkungsgeschichte von Jes 9,1-6 und 7,14), sowie *M. Rösel*, Die Jungfrauengeburt des endzeitlichen Immanuel. Jesaja 7 in der Übersetzung der Septuaginta, in: JBTh 6 (1991), 135-151.

54. Oder sollte sich die Vorstellung von einer besonderen Geburt des Gottessohnes Jesus zunächst ganz unabhängig von Jes 7,14 LXX ausgebildet haben (in Lk 1 ist von einem Bezug auf die Jesajastelle direkt nichts zu erkennen), so dass erst Mt – im Sinne einer »Biblisierung« des Theologumenons – auf Jes 7,14 LXX zurückverwiesen hätte?

55. *Gerhard Delling* (Art. παρθένος, in: ThWNT V, 1954, 824-835) sieht die religionsgeschichtliche Lage wohl doch zu unkritisch (834,13-20). Vgl. dagegen *S. Herrmann* (s. Anm. 53): Die Vorstellung von einer Jungfrauengeburt stellte »Israel und dem Judentum ... eine ursprünglich wesensfremde Erscheinung« dar (68).

nicht in Frage gestellt wird. Aber »vorstellbar« ist dergleichen eben nur unter »heidnischen« Bedingungen, keinesfalls unter genuin jüdischen. Und wenn bestimmte hellenisierte Kreise des Diasporajudentums sich dergleichen schon vorgestellt haben können (was im Zusammenhang mit Jes 7,14 dann auch auf die Einmaligkeit des erwarteten Messias hin tendieren würde), dann ist eben auch schon ein solches Vorstellen-Können nicht als von der religionsgeschichtlichen Umgebung unbeeinflusst denkbar.[56]

Ist nun alles dieses, was über das jüdisch Mögliche hinausführt, »heidnisch« (Schoeps)? Steckt darin ein (gegebenenfalls als verderblich einzustufender) Kern der »Hellenisierung« des Christentums (Adolf von Harnack)?[57] Ich meine, man kann nicht umhin, in beiden – so oder so kritisch gemeinten – Einordnungen etwas Richtiges zu sehen und damit »zuzugeben« bzw. einfach als Gegebenheit anzuerkennen, dass bereits in die neutestamentliche Christologie auch »heidnische« Vorstellungsweisen – möglicherweise auf dem Wege über das hellenistische Judentum – Eingang gefunden haben können.

Ich unternehme hier also keinen Versuch, die für heidnische Mythologie leicht auszusagenden Vermischungen (auch und gerade sexueller Art) von Göttern und Menschen, die Sagen von Halbgöttern und Heroen (im antiken Sinn des Wortes), von auf Erden wandelnden Gottheiten (wie z.B. Dionysos) u. dgl.[58] zur »Erklärung« der urchristlichen Christologie heranzuziehen. Aber: Die »Aufsprengung« des jüdisch-biblischen Monotheismus in Richtung auf das, was später zur christlichen Trinitätstheologie sich ausbildet – gleichgültig ob man meint, sie religionsgeschichtlich auf ägyptische Ansätze zurückführen oder anders »herleiten« zu können –, ist doch wohl ohne ein das Urchristentum umgebendes spätantikes »Heidentum« kaum vorstellbar. Noch weniger allerdings ohne den im Ostergeschehen vor sich gehenden »Paradigmenwechsel«, durch den sich der Glaube an Jesus Christus vom nicht jesusgläubigen Judentum scheidet: nicht mehr das Bundesgeschehen vom Sinai, sondern eben das Jesusgeschehen, die »Sendung« und Auferweckung dieses Einen Menschen, ist das Fundament für die christliche Erfahrung der »Gnade und Wahrheit« (Treue) Gottes (Joh 1,17b). Und um das auszusagen, mussten neue Kategorien gefunden werden, auch solche, die bis dahin noch keine »biblischen« Kategorien waren. Auch »heidnische« my-

---

56. Vgl. dazu noch den Nachtrag unten.
57. Vgl. *Hengel*, Sohn Gottes (s. Anm. 40), 12-15. *Hengel* würde solchen Einfluss, wenn er denn nach seiner Ansicht zugegeben werden müsste, offensichtlich ebenso negativ beurteilen wie *Harnack*.
58. Vgl. dazu: C. *Colpe*, Gottessohn, in: RAC 12, 1983, 19-58, sowie *D. Zeller* (oben in Anm. 46).

thologische Traditionen konnten nur durch denselben »Filter« des – neuen –
Paradigmas vom Menschen Jesus Christus als dem einmaligen Mittler von
Gott her und zu Gott hin Einfluss auf die kirchliche Christologie gewinnen.
Aber die Erforschung der Entwicklung früher christologischer Vorstellungen und Aussagen bleibt auch in meinen Augen noch immer mit vielen Ungewissheiten und Aporien belastet.

Nachtrag

Auf der Tübinger Tagung hat Christfried Böttrich in seinem Beitrag über die »vergessene Geburtsgeschichte« des Melchisedek aus dem slavischen Henochbuch[59] die Erzählung von der vaterlosen Geburt Melchisedeks (slHen 71) aus dem Dornröschenschlaf herausgeholt, in dem sie für die meisten von uns – jedenfalls auch für mich – lag, weil sie früher auf Grund der Behandlung durch Robert Henry Charles[60] bzw. Nathanael Bonwetsch[61] als nicht ursprünglich zum slavischen Henochbuch gehörig und als Nachtrag ungewisser (vermutungsweise: insgesamt christlicher) Provenienz galt. Wenn nun Böttrich[62] auch mit der Ansetzung des ganzen Buches (einschließlich dieses »Anhangs«) in die Mitte des 1. Jahrhunderts, vor der Zerstörung des Zweiten Tempels,[63] Recht hat, dann liegt hier eine Erzählung von der wunderhaften Geburt eines »Heros«, jenes besonderen Menschen aus der »Vorgeschichte« Israels nach Gen 14 vor, die eine gewisse Zeit älter ist als die beiden Erzählungen von der übernatürlichen Zeugung des Jesuskindes nach Lk 1 und Mt 1. Diese Erzählung von Melchisedek ist freilich weit wunderhafter als die von der Geburt Jesu. Bei der Mutter Sopanima mischen sich das Motiv von der späten Schwangerschaft einer bis dahin kinderlosen Frau und das von der Schwangerschaft ohne Beteiligung eines Mannes (über das Wie wird hier gar nichts gesagt);[64] die Mutter stirbt vor der Geburt, und wegen der den Knaben gefährdenden Gottlosigkeit des Volkes wird er (der sogleich wie ein Dreijähriger aussieht) durch den Erzengel Michael in das Paradies

---

59. Vgl. in diesem Band S. 234-260.
60. In dem bekannten Sammelwerk: *R. H. Charles* (ed.), The Apocrypha and Pseudepigrapha of the Old Testament in English, I-II, Oxford 1913 (Neudruck 1963): vol. II, 425-469 (transl. by N. Forbes), bzw. schon vorher: *R. H. Charles, W. R. Morfill*, The Book of the Secrets of Enoch, Dublin, Oxford 1896.
61. *G. N. Bonwetsch*, Die Bücher der Geheimnisse Henochs. Das sogenannte slavische Henochbuch (TU 44,2), Leipzig 1922, bes. 104-121 (Anhang Kap. III: S. 113-118).
62. *Chr. Böttrich*, Weltweisheit – Menschheitsethik – Urkult. Studien zum slavischen Henochbuch (WUNT II/50), Tübingen 1992; *ders.*, Das slavische Henochbuch, in: JSHRZ V/7, Gütersloh 1995, 781-1040.
63. *Böttrich*, JSHRZ V/7, 812f.
64. In Lk 1 verteilt auf Elisabeth einerseits und Maria andererseits.

Eden entrückt,[65] um dann, nach über 1000 bzw. 1300 Jahren, als der Melchisedek, der mit Abraham zusammentrifft (Gen 14), wieder irdisch anwesend zu sein (72 §§ 5-6).

Dazu ist dreierlei zu bemerken:

(1) Das slavische Henochbuch ist diejenige frühjüdische »Apokalypse«, die am meisten hellenistische Vorstellungsweisen in sich aufgenommen hat.[66] Das Motiv der wunderhaften Geburt gehört in diesen Zusammenhang.

(2) Die Erzählung macht Melchisedek zu einer ganz besonders geheimnisumwitterten, rätselhaften Gestalt,[67] was für die Jesuserzählung keineswegs gilt. Melchisedek ist eine Gestalt »aus grauer Vorzeit« – Jesus ist ein Mensch, der in einer Zeit klarer geschichtlicher Erinnerung ganz wie andere Menschen gelebt hat und mit dem die Augenzeugen, lukanisch gesagt: »die zwölf Apostel«, durch Galiläa und Judäa zogen.

(3) Das Wichtigste in unserem Zusammenhang: eine Aussage wie »Melchisedek ist *der* Sohn Gottes« wird im Text von slHen 71f. (man möchte fast sagen: ängstlich) vermieden; überhaupt wird das christologische Pathos der absoluten Ausnahmestellung dieses Einen im Unterschied zu jedem anderen Menschen in Bezug auf Melchisedek nicht entwickelt.

Damit ist gesagt: slHen 71-72 ist ein für unseren Zusammenhang höchst beachtenswerter Text, der aber die spezielle Aussage der »Gottessohnschaft« des Jesus aus Nazareth, der vor den Augen der apostolischen Zeugen »ein- und ausging« (Apg 1,21), keineswegs erreicht, jedoch zugleich zeigt, dass erst »außerbiblische«, hier wohl: ägyptisch-hellenistische Einflüsse[68] eine solche Erzählweise möglich machen. Und was in slHen 71-72 nur negativ gesagt wird (keine Beteiligung eines irdischen Vaters an der Geburt Melchisedeks, aber auch keine Andeutung von göttlicher »Einmischung« in die irdisch-sexuellen Vorgänge), das wird in Lk 1 bzw. Mt 1 sehr viel »anstößiger« angedeutet: Gottes souveräner spezieller Schöpfungsakt an der Jungfrau Maria wird dem Joseph vom Engel angedeutet (Mt 1,20), aber der Maria – durch den Engel Gabriel – direkt »zu-gesagt« (Lk 1,35); der Leser wird in beiden

---

65. Das Motiv kehrt in Apk 12,5 wieder. – Im überlieferten Text von slHen sind in 71 §§ 32-37 sowie in 72 §§ 6-7 offenbar christliche Einschübe enthalten, die den Zusammenhang stören; darin wird auf einen anderen, eschatologisch kommenden Melchisedek voraus verwiesen; vgl. *Böttrich*, JSHRZ V/7, 804f.
66. Darauf habe ich im Zusammenhang mit eschatologischen Vorstellungen hingewiesen: *N. Walter*, »Hellenistische Eschatologie« im Frühjudentum – ein Beitrag zur »Biblischen Theologie«? (1985), in: Praeparatio Evangelica (s. oben Anm. 26), 234-251, bes. 242. 245-248. Ganz ähnlich sieht diese allgemeine Zuordnung zum jüdischen Hellenismus in der ägyptischen Diaspora auch *Böttrich*, JSHRZ V/7, 807-812.
67. In »schlichterer« Form geschieht das bekanntlich auch in Hebr 7,3.
68. Vgl. auch hierzu *Böttrich*, JSHRZ V/7, 811.

Fassungen genau in die Richtung gelenkt, die dann die spätere christliche Ikonographie so darstellt, dass der Engel das materialisierte Gotteswort vermittelst eines Hörrohrs in das Ohr der Maria »hinein-spricht«; dieser Vorgang ersetzt den für die Entstehung eines Menschenlebens notwendigen sexuellen Vorgang. Und um ein wirkliches Menschenleben – nicht um eine halb-mythische Gestalt wie die des Melchisedek – soll es sich ja handeln! Eine solche Erzählung ist für jüdisches Empfinden weit anstößiger als die in slHen 71, die im Blick auf das Wie der übernatürlichen Empfängnis gar nichts sagt.

Interpretation of Scriptures in Wisdom of Solomon

Dieter Georgi

Much of the discussion on interpretation in ancient texts in antiquity is anachronistic. It is teeming with modern presuppositions. They are not justified by ancient interpretative praxis nor by the hermeneutical principles governing it. Thus, most of these modern efforts cannot help us in understanding the dealing with scriptures in texts like WisdSol.

Modern scholars in trying to elucidate the ancient interpretative use of texts first of all are dominated by an overstated, often exclusive focus on literary quotations and their exegetical treatment in the ancient texts. Secondly, they are governed by the assumption that only the text actually quoted by the ancient author is the text interpreted. Thirdly, such modern assessment works with the most often unstated but quite apparent equation of the »Sitz im Leben« of ancient interpretation with that of modern scholarly activity, its interests and its pursuits. As one reads these modern treatments one is often reminded of Albrecht Dürer's drawing »Hieronymus im Gehäus«. »Many scholars seem to have internalized this or similar images and work with them as presupposition as they portray ancient procedures. A fourth difficulty in the discussion of our topic is the blockage many scholars still have in the discussion of Gnosticism, an ancient movement that was primarily governed by hermeneutical concerns and interpretative practices. Its tremendous importance for the study of praxis and theory of ancient interpretation is unduly marginalized if not obliterated.

On the first point, that of the interpretation of direct citations of authoritative texts, it needs to be said that interpretation on the basis of isolated and marked quotations in the ancient world was only one of many ways of the much wider exercise of interpretation of tradition.[1] Allusion and paraphrases

---

1. Modern scholars prove to be subconsciously conditioned by modern Bible editions as they take direct quotes to be the major if not the only ground of ancient exegesis. They do not even ask the question how ancient interpreters could have quoted. The ancients had neither chapters nor verses as points of reference for the texts they wanted to interpret, often not even name or title for the document used. The only way to quote was by means of textual reference. Many a time modern exegetes are bewildered or even angered by the lack of correspondence between the text quoted and the actual interpretation of it. These scholars rarely consider the obvious option ancient exegetes had and frequently used, namely that they utilized bewilderment as an active force for the reader to stop and to look for the larger context of the quote and to think about it instead of a mere bypassing by means of the »of course« of prooftexting. The negative hermeneutics of the »I know«-brushaway certainly existed in those days too.

were much more common instruments and expressions of exegesis of traditions, either written or unwritten. This very often leads into rephrasing and even newly creating the element or block of tradition dealt with – most often without any statement of intent or warning, even more without any rubric.[2] The First Testament presents many extensive examples of interpretation by way of allusion and paraphrasing, some of them very large indeed. I mention by way of example the Book of Deuteronomy, 1 and 2 Kings, the work of the Chronicler, the Book of Psalms and Trito-Isaiah.

With respect to the second point that only the text quoted from the older source is the object of interpretation, it is to be noted that many of these quotes make sense only if their larger original context is pondered. One of the prominent as well as stunning examples of this is the use of Hab 2 in Rom 1:17. The reason for the use of the biblical text and its meaning for the Pauline argument come out only if the full second chapter of Habacuc is taken into consideration.[3]

As regards the third assumption, that of the »Sitz im Leben« of scholar and scholarship, our information about the closest parallels to our modern scholarly activity, that of the Athenian philosophical schools and of the Museion in Alexandria, demonstrate more differences than similarities. The dealings with words and praxis of their master teachers by Plato and by Aristotle present the most obvious disparity to the process of authentication today,[4] a process so essential for modern scholarship.

Already ancient royal courts had to deal not only with official documents and their interpretation but showed great interest in preservation and interpretation of court traditions, too. A good deal of that activity bordered on manipulation. Municipalities, like the Greek cities, rivaled the royal courts and often outdid them in such scribal, collecting and interpreting activities. However much of ancient interpretative operations were located in temples and among priests, sometimes related to court activities, sometimes independent of them. Temple-scribes and -prophets were involved in interpretation too. The Bible gives sufficient evidence that prophets could work inside and

2. As hinted at in the previous note already many quotes in ancient texts make sense only if the larger context of the quote is pondered.
3. With this full biblical text in view not only v.17 makes more sense but the entire passage. The whole paragraph before has the Habacuc text already in view and interprets it.
4. The Socrates of Plato's dialogues is not presented with any concern for historical correctness, even less in the sense of modern historical-critical scholarship. The Plato in the fragments of portraiture Aristotle gives is certainly not the Plato we know from his dialogues. The other bits of biographical information we possess about Socrates and Plato increase the disparity even more. It is also amazing how little we know about Aristotle despite his own concern for the proper setting of his image and despite his school's concern for the memory of the master.

outside of temples as well, certainly also as interpreters of tradition. Thus, there is no doubt that the art of interpretation had a professional side in the ancient world, yet the professions were very different from the modern professor of biblical studies. The professional dimension certainly implied also a training dimension, the learning of interpretation in school settings and then the teaching of it. Schooling, however, lacked anything like our scholarly independence today.

Initially, that was true with wisdom schools too. Here as well the master-student relationship was a very conforming and conformist one. However, compared with Near Eastern and Egyptian wisdom, Israelite wisdom had an increasingly popularizing tendency that replaced the old creative milieus of court and temple more and more with those of the family. This is demonstrated by the development reflected by the various layers of the Book of Proverbs.

The Book of Jesus ben Sirach represents a re-professionalizing of such popularized wisdom. The sage that Jesus ben Sirach portrays is a true professional, the scribe, and there is a training initiation into that job. Ben Sirach succeeded with his intention and efforts because he was supported by the High Priest, Simon the Just. At the same time the likes of him had their location outside the temple and many of them even away from Jerusalem. Nowhere is there a supervision or continuous support from the temple. The successors of ben Sirach became ›magistri populi.‹

Apocalyptic wisdom had liberated itself from the embrace of the temple before, and the sages of Qumran did so as well. All of this, to a degree, meant an expansion not only of wisdom but also of the interpretation of scriptures. Claim and exercise of exegesis thus dissipated among the Jewish people, a development that the Pharisaic movement, for instance, became the expression and the users of.[5] However, the Pharisees were not the only representatives of that demand. Their movement proved that lay people and professionals could join too. A similar concurrence of lay concerns and engagement and school-related, i.e., professional activity can be assumed for the world of WisdSol as well.[6]

As regards the blockage towards a realistic understanding of the Gnostic

---

5. Their initial exegetical exercises were laymen's works and were definitely very different from what we now know as rabbinical exposition. It is most unfortunate that the Pharisees and the scribes today are equated so much. The fact that the Pharisees were a lay movement and the scribes were professionals is simply overlooked in many modern descriptions. The same is true with the fact that even in the first two thirds of the first century C. E. the scribes in their majority were not associated with the Pharisaic party. On this issue s. *Dieter Georgi*, »The Records of Jesus in Light of Ancient Accounts of Revered Men,« in: SBL Proceedings 1972, Missoula : Scholars Press, 1972.
6. The early church provides further examples.

contribution to ancient interpretation there is an almost ideological preoccupation of modern research in Gnosticism with distancing this movement from anything earlier than the second century C. E. and from the earliest church and from Judaism in general. This severely reduces, indeed practically excludes the Gnostic option from the discussion of theory of hermeneutics and praxis of interpretation between 200 B. C. E. and 100 C. E.[7] This all too general scholarly misperception makes Basilides, Marcion and Valentinus appear suddenly out of nowhere as if they were miraculous phenomena, fatherless and motherless. The description and explanation many modern scholars give for the interpretation of scriptures rendered by these ancient exegetes, a good part of it exegeses of the First Testament, read more like reports from the mental asylum.

Even more is an anonymous document like the Apocalypse of Adam, entirely concentrating on the Book of Genesis, laughed out of court of serious exegesis. It is not taken seriously as a Jewish document – although there is not the slightest Christian touch in the entire tract. However, where and when should this document be located and dated? Anyone who wants to date and locate that document any later than 50 C. E. and within »Christian« circles has the burden of proof in terms of our knowledge of synagogue and church in the first, second and the third century.

I shall concentrate now on the interpretation of scriptures in selected portions of WisdSol 1:16 – 3:10.[8] I shall use them as examples for the interpretation of scriptures in WisdSol at large. Other prominent examples, e.g., the hymn of wisdom in ch. 10, and the exposition of the Egyptian plagues, scattered over ch. 11 – 19, present other forms and methods of interpretation. They prove the variety as well as the force of the exegetical competence and praxis that existed in the school responsible for this document, and the movement one came from and related to.

WisdSol 1:16 presents a sudden change of tone within its context. 1:1-15 had taken the route of a very broad deliberation. In this previous passage, an objective tone had been chosen, mostly on the hortatory side. Now in 1:16 all of a sudden a drastic shift occurs: »But the godless by their hands and words summoned him, they considered him a friend and they pined away. They made a covenant with him, too.« The »him,« the object of their sum-

7. This is particularly curious since with respect to the use of rabbinical sources the almost universal practice is the utilization of texts for assertion, assessment and description of phenomena between 200 B. C. E. and 200 C. E. This is done although the literary date of most of these texts is not earlier than 200 C. E., many of them even much later.
8. The two commentaries that I am using are: (W.) *David Winston*, The Wisdom of Solomon, Anchor Bible series, Garden City: Doubleday, 1979, and (L.) *Chrysostome Larcher*, Le Livre de la Sagesse ou Sagesse de Salomon, 3 vols., École Biblique, Nouvelle série, Paris: Cerf, 1983-85.

mon and covenant, is death. The objective tone of statement and reflection ceases. Now a dramatic performance begins.[9]

The readers are confronted with acting people. We get a dramatic narration of a conflict between two parties, the godless and the wise. The latter ones are initially presented as one person alone. This wise person remains silent all the way through. It is the fools who speak. The wise appears solely in their monologue. Initially, he is an individual. But he gains a broader perspective as the drama unfolds.

WisdSol 1:16 betrays that there is a primary textbook for this drama, namely scriptures. The Bible itself is read as drama. A major part of the interpretative purpose is to bring out and enlighten the drama of the text, which all too many cannot see. Therefore, in the eyes of the interpreter they do not

---

9. I mean the term »dramatic« here in its true sense, i.e., with reference to true realization, not in the all diluted sense of »very emphatic« as it is commonly used among exegetes and theologians at large. On »drama« s. the articles in *James Hastings* (ed.), Encyclopedia of Religion and Ethics, Edinburgh & New York: Clark & Scribner, repr. 1974, IV 867-71 and 897 (L. H. Gray); *Mircea Eliade* (ed.), The Encyclopedia of Religion, New York & London, McMillan: 1987, IV, 436-50. The major problem of a proper dealing with the issue of ancient drama as much as with ancient rhetoric is our cultural, particularly our academic overdependence on Aristotle. Most scholars forget that neither Aristotle's poetics nor his rhetoric were meant for the public but were intended for lecturing to members of his school alone as almost everything surviving from Aristotle's hand. S. *Dieter Georgi*, »Die Aristoteles- und Theophrastausgabe des Andronikus von Rhodus. Ein Beitrag zur Kanonsproblematik,« in: *Rüdiger Bartelmus, Thomas Krüger & Helmut Utzschneider* (eds.), Konsequente Traditionsgeschichte. Festschrift für Klaus Baltzer zum 65. Geburtstag, Freiburg & Göttingen: Universitätsverlag & Vandenhoeck, 1992, 45-78. In his poetics A. does not want to write a handbook for dramatists but notes for a philosophical lecture course. Not even the »canonical« tragedies are sufficiently covered by these lectures, least of all the most recent ones of them. The large production of the most performed playwright of the ancient world, Euripides, are not sufficiently recognized by Aristotle, let alone the post-Euripidean production. A. has very little to say about the social settings and dimensions of drama. We do not even possess all of the tragic works of Aischylus, Sophocles and Euripides. Their comedies are almost entirely gone. Most of the offerings of the other dramatic authors of the ancient world are lost.

Theatrical reality in Greece and elsewhere was very wide and differentiated, represented by many more phenomena than by the local public theater alone. There is, for instance, no place in Aristotle's reflection for the dramatic dimension of the cults other than the Dionysus cult. Mystery religions of various kinds had elements of conscious dramatic plotting and performance. Another phenomenon, very important for Greek and Hellenistic cultures, the omnipresent street theater, the mime, is completely left out.

The mime was popular and prominent in Rome too. The Romans contributed also various other dramatic exercises, and so did other different subcultures of the Hellenistic world. In *D. Georgi*, The Opponents of Paul in 2 Corinthians, Philadelphia: Fortress, 1986, 113-14. 199. 402-04. 418, I have given evidence for the existence of dramatic pieces and performances in the context of the synagogue and its propaganda.

On whatever level ancient drama as a mimetic performance existed, it was intended to be efficacious. It was not merely to reflect reality but also to change it effectively.

understand the text. By the time of WisdSol dramas were not merely those performed on whatever stage but the variation of reading dramas existed as well, read aloud, individually and in groups.[10] The dramatic text behind our text, the dramatic scene WisdSol 1:16 takes as point of departure, is Isa 28.

That »the godless ... summoned him (death) ... they made a covenant with him ...«[11] alludes to Isa 28:15. Here the prophet addresses the »mockers« or the »boastful ones«: »Truly you say, we have closed a covenant with death and a treaty with Hades«. But the entire context of v.15, at least 28:14-22, is in view. This biblical text gives plot and pattern for WisdSol 2-5: Isaiah's attack on the evil, yet fundamental arrangements that the leaders of the people of Judah have made with demonic forces, and then the announcement of God's judgement in form of a new establishment. The famous »cornerstone« metaphor, a person or an institution, represents the latter. Through and around it the false establishment is swept away.

WisdSol, more precisely, the community behind it, does not see the Isaiah-text as historical past. No – the enemies of Isa 28 are understood as being present. The conflict described is taken as an ongoing drama. This dramatic reading takes scriptures as drama in general. The biblical texts are taken as scenes. The figures of the biblical books, not only the persons but also the issues, are assumed to be ›dramatis personae‹ in a drama that transcends the terrestrial. This kind of reading is anything but harmonistic. Contrasts are observed in the texts. They are understood as portraits of real conflicts, not only within texts but also between texts. These contrasts are accepted as active elements of dramatic encounters and engagements between God and Satan, good and evil, just and unjust. No premature balance is looked for, no historical nor doctrinal neutralization.

WisdSol 1:16 and its context read the conflict described in Isa 28 as a fundamental one. The opponents of Isaiah for WisdSol are more than accidentally corrupt priests and prophets. Their use of basic Israelite terms like »covenant« and »righteousness/justice« in the view of WisdSol is more than an adulteration of customary Israelite terms in a perverse manner. The conflict in Isa 28 is taken to be more basic. Isaiah's mockers or boasters, enemies of the true prophet and of the holy remnant, for WisdSol are »the godless« as such, of whatever time and place. They are fundamentally opposite to writers

---

10. On reading/recital dramas s. G. *Funaioli*, art. »Rezitationen«, in: RE A1 (1914), 435-446 and W. *Kroll*, art. »Deklamationen«, in: RE Suppl. 7 (1940), 1119-1124.
11. The gnomic aorists in this text make for a very active mode of speech. It provides the basic foundation for the mythicizing that is going on here, further enhanced by the claim that this summoning is done »with hands and words.« The commentators usually overlook this dramatic language that gives the text a mythical flavor. We are informed in a very engaged manner that the godless create their own authority through projection, which makes their reality an illusionary one.

and readers of WisdSol. These mockers are people, real also in the religious and social environment of WisdSol. At the same time they are representatives of another reality beyond that, another world, a reality and a world that are not supposed to exist.

The concept of covenant with death, taken from Isa 28, is more than a testament as the literal meaning of the Greek term διαθήκη initially conveys. Already in Isa 28 the term invokes a lasting situation, even more in WisdSol 2-5, a situation not just of legal but of essential proportion, an ontological reality, comparable to creation, although as its complete opposite. The biblical idea of covenant here is worked with, yet in the sense of its antithesis, its parody.[12] Thus the enemies of the prophet in Isa 28 now stand for a world opposite that of God, but like God's world also anchored in a supernatural base, with constitutive legal force. The law and the justice claimed and used by the godless in WisdSol 2 are an aping of God's just rule, a counterfeit of God's creation.

Like the biblical covenant of God and God's people the covenant between the godless and death has an emotional, an endearing side, too. Death, the partner in this treaty, is »considered a friend.« This phrase is a critical allusion to the Greco-Hellenistic ideal of death as a positive power, being a threshold to the eternal fame of the hero, or also a savior friend. These ideas appeared most of all in poetry and philosophy. The notion of friendship with the gods in WisdSol 1:16, however, is used negatively.[13]

Yet these parallels are not justification enough for the strong language of the polemics implied in the picture of the godless in WisdSol 2. The antithetical trend moves toward dualistic polarization. It has its reason in something else than mere polemic against the Greek concept of friendship with the gods. Compared with the biblical source the activity of the opponents of the just in WisdSol 1:16 is more aggressive: The fools of WisdSol 1:16 literally force death to the stage, »by their hands and words«, renewing the »pull (ing) destruction with the works of your hands« of 1:12. Death here is not per-

---

12. *Ernst Kutsch* in his article »Bund I-III« in: TRE 7 (1981), 397-410 has tried in a rather declaratory manner to put to rest the meaning »Bund/covenant« for First Testament, Judaism, New Testament and Early Church. Two essential deficiencies of his approach are the lacking exegetical analysis of larger textual passages and together with that an insufficient dealing with methods, that consider the historical context, like form criticism, redaction criticism, history of religion, history of tradition, law and social situations. *Kutsch's* approach is much too one-sidedly fixed to the terminological. He does not do justice to texts like Jos 24. His analysis of the NT tradition of the Lord's Supper lacks any tradition-, religion- and theology-historical differentiation. The legal dimension of the Pauline statements within the context of διαθήκη is not really considered by *Kutsch*.
13. In WisdSol 7:27 the concept can be taken up in a positive way as well, and the idea is used in a positive manner in 4:10-14 too.

ceived as an event but as a supernatural person, a vivid mythical figure, people can close treaties with.[14]

The subsequent phrase »and they pined away« picks on the waning and wasting away of yearning lovers of erotic elegies. V. 12 had played with the idea of »yearning« already. And as the Greek saying would have it: lovers of gods die early,[15] of course, with the goal of full erotic consummation after the exitus. The bitter irony is obvious and is topped by the last line of this verse: »because they are worthy to be of his lot«.

The readers, knowing their Bible, would notice the verbal signal of »his lot« and were reminded of a key word of Ecclesiastes. »Lot« there is a circumlocution for the continuous association with God, doubtful as it may be. This is the first hint that the godless of WisdSol 1-5 might have something to do with the skeptics of Ecclesiastes, an allusion to tensions within scriptures.[16] This increases the dramatic quality of the text before us.

It sets biblical tradition against biblical tradition. The conflict between the two worlds is also a conflict within the readers' own religion. Thus the drama intensifies, the stage gains further depth and fervor. The reading observation of those responsible for our text had not only noticed that scriptures all the way through brings strong details against those ruling over the people of God, be they kings or priests or other leaders. The depravation of those entrusted with leadership goes further. They use God's good gifts like the covenant or the cult, meant to support, further, restore and save his people, to the disadvantage of the faithful.

Chapter 2 presents a clear contrast to the description of the just and the wise in WisdSol 3:2.10 and in 5:4. The chapter describes the opposite to the

14. *Winston* (W.) gives us three Philonic parallels that describe comparable treaty relations. One is found in *Deus* 56 (*Winston*'s translation): »But those who have made a compact and a truce with the body.« The next is from *LA* 2 11: »So from the vices is he called unjust and foolish and unmanly, whenever he has invited (προσκαλέσεται) to himself and given a hearty welcome to the corresponding dispositions.« The third is taken from *Mig* 16: »But some make a truce with the body and maintain it till their death, and are buried in it as in a coffin or shell or whatever else you like to call it.« Philo proves that he knows of a liaison/covenant/(com) pact/truce, that is, of a constitutional legal relationship between the godless/bad/fools/unjust with the earthly/body/vices/death. W. is also correct when he states that the idea in our text of being worthy either of wisdom or of death is not limited to the first chapter but it recurs in our book more than once. That establishes a basic duality within the work.
15. Menander according to Plutarch, *Consol. ad Apoll.*
16. W. refers to two Apocalyptic parallels for the negative use of the concept of lot/portion. One is *Apocalypse of Abraham* 22 where »the wicked are Azazel's portion assigned to him from the beginning.« Similar but without the term portion/lot is 42:7: »For corruption shall take those that belong to it, and life those that belong to it.« The parallels *Winston* gives from Qumran show that there the idea existed as well, for example 1QS 4.24; 11.7-8; 3.24; 1QH 3.22-23; 1.11-12; 1QM 1.1; 13 12. There is skeptical fatalism in these texts.

portrayal of the life of the wise. Their life is described as stable and continuous, indeed immortal, whereas that of the godless/fools as instable and discontinuous. The description of the situation of the godless/fools is put into their mouth in a mixture of factual statement and intention. Their view reflects that of the fool in Ps 13:1 (LXX): »the fool spoke in his heart.«[17] This is practical atheism.[18] It is important that the main part of this Psalm speaks of the majority of humankind as godless. There is only a minority that obeys God. Only the last two verses speak of all of Israel as protected, respectively saved, by God.[19]

The dramatic suspense of the textual arrangement in WisdSol 2-5 is increased by bringing into play the associations that certain forms carry with themselves.[20] They are consciously manipulated in a fashion that stands against the original expectation. In our case there is an intended irritation in the selection and combination of two lamenting songs. The original songs of

17. »›There is no God.‹ They were corrupted and abhorred in (their) pursuits; there is none who does anything friendly, not even one.«
18. Ps 13 (LXX) has its almost complete parallel in Ps 52 (LXX). Both psalms seem to have belonged to the background for the portrait of the godless in WisdSol 2-5. Both psalms speak of the fools. Both answer the divine question about the existence of a συνίων or a ἐκζητῶν (13:2 and 52:4) in the complete negative. Both psalms can be read as presupposing the absolute disaster with respect to all of humanity, the complete non-existence of a just one. This reading is all the more possible, since in both cases only the last verse presents a positive note, but that in form of a prayer for a miracle: »Who will give redemption out of Zion? In the changing of the imprisonment of his people Jacob will have joy and Israel will exult.« Zion, Israel and Jacob strike the reader almost as transcendent categories. The situation of God's people is described as αἰχμαλωσία, either under sin or under the godless or both.
19. It is not without justification to say that this pessimism as expressed in the speech of the wicked is a feature frequently apparent in popular thought and poetry of Hellenistic and Imperial times (see *Nock* 1966: xxxiii; *Cumont* 1949: 131). It is certainly true. But this makes it all the more understandable that Jewish scribal criticism filled by new ideas and opposed to the eschatology of Israelite-Jewish tradition would exploit the closeness between traditional Israelite eschatology and popular Hellenistic belief. These critical modernists would accuse now as an apostasy into paganism what in fact were traditional ideas and conservative positions within Judaism.
20. Two songs that stem from skeptical wisdom are integrated into an exemplary story: a song of lament/complaint (2:1b-9) and a song of confession/conversion (5:6-14). The authoring community has enlarged and radicalized the original lament by a satirical speech (2:10-20). This has added a narrative of contrast to the exaltation and vindication of the Just One (5:1-3) and a confession of the godless (5:4-5), both preceding the confession/conversion song. Structure and content of the example story were composed with Isa 52/53 as a model.
In the last phase, that of the present composition, the more speculative statements 1:16 (together with 1:1-15) and 2:21-24 were formulated as a frame for the first part of the present wisdom narrative. Further, several already existing sapiential sayings, collections and individual pieces (3:1-4:20) were inserted. Two eschatological poems, one about the future of the Just Ones (5:15-16) and one about the divine warrior (5:17-23), conclude the present edition of the narrative about the Just One(s).

lament and contrition in ch. 2 and 5 reflected texts like Job 7:9 where it is stated clearly: »If a human goes down into Hades, he does not go up again.« On that old biblical basis the songs of WisdSol 2 and 5 stand. They reflect an even more radical swing as in Eccl 2:15-17; 3:19-22 and 8:16-9:10.[21] However in their present juxtaposition and integration they are turned aggressively negative. These songs representing biblical tradition now ridicule Israelite and pagan religious concepts, then modern, like healing and salvation from Hades, in a radicalization of thoughts. But also allegedly transcendent phenomena like »Logos« or »Pneuma« were mocked at. Neither name nor remembering were taken seriously by this »conservative« skepticism behind the songs of WisdSol 2 and 5, even less concepts like retribution, immortality, resurrection or any positive understanding of history, they were of an individual or a collective orientation. The original lamentations of WisdSol 2 and 5 stressed the inevitability of the adversity experienced by the lamenting person, typical for that form, and viewed it as an expression for the general misery of life. These songs of lament and contrition behind WisdSol 2 and 5 originally pushed form and language of the psalms of lament very far, steeped them into the colors of an advanced sapiential skepticism that must have understood itself initially as return to the true old biblical heritage.

This restauration of the old faith did not limit itself to the observation of particular misery but moved to general conclusions, which tended to put the blame beyond the human realm. In the case of our two songs, those responsible for the composition of the present composite narrative arrangement, an example story form-critically spoken,[22] must have been aware of the fact that these songs had been texts that came from a conservative biblical base and refuted the »modern« ideas of resurrection, afterlife and immortality. The innovators had been responsible for the linkage of these songs, had chosen the strongest expression of the traditionalist belief phrased in a form that

---

21. Of a similar mood are Gen 47:9; Job in general, in particular 9:25-35; Eccl 2:22-23; 3:10; 4:1-16; 5:7-16; 6:12; Prv 30; Ps 48:2 – 15 (LXX); 1 En 102:6 – 8 and the first part of the ideal biography in WisdSol 7.

22. The readers are being accustomed to the narration of the life of model figures, often appearing to be very extraordinary, known as well as anonymous persons. Such stories were composed as typical narratives, exemplary stories even. These narratives would present concrete examples to be modeled after or to be avoided. Already experiential wisdom knew this genre (e.g. Prov 24:30-34, a negative example). Theological wisdom used it too (Prov 7:6-23, again not a positive model), and so did skeptical wisdom (Eccl 4:13-16, not of an enticing model either). Charismatic wisdom knew this genre as well as Sir 51,13-29 proves, an autobiography narrated as an example story in form of an acrostic poem, in fact an invitation to the school the wise person leads who is telling his story. Elements of the example story are found also in Sir 24:30-34 (the end of the grand wisdom hymn) as well as in Sir 38: (34) 39: 1-11 (praising the value of the profession of the wise as compared with other professions presented earlier in 38:25-33).

knew about the »new« ideas and critiqued them heatedly. The composers of the larger unit took the liberty of opposing this conservatism in form of the two songs, one of lament and one of contrition, by putting this aggressive defense of old biblical faith and attack against »modernism« into the mouths of the godless.

Already the authoring community behind the example story adopted by WisdSol had wanted to integrate into their work, a concentrated mix of ideas and emotions, enhancing the dramatic drift. In it the group's understanding of its existence and purpose found its emphatic expression, with the main person, the wise one, stunningly silent. The narrators wanted the public to engage themselves on behalf of the individual they considered to be just, and to side against the group described as godless.[23]

That means the composition WisdSol integrated in ch. 2 and 5, the exemplary narrative, had possessed a polemical ring from the start. But this tendency was not in accord with the self-assessment of the group attacked. They would have seen themselves as Jews adhering to the old biblical faith.

The original skeptic lament received a different tone because of the integration into a new frame of reference. This happened also to the skeptic song of repentance. It was turned into a critique of the skeptic ideology, be it of sapiential or of philosophical provenance. Whether or not Ecclesiastes is directly targeted cannot as easily be decided in the negative as the ›communis opinio‹ among biblical scholars does. As the use of the ideal biography in ch. 7 and the use of other skeptic elements in WisdSol show, the Gnosticism of WisdSol does not mean a return behind skepticism but a working through and thus moving beyond skepticism.

The original song of lament bore parodistic traits which exposed essential religious and philosophical concepts to ridicule: healing, salvation from Hades, Logos, Pneuma, name, remembering, retribution, immortality, resurrection and every kind of positive understanding of history, be it of individual or of collective orientation.[24]

We shall see that WisdSol 2-5 uses the Psalms and Isaiah side by side, certainly also Job and probably Ecclesiastes. It stresses the common interest of Psalms and Isaiah in the issues of δικαιοσύνη and δίκαιος. In WisdSol this is furthered and put under the lead term of ch. 1, δικαιοσύνη. This invokes

23. With all probability, the combination of the two songs to one narrative occurred in quarters already devoted to a kind of speculative mysticism, although the form of the exemplary story was adopted from missionary theology where it had played a very important role. Also the critical judgement of the »ancient« eschatology can be found in missionary theology already.
24. With respect to πνεῦμα the lamenting statement in Job 7:7 opens the way for such persiflage: μνήσθητι οὖν ὅτι πνεῦμα μου ἡ ζωή - most probably a critical reference to Gen 2:7.

the great figure of the δίκαιος that casts its shadow over the book of Psalms and the book of Isaiah at large alike, at least in the eyes of WisdSol and its tradition, most probably also beforehand in earlier sapiential Jewish readings.[25] Read with the eyes of Isaiah and Psalms in general, already in 1:16 the δίκαιος is in view as contrast figure, and that means the Isaianic δίκαιος of the whole book in its later form, i.e. ch. 1-66, and the epitome of the δίκαιος, namely the Servant of the Lord, especially of Isa 52-53.

The images of the just one of Psalms and of Isaiah in this interpretation were joined. The combination of the sufferer of the psalms of lament on the one side and the anonymous person in the four songs on the other side, his call, mission and sufferings, his alleged end and afterlife make for a forceful aggregation. It throws its light over the whole picture drawn in chapters 2 to 5. In this fusion the hermeneutical key for understanding the whole document is given.

WisdSol 1:16 and the following composition are embedded into Isaianic perspectives, and also into related associations with the psalms of lament. Enemies show up in the latter texts as well, but their language in WisdSol is much more aggressive, blown up into almost superhuman dimensions. Yet the history of tradition referred to prevents us to downplay the force of language and rational in WisdSol immediately as caricature, as negativism without sense. From a biblical perspective most of what they are saying and most of their actions do make sense.

WisdSol in general and 1:16-5:16 in particular, use the Isaianic tradition and its background for a black-and-white-approach. In light of Isa 52-53 this makes sense because it presupposes the contrast between the Servant and his enemies, the latter relating also to the people reporting ›post festum‹ about the fate of the Servant and its wondrous turn. But during the Servant's lifetime they had stood with all others in enmity to him. In WisdSol 2-5 this contrast has turned into polarity.

The reflection on the Suffering-Servant-song by the tradition used in WisdSol 2-5 shows also the influence of the biblical complaint songs, more particularly the flavor of the language of the enemies in those songs, which reflect sapiential skepticism. This is all the more curious and bewildering because there is – despite all closeness – a main difference between the psalms of lament and the Suffering Servant song, namely that in Isa 52-53

---

25. The LXX-text of Isa 28:17 has not carried the Greek equivalents to ›mishpat‹ and ›zedaqah‹ that is δίκη and δικαιοσύνη, instead κρίμα and ἐλεημοσύνη (a synonym for δικαιοσύνη). But whatever the immediate Greek textual tradition behind WisdSol 1-5, it had a preference for the concepts of δικαιοσύνη and of being δίκαιος, issues of greatest importance for all parts of the book of Isaiah.

the sufferer does speak to no one. There is no language of complaint left any more.²⁶

The dramatic story of conflict we have been talking about extends first into 2:22. Then it is broken off, as abruptly as it started. Again a more reflective mood takes over, covered by chapters 3 and 4. But then the thread of the dramatic story is picked up again in 5:1 and its narration finally ends in 5:14.

2:1 »For they said as they reflected amongst themselves in inappropriate ways: ›Our life is low and dreary; there is no therapy at the end of humans, and nobody is known who would save from Hades‹.« This is a new introduction. The motifs expressed here reflect sapiential ideas. As the following monologue intimates the phrase »they reflected among themselves« means more than mere inside reflection. It takes the thinking presented to be a kind of active speech. WisdSol does not have in mind pure inwardness, each for him- or herself. An intensive reflection is meant that is common with all the godless, characterizing their point of view or position. It recalls the »in his heart« of the fool in Ps 13 (LXX) as he expresses his practical atheism in v.1. In Eccl 2:1 an essential reflection is introduced with a »I spoke in my heart.«

The introduction calls what follows »inappropriate.« Without this qualification and the particular description found in 1:16 of the subjects speaking in 2:2 and following this passage would be read by any bible reader as perfectly ›kosher‹, spoken in the vein of biblical texts like Ps 90 or similar ones from Job or Ecclesiastes.

It is important to note that from its start this critical existential reflection of the godless has elements of pious biblical self-realization and self-limitation as they are expressed in Ps 38:5-7; 89:10 (LXX); Eccl 2:23 and Sir 40:1-10, also in texts like Gen 3:17-19 and 47:9. All these passages are influenced by experiential wisdom. Yet on closer inspection we have to note that the initial phrase says more than texts like Job 10:20; 14:1-2; Eccl 6:12 and Sir 40:1-2 do. The words spoken in WisdSol 2, »our life is low and dreary,« are even more drastic, or in other words, more skeptic. However there is no doubt that they are still within the limits of biblical statements originally made out of the belief in God as the limiting authority and power.²⁷ This

---

26. The irony of the present text resembles paradigms like Ps 36 (LXX). Prophetic criticism of violence is well known for instance from Amos 4:1. Skeptic wisdom thought similarly as e.g. Eccl 4:1 proves.
27. Similar to Gen 47:9. Even more drastic are two passages from Job: Job 14:1-2: »For a mortal one born of woman, of short life, and full of wrath, or who withered like a flower that had come out. He fled like a shadow, and did not stay.« Job 10:18-22 (addressed to God): »Why then did you lead me out from the womb, and I did not die, but an eye did not see me, and like somebody who is not I came into being? For why was I not changed out of the belly into the grave? Isn't minute the time of my life? Let me take rest a little before I go from where I cannot return, into a dark and gloom-carrying land, into a land

divine authority and power in the text at hand is clearly left out, in fact denied and mocked at. Yet the content of the lament without the reference to the divine power resembles sapiential thought.

The authoring community took a perfect lament, stemming from a pen like that of Ecclesiastes, skeptic but still faithful, and certainly moving and engaging a pious soul.[28] But now this complaint is integrated into a new frame, put into the mouths of the opposite of faithful people, the godless themselves. The same will happen later on to another song of lament.

»There is no therapy:« This formulation introduces the last verse of the book Nahum (3:19), there followed by a description of God's judgement. In Jer 14:19 and in Ps 37:4 (LXX) we find the same expression. This judgmental aspect is radicalized in Sir 3:28: »for the wound of the mocker there is no healing because he is a sprout from a rotten trunk.« Thus, what pious

---

28. of eternal darkness, where there is no radiance nor sighting of the life of mortal ones.« The same mood is expressed in Eccl 2:22-23: »For what happens to the human in all of his labor and in the choosing of his heart, with which he labors under the sun? For all his days there is his being dragged by aches and moods, and at night his heart does not sleep, and this is vanity.« These statements are more than skeptical, rather fatalistic, stronger than parallels from pagan sources quoted by *Winston*. WisdSol in its satirical portrait of sapiential skepticism could presuppose such radical skeptical ideas as a world-view, generally held among Jews and Gentiles.
    A significant example for this is Eccl 2:14 and 15. It says that wise men can see where they are going and fools cannot [this as much as the previous verse is an ironical pickup of sapiential pride]: »I saw that wisdom has superiority over foolishness as there is superiority of light over darkness. The wise has his eyes in his head and the fool walks in darkness. And even I recognized that one fate meets them all; and I said in my heart: How shall meet me the fate of the fool as well? And why have I become wise? Then I said (something) superfluous in my heart because a fool speaks out of the superfluous: This is vanity as well.« Similar insight is found in 3:19: »For the fate of the sons of human is also the fate of the animals. Fate among them: as the death of this one so the fate of that one, and one πνεῦμα is in all of them. And what has the human more than the animal? Nothing, for this all is nothingness.« This is paralleled in 9: 1-3 Here we find again a continuation of a caricature in v.1: the confidence of the wise who believe that their righteous life matters to God, and that there is an eschatological reward for it. However no one knows anything about what lies ahead. V. 2 says: »Vanity is in them all; one fate to the righteous and to the wicked, to the good and to the bad, to the pure and to the impure, to the one who offers sacrifice and to the one who does not offer sacrifice. As the good so is the sinner; as the man who swears so the one who fears the oath. This is the evil in everyone who acts under the sun that there is one fate for them all. And the heart of the sons of human are full of evil, and a moving like a nomad in their heart, in their life, and behind them (as they go) to the dead.« It is very obvious that biblical skepticism and Hellenistic skepticism have a lot in common. It needs to be noted that this kind of thinking was not marginal but central for a good deal of biblical thought. It could claim high age and thus orthodoxy, although historically spoken it was something that had evolved again and gained steam after the exile. WisdSol argues in this chapter and its context against a well-grounded biblical tradition for a contrary, indeed a new position. WisdSol however defends it as true biblical tradition and understanding.

person could contradict the observations of the godless? Now, however, it is polemical irony at its best.

The concluding phrase of the first verse, »nobody is known who would save from Hades,« certainly would cause protest of the faithful who would quote texts like 1 Sam 2:6 that speak of God's power of killing and resurrecting. But the godless have other biblical passages on their side like Eccl 8:8 where the human being has no authority or power to steer the ›ruach‹, whatever it means, even less the causing of death. In Eccl 3 the limitations of human existence and production are stressed, in 3:19 and 21 even the closeness of human finitude with that of animals.[29] This kind of thinking is not limited to Eccl. The skepticism of that book instead breathes a good deal of biblical conservatism, which is reflected in much of the statements of the godless in WisdSol 2 – 5 as well. What the fools say here is quoted in WisdSol 16:14 as pious insight, the idea of the impossibility of lengthening one's life or of reversing death.[30]

Job 33:23-26 presents an interesting alternative, even more radical in the Greek version, the possibility of the successful invocation of a saving angel who would be willing and able to liberate the pious one, contrary to the majority of the angels who might bring death. The saving angel would help the devout one who turns to God, from the threat of the grave, doing this in the name of God, of course. This liberated person is able to face God with a clean heart and to demonstrate righteousness to other humans. Whether the text in its Hebrew or its Greek version originally had the idea of resurrection of the dead in mind does not concern us here. Later generations read such a text as promising the setting free from the reality of death altogether, in other words: immortality.

Eccl 3:18-21; 9:10, and 12:7 contradict this. These passages claim that the kingdom of death is the final destination of humans, which is not really different from that of animals. The concept of the raising of the dead as found in the prophetic contexts of 1 Kgs 17:22; 2 Kgs 4:35; 8:5; and 13:21 is rejected by the skepticism of Eccl (and also correspondingly of WisdSol 2). It is stated, however, in the name of older Israelite tradition.

The original skeptic lament in WisdSol 2 received a different slant through

---

29. With the animals being better of, *Larcher* claims the difference of the thoughts in Eccl from those of the godless in WisdSol 2 etc. They are allegedly ›dans un autre contexte et dans des termes différents.‹ L. argues that ›Eccles. évite un déterminisme rigoureux en faisant dépendre de Dieu le souffle de vie.‹ *Larcher* thus sees in Eccl merely ›d'une rencontre occasionnelle sur la base d'une vérité d'expérience.‹ He does not realize that for people like the author of WisdSol a mere reference to (a) God does not yet qualify the text as good and appropriate. What kind of God it is, is at least as important. In the author's opinion the death of 1:16 functions for the godless as God.
30. This idea is stressed in Ps 48:8-10 (LXX), too.

this integration into a previously existing example narrative. Both songs by way of their juxtaposition and their integration first into a story and then into the present arrangement were turned into a critique of that skeptic ideology, be it of sapiential or of philosophical provenance. This criticism is achieved by way of using these songs in parodying manner. Their very integration intimates more than mere denial of such thoughts. No, they are quoted, very critically indeed, but they are quoted nevertheless. The new insight can be gained only by way of direct discussion with skepticism. This recognition could even go into a more positive direction as the use of the ideal biography in ch. 7 and the use of other skeptic elements in WisdSol show. The sapiential Gnosis of WisdSol does not mean a going back behind skepticism but a working through it. Only in this way a moving beyond skepticism could be achieved.

A certain interpretative understanding of the Servant-songs provided the pattern of the example story, especially the famous fourth song, with the phenomena of the psalms of the lament behind it. The model figure in WisdSol is the just one. His exemplary importance is brought out mostly through the conveying of the evil intentions of his enemies. His own silence and inactivity suspensefully exaggerate this, and that is contrasted by his final victory. That proves the initial assumptions utterly wrong, not just those of the godless quoted but also of other alleged realists who could identify with the realism of the godless against which the silent inactivity of the wise seemed completely lost. Like in the psalms of lament so also here there is a radical turn (vv.6-9), but not the turn for the better, the experience of God's saving act, but the shift toward one's own sarcastic conclusion and cynical action taking over the present time and its space and controlling them. This takeover is sealed with a repetition of the keyword »lot« and its equally generalizing synonym »portion« (v.9).

2:2: »For we originated by accident, and afterwards shall be non-existent again; for breath is smoke in our noses, and reason a spark in the movements of our hearts.« The full suspense of statements like this for later Jewish and Christian readers does not come through any more because they had become accustomed to the mix of apocalyptic and Hellenistic-Jewish concepts of God and his sovereign will and providence and to the idea of individual resurrection. It was forgotten that such concepts about origin and fate of the individual as here expressed by the fools had been old biblical heritage that sapiential skepticism had picked up again. Texts like Gen 21:1 are evidence for the common biblical belief that for biblical thought the origin of all human life was caused by God. Jewish Israelite exegesis had taken this verse to intimate the divine generation of the patriarch Isaac in particular, the reported visit of God being the circumlocution of God's begetting of Isaac.

The godless believe as little as ancient Israel that the conceiving and birthing of humans is caused by a divine inspiration, that is, the implantation of a divine element or elements: soul and/or spirit. What is stated in our text plays with the literal meaning of Gen 2:7: the coming to life by live breath being blown into the body, understandably implying: through the nose,[31] as replicated in reanimation. The godless definitely allude to that text. There seems to be a caricaturist tone in that wording.[32] But caricatured by whom? The godless could poke fun at the understanding of soul or spirit as they evolved later, most strongly since Hellenistic times. Then, in the interpretation among diaspora Jews, that scene in the second creation story was interpreted as the filling of the human body with a divine element, not merely the life-giving breath but the spirit of God. It could also be colored by the perspective of those who saw in Gen 2 a minor, a derived creation, a more or less imperfect copying of the creation story in Gen 1.[33]

»And afterwards (we) shall be non-existent again.« This is traditional biblical belief, not only found in Job and Ecclesiastes,[34] but also in the older texts in Psalms and elsewhere that speak of death, the dead and Sheol. The same idea can be read in the LXX-version of Obad 16.[35] Here, though, the motif now is understood judgmentally, applied to the godless. The same is true with Sir 44:9 and also with 1 Enoch 102:1 ff. Traditional Israelite realism in this new form of eschatology is now interpreted as hopelessness, reserved as typical for Gentiles and other godless persons. Yet this new development did not remain unresisted, uncriticized.

The conclusion of all these observations needs to be that the song quoted in WisdSol 2 initially was no parody but genuine, a rather conservative expression of biblical faith returned to in post-exilic times in critical response

---

31. A specification of the more general πρόσωπον in Gen 2:7. The ἦ μὴν ἔτι τῆς πνοῆς μου ἐνούσης, πνεῦμα δὲ θεῖον τὸ περιόν μοι ἐν ῥισῖν in Job 27:3 proves this development of Gen 2:7.
32. The caricature may show already in the phrase »a mere spark,« and might be directed against certain ideas of inspiration. The fact that Stoics and Gnostics used the term spark positively as description of their concept of spirit might play a role in this caricature as well. *Winston* does not see that his references to the Stoic and Gnostic tendency to describe the divine spirit as spark cannot function as direct parallel to our text because here the concept of spark clearly is used in a negative sense, not positively as in Stoicism and Gnosticism.
33. Traces of such differentiating interpretation are not only found in full blown Gnosticism but also in Philo who e.g. in *LA* I 31 and 32 and in *QG* distinguishes the man created in Gen 2 as a lesser creature than the one created in Gen 1, the former a copy of the latter, and thus inferior. *LA* I 42 defines the breath mentioned in Gen 2:7 as inferior to the spirit which Philo presupposes for the heavenly man of Gen 1. Paul presupposes that kind of exegesis in 1 Cor 15:45 and 46 and turns it on its head.
34. For instance in Job 10:19 already quoted above.
35. Καὶ ἔσονται καθὼς οὐχ ὑπάρχοντες.

to modernist ideas coming from abroad, from Egypt, Persia and Greece. The modernists are indirectly accused for subscribing to foreign religions that advocated anti-covenantal concepts of individual afterlife, the Greeks even developing the idea of an eternal existence of the soul. The sapiential skeptics must have been aware of the fact that such ideas did not remain unopposed in the respective countries either, most of all in Greece where philosophical skepticism had grown at about the same time as skepticism in Palestine.

The radical exegesis we find in WisdSol 2 opposed such traditionalism. This radical exegesis certainly claimed a fundamentalism of its own, inasmuch as it took all scriptural elements seriously. However it refrained from harmonizing apparent differences, discrepancies and contradictions. It had learned from the bible itself that humanity, Israel and even heaven were anything but harmonious, rather divided and often antithetical instead. So the radical exegetes of WisdSol picked up the skeptical conviction reflecting traditional eschatological belief; but they integrated it into a polemical parody. However, that parody took the other side seriously, nevertheless.

As this piece of pious tradition finds its place in the present context, the exemplary narrative about the fate of the wise one, the conglomerate, is turned into a polemical attack on the older biblical view of the human. The motifs of forgetting and hopelessness in WisdSol are found again in 2:4; 3:11; 4:19. They are a stated contrast to the idea of memory and remembrance in 4:1.[36] In the following verses the ephemeral nature of human existence is expressed in different, often very poetic ways. The chance character of life has parallels in Epicurean philosophy, yet is not limited to that. It is found, for instance, in Job 10:8-12, too.[37] Thus, the frequent assumption that the statements of the fools in WisdSol 2 portray Epicurean philosophy is unnecessary. The parallels speak for resemblance not dependence. The apparent resemblance is used to portray the traditionalists as converts to foreign thought.

The following text gives a description of the spuriousness of human life, yet not as a positive statement of faith but as a negative declaration of doubt and unbelief – although this assertion is in line with ancient Israelite belief.

Not only bodily disappearance is claimed to be part of everyone's experience but the being forgotten, even of the very essence of individual existence, that of the name, and also that of one's achievements, of the works that is.

---

36. There is no dependence on the concept of chance in materialist philosophy, esp. in Epicurean cosmology.
37. What moves this passage from Job closer to our text is the fact that in the Job-text we have the same kind of anthropological dualism that is found in WisdSol, too: the polarity between mortal earthen elements and immortal spiritual ones. The brevity of human life, and the comparability of it as to matter and time to that of animals is emphasized in Eccl 3:19, too (s. above).

These ideas of the disappearance of the individual again are a recall of traditional Israelite thought that did not care about individual afterlife. Images of passing over like cloud or fog are taken from traditional wisdom; however they are amplified in a very artistic manner. Thus again, the skeptic position opposite to WisdSol, although ironically framed and polemicized against, is not ridiculed or belittled but fully represented in all its fascination and its attractiveness.[38]

We have noted the ironical aspects of this lament already. With respect to the motifs of name and forgetting the name the godless bemoan what according to much of biblical thinking is just retribution for the godless ones, namely that they be forgotten.[39] However the godless later want to afflict such very fate upon the just one, namely that he be forgotten. This is the traditional experience of the elect ones and of God's agents and martyrs: their enemies try not only to defame their names but to extinguish them as well. The enemies make them being forgotten. Thus they utilize an age-old fear, not only in antiquity at large but especially also in Israel. There an essential element of God's saving rescue is the saving and remembering of the name. WisdSol's ironical approach to reality – as resembled by the godless – later upstages their critical approach. The book takes away all names, also of all the righteous ones.

The conclusion the godless draw from the previous thoughts, namely to enjoy the brief time of life, reflects ideas popular in the ancient Mediterranean. This eudemonistic turn of the skeptical lament is in style.[40] But the real point of the text before us is not sufficiently explained by such parallels. They are not serious enough to match the demonic dimension WisdSol has in view. The encouragement to enjoyment are part and parcel of a judgmental process where not pagans but people and leaders of Jerusalem are quoted – as done in biblical parallels, esp. Isa 22:13. There as well as in WisdSol 2 the hedonistic statement comprises the life of the ruling class including its religious and cultic side – all as seen by the critics. As in Isa 22 the portrait of God's enemies and the polemics against them turns inside of Israel/Judaism, even inside the bible.[41]

---

38. None of these rather obvious facts and features are acknowledged by the commentaries.
39. Biblical references in *Larcher*.
40. Parallels given by *Winston*, p. 118.
41. There is no doubt that this hedonistic attitude and its skeptical base found familiar ideas in the Hellenistic surrounding (s. *Winston's* and *Hengel's* parallels). It might have found its expression most of all in leading circles in Judaea and then also in the diaspora. But they could claim as well that the biblical tradition would support this kind of skepticism, which they most probably would have taken to be biblical realism. The propagators of any life that transcended earth and death instead would be accused by them of un- and anti-biblical innovation.

This means in conclusion that in scriptures God stands against God. The God of Eccl 9 and 11 encourages what the God of Isa 22 forbids and judges. Naturally, these must be different Gods, God and demon. This demonstrates that the book of Ecclesiastes is definitely under attack in WisdSol.[42] The bible reader is reminded of cultic joy promised and found in official worship, so important and frequent in the First Testament. The term εὐϱοσύνη in v.9, the LXX equivalent for the Hebrew ›simkha‹, points to that relationship, too, denoting the corruption of true worship. Although false, it is attractive and engaging.

Such enjoyment and merriment in its oriental exuberance as described in vv. 5-9 including its traditional cultic side according to WisdSol belongs to the counter world and its false worship.[43] An important frame of reference for our text is found in Isa 56:9-57:13.[44] There the corrupt piety is instigated and led by the watchmen and shepherds and is going far afield.[45]

Then there is again a sudden change in 2:10: »Let us rape the poor just one! Let us not spare the widow, and let us not respect the high age of the grayhaired!«[46] Here the direct interpretative tradition of Isa 52:13 ff., the song about the suffering servant, begins, a tradition which renders the core of WisdSol 2-5.

The tyrannizing of the just 2:10 is speaking about 15:14 and 17:2 refer to as well. A more than moral issue is implied, instead a matter of world's/society's foundations. Our text differs fundamentally from Sir 48:12-14 where the figure of Elisha is sketched as the opposite to the portrait of God's agent in Isa 52-53 and in WisdSol 2, namely as somebody who did not allow to be tyrannized by any mortal at all.

The polarity is not limited to that of two worlds. There are also two laws,

---

42. The negative attitude of WisdSol toward Eccl can be explained by the usurpation of wisdom literature and wisdom teachers by the temple under Simon the Just and Jesus ben Sirach. The majority of the temple priests of the second century BCE became identified with the nascent party of the Sadducees, often falsely accused of Hellenistic modernism. No, the story of the Sadducees to their very end, the catastrophe of the destruction of Jerusalem and temple in the First Jewish War, proves a conservative and nationalist attitude of this mostly priestly party. The insistence on the predominance of the Pentateuch and the denial of resurrection fit into this picture. On the other side, the assumption that the Saducean priests had no interest whatsoever in collecting writings other than the Pentateuch is overstated as well. Already that what I have said above about the Psalter speaks against that.
43. Although overdone because corrupt in the eyes of WisdSol.
44. Similar to Isa 57 also Jer 13:25, equally part of a judgement speech over Jerusalem because of its apostasy to foreign cults.
45. Here is the concept of »lot« again as above in 1:16 and in Eccl 2:10.21; 3:22; 5:17; 9:6.9. As regards this entire verse cf. Eccl 3:22. In all of these texts only μεϱίς occurs.
46. The poor and the widow are taken from prophetic polemics as prominent victims of godless behavior. The aged are added as a similar, easily marginalized group.

each with its justice/righteousness. Both sides intend to demonstrate each its own right and the wrongness of the other side. Manifestation is called for. But this means also thorough moral distinction, vindication of the good and the bad. ἔλεγχος is the magic word for this.

In 2:11 the enemies of God's faithful really start to speak up: »Our strength shall be the law of righteousness; for what is weak shall be convicted as useless.« This statement is a parody on thinking and language of Hellenistic royal ideology, particularly the idea that the ruler is a law to himself, that he possesses law-forming autonomy. The enlightened Greek tyrants first practiced this notion. Later it was transferred also to the concept of the divine man, further to the philosopher and finally to the moral consciousness of the individual. In all of these variations inner and outer strength were of importance, if not given originally, then by a later divine interference. However for the community authoring WisdSol this is, of course, a senseless statement, a parody of the truly divine.

2:12 demonstrates the tyrannical power of the godless. »Let us waylay the just one, for he is detrimental to us; he even resists our deeds, and he slanders us of transgressing the law. Indeed, he points to our infringements on education.« The similarity of this passage with the passion narrative in the »canonical« gospels has been observed since ancient times. However there is no direct literary relationship between WisdSol and the gospels. Outside of the passion narrative neither the gospels nor WisdSol show any literary acquaintance with one another, although on occasion there are analogies and parallels. They have a common basis in the wisdom movement. And yet the commonality between WisdSol 2-5 and the Synoptic crucifixion story speaks for the existence of an earlier exemplary story used in WisdSol 2-5 and further existing independent of it, a piece without the present framing elements in 1:16 and in 2:21-24, and certainly without WisdSol 3-4.

The text of the second line sets a pun on the double meaning of the Greek word παῖς, i.e. child and servant. The Greek translation of the suffering servant song had chosen this Greek term, and the interpretation tries to make the most of the choice of the Greek word. The servant of Deuteroisaiah in the interpretative tradition used in WisdSol 2-5 is not understood collectively as the present arrangement of Deuteroisaiah has it, but he is interpreted in an individualistic-typical fashion. The tradition used relies also on Dtn 14:1. In WisdSol 2:16.18 and 5:5 the sonship of the just one is emphasized.

The accusatory as well as revelatory character of the existence of the just one is strongly referred to (in 2:14): »He turns into an indictment of our thoughts. He is incriminating for us, even if he is (merely) seen,« and (2:15): »for his life is unlike that of others, and his paths are foreign.« That God's agent by his life and witness is indicting and incriminating the godless is stated in John 7:7 as well. This parallel proves that the witness of the just/wise spoken of cannot be interpreted in a mere moralizing sense but it is testimony to a more fundamental, an ontological difference between two completely different existences, foreign to each other (v.15).

2:16: »He considers us counterfeit money, and he avoids our ways like dirt. He praises the end of the just ones,«[47] »and he boasts that God is (his) father.« What Israel in Isa 63:16 and in 64:8 calls upon, God's fatherhood, outpowering and outlasting even the child-father-relationship to the patriarchs, in WisdSol is applied to an individual not to the collective of the people of Israel as is the case in Isa 53, at least initially. In this vein, represented by WisdSol, John 5:18 speaks (see also the two following verses). It is in line with the previous argumentation, namely that the life of the just one is a revelation-like vindication of the godless fools. The issue of testing then is brought to a head. As prepared before it turns into a test of true reality.

In 2:17 the testing dimension of the whole passage comes out in full: »Let us see whether his words are true, and let us try out, whatever the end of his life is all about.« It is significant for understanding the plot of WisdSol 2 that the book of Job makes suffering and patience and endurance in such adversity the main point in the Satanic proposition of Job 2:3-6. This devilish question is basis for the reflected wisdom of the subsequent book. The exemplary story behind WisdSol 3-5 presupposes this in addition to the Deuteroisaianic Servant of the Lord. By assigning such devilish test and temptation to the initiative of the godless the narrative stresses the foundational character of the whole sequence of scenes, maintained also in the final version. »Salvation« in the mouths of the fools is sarcastically meant, of course. But this Satanic parody is directed at the positive meaning of this theme. It is worked out more fully in the third part of WisdSol. In addition, WisdSol counts on the learnedness of its audience, on the fact that patience in suffering was also a virtue for Hellenistic literature and philosophy. Particularly Odysseus and Hercules are common symbols in Hellenistic culture, not without impact on Judaism and early church either.

V. 20 increases the element of parody in an altogether satanic fashion. The enemies of the just now seem to take the role of the divine judge completely. They take over the testing and usurp the heavenly visitation.[48] The wise person's infamous death appears to speak against him, disproving his claim of divine authorization and support. The new kind of polarity that takes shape in and around WisdSol is aware of the interplay between consciousness and

---

47. On ἔσχατα as end of life see Ps 72:17 (LXX).
48. Visitation means a judicial visitation (either gracious or punishing). Cf. Isa 24:22; 29:6; ApcBar (Syr) 20:2; 1 Petr 2:12. In other parts of WisdSol the visitation means a punishing procedure.

reality, therefore also cognizant, that the opposite side cannot see the fault of its own position nor the correctness of the opposing side. On the contrary, one feels justified. There is a religious quality to the conviction of the godless. The caricature does not cover the recognition of the basic and tragic nature of the polarity. But before we learn of the consequences of the decision of the godless to kill the righteous one, the story stops.[49]

In 2:21 a commentary on the validity of the reflection and intention of the godless is given: »This they contemplated, and they erred; for their malice had made them blind.« The reality is on the side of God and his righteous ones, error, and that means illusion and ineffectivity, is on the side of the fools. The next verse describes that which they are going to miss. It is not a straight pattern vis-à-vis the godless, merely turning their idea straight to their own advantage. No, according to 2:22 it consists of mysteries, thus with no immediate access to any mortal being: »And they did not recognize the mysteries of God, neither did they hope for a reward for integrity, and they considered naught any prize for souls without blame. Those who are of his portion do probe him.«

The logic of the side of God is impenetrable and therefore hidden for the godless. It consists of »mysteries.« The claim is frequent in biblical exegesis that μυστήριον in the NT and related literature were »Semitic.«[50] This follows the mistaken, thoroughly apologetic assumption of the possibility of a clear distinction between Greek and Semitic on other than mere lexicographic or grammatical grounds. The Greek term μυστήριον covers much more than that, in particular the phenomenon of esoteric speculative complexes of ideas, philosophical or theological, or also efficacious secret rites. Both uses are found in WisdSol. In the present case, the former meaning is in use. The story of the wise in WisdSol 2-5 in particular and the whole document are taken as authentic reflections of these mysteries, and certainly also the holy writings these interpretative efforts are based on and related to.

Verses 2:21-23 have a speculative trend. 2:24 increases this dimension: »But through the envy of the devil death came into the world. Those who are of

---

49. The story is continued in 3:1-9, now the story of many. Then the narrative stops altogether. It is picked up again in 5:1, now once more the story of one, the wise of ch. 2. His exaltation has replaced the exitus that the godless had planned. Thus, the claim of 3:2 is demonstrated, namely that the righteous at their alleged »end« »in the eyes of the fools had the appearance of being dead.« This is the oldest evidence of outright docetism supported by the Greek wording of 3:2.
50. So *Winston* in his exegesis of this verse. He follows the mistaken yet not uncommon perception of Raymond Brown in his article, »The Semitic Background of the New Testament Mysterion« in: Biblica 39 (1958), 426-48; 40 (1959), 70-87. S. also *R. Brown*, »The pre-Christian Semitic Conception of ›Mystery‹,« in: Catholic Biblical Quarterly, 20 (1958), 417-43.

his portion do probe him.« Here two biblical texts together provide the basis for the argument, the story of the serpent's temptation of Gen 3 and the narrative about Abel's murder by Cain in Gen 4. Although the latter does not contain the term »envy,« it is clearly read as a story about such. It is certainly also about death, the first death in the bible. And the irrationality of Cain's behavior has been a puzzle for readers always. To explain it as caused by a supernatural instigation would appear plausible to the ancient mind.[51] The devil's envy in this kind of reading would relate to Adam's and Eve's intimate relation to God, a pattern for the intimacy WisdSol 2 describes. This understanding of envy as contra-creative presupposes a dualistic reading of the Greek idea of the envy of the gods. In this new, the Gnostic reading with its mythicizing dramatic perspective, envy becomes a major cause for the aping of the good by the demonic. It turns into a major instrument of the clinging of the demonic figures to a reality. Without that mimicking they would not possess any reality. They try to gain it by stealth because that is their only chance of existence.

In 3:1ff. WisdSol wants to turn upside down the consciousness of life and death and of their reality. It propagates authentic life as something unbroken and imperishable. It declares death an illusion and the world ruled by death an impertinent miscreant of a consciousness which is perverted from the roots up, merely pretending to be »normal« reality (cp. also ch. 17 and 18 in their final redaction). It uses other traditions in order to present this thesis, traditions from experiential wisdom and sapiential scepticism, but also material from wisdom based missionary theology, usually called Apologetics. This-worldly orientation or at least a monistic preference characterizes these traditions. Thus in using these materials the final redaction of WisdSol has to concede a certain kind of existence to this-worldliness. But this is done in order to create the intended dualistic contrast. Within this antithesis even the godless obtain some existence. WisdSol is not interested in developing a closed and systematically clean theory. This namely would mean a fall-off into objectivity, avoided if not detested by WisdSol and the movement it represented, Gnosticism.

---

51. The causal connection to the previous story about the fall of Cain's parents at the instigation of the devil would further such explanation.

Conclusion:
Some General Observations on the Development and Use of Scriptures

This calls for some general discussion about state and context of the collection of scriptures and its use in the times of origin of WisdSol. At that time, the Jerusalem cult still existed and Jews from the diaspora participated in it as well. Whereas much of the earlier collecting activity of Israelite documents had occurred in the courts of Judaea and Samaria and priestly involvement in such activity was steered and controlled by royal authority during the Samaritan and Judaean exiles priestly circles took over. We can assume that those priests who were responsible for acquisition, selection, revision and maintenance of such written material did so under ancient principles of archival and library activity. This implied a certain degree of innocence, which gave preference to inclusiveness rather than exclusiveness, and rendered a more pragmatic than dogmatic touch to the process of selection and maintenance, even to any weeding out operation. The aggregation of rather diverse and often contradictory material in the growth of the Pentateuch demonstrates that, no matter how we explain the final linkage of these rather diverse records.[52] The opposite is true with the Chronicler's collection. It represents rather tendentious activity right from the start, although by priestly hands as well. In between those two options stands the collection of the so-called historical books with their Deuteronomistic pattern. Here the assortment in its present shape carries a strong ideological bias. The material accumulated, however, is highly various as already the differences between Judges and 1 and 2 Samuel prove.[53] Still, comparing this collection with that of the Pentateuch proves a more intensive editorializing activity with a more explicit ideological agenda, most probably reaching more deeply into the collecting activity already. This comparison of the three collections, Pentateuch, Deuteronomistic history, Chronicler, would speak for the fact that in the accumulating activity of priestly agents the more pragmatic approach of »bibliophile« librarians was increasingly complemented by that of persons who had a more power and ideology oriented disposition.

However these dispositions were not uniform. They reflected some of the substantial differences between the different families and groups within the

---

52. The assumption that the growth of the Pentateuch from beginning to end occurred under conscious literary and theological compository intentions demands more than pious belief in miracles – even more so since the development must have covered a very long time period of at least half a millennium, and also a large territory extending not only from Judaea to Samaria but also into the Assyrian and the Babylonian exiles.
53. The differences here are more than those caused by the different historical periods and their circumstances described. They are considerably stronger than those between the sources of the Pentateuch.

huge body of the Jerusalem priesthood.[54] Internal and mutual challenges of legitimacy and integrity, therefore, were not unknown within the larger whole of that institution. They were even stronger from the outside of the established clergy. We know, for instance, of the associates of the author of the Daniel apocalypse. There was the Qumran community too, made up heavily of priests who had left the temple in protest. There were also the Pharisees, initially lay-people who claimed a higher degree of priestly purity than the priests represented in their eyes. They did so in challenge of the representatives of the cultic institution.

The Hasmonean collusion of high priesthood and political leadership was essential reason and target for this collective criticism of the priestly organization and its activities since the second century B. C. E. The attempt of the Hasmonean dynasty to strengthen and further its standing at home and abroad through active diplomacy and collaboration with foreign powers gave further reasons for the protesters.[55] The Hasmoneans did what had been

---

54. We know little if anything about the Samaritan priesthood after the exile. This excludes the option for including that side into this essay.
55. Part of that diplomacy they did in behalf of the Jews of the diaspora. This way they tried to get power over and influence in the diaspora synagogues. This caused a great deal of suspicion and outright opposition among priests and non-priests alike. 1 and 2 Maccabees stress this diplomatic effort, particularly prominent in the mostly authentic diplomatic correspondence quoted and crowned by the successful mission of Eupolemus, son of John, the influential Jewish negotiator with Antiochus III, as delegate of Judas Maccabaeus to Rome in 161 BCE, mentioned in 1 Macc 8:17 and 2 Macc 4:11. It is symptomatic that 2 Macc, although according to 4:11 convinced of the importance of Eupolemus, does not contain any direct report of it. This means that the epitomator of the five volumes history of Jason of Cyrene had cut this report. It did not fit into his intention. We have only the narration of 1 Macc 8:1-32. It is very elaborate in its introduction but all too brief with respect to the negotiations. In 8:16 it entails a serious mistake, the claim of a one-man rule in Rome, that is the neglect of the two-consuls-regime. There is also a suspicious silence in the text of the treaty about the Jewish diaspora communities and synagogues, a matter the Romans must have become aware of by that time, not only in the East but also in the West of the Mediterranean. This is supported by a similar neglect in 1 and 2 Macc of the Jews in the diaspora, with the exception of the two letters introducing 2 Macc, not an original part of Jason's own work. Something else is suspiciously absent from both books, the events around the founding of the Jewish temple in Leontopolis in Egypt by a member of the legitimate high-priestly family of the Oniads. There is no doubt that both letters now introducing 2 Macc want to turn the Jews in Egypt against that temple and to favor Jerusalem. But the assumption of Christian Habicht, »2. Makkabäerbuch,« in Jüdische Schriften aus hellenistisch-römischer Zeit, I/3, Gütersloh 1979, 186, and others that the original author, Jason of Cyrene, had expressed his opposition through his putting all emphasis on the Jerusalem temple and neglecting Leontopolis completely, makes no sense. For a Jew under Ptolemaic rule, thus related to the Egyptian territory with its many Jews in different places, such complete silence would have been unreasonable. He would have needed to address the problem directly had he been against it. And what should have stopped him from doing so? There is no doubt that Jewish missionary theology had great interest in Jerusalem and the temple, but not at the expense of neglecting the interests of the diaspora, on the contrary.

attacked so often and heavily in scriptures: making deals with foreign powers and their religions. What they did could irritate, even upset many members of the Jewish synagogue in the diaspora of their days too.[56]

The scribe Jesus ben Sirach stands for the turning over of the wisdom literature, collected up to his time, by the high priest Simon, the Just, into the hands of the new profession of the γραμματεῖς.[57] The assumption that all these collections were closed already in the second century BCE cannot be proven. Their textual history and the inclusion of as late a book as Daniel speak against that. All of this leads to something like an institutionalized antagonism and made the canon a reflection of this.

The evolution of the Psalter represents an especially good example of that continuous antagonism. The Psalter was still an open collection by the time of WisdSol.[58] However the priests had taken much of that collected material into their hands. They used it in temple worship, not only in public cult but also in private worship.[59] Exercises of individual piety within a common cultic frame of reference were still alive, including the bringing of complaints to the ears of the God of Israel during temple procedures in Jerusalem. With all probability this had had a very long tradition already well known to all participants in the cult, so also to members of the community responsible for WisdSol.[60]

56. Out of that irritation works like WisdSol originated that show no interest in Jerusalem or its temple or its court, but an aggressive silence. Already the tradition behind WisdSol 2 and 5 must be seen within such conflict.
57. The prophetic writings seem to have been collected in quarters other than the temple as the inclusion of Daniel into the prophetic collection proves, certainly not a document friendly to priests or temple or royal court. 1 and 2 Maccabees prove that the Hasmonean court was not too friendly to the prophets either. Apocalyptic writings other than Daniel were not yet or no longer part of the collections that later became part of the canon. But they were certainly collected as well. Whether writings reflecting missionary theology were collected, too, is a matter of dispute.
58. There are additional psalms in the Syriac textual tradition of the Psalter. A discussion of the textual evidence is found e. g. under the headings »Maccabean Psalms« and »Apocryphal Psalms« in the new edition of *Emil Schürer*, History of the Jewish People, rev. & ed. by *Geza Vermes* and others, Edinburgh: Clark, III.1, 1986, 187-97. There also further evidence for other psalms is given. To call any of that material apocryphal is inappropriate. The evidence given, not merely that of Qumran or the Psalms of Solomon, proves instead that the production of psalms was still alive and well, and remained so into New Testament times as the »Magnificat« and the »Benedictus« in Lk 1 prove. There is evidence that among such psalms complaint songs were produced as well.
59. *Schürer-Vermes*, II, 303-04 speak only of the use of psalms in public cult (Ps 24; 48; 82; 94; 81; 93; 92). But the fact that psalms were still produced into NT-times, complaint songs among them, testifies that such activities of »individual« religion continued and still found their way into public recognition.
60. With the priests most probably regulating and formalizing such activity, standardizing these laments to a certain degree, handing out a certain frame with the possibility of certain personalized variations and accepting back the actual prayer, voiced or not, and

The psalms of lament and complaint and their collection reflect tensions and adversity between worshipper and cult – because the pattern made reference to the adversity of the establishment, legal or cultic, to the complainers.[61] This antagonism was slowly increased by the integration of these psalms into the book of psalms, an effect, which was aggravated by later canonization.

Israelites and Judaeans had grown up with such conflicts of institutional antagonism as common elements of their tradition and their socialization. This presupposed also a consenting attitude on the side of the institutions and their representatives.[62]

The growing collection of writings considered holy accumulated an increasing bundle of explosives. As such collections got into the hands of people at large they experienced such condensation of contrasts and contradictions very directly. The antagonism and the suspense came through to them as well. The accompanying claim of divine authorship and reason created a constant confrontation with the contrast of riddle and truth, bound up in an assemblage that presented itself as an endless labyrinth, and yet at the same time as revelation of infinite clarity. Each and everyone were called to steer his or her course between such paradoxes, clearly phenomena of dramatic relevance, indeed of mythical proportion. Critical sentiments could depend on and work with such explosive materials, constellations and perspectives, particularly as long as the institutions mentioned in the Psalms still existed.

A literalist attitude to such collected literature was rather different from modern fundamentalism. It took into account the described antagonistic phenomena that appeared on all levels of the assembled documents, not only in the texts but also between individual texts and textual blocks, contrasts on the level of transhuman relations as well. Harmonization on the level of the text was impossible. Reconciliation needed to occur in a higher sphere, under sufficient recognition and integration of all of the explosive contrasts mentioned. The history of Israel and Juda would not suffice as such a reconciling device, not even as a history of salvation.[63]

---

storing them in the temple archives. S. *Hans-Joachim Kraus* on prayers of lament in his Theologie der Psalmen, Biblischer Kommentar 15/3, Neukirchen: Neukirchener Verlag, ²1989.

61. These facts of institutionalized antagonism, supported by other biblical evidence, have been completely overlooked by scholarship thus far, not only by Christian history of interpretation but also by modern scholarship. The issue of the sufferer's problem was generally seen within the context of individual religiosity, in more liberal exegesis within the frame of concrete social conflict.
62. The general assumption, not only among liberal scholars, that the process of literalization of tradition in Israel and Juda was identical with domestication, is certainly all too one-sided, also for the post-exilic period.
63. History as antithesis to myth is the magic word for the apologists to this day with in-

The cultic experience of mythical drama in Jewish cult provided experiential background. It integrated results of manifold experiments and their compilations into a cache regarded Holy Scriptures. The latter turned into something like a huge dramatic textbook. Such conditioning was necessary since the drama in question happened not on one stage alone. It was meant for many stages and allowed for many conflicts as well as changes, confrontations of figures and issues in innumerable masks and multifarious masquerades, the divine and the human, the heavenly and the demonic, the good and the bad, not always obvious. Tragedy and comedy, revelation and parody appeared together, often intermingled. Understanding called for involvement and engagement in such processes. In these collecting and interpreting processes history was turned into myth. It permitted such mythicized drama to exist also outside of the official temple cult and stand at the disposal of groups and individuals outside of the temple, giving it home-video dimension as it were.

In the process of the collection of writings Jews and Samaritans considered holy a constant production of interpretative documents occurred too. Many of these »exegetical« writings, claimed to represent the true interpretation of just that collection, presented themselves as being of divine authority too. WisdSol is a good representative of such interpretative literature. It presupposes sacred scriptures and it presents itself as definitive and authoritative interpretation. Interpretation of traditions, written or unwritten, is undertaken as expression of a high degree of self-confidence, as a rewriting of tradition, even of Holy Writ, not as inferior or equal but as superior, scriptures coming into their own.

---

sufficient conceptual or factual ground in the development of the religion of Israel. The collection of the so-called historical books of the First Testament is anything but historical. Deuteronomist and Chronicler, for instance, both present mythicized history, history as myth.

IV. Traditionsgeschichte und Theologie

From Roots to Branches

1 Enoch in its Jewish and Christian Contexts

George W. E. Nickelsburg

Introduction

In this paper I shall highlight some major aspects of my thirty-years' research on 1 Enoch, as it is summarized in the introduction to my commentary in the *Hermeneia* series.[1] My purpose is to illuminate the Israelite contexts of the Enochic traditions and the early Christian contexts that both welcomed and rejected the work. My thesis is that 1 Enoch represents a form of Israelite religion that we could scarcely extrapolate from the Hebrew Bible, but one that played a significant role in some sectors of Judaism before the Common Era, and that served important functions in diverse sectors of Christianity in the first four centuries of the Common Era.

1. The Setting in Israelite Religion

The Enochic traditions interacted creatively with the major institutions of Israelite religion. 1) The covenant was constitutive of Israel's self-understanding as God's chosen people. 2) The Mosaic Torah explicated Israel's covenantal responsibilities. 3) The prophets spoke in God's behalf, sometimes explicitly referring to covenantal obligations. With one foot in the present and the other in the future, they indicted Israel for its sins and spelled out the consequences of these deeds that would unfold in the days to come. 4) The Jerusalem Temple was the locus where God's presence rested and sacrifice was offered to the Deity. 5) Along with the priests who presided over the Temple, and partly overlapping with them, the sages or scribes interpreted the Torah and the prophets. All of these institutions were familiar to the authors of the Enochic traditions, but the ways in which these authors employed, transformed, and rejected various of the institutions constitutes a significant episode in the history of Israelite religion.

---

1. George W. E. Nickelsburg, 1 Enoch: A Commentary on the Book of 1 Enoch, Hermeneia, Minneapolis: Fortress Press, 2001. I have made some references to the sections of the introduction, but have also cited earlier publications on which they are based.

1.1 Apocalyptic Wisdom

Most obviously, 1 Enoch presents an apocalyptic world view that places the reader at the intersection of three kinds of dualism.[2] First, a temporal dualism creates a tension between the present time, which is bereft of divine justice, and the future when divine judgment will usher in a new age and a new creation. Life in the present time is affected by a primordial angelic rebellion that introduced violence and other forms of evil into the world. Second, a spatial dualism sets this world in opposition to the heavenly world, where God's will is done, and in opposition to the outer reaches of the cosmos, where the pits of hell await the final punishment of the wicked. A third, ontological dualism contrasts mortal humanity with the supernatural: God the heavenly king and God's angelic entourage; the hordes of evil spirits who brought evil into the world and who continue to victimize humanity. Crucial to this world view is a notion of revelation that bridges the dualistic disjunctions and brings hope to humanity. In his dream visions, Enoch has seen into the future (chaps. 83-90) and has travelled around the cosmos (17-36). His revelatory message promises the reader that in spite of the absence of divine justice, God's will will be done on earth as it is in heaven. While Enoch's apocalyptic world view has drawn many of its motifs from the religious texts and institutions of »biblical« Israel, much of it stands at odds with them.

1.2 Babylonian and Hellenistic Myth

The Enochic authors have tapped non-Israelite sources to create the foundation myths of their corpus. Although Enoch is a biblical figure, in this corpus his character as a primordial sage has been colored by Babylonian myths about the seventh patriarch.[3] The myths of angelic rebellion draw on Hellenistic sources.[4] Asael, the rebel chieftain who reveals to humanity the secrets of metallurgy and mining that bring violence to the earth (8:1-2), is a counterpart to the Greek demi-god Prometheus, who rebelled against Zeus by bringing fire to the world.[5] Although the story of the mating of the watchers

---

2. *George W. E. Nickelsburg*, The Apocalyptic Construction of Reality in 1 Enoch, in: *John J. Collins* (ed.), Mysteries and Revelations: Apocalyptic Studies since the Uppsala Colloquium, JSPSup 9, Sheffield: JSOT Press 1991, 51-64.
3. *James C. VanderKam*, Enoch and the Growth of an Apocalyptic Tradition, CBQMS 16, Washington, D.C.: Catholic Biblical Association of America 1984, 23-51.
4. *Nickelsburg*, Commentary, § 5.1.2.2.1-2.
5. *George W. E. Nickelsburg*, Apocalyptic and Myth in 1 Enoch 6-11, in: JBL 96 (1977), 399-401; also in: *Rüdiger Bartelmus*, Heroentum in Israel und seiner Umwelt, AThANT 65, Zürich: Theologischer Verlag, 1979, 161-66.

and the women (chaps. 6-10) is exegetically anchored in Genesis 6, it is beholden to Greek ideas of divine-human matings, and it may be a parody of the claims that the Macedonian kings were sons of the gods.[6] Other elements in the corpus are reminiscent of motifs in Greek mythology and reflect Hellenistic cosmology. This syncretism of Israelite and non-Israelite material should not surprise a reader of the Bible, which attests many instances of Canaanite and Babylonian mythology. The Enochic authors draw on motifs and elements from their contemporary, Hellenistic environment.

1.3 A World of Demons and Angels

1 Enoch's ontological dualism functions in several ways to make it a viable religious document in its own time. First, different from the story of Eden, in which the first human beings are responsible for the evil that befalls them and their descendants, the myth of the watchers makes humanity the victims of a realm of malevolent spirits, who began the trouble in a primordial past far from human access, and whose progeny continue to prey on the human race (chaps. 6-16). Secondly, this evil is sufficiently powerful that it must be eradicated by a host of good angels, who are the instruments of God's judgment. In addition, these angels serve as mediators between the heavenly and earthly realms (e.g., chap. 9; chap. 47; 89:70-71, 76-77; 90:14, 17, 20; 97:6; 98:8; 99:3; 104:1-3). As the scientific discoveries of the Hellenistic age reveal the immensity of the universe, the apocalypticists posit the existence of divine agents who bring human prayer into God's throne room and execute on earth the commands of the heavenly king. These agents do not separate God from humans; rather, with the knowledge of this separation now a given, the angelic realm maintains the bond between heaven and earth which biblical religion posited in its stories about an immanent God who interacted in human affairs.

1.4 Torah, Covenant, and Wisdom

Perhaps most striking about Enochic religion is the almost complete absence of the term »covenant« and the devaluation of the Mosaic Torah.[7] Only once,

---

6. *Nickelsburg*, Apocalyptic and Myth, 396-97; *Bartelmus*, Heroentum, 180-83.
7. *Nickelsburg*, Commentary, § 4.2.5.1-6; *George W. E. Nickelsburg*, Enochic Wisdom: An Alternative to the Mosaic Torah? in: *Jodi Magness* and *Seymour Gitin* (eds.), Hesed ve-emet: Studies in Honor of Ernest S. Frerichs, Brown Judaic Series 320, Atlanta: Scholars Press 1998, 123-32.

in the Apocalypse of Weeks (93:6), do we hear about the Sinaitic covenant. In the Animal Vision (chaps. 85-90), although Moses has a theophany on Sinai, he never receives the Torah (89:28-35). Other elements in 1 Enoch point in the same direction. For example, the oracle that introduces the collection places words from the Blessing of Moses (Deuteronomy 33) in the mouth of Enoch – thus making Moses an »also said« (chaps. 1-5, especially 1:3-4). Although 1 Enoch refers to law and commandments, its idiom is not halakhic, but sapiential. Human conduct is construed in terms of the image of the two ways (91:2-4, 18-19; 92:3-4; 93:8; 91:14; 94:1-5; 99:10; 104:13-105:2), and the book's typically sapiential idiom emphasizes not the content of right behavior,[8] but the nexus between human conduct and its consequences in the divine judgment. The chief word for Enoch's instruction, moreover, is »wisdom« (36:1-3; 48; 82:2-3; 92:1; 93:8, 10; 104:12)

1.5 1 Enoch as Primordial and Eschatological Wisdom

The source of this wisdom is the primordial revelation received by Enoch, transmitted through Methuselah to his descendants, and contained in the apocalyptic collection. This reflects an important difference between 1 Enoch and much of contemporary Judaism. On the one hand, the Enochic authors clearly knew most of the texts of what came to be the Hebrew Bible: the Pentateuch, the Former and Latter Prophets, Ezra-Nehemiah, and Proverbs, at least.[9] On the other hand, although one can find copious allusions to these texts (the Animal Vision is a summary of Israelite history as recounted from Genesis to Ezra-Nehemiah and beyond), the authors never cite the texts. Rather, they present the material as revelation received by Enoch long before the appearance of Moses, the first Israelite author of record. Of course, Enoch lived before any of these events took place and any of these persons lived. The point is, however, that when the Enochic authors composed their texts, they chose to attribute them to a person who lived in primordial antiquity. Although this revelation is often presented in sapiential form, and Enoch is said to be a scribe, much of the corpus is also cast in the forms of classical biblical prophecy: a salvation-judgment oracle (chaps. 1-5);

---

8. On 1 Enoch as a sapiential work, see *Randal A. Argall*, 1 Enoch and Sirach: A Comparative Literary and Conceptual Analysis of the Themes of Revelation, Creation and Judgment, SBLEJL 8; Atlanta: Scholars Press 1995.
9. *George W. E. Nickelsburg*, Scripture in 1 Enoch and 1 Enoch as Scripture, in: *Tord Fornberg* and *David Hellholm* (eds.), Texts and Contexts: Biblical Texts in Their Textual and Situational Contexts: Essays in Honor of Lars Hartman, Oslo: Scandinavian University Press 1995, 334-42.

a prophetic call vision (chaps. 12-16); woes (94:6-8; 95:4-7; 96:4-8; 97:7-10; 98:9-99:2; 99:11-16; 100:7-9; 103:5-8); prophetic exhortations (95:3; 96:1, 3; 97:1-2; 102:4-5); predictions of the future (99:4-5; 100:1-4). Thus the Enochic authors stand, once again, with their feet in two worlds. Their sapiential speech has a prophetic character and authority. In the view of these authors, prophecy did not die with Malachi.

1.6 Eschatological Sectarianism

Although Enochic wisdom is said to be primordial in its source, it is eschatological in its function. The ancient wisdom is brought to light in the end time and constitutes the community of the chosen (93:10; 104:12-13). Here we see several essential aspects of Enochic religion. First, the people of God are not the nation Israel, but the community of those who have received and who acknowledge the authority of Enochic revelation and observe divine law as the Enochic sages interpret it. All others are excluded from the realm of divine blessing.[10] Secondly, this community lives in the expectation that God's final judgment and their salvation are imminent. But before the end can happen, Enochic law must be proclaimed to »all the sons of the whole earth« (91:14; 105:1; 100:6). Thus, Enochic religion is both exclusive and universalistic. It excludes Israelites whose understanding of divine law conflicts with theirs, but it is open to those gentiles who receive and accept Enoch's revelation.

1.7 The Temple

There is one other peculiar, anti-establishment aspect to Enochic religion, namely its opposition to the Jerusalem temple and its priesthood. One version of the myth of the watchers is directed against the priesthood which has defiled itself by following improper sexual law (chaps. 12-16).[11] According to the Animal Vision, the sacrifices have been polluted since the Second Temple was constructed (89:73-74). The Apocalypse of Weeks, while it focuses on the history of Israelite sanctuaries – the establishment of the tabernacle, the construction and destruction of the first temple, and the construction of

---

10. *George W. E. Nickelsburg*, The Epistle of Enoch and the Qumran Literature, in: *Geza Vermes* and *Jacob Neusner* (eds.), Essays in Honour of Yigael Yadin = JJS 33 (1982), 333-48.
11. *George W. E. Nickelsburg*, Enoch, Levi, and Peter: Recipients of Revelation in Upper Galilee, in: JBL 100 (1981), 584-86.

the eschatological temple – never even mentions the Second Temple (93:6-10; 91:11-13). Perhaps the Enochic authors were disaffected priests. In any case, for these authors, salvation pivots not on temple cult, but on the reception and embracing of Enochic revelation.

2. The Enochic Tradition as a Source in Judaism

Although the primary context of the Enochic literature was the communities in which and for which it was written, there is evidence of a wider reception of this material in Judaism before the Common Era. Three texts exemplify its usage in different ways and for different purposes.

2.1 Jubilees, Genesis Apocryphon, Levi Document

The most striking of these texts is the Book of Jubilees. This rewritten form of Genesis 1 to Exodus 14 recounts primordial history by interpolating the first two books of the Pentateuch with substantial blocks of material from the Enochic Book of the Watchers (1 Enoch 1-36; cf. Jub. 4:15; 5:1-13; 7:20-39; 8:1-4; 10:10-18). This use of Enochic material is noteworthy. Traditions drawn from a corpus that denigrates or bypasses the Mosaic Torah and that is cast in sapiential and prophetic forms are incorporated into a book of alleged Mosaic authorship, which is also interpolated with a good deal of halakhic material that is quite foreign to the Enochic traditions that sit side by side with it. Indeed, the author who here writes a pseudo-Mosaic »testimony« (23:32) acknowledges that Enoch »was the first to write a testimony« (4:18-19). These revelations can complement one another because Enoch testified to all of humanity before Israel was created.

A second text that incorporates material from 1 Enoch is the Genesis Apocryphon, a collection of haggadic materials about the Patriarchs from at least Enoch to Abraham, all retold in the first person singular. The author may have used Jubilees as one source, but he also knew the story of Noah's birth which is appended to the end of 1 Enoch, as well as other narrative material about Noah and Abraham. Although the book is narrative in its form, it features Enoch as revealer figure and even expands the revelations ascribed to him in the Enochic story of Noah's birth.[12]

---

12. *George W. E. Nickelsburg*, Patriarchs Who Worry about Their Wives: A Haggadic Tendency in the Genesis Apocryphon, in: *Michael E. Stone* and *Esther Chazon* (eds.), Biblical Perspectives: Early Use and Interpretation of the Bible in Light of the Dead Sea Scrolls. Proceedings of the First International Symposium of the Orion Center for the

Yet another text that employs Enoch traditions is the Aramaic Levi document, which transforms the account of Enoch's ascent to heaven and prophetic commissioning into an account of Levi's ascent and appointment as high priest. As in 1 Enoch, this ascent occurs at Mount Hermon in Upper Galilee.[13]

2.2 The Enochic Texts at Qumran

What is striking about these last three texts is the fact that manuscripts of all three were found in the Caves of Qumran. Additionally, as is well known, Cave 4 yielded fragments of eleven manuscripts of parts of 1 Enoch, and fragments of nine manuscripts of the Enochic Book of the Giants were found in several of the caves.[14] Other evidence of interest in the Enochic tradition includes the reference to the giants in the Damascus Document (CD 2:16-20), as well as a pesher that refers to the activity of the watchers (4Q180-181), and a commentary on the Apocalypse of Weeks (4Q247). This evidence suggests two scenarios. 1) The Qumran community attracted people who prized the Enochic texts and brought their copies with them. 2) The community provided an ambience that fostered the copying and use of the Enochic and related texts, and the incorporation of Enochic traditions into new texts. The Enochic texts and others related to them served several functions at the Qumran community. 1) The Enochic and calendaric material was foundational for community life and religious observances. 2) Multiple copies of works like the components of 1 Enoch, Daniel, the Aramaic Levi Document, and the Testament of Amram indicate that these apocalyptic texts were wholly compatible with the world view and religious thought of the community in several ways: a) They informed and undergirded the community's high eschatological consciousness; b) they informed and supported the community's dualistic cosmology; c) they were consonant with Qumranic claims to possess special revelation. 4) The story of the watchers and the women spoke to several central concerns of the community. It provided a warning against human immorality and heresy, a critique of the perceived pollution of

---

Study of the Dead Sea Scrolls and Associated Literature, 12-14 May, 1996, Leiden: Brill 1998, 137-58.

13. *Nickelsburg*, Enoch, Levi, and Peter, 390-400.
14. On the codicological data about the Enochic texts at Qumran and their possible functions there, see *George W. E. Nickelsburg*, The Books of Enoch at Qumran: What We Know and What We Need to Think about, in: *Bernd Kollmann* et al. (eds.), Antikes Judentum und frühes Christentum: Festschrift für Hartmut Stegemann zum 65. Geburtstag, BZNW 97, Göttingen: Vandenhoeck & Ruprecht 1999, 99-113.

the Jerusalem cult, and an aetiology of the demonic realm that played an important role in the Qumran world view.

2.3 The Wisdom of Solomon

For 1 Enoch's further influence in early Judaism, we turn from the Semitic, apocalyptic ambience of Qumran to the Greek philosophical world of the Wisdom of Solomon. Knowledge of the traditions seems certain. The ancient sage is cited as the righteous man par excellence (4:10-14). The author's dispute about post-mortem retribution has much in common with the last discourse in the Epistle of Enoch (chaps. 2-5; cf. 1 Enoch 102:4-104:8).[15] The post-mortem confrontation between the persecuted righteous man and his enemies (4:16-5:8) is a recasting of Isaiah 53 with significant parallels in the exaltation scene of the Son of Man in 1 Enoch 62-63.[16] For all of its Hellenistic philosophical clothing, Wisdom shares with 1 Enoch aspects of a common world view: a dualism between heavenly and earthly worlds, and an interest in eschatology that functions to assert the triumph of divine justice.[17] This warns us not to make our scholarly categories too mutually exclusive.

3. *1 Enoch in First Century Christianity*

Although 1 Enoch was never accepted into the New Testament canon of the West, its influence is evident in those canonical books, and it continued to influence wide and diverse sectors of Christianity for another three centuries.

3.1 Son of Man Christologies

The most significant Enochic influence in the New Testament appears in the early christologies about the coming Son of Man.[18] Although some of these texts employ the language of Daniel 7, the portrayal of the Son of Man as an eschatological judge or an agent in that judgment must be attributed to the

---

15. *George W. E. Nickelsburg*, Resurrection, Immortality, and Eternal Life in Intertestamental Judaism, HTS 26, Cambridge: Harvard University Press 1972, 128-29.
16. Ibid., 70-74.
17. *John J. Collins*, Cosmos and Salvation: Jewish Wisdom and Apocalyptic in the Hellenistic Age, in: HR 17 (1977), 128-41.
18. *George W. E. Nickelsburg*, Son of Man, in: ABD 6:137-50.

tradition preserved in the Enochic Book of Parables and not simply to Daniel 7. In my view, this Son of Man christology influenced the Apostle Paul before it was embodied in the written gospels. Evidence of Enochic traditions is also present in the Book of Revelation.

3.2 The Story of the Watchers

The story of the watchers and the women is also known in first century Christianity, and traces of it can be found in Jude 6 (cf. vv 14-15) and 2 Peter 2:4-5, as well as in 1 Peter 3:19-20. The former two texts cite the fate of the watchers as a warning about the eschatological consequences of rebellion against God.

3.3 The Church as Eschatological Community of the Chosen

Especially important, but less obvious is an important parallel between the community that preserved the Enochic corpus and the early Christian church. Both claim to be the eschatological community of the chosen, constituted by divine revelation, and both expect that the proclamation of their revelation will bring gentiles into the community of those who will survive the coming judgment (cf., e. g., Mark 13:10). The parallel is more formal than material, but it is suggestive of a social context for the rise of the earliest church.

4. *1 Enoch in Second to Fifth Century Christianity*

The eventual demise of the authority of the Enochic corpus in western Christianity should not obscure the fact that these texts exercised considerable influence in these circles for three centuries after the composition of the New Testament writings.[19]

4.1 Eschatology

The eschatological use of the Enochic traditions in the New Testament continues into the second century. The tour of Hell in the Apocalypse of Peter is

---

19. This section summarizes, *Nickelsburg*, Commentary, § 6.2.1-6.

modelled on Enoch's tour in the Book of the Watchers.[20] Papias ascribes to Jesus a saying about an eschatological scenario that derives ultimately from 1 Enoch 10 (Irenaeus, *Adv. Haer.* 5.33.3). Barnabas 16:5-6 cites a prediction from the Animal Vision as sacred scripture.

4.2 The Story of the Watchers and the Origins of Evil

For perhaps two centuries, the story of the watchers and the women provides a major source for explaining the origins of evil in the world. Thus for Justin (2 Apol. 5), Athenagoras (*Leg.* 24-25), Lactantius (*Inst.* 2.15), the author of the *Pseudo-Clementine Homily* 8, and perhaps Minucius Felix (*Oct.* 26), the watchers' intercourse with women bred a world of demons that holds sway over humanity in a variety of ways. More frequent are attestations of the Enochic motif of the watchers introducing forbidden revelations about magic and prognostication, metallurgy and mining (Irenaeus [*Adv. Haer.* 1.15.6; *Epid.* 18], Tertullian [*Cult. fem.* 1.2] and Cyprian [*Hab. virg.* 12-14], Clement of Alexandria [*Ecl.* 53; *Strom.* 5:1.10.2], Lactantius [*Inst.* 2:17], Comodianus [*Instr.* 3], Epiphanius [*Pan.* 1.1.3], and *Pseudo-Clementine Homily* 8). Following 2 Peter and Jude, Irenaeus (*Adv. Haer.* 1.10.1; 4.16.2; 4.36.4; 4.37.1) cites the story to emphasize the reality of the coming judgment.

4.3 Chronology and Chronography

For the Christian chronographers, the story of the watchers filled in and explicated Genesis. Sometimes together with the Book of the Luminaries, it allowed them to develop a systematic account of the history of humanity and a chronology that aided calculations about the time of the end. The Book of the Luminaries was also cited as an authority in Christian calendrical calculations.[21]

---

20. *Martha Himmelfarb*, Tours of Hell: An Apocalyptic Form in Jewish and Christian Literature, Philadelphia: University of Pennsylvania Press 1983, 50-56.
21. On the Chronographers and 1 Enoch, see *William Adler*, Time Immemorial: Archaic History and Its Sources in Christian Chronography from Julius Africanus to George Syncellus, Dumbarton Oaks Studies 26, Washington, D.C.: Dumbarton Oaks Research Library and Collection 1989, passim.

4.4 The Authority of Enoch

Thus, implicitly or explicitly, Enochic authority was more widespread in early Christianity than is usually supposed. Attestations of it appear in Syria, Asia Minor, Athens, Rome, Carthage, and especially Egypt. Jude (14), Barnabas (16:5, 6), Irenaeus (*Adv. Haer.* 4.16.2), Tertullian (*Cult. fem.* 1.3; 2.10), Clement of Alexandria (Ecl. 2; 53), and Origen (*De princ.* 1.3.3; 4.4.8; *Com. Jo.* §217) appeal explicitly to the writings of the ancient sage and prophet. Elsewhere, even when it was not cited, the Book of the Watchers offered an authoritative account of the origins of evil. In time, things changed. Tertullian (*Cult. fem.* 1:3) and Origen (*Comm. Jo.* §217; *Num. Hom.* 28.2; *Cels.* 5:52-55) allude to the rejection of Enochic tradition, and some of the voices of the dissenters can be heard in Hilary of Poitiers (*Tract. super Ps.* 132.6), Jerome (*Viris ill.* 4; *Comm. Tit.* 1.2; *Brev. in Psalm.* 132:3), and Augustine (*Civ.* 15.23; 18.38). The reasons for the rejection of Enochic authority were, doubtless, complex. I offer two possibilities. First, the book is employed favorably by the heretics, not least the Gnostics (e.g., the *Apocryphon of John* [NHC II.29.10-30.4 par.]) and the Manichaeans.[22] Jerome explicitly rejects the book for this reason. Secondly, as a story about the origins of evil, the myth of the watchers is eventually overshadowed by the story of Eden. The reason for this is a topic worthy of investigation. The influence of Augustine must have been substantial. He dismissed the Enochic writings as apocryphal, perhaps not least because of their currency among the Manichaeans. In addition, the story of Eden was far more compatible with his anthropology and his understanding of sin than was the myth of the watchers.

4.5 The Petrine Trajectory

One of the fascinating aspects of the Christian reuse of Enochic traditions is the association of these traditions with the figure of the apostle Peter. Examples can be found in the Gospel of Matthew,[23] 1 Peter and the *Gospel of Peter* (39-42), 2 Peter, the *Apocalypse of Peter* (see above; also chaps. 4 and 13; cf. 1 Enoch 61:5; 62:15-16; 63:1, 7-9), and the *Pseudo-Clementine Homilies*. To these one might add Acts 10. Here Peter sees a vision that authorizes a mission to the gentiles. In its imagery of clean and unclean animals, reptiles,

---

22. *John C. Reeves*, Jewish Lore in Manichaean Cosmology: Studies in the Book of Giants Tradition, Monographs of the Hebrew Union College 14, Cincinnati: Hebrew Union College Press 1992.
23. *Nickelsburg*, Enoch, Levi, and Peter, 590-600.

and birds, unclean animals symbolize the gentiles, as they do in Enoch's second dream vision (chaps. 85-90). The other major part of the second dream vision's imagery – Shepherd and sheep – appears also in connection with Peter in 1 Peter 5:2-4 and John 21.

4.6 1 Enoch in Ethiopian Christianity

Finally, lest we be too chauvinistic in our historiography, it should be remembered that 1 Enoch is canonical for Ethiopian Christianity. Although scholars employ the Ethiopic version as their major textual resource for this ancient Jewish apocalypse, they scarcely note the function of this work in the religious tradition that has preserved it and often uses it for theological, liturgical, and parenetic purposes.[24] This usage should be studied in detail. The book's preservation and canonization in Ethiopic is doubtless due to circumstances as complex as those that led to its rejection in Mediterranean Christianity. Here are a couple of suggestions. Thanks to the Egyptian origins of Ethiopian Christianity, 1 Enoch was imported as a piece of religious literature. While Ethiopia was not cut off from some of the theological, especially christological debates of Mediterranean Christianity, it never really participated in the philosophical disputations of catholic theology. Instead, 1 Enoch's mythic world view of angels and demons and magic functioned well in a native culture where these elements were already at home.

Conclusion

The Israelite religion attested in the Hebrew Bible, and early Christianity witnessed to in the New Testament and the usual reading of the catholic fathers are only parts of a larger picture. 1 Enoch, both in its origins and its reception, provides a window into that wide and diverse religious world. Against the background of that diversity, we can better understand the peculiarities of both the canonical and non-canonical manifestations of these religious traditions.

---

24. This paragraph summarizes *Nickelsburg*, Commentary, § 6.2.7.1-2.

Warum der Dämon Eva verführte

Über eine Variante in Apc Mos 26,2 – mit einem Seitenblick auf Narr Zos (gr) 18-23

Jan Dochhorn

1. Einleitung

Das in diesem Symposium verhandelte Schrifttum ist nicht nur deshalb von Bedeutung, weil es uns einen Einblick in das Judentum der Spätantike geben kann, sofern im Einzelfall jeweils gesichert ist, daß es sich tatsächlich um eine jüdische Schrift handelt. Interesse verdient auch seine Rezeption durch die christlichen Kirchen. Dies gilt ebenso für die Apokalypse des Mose (Apc Mos).[1] Zwar ist sie unter Christen niemals als kanonisch angesehen worden wie etwa das Jubiläenbuch, das für die äthiopische Kirche ein biblisches Buch ist,[2] doch sie hat in der Kirche, innerhalb derer sie tradiert wurde, nämlich der byzantinischen, eine gewisse Rolle gespielt. So lassen mehrere Handschriften erkennen, daß sie am Sonntag der Käsewoche (κυριακὴ τῆς τυροφάγου/τυρίνης), also am letzten Sonntag vor den großen Fasten, gelesen wurde;[3] an diesem wird traditionell der Vertreibung Adams aus dem Paradies gedacht.[4]

---

1. Die Apc Mos ist erstmalig 1866 von *Tischendorf* herausgegeben worden – C. *Tischendorf* (Hg.): Apocalypses Apocryphae Mosis, Esdrae, Pauli, Iohannis, item Mariae Dormitio Additis Evangeliorum et Actuum Apocryphorum Supplementis, Leipzig 1866, 1-23. *Tischendorf* benutzte 4 Handschriften, unter ihnen auch den für diese Untersuchung besonders wichtigen Codex Vindobonensis, Bibl. Nat., Hist Graec 67 (13. Jh.), der bei ihm und den nachfolgenden Editoren mit dem Sigel C versehen wurde; er hat diese Handschrift freilich partienweise mit dem anderen von ihm benutzten Wiener Codex (B) verwechselt, so auch in Apc Mos 26 (vgl. S. 14 App.). Es sind inzwischen weit mehr Textzeugen bekannt geworden; eine Synopse der Handschriften hat *Nagel* im 3. Band seiner Dissertation veröffentlicht – vgl. M. *Nagel*: La Vie Grecque d'Adam et Ève, Diss. Strasbourg 1972 (Tome 1-3). Aufgrund dieser Synopse hat 1987 *Bertrand* eine Handausgabe erstellt – D. A. *Bertrand* (Hg.): La Vie Grecque d'Adam et Ève (Recherches Intertestamentaires 1), Paris 1987, die allerdings zahlreiche Mängel aufweist – zum einen sind die textkritischen Entscheidungen *Bertrands* des öfteren zweifelhaft (Tendenz zur Glättung), zum anderen wird der Überlieferungsbestand nur unzureichend im Apparat wiedergegeben. Ohne guten Grund hat *Bertrand* auch den Handschriften andere Sigel zugeteilt als *Nagel*. In dieser Arbeit werden die Textzeugen nach den Sigeln *Nagels* zitiert.
2. Vgl. hierzu A. *Dillmann*: Über den Umfang des Bibelcanons der abyssinischen Kirche, in: JBW 5 (1852-1853), 144-151.
3. So St (vgl. *Nagel* [Anm. 1] 1, 8), AV (vgl. *Nagel* [Anm. 1] 1, 15 und A (vgl. *Nagel* [Anm. 1] 1, 52).
4. Zum Festinhalt des Sonntags der Käsewoche vgl. die Gebete und Erläuterungen des

Mit dem Sonntag der Käsewoche ist auch eine pseudochrysostomische Homilie[5] assoziiert gewesen, mit der die Apokalypse des Mose offenbar ein symbiotisches Verhältnis eingegangen ist. In einer Handschrift erscheint sie neben dieser,[6] in einer Handschrift ist ihre Superscriptio durch Zusätze erweitert, welche aus der Homilie stammen könnten,[7] und in einem Codex schließlich ist sie – ebenfalls in der Superscriptio – nicht Mose, sondern Johannes Chrysostomus zugeschrieben, möglicherweise, weil man sie mit der unter gleichem Namen tradierten Homilie verwechselte.[8]

Eine rezeptionsgeschichtlich interessante Fragestellung ergibt sich auch aus der Tatsache, daß die Apc Mos Teil einer Gruppe von Adambüchern ist, die alle miteinander verwandt sind und hier unter dem Namen »Adamdiegesen« zusammengefaßt werden sollen. Zu diesen gehören neben der Apc Mos die lateinische Vita Adae et Evae (Vit Ad [lat]),[9] die schon länger als »Seitenreferent« der Apc Mos gilt,[10] doch sie ist nicht der einzige: Eng verwandt mit der Vit Ad (lat) sind eine armenische und eine georgische Adamvita (Vit Ad [arm. georg]),[11] die auf dieselbe griechische Grundschrift wie die Vit Ad (lat)

    Triodions: Τριώδιον κατανυκτικὸν περιέχον ἅπασαν τὴν ἀνήκουσαν αὐτῷ ἀκολουθίαν τῆς ἁγίας καὶ μεγάλης Τεσσαρακοστῆς ἀπὸ τῆς κυριακῆς τοῦ τελώνου καὶ τοῦ φαρισαίου μέχρι τοῦ ἁγίου καὶ μεγάλου Σαββάτου μετὰ τῶν κατ᾿ ἦχον τριαδικῶν ὕμνων καὶ φωταγωγικῶν στιχερῶν τε καὶ καθισμάτων διαφόρων ἐν τῷ τέλει, Ἔκδοσις τῆς Ἀποστολικῆς Διακονίας τῆς Ἐκκλησίας τῆς Ἑλλάδος, Athen 1960, 65-72, die sowohl das Fasten als auch die Vertreibung Adams ansprechen.

5. (Ps.-) Chrysostomos, Λόγος εἰς τὴν ἀρχὴν τῆς ἁγίας Τεσσαρακοστῆς καὶ εἰς ἐξορίαν τοῦ Ἀδὰμ καὶ περὶ πονηρῶν γυναικῶν (»Predigt zum Anfang der heiligen 40 Osterfasten und zur Vertreibung Adams sowie über die bösen Frauen«) [in Genesim Sermo 3], MPG 56 (Paris 1859), 525-538. Der Überschrift entspricht der Aufbau der Predigt (Fasten: 525-528; Vertreibung Adams: 528-535; böse Frauen: 535-538). Das erste Thema erklärt sich aus der heortologischen Position des Sonntags der Käsewoche, das zweite und wohl auch das dritte aus seinem Lesetext; die Predigt läßt damit deutlich erkennen, daß sie für die liturgische Verwendung am letzten Sonntag vor den Fasten konzipiert wurde, vgl. hierzu auch die Verbindung der beiden Themen ›Vertreibung Adams und Evas‹ und ›Fasten‹ im Triodion (Anm. 4).
6. So in D, der ältesten Handschrift (11. Jh.), vgl. hierzu *Nagel* (Anm. 1) 1, 1.
7. So in B, vgl. hierzu *Nagel* (Anm. 1) 1, 41; 2, 63 [Anm. 163].
8. So in Pa, vgl. hierzu *Nagel* (Anm. 1) 1, 28-29; 2, 43 [Anm. 102].
9. Die Vit Ad (lat) wurde 1878 erstmalig von *Meyer* herausgegeben – W. *Meyer*: Vita Adae et Evae. Herausgegeben und erläutert (ABAW.PP 14), München 1878, 185-250. Die Ausgabe *Meyers* ist bis heute maßgeblich, erfaßt aber nur einen Teil der Handschriften. Basierend auf Codices aus England veranstaltete 1929 *Mozley* eine Edition – J. H. *Mozley*: The ›Vita Adae‹, in: JThS 30 (1929), 121-149. Auch damit sind noch bei weitem nicht alle Textzeugen aufgearbeitet; eine Liste der lateinischen Handschriften bietet M. E. B. *Halford*: The Apocryphal Vita Adae et Evae. Some Comments on the Manuscript Tradition, in: NPM 82 (1981), 417-427, doch auch diese ist nicht vollständig, wie ein Vergleich mit der Liste *Nagels* zeigt, vgl. *Nagel* (Anm. 1) 2, 155-158 [Anm. 1].
10. Schon in der Pseudepigraphensammlung von Kautzsch wird sie synoptisch neben die Apc Mos gestellt; vgl. C. *Fuchs*: Das Leben Adams und Evas, in: E. Kautzsch (Hrsg.): Die Apokryphen und Pseudepigraphen des Alten Testaments 2, Tübingen 1900, 506-528.
11. Vit Ad (arm): M. E. *Stone*: The Penitence of Adam, Edited (CSCO 429, Scriptores Ar-

zurückgehen (*Vit Ad [gr]) und diese in vielem besser repräsentieren als die Vit Ad (lat). Die Vit Ad (gr) wiederum ist von einer frühen Rezension (Rez Ia)[12] der Apc Mos abhängig, stellt also im Grunde eher ein rezeptionsgeschichtliches Zeugnis als eine synoptische Parallele zur Apc Mos dar. Neben den drei Adamviten ist von der Apc Mos noch ein slavisches Adambuch[13] abhängig, dieses ist aus einer späten, von der Rez Ia abhängigen Rezension der Apc Mos hervorgegangen, der Rez II, und wird hier nicht Gegenstand der Erörterung sein; dasselbe gilt für eine armenische Übersetzung[14] der Apc Mos und zwei koptische Fragmente sowie ein arabisches Fragment aus koptischer Tradition.[15] Wichtig ist hier nur die Tatsache, daß

meniaci 13), Louvain 1981; *M. E. Stone*: The Penitence of Adam, Translated (CSCO 430, Scriptores Armeniaci 14), Louvain 1981; Vit Ad (georg): *C. K^{h}urcik'idze*: Adamis ap'ok'rip^{h}uli chovrebis k^{h}art^{h}uli versia, in: P^{h}ilologiuri Dziebani 1 (1964), 97-136; Übersetzung: *J.-P. Mahé*: Le Livre d'Adam Georgien, in: *R. van den Broek* und *M. J. Vermaseren*: Studies in Gnosticism and Hellenistic Religion. Presented to Gilles Quispel on the Occasion of his 65th Birthday (EPRO 91), Leiden 1981, 227-260.

12. Die Rez Ia wird von den Handschriften A AC Ath C bezeugt. Den Nachweis einer Abhängigkeit der Vit Ad von der Rez Ia hat – m. E. überzeugend – *Nagel* (Anm. 1) 1, 113-159 erbracht; er hatte allerdings noch nicht die Vit Ad (arm) vorliegen, doch auch diese weist zahlreiche Spuren von Lesarten der Rez Ia auf und kann damit als Beleg für die Richtigkeit der These *Nagels* gewertet werden – Einzelnachweise hierzu finden sich bei *J. Dochhorn*: Adam als Bauer oder: Die Ätiologie des Ackerbaus in Vita Adae 1-21 und die Redaktionsgeschichte der Adamviten, in: *G. Anderson, M. Stone* und *J. Tromp* (Hg.): Literature on Adam and Eve (SVTP 15), Leiden 2000, 315-346, bes. 318.

13. Edition mit ausführlicher Untersuchung: *V. Jagi…*: Slavische Beiträge zu den biblischen Apokryphen (DAWW.PH 42), Wien 1893, 1-104.

14. Edition: *C^h. M. Yovsêpeanc^h*: Thangaran č^{h}in eu nor naxneac^h, A: Ankanon girk^h č^{h}in ktakaranoy, Venedig 1896, 1-23; Übersetzungen: *J. Issaverdens*: The Uncanonical Writings of the O. T. Found in the Armenian Mss. of the Library of St. Lazarus, Venedig 1901, 21-42 und *E. Preuschen*: Die apokryphen gnostischen Adamschriften aus dem Armenischen übersetzt und untersucht, in: *W. Diehl, R. Drescher* etc. (Hg.): Festgruß an Bernhard Stade zur Feier seiner 25jährigen Wirksamkeit als Professor, Gießen 1900, 165-252, speziell 168-186; weitere Informationen zur Apc Mos (arm), speziell zu den von Yovsêpeanc^h nicht erfaßten Handschriften, finden sich bei *M. E. Stone*: A History of the Literature of Adam and Eve (Society of Biblical Literature. Early Judaism and its Literature 3), Atlanta, GA 1992, 12-13.

15. Ein sahidisches Fragment findet Entsprechungen in Apc Mos 31/32 – vorläufige Edition: *W. E. Crum*: Catalogue of the Coptic Manuscripts in the Collection of the John Rylands Library, Manchester / London 1909, 40 (Nr. 84); ein sehr lückenhaftes fajjumisches Fragment geht parallel mit Apc Mos 29 – vorläufige Edition: *J. Leipoldt*: Bruchstück einer Moseapokalypse (fajjumisch), in: Aegyptische Urkunden aus den koeniglichen Museen zu Berlin, herausgegeben von der Generalverwaltung. Koptische Urkunden, Band 1, Berlin 1904, 171 (Nr. 181). Zum arabischen Fragment vgl. O. H. E. khs Burmester, Koptische Handschriften 1: Die Handschriftenfragmente der Staats- und Universitätsbibliothek Hamburg 1 (Verzeichnis der orientalischen Handschriften in Deutschland 21,1), Wiesbaden 1975, 305 (Suppl. 26); es ist bisher unediert. *M. De Jonge* und *J. Tromp*: The Life of Adam and Eve and Related Literature (Guides to Apocrypha and Pseudepigrapha o. Z.), Sheffield 1997, 17 geben an, daß die SUB Hamburg das Fragment als vermißt melde; ich habe es erhalten. Was die koptischen Fragmente betrifft, so ist unsicher, ob sie der Apc Mos oder aber einer Vit Ad (kopt) oder noch

es eine von der Apc Mos abhängige griechische Adamvita gegeben hat, von der eine lateinische, eine armenische und eine georgische Version existieren,[16] die aber im griechischen Sprachbereich offenbar irgendwann nicht mehr tradiert wurde. Dies fällt umsomehr auf, als in den Kirchen, welche die byzantinische räumlich umgaben, offenbar weniger die Apokalypse des Mose als vielmehr die Vita Adae et Evae tradiert wurde, insbesondere in der lateinischen Kirche, die eine geradezu unübersehbare Fülle von Handschriften der Vit Ad (lat) hervorgebracht hat.[17] Nebeneinander gehalten haben sich die Apc Mos und die Vit Ad nur in der armenischen Kirche.

Der vorliegende Beitrag wird diese Problematik nicht klären können, wohl aber Spuren einer Rezeption der Vit Ad (gr) in der griechischen Kirche aufweisen, die immerhin zeigen, daß sie in diesem Bereich doch nicht ganz ohne Wirkung geblieben ist. Freilich werden keineswegs alle diese Spuren zur Sprache gebracht werden; es soll lediglich um einen Text gehen, der zunächst einmal nicht allzu bedeutsam erscheint, handelt es sich doch um eine eindeutig interpolierte Passage in ApcMos 26,2, die nur in einer – keineswegs sonderlich alten – Handschrift der Apc Mos nachgewiesen werden kann (Wien, Nat Bibl, Hist Graec 67, 13. Jh., sie erhält bei *Tischendorf* und *Nagel* das Sigel C und ist im übrigen einer der Zeugen für die o.g. Rez Ia). Doch ein jeglicher Zusatz zu einem Text ist immer auch ein rezeptionsgeschichtliches Zeugnis; und in diesem Fall erfahren wir etwas über die Rezeption nicht nur der Apc Mos, sondern auch der ihr nahestehenden Vit Ad sowie über das Zusammenwirken dieser so eng verwandten Schriften.

einer anderen Adamdiegese zuzuordnen sind; Erörterungen zu dieser Frage finden sich in dem o.g. Werk von *De Jonge* und *Tromp* auf den Seiten 40-41.

16. Es soll nicht unterschlagen werden, daß die hier vorgetragene Sicht zur Filiation der Adamdiegesen nicht von allen Forschern geteilt wird; einen Forschungsüberblick bietet *Stone*, History (Anm. 14), 61-70, vgl. auch die durchaus andersartige Sicht der Dinge bei *O. Merk* und *M. Meiser*: Das Leben Adams und Evas (JSHRZ II,5), Gütersloh 1998, 757-764. Eine Diskussion der verschiedenen Ansätze kann hier selbstverständlich nicht geleistet werden.

17. Zu den Handschriften der Vit Ad (lat) vgl. Anm. 9. Es soll hier nicht darüber hinweggesehen werden, daß das mittelirische Epos Saltair na Rann, Canto 8-11 eine Erzählung vom Leben Adams und Eva bietet, die sowohl von der Vit Ad (lat) als auch von der Apc Mos (und zwar speziell von Apc Mos 15-30) inspiriert zu sein scheint. Seit einem Beitrag von *Thurneysen* aus den Jahren 1883/5 diskutiert man die Frage, wie man sich dieses Phänomen zu erklären habe, vgl. *R. Thurneysen*: Saltair na Rann, in: Revue Celtique 6 (1883-1885), 96-109; ein Überblick über die Forschungsdiskussion findet sich bei *B. O. Murdoch*: The Irish Adam and Eve Story from Saltair na Rann, Vol 2: Commentary, Dublin 1976, 33-35. Seitdem die Vit Ad (arm) und die Vit Ad (georg) bekannt geworden sind, ist m.E. wenigstens in Erwägung zu ziehen, daß Saltair na Rann eine Version der Vit Ad (lat) vorgelegen habe, die noch wie Vit Ad (arm. georg) einen Paralleltext zu Apc Mos 15-30 enthielt; es ist m.E. auch nicht auszuschließen, daß sich unter den vielen noch unbearbeiteten Textzeugen der Vit Ad (lat) eine solche Version noch befindet. Mehr als eine solche Arbeitshypothese kann hier freilich nicht vorgebracht werden.

2. Apc Mos 26,2_c: Text und Kontext

Apc Mos 26 ist Teil einer größeren Erzählung, in der Eva die in Gen 3 berichteten Vorgänge schildert (Apc Mos 15-30); sie ist ein typisches Beispiel der Gattung »Rewritten Bible«. Apc Mos 26 ist dabei das Pendant zu Gen 3,14-15, eine amplifizierte Version des Fluches über die Schlange. Die Textüberlieferung in Apc Mos 26 ist relativ fest, auch die Abweichungen der Handschrift C vom (hypothetischen) Grundtext halten sich – bis auf die zusätzliche Passage – in Grenzen. Um der Orientierung willen sei im folgenden der Grundtext[18] geboten, mit den bedeutenderen Abweichungen der Handschrift C in Fußnoten:

26,1 Μετὰ δὲ τὸ εἰπεῖν μοι ταῦτα
εἶπε τῷ ὄφει ἐν ὀργῇ μεγάλῃ[19] λέγων ·

ἐπειδὴ ἐποίησας τοῦτο
καὶ ἐγένου σκεῦος ἀχάριστον
ἕως ἂν πλανήσῃς[20]
τοὺς παρειμένους[21] τῇ καρδίᾳ
ἐπικατάρατος σὺ[22]
ἐκ πάντων τῶν κτηνῶν.
26,2 Στερηθήσῃ[23] τῆς τροφῆς[24] σου,[25]
ἧς[26] ἤσθιες,
καὶ χοῦν[27] φάγῃ
πάσας τὰς ἡμέρας τῆς ζωῆς σου.
Ἐπὶ τῷ στήθει καὶ τῇ κοιλίᾳ πορεύσῃ

ὑστερηθεὶς καὶ χειρῶν καὶ ποδῶν σου.[28]
26,3 Οὐκ ἀφεθήσεταί σοι ὠτίον

οὔτε πτέρυξ,
οὔτε ἓν μέλος τούτων
ὧν σὺ ἐδελέασας

26,1 Nachdem er mir das gesagt hatte,
sagte er zur Schlange in großem Zorn und sprach:
»Weil du das getan hast
und ein undankbares Gefäß geworden bist,
um zu verführen
die im Herzen trägen/ungefestigten,
sollst du verflucht sein
vor allem Vieh.
26,2 Du wirst der Nahrung beraubt sein,
die du aßest,
und wirst Staub essen
alle Tage deines Lebens;
Auf der Brust und dem Bauche wirst du dich bewegen,
deiner Hände und Füße entäußert.
26,3 Ein Ohr wird dir nicht gelassen werden,
auch kein Flügel,
überhaupt keines der Glieder
mit denen du sie geködert hast

---

18. Der Text ist von mir selber anhand der Kollationen *Nagels* rekonstruiert; vgl. *Nagel* (Anm. 1) 3, 184-191. Der Grund für dieses Vorgehen ist aus Anm. 1 ersichtlich: Die Edition *Bertrands* (Anm. 1) kann nicht als zuverlässig gelten.
19. τῷ ὄφει ἐν ὀργῇ μεγάλῃ] τὸν ὄφιν ὀργήν.
20. ἕως ἂν πλανήσῃς] καὶ ἐπλάνησας.
21. παρειμένους] παρηισταμένους (l. παριισταμένους).
22. σύ] εἶ.
23. Ins. καὶ p. στερηθήσῃ.
24. τροφῆς] τρυφῆς (l. τρυφῆς).
25. An dieser Stelle folgt der Zusatz.
26. ἧς] †ἧ† ἐκ τοῦ παραδεῖσσου (l. παραδείσου).
27. χοῦν] γῆν.
28. ὑστερηθεὶς καὶ χειρῶν καὶ ποδῶν σου] om.

ἐν τῇ κακίᾳ σου
καὶ ἐποίησας²⁹ αὐτοὺς ἐκβληθῆναι

ἐκ τοῦ παραδείσου.
26,4 Καὶ θήσω ἔχθραν ἀνὰ μέσον σοῦ

καὶ ἀνὰ μέσον τοῦ σπέρματος αὐτῶν,
αὐτός σου τηρήσει κεφαλὴν

καὶ σὺ ἐκείνου πτέρναν
ἕως τῆς ἡμέρας τῆς κρίσεως.

in deiner Schlechtigkeit
und dafür gesorgt hast, daß sie vertrieben werden
aus dem Paradies.
26,4 Und ich werde Feindschaft setzen zwischen dich
und ihren (sc. Adams und Evas) Samen.
Dieser wird es auf deinen Kopf abgesehen haben
und du auf seine Ferse
bis zum Tag des Gerichts«.

Der Text der hinzugefügten Passage (vgl. Anm. 25) lautet in orthographisch bereinigter und kritisch revidierter Form³⁰ folgendermaßen:

1 Ἦν δὲ ἡ Εὔα ιβ´ ἐτῶν,
ὅτε αὐτὴν ἠπάτησεν ὁ δαίμονος³¹,
καὶ ἐποίησεν αὐτοῦ τὴν ἐπιθυμίαν.

1. Eva aber war zwölf Jahre alt,
als sie der Dämon verführte
und tat, was er begehrte.

2 Ὅτι ἡμέρας εἶχε
μελετῶν τὸ σκεύος αὐτῆς
καὶ νύκταν³² καὶ ἡμέραν
οὐκ ἐπαύετο
ζήλῳ φορούμενος κατ᾽ αὐτῶν.

2. Denn tagelang
stellte er ihrem Körper nach,
und Nacht und Tag
ruhte er nicht,
getrieben von Neid gegen sie (sc. Adam und Eva).

29. ἐποίησας] ἐποίησα.
30. Ich habe die Handschrift selbst einsehen können, sie bietet auf f. 16r₁₀₋₂₁ folgenden Text (Abkürzungen werden aufgelöst, sofern sie konventionell sind, abgekürztes καί wird mit κ̀- wiedergegeben, wenn ein Gravis über dem Kürzel erscheint, mit κ-, wenn kein Gravis erscheint. Abkürzungen von Nomina sacra werden berücksichtigt, allerdings ohne daß die charakteristische Linie über den Buchstaben wiedergegeben würde): ἦν δὲ ἡ εὐα ιβ̄ ἐτῶν· ὅτε αὐτὴν εἰπάτησεν ὁ δαίμον'· κ̀- ἐποίησ- αυτοῦ τὴν ἐπϊθυμίαν· ὅτι ἡμέρασ ἤχεν μελετῶν τῶ σκεύοσ αὐτῆσ· κ̀- νύκταν καὶ ἡμέραν οὐκ αἰπαύετο ζήλω φορούμενοσ κατ᾽ αὐτῶν· ὅτι τὸ πρότερον ὁ ἦν αὐτὸσ ἐν τῷ παραδείσσω καὶ δϊα τοῦτο ἐπτέρνησεν αὐτοῦσ ὅτϊ οὐκ ἰδύναντω θεορῆν αὐτοῦσ ἐν τῷ παραδείσσω· κ̀- δϊα τοῦτω ἐπτέρνησεν αὐτοῦσ· μάλλων δϊα τῶν αγγέλων τὴν προσκυνησῖν· κ̀- τῶν θυρῶν τὴν ὁμίλϊαν· κ̀- δϊα τοῦτω κ̀- ὁ θς̄ εἶπεν τῶ ὄφι ὅτϊ ἐπϊκατάρατοσ ἦν ἐκ πάντων τῶν θυρῶν κ̀- τῶν κτϊνῶν· καὶ τησ δόξησ ησ ἔσχεν προ τούτοσ· κ̀- στερηθή- σῖ ποδῶν καὶ χειρῶν καὶ τῆσ τρὔφῆσ... Die Kollation bei *Nagel* (Anm. 1) 3, 187 stimmt bis auf einige Abweichungen in der Akzentsetzung überein. *Bertrand* hat den Text im Apparat zur Stelle nach der Kollation *Nagels* wiedergegeben, meine Rekonstruktion weicht in manchem ab, vgl. dazu die Anmerkungen. Athetesen kennzeichne ich durch {geschweifte Klammern}, konjekturale Ergänzungen durch [eckige Klammern]. Die Paragrapheneinteilung und die stichische Textgestaltung stammt gleichfalls von mir.
31. *Bertrand* liest δαίμων, aber das metaplastische δαίμονος steht unzweifelhaft im Kodex.
32. *Bertrand* liest νύκτα, doch auch hier ist die metaplastische Form im Kodex ernstzunehmen.

3 Ὅτι τὸ πρότερον ὅ³³ ἦν αὐτὸς ἐν τῷ παραδείσῳ. 4 Καὶ διὰ τοῦτο ἐπτέρνισεν αὐτούς, ὅτι οὐκ ἠδύνατο³⁴ θεωρεῖν αὐτοὺς ἐν τῷ παραδείσῳ, καὶ διὰ τοῦτο ἐπτέρνισεν αὐτούς³⁵	3. Denn es war zuerst er, der im Paradies war. 4. Und deshalb legte er sie herein, weil er (nämlich) nicht ansehen konnte, wie sie im Paradies waren, und deshalb legte er sie herein
5 μᾶλλον δὲ³⁶ διὰ τῶν ἀγγέλων τὴν προ- σκύνησιν καὶ τῶν θηρίων τὴν ὁμιλίαν.	5. mehr noch aber wegen der Anbetung durch die Engel und des Umgangs mit den Tieren.
6 Καὶ διὰ τοῦτο καὶ ὁ θεὸς εἶπε τῷ ὄφει ὅτι ἐπικατάρατος ἦν ἐκ πάντων τῶν θηρίων καὶ τῶν κτηνῶν· καὶ τῆς δόξης ἧς ἔσχε πρὸ τούτου ἐστερήθη³⁷,	6. Und deshalb auch sagte Gott zur Schlange, daß sie verflucht sei vor allen Tieren und vor dem Vieh; und der Doxa, die sie zuvor hatte, [wurde sie beraubt],
7. καὶ στερηθήσῃ ποδῶν καὶ χειρῶν καὶ τῆς τρυφῆς ...	7. »und du wirst beraubt werden der Füße, der Hände und der Üppigkeit«.

Diese Passage paßt ohne Zweifel nicht in den Kontext; mitten in der Rede Gottes an die Schlange kommt eine Erzählung über die Vorgeschichte des Gottesfluches zu stehen, es wird sogar ein Satz (Στερηθήσῃ τῆς τροφῆς σου, ἧς ἤσθιες) auseinandergerissen. Selbst einem Interpolator ist eine derartige Verunstaltung der Vorlage nicht zuzutrauen; er würde zumindest den Nahkontext berücksichtigen. So wird man mit *Nagel*[38] diese Passage als

---

33. *Bertrand* tilgt ὅ, aber die Konstruktion mit Relativpronomen ist durchaus glaubwürdig: Sie dient der Hervorhebung.
34. Im Kodex steht ἰδύναντω, das *Bertrand* fälschlich mit ἐδύνατο auflöst.
35. Durch die Doppelung der Wendung ἐν τῷ παραδείσῳ am Ende von § 3 und § 4 verursachte Dittographie. *Bertrand* behält diesen Satz zu Unrecht bei.
36. Durch Haplographie dürfte ein δέ ausgefallen sein.
37. Im Codex schließt die Wendung καὶ τῆς δόξης ἧς ἔσχε πρὸ τούτου an den vorherigen Satz mit dem Hauptprädikat ἐπικατάρατος ἦν (erweitert durch ἀπό + Gen) an, dadurch entsteht eine semantische Schieflage. Es empfiehlt sich daher, καὶ τῆς δόξης ἧς ἔσχε πρὸ τούτου vom vorhergehenden Satz abzutrennen und ein Hauptprädikat zu konjizieren; und als ein solches bietet sich am ehesten ἐστερήθη an. Sein Ausfall kann durch Haplographie begründet werden (es folgt καὶ στερηθήσῃ). Wenn damit im ursprünglichen Text ἐστερήθη· στερηθήσῃ stand, so kann diese Härte durchaus in Kauf genommen werden: Wie aus den nachfolgenden Ausführungen ersichtlich wird, geht § 7 auf den wenig überlegt handelnden Schreiber zurück, der § 1-6, eine alte Marginalglosse, in den Haupttext einfügte; diesem ist eine solche ungeschickte Doppelung ohne weiteres zuzutrauen.
38. *Nagel* (Anm. 1) 3, 187 (Anm. 1).

eine mechanisch in den Text eingearbeitete Marginalglosse identifizieren können.

§ 6 läßt auch noch deren ursprüngliche Funktion erkennen: Dort wird der in Apc Mos 26,1 zitierte Fluch Gottes aus Gen 3,14 in leicht veränderter Form aufgenommen (ἐπικατάρατος ἦν ἐκ πάντων τῶν θηρίων; vgl. Apc Mos 26,1c: Ἐπικατάρατος εἶ ἐκ πάντων τῶν κτηνῶν und Gen 3,14LXX: Ἐπικατάρατος σὺ ἀπὸ πάντων τῶν κτηνῶν καὶ ἀπὸ πάντων τῶν θηρίων τῆς γῆς), möglicherweise ein Gedächtniszitat von Gen 3,14LXX. Die Glosse sollte also ursprünglich erklären, wie es zu dem in Apc Mos 26,1 ausgesprochenen (und in Apc Mos 26,2ff. entfalteten) Fluch gekommen ist; da dies eigentlich schon aus Apc Mos 15ff. bekannt sein müßte, dürfte ihr v.a. die Aufgabe zugekommen sein, etwas mitzuteilen, was dort explizit noch nicht berichtet wurde.

Daß sie schließlich in den Text eingearbeitet wurde, wird kaum auf einer wohldurchdachten Entscheidung beruhen; möglicherweise sah man sich deshalb dazu veranlaßt, weil die Glosse mit § 6 deutlich auf Apc Mos 26,1 Bezug nimmt. Aber selbst wenn man eine solche (keineswegs sonderlich vernünftige) Überlegung voraussetzt, bleibt immer noch die auch dem Mikrokontext äußerst unzuträgliche Verortung der Passage nach τρυφῆς σου (Haupttext: τροφῆς σου) – wäre sie doch wenigstens am Ende von Apc Mos 26,1 (nach κτηνῶν) plaziert worden! Dabei läßt derjenige, der die Marginalglosse in den Text einarbeitete, immerhin am Ende ein gewisses Bemühen erkennen, die Glosse mit dem Kontext zu verbinden: § 7 kehrt wieder zur Gottesrede an die Schlange zurück; warum dabei der ursprünglich erst in Apc Mos 26,2b erfolgende Hinweis auf den Verlust von Händen und Füßen transponiert wurde (vgl. Anm. 10), ist ein zusätzliches Rätsel. Sicher dürfte aber sein, daß § 7 ursprünglich nicht zur Marginalglosse gehörte, sondern bei deren Einarbeitung in den Haupttext verfaßt wurde.

Ist also § 7 später als die ursprüngliche Marginalglosse entstanden und wurde § 6 v.a. um ihres Haupttextbezuges willen verfaßt (vom Autor der Marginalglosse!), so steht zu erwarten, daß die von ihr mitgeteilte Information in den Paragraphen 1-5 zu suchen ist. Diese sind daher im folgenden gesondert zu analysieren. Es ist freilich zu bedenken, daß auch § 6 noch Sondergut enthält, nämlich einen Hinweis darauf, daß die Schlange nicht nur verflucht wurde, sondern auch ihrer Doxa verlustig ging – dieses Motiv wird gleichermaßen zu berücksichtigen sein.

3. Die Marginalglosse und ihre traditionsgeschichtlichen Hintergründe

Wie bereits angedeutet wurde, erzählt die Marginalglosse, warum es zu dem Fluch über die Schlange kam. Dabei hat sie allerdings nicht so sehr die Schlange im Blick wie vielmehr den Teufel, hier »Dämon« genannt, – eine in der Apc Mos nicht belegte Ausdrucksweise; dort heißt diese Gestalt durchgehend διάβολος, einmal auch σατανᾶς (17,1b). Berichtet wird, auf welche Art und weshalb der »Dämon« Eva verführte, dabei fällt der Blick zunächst auf die Art der Verführung. So wird in § 1 erzählt, daß Eva zum Zeitpunkt des Ereignisses 12 Jahre alt war; das Vorgehen des »Dämons« wird als Erfüllung einer Begierde bezeichnet. Hat schon diese Formulierung eine sexuelle Konnotation, so wird dieser Eindruck zusätzlich durch § 2 verstärkt, wo speziell das Interesse des Dämons am σκεῦος (≈Körper [als Hülle, Gebilde, Äußeres])[39] an ein sexuelles Begehren denken läßt. Doch ohne daß ein Einschnitt erkennbar wäre, geht der Erzähler zu dem entscheidenden Beweggrund für die Tat des Teufels über, zu seinem Neid. Dieser wird in § 3 damit begründet, daß er zuerst im Paradies gewesen ist, also offenbar genau den Status genoß, der hernach Adam und Eva zukam. § 4 schildert noch einmal den Neid des »Dämons« in seiner konkreten Erscheinungsform: Er konnte es nicht ansehen, wie Adam und Eva sich im Paradies aufhielten. § 5 nennt ein noch spezielleres Moment dieses Neides: Der »Dämon« mißgönnte den beiden ersten Menschen die Anbetung durch die Engel und den Umgang mit den Tieren. Insbesondere dieses Moment wird hier von Interesse sein. Mit § 6 ereignet sich, wie oben angedeutet, ein Bruch: War zuvor von dem »Dämon« die Rede, geht es nun um die Schlange, auf diese Weise wird der Bezug zu Apc Mos 26 hergestellt, freilich mit der Zusatzinformation, daß die Schlange infolge des durch sie ermöglichten Vergehens nicht nur Nahrung und Gliedmaßen sondern auch ihre Doxa verlor.

Die erkennbar sexuelle Interpretation der Verführung Evas in § 1-2 verbindet die Glosse mit einem Apokryphon, das in der kirchlichen Literatur unbestreitbar große Wirkungen gezeigt hat, dem Protevangelium Jacobi (Prot Ev Jac), einer frühchristlichen Erzählung über die Jungfrau Maria und die Geburt Jesu. An dieser Stelle hat v.a. Prot Ev Jac 13,1 Einfluß ausgeübt, eine Passage, die als narrative Amplifikation von Mt 1,18 aufgefaßt werden kann:[40]

---

39. Zu dieser Bedeutung von σκεῦος vgl. *G. W. H. Lampe*: A Patristic Greek Lexicon, Oxford 1961, 1236b s.v. σκεῦος, § 3.
40. Zitiert wird nach *É. de Strycker* (Ed.): La forme la plus ancienne du Protévangile de Jacques. Recherches sur le Papyrus Bodmer 5 avec une édition critique du texte grec et une traduction annotée (SHG 33), Brüssel 1961, zu vergleichen sind ferner die älteren

Καὶ ἰδοὺ ἦλθεν Ἰωσὴφ	Und siehe, Joseph kam
ἀπὸ τῶν οἰκοδομῶν αὐτοῦ,	von seinem Bauhandwerk,
καὶ εἰσῆλθεν ἐν τῷ οἴκῳ	und ging in sein Haus,
καὶ εὗρεν αὐτὴν ὀγκωμένην.	und fand sie (sc. Maria) schwanger.
...	...
καὶ ἔκλαυσε πικρῶς λέγων·	und weinte bitterlich und sprach:
...	...
μήτι ἐν ἐμοὶ ἀνεκεφαλαιώθη	hat sich etwa an mir
ἡ ἱστορία τοῦ Ἀδάμ	die Geschichte Adams wiederholt,
ὥσπερ γὰρ Ἀδὰμ ἦν	wie nämlich Adam
ἐν τῇ ὥρᾳ τῆς δοξολογίας αὐτοῦ[41]	in der Stunde seiner Anbetung war
καὶ ἦλθεν ὁ ὄφις	und die Schlange kam
καὶ εὗρεν τὴν Εὕαν μόνην	und Eva allein fand
καὶ ἐξηπάτησεν αὐτήν	und sie verführte
καὶ ἐμίανεν αὐτήν,	und befleckte –
οὕτως κἀμοὶ συνέβη.	ist es so auch mir widerfahren?

Joseph äußert angesichts der unverhofften Schwangerschaft der ihm von den Tempelpriestern anvertrauten Jungfrau Maria die Befürchtung, daß sich bei ihm die Geschichte Adams wiederhole, da auch Eva von der Schlange verführt und »befleckt« wurde, als Adam sie gerade allein gelassen hatte. Unverkennbar wird hier die Verführung Evas durch die Schlange als ein geschlechtlicher Akt verstanden – diese Sicht teilt auch der Verfasser der Marginalnotiz in Apc Mos 26,2_C, allerdings mit der Abweichung, daß für ihn der »Dämon« der Akteur ist. Daß in Apc Mos 26,2_C in der Tat Prot Ev Jac 13,1 im Hintergrund steht, ist durch die merkwürdige Mitteilung gesichert, Eva sei zum Zeitpunkt der Verführung 12 Jahre alt gewesen: Auch Maria war – nach Prot Ev Jac 8,2 – zwölfjährig, als sie Joseph anvertraut wurde.[42] Wir haben es hier also mit einer Eva-Maria-Typologie zu tun, mit der Besonderheit allerdings, daß nicht Traditionen um Eva auf die Mariologie abgefärbt haben, sondern umgekehrt.

Prot Ev Jac 13,1 hat auch schon in Apc Mos 7,2 auf die Textüberlieferung eingewirkt. Dort erzählt Adam über die Verführung der Eva folgendes: Ἤγγισεν δὲ ἡ

Ausgaben C. de Tischendorf: Evangelia Apocrypha, Leipzig ²1876, 1-50 und I. C. Thilo: Codex Apocryphus Novi Testamenti, Tomus I, Leipzig 1832, 161-273.

41. An dieser Stelle ist ein interessanter Zusatz des Codex Vaticanus gr. 455 zu vermerken, der bei Strycker nicht im Apparat erscheint. Was der Codex liest, läßt sich am ehesten der alten Ausgabe von Thilo (Anm. 40) entnehmen, dieser zufolge (S. 223 App.) steht dort für ὥσπερ γὰρ Ἀδὰμ ἦν ἐν τῇ ὥρᾳ τῆς δοξολογίας αὐτοῦ καὶ ἦλθεν folgendes: Ὥσπερ γὰρ ἐκεῖνος ἐν τῇ ὥρᾳ τῆς δοξολογίας τοῦ θεοῦ μετὰ ἀγγέλων συνῆν, ἦλθεν; wir erhalten also die zusätzliche Information, daß Adam mit den Engeln zusammen war. Der Vaticanus 455 wird bei Thilo als Vatic. A verzeichnet (vgl. die Einleitung p. LVI). Tischendorf führt ihn unter dem Sigel F[b] an (vgl. die Einleitung ebenda p. XIX); die Variante wird bei ihm (S. 26) auch im Apparat berücksichtigt, allerdings ist dieser kaum nachvollziehbar.

42. So auch Bertrand (Anm. 1) im Kommentar z.St. (S. 130).

ὥρα τῶν ἀγγέλων τῶν διατηρούντων τὴν μητέρα ὑμῶν τοῦ ἀναβῆναι καὶ προσκυνῆσαι τὸν κύριον, καὶ ἔδωκεν αὐτῇ ὁ ἐχθρός, καὶ ἔφαγεν ἀπὸ τοῦ ξύλου, ἐγνωκὼς ὅτι οὐκ ἤμην ἔγγιστα αὐτῆς οὔτε οἱ ἅγιοι ἄγγελοι (»Es nahte aber die Stunde der Engel, die eure Mutter bewachten, hinaufzugehen und vor dem Herrn niederzuknien; und es gab ihr der Feind, und sie aß von dem Baum, und [der Feind] wußte, daß ich nicht in ihrer Nähe war, auch nicht die heiligen Engel«).[43] Auch hier ist Eva allein, doch anders als im Prot Ev Jac ist nicht der Gottesdienst Adams, sondern der der Engel die Ursache; warum auch Adam abwesend ist, wird nicht mitgeteilt. Dennoch sind beide Texte sehr ähnlich; ob sie auch voneinander abhängig sind, sei hier dahingestellt. Ziemlich deutlich ist aber, daß sie sich im Verlaufe der Überlieferungsgeschichte beeinflußt haben. So fügt die älteste Handschrift der Apc Mos (D) nach προσκυνῆσαι τὸν κύριον die Wendung καὶ ηὗρεν αὐτὴν μόνην hinzu, vgl. καὶ εὗρεν τὴν Εὔαν μόνην in Prot Ev Jac 13,1; ähnliche Lesarten begegnen auch in B und P¹. Von Prot Ev Jac 13,1 könnten auch Br und S¹ (Rez IIIa) beeinflußt sein, die Adam in die δοξολογία und προσκύνησις der Engel einbeziehen, der Text lautet in orthographisch bereinigter Form: Ἥγγισεν δὲ ἡ ὥρα καθ᾽ ἣν ἐνέβαινον (lies ἀνέβαινον) ἐγώ καὶ οἱ ἄγγελοι τοῦ ἀπενέγκειν (lies ἀνενέγκειν) τὴν ὀφειλομένην δοξολογίαν καὶ προσκύνησιν τῷ κυρίῳ. Ἦλθον δὲ καὶ οἱ ἄγγελοι οἱ τηροῦντες τὴν μητέρα ὑμῶν, ἡ δὲ μήτηρ ὑμῶν οὐκ ἀνῆλθε σὺν αὐτοῖς. Ἐγνωκὼς δὲ τοῦτο ὁ ἐχθρὸς καὶ καταμόνας εὑρὼν αὐτὴν κτλ. (»Es nahte aber die Stunde, in der ich und die Engel hinaufgingen, um die geschuldete Anbetung und Proskynese dem Herrn darzubringen. Es gingen aber auch die Engel, welche eure Mutter bewachten; eure Mutter aber ging nicht mit ihnen herauf. Dies aber wußte der Feind und fand sie allein und ...«). Zu beachten ist freilich, daß der ursprüngliche Text der Apc Mos in Kap. 7,2 auch für sich genommen Anlaß zu derartigen Korrekturen bot: Zumindest die Abwesenheit Adams ist nicht ausreichend begründet; auch mag störend gewirkt haben, daß das Alleinsein Evas erst nach der Verführung berichtet wird. Die Interpolationen klingen aber derart stark an Prot Ev Jac 13,1 an, daß man dieses als Quelle annehmen darf. Es stellt sich aber auch die Frage, ob nicht auch Apc Mos 7,2 auf Prot Ev Jac 13,1 eingewirkt hat – zumindest in dem Teil der Überlieferung, der die Engel in die Anbetung Adams einbezieht (vgl. das Interpolat im Vaticanus gr. 455 [Anm. 41]).

Noch etwas interessanter gestaltet sich die traditionsgeschichtliche Herleitung der in § 3-5 anschließenden Überlieferungen zum Teufelsneid. Sie haben zunächst einmal eine starke Affinität zu Apc Mos 15-16. Daß der Teufel vor Adam und Eva im Paradies gewesen ist, kann man Apc Mos 16,3b entnehmen, wo der Teufel zur Schlange sagt: Ἀνάστα, ποιήσωμεν αὐτὸν ἐκβληθῆναι ἐκ τοῦ παραδείσου ὡς καὶ ἡμεῖς ἐξεβλήθημεν δι᾽ αὐτοῦ (»Steh auf, wir wollen dafür sorgen, daß er [sc. Adam] herausgeworfen wird [sc. aus dem Paradies], wie auch wir herausgeworfen worden sind durch ihn«); daß es eine Gemeinschaft von Mensch und Tier im Paradies gegeben hat,

---

43. Die Rekonstruktion des Textes stammt von mir; sie basiert auf der Kollation *Nagels*, vgl. Anm. 18 und *Nagel* (Anm. 1) 3, 44-49.

läßt vor allem Apc Mos 15,2-3 erkennen, wo Adam und Eva als Hüter der Tiere im Paradies dargestellt werden.

Schwierigkeiten bereitet jedoch das Motiv der Anbetung Adams durch die Engel. Dieses findet sich nicht in Apc Mos 15-16, doch lohnt es sich trotzdem, die durch Apc Mos 15-16 gewiesene Spur weiter zu verfolgen. Speziell Apc Mos 16 ist nämlich wirkungsgeschichtlich äußerst produktiv gewesen und hat Texte hervorgebracht, die sehr wohl geeignet sind, den traditionsgeschichtlichen Hintergrund zu der hier verhandelten Glosse abzugeben: Schon die Rez Ia der Apc Mos, vielleicht nicht zufällig gerade die Rezension, zu deren Zeugen auch die Handschrift C gehört, hat in Apc Mos 16,2 einen Hinweis auf die Proskynese der Schlange vor Adam eingebracht; damit haben wir schon einmal das Motiv der Proskynese. Diese hat die von der Rez Ia abhängige Vit Ad erheblich ausgebaut; der Text ist freilich in der Vit Ad (lat) nicht mehr erhalten, wohl aber in der armenischen und der georgischen Vit Ad, vgl. Vit Ad [arm. georg] 44 [16],3b. Dort ist nun von einer allmorgendlichen Proskynese sämtlicher Tiere vor Adam die Rede, verbunden mit einer Fütterung der Tiere durch Adam und Eva, welche offenbar die in Apc Mos 15,2-3 und auch in Vit Ad 44 [15],2-3 aufgenommene Vorstellung vom Menschen als Hüter der Tiere im Paradies aufnimmt.

Im Zusammenhang mit der Fütterung und der Proskynese der Tiere vor Adam (Vit Ad 44 [16]) begegnet nun ein Motiv, das den Weg zu einem weiteren Text weist: Der Teufel sagt zur Schlange, daß eigentlich nicht sie Adam, sondern Adam sie anbeten müsse, denn sie sei älter als er (die Schlange wurde zuerst erschaffen). Genau dieses Argument aber begegnet auch in der Teufelsfallgeschichte in Vit Ad 11-17, speziell 14,3 – dort verweigert sich der Teufel der Aufforderung Michaels, Adam anzubeten, mit folgenden Worten (lateinische Version): ›Non adorabo deteriorem et posteriorem meum. In creatura illius prius sum. Antequam ille fieret, ego iam factus eram‹ (»Ich werde nicht jemanden anbeten, der niedriger und jünger ist als ich. In der Schöpfung bin ich eher da als er. Bevor jener wurde, war ich bereits erschaffen worden«). Der Bezug zwischen Vit Ad 14,2 und Vit Ad 44 (16), 3b ist unübersehbar.

Damit ist freilich auch klar, daß die Erzählung vom Teufelsfall wie schon Vit Ad 44 (16) zur Rezeptionsgeschichte von Apc Mos 16 gehört. Dies erweist sich zusätzlich daran, daß – wie von Vit Ad 16 her deutlich wird – die Teufelsfallgeschichte das Anliegen verfolgt, zu erklären, warum der Teufel Eva verführt hat; die Motivation des Teufels für seine Tat spielt auch in Apc Mos 16, speziell Apc Mos 16,3, eine Rolle. Auch die Schilderung der Verführung selber in Vit Ad 16 (›et dolo circumveniebam mulierem tuam et feci te expelli per eam de delitiis laetitiae tuae, sicut ego expulsus sum de gloria mea‹ [»und mit List umstrickte ich deine Frau und sorgte dafür, daß du ihretwegen aus dem Paradiese vertrieben werdest, wie auch ich vertrieben worden war aus meiner Herrlichkeit«]), klingt stark an Apc Mos 16 an, vgl.

Apc Mos 16,3 Rez Ia: Ἀνάστα ποιήσωμεν αὐτὸν ἐκβληθῆναι διὰ τῆς γυναικὸς αὐτοῦ ἐκ τοῦ παραδείσου ὡς καὶ ἡμεῖς ἐξεβλήθημεν δι' αὐτοῦ (»Steh auf, wir wollen dafür sorgen, daß er [sc. Adam] durch seine Frau[44] herausgeworfen wird [sc. aus dem Paradies], wie auch wir herausgeworfen worden sind durch ihn«).

Mit Apc Mos 15-16 setzt also ein kreativer Prozeß ein, der über Apc Mos 15-16 Rez Ia zu Vit Ad 44 (15-16) und zur Teufelsfallgeschichte in Vit Ad 11-17 führt und dabei sämtliche Motive freigesetzt hat, die für § 3-5 der hier analysierten Glosse von Belang sind. Der Prozeß selbst ist für das hier verfolgte Anliegen nicht so sehr von Belang, er hat sich in sehr früher Zeit ereignet, wahrscheinlich noch in dem jüdischen Ursprungsmilieu. Entscheidend ist die Frage, auf welche der genetisch verwandten Texte der Verfasser der Marginalglosse zurückgegriffen haben wird. Und da empfiehlt sich am ehesten Vit Ad 44 (15-16) und 11-17. Wer die Vit Ad kannte, brauchte nur die fast unübersehbar starken Signale wahrzunehmen, welche die Teufelsfallgeschichte (Vit Ad 11-17) und Vit Ad 15-16 aufeinander beziehen, und konnte dann in den beiden Texten alles finden, was man auch in § 3-5 der Glosse findet: Die Gemeinschaft zwischen Mensch und Tier wird in Vit Ad 44 (15-16) entfaltet, und zwar stärker noch als in Apc Mos 15-16, weil in der Vit Ad das Motiv von der Fütterung der Tiere hinzugekommen ist. Von einer Proskynese der Engel erfährt man in der Teufelsfallgeschichte. Auch wörtliche Anklänge lassen sich ausmachen, so erinnert der Satz οὐκ ἠδύνατο θεωρεῖν αὐτοὺς ἐν τῷ παραδείσῳ in § 4 an ›et te in tanta laetitia deliciarum videre dolebamus‹ (»und dich in derartiger Freude der Genüsse zu sehen, tat uns weh«) in Vit Ad (lat) 16. Auch der merkwürdige Hinweis auf die ehemalige Doxa der Schlange in § 6 könnte von der Teufelsfallgeschichte her eine Erklärung finden, denn es wird dort immer wieder auf die einstige ›gloria‹ des Teufels verwiesen, vgl. z.B. Vit Ad (lat): ›O Adam, ... propter te expulsus sum et alienatus de gloria mea ...‹ (»O Adam, um deinetwillen bin ich vertrieben und meiner Herrlichkeit entfremdet worden ...«). Darauf schließlich, daß der Teufel neidisch war, konnte man wohl von beiden Texten her kommen; in Vit Ad 11-17 mag der Neid auch begrifflich verankert gewesen sein, zumindest begegnet das Wort ›invidia‹ in Vit Ad (lat) 11.12. Doch ist die Tradition vom Teufelsneid derart weit verbreitet (vgl. nur Sap Sal 2,23-25), daß eine genaue Bestimmung des Bezugstextes hinsichtlich dieses Momentes wohl weder nötig noch sinnvoll erscheint.

Es läßt sich somit festhalten, daß die in der Handschrift C fehlerhaft in den Haupttext eingeschriebene ehemalige Marginalglosse im wesentlichen auf

---

44. Die kursiv markierte Passage in Apc Mos 16,3 Rez Ia ist ein Interpolat der Rez Ia; ihre Entsprechung in Vit Ad (lat) 16 (ebenfalls kursiv) zeigt die Abhängigkeit der Vit Ad von der Rez Ia.

Traditionen aus dem Prot Ev Jac und der Vit Ad beruht. Da sie auf griechisch verfaßt ist und in einer griechischen Handschrift begegnet, dürfte es erlaubt sein, sie als Zeugen dafür zu werten, daß die Vit Ad (gr) auch im griechischen Sprachbereich nicht unbekannt war. Eine Aussage darüber, wann die Marginalglosse entstand, läßt sich freilich kaum machen, sicher ist nur (aufgrund der Anklänge an das Prot Ev Jac), daß sie in christlicher Zeit entstanden ist.

Ein wichtiges weiteres Zeugnis für eine Rezeption der Vit Ad in der griechischen Kirche stellt die Rez II dar (repräsentiert durch die Handschriften Va und P^1 sowie das slavische Adambuch).[45] Diese hat hinter Apc Mos 29,7 einen längeren Zusatz, der Vit Ad 1-10 entspricht (im slavischen Adambuch stark umgearbeitet). Die Rez II ist wie die Handschrift C ein Derivat der Rez Ia. Es muß kein Zufall sein, daß gerade in Zeugen derjenigen Rezension gehäuft Spuren einer Rezeption der Vit Ad begegnen, von der auch die Vit Ad abhängt.

4. Eine Parallele im griechischen Sondergut der Narratio Zosimi

Als besonders bedeutsam muß die Tatsache erscheinen, daß es außerhalb der Adamdiegesen möglicherweise einen weiteren Beleg für eine »combined lecture« von Vit Ad 44 (16) und Vit Ad 11-17 gibt:

Die Narratio Zosimi (Narr Zos)[46] handelt von der Reise eines Eremiten

---

45. Zur Rez II und ihren Zeugen vgl. *Nagel* (Anm. 1) 1, 57-112.
46. Die Narr Zos ist überliefert in griechischer, syrischer, arabischer, armenischer und georgischer Sprache; eine äthiopische Narratio Gerasimi steht ihr nahe – Narr Zos (gr): *J. H. Charlesworth*: The History of the Rechabites, Vol. I: The Greek Recension (SBL. Texts and Translations 17, Pseudepigrapha Series 10), Chico, CA 1982; Narr Zos (syr): *F. Nau*: La légende inédite des fils de Jonadab, fils de Réchab, et les îles Fortunées, in: Révue Sémitique 7 (1899), 54-75 und 136-146; Narr Zos (arab): *G. Graf*, in: Studi e Testi 119 (1944), 315 [Hinweis auf unedierte Texte]; Narr Zos (arm): *A. Zanolli* (Transl.): La leggenda di Zosimo secondo la redazione armena, in: Giornale della Società Asiatica Italiana 1 (1925-1928), 146-162; Narr Zos (georg): *Z. Avalichvili* in: ROC 6 (1927-28) und Studi e Testi 185 (1955), 348-349; Narr Ger: *E. A. W. Budge*: The Life and Exploits of Alexander the Great Being a Series of Ethiopic Texts Edited from Manuscripts in the British Museum and the Bibliothèque Nationale, Paris with an English Translation and Notes, Vol. I: The Ethiopic Text, Introduction, etc., London 1896, 355-376. *J. H. Charlesworth* hat die Narr Zos in die von ihm herausgegebene Sammlung von Übersetzungen der Pseudepigraphen aufgenommen, sie erscheint dort unter dem Namen ›History of the Rechabites‹ – *J. H. Charlesworth*: History of the Rechabites (First to Fourth Centuries A. D.), in: *J. H. Charlesworth* (Hg.): The Old Testament Pseudepigrapha 2, New York etc. 1985, 443-461. Ob die Narr Zos auf einer jüdischen Grundschrift basiert (etwa Kap. 8-10, wo von Rechabitern die Rede ist), kann hier nicht erörtert werden, vgl. zu dieser und anderen Fragen *C. H. Knight*: A Century of Research into the Story/Apocalypse of Zosimus and/or the History of the Rechabites, in: JSPE 15 (1997), 53-66.

namens Zosimus zu den Inseln der Seligen. Die griechische Version dieser Erzählung hat einen vermutlich sekundären Anhang (Narr Zos [gr] 19-23), in dem über das Ergehen des Zosimus nach seiner Reise berichtet wird. Nachdem er an dem Ort abgesetzt worden war, von dem er zu den Inseln aufgebrochen war, erhält er von einem Engel die Ankündigung, daß der Teufel ihn angreifen werde. Der Herr aber werde für ihn kämpfen, und Zosimus werde den Satan durch seinen Glauben besiegen (Narr Zos [gr] 19,2). Er wird dann vom Engel 40 Tage lang geführt – zu der Höhle, welche die »Wohnstatt seines Leibes« (κατοικητήριον τοῦ σώματος) werden soll sowie ein »Zeugnis in der Wüste« (μαρτύριον τῆς ἐρήμου), eine »Heilstätte für die pilgernden Kranken« (ἴασις τῶν προσερχομένων ἀσθενῶν) und ein »Ort der Prüfung und der Qual für die Dämonen« (πειρατήριον καὶ βάσανος τῶν δαιμόνων) [19,4-6]. Dort angekommen, gibt es für Zosimus einen »Tisch der Gerechtigkeit« (τραπέζα δικαιοσύνης) [Eucharistie?], er hat Gemeinschaft mit den Engeln (19,7) und legt »Tafeln« (πλάκας) auf den Altar in der Höhle (in 20,5 werden sie ἐντολή genannt); der Anklang an die Tafeln des Sinaigesetzes ist deutlich. Daraufhin erfolgt der Angriff des Teufels (20,1-21,3), doch er und sein Heer können nicht siegen, mit der Folge, daß der Teufel sich geschlagen gibt und Zosimus ihn zwingt, zu schwören, daß er nie wieder Menschen »versuchen« (πειράσαι) werde (21,4-5). Der Teufel verpflichtet sich daraufhin, nie wieder den Ort zu betreten, an dem Zosimus wohnt (21,6). Narr Zos [gr] 22 berichtet dann, wie das Leben des Zosimus zu Ende geht; dabei werden die Tafeln verlesen. In Narr Zos [gr] 23 erzählt dann ein gewisser Kryseos von seinem Tod und der paradiesischen Schönheit und Heilkraft der Stätte um seine Höhle.

Dieser Text besticht durch die Kühnheit, mit der zentrale Momente der christlichen Heilslehre auf die Gestalt eines Menschen zentriert werden, der nicht Christus, sondern Christ ist, wenn auch ein besonderer – ein Eremit. Interessanterweise ist es zudem ein auf Christus bezogener Text, der gewissermaßen das Fundament dieser Erzählung abgibt: Das Motiv der 40 Tage, der Kampf mit dem Teufel, an einer Stelle mit dem Begriff der Versuchung assoziiert, die Tischgemeinschaft mit den Engeln und die Paradiesmotivik (Verwandlung der Eremitage in ein Paradies) – all das verweist auf Mk 1,13; erstaunlicherweise fehlt jeder Anklang an die synoptischen Parallelen in Lk 4,1-13 und Mt 4,1-11. Und noch ein Motiv begegnet in dieser Erzählung, das auf Mk 1,13 verweist und hier besonders erörtert werden soll: Mk 1,13 hat deutlich Züge einer Recapitulatio Paradisi mit Christus als zweitem Adam – und dementsprechend begegnet auch hier ein Verweis auf den ersten Menschen, der jedoch nicht direkt auf Gen 2-3 zurückgreift, sondern auf die bereits angesprochene Motivik aus Vit Ad 11-17 und 44 (15-16). In Narr Zos 20,2-6 spricht der Teufel zu Zosimus folgendermaßen:

2 Ἐγὼ ᾔδειν ὅτι οὕτως ποιῆσαί σε εἶχεν ὁ θεὸς
ὡς καὶ τοὺς μάκαρας.
Καὶ ἔχουσιν εἶναι ἀναμάρτητοι·
καὶ εἶναι αὐτοὺς ὑπὲρ τοὺς ἀγγέλους.
3 Καὶ διὰ τοῦτο εἰσήνεγκα διάνοιαν πονηρὰν
καὶ εἰσῆλθον εἰς τὸ σκεῦος τοῦ ὄφεως
πανούργως πρὸς πανοῦργον·

4 καὶ διὰ τοῦτο ἐποίησα παραβῆναι

τὸν Ἀδὰμ τὸν πρῶτον ἄνθρωπον·
γεύσασθαι αὐτὸν ἀπὸ τοῦ ξύλου τῆς ζωῆς·
ἐπειδὴ δὲ παρήγγειλεν αὐτὸν ὁ θεὸς
μὴ φαγεῖν ἐξ αὐτοῦ·
ἵνα ἔμεινεν ἴσος τῆς δόξης τοῦ θεοῦ

καὶ τῶν ἁγίων ἀγγέλων.
5 Καὶ σὺ πάλιν ἀπέλθων
ἤνεγκας τὴν ἐντολὴν ταύτην.
6 Ἵνα μὴ ὦσιν ἀναμάρτητοι
ἐγώ σοι δείξω πῶς ἀπολέσω σε.

Ich wußte, daß Gott dich so machen würde
wie auch die Seligen.
Und sie würden sündlos sein
und mehr als die Engel.
3. Und deshalb trug ich mich an einem bösen Plan
und ging in das Gefäß der Schlange,
auf verschlagene Weise zum Verschlagenen;
4 und deshalb veranlaßte ich zur Gebotsübertretung
Adam, den ersten Menschen,
daß er koste von dem Holz des Lebens,

und zwar deswegen, weil Gott ihm gebot,
nicht davon zu essen,
damit er der Herrlichkeit Gottes gleich bleibe
und der Herrlichkeit der heiligen Engel.
5 Und du nun gingest hin
und brachtest dieses Gebot wieder.
6. Damit sie nun nicht sündlos sind,
werde ich dir (schon) zeigen, wie ich dich vernichte.

Der Teufel erklärt Zosimus den Krieg. Wie aus 20,2a.5-6 hervorgeht, begründet er seine Vernichtungsabsicht gegenüber Zosimus mit seiner Angst vor dem Statusgewinn des Zosimus (20,2a) und seiner Anhänger (diese sind mit dem Satz καὶ ἔχουσιν εἶναι ἀναμάρτητοι [20,2] gemeint), der aufgrund des von den Inseln der Seligen mitgebrachten Gebotes bevorsteht. Der für den Teufel so bedrohliche neue Status hat zwei Aspekte, zum einen Sündlosigkeit, zum anderen einen Rang über dem der Engel. Hiervon ausgehend wechselt die Erörterung nun bruchlos zu Adam über (20,3-4). »Deshalb« (διὰ τοῦτο) – offenbar weil er genau den gleichen Status hatte – benutzte der Teufel die Schlange, um Adam zu verführen. Erkennbar ist damit auf jeden Fall die Absicht, die Rolle des Zosimus mit der des Adam zu parallelisieren; vermutlich ist auch diese Art von Adamtypologie vor dem Hintergrund von Mk 1,13 zu verstehen: So wie Christus der neue Adam ist, ist es auch der Christ Zosimus – und seine Anhänger.[47]

47. Ein interessantes Interpretationsproblem bietet 20,5, wo der Teufel wieder von der Adamgeschichte zur Gegenwart, zu Zosimus zurückkehrt: Wenn man πάλιν, wie es sich nahelegt, auf ἤνεγκας bezieht, dann wird 20,5 wohl dahingehend verstanden werden müssen, daß Zosimus ein Gebot »wiederbringt«, und zwar genau das, welches durch die Gebotsübertretung Adams abhanden gekommen war. Soll damit zum Aus-

Entscheidend für den zu diskutierenden Zusammenhang ist, daß in der Schilderung der Paradiesereignisse ganz ähnlich wie in dem Scholion in Apc Mos 26,2c Reminiszenzen sowohl an Apc Mos 16, das hier für den verlorengegangenen Text Vit Ad (gr) 44 [16] stehen mag, als auch an die Teufelsfallgeschichte in Vit Ad 11-17 begegnen. So gemahnt die Vorstellung, der Teufel habe die Schlange als Werkzeug (σκεῦος) benutzt und sei in diese eingedrungen (20,3), deutlich an Apc Mos 16,5, wo der Teufel zur Schlange sagt: Γενοῦ μοι σκεῦος, κἀγὼ λαλήσω διὰ στόματός σου ῥήματα πρὸς τὸ ἐξαπατῆσαι αὐτούς (»Werde mir ein Werkzeug, und ich werde durch deinen Mund Worte reden, um sie vollständig zu verführen«).[48] An die Teufelsfallgeschichte hingegen erinnert die Vorstellung, daß Menschen höher als die Engel sein sollten (20,2b), vgl. hierzu das Motiv der Engelproskynese in Vit Ad 11-17. Der Hinweis auf die Doxa Adams in 20,4 schließlich erinnert an Apc Mos 21,6, das hier ebenfalls für die verlorengegangene Vit Ad [gr] – Parallele stehen mag. Dort wirft Adam Eva nach dem Verzehr der verbotenen Frucht vor: Ἀπηλλοτρίωσάς με ἐκ τῆς δόξης τοῦ θεοῦ (»Du hast mich aus der Doxa Gottes vertrieben«). Sowohl in der Narr Zos als auch in Apc Mos 21,6 wird die Doxa räumlich aufgefaßt; zu vergleichen ist aber auch die Rede von der ursprünglichen ›gloria‹ des Teufels in Vit Ad 12-17 (s. o.), die ebenfalls stark räumlich konnotiert ist.

Die genannten Anklänge von Narr Zos (gr) 20,2-4 an die Teufelsfallgeschichte der Adamviten und die Paradieserzählung in der Apc Mos (oder der Vit Ad) lassen eine Abhängigkeit der Narr Zos (gr) von diesen Schriften zwar noch nicht zwingend erscheinen, denn für einige der aufgeführten Motive gibt es auch sonst Parallelen in der Überlieferung der griechischen Kirche.[49] Doch die Kombination der Motive und die Tatsache, daß eine ganz ähnliche Zusammenstellung auch in Apc Mos 26,2c begegnet, macht es doch

druck gebracht werden, daß der Menschheit seit dem Fall Adams ein göttliches Gesetz fehlte?
48. Vgl. Vit Ad (arm) 44 (16),4: »Be you, in your form, a lyre for me, and I will pronounce speech through your mouth, so that we may be able to help«. Hier ist die Schlange Leier, in Vit Ad (georg) 44 (16),4 ein Panzer für den Teufel, beide Vorstellungen können durchaus Auslegungen des griechischen Wortes σκεῦος sein.
49. So ist die Aussage in Apc Esdr 1,9: Οὐαὶ τοὺς ἁμαρτωλούς, ὅταν ἰδῶσιν τὸν δίκαιον ὑπὲρ ἀγγέλων, καὶ αὐτοί εἰσιν εἰς τὴν γέενναν τοῦ πυρός »Weh den Sündern, wenn sie den Gerechten über den Engeln sehen, sie aber selbst sind in der Gehenna des Feuers« durchaus vergleichbar, insofern offenbar nicht nur Adam und Eva, sondern auch Zosimus in Narr Zos (gr) 20 einen höheren Rang innehaben als die Engel – freilich nicht erst in der Endzeit. Edition der Apc Esdr: O. *Wahl*: Apocalypsis Esdrae, Apocalypsis Sedrach, Visio Beati Esdrae (PVTG 4), Leiden 1977. Zur Schlange als Werkzeug des Teufels vgl. die in Anm. 5 erwähnte Homilie (Pseudo-Chrysostomus, Hom Gen 3,4 [MPG 56, 525-538, speziell 531]), wo die Schlange als ὄργανον und ἔνδυμα des Teufels bezeichnet wird; die Bezeichnung σκεῦος, die Narr Zos 20,3 mit Apc Mos 16,5 teilt, wird allerdings nicht verwendet.

wahrscheinlich, daß auch die griechische Version der Narratio Zosimi in den anhand von Apc Mos 26,2c aufgezeigten rezeptionsgeschichtlichen Zusammenhang gehört.

5. Ausblick

Wir haben es mit zwei – vermutlich nicht mehr antiken – Texten zu tun gehabt, die beide von einer Rangüberlegenheit des Urmenschen gegenüber den Engeln ausgehen. Die in Apc Mos 26,2c eingearbeitete Marginalglosse spricht darüber hinaus von einer urzeitlichen Gemeinschaft mit den Tieren. Der urzeitliche Mensch, höher als die Engel, in Gemeinschaft mit Tieren lebend, vom Teufel bekämpft – es ist angedeutet worden, daß dieses Bild auch den Hintergrund zu Mk 1,13 abgibt; es ist dort auf den Menschen schlechthin, auf Christus, übertragen. Wenn die griechische Narratio Zosimi diese Motivik auf Zosimus anwendet, ist sie darin von Mk 1,13 abhängig.[50] Dann bleibt jedoch immer noch erstaunlich, wie treffsicher der Verfasser dieses seltsamen Textes diese Motivik in Mk 1,13 identifizieren konnte. Offenbar war sie noch geläufig, und dies zeigt sich ja auch an der Marginalglosse zu Apc Mos 26, die keinerlei Bezug zu Mk 1,13 erkennen läßt. Anscheinend hat sich also auch noch in späterer Zeit (frühes Mittelalter? Mittelalter?) ein Ordnungsdenken erhalten können, dessen (frühjüdische) Anfänge m. E. noch einigermaßen im Dunkel liegen und das auch theologisch noch nicht ganz aufgearbeitet ist: Der urzeitliche Mensch war sündlos, darum war er gottunmittelbar, also höher als die Engel. Und weil er gottunmittelbar war, war auch sein Verhältnis zum belebten Kosmos, zu den Tieren, ein friedliches. Freiheit des Menschen von der Sünde ist also eine Machtposition, und sie hat kosmische Auswirkungen – und einen Gegner, den Teufel, der eine derart gottunmittelbare Position lieber selbst hätte. So ist der Teufel also Konkurrent des Menschen, und darum kann nur einer im Paradies sein oder – wie Christus, der wahre Mensch – in der unmittelbaren Umgebung Gottes.

---

50. Es sei hier wenigstens am Rande auf den Dialogus Christi et Diaboli (Dial Chr Diab) verwiesen – Edition griechischer und Übersetzung slavischer Fragmente: *R. P. Casey* und *R. W. Thompson*: A Dialogue between Christ and the Devil, in: JThS, N. S. 6 (1955), 49-65. Dieser Text weist thematische Affinitäten zu Narr Zos (gr) 18-23 auf; auch er basiert auf der Versuchungsgeschichte, ohne daß Material aus Mt 4 oder LK 4 eingearbeitet wäre. Anders als in Narr Zos (gr) 18-23 tritt hier allerdings nicht ein Christ an die Stelle Christi. Die Affinität beider Texte gibt indessen Raum zu der Vermutung, daß in Narr Zos (gr) 18-23 vielleicht eine ursprünglich auf Christus bezogene Erzählung auf Zosimus übertragen wurde. Ob dies der Fall ist, kann hier nicht diskutiert werden.

Gerechtigkeit in den Psalmen Salomos und bei Paulus

Udo Schnelle

I. Problemstellung

Die gegenwärtige Paulusforschung befindet sich in einem rasanten Veränderungsprozeß.[1] Die jahrzehntelang vorherrschende Paulusinterpretation R. Bultmanns und seiner Schule verliert an Plausibilität, weil ihr theologischer Ansatz und ihre religionsgeschichtlichen Prämissen zunehmend in Frage gestellt werden. Der Einsatz bei der Anthropologie erscheint als eine Verkürzung der paulinischen Theologie,[2] ebenso die Annahme, die Rechtfertigungslehre des Galater- und Römerbriefes repräsentiere und organisiere das gesamte paulinische Denken.[3] Als unhaltbar erweist sich die Funktionalisierung des Judentums unter dem Stichwort der ›Werkgerechtigkeit‹,[4] der das christliche Selbstverständnis als neues und eigentliches Sein gegenübertritt.[5] Mit der Erosion des bis dahin dominierenden Interpretationsmodells traten in den letzten 15 Jahren vier Fragen zunehmend in den Mittelpunkt, die bis heute die Diskussion bestimmen: 1) Gibt es eine Mitte bzw. ein Zen-

---

1. Zur Paulusforschung bis zum Anfang der 80er Jahre vgl. *H. Hübner*, Paulusforschung seit 1945, in: ANRW 25.4, Berlin 1987, 2649-2840; *O. Merk*, Paulus-Forschung 1936-1985, in: ThR 53 (1988), 1-81. Zur neueren Forschung vgl. *F.-W. Horn*, Paulusforschung, in: Bilanz und Perspektiven gegenwärtiger Auslegung des Neuen Testaments (FS G. Strecker), hg. v. *F.-W. Horn*, BZNW 75, Berlin 1995, 30-59; *Chr. Strecker*, Paulus aus einer neuen »Perspektive«, in: KuI 11 (1996), 3-18; *K.-W. Niebuhr*, Die paulinische Rechtfertigungslehre in der gegenwärtigen exegetischen Diskussion, in: Worum geht es in der Rechtfertigungslehre?, hg. v. *Th. Söding*, QD 180, Freiburg 1999, 106-130.
2. Vgl. z. B. *E. P. Sanders*, der den Ansatz der paulinischen Theologie nicht in der Anthropologie, sondern in der Soteriologie sieht: die Lösung geht dem Problem voran: »Paulus' Soteriologie ist in sich stimmiger und weniger kompliziert als seine Auffassungen von der menschlichen Not. Offenbar sah er sich durch seine unverrückbare Vorstellung von der Erlösung gezwungen, nach Argumenten für die Universalität der Sünde zu suchen« (*ders.*, Paulus. Eine Einführung, Stuttgart 1995, 54).
3. Vgl. *G. Strecker*, Befreiung und Rechtfertigung. Zur Stellung der Rechtfertigungslehre in der Theologie des Paulus, in: *ders.*, Eschaton und Historie, Göttingen 1979, 229-259; *U. Schnelle*, Gerechtigkeit und Christusgegenwart. Vorpaulinische und paulinische Tauftheologie, GTA 24, Göttingen ²1986.
4. Vgl. dazu *U. Wilckens*, Was heißt bei Paulus: »Aus Werken des Gesetzes wird kein Mensch gerecht?«, in: *ders.*, Rechtfertigung als Freiheit, Neukirchen 1974, 104ff.
5. So *R. Bultmann*, Christus des Gesetzes Ende, in: *ders.*, Glauben und Verstehen II, Tübingen ⁵1968, 40: »Das ist der große Irrtum, der Wahn, in dem die Juden befangen sind, daß der Mensch durch seine Leistung seine Geltung vor Gott gewinnen könne. Und das ist dem gegenüber der Sinn der christlichen Botschaft von der ›Gerechtigkeit allein aus Glauben‹, daß aller auf die Leistung sich gründender Ruhm abgewiesen wird, daß eine ›Gerechtigkeit‹ verkündigt wird, die Gott dem Menschen umsonst schenkt.«

trum der paulinischen Theologie? Welche theologischen Interpretamente eignen sich, um als systembildende Elemente bei Paulus zu gelten? 2) War die paulinische Theologie auf einmal ›da‹ und ›fertig‹ (z. B. bei Damaskus) oder entwickelte, wandelte oder präzisierte sie sich nicht unwesentlich unter den Anforderungen der Missionsarbeit? Damit verbindet sich die dritte zentrale Frage der aktuellen Paulusforschung: 3) Ist die paulinische Theologie in sich konsistent, folgt sie einer inneren Logik?[6] Paulus befand sich in einer einmaligen historischen Situation; er sah sich mit Problemen konfrontiert, die in ihrem Kern bis heute nicht gelöst sind: Wie verhalten sich Gottes erste und zweite Offenbarung zueinander? Warum bleibt der erste Bund uneingeschränkt bestehen (vgl. Röm 9,4 f.), wenn nur der zweite Bund rettet? Welche Kriterien müssen erfüllt sein, um zum auserwählten Volk Gottes zu gehören und gleichzeitig die Kontinuität zum Gottesvolk des ersten Bundes zu wahren? In welchem Verhältnis stehen die Christusgläubigen zum empirischen Israel? Damit ist ein weiterer zentraler Fragekomplex erreicht: 4) Paulus und das Judentum. Auch hier bietet die Forschung eine Vielzahl von Interpretationsmodellen an, von der fast vollständigen Integration des Paulus ins Judentum bis hin zu Paulus als hellenistischer Apostat.[7]

II. Methodische Präzisierung

Angesichts dieser komplexen Forschungslage sind globale und damit zumeist auch einlinige Antworten wenig hilfreich. Vielmehr kommt es darauf an, an zentralen, aber zugleich begrenzten Themen Strukturvergleiche durchzuführen, um so die Kontinuität und Diskontinuität des paulinischen Denkens zum antiken Judentum genauer zu bestimmen.[8] Ziel eines Strukturvergleiches ist es, die interne Logik von Denkentwürfen zu erfassen und zu vergleichen. Dabei bietet sich zum Thema ›Gerechtigkeit‹ ein Vergleich zwischen Paulus und den Psalmen Salomos an.

Die Psalmen Salomos sind eine Schriftensammlung pharisäernaher Her-

---

6. Unstimmigkeiten bzw. Widersprüche in der paulinischen Theologie wurden schon immer gesehen (vgl. *A. Schweitzer*, Die Mystik des Apostels Paulus, Tübingen ²1954, 184 f.); zum zentralen Thema der Paulusforschung wurden sie durch *H. Räisänen*, Paulus and the Law, WUNT 29, Tübingen ²1987.
7. Zur jüdischen Paulusinterpretation vgl. *S. Meißner*, Die Heimholung des Ketzers, WUNT 2.87; Tübingen 1996.
8. Zum Problemkreis ›Paulus und das antike Judentum‹ vgl. *E. P. Sanders*, Paulus und das palästinische Judentum, SUNT 17, Göttingen 1985; Paulus und das antike Judentum, hg. v. *M. Hengel* u. *U. Heckel*, WUNT 58, Tübingen 1991; *J. D. G. Dunn*, The Jew Paul and his Meaning for Israel, in: Paulinische Christologie (FS H. Hübner), hg. v. *U. Schnelle*, *Th. Söding* u. *M. Labahn*, Göttingen 2000, 32-46.

kunft, entstanden in der Mitte des 1. Jhs. v. Chr.[9] in Palästina. Sie sind ein Reflex auf die Schändung des Tempels durch Pompeius 63 v. Chr. (vgl. PsSal 2; 8; 17), in PsSal 2,26ff. scheint sein Tod in Ägypten 48 v. Chr. vorausgesetzt zu sein.[10] Die Psalmen wurden von mehreren Verfassern geschrieben und später teilweise ergänzt bzw. überarbeitet.[11] Sie repräsentieren ein Denken, das angesichts der Bedrängnis durch Heiden und jüdische Apostaten um Gottes Erwählung, sein Erbarmen und seine Gerechtigkeit kreist. Das eminente Interesse der Psalmen Salomos am Thema Gerechtigkeit zeigt schon der sprachliche Befund, allein 34mal erscheint δίκαιος und 25mal δικαιοσύνη.[12] Die zeitliche und sachliche Nähe der Psalmen Salomos zu Paulus soll durch den Strukturvergleich präzisiert werden. Paulus partizipiert einerseits an den Gerechtigkeitsvorstellungen des Judentums; diese Thematik bestimmt gleichermaßen das Gottes- und Weltverständnis des Pharisäers und des frühchristlichen Missionars. Andererseits ist unverkennbar, daß Gerechtigkeit im frühen Christentum eine neue Bestimmung erhält. Wo verbleibt Paulus in Denk- und Handlungskategorien des antiken Judentums und wo verläßt er jüdisches Denken? Welche Grundentscheidungen prägen das jeweilige Gerechtigkeitskonzept? Diese Fragen sollen durch den Strukturvergleich einer Lösung zugeführt werden.

III. Gerechtigkeit in den Psalmen Salomos und bei Paulus – ein Strukturvergleich

Der Vergleich soll anhand von drei Leitfragen durchgeführt werden:

1) Wie erlangt der Mensch Gerechtigkeit? Die Antwort der Psalmen Salomos auf diese religiöse Fundamentalfrage ist komplex. Als tragender Grundgedanke erweist sich die Einsicht, daß der Fromme durch Gottes Erbarmen Gerechtigkeit empfängt. Die Bedeutung der Barmherzigkeitsvorstellung für das Denken der PsSal signalisiert wiederum der sprachliche Befund, ἔλεος ist 25mal, χρηστότης 7mal und χρηστός 6mal belegt.[13] »Preiset Gott, ihr, die

---

9. Vgl. *J. Schüpphaus*, Die Psalmen Salomos, ALGHJ VII, Leiden 1977, 137; *S. Holm-Nielsen*, Die Psalmen Salomos, JSHRZ IV/2, Gütersloh 1977, 59; *M. Winninge*, Sinners and the Righteous. A Comparative Study of the Psalms of Solomon and Paul's Letters, CB.NT 26, Stockholm 1995, 12-16. Einen Forschungsüberblick bietet: *J. L. Trafton*, The Psalms of Solomon in Recent Research, in: JSP 12 (1994), 3-19.
10. Vgl. *J. Schüpphaus*, Die Psalmen Salomos, 105f.
11. Vgl. die Analysen von *J. Schüpphaus*, a.a.O., 21-82.
12. Darüber hinaus erscheinen δικαιοῦν 7mal und δικαίωσις 1mal; Zählung nach *A. M. Denis*, Concordance Grecque des Pseudépigraphes d'Ancien Testament, Leuven 1987, 23.
13. Zählung nach *A. M. Denis*, a.a.O., 28.85.

ihr den Herrn mit Einsicht fürchtet, denn denen, die ihn fürchten, ist der Herr barmherzig im Gericht, daß er trenne zwischen dem Gerechten und dem Sünder, indem er den Sündern in Ewigkeit vergilt nach ihren Taten. Und sich des Gerechten erbarmt, weg von der Bedrückung durch den Sünder, und dem Sünder vergilt, was er dem Gerechten getan hat. Denn der Herr ist denen gütig, die ihn beständig anrufen, daß er nach seiner Barmherzigkeit an seinen Frommen handle, daß sie ewiglich vor ihm in Kraft stehen können« (PsSal 2,33-36).[14] Gottes Gerechtsein zeigt sich in seinem gerechten Richten. Gott ist gerecht und er erbarmt sich derer, die sich seinem gerechten Urteil unterwerfen (vgl. PsSal 8,7). Richtschnur für Gottes Erbarmen ist das Gesetz, es liefert die Kriterien für Gottes gerechtes Urteil, in dem sich seine Gerechtigkeit zeigt. »Treu ist der Herr denen, die ihn lieben in Wahrheit, die seine Züchtigung aushalten, die in der Gerechtigkeit seiner Gebote wandeln, in dem Gesetz, das er uns auferlegte zu unserem Leben. Die Frommen des Herrn werden durch das (Gesetz) ewig leben, der Lustgarten des Herrn, die Bäume des Lebens (sind) seine Frommen« (PsSal 14,1-3). Gerechte sind somit jene, die bereit sind, nach dem Gesetz zu leben und auf die Barmherzigkeit Gottes zu vertrauen. Der eigentliche Ermöglichungsgrund der Gerechtigkeit ist jedoch die Zugehörigkeit der Frommen zum erwählten Volk Gottes; das Erbarmen Gottes gegenüber den Frommen und die lebenspendende Gabe des Gesetzes sind Ausdruck und Folge der Erwählung Israels. Die Basis des theologischen Denkens der PsSal ist das Gegensatzpaar vom wahren Israel als Gerechte und den Heiden bzw. den abtrünnigen Juden als Sünder.[15] »Denn die Züchtigung des Gerechten (, der) in Unwissenheit (gesündigt hat,) und die Vernichtung des Sünders sind nicht eins. Im Verborgenen wird der Gerechte gezüchtigt, daß der Sünder sich nicht über den Gerechten freue. Denn er wird den Gerechten ermahnen wie einen geliebten Sohn, und seine Züchtigung ist wie (die) eines Erstgeborenen. Denn der Herr wird schonen seine Frommen, und ihre Übertretungen wird er durch Züchtigung tilgen. Denn das Leben der Gerechten (währt) in Ewigkeit; die Sünder aber werden ins Verderben fortgerissen, und ihrer soll nicht länger mehr gedacht werden; aber die Barmherzigkeit des Herrn über die Frommen und seine Barmherzigkeit über die, die ihn fürchten!« (PsSal 13,7-12).

Das Gerechtsein des Frommen ist ein Statusbegriff, der ihn grundsätzlich von den Apostaten und den Heiden unterscheidet. Gottes Erwählung (vgl. PsSal 9,6) und sein Bund mit Israel (vgl. PsSal 9,10; 10,4) begründen den Sta-

---

14. Übersetzungen jeweils nach *S. Holm-Nielsen*.
15. Zur Bestimmung von ›Sündern‹ und ›Gerechten‹ in den Psalmen Salomos vgl. *M. Winninge*, Sinners and the Righteous, 125-136.

tus der Gerechtigkeit. Nicht zufällig endet fast jeder Psalm der Sammlung mit einem Lobpreis der Erwählung Israels. Zwar sündigen auch die Gerechten, aber durch diesen Akt wird ihr Status nicht aufgehoben. Deshalb wird der Gesalbte die Heiden als Sünder zerschlagen und das auserwählte, heilige Volk versammeln und in Gerechtigkeit führen (vgl. PsSal 17).[16]

Bei Paulus ist wie im gesamten frühen Christentum die Taufe der Ort, wo der Mensch in den Bereich der Gerechtigkeit gelangt.[17] Hier wird er in das einmalige Heilswirken Gottes in Jesus Christus durch Kreuz und Auferstehung miteinbezogen. Die Taufe ist ein Existenz- und damit auch ein Statuswechsel, die sündige vorchristliche Existenz wird vernichtet, und durch das Wirken des Geistes erlangt der Getaufte den Status der Gerechtigkeit (vgl. 1 Kor 6,9-11; 2 Kor 5,21; Röm 6,3). So erinnert Paulus die Korinther in 1 Kor 6,9.11a an ihre frühere Existenz als ἄδικοι (»Ungerechte«), die sie nun als Abgewaschene, Heilige und Gerechtfertigte wesenhaft verlassen haben. Sie wurden existentiell zu Nicht-Sündern, sind vom Status des Sünders in den Status des Heiligen und Gerechten übergegangen. Aus den Unheiligen wird der Tempel Gottes, in dem der Geist Gottes selbst wohnt (vgl. 1 Kor 3,16f.; 6,19). Gerechtigkeit ist bei Paulus kein Tat-, sondern ein Seinsbegriff. Gottes bzw. Jesu Christi fremde Gerechtigkeit wird dem Glaubenden in der Taufe verliehen und verändert substantiell seine Existenz.

2) Worin besteht die Gerechtigkeit? Nach den Psalmen Salomos besteht die Gerechtigkeit des Frommen in seinem Wandel gemäß dem Gesetz, um so im Gericht Gottes Gerechtigkeit als Barmherzigkeit zu erfahren. Er befolgt das Gesetz (vgl. PsSal 14,2), versucht sogar unwissentliche Sünden zu vermeiden bzw. zu sühnen (vgl. PsSal 3,8; 13,5.7; 13,9.10) und bekennt sich stets zu Gottes Gerechtigkeit (vgl. PsSal 3,3.5). Beständig ruft er den Herrn an und hofft auf dessen Barmherzigkeit (vgl. PsSal 2,36). Gerechtigkeit resultiert somit aus einem Handeln, das von dem Bewußtsein geprägt ist, von Gottes Barmherzigkeit abhängig und getragen zu sein.[18]

Für Paulus ist Gerechtigkeit die Folge der neuen, durch Christus in der Taufe konstituierten Existenz. Gott gewährt eine Teilhabe an seiner Lebensmacht, indem er durch die Gabe des Geistes die Sünde vernichtet und die

16. Vgl. dazu *St. H. Brandenburger*, Der »Gesalbte des Herrn« in Psalm Salomos 17, in: *St. H. Brandenburger* u. *Th. Hieke* (Hg.), Wenn drei das Gleiche sagen – Studien zu den ersten drei Evangelien, Münster 1998, 217-236.
17. Zur ausführlichen Begründung vgl. *U. Schnelle*, Gerechtigkeit und Christusgegenwart, passim; vgl. ferner *E. Lohse*, Taufe und Rechtfertigung bei Paulus, in: *ders.*, Die Einheit des Neuen Testaments, Göttingen ²1976, 228-244; *F. Hahn*, Taufe und Rechtfertigung, in: Rechtfertigung (FS E. Käsemann), hg. v. *J. Friedrich* u.a., Tübingen 1976, 95-124.
18. Vgl. dazu *M. Winninge*, Sinners and the Righteous, 131f.

Existenz der Glaubenden und Getauften neu ausrichtet.[19] Die Getauften sind in allen Lebensäußerungen durch Christus bestimmt, und in ihrer Gemeinschaft gewinnt das neue Sein sichtbar Gestalt. Die Welt wird nicht nur für verändert erklärt, sie verändert sich wirklich.

3) Wie verbleibt der Mensch in der Gerechtigkeit? Die Antwort der Psalmen Salomos ist eindeutig: Die Gerechten befolgen das Gesetz und bekennen sich zu Gottes Gerechtigkeit; indem sie sich am Gesetz orientieren, erlangen sie Gerechtigkeit und verbleiben in der Gerechtigkeit. So wie die Gesetzlosigkeit bzw. Gesetzwidrigkeit das Kennzeichen der Sünder ist (παρανομία in PsSal 4,1.12; 8,9; 17,20; παράνομος in PsSal 4,9.11.19.23; 12,1-4; 14,6; 17,24), zeichnet den Gerechten aus, daß er sich am Gesetz als dem offenbarten Lebenswillen Gottes ausrichtet (vgl. PsSal 14,2). Deshalb darf er auf die Barmherzigkeit Gottes hoffen: »Und der Herr wird gedenken seiner Knechte in Barmherzigkeit, denn das Zeugnis (ist) im Gesetz eines ewigen Bundes« (PsSal 10,4). Der Gerechte bittet: »Herr, rette meine Seele vor dem Gesetzlosen und Bösen, vor der Zunge des Gesetzlosen und des Verleumders« (PsSal 12,1a.b; vgl. 12,4a). Als Empfänger der Barmherzigkeit Gottes ist der Gerechte gerecht, weil er die Gerechtigkeit in freier Entscheidung tut: »Unsere Werke (geschehen) nach Wahl und Beschluß unserer Seele, Recht und Unrecht zu tun mit den Werken unserer Hände; in deiner Gerechtigkeit aber suchst du die Menschenkinder heim« (PsSal 9,4).

Das Selbstverständnis der Gerechten lebt auch aus dem Gegenüber zu den Gesetzwidrigen. Die Frommen sind wohl die Pharisäer, während die Gesetzlosen bzw. Gesetzwidrigen überwiegend mit hasmonäischen Führern und den Sadduzäern identifiziert werden können.[20] Ihre Gesetzlosigkeit bzw. Gesetzwidrigkeit besteht offenbar in einer unterschiedlichen Toraauslegung (vgl. PsSal 4,8), in abweichenden politischen Optionen (vgl. PsSal 4,10) und in moralischen Verfehlungen (vgl. PsSal 8,8f.). Aber auch von gesetzlosen Völkerschaften ist die Rede (PsSal 17,24: ἔθνη παράνομα), so daß die jüdischen Apostaten (vgl. PsSal 15,8f.10f.13; 17,5.20) und die Heiden die Gruppe der Gesetzlosen bzw. Gesetzwidrigen bilden. Die Sünden Israels übersteigen sogar die der Heiden (vgl. PsSal 8,13), gerechterweise bestraft Gott also Israel durch die fremde Eroberung des Landes.

19. Im Anschluß an *P. Wernle*, Der Christ und die Sünde bei Paulus, Freiburg – Leipzig 1897, unternahm *H. Umbach*, In Christus getauft – von der Sünde befreit. Die Gemeinde als sündenfreier Raum bei Paulus, FRLANT 181, Göttingen 1999, den m.E. überzeugenden Versuch, die Struktur der paulinischen Sündenlehre herauszuarbeiten. Die Gemeinde ist danach als ein grundsätzlich sündenfreier Raum aufzufassen; »der Christ, der in der Taufe εἰς Χριστόν dem σῶμα Χριστοῦ ›eingegliedert‹ ist« (a.a.O., 313), starb damit ein für allemal der Sündenmacht.

20. Vgl. *M. Winninge*, Sinners and the Righteous, 55 u.ö.

Systembestimmend für das Denken der Psalmen Salomos ist die Zuordnung des Sündenbegriffes (ἁμαρτία: 22 Belege; ἁμαρτωλός 35 Belege)[21] zur Gruppe der Frommen und der Gesetzwidrigen. Während die Frommen das Gesetz beachten, gilt: »Aber nicht so die Sünder und Gesetzesbrecher (οἱ ἁμαρτωλοὶ καὶ παράνομοι), die da lieben den Tag in der Beteiligung an ihrer Sünde« (PsSal 14,6). Aber auch die Frommen sind von der Sünde nicht verschont. Einerseits gilt: »im Haus des Gerechten wohnt nicht Sünde auf Sünde« (PsSal 3,6b). Dann heißt es aber weiter: »der Gerechte führt stets Aufsicht über sein Haus, um zu tilgen Unrecht, (das) durch seine Übertretung (geschehen); er sühnt unwissentliche Sünde durch Fasten und demütigt seine (Seele)« (PsSal 3,7.8). Deshalb vermag auch der Gerechte nicht ohne Züchtigungen zu leben. »Denn durch Züchtigung will er die Wege der Gerechten gerade machen und nicht verdrehen, und die Barmherzigkeit des Herrn ist über denen, die ihn lieben in Wahrheit« (PsSal 10,3). Die παιδεία Gottes ist ein strafendes Handeln, das nicht vernichtet, sondern durch Züchtigung reinigt. Auch die Frommen kennen die Sünde, aber Gottes Treue und Barmherzigkeit wird durch unwissentliche Sünden keineswegs aufgehoben. Vielmehr reinigt Gott von den Sünden und treibt den reuigen Sünder (vgl. PsSal 9,12) so zu einem gerechten, am Gesetz orientierten Wandel. »Wem zeigst du dich gütig, o Gott, wenn nicht denen, die den Herrn anrufen? Bei Sünden wird (er) den reinigen, der da preist durch Bekenntnis, denn auf uns und unseren Gesichtern (liegt) Scham über alles« (PsSal 9,6). Die Sünde führt nicht zum Untergang der Gerechten, denn sie bleiben Söhne des erwählten Volkes. Während die Sünde bei den Heiden und den Apostaten den Charakter eines unveränderlichen Status hat, ist sie bei den Frommen nur ein Handlungsaspekt.[22] Zwar prägt die Psalmen Salomos die Überzeugung, daß es Sündlosigkeit nicht geben kann, wohl aber ist eine folgenreiche Differenzierung innerhalb des Sündenbegriffes möglich. Die sündigen Frommen werden konsequenterweise nie als ›Sünder‹ oder ›Gesetzlose‹ bezeichnet, denn durch Gottes Sühneangebot eröffnet sich die Möglichkeit, daß die Gerechten in ihrem Status verbleiben, obwohl sie sündigen.

---

21. Zählung nach A. M. Denis, Concordance Grecque, 7.
22. Vgl. M. Winninge, Sinners and the Righteous, 333: »One of the most important results of the present study is that the PssSol convey an inherent distinction between the act ›to sin‹ (aspect of dynamics) and the status ›sinner‹ (status aspect). ... The important thing is that these ›sinfully righteous‹ Jews are basically righteous, granted that they do not leave the covenantal sphere in outright apostasy. The Gentiles, on the other hand, are sinners by definition.«

Innerhalb der paulinischen Theologie ist der Geist die treibende Kraft des neuen Seins in Gerechtigkeit.[23] Gottes Wirklichkeit in der Welt ist Geistwirklichkeit. Im zuerst immer von Gott ausgehenden πνεῦμα (vgl. 1 Thess 4,8; 1 Kor 1,12.14; 2 Kor 1,21; 5,5; Gal 4,6; Röm 5,5) erweist sich die lebenspendende Macht des Schöpfers. Der Geist Gottes bewirkt nicht nur die Auferstehung Jesu (vgl. Röm 1,3b-4a), sondern er ist zugleich die neue Seins- und Wirkungsweise des Auferstandenen, seine dynamische und wirkmächtige Gegenwart (vgl. 2 Kor 3,17; 1 Kor 15,45). Im Geist wird die Heilstat Gottes in Jesus Christus als Befreiung von den Mächten der Sünde und des Todes für die Glaubenden Wirklichkeit.[24] Die Gemeinschaft mit dem erhöhten Herrn ist eine Gemeinschaft im Geist (1 Kor 6,17: »Wer aber dem Herrn anhängt, ist ein Geist mit ihm«). Der Glaubende lebt nicht mehr aus sich selbst heraus, er befindet sich im Wirkungsfeld Gottes bzw. Christi. Dies verdeutlichen die mit der Taufe verbundenen Aussagen über das Wirken des Geistes (vgl. 1 Kor 6,11; 10,1 ff.; 12,13; 2 Kor 1,21 f.; Gal 5,24 f.; Röm 5,5). In der Taufe gelangt der Christ in den Raum des pneumatischen Christus, zugleich wirken der Erhöhte (vgl. Gal 2,20; 4,19; 2 Kor 11,10; 13,5; Röm 8,10) und der Geist (vgl. 1 Kor 3,16; 6,19; Röm 8,9.11) im Gläubigen. Die Korrespondenz-Aussagen[25] benennen einen für Paulus fundamentalen Sachverhalt: So wie der Glaubende im Geist Christus eingegliedert ist, so wohnt Christus in ihm als πνεῦμα. Die pneumatische Existenz erscheint als Folge und Wirkung des Taufgeschehens, das wiederum als Heilsgeschehen ein Geschehen in der Kraft des Geistes ist. Damit kennzeichnet Paulus einen grundlegenden anthropologischen Wandel, denn das Leben des Christen hat nun eine entscheidende Wende genommen. Als vom Geist Bestimmter lebt er in der Sphäre des Geistes und richtet sich auf das Wirken des Geistes aus. Dieser durch den Geist und damit von Gott selbst herbeigeführte Existenzwandel des Christen offenbart die wahre Situation des Christen: Er lebt nicht aus sich selbst, sondern findet sich immer in einem qualifizierenden Bereich vor.[26] Es gibt nur ein Leben nach Maßgabe des Fleisches (κατὰ σάρκα) oder nach Maßgabe des Geistes (κατὰ πνεῦμα).

23. Vgl. hierzu grundlegend *F.-W. Horn*, Das Angeld des Geistes. Studien zur paulinischen Pneumatologie, FRLANT 154, Göttingen 1992.
24. Vgl. *P. Kim*, Heilsgegenwart bei Paulus. Eine religionsgeschichtliche Untersuchung zu Sündenvergebung und Geistgabe in den Qumrantexten sowie bei Johannes dem Täufer, Jesus und Paulus, Diss. theol., Göttingen 1996. Die Vfn. sieht in der bereits erfolgten Ausgießung des Geistes in der Taufe das theologische und religionsgeschichtliche Spezifikum des gesamten paulinischen Denkens. Vgl. ferner *U. Schnelle*, Heilsgegenwart. Christologische Hoheitstitel bei Paulus, in: Paulinische Christologie (FS H. Hübner), hg. v. *U. Schnelle, Th. Söding* u. *M. Labahn*, Göttingen 2000, 178-193.
25. Vgl. dazu *U. Schnelle*, Gerechtigkeit und Christusgegenwart, 120-122.
26. Vgl. *R. Bultmann*, Theologie des Neuen Testaments, hg. v. *O. Merk*, Tübingen [7]1977, 227 f.

Der Geist ist somit Grund und Norm christlichen Seins und Handelns (vgl. Gal 5,25; 1 Kor 5,7; Röm 6,2.12; Phil 2,12f.). Er schafft das neue Sein des Christen und bewirkt zugleich dessen Erhaltung. Der Geist nimmt das Wesen und das Wollen des Christen wirkmächtig in Beschlag und gewährt so das Bleiben in der Gerechtigkeit. Die Christen sind in das vom Geist bestimmte Leben eingegangen, so sollen sie sich nun auch vom Geist leiten lassen.

IV. Folgerungen

Wie lassen sich die Konzeptionen der Psalmen Salomos und des Paulus in Kontinuität und Diskontinuität beschreiben? Die forschungsgeschichtlich bedeutsamen Positionen von H. Braun und E. P. Sanders verdeutlichen die Schwierigkeit einer Antwort. H. Braun konstatiert: »Die überall zutage tretende Linie des Selbstvertrauens hebt zwar den Gedanken von Gottes Barmherzigkeit nicht auf, verharmlost ihn aber weithin zu einer wohl begründeten Parteilichkeit.«[27] Demgegenüber betont E. P. Sanders, daß die Gerechten ihr Heil nicht den eigenen Verdiensten verdanken, »sondern allein der Gnade Gottes, der sie erwählt hat und ihnen vergibt.«[28] Eine unterschiedlichere Bewertung kann es kaum geben, hier der Vorwurf des Legalismus, dort das Lob der sola gratia.

Eine Kontinuität zwischen den Psalmen Salomos und Paulus besteht zunächst darin, daß die Barmherzigkeit Gottes jeweils die letzte, unhinterfragbare und zugleich tragende Instanz ist. Sowohl die Frommen der PsSal als auch Paulus wissen, daß sie im Gericht allein auf Gottes Barmherzigkeit angewiesen sind. Barmherzigkeit als Letztbegründung läßt allerdings Akzentuierungen zu. Während Paulus ausdrücklich den ἔργα νόμου jegliche Heilsrelevanz abspricht,[29] bestimmen in den PsSal die Werke zweifellos das Verhältnis zu Gott, weil der Beter zu Recht hoffen darf, daß Gott im Ge-

---

27. *H. Braun*, Vom Erbarmen Gottes über den Gerechten. Zur Theologie der Psalmen Salomos, in: *ders.*, Gesammelte Studien zum Neuen Testament und seiner Umwelt, Tübingen ³1971, (8-65) 65.
28. *E. P. Sanders*, Paulus und das palästinische Judentum, 369.
29. Vgl. zur umstrittenen Wendung ἔργα νόμου (Gal 2.16; 3.2,5,10; Röm 3.20,28; ferner Phil 3.9) *E. Lohmeyer*, Probleme paulinischer Theologie II. »Gesetzeswerk«, in: *ders.*, Probleme paulinischer Theologie, Darmstadt 1954, 31-74; *J. Blank*, Warum sagt Paulus: »Aus Werken des Gesetzes wird niemand gerecht«?, in: EKK V 1, Neukirchen 1969, 79-95; *H. Hübner*, Was heißt bei Paulus »Werke des Gesetzes«?, in: *ders.*, Biblische Theologie als Hermeneutik, hg. v. A. u. M. Labahn, Göttingen 1995, 166-174; *J. D. G. Dunn*, The Theology of Paul the Apostle, Grand Rapids 1998, 334ff.; *M. Bachmann*, Rechtfertigung und Gesetzeswerke bei Paulus, in: ThZ 49 (1993), 1-33; *T. R. Schreiner*, ›Works of Law‹ in Paul, in: NT 33 (1991), 217-244.

richt um diese Werke weiß und sie bei seinem Urteil berücksichtigt. Auf den Wandel in Gerechtigkeit und das Befolgen des Gesetzes antwortet Gott mit seiner Treue. »Denn keiner, der Unrecht tut, kann sich vor deinem Wissen verbergen, und die gerechten Werke der Frommen (αἱ δικαιοσύναι τῶν ὁσίων) stehen dir vor Augen, Herr; und wo sollte ein Mensch sich verbergen vor deinem Wissen, o Gott?« (PsSal 9,3). Barmherzigkeit als Letztbegründung des Gottesverhältnisses schließt in den PsSal eine positive Funktion der Werke nicht aus. Gerechtigkeit ist somit in den PsSal gleichermaßen ein Seins- und Tatbegriff, beides gehört untrennbar zusammen.

Der grundlegende konzeptionelle Unterschied zwischen Paulus und den Psalmen Salomos liegt jedoch auf einem anderen Gebiet: dem Sündenbegriff. Zwar kennt auch Paulus die grundlegende Differenz zwischen Israel als Gerechte und den Heiden als Sünder (vgl. Röm 9,30), er macht sie aber nicht zur Grundlage seines Denksystems. Vielmehr bestimmt er das Verhältnis zwischen Gerechten und Sündern völlig neu: Zur Gruppe der Gerechten gehört niemand, zur Gruppe der Sünder gehören alle Menschen, Heiden wie Juden (vgl. Röm 1,16-3,20). Unter der Voraussetzung des Glaubens an Jesus Christus können dann Juden wie Heiden Gerechtigkeit erlangen. Das paulinische Status-Schema ist durch einen universalen Grundansatz gekennzeichnet: Alle Menschen sind ausweglos der Macht der Sünde untertan (vgl. Gal 3,22; Röm 3,9), d.h. der Status des Sünders kennzeichnet alle Menschen, auch wenn sie gerecht handeln. Alle Menschen haben aber zugleich jenseits irgendwelcher Vorgaben die Möglichkeit, in den Bereich der Gerechtigkeit einzutreten. Gerechtigkeit kann nur durch den Transfer aus dem Herrschaftsbereich der Sünde in den Christus-Bereich hinein erlangt werden. Während in den PsSal die Werke die Gerechtigkeit mit begründen,[30] ist bei Paulus Gerechtigkeit kein Tat-, sondern ein Seinsbegriff. Gottes bzw. Jesu Christi fremde Gerechtigkeit wird dem Glaubenden in der Taufe verliehen und verändert substantiell seine Existenz. Paulus denkt den Bruch mit der Vergangenheit radikal; die Glaubenden und Getauften sind dem Machtbereich der Sünde entrissen und leben nun in der Gemeinde als einem sündenfreien Raum.

Die paulinische Christushermeneutik läßt keine Differenzierungen innerhalb des Sündenbegriffes zu. Der Universalität der Befreiungstat entspricht

---

30. Diese begründende Funktion der Werke wird von *J. Schröter*, Gerechtigkeit und Barmherzigkeit: Das Gottesbild der Psalmen Salomos in seinem Verhältnis zu Qumran und Paulus, in: NTS 44 (1998), 557-577, unterschätzt, wenn er konstatiert: »Die Differenz zwischen Paulus und den PsSal wird sich also kaum anhand einer unterschiedlichen Beurteilung des Verhältnisses von Barmherzigkeit Gottes und Werken des Menschen erfassen lassen. Auch für die PsSal stellen die ›Werke‹ der δίκαιοι nicht die Grundlage für ihr Gottesverhältnis dar, wenngleich freilich ein Zusammenhang zwischen beiden besteht.«

die vorangegangene Universalität der Knechtschaft. Ethnische oder nationale Prärogative kann es nicht mehr geben, die Gerechtigkeit gründet nicht mehr in der Volkszugehörigkeit und den damit verbundenen Privilegien, sondern allein im Akt des Glaubens. Paulus vertritt einen Universalismus, der sich von der Nation, dem Land, dem Tempel, der Beschneidung und dem Gesetz als Regulativen des Gottesverhältnisses trennt. Der Gott Israels hatte sich in Jesus Christus allen Menschen offenbart, Juden ebenso wie Heiden. Diese Einsicht verdankt sich den umstürzenden Geisterfahrungen, die Juden und Heiden gleichermaßen machten.

Während jüdisches Denken in seiner Grundstruktur als national und partikular bezeichnet werden kann, denkt Paulus in jeder Hinsicht universal. Der frühchristliche Universalismus als Folge der Geisterfahrungen ist der entscheidende Punkt, an dem sich Judentum und sich herausbildendes frühes Christentum trotz zahlreicher Verbindungslinien trennen. Die universalistische Interpretation des Christusgeschehens ließ neue Überzeugungen entstehen, die den Weg für eine eigenständige Religion ebneten.

Die paulinischen Adamaussagen im Kontext frühjüdischer und frühchristlicher Literatur

Martin Meiser

Die folgenden Ausführungen sind nicht motivgeschichtlich motiviert,[1] sondern fragen in Aufnahme wichtiger Einsichten John Levisons und Esther Glickler Chazons[2] theologisch nach der Funktion der frühjüdischen und frühchristlichen Adamaussagen in den jeweiligen Kontexten für die Intention des Autors, unter Verzicht auf die Vorgabe eines *durchgehenden* Adam-Mythos. Paulus ist dabei – deswegen die Anlage dieses Beitrages[3] – nicht gegenüber, sondern inmitten der frühjüdischen Adamaussagen darzustellen; seine Konzentration auf Gen 3 tritt erst dann markant heraus, wenn man sich die wohl nachpaulinische Entstehung von 4 Esr und syrBar vergegenwärtigt. Biblische Vorgaben ermöglichen in dem, was sie sagen, thematisch ein breites Spektrum an Rezeptionsmöglichkeiten, in dem, was sie offen lassen, reiche Legendenbildung, deren materiale Vielfalt im Vollzug der Rezeption durch den impliziten Leser zusammengehalten wird durch das alle theologische Selbstäußerung Israels einigende Band des Ersten Gebotes: Göttliche Erwählung impliziert die Israel von anderen Völkern unterscheidende, identitätsstiftende Bindung an Zuspruch und Anspruch des von allem Geschöpflichen unterschiedenen Schöpfers, und diese Bindung muß angesichts externer Bestreitung (Joel 2,17) und innerer Zweifel (Ps 44,18) fortwährend verpflichtend vergewissert werden. Eingebunden in diesen Rahmen und dem genannten Globalziel dienend kann die materiale *einzelne* haggadische Aussage frei formuliert werden, und ihr kommt keine in unse-

---

1. Vgl. dazu *I. Dreyfus*, Adam und Eva nach Auffassung des Midrasch mit erläuternden Anmerkungen und Nachweisungen, Straßburg 1894; *L. Ginzberg*, Die Haggada bei den Kirchenvätern und in der apokryphischen Litteratur, in: MGWJ 42 (1898), 517-530; 43 (1899), 17-22; 61-75; 117-125; 149-159; 217-231; 293-303; 409-416; 461-470; 485-504; 529-547; *ders.*, The Legends of the Jews, Vol. I, 10. Aufl. Philadelphia 1954, Vol 4, 6. Aufl. 1947.
2. *J. R. Levison*, Portraits of Adam in Early Judaism. From Sirach to 2 Baruch, JSPE.S 1, Sheffield 1988; *E. Glickler Chazon*, Creation and Fall of Adam in the Dead Sea Scrolls, in: The Book of Genesis in Jewish and Oriental Christian Interpretation. A Collection of Essays, ed. *J. Frishman* und *L. Van Rompay*, TEG 5, Leuven 1997, 13-24.
3. Für die Rezeption der Adamgestalt im rabbinischen Judentum vgl. *P. Schäfer*, Art. Adam II. Im Frühjudentum, in: TRE 1, 1977, 424-427, hier 426f.; zu slHen vgl. *C. Böttrich*, Adam als Mikrokosmos. Eine Untersuchung zum slavischen Henochbuch, Jud-Um 59, Frankfurt u. a. 1995. *O. Betz*, Art. Adam I. Altes Testament, Neues Testament, Gnosis, in: TRE 1, 1977, 414-424, hat aus nachneutestamentlicher Zeit nur die gnostische Adamrezeption berücksichtigt. So mag im dritten Teil unseres Beitrages die Beschränkung auf die sog. »großkirchliche Literatur« berechtigt sein.

rem Sinne dogmatische Verbindlichkeit zu, wie sich schon die Bandbreite biblischer Aussagen zu einem Thema nicht widerspruchslos auf eine Linie bringen läßt.

1. Adamaussagen in der Literatur des 2. und 1. Jh.s v. Chr.

1.1 Adamaussagen im Buch Jesus Sirach

Aussagen über Adam begegnen im Buch *Jesus Sirach* in anthropologischen, chokhmatischen und historischen Zusammenhängen.

In Sir 15,11-20 wird mit Hilfe »deuteronomistische(r) Entscheidungsethik«[4] die Urgeschichte interpretiert: Gott hat dem Menschen den »Trieb« (יצר) anerschaffen, d.h. den freien Willen. Darum kann sich der Mensch nicht auf eine allgemeine, angeblich gar schöpfungsbedingte Sündhaftigkeit berufen, um den Konsequenzen seiner Verantwortlichkeit zu entgehen. Nach Sir 17 ist der Mensch »aus Erde«[5] geschaffen, aber mit der Herrschaftsstellung über die Natur betraut und mit der Fähigkeit zur Erkenntnis begabt, die zur Gottesfurcht angesichts seiner Werke führen soll. Doch wird das nur in Israel als unmittelbarem Herrschaftsbereich Gottes aktualisiert.[6] Gott wird jedem nach seinem Tun vergelten, hält aber für den Umkehrwilligen den Weg der Umkehr offen (Sir 17,23 f.).

In Sir 25,24 wird im Rahmen der Zeichnung der *schlechten* Frau Eva in gewissem Mißverhältnis zwischen Anlaß und Pathos der Aussage als Alleinschuldige am Sündenfall bezeichnet. Was hier nur nebenbei eingebracht und durch Sir 26; 36 ausbalanciert wird,[7] verselbständigt sich mit problematischer exegetischer Begründung in 1 Tim 2,13 f.[8]

In Sir 49,14-16 gilt Adam als der erste der hervorragenden Israeliten, doch wodurch? Ist im hebräischen Sirachtext umstritten, ob die Wendung כל חי in Sir 49,16 mit Peter Schäfer neutrisch[9] oder mit Johannes Marböck und Ralph Hildesheim maskulinisch als Anspielung auf Gen 3,20 zu verstehen

---

4. O. *Kaiser*, Der Mensch als Geschöpf Gottes – Aspekte der Anthropologie Ben Siras, in: Der Einzelne und seine Gemeinschaft bei Ben Sira, hg. v. R. Egger-Wenzel u.a., BZAW 270, Berlin [u.a.] 1998, 1-22, hier 12.
5. Aus Sir 17,1 geht nicht zwingend hervor, daß Adam von Anfang an als sterblich erschaffen wurde. Allerdings ist ein logischer Ausgleich z.B. mit Sir 25,24 ebenfalls nicht zwingend zu erwarten.
6. Vgl. dazu vor allem Sir 24,7f.
7. Sir 26 und 36 zeichnen die gute Frau mit den Charakterzügen des Weisen (O. *Wischmeyer*, Die Kultur des Buches Jesus Sirach, BZNW 77, Berlin [u.a.] 1995, 30; G. *Sauer*, Jesus Sirach / Ben Sira, ATD.Apokryphen 1, Göttingen 2000, 192).
8. Zur Weiterwirkung vgl. Tertullian, *De cultu feminarum* 1,12.
9. P. *Schäfer*, Art. Adam II., 425.

ist,[10] und worin Adams תפארת eigentlich besteht,[11] so verweist im griechischen Sirachbuch die neutrische Interpretation der Wendung כל חי durch die Worte πᾶν ζῷον ἐν τῇ κτίσει m. E. auf das Motiv der Vorherrschaft des supralapsarischen Menschen über die Schöpfung, und mit ἐδοξάσθησαν von Sir 49,16a, das auch in V. 16b zu ergänzen ist, könnte auf die δόξα aus Ps 8,6 angespielt sein. Doch wie kann diese Ehrenstellung Adams eine positive Funktion im Lob der Väter einnehmen, wenn man doch von Adam weder von Toratreue und Bewährung in der Versuchung noch von Treue und Demut berichten kann?[12] Diese Stellung ist Adam durch Gott gegeben; sie ist die erste der göttlichen Zuwendungen an Israel.[13] Textextern zielt dies auf die verpflichtende Vergewisserung der Leser hin auf ihre jüdische Identität.

1.2 Adamaussagen in der *Sapientia Salomonis*

Die Adamaussagen in der *Sapientia Salomonis* unterstützen alle deren Haupttendenz, die von dem Gott Israels zu erbittende, in Israel von Anfang an wirksam gewesene Weisheit als verläßliche Führerin für das ganze Leben zu empfehlen.

Nach SapSal 2,23f. kam durch den Neid[14] des Teufels der Tod in die Welt,[15] doch er kann den Seelen der Gerechten nichts anhaben, und so können auch die Intrigen der Gottlosen den Gerechten nicht von seinem Weg

---

10. *J. Marböck*, Henoch – Adam – der Thronwagen. Zu frühjüdischen pseudepigraphischen Traditionen bei Ben Sira; = *J. Marböck*, Gottes Weisheit unter uns. Zur Theologie des Buches Sirach, hg. v. *I. Fischer*, HBS 6, Freiburg 1995, 133-143, hier 140; *R. Hildesheim*, Bis daß ein Prophet aufstand wie Feuer. Untersuchungen zum Prophetenverständnis des Ben Sira, TThSt 58, Trier 1996, 253.
11. *R. Hildesheim*, a. a. O., hat Adams תפארת als Gott-Ebenbildlichkeit und Gottesnähe des Menschen interpretiert. Bei *P. Schäfer*, *J. Marböck* und *G. Sauer* bleibt die Entscheidung offen. – Soll man eine Anspielung auf Jes 44,13 (תפארת אדם) vermuten? Nach *K. Elliger*, Deuterojesaja. 1. Teilband, Jesaja 40,1-45,7, BAK AT XI/1, Neukirchen 1978, 429, ist diese Wendung abwertend gebraucht.
12. Sir 44,21 (von Abraham); 45,4 (von Mose).
13. So auch *R. Hildesheim*, a. a. O.; vgl. *G. Sauer*, Jesus Sirach, 336.
14. Der Topos des Neides ist nicht aus der Tendenz der Sapientia Salomonis abzuleiten, sondern verdankt sich vorredaktioneller Tradition: Den Frevlern sind die Gerechten entweder gleichgültig oder lästig, aber sie beneiden sie nicht. Der Neid des Teufels wird freilich nicht näher begründet.
15. Diskutiert wird, ob mit dem Wortfeld θάνατος der allgemein-menschliche physische Tod, der vorzeitige Straftod (als Möglichkeit erwogen von *A. Schmitt*, Weisheit, NEB AT 23, Würzburg 1989, 21) oder der ewige Tod oder mehreres davon zugleich gemeint sei. SapSal 2,17.20; 3,2f. sprechen jeweils vom physischen Tod der Gerechten, der aber von den Frevlern falsch interpretiert wird, weil sie nicht mit der Möglichkeit doppelter postmortaler Existenz rechnen (doch s. u.).

abbringen. Adam ist im Ebenbild Gottes unsterblich erschaffen (SapSal 2,23). Den Gerechten, die in ihrer Gerechtigkeit ihre Gottebenbildlichkeit bewahrt haben, ist Unsterblichkeit verheißen;[16] die Gottlosen werden das Dasein im Totenreich, mit dem sie einen Bund geschlossen haben, nicht als bloßes Nichtsein bewußter Existenz erleben, sondern als ewige Qual.

In SapSap 7,1 wird anthropologisch begründet, warum der Mensch um die Weisheit bitten muß: als γηγενοῦς ἀπόγονος πρωτοπλάστου ist er – auch als König! – eine armselige Existenz, die nicht von sich aus zu Höherem geneigt ist.

In SapSal 10,1 f. ist m. E. von der Rettung aus dem geschehenen, nicht von der Bewahrung vor einem drohenden Fehltritt[17] die Rede. Freilich muß die übliche Interpretation, die Weisheit habe Adam aus seinem Fehltritt errettet, offenlassen, worin diese Rettungstat besteht, denn von einer Reue Adams ist anders als bei Tertullian[18] nicht explizit die Rede,[19] und zu der in slHen 32,1; 42,5 thematisierten Wiederannahme Adams ist es noch ein weiter Schritt.[20] Ein Blick auf die Beschreibung Abrahams und Moses in SapSal 10,5 f.16 ff. zeigt, daß auch dort die Aktivität der Weisheit stärker betont wird als die des Menschen. SapSal 10,1 f. besagt dann: Von Anfang an hat sich in Form der Weisheit der Gott Israels als wirkend erwiesen, und diese Verläßlichkeit impliziert die Verbindlichkeit seiner Weisung. Textextern zielt solche Aussage wiederum auf die verpflichtende Vergewisserung der Leser hin auf ihre jüdische Identität in Zeiten der Infragestellung durch die Begegnung mit der griechischen Kultur und auch Unkultur.

---

16. Nicht ganz eindeutig ist, ob »Unsterblichkeit« wirklich den Gedanken einer realen postmortalen Existenz der Seele (*H. Hübner*, Die Weisheit Salomons, ATD.Apokryphen 4, Göttingen 1999, 50) oder des ganzen Menschen (*H. Engel*, Das Buch der Weisheit, NSK AT 16, Stuttgart 1998, 81) impliziert, oder ob man mit *D. Georgi*, Weisheit Salomos, JSHRZ III 4, Gütersloh 1980, 389-478, hier 416 Anm 5,1b, eine »die Grenzen zwischen Himmlischem und Irdischem, zwischen Zukünftigem und Gegenwärtigem« verwischende Ausdrucksweise konstatieren muß, der der Gefahr der Verobjektivierung eines Mythos wehrt (*D. Georgi*, Weisheit Salomos, 405 f.).
17. *J. R. Levison*, Portraits of Adam, 60, hat diese Deutung mit der Semantik von διαφυλάσσειν, bewahren, und mit dem Kontext in SapSal 9,10-12 einerseits und Kap. 10 andererseits begründet. Doch ist ἰδίου kein Ausdruck für Adams Einzigkeit, sondern vertritt das Possessivpronomen der 3. Person. Daß die Weisheit Adam vor der drohenden Übertretung bewahrt, ergibt sich m. E. nicht aus dem Text.
18. Tertullian, *De paenitentia* 12,9.
19. *H. Engel*, Weisheit, 169, vermutet eine Anspielung auf die in VitAd 1-8 ausgeführte Tradition.
20. *H. Hübner*, Weisheit, 135, deutet SapSal 10,1 f. als Zurückversetzung Adams in den Zustand der Sündlosigkeit, *D. Georgi*, Weisheit, 437, als Errettung und Erhöhung im Rahmen einer mythisierenden Exegese von Gen 3.

1.3 Adamaussagen im *äthiopischen Henochbuch*

Für das *äthiopische Henochbuch* will ich mich auf die Abschnitte äthHen 32,6; 69,11; 85,3 ff. beschränken. An der erstgenannten Stelle wird dem Henoch während seiner Himmelsreise auch der Baum der Weisheit gezeigt, von dem Adam und Eva verbotener Weise gegessen haben. Diese Reminiszenz an den Bezugspunkt der Sünde soll in den Lesern das Bestreben wachrufen, sich von Sünden freizuhalten.

In äthHen 69,11 ist die supralapsarische Unsterblichkeit wohl aus Gen 3,19 erschlossen. Daß nach äthHen 69,6 Gadre'el Eva verführt haben soll, wird nicht selten als Kontamination von Gen 6 und Gen 3 erklärt und als Anfangspunkt der sexualfeindlichen Auslegungstradition von Gen 3 bezeichnet. So sehr sich dieser Aspekt verselbständigt haben mag,[21] so sehr geht doch die Intention von äthHen 69,2-25 dahin, sich durch die Begegnung mit der kulturell wie technisch als bedrohlich und überlegen empfundenen paganen Kultur nicht von den eigenen jüdischen Wurzeln abtrünnig machen zu lassen.

In der Tierapokalypse äthHen 85,3-90,42 wird Adam ähnlich wie Seth und die Sethiten, Noah, Abraham, Isaak und der Messias als weißer Stier[22] symbolisiert und somit erstmals explizit in die Reihe der Patriarchen eingeordnet, wohl aufgrund von Gen 5,1-3.

Die Wahl der Metaphorik eines Stieres ist eigenen Nachdenkens wert. Philologisch denkbar ist,[23] daß sie auf eine uns ansonsten vielleicht in TgOnqelos Dtn 33,17[24] und GenR 46,28 greifbare messianische Deutung des »erst-

---

21. äthHen 69,6 reiht die Verführung Evas und das Zeigen der Mordinstrumente aneinander. Die steigernde Reihenfolge von Gen 3; 4 (natürlicher Tod – Tod durch Gewalttat) kommt in den Blick, der Aspekt der sexuellen Verführung Evas wird nicht besonders betont.

22. Für den Wechsel von den weißen Stieren zu den Schafen in äthHen 89,13 stehen verschiedene, einander m. E. nicht ausschließende Thesen zur Debatte: a) Israel ist Schafe seiner (Gottes) Weide (*S. Uhlig*, Das Äthiopische Henochbuch, JSHRZ V 6, Gütersloh 1984, 461-780, hier 685, Anm 12b); das Gegenüber von Schafen und Wölfen (89,13) symbolisiert Israels Bedrängnis. b) Mit Jakob wechselt die Geschichtsbetrachtung, in der sich Universalgeschichte und Geschichte Israels nicht trennen lassen (siehe das biblische Nebeneinander von Isaak und Ismael, Esau und Jakob) zur ausschließlichen Betrachtung der Geschichte Israels über (*M. Hengel*, Judentum und Hellenismus. Studien zu ihrer Begegnung unter besonderer Berücksichtigung Palästinas bis zur Mitte des 2. Jh. v. Chr., WUNT 10, 3. Aufl. Tübingen 1988, 342).

23. Die aramäisch geschriebene Qumranparallele zu äthHen 89,6, nämlich 4Q206 Frg. 4a Kol i, Z. 13, bietet תוריא, Dtn 33,17 MT liest שׁוֹר.

24. So jedenfalls *B. Grossfeld*, The Targum Onqelos to Deuteronomy. Translated, with Apparatus, and Notes. The Aramaic Bible 9, Wilmington, Delaware 1988, 108. Der Text von TgOnq Dtn 33,17 lautet: »The greatest among his sons, who has splendor, mighty deeds were done for him by the One who has power and dignity; by his might he kills nations instantaneously, till the ends of the earth.«

geborenen Stieres Josephs« von Dtn 33,17 zurückgeht. Unter dieser Voraussetzung wäre die Metaphorik der Patriarchen einschließlich Adams von der Metaphorik der Messiasgestalt her entworfen, aber nicht um der Inhalte der Patriarchengeschichten willen. Zugrunde liegt der Gedanke, daß die Endzeit der Urzeit entspricht,[25] und dessen leserorientierte Funktion ist m. E., daß die Kontinuität des göttlichen Wollens über Anfang und Ende für diese unsere Zeit dazwischen die Verbindlichkeit seiner Weisung impliziert.

Nach äthHen 85,6 sucht Eva den Abel und klagt seinetwegen. Albertus Frederick Klijn hat das Motiv der Klage Evas auf ein Wortspiel zwischen אבל = trauern und dem Eigennamen הבל = Abel zurückgeführt.[26] Zusätzlich könnte für beide Motive, für die Suche wie für die Klage, exegetische Arbeit ausschlaggebend sein: Das Motiv der Suche wäre aus Kains Weggang Gen 4,16 erschlossen, das Motiv der Klage daraus, daß Eva sich gemäß Gen 4,25 durch Seths Geburt über den Verlust Abels *getröstet* weiß. Daß nach äthHen 85,7 Adam seine Frau beruhigt, ist eine aus der Situation selbst heraus erdachte Weiterung[27] und leistet dem Bild Adams als Weisen Vorschub; ihre Intention ergibt sich aus dem Fortgang: Mit Seth gibt es wieder »weiße Bullen« in großer Zahl (äthHen 85,10). Die Geschichte Gottes mit den Menschen geht weiter.[28] Evas Klage soll dartun, wie wenig selbstverständlich dies nach Abels Ermordung war.

1.4 Adamaussagen im *Jubiläenbuch*

Im *Jubiläenbuch* sind zweifellos die deutlichsten und motivgeschichtlich wichtigsten Erweiterungen gegenüber den kanonischen Vergleichstexten feststellbar, äußerlich gesehen in manchem wiederum als Parallelisierung

---

25. Für äthHen 90,19-42 vgl. *M. Hengel*, Judentum und Hellenismus, 3. Aufl. 344.
26. *A. F. J. Klijn*, The Second Dream-Vision of the Ethiopic Henoch, in: Miscellanea Neotestamentica, Vol I., hg. v. *T. Baarda, A. F. J. Klijn* und *W. C. van Unnik*, NT.S 47, Leiden 1978, 147-159, hier 154. – Zur weiteren Geschichte des Motivs der Trauer der Stammeltern vgl. *C. Böttrich*, »Die Vögel des Himmels haben ihn begraben«. Überlieferungen zu Abels Bestattung und zur Ätiologie des Grabes, Schriften des Institutum Judaicum Delitzschianum 3, Göttingen 1995, 28-32.
27. Im Vergleich dazu wird Abraham in äthHen 89,10f. geradezu stiefmütterlich behandelt.
28. So könnte man auch VitAd 18,1f. deuten, wo sich Eva vor der Geburt Kains von Adam entfernt. Doch können Evas Isolation und Depression aufgrund ihrer Sünde auch als Topoi spirituellen Lebens aufgefaßt werden. Mit gutem Grund wäre dann die lateinische Vita Adae vornehmlich in hagiographischen Sammelhandschriften tradiert (*W. Meyer*, Vita Adae et Evae, ABAW.PP 14,3 München 1878, 185-250, hier 209, zu Codd. München 17740, 18525, 19112; *G. Eis*, Beiträge zur mittelhochdeutschen Legende und Mystik. Untersuchungen und Texte, GS 161, Berlin 1935 = Nendeln 1967, 241, zu Cod 25 Admont; Cod. 13 Zwettl, dort als Anhang zu den kalendarisch geordneten Heiligenlegenden).

Adams mit den Erzvätern zu beschreiben.[29] Ich kann hier nur auf einige wichtige eingehen. Rezipientenorientiert betrachtet haben auch sie nach John R. Levison den Zweck, den jüdischen Leser zu seinem Erbe zurückzurufen, indem ihm mehreres vor Augen geführt wird.

1. Gott hat Israel von Anfang an gewollt und deshalb seine Erschaffung und Erwählung angekündigt (Jub 2,19-21), unmittelbar nach der Erschaffung Adams.

2. Schon Adam wird gelehrt, Sabbat zu halten (Jub 2,21), wie Israel den Sabbat halten wird (Jub 2,19b). Gott erteilt von Anfang an Thora. Die für den Verfasser aktuell geltende Halacha über die Unreinheitsfristen nach einer Geburt wird nachträglich urgeschichtlich begründet, nämlich mit dem je verschiedenen Zeitpunkt der Überstellung Adams und Evas in den Garten Eden am 40. bzw. am 80. Tage (Jub 3,9-13).

3. Adam wird nach Jub 3,15 darüber belehrt, wie er den Garten Eden zu pflegen hat, und er bebaut nach Jub 3,35 gemäß diesen Anweisungen die Erde. Ferner: Wird Adam in Jub 19,24.27 gemäß Gen 5,1 in die Reihe der Segensempfänger durch Gott integriert, soll dies besagen: Gottes Fürsorge gilt Israel von Anfang an.

4. Adam opfert an dem Tage, als er aus dem Garten Eden herausgeht (Jub 3,27) und – als Reaktion auf seinen Sündenfall – seine Scham bedeckt (Jub 3,27 verweist auf Jub 3,22 zurück). Geopfert werden Weihrauch, Galbanum, Styrax und Narden, das in Ex 30,34 genannte Räucherwerk,[30] das in das heilige Zelt gebracht wird, wo Gott mit Mose zusammenkommen will, und dessen Rezeptur nach Ex 30,37f. nicht für private Zwecke nachgeahmt werden darf. Opferkult ist der Ersatz für die unmittelbare Gemeinschaft mit Gott im Paradies. Gleichzeitig, so der Vf. aufgrund aktueller Probleme der Hellenisierung Israels, schließt der Kultus die Selbstentblößung aus.[31]

Das Nebeneinander der bisher genannten Stellen besagt: Von Anfang an hat Gott Israel gewollt und ihm seine Fürsorge zukommen lassen, und *in nuce* sind Thora und Tempel von Anfang an da. Hermeneutisch zeigt sich hier wie andernorts im Jubiläenbuch:[32] Ein bestimmtes Geschehen aus der Urgeschichte oder auch der Erzvätergeschichte begründet gegenwärtig gel-

---

29. *J. R. Levison*, Portraits of Adam, 93, bezogen auf Jub 3,27.
30. *K. Berger*, Das Buch der Jubiläen, JSHRZ II 3, Gütersloh 1981, 273-575, hier 337.
31. ApkMos 29,3-6 erzählt von dem Wunsch Adams, Gott zu opfern, aber nicht von dessen Verwirklichung; das, was geopfert wird, ist nicht mit den in Jub 3,27 erwähnten Opfergaben identisch. Entweder setzt der Erzähler der ApkMos stillschweigend voraus, daß Adam dem Wunsch auch nachgekommen ist, oder er will ausgleichen zwischen der Tradition von Jub 3,27, im Sinne dessen modifiziert, daß Adam die Paradiesesfrüchte opfert, weil ihm das Gebot Ex 30,34 noch unbekannt war, und Gen 3, wo von einem Opfer Adams nichts berichtet wird.
32. Vgl. Jub 4,18.25.32; 6,11; 13,22-29; 15,25.

tende Halacha, unabhängig von seiner Bezeugung in den kanonisch gewordenen Texten Gen 1-3. Die Erweiterungen der biblischen Adamaussagen im Jubiläenbuch sind nicht an der Person des Adam als solcher interessiert. Dieser explizite Israel-Bezug unterscheidet das Jubiläenbuch von der Individualparänese in ApkMose.

Daß wie in Qumran Schriftstellen oder wie bei christlichen Autoren Schriftstellen und Personen vergangener Zeiten auf die Zeit oder auf Personen der eschatologischen Erfüllung gedeutet werden, findet man im Jubiläenbuch m. E. nicht.

1.5 Adamaussagen in der Qumranliteratur

Aus dem Bereich der Qumranschriften hat Esther Glickler Chazon die in der nicht qumranspezifischen[33] Schrift *Dibre Hamme'orot* 4Q504 frg. 8.9 auftretende Folge von Sündenfall und Bestrafung als Beispiel für die in frg. 8 Z. 11 genannten Taten Gottes לדורות עולם »auf Generationen ewig« interpretiert, 4Q423 als Mahnung, Sünde zu vermeiden. Für drei weitere Qumrantexte, nämlich 1QS 4,23; 1QH 4[17],15; CD 3,20, gehe ich aufgrund der Einzelexegese dieser Stellen mit einem Teil der Forschung[34] davon aus, daß trotz entgegenstehender Vokabelstatistik für אדם in der Wendung כבוד אדם das Wort אדם als Eigenname, nicht als Gattungsbegriff gedacht ist. In 1QS 4,23 kann diese Deutung mit der Funktionsparallele עשות חדשה (»neue Schöpfung«) in 1QS 4,25 begründet werden. Die Endzeit entspricht der Urzeit; die eschatologische Reinigung des Menschen »hat zum Ziel die Gabe der (verlorenen) Herrlichkeit Adams«.[35] In CD 3,20 steht die Wendung אדם כבוד im Kontext des Staunens über die wunderbare Heilszuwendung Gottes an die Glieder der Qumrangemeinde: Sie sind für das ewige Leben bestimmt, und auf sie bezieht sich Ez 44,15: »Die Priester und die Leviten und

---

33. *E. Glickler Chazon*, Creation and Fall of Adam, 14.
34. *E. Brandenburger*, Adam und Christus. Exegetisch-religionsgeschichtliche Untersuchung zu Römer 5,12-21 (1. Kor 15), WMANT 7, Neukirchen 1962, 110; *H. Lichtenberger*, Studien zum Menschenbild in Texten der Qumrangemeinde, StUNT 15, Göttingen 1980, 140; anders *E. Lohse*, Die Texte aus Qumran. Hebräisch und Deutsch, mit masoretischer Punktation, Übersetzung, Einführung und Anmerkungen, 2. Aufl. Darmstadt 1971 = 4. Aufl. 1986, 17.73.171; *J. Maier*, Die Qumran-Essener: Die Texte vom Toten Meer, Bd. 1, UTB 1862, München, Basel 1995, 12.50.177. *E. Lohse*, Texte, 284 Anm 30 erwägt zu 1QS 4,23 selbst die Übersetzung ... »und alle Herrlichkeit Adams«. – In Ps 8,5 stehen אנוש und בראדם, aber nicht אדם als Empfänger des כבוד des Menschen; umgekehrt begegnet die Formel כבוד אנוש in Qumran überhaupt nicht. Von daher ist es nicht zwingend, aber doch naheliegend, daß die Wendung כבוד אדם eine Ehrenstellung Adams besagt.
35. *H. Lichtenberger*, Studien zum Menschenbild, 140.

die Söhne Zadoqs, die die Wache über mein Heiligtum gehalten haben, als die Söhne Israels abirrten von mir, sie sollen mit Fett und Blut opfern«.[36] Ähnlich wird ihnen in 1QH 4,15 Erbteil an der Herrlichkeit Adams gegeben. Auch in 1QH 4[17],15 thematisiert der Satz »... und alle ihre Sünden fortzuwerfen und ihnen Erbteil zu geben an allem כבוד אדם (in) der Fülle der Tage« die Heilszuwendung an die Qumrangemeinde; impliziert ist, daß die נחלה in 1QH 4[17],15 ähnlich wie in 4Q171 III 4+4, 1f. als eschatologisches Erbe verstanden wird,[37] und daß die Wendung רוב ימים ebenfalls im Sinne der eschatologischen Fülle der Tage[38] und nicht nur im Sinne einer zeitlich gesehen langen Dauer zu interpretieren ist. Dieser identitätsvergewissernden Funktion dieses Topos steht in ApkMos 39 die Trostfunktion gegenüber, die der endzeitlichen Aufnahme Adams im Paradies zukommt.

1.6 Zwischenbilanz

Es zeigt sich: Positive Aussagen über Adam beruhen zumeist auf dem, was ihm gewährt wird, negative auf seiner eigenen Übertretung. Anders als Abraham und Mose ist Adam für die frühjüdische Literatur keine Gestalt, die zur aktiven Identifikation des Lesers einlädt. Negative Aussagen haben zumeist bereits text*intern* paränetischen Zweck, positive Aussagen hingegen dienen nicht der Verherrlichung dieses Individuums, gar unter Absehung von seiner Gebotsübertretung, sondern bezeugen text*intern*, daß Gottes Geschichte mit Israel bereits in Adam ihren Anfang nimmt, text*extern*, daß Israel nie ohne die schützende Macht Gottes war. Unbeschadet tiefgreifender Differenzen im Selbstanspruch der Verfasser trägt dieses Adambild dazu bei, angesichts der politischen und kulturellen Herausforderungen der Zeit die Identität Israels zu stärken.[39]

Freilich deckt diese Zwischenbilanz möglicherweise nur einen Teil jüdischen Denkens vor der Zeitenwende ab: sie umfaßt i.w. distanzorientierte Literatur. Aus der durchweg fragmentarisch überlieferten kontaktorientierten Literatur dieser Zeit sind uns keine Adamaussagen erhalten geblieben.

---

36. Angesichts des priesterlichen Selbstverständnisses der Qumrangemeinde, demgemäß der in Qumran geübte Kult die Teilnahme des Menschen an der himmlischen Welt bedeutet, ist wohl auch Ez 44,15 in CD 3,20 eschatologisch gedeutet und nicht als Forderung der angemessenen Ehrenstellung innerhalb des empirischen Israel aktualisiert.
37. So *E. Lipiński*, Art. נחל, in: ThWAT V, 1986, 342-360, hier 360. vgl. Spr 3,35.
38. So *H.-J. Fabry*, Art. רב 6., in: ThWAT VII, 1993, 315-320, hier 317.
39. Dieser an Adam exemplifizierte Gedanke kann später in christlicher Literatur antijüdisch verwendet werden, so in Melitons Passahomilie (Meliton, *De pascha*, 83).

2. Adamaussagen des 1. Jhs. n. Chr.

2.1 Philo

Bei Philo ist unbeschadet der Unterscheidung zwischen der Schöpfung des Idealmenschen nach Gen 1 und der des ersten sinnlich wahrnehmbaren Menschen nach Gen 2 auch dieser zunächst im hohen Maße vollkommen, da von Gott selbst geschaffen; er ist mit den besten Vorzügen des Körpers und der Seele ausgestattet, und Philo schreibt ihm die Eigenschaften des stoischen Weisen zu, der als Weltbürger nach der Verfassung des vernünftigen Naturgesetzes im vollkommen Gehorsam lebt und bis hart an das Endziel menschlicher Glückseligkeit gelangt.[40] Der Sündenfall ist als Fehlentscheidung des neutralen menschlichen Geistes für das Laster gegen die Tugend[41] und damit als selbstverschuldete Verfehlung der εὐδαιμονία[42] interpretiert.[43]

2.2 Josephus

Aus sachlichen Gründen ist sogleich Flavius Josephus anzuschließen. Auch bei ihm kommt Adams Fall in philosophischer Terminologie letztlich als Torheit zu stehen: Sein Ungehorsam gegenüber Gottes Gebot, seine ὕβρις, ist Untugend; dadurch wird das von Gott vorgesehene Leben in εὐδαιμονία unter Gottes gütiger πρόνοια verwirkt.[44] Jüdisches und stoisches Lebensideal fließen zusammen, und die menschliche Grundsünde wird nach jüdischem wie nach allgemeingriechischem Denken angesprochen. Dieses Adambild[45] fügt sich in die schon im Vorwort geäußerten[46] paränetischen und apologetischen Interessen des Josephus nahtlos ein. Jüdische Religion verpflichtet grundsätzlich zu Prinzipien, denen im nichtjüdischen Bereich

---

40. Philo, *De opificio mundi* 143 f.; 150.
41. Philo, *De plantatione* 45; cf. *J. R. Levison*, Portraits of Adam, 80. Die menschliche Entscheidungsfreiheit ist auch in Philo, *De opificio mundi*, § 155 vorausgesetzt.
42. Philo, *De opificio mundi*, § 150-152.
43. Auf die Psychologie des ἔρως, des πόθος und der ἡδονή kann ich hier nicht näher eingehen. – Philos *De opificio mundi* zeigt, wie gegenüber der Bibel selbständige Adamtraditionen vor allem aus Fragen damaliger Exegese entstanden, bei Philo u. a. aus der Frage, warum der Mensch als das letzte der Lebewesen erschaffen worden sei (Philo, *De opificio mundi*, § 77-87).
44. Josephus, *Antiquitates* 1,46 f.
45. Kontrastiert bei Philo und bei Josephus im Adambild die Vollkommenheit Gottes mit der Torheit des Gott ungehorsamen Menschen, ist auch klar, daß dieses Bild bei weitem nicht dieselbe positive Bedeutung hat wie das Bild Abrahams als Kulturvermittlers und Moses als Gesetzgebers.
46. Josephus, *Antiquitates*, Prooemium 14.

vor allem die geistigen Eliten verpflichtet sind, und erweist sich griechischer Religion als überlegen, griechischer Philosophie als ebenbürtig. Josephus spricht nicht vom Verlust der Unsterblichkeit, sondern nur von der Verkürzung des Lebens. Entweder wollte er den biblischen Glauben bei den griechischen Lesern[47] nicht durch unzumutbare Vorstellungen desavouieren, oder er wollte auch für den supralapsarischen Zustand jede Verwechslung mit platonischen Unsterblichkeitsvorstellungen ausgeschlossen wissen. Daß Adam den Untergang aller Dinge teils durch Feuer, teils durch Wasser vorhersagt,[48] soll lediglich erzählerisch das vorausschauende Handeln Seths begründen und das biblisch vorgegebene positive Bild von Seth ergänzen.

2.3 Paulus

Auf dem bisherigen Hintergrund sind die Aussagen des Paulus[49] nicht nur neu[50] hinsichtlich der typologischen Methode, sondern auch bemerkenswert hinsichtlich seiner starken Konzentration auf Gen 3. Diese Auffälligkeit tritt freilich erst dann ins Bewußtsein, wenn man zunächst darauf verzichtet, das erst einige Zeit später geschriebene 4. Esra-Buch unbesehen zum Vergleich heranzuziehen.

Das paulinische Adambild ist vom Christuskerygma her geprägt und kennt Adam nur als antithetisches Gegenüber zu Christus, nicht als Anfang einer Reihe von positiven Zuwendungen des Gottes Israels an sein Volk oder an die kreatürlich wahrgenommene Menschheit. Für Paulus faßt Adam die sündige Menschheit als Urbild und als Paradigma in sich zusammen. Ersteres kommt in den Adam-Christus-Typologien in 1 Kor 15,21 f. und Röm 5,12-20 zum Ausdruck, letzteres in Röm 7,7-12.

Inwieweit setzt Paulus bei seinen Leserinnen und Lesern die Kenntnis anderer Adamaussagen als die aus Gen 1,1 – 5,3 voraus?

Für das Verständnis von 1 Kor 15,21 f. genügt die Kenntnis von Gen 3,19, ebenso für Röm 7,7-12 die Kenntnis von Gen 2 – 3.[51] Auch für Röm 5,12-21

---

47. Josephus, *Antiquitates*, Prooemium 5.
48. Josephus, *Antiquitates*, 1,70. Auf dem Motiv liegt kein eigenständiges Gewicht.
49. Vgl. insgesamt den Exkurs »Adam bei Paulus« bei *H. Schlier*, Der Römerbrief, HThK 6, Freiburg 1977, 179-189.
50. Zu möglichen Vorstufen im Jubiläenbuch s. *K. Berger*, Das Buch der Jubiläen, JSHRZ II 3, 351; *M. Ernst*, Adam – die Rezeption eines alttestamentlichen Motivs in neutestamentlichen Texten, in: *M. Öhler* (Hg.), Alttestamentliche Gestalten im Neuen Testament. Beiträge zur Biblischen Theologie, Darmstadt 1999, 27-39, hier 37.
51. Für die Wortfelder ἐντολή, θάνατος, ἀπατάω (von der Verführung zum Sündigen noch Hi 31,27; SapSal 4,11) ergibt sich das von selbst, ἐπιθυμία (Röm 7,7f.) interpretiert Gen 3,6 mit Hilfe des Verbots des Begehrens, das im frühen Judentum als Grundverbot verstanden wurde.

läßt sich die Kenntnis anderer Adamtraditionen m. E. nicht zwingend nachweisen,[52] die Abstraktbezeichnungen ἁμαρτία, ἁμαρτάνειν, παράβασις, παράπτωμα (SapSal 10,1) sind kein Gegenbeweis, denn in Gen 3 wird konkret erzählt, und sie legen sich ohnehin nahe, wenn ἐντέλλομαί in Gen 3,17 den Leser auch an die anderen göttlichen Einzelgebote, die ἐντολαί, erinnert. Die Satansgestalt und die Motive ihres Handelns, etwa der Neid o. ä., spielen keine Rolle, auf Gen 6,1-4 wird sprachlich nicht Bezug genommen. Anlaß zu anderweitiger Auskunft könnte am ehesten 1 Kor 15,42-49 geben. Innerhalb dieses Textes ist dem griechischen Leser das erste Oppositionspaar der Antithesenreihe V. 42b.43, φθορά – ἀφθαρσία, unmittelbar verständlich, die Bezeichnung des vergänglichen Leibes als σῶμα ψυχικόν nur aufgrund einer trichotomischen Anthropologie, wie sie auch in 1 Thess 5,23 unkommentiert angeführt wird;[53] der intertextuelle Bezug des σῶμα πνευματικόν auf das πνεῦμα θεοῦ aus Gen 1,2 ist erst durch die Wendung πνεῦμα ζῳοποιοῦν in V. 45 fine zu entschlüsseln. Ob der Grundsatz πρῶτον τὸ ψυχικόν, δεύτερον τὸ πνευματικόν auch bei den Korinthern die Kenntnis der entgegenstehenden und semantisch wie intentional anders formulierten Aussagen Philos voraussetzt, ist nicht wirklich zu sichern. Man wird die Nachwirkung der – wohl teilweise mißverstandenen – Tätigkeit des Apostels in Korinth nicht unterschätzen dürfen.

2.3.1 1 Kor 15,21 f.27

1 Kor 15,21 f. steht in einem Zusammenhang, der von der Paulus und den Korinthern gemeinsamen Basis des Evangeliums aus die Aussage einiger Korinther bestreitet, es gebe keine Auferstehung der Toten;[54] der nähere Kon-

---

52. So m. E. zu Recht *H. A. Lombard*, The Adam-Christ-›Typology‹ in Romans 5:12-21, in: Neotestamentica 15 (1981), 69-100, hier 94 f.: Paulus hätte sich bei seinen heidenchristlichen Lesern, die nur das Alte Testament kannten, nicht verständlich machen können.
53. Die o. a. angeführten Epigramme aus *H. Beckby* (Hg.), Anthologia Graeca, Buch VII-VIII, 2. Aufl. München 1957 (VII 61.87.131.168.362.363.587) der Anthologia Graeca mit positiver Zukunftshoffnung sehen diese gerade für die ψυχή vor.
54. Die Intention dieser Aussage und ihr religionsgeschichtlicher Hintergrund sind bekanntlich umstritten; Thesen dazu sind leichter zu widerlegen als zu beweisen. Weniger wahrscheinlich sind die Thesen der sog. ultra-konservativen Eschatologie, dergemäß nur die Lebenden bei der Parusie Anteil hätten (zuletzt *W. Verburg*, Endzeit und Entschlafene. Syntaktisch-sigmatische, semantische und pragmatische Analyse von 1 Kor 15, fzb 78, Würzburg 1996, 285), der jüdisch beeinflußten, dualistischen Weisheitstheologie (zuletzt *H.-H. Schade*, Apokalyptische Christologie bei Paulus. Studien zum Zusammenhang von Christologie und Eschatologie in den Paulusbriefen, GTA 18, 2. Aufl. Göttingen 1984, 192; *G. Sellin*, Der Streit um die Auferstehung der Toten. Eine religionsgeschichtliche und exegetische Untersuchung von 1 Kor 15, FRLANT 138, Göttingen 1986, 226 f.) sowie der Verweis auf 1 Tim 2,18 (*J. Schniewind*, Die Leugner der Auferstehung in Korinth, in: ders., Nachgelassene Reden und Aufsätze, hg. v. *E. Kähler*, Berlin 1952, 110-139): Die Problemstellung ist in 1 Kor 15 eine andere als in 1 Thess 4, ein jüdischer Einfluß läßt sich nur schwer mit den unjüdischen korinthischen Verhält-

text V. 20-28 ist Entfaltung von V. 20 fine, der Verweis auf Adam in 1 Kor 15,21 f. ist nur eine Nebenbemerkung, um die auch den Tod umgreifende universale Herrschaft Christi über alles[55] herauszustellen.

Die Strafankündigung Gen 3,19 wird in 1 Kor 15,21 f. als Ankündigung der physischen Sterblichkeit verstanden, von der eben auch die Christen betroffen sind – vorausgesetzt ist, daß Adam vor dem Fall als potentiell un-

nissen hinsichtlich zentraler jüdischer Glaubens- (vgl. 1 Kor 10,1-22) und Lebensmaximen (vgl. 1 Kor 5,1-11; 6,12-20) vereinbaren, und es kann wohl kaum »als Leugnung ausgegeben werden, was in Wahrheit als schon geschehen behauptet wird« (W. *Schrage*, Der erste Brief an die Korinther, 1. Teilband, 1Kor 1,1-6,11, EKK VII/1, Zürich, Braunschweig, Neukirchen 1991, 58). Schwieriger ist die Entscheidung zwischen der These einer allgemeinen hellenistischen Skepsis (zuletzt *J. S. Vos*, Argumentation und Situation in 1 Kor. 15, in: NT 41 [1999], 313-333, hier 332), der These einer realisierten Eschatologie (C. *Wolff*, Der erste Brief des Paulus an die Korinther, ThHK 7/1, Leipzig 1996, 12) und dem Verweis auf die Unsterblichkeit der Seele (*J. Roloff*, Einführung in das Neue Testament, Reclam Universal-Bibliothek 9413, Stuttgart 1995, 114): Die in 1 Kor 15,12 Genannten müssen nicht unbedingt identisch sein mit den Enthusiasten von 1 Kor 1 – 4; 12 – 14 oder gar mit den in 1 Kor 15,29 Erwähnten; die Breitenwirkung der Vorstellung von der Unsterblichkeit der Seele sollte man angesichts des epigraphischen Vergleichsmaterials (vgl. *H. Beckby* [Hg.], Anthologia Graeca, Buch VII-VIII, vor allem Buch VII) nicht überschätzen, und der Einwand 1 Kor 15,35 könnte ähnlich wie Mk 12,9-23 geeignet sein, vom Detail aus das Ganze in Zweifel zu ziehen. Daß auch die Korinther an der Auferstehung Jesu festgehalten haben, ist religionsgeschichtlich mehrdeutig: Im skeptischen Kontext kann sie nach dem Muster individueller Totenauferweckungen (vgl. die bei *J. S. Vos*, Argumentation, 333 Anm 63 genannte Literatur) als »Sondermirakel« (*K. Berger*, Die impliziten Gegner. Zur Methode des Erschließens von »Gegnern« in neutestamentlichen Texten, in: *D. Lührmann*, *G. Strecker* [Hg.], Kirche. FS G. Bornkamm, Tübingen 1980, 373-400, hier 387 f.) verstanden werden, das die Macht des Jesus auferweckenden Gottes erkennen läßt und seine Verehrung legitimiert, im enthusiastischen Kontext ermöglicht sie die menschliche Teilhabe an himmlischer Weisheit etc., im Kontext der Unsterblichkeitsvorstellung wäre Jesus als Urbild gedacht. Aber auch die Interpretation von 1 Kor 15,21 f. wäre von allen drei genannten Standpunkten aus möglich: Daß der Verweis auf den »durch einen Menschen« gekommenen Tod der ethisch-moralischen Vergleichgültigung menschlicher Sterblichkeit wehren soll, kann sich gegen die skeptische Begründung in der Naturhaftigkeit des Sterbenmüssens genauso richten wie gegen den enthusiastischen Verweis auf die Übernatur des Pneumatikers, der sich dem adamitischen Zusammenhang bereits endgültig enthoben wähnt oder ihm durch die Unsterblichkeit seiner Seele zu entkommen erwartet. Argumente zugunsten der Enthusiasmusthese können freilich aus der allgemeinen Frage erwachsen, warum sich Skeptiker – trotz des Sondermirakels – überhaupt der christlichen Religion angeschlossen haben sollen, und aus der Erwägung heraus, daß die syllogistische Argumentation in 1 Kor 15,13 ff. Konsequenzen benennt, die die Korinther nicht unbedingt selbst schon im Auge haben mußten. Doch wird die Entscheidung für die Enthusiasmushypothese stets hypothetisch bleiben. In diesem Fall dient die antithetische Adam-Christus-Typologie dazu, den physischen Tod und die leibliche Auferstehung als der Verwirklichung des endgültigen Heils notwendig vorausgehend zu bezeugen.

55. In V. 27 liegt der Ton auf dem einleitenden πάντα, das als Neutrum Plural noch besser den universalen Charakter der Herrschaft Christi herausstellen kann als der Akk. Mask. aus V. 25. Damit ist auch die Frage nach dem argumentativen Mehr-Wert von V. 27 gegenüber V. 25 f. beantwortet.

sterblich konzipiert war,[56] aber die Potenz zur Sterblichkeit erhielt, mit Gen 3,22 wird nicht ausgeglichen. Daß V. 27 die Aussage von Ps 8,7 eschatologisch deutet und, auf Christus einschränkend, als universale Herrschaft rezipiert, mag teilweise mit frühjüdischen Applikationen dieses Psalms begründet sein.[57] Nicht ausgeschlossen scheint mir, daß Paulus auch eine generalisierende Variante des Motives vom Verlust der Herrschaft Adams über die Natur kannte[58] – dies würde erst durch Christus rückgängig gemacht.

2.3.2 1 Kor 15,44b-49

In der These 1 Kor 15,44b wird gegen den von Paulus unterstellten, auf der Grundlage des gemeingriechischen Leib-Seele-Dualismus argumentierenden Einwand »in welchem Leib kommen die Toten«? die Gewißheit der Neuschöpfung wie die Gewißheit der *somatischen* postmortalen Existenz gleichermaßen bezeugt, in der ohne jeden Kommentar eingeführten Adam-Christus-Typologie in V. 45-49 ihre qualitative Differenz zu dem aus Staub geborenen ersten Menschen betont. V. 46-49 heben dabei aber anders als V. 42-44a weniger auf die Vergänglichkeit als auf die relative, »materialbedingte« Minderwertigkeit des »ersten Menschen« ab;[59] die der semantischen Opposition ψυχὴ ζῶσα – ζῳοποιεῖν inhärierende Differenz zwischen Adam und Christus liegt darin, daß nur der auferstandene Christus Leben zu schaffen vermag, das jenseits des auch das irdische Christenleben prägenden Menschlichen liegt. Adam ist und bleibt Geschöpf; Christus ist der eschatologische Schöpfungsmittler, der Gottes schöpferisches Handeln wirksam macht. Gegen korinthischen Enthusiasmus besagt das, daß die Vermittlung ewigen Lebens jenseits der Todesgrenze an die Auferweckung Jesu gebunden ist.

Aufgrund des vorausgegangenen Kontextes 1 Kor 15,42-44, aufgrund der semantischen Opposition ψυχικόν = χοϊκόν / πνευματικόν = ἐπουράνιον und aufgrund der Querbeziehung zwischen Gen 2,7 und 3,19 bezeichnet man als *schöpfungsinhärentes* Wesensmerkmal des ersten Adam nicht selten seine Sterblichkeit. Will man einen logischen Widerspruch zu V. 21 f. vermeiden, könnte man so formulieren: Adam war als potentiell unsterblich konzipiert, hatte aber durch seine Schöpfung aus dem Staub *materialiter* die

---

56. äthHen 69,10 f.; SapSal 2,23; LAB 13,8; GenR 9, anders Philo, *De opif. Mundi* 151; Josephus, *Ant* 1,46 f.; wieder anders Philo, *Quaestiones in Genesin*, 1,51.
57. Vgl. die bei C. Wolff, 1 Kor, 389 Anm 223 genannten Literatur. – Auch wäre das ἄνθρωπος-Prädikat von V. 21 nachträglich gerechtfertigt (so C. Wolff, 1 Kor; 388 f.).
58. Vgl. Jub. 3,28; slHen 58,4; ApkMoss 10,1 f.; für die Schlange auch Josephus, *Antiquitates* 1,50.
59. Die nächste Parallele dazu liegt in SapSal 7,1 vor.

Potenz der Sterblichkeit; diese verwirklichte sich durch seine Sündentat, sodaß er das, was ihm schöpfungsgemäß zugedacht war, verlor (vgl. Röm 3,23) oder erst gar nicht erreichte.[60] Näher jedoch liegt der Verweis auf die am Anfang unseres Beitrages beschriebene Verhältnisbestimmung zwischen Verpflichtung im Globalziel und Freiheit der materialen haggadischen Aussage. Diese Art frühjüdischen theologischen Denkens ist m. E. auch für Paulus bestimmend: 1 Kor 15,21 f. betonen die Ursache des Todesverhängnisses der Menschheit und erfordern als Gegenstück die Vorstellung von der schöpfungsgemäß intendierten Unsterblichkeit Adams; 1 Kor 15,45-49 betonen das *totaliter aliter* der neuen Welt Gottes und daher die *relative* qualitative Minderwertigkeit des Geschaffenen. Dieses Nebeneinander entspricht auch dem biblischen Nebeneinander von Gen 3,19 und Ps 103,14.

2.3.3 Röm 5,12-21

Paulus versucht im Römerbrief, gegenüber einer ihm bisher persönlich unbekannten Gemeinde, die er zur Unterstützung seiner das westliche Mittelmeergebiet betreffenden Missionspläne braucht, im Horizont von Anschuldigungen vor allem gegenüber seiner Theologie der Rechtfertigung und der Thora und seiner Israeltheologie[61] den Inhalt seiner Verkündigung möglichst umfassend zu formulieren. Von solchem Bemühen um umfassendere Zusammenhänge ist auch Röm 5,12-21 geprägt.

Die Funktion von Röm 5,12-21 muß sich im Rahmen des freilich in seiner Funktion im Ganzen von Röm 1,16-8,39 umstrittenen Kontextes von Röm 5 insgesamt aufzeigen lassen. Die in Röm 5,1-5 festgestellte Gewißheit[62] des den Christen verbürgten Heils wird im folgenden durch die Macht der Gnade Gottes begründet: Sie gilt Sündern, nicht erst den Gerechten (Röm 5,6-11),[63] und sie ist stärker selbst als der von Adam her rührende Unheilszusammenhang (Röm 5,12-21). Röm 5 ist ein einziges großes Crescendo, dessen Zielpunkt jedoch in Röm 6,1.2 plötzlich einen Halbton höher als Dissonanz durchbricht: »Wollen wir in der Sünde verharren, damit die Gnade noch größer werde? Das sei ferne«! Dieser paränetische Endzweck von Röm 5 ent-

---

60. C. *Burchard*, 1 Korinther 15,39-41, in: ZNW 75 (1984), 233-258, hier 244; O. *Hofius*, Die Adam-Christus-Antithese und das Gesetz, in: *J. D. G. Dunn* (Hg.), Paul and the Mosaic Law. The Third Durham Tübingen Research Symposion on Earliest Christianity and Judaism (Durham, September 1994), WUNT 89, Tübingen 1996, 165-206, hier 183. Vgl. Philo, *Quaestiones in Genesin* 1,51.
61. P. *Stuhlmacher*, Der Brief an die Römer übersetzt und erklärt, NTD 6, Göttingen 1989, 9-14.
62. Vgl. R. *Bultmann*, Adam und Christus nach Römer 5, jetzt in: R. *Bultmann*, Exegetica. Aufsätze zur Erforschung des Neuen Testaments, hg. v. *E. Dinkler*, Tübingen 1967, 424-444, hier 424.
63. Röm 5,6-11 ist *conclusio a minore ad maius*.

spricht dem, was Paulus speziell im Römerbrief gegen Mißverständnisse seiner Theologie explizieren muß, und *verbindet* Paulus mit frühjüdischen, ebenfalls paränetisch motivierten Adamaussagen.[64]

Von dieser Funktionsbestimmung ist auch die Einzelexegese der Stelle anzugehen. Röm 5,12-19 zieht die noetische[65] Konsequenz aus V. 10f.: Weil[66] die Macht der Gnade Gottes uns gerettet hat, als wir noch Feinde Gottes waren, ist erkennbar: diese Macht ist der Macht des Todes entgegengesetzt (V. 15a) und ihr überlegen (V. 15b), sie verlängert die Unheilslinie nicht, sondern führt aus ihr heraus (V. 16) zum Leben (V. 17), und zwar für alle (V. 18), indem Christi Gehorsam die Folgen des Ungehorsams Adams überwindet (V. 19). Im folgenden konzentrieren wir uns auf Röm 5,12-14.

Als Folge der Verfehlung Adams gilt der Tod, wohl nicht nur von Gen 2,17; 3,19 her der physische Tod, sondern, wie die Futurformen in Röm 5,17; 6,4 und die semantische Opposition ζωὴ αἰώνιος in Röm 5,21 nahelegen, auch der eschatologische Tod, d.h. die Bestimmung des Menschen zu bleibender Gottesferne. Die umstrittene und philologisch von Röm 5,12 her nicht zu entscheidende[67] Frage nach dem Zusammenhang zwischen dem Fehltritt Adams und der Sünde des vor- und außerchristlichen Menschen[68]

---

64. Erst später, bei Barnabas und Justin, wird das Modell der antithetischen Typologie antijüdisch zum Selbstzweck. Doch ist es auf diese Verwendung nicht festgelegt, wie das Beispiel des Irenäus zeigt.
65. Sachlich ähnlich O. *Hofius*, Die Adam-Christus-Antithese, 178 f.
66. Διὰ τοῦτο wäre dann nicht belanglose Übergangspartikel, sondern bedeutet »Deswegen gilt«. – K. *Haacker*, Der Brief des Paulus an die Römer, ThHK 6, Leipzig 1999, 119, hat gegen die übliche Deutung von Röm 5,12 als Anakoluth V. 12αβ als Apodosis des Vergleichssatzes V. 12αα interpretiert. Der Vers erhält damit ein großes Eigengewicht; der Leser wartet schon bei V. 12 von Anfang an auf das, was in V. 15-19 näher entfaltet wird; χάρισμα (Röm 5,15) greift auf Röm 5,1-11 zurück. Allerdings läßt Paulus manchmal erst inmitten eines Abschnittes die eigentliche Zielrichtung seiner Argumentation erkennen (vgl. 1 Kor 6,15.18 innerhalb von 1 Kor 6,12-20). Insofern kann *Haackers* Deutung zutreffen. Zu Recht bezeichnet er Röm 5,12b als neuen Gedanken, nämlich als Ausweitung des Herrschaftsgebietes von Sünde und Tod von einem auf alle, »weil sich alle an der Sünde Adams beteiligt, sie nachvollzogen haben« (119).
67. Philologisch kontrovers ist, ob das rückweisende καὶ οὕτως von Röm 5,12ba sich auf den Halbvers Röm 5,12a insgesamt zurückbezieht (so U. *Wilckens*, Der Brief an die Römer, 1. Teilband, Röm 1-5, EKK VI/1, Zürich, Neukirchen 1978, 315) oder speziell auf die Wendung δι' ἑνὸς ἀνθρώπου in Röm 5,12αα (so O. *Hofius*, Die Adam-Christus-Antithese, 184 f.) oder ob es auf V. 12bβ vorausverweist (so R. *Pesch*, Römerbrief, NEB 6, Würzburg 1983, 53).
68. Sehen mit älteren Auslegern H. *Schlier*, Der Römerbrief, 161; P. *Stuhlmacher*, Der Brief an die Römer, 80; J. D. G. *Dunn*, Romans 1-8, WBC 38 A, Dallas 1988, 273 f., in Röm 5,12aba von der überindividuellen Schuldverstrickung, in Röm 5,12bβ (ἐφ' ᾧ πάντες ἥμαρτον) von der willentlichen Beteiligung des Menschen an diesem Schuldverhängnis geredet (J. *Fitzmyer*, Romans. A New Translation with Introduction and Commentary, AncB NT 33, New York u.a. 1993, 413, setzt hierin die Zäsur zwischen V. 12a und V. 12b), so tritt ersterer Gedanke bei D. *Zeller*, Der Brief an die Römer, RNT, Regensburg 1985, 116, zurück, der in Röm 5,12 relativ unbetont die Haltung von syrBar 54,19

ist m. E. nicht ohne Blick auf Röm 1,18-21 und 7,7-25 und unter Beachtung des jeweiligen Argumentationsgefälles zu lösen. Der jüdischen Heidenpolemik generalisierend aufnehmende Schuldvorwurf Röm 1,18-3,20 verlangt die aktive Rolle des sündigen Menschen als Gegenstand, der Verweis auf die universelle siegreiche Macht der Gnade Gottes Röm 5,12-21 die Zeichnung des adamitischen Menschen als einer starken Gegenmacht unterworfen, deren Herrschaft er im *peccatum actuale* je wieder neu Raum verschafft; Röm 7,7-25 schildert sein Dasein als immer schon – trotz möglicher besserer Erkenntnis – faktisch im unüberwindlichen Widerspruch befindlich zu dem heiligen Gebot, das in ihm das Begehren erweckt. Das Ineinander von überindividueller Schuldverstrickung und gleichzeitiger Eigenverantwortlichkeit wird von Paulus mit der jüdischen Tradition nicht aufgelöst,[69] in diesem Sinn bleibt die Frage der Willensfreiheit bei Paulus ungeklärt, ihm genügt, daß der vor- und außerchristliche Mensch faktisch wie Adam aufgrund[70] seiner Verfehlungen unter dem Zorn Gottes steht und sich nicht selbst befreien kann von der Neigung, sich gegen den Willen Gottes zu verfehlen, und demzufolge auch das eschatologische Todesgeschick Adams teilt, wenn ihn nicht die göttliche Gnade aus diesem Unheilszusammenhang herausholt.

Röm 5,13 f. begründen Röm 5,12 bα und beantworten die Frage, wie es möglich war, daß der Tod über alle Menschen herrschte, auch über diejenigen, deren Sünde nicht der Sünde Adams entsprach.[71] Doch aus welchem Interesse heraus wird eine entsprechende Frage überhaupt gestellt?

wiederfindet und die passiven Formulierungen in V. 18 f. als »um der Symmetrie willen zugespitzt« (119) erklärt, während O. *Hofius*, Die Adam-Christus-Antithese, 184-186 auch zu Röm 5,12bβ auf der Unausweichlichkeit des menschlichen Sündigens insistiert: Der Übergang vom *posse non peccare* zum *non posse non peccare* geschah nur einmal, bei Adam selbst, nicht bei seinen Nachkommen; die Lehre vom peccatum originale bringe »in angemessener Weise den in Röm 5,12 behaupteten Verhängnischarakter der Sünde und des Todes zur Geltung« (186 Anm 135).

69. Vgl. O. *Michel*, Der Brief an die Römer, KEK 4, 14. Aufl. Göttingen 1978, 187; W. G. *Kümmel*, Die Theologie des Neuen Testaments nach seinen Hauptzeugen Jesus – Paulus – Johannes, GNT 3, 3. Aufl. Göttingen 1976, 159 f.; U. *Wilckens*, Der Brief an die Römer, 316.

70. Die umstrittene Wendung ἐφ' ᾧ πάντες ἥμαρτον kann m. E. weiterhin kausal verstanden werden. Zur Forschungsgeschichte vgl. J. *Freundorfer*, Erbsünde und Erbtod beim Apostel Paulus: Eine religionsgeschichtliche und exegetische Untersuchung über Römerbrief 5,12-21, NTA 13,1-2, Münster 1927, §§ 5-8; D. *Weaver*, From Paul to Augustine: Romans 5:12 in Early Christian Exegesis, in: SVTQ 27 (1983), 187-206; ders., The Exegesis of Romans 5:12 among the Greek Fathers and Its Implications for the Doctrine of Original Sin: The 5th-12th Centuries, in: SVTQ 29 (1985), 133-159; 231-257; J. *Fitzmyer*, The Consecutive Meaning of eph' ho in Romans 5.12, in: NTS 39 (1993), 321-339, hier 322-328, der sich selbst für eine konsekutive Deutung entscheidet.

71. Aufgrund von Röm 5,12bβ verneint das μή in Röm 5,14 m. E. nicht das Partizip ἁμαρτησάντας, (so aber J.-N. *Aletti*, Romains 5,12-21. Logique, sens et fonction, in: Bib 78

Erkennbar betonen Röm 5,13 f. die Universalität des Todesgeschickes[72] und wehren ein potentielles Mißverständnis ab, als sei die Zeit zwischen Adam und Mose als »ideale Zeit«, ohne die zwangsläufige Herrschaft der Sünde, zu betrachten, die Zeit der Thora hingegen als Zeit der Finsternis. Solches Unjudentum ist in der christlichen Gemeinde nicht aktiv vertreten worden, wohl aber konnte man es Paulus unterstellen aufgrund einer oberflächlichen Lektüre von Gal 3,14-19. So soll der Verweis auf die Ausweglosigkeit der adamitischen Menschheit auch in der Zeit vor der Offenbarung der Thora am Sinai eben die Thora in Schutz nehmen.[73] Die Thora macht, so ergibt sich als Rückschluß aus Röm 5,13b, Sünde als Sünde offenbar, verändert aber das Wesen des Sündigens nicht. Dementsprechend ist die »Vermehrung« der Sünde durch die Thora in Röm 5,20 nicht im Sinn einer unmittelbaren Provokation zur Sünde zu interpretieren,[74] sondern im Sinn von Röm 7,7-12 als indirekte Vermehrung zu deuten, insofern sie den vorchristlichen Menschen mit dem konkret fordernden, guten Gotteswillen bekannt macht, der Mensch aber durch die Sündenmacht zur gegenteiligen Option gereizt wird.

2.4 Pseudo-Philo's *Liber Antiquitatum Biblicarum*

In Pseudo-Philo's *Liber Antiquitatum Biblicarum* (LAB)[75] ist die Adamsgestalt negativ wie positiv auf das von Anfang an in Gottes Plan präexistierende Israel bezogen, was dem zeitgenössischen jüdischen Leser die unver-

---

(1997), 3-32, hier 11, mit Bezug auf Abraham, Isaak, Jakob), sondern die Näherbestimmung ἐπὶ τῷ ὁμοιώματι τῆς παραβάσεως Ἀδάμ: Sünde ist Sünde, auch wenn sie nicht als Verstoß gegen ein konkretes göttliches Gebot wie Gen 2,16 f. begangen wurde. – Origenes, *Comm. in ep. ad Romanos*, V,1, bestreitet aufgrund von Röm 5,12 die angebliche, aus Gen 4 und 5 erschlossene Sündlosigkeit des Abel, des Enosch, des Henoch, des Noah, ja selbst des Abraham. Paulus gleicht in der Tat nicht zu seinen Ausführungen über Abraham aus, von dessen Glaube nach Röm 4,23 f. die Schrift um unsretwillen berichtet. R. *Bultmann*, Theologie des Neuen Testaments, 9. Aufl. hg. v. O. *Merk*, Tübingen 1984, 253, unterscheidet zwischen der auch von Abraham nicht behaupteten Sündlosigkeit und dem Abraham attestierten Glauben an den Gott, der den Gottlosen rechtfertigt.

72. *J. D. G. Dunn*, Romans 1 – 8, 276; O. *Hofius*, Die Adam-Christus-Antithese, 173 Anm 38. – Auch Röm 5,13 ist Bestandteil aktueller Kommunikation. Die Divergenz der Auslegungen vor allem zu V. 13b könnte die Frage nach dessen Relevanz als »Lehrgegenstand« für Paulus evoziert.
73. Zu dem Anliegen vgl. Röm 3,2; 7,12; 9,4.
74. *H. Räisänen*, Paul and the Law, Tübingen ²1987, 144 f. Gegen diese Auslegung von Röm 5,20 E. *Brandenburger*, Adam und Christus, 251; ihm folgend U. *Wilckens*, Der Brief an die Römer, 329; ähnlich P. *Stuhlmacher*, Der Brief an die Römer, 82.
75. Vgl. insgesamt C. T. R. *Hayward*, The Figure of Adam in Pseudo-Philo's Biblical Antiquities, in: JSJ 23 (1992), 1-20.

gleichliche Begnadung des jetzigen Israel als der einzigen legitimen Stätte der Gottesbegegnung vor Augen halten soll.

Der erste theologisch relevante Verweis auf Adam in LAB 13,8 f. begegnet innerhalb einer in die Situation der Einweihung der Stiftshütte gestellten Rede Gottes über Opfer und Feste und verweist anläßlich des Laubhüttenfestes auf das Bundeszeichen des Regenbogens zurück. Der Ort, über den Gott den Ersterschaffenen belehrt, ist m. E. der Ort, wo der Baum der Erkenntnis des Guten und des Bösen stand. Während Adam das ihm gegebene Gebot übertrat und für seine Nachkommen den Tod verursachte, bekommt Mose die Privilegien, die ursprünglich Adam zugedacht waren, bekommt Israel durch die Setzung Gottes in Form der Stiftshütte wieder die Möglichkeit, ihm zu nahen.

Dunkel ist LAB 26,6; schon der textkritische Befund[76] weist auf die interpretatorischen Schwierigkeiten voraus. Noch verständlich ist der Kontext: Sieben aus dem Paradies stammende Edelsteine müssen aufgrund ihrer Verwendung als amoritische Götzenbilder ersetzt werden durch zwölf neue Steine, die Namen der zwölf Stämme Israels tragen: In Israel kommt zur Verwirklichung, was Gott einst der Menschheit insgesamt zugedacht hatte. Als Kenas die sieben Steine vernichten will, gelingt es ihm nicht. Darauf hin spricht er einen Lobpreis Gottes. Die Worte *ostendens omnia* und *in ipsis* beziehen sich wohl nicht auf die Steine als solche,[77] sondern auf deren Unverwundbarkeit, die die Vorherrschaft des Menschen über die Natur symbolisiert. Deren Entzug (vgl. ApkMos 10,1-2) würde gepriesen, vielleicht als Verschonung des Menschengeschlechts.[78] Doch welchen Anlaß hatte der Autor nach 70 n. Chr., davon zu sprechen? Möglich scheint mir auch eine andere Deutung: Setzt man voraus, daß die Vorherrschaft des Menschen über die Natur ihrerseits den Zustand des Friedens symbolisiert,[79] wäre LAB 26,6 eine Gerichtsdoxologie, wie sie dem weiteren Kontext von LAB 25; 26 angemessen ist.[80] Durch Adams Sünde geht die Vorherrschaft des Menschen über die Natur verloren, und mit deren Verlust ist der Beginn dieser unfriedlichen Weltzeit gesetzt, und durch Israels Sünde ist die Katastrophe von 70 n. Chr. mitbedingt.

---

76. Vgl. die Angaben bei *G. Kisch*, Pseudo-Philo's Liber Antiquitatum Biblicarum, PMS 10, Notre Dame 1949, 185 f., dessen Text die Grundlage unserer Interpretation bildet.
77. Zwar würde das »Sündigen in ihnen« Adams Verfehlung mit Götzendienst gleichsetzen (vgl. bSanh 38a), doch paßt der Nachsatz nicht.
78. *C. Dietzfelbinger*, Pseudo-Philo: Antiquitates Biblicae, JSHRZ II 2, Gütersloh 1975, 87-271, hier 176 Anm 6d.
79. In der Wendung »cum pecasset in ipsis« bezeichnet »in« nicht den Bezugpunkt der Sünde, sondern modal die Stellung Adams.
80. Nach *C. T. R. Hayward*, The Figure of Adam, 13, ist Adam als verantwortlich für den Verlust der Edelsteine des Paradieses benannt.

Nach LAB 32,15 heiligt Israel die Welt als solche. »In Adam hat die Erschaffung Israels ihren Anfang genommen.«[81] Aber nicht Adam selbst opfert (anders Jub 3,27)! Jeder priesterliche Status wird ihm abgesprochen.[82] LAB 37,3 kombiniert Ri 9,14-20; Gen 3,17.19; Ex 3,2-4 und setzt »Wahrheit« und »Dornbusch« in Parallele. Wahrheit verwirklicht sich als Gebot an den Menschen und zugleich als Gericht über seinen Ungehorsam.

2.5 Das 4. Esrabuch

Vierzig bis fünfzig Jahre nach Paulus steht unter veränderter Situation – der Tempel ist zerstört – im 4. *Esrabuch* erneut das Thema von Gen 3 im Zentrum theologischer Diskussion. Hier wird der Sündenfall durch den noch unerleuchteten Seher zugunsten einer Skepsis gegen die Gültigkeit der Lebensverheißungen der Thora ins Feld geführt. Aus dem unbekümmerten Spott in Sir 15,11 f. ist die auch den Frommen quälende Skepsis[83] geworden, sie wird durch Uriels Verweis auf die menschliche Willensfreiheit jedoch generell abgewiesen. Im Hinblick auf die Kontroverse zwischen E. Brandenburger und W. Harnisch einerseits, E. Breech und A. P. Hayman andererseits[84] ergibt sich m. E. folgendes: Einerseits kommt in den Visionen 1-3 die Position des Verfassers des 4. Esr eindeutig in den Aussagen Uriels zum Ausdruck, andererseits richten diese sich nicht gegen eine bestimmte Gruppierung innerhalb oder außerhalb des Judentums, sondern weisen die in der

---

81. *C. Dietzfelbinger*, Pseudo-Philo: Antiquitates Biblicae, 198 Anm 15 f. – Vgl. die noch weitergehende Aussage in TgNeofiti Gen 3,22: Gott sagt voraus, daß von Adam eine Nation entsteht, welche zwischen Gut und Böse zu unterscheiden wissen wird.
82. *C. T. R. Hayward*, The Figure of Adam, 16. – Von der späteren Überlieferung der Midraschim ist einiges auch im Islam wirksam geworden; Adam ist der erste Monotheist, und so kann der Islam als die natürliche Religion der Menschheit behauptet werden. Er ist in gewissen sunnitischen Traditionen der Erbauer der Ka'aba (*C. Schöck*, Adam im Islam. Ein Beitrag zur Ideengeschichte der Sunna. Islamkundliche Untersuchungen 168, Berlin 1993, 182 mit Anm 1076).
83. Daß sich der Vf. des 4. Esrabuches gegen einen gnostisierenden Verhängnisgedanken richten soll, wie er in ApkMos und VitAd ausgesprochen sei, ist m. E. nicht richtig. Dort ist der Ton nicht auf Skepsis, sondern auf Trauer gestimmt, mit paränetischer Absicht: Es soll die Schwere jeder Verfehlung ins Bewußtsein treten lassen. Man kann durchaus fragen, ob in den Äußerungen Evas in ApkMos 10; VitAd 44 sich wirklich die Meinung der Verfasser dieser Adamliteratur ausspricht.
84. *W. Harnisch*, Verhängnis und Verheißung der Geschichte. Untersuchungen zum Zeit- und Geschichtsverständnis im 4. Buch Esra und in der syr. Baruchapokalypse, FRLANT 97, Göttingen 1969, 60-68; *E. Brandenburger*, Die Verborgenheit Gottes im Weltgeschehen. Das literarische und theologische Problem des 4. Esrabuches, AThANT 68, Zürich 1981, 149 f.; *E. Breech*, »These Fragments I have Shored Against My Ruins«: The Form and Function of 4 Ezra, in: JBL 92 (1971), 267-274; *A. P. Hayman*, The Problem of Pseudonymity in the Ezra Apocalypse, in: JSJ 6 (1975), 47-56.

Situation nach 70 n. Chr. naheliegende generelle Skepsis gegenüber dem Gedanken der Geschichtsmächtigkeit Gottes zurück. Esra wird nicht als Häretiker deklariert, sondern gerade als Orthodoxer zu der Figur, in der der Leser seine eigenen Fragen und seine Skepsis wiedererkennt, von denen er aber sich lösen muß,[85] um der Lebensverheißung der Thora teilhaftig zu werden. Gegen ein naheliegendes Mißverständnis von Gen 3 wird, an dessen Sinn festhaltend, in 4. Esr 7,127-131 präzisiert: Die Beschwerlichkeiten des irdischen Lebens und der Tod, aber nicht die Sündhaftigkeit sind Folge der Tat Adams, aber es bleibt dem einzelnen nach 4. Esr 7 wie nach syrBar 54,15.19 die Möglichkeit der Heilsteilhabe durch Gehorsam gegenüber den Geboten Gottes. Adam ist nur für den noch unerleuchteten Seher Anfänger einer universalen Unheilsgeschichte; für den Engel ist er lediglich negatives paränetisches Beispiel, trotz der großen Überzahl der Sünder über die Gerechten.[86]

2.6 Zwischenbilanz

Die anfangs genannte Verhältnisbestimmung zwischen Verbindlichkeit im Globalziel und Freiheit der materialen Aussage gilt auch für die eben verhandelte Literatur. Einen neuen Schwerpunkt der Rezeption der Adamtraditionen bildet Gen 3, doch aus je völlig verschiedenem Anliegen heraus. Die situative wie konzeptionelle Ungleichartigkeit von Röm 5 und 4. Esr mahnen zur Vorsicht im religionsgeschichtlichen Vergleich.

3. Adam in frühchristlicher Literatur

Auch christliche Bezugnahmen auf Gen 1 – 3 sind in Richtung auf die jeweiligen auktorialen Intentionen zu interpretieren. Sie begegnen zunächst im Rahmen der Auseinandersetzung zwischen Christentum und Judentum, sodann zu apologetischen, antihäretischen und paränetischen Zwecken. Auf Paulus wird kaum Bezug genommen.

Der erste Zeuge neben einer gelegentlichen Reminiszenz an Gen 3,1-7 in Barn 12,5[87] ist Justin. Er kennt einiges an frühjüdischen Adam-Aussagen, so

---

85. 4. Esr 9,25-37 bedeutet den Abbruch des Dialoges.
86. Schon 4. Esr 4,46-61 wehrt sich dagegen, die faktische weitgehende relative Wirkungslosigkeit der Thora zu einer anthropologischen Grundaussage zu machen, dergemäß der Mensch die geforderte Gerechtigkeit gar nicht verwirklichen kann.
87. Barn 12,5 erkennt eine Parallele in der Abfolge von Sünde und Todesfolge zwischen Gen 3 und Num 21,4-9; die eherne Schlange ist τύπος des gekreuzigten Christus.

die Vorstellung, Gott und die Engel gemeinsam hätten bei der Erschaffung Adams mitgewirkt.[88] Für die Folgezeit wichtig wurde Justins Auslegung von Gen 3,9: Diese Frage Gottes zeigt nicht seine Unwissenheit, sondern ist paränetisch motiviert.[89] Zu den Gerechten des Alten Bundes ist Adam nicht gerechnet.[90] Auch kennt Justin die Typologie Holz des Lebens – Kreuzesholz sowie die antithetische Parallelität zwischen Eva und Maria,[91] die, jeweils im Verbund mit anderen Typologien, wie schon bei Barnabas den Anspruch des Christentums auf die richtige Schriftauslegung unterstützen sollen. Auf Paulus wird hierbei nirgends verwiesen, Gal 4,24.26 tauchen im *gesamten* Werk Justins nicht auf.

Bei Theophilos von Antiochien steht die ausführliche Wiedergabe von Gen 2; 3 im Dienst der Apologetik: Den Widersprüchen der griechischen Dichter und Philosophen über die Entstehung der Welt und die göttliche Weltregierung wird die eindeutige biblische Aussage dazu gegenübergestellt.[92] Einzelne Motive zeigen Bekanntschaft mit den aus jüdischer Exegese bekannten Traditionen[93] und könnten teilweise aus Josephus übernommen sein.[94] Gen 3,9 wird wie bei Justin ausgelegt;[95] der Tod Adams gilt als Gnade, damit er nicht in der Sünde befindlich ewig lebe, sondern gebessert an der Auferweckung der Toten teilhaben könnte.[96]

Meliton von Sardes hat in seiner Passahomilie den Sündenfall ähnlich wie die Fürsorge Gottes für Israel bereits in Adam thematisiert; ferner ist bei ihm die Vorstellung vom *descensus ad inferos* expliziert. Der Sündenfall als Ungehorsam gegenüber Gottes Gebot ist freie Tat Adams, seine κληρονομία[97] ist, daß Sünde geschieht, von Meliton drastisch durch Lasterkataloge veranschaulicht. Was bei Paulus in Röm 1 und Röm 5 getrennt voneinander

---

88. Vgl. Justin, *Trypho*, 62,3 und Philo, *De opificio mundi*, 24. Justin lehnt die genannte Vorstellung aus christologischen Gründen ab. – Justin, *Trypho*, 81,3, kennt auch den über Jes 65,17-25 (und Ps 89,4) versuchten Ausgleich zwischen der faktischen Lebensdauer Adams (930 Jahre) und der Strafandrohung Gen 2,17, ohne über ihre Herkunft zu informieren.
89. Justin, *Trypho*, 99,3. Ansätze zu einer Adamlegende finden sich bei Justin noch nicht.
90. Justin, *Trypho*, 46,3 f.
91. Justin, *Trypho*, 86,1; 100,4.
92. Theophilos, *Ad Autolycon*, 2,4 – 8; 2,9 – 32.
93. Zum Motiv der Erschaffung Adams durch die Hände Gottes vgl. Theophilos, *Ad Autolycon* 2,18,1 f. (dort zur Hervorhebung der Würde des Menschen) mit 4 Esr 3,5; zur erst infralapsarischen Unverträglichkeit der wilden Tiere vgl. Theophilos, *Ad Autolycon* 2,17,5; vgl. ApkMos 10), zur jetzigen Fortbewegungsform der Schlange als Folge der Verfluchung Gen 3,14 vgl. Theophilos, *Ad Autolycon*, 2,23,3 und Josephus, *Antiquitates* 1,50.
94. Er kannte zumindest Josephus' *Bellum Iudaicum* (vgl. *Ad Autolycon*, 3,23).
95. Theophilos, *Ad Autolycon*, 2,26,4. – Auf Röm 2,4 ist dabei nicht angespielt.
96. Theophilos, *Ad Autolycon* 2,26,1-3.
97. Meliton, *De passa*, 49.

verhandelt wird, der quasi-empirische Schuldaufweis und seine unheilsgeschichtliche Voraussetzung, ist bei Meliton kombiniert. Im weiteren Verlauf der Passahomilie wird Israel unmittelbar angeredet: »Christus war es, der dich (Israel) auserwählte und dich von Adam bis Noah führte, von Noah bis Abraham ...«.[98] Der Beginn bei Adam steht hier für die lückenlose göttliche Zuwendung, die zum Zeugnis gegen Israel benutzt wird. Die im Schlußteil folgende Schilderung des *descensus ad inferos*[99] erzählt u. a., Christus habe »den Menschen entrissen zu den Höhen des Himmels«. Ob nun hier wie in § 48 mit dem Begriff ἄνθρωπος speziell Adam gemeint ist oder nicht, in jedem Fall soll die Universalität der lebenschaffenden göttlichen Macht betont werden; Ansätze zu einer Adamlegende finden sich noch nicht.

Antignostisch heilsvergewissernde und allgemein paränetische Zwecke sind für das positive Adambild bei Irenäus bestimmend; Irenäus greift explizit auf Paulus zurück.[100] Der ebenbildliche Adam wird erlöst,[101] weil Gott sonst von der Macht des Bösen[102] besiegt wäre, sich sein Heilswille zugunsten der Menschheit nicht durchgesetzt hätte. Schriftbeweis dafür ist Röm 5,20b, gegen Tatians Berufung auf 1 Kor 15,22.[103]

Adams Reue[104] ist positives Gegenbild zu Kain, der als Musterfall des verstockten Sünders gilt, und ist Vorbild, dem das Erbarmen Gottes nicht vorenthalten bleibt. Daß Adam Buße getan hat, entnimmt Irenäus dem Umstand, daß er sich ein Gewand aus Feigenblättern macht, die den Körper mehr stechen als andere Blätter. Gottes Erbarmen besteht zunächst darin, daß Gott den Fluch auf die Erde überträgt, damit er nicht auf dem Menschen verbleibe.[105] Auch lindert er die Unannehmlichkeiten, indem er den Men-

---

98. Meliton, *De passa*, 83.
99. Meliton, *De passa*, 102.
100. Vgl. *K. H. Schelkle*, Paulus, Lehrer der Väter. Die altkirchliche Auslegung von Römer 1 – 11, 2. Aufl. Düsseldorf 1959, 162f., zu Irenäus, *AdvHaer* 3,18,7; 5,16,3; 5,34,2.
101. Irenäus, *AdvHaer* 3,23,1. Er begründet seine Rekapitulationstheorie mit Lk 3,23-38 und Röm 5,14 – Einzelheiten der Begnadigung Adams werden nicht geschildert. Auch der Satz am Ende von *AdvHaer* 3,23,7 »Indem also der Herr den Menschen, d.h. den Adam, lebendig machte, wurde der Tod vernichtet«, spielt m.E. nicht auf die Irenäus durchaus bekannte Vorstellung vom *descensus ad inferos* an (*AdvHaer* 4,27,2, ohne Erwähnung Adams), sondern ist paränetisch motiviert.
102. Der Teufel verspricht dem Menschen die Unsterblichkeit und Gottgleichheit und verleitet ihn dadurch zur Übertretung (Irenäus, *AdvHaer* 3,23,1).
103. Irenäus, *AdvHaer* 3,23,8. – Tatians Motivierung geht (vgl. *M. Elze*, Tatian und seine Theologie, FKDG 9, Göttingen 1960, 109) weder aus Irenäus, *AdvHaer* 3,23,8 noch aus Hippolyt, *Refutatio* 8,16 hervor, ebensowenig, inwiefern Tatians Lehre »etwas Neues« ist, ob im Aufgreifen einer neuen Fragestellung oder gegen eine »orthodoxe« Gegenthese oder einfach gegenüber Röm 5,20b.
104. Irenäus, *AdvHaer* 3,23,5.
105. Irenäus, *AdvHaer* 3,23,3, führt dies als Zitat »eines von den Alten« an, leider ohne nähere Angabe.

schen Tierfelle statt der Feigenblätter zum Anziehen gibt. Dann aber ist es, so auch Irenäus, Gnade, daß Adam sterben muß: Die Sünde an ihm ist nicht unsterblich, das Übel nicht unendlich und unheilbar. Als Intention dessen gilt, daß »endlich einmal der Mensch aufhöre, der Sünde zu leben, und sterbend anfange, für Gott zu leben«.[106]

Paränetische, dogmatische und heilsgeschichtliche Interessen sind für Tertullians Rezeption der Adamsgestalt zu veranschlagen. An seinem Beispiel wird vor mangelndem Gleichmut gewarnt[107] und zur Exhomologese, dem Sündenbekenntnis, ermutigt,[108] an der göttlichen Verzeihung gegenüber dem büßenden Adam wie an der Sammlung Israels und den Ermahnungen durch seine Propheten der Nutzen der Buße veranschaulicht.[109] Justins Auslegung von Gen 3,9 als Ausweis der Güte, nicht der Schwäche Gottes wird in antimarcionitischer Stoßrichtung aktualisiert.[110] Der Verweis auf Adams Prophetie über Christus und die Kirche ist nicht an einem positiven Adambild, sondern anthropologisch intendiert; er soll zeigen, daß die Seele einförmig und einfach ist im Hinblick auf ihre Substanz.[111] Antijüdisch wird die Heilsteilhabe der Heiden da u.a. mit Hinweis auf Adam begründet, wo Tertullian zu zeigen versucht, daß Gott den Gerechten vor Mose schon das Naturgesetz gegeben habe, durch dessen Befolgung sie Gott wohlgefällig seien.[112]

Antimarcionitisch und antignostisch ist die Stoßrichtung, wenn bei Origenes der eine Gott als Gott aller Gerechten, Adam, Abel, Seth, Enosch etc. benannt wird.[113] Die nicht speziell betonte Erwähnung Adams vermag einem vermuteten Nach- und Gegeneinander zwischen Schöpfer- und Erlösergott wirkungsvoll zu widersprechen. Die von Origenes rezipierte Legende vom Grab Adams auf Golgatha[114] ist textextern Ermutigung zum Vertrauen auf den die Geschichte planvoll gestaltenden Gott.

In den apokryphen Evangelien wird auf Adam rekurriert, um anhand seiner Befreiung aus dem Hades bzw. seiner endzeitlichen Begnadigung die unbesiegbare Macht Christi über den Tod bzw. die universale Reichweite des Heilswillens Gottes zu veranschaulichen. Hierbei ist nun legendarischer Stoff aufgenommen, der in der Apokalypse Moses und in der Vita Adae et

---

106. Irenäus, *AdvHaer* 3,23,6, in Anspielung auf Gal 2,19 bzw. Röm 6,2.10.
107. Tertullian, *De patientia* 5, 13. Der Begriff »Gleichmut«, Übersetzung von aequanimitas (bei Tertullian, *De patientia* 3,10) bringt besser als »Geduld« Tertullians Anliegen zum Ausdruck.
108. Tertullian, *De paenitentia* 12,9.
109. Tertullian, *De paenitentia* 12,3.4.
110. Tertullian, *AdvMarc* 2,25,1-5.
111. Tertullian, *De anima* 11,4-6; 21,2f.
112. Tertullian, *AdvIudaeos* 2.
113. Origenes, *De principiis* I, praef., 4.
114. Origenes, *Comm. in Matteum*, Ser. III, Nr. 126.

Evae auf traditionsgeschichtlich früherer Stufe begegnet[115] und anderen Zwecken dienstbar gemacht ist.

In den »Fragen des Bartholomäus« soll Christi Hadesfahrt seine Macht über den Tod verdeutlichen. Der Einbezug Adams in die von Christus Befreiten ist erstmals sicher auszusagen.[116] Eine Adam-Christus-Typologie begegnet nicht. Das in 1,22 referierte Gespräch Christi mit Adam will den Menschen zur Einsicht in die Sinnhaftigkeit der göttlichen Heilsveranstaltung führen.

Für das Nicodemusevangelium sind methodisch zu unterscheiden die Ebene des Endtextes, in welcher der *descensus ad inferos* als Illustration zu Mt 27,52f. und als Beweis der Wundermacht Jesu eingeführt (EvNic 17,1) dient, und der Ebene der ausgeführten Erzählung selbst: Hier gilt die Auferweckung aller Toten, aus deren Perspektive erzählt, als Beweis für die völlige Entmachtung des Satans. Die Unterscheidung zwischen Sündern und Gerechten (mit Adam, obwohl von dessen Buße nichts berichtet wird) hinsichtlich ihres eschatologischen Schicksals steht nur insofern im Hintergrund, als nur von den Gerechten die Aufnahme ins Paradies berichtet wird, übrigens nicht ohne daß auch sie durch Johannes den Täufer zur Buße angesichts ihres Götzendienstes und ihrer sonstigen Sünden aufgefordert werden (EvNic 18,2). Eine an Röm 5,12-21 erinnernde[117] Adam-Christus-Typologie scheint nur in EvNic 24 mit der Kontrastierung zwischen dem Holz der Erkenntnis und dem Kreuzesholz des Lebens auf; die heilsgeschichtliche Rolle der Thora wird in EvNic 18-26 nicht diskutiert.

---

115. In den Fragen des Bartholomäus 3,28.52-59, der Parallele zu VitAd 12-17, zeigt die Redeeinleitung § 52, daß hier ein Stück sekundär eingefügt wird. Die Einzelheiten des Satanssturzes und sein Vorgehen gegenüber Eva sind in 3,55.58 detaillierter ausgeführt als in den Parallelen VitAd 16,1.4. In EvNic 19,1 wird Seth erst im Zuge der Erzählung von der vergeblichen Paradiesesreise erwähnt. Die einleitende Aufforderung Adams zeigt, wie ein ursprünglich selbständiges, aus der Perspektive Seths erzähltes Stück in einen neuen, aus der Perspektive der »Heiligen« aus Mt 27,52 erzählten Rahmen integriert wird. Auch ist ApkMos 13 HS D wohl älter als EvNic 19, weil jede positive Ankündigung fehlt. Die Darstellung der Begnadigung im »Buch der Auferstehung Jesu Christi von Bartholomäus, dem Apostel« (Rezension K1, Frg. 5) ist durch den gekünstelten Einbezug Jesu Christi deutlich sekundär gegenüber ApkMos 39.

116. Den *Descensus*, jeweils ohne Erwähnung Adams, bieten ferner: Hermas, *Sim* 9,16,5; Irenäus, *AdvHaer* 4,27,2; Origenes, *Contra Celsum* 2,43; Cyrill v. Jerusalem, *Katechese* 4,11; 14,19; Firmicus Maternus, *De errore religionum profanarum* 24,1-5. Christi Höllenfahrt galt vielleicht ursprünglich den »Gottessöhnen« von Gen 6,1-4; vgl. insgesamt E. Koch, Art. Höllenfahrt Christi, TRE 15, 1986, 455-461.

117. Die Benutzung von Evangelientexten ist evident, die Benutzung von Paulustexten kaum nachzuweisen. In EvNic 21,2 wird 1 Kor 15,55 »Tod, wo ist dein Stachel, Hades, wo ist dein Sieg« als Wort Jesajas (Jes 25,8) aufgenommen; daß die Entrückung der wieder auferweckten Henoch und Elia »in Wolken« geschieht (in nubibus assumendi; EvNic 25), kann *ad vocem nubes* auf 1 Thess 4,17 ebenso gut verweisen wie auf Apg 1,11 Vg, wo (im Unterschied zu 1 Thess 4,17 VL + Vg) auch das Verbum *assumere* belegt ist.

Auch innerhalb der ausgeführten descensus-Erzählung ist zumindest traditionsgeschichtlich eine Naht: In EvNic 18 ist »unser Vater Abraham« der erste in der Reihe der Patriarchen und Propheten, ab EvNic 19 ist auch Adam von der Heilsfolge betroffen. In EvNic 19 wird die vergebliche Paradiesesreise Seths erzählt, um Christi Ankunft in der Unterwelt als Erfüllung des damals vergeblich gebliebenen Wunsches zu deklarieren; gleichzeitig wird wirkungsvoll die grenzenlose Heilsmacht Christi bezeugt, die in Adam wenigstens potentiell das gesamte Menschengeschlecht umgreift.

4. Schlußbemerkungen

Im letzten Teil dieses Beitrages konnten nur die Anfänge christlicher Rezeption der Adamgestalt dargestellt, auf die weitere Entfaltung auch des eigenständigen legendarischen Materials im Judentum wie im Christentum kann hier nur verwiesen werden. Das Verhältnis von materialer Aussage und globaler Intention der jeweiligen Schriftencorpora vergleichend zwischen den jüdischen und den christlichen Adamaussagen zu untersuchen, bleibt eine lohnende Aufgabe.

Der Geburtstag in den Jüdischen Schriften aus hellenistisch-römischer Zeit, im Neuen Testament und in der rabbinischen Literatur

Andreas Lehnardt

Der Feier des Geburtstags wird in einer Zeit, in der die Hintergründe religiöser Feiertage immer stärker in Vergessenheit geraten, oft sehr große Bedeutung beigemessen. Zwar verbinden viele Menschen mit der jährlichen Wiederkehr ihres Geburtstags nicht nur positive Gefühle, sondern assoziieren mit diesem Tag auch das zuweilen als bedrückend empfundene Bewußtsein des Älterwerdens. Dennoch hat die feierliche Begehung der jährlichen Wiederkehr des Tages der Geburt eine gesellschaftliche Stellung erlangt, die die religiöser Feste in den Schatten stellt oder sogar verdrängt.

Angesichts dieser hier nur angedeuteten, konfessionell sehr unterschiedlich verlaufenden gesellschaftlichen Entwicklung lohnt es sich zu fragen, wie der Geburtstag im antiken Judentum und d.h. auch in dem aus ihm erwachsenen frühen Christentum beurteilt wurde. In der weitverzweigten Forschungsliteratur zu den Jüdischen Schriften aus hellenistisch-römischer Zeit ist dieser Frage bislang relativ wenig Interesse entgegengebracht worden.[1] Dies verwundert nicht nur, weil die feierliche Begehung des Geburts-

---

1. Für einen ersten Überblick über die jüdische Sicht des Geburtstags vgl. *S. Roubin*, Art. Birthday, in: JE 3 (1902), 221-222; dann auch *E. Schürer*, The History of the Jewish People in the Age of Jesus Christ (175 B.C. – A.D. 135). A New English Version, Revised and Edited by G. Vermes, F. Millar, M. Black, M. Goodman, Bd. I, Edinburgh 1973, 346f. Anm. 26. Bezeichnend für das geringe Interesse an der Frage, wie der Geburtstag im antiken Judentum beurteilt wurde, ist z.B., daß weder in der deutschen Ausgabe der *Encyklopedia Judaica*, hrsg. von *J. Klatzkin*, Berlin 1928ff. (nur bis Lyra) noch in der englischen *Encyclopedia Judaica*, hrsg. von *C. Roth*, Jerusalem 1971ff., noch in der hebräischen *Enṣiqlopedia ha-'Ivrit* Einträge zum Thema zu finden sind. Vgl. neuerdings immerhin den Artikel Birthdays, in: The Oxford Dictionary of Jewish Religion, hrsg. von *R. J. Z. Werblowsky et al.*, Oxford 1997, 133f. Angesichts des geringen Interesses von jüdischer Seite verwundert es nicht, daß auch in den von Nichtjuden verfaßten Beiträgen selten auf die Sicht des Geburtstags im Judentum eingegangen wird: Vgl. etwa *W. Schmidt*, Art. Γενέθλιος ἡμέρα, in: PRE 7 (1912), 1135-1149; *Kummer*, Art. Geburtstag, in: Handwörterbuch des deutschen Aberglaubens, Bd. III: Freen – Hexenschuss, Berlin – Leipzig 1931, Nachdr. 1987, 422-424; *W. Dürig*, Art. Geburtstag, in: RGG³ 2 (1958), 1242; *W. Rordorf*, Art. Geburtstagsfeier, in: BHH 1 (1962), 529, und bes. *A. Stuiber*, Art. Geburtstag, in: RAC 9 (1976), 217-243, hier bes. 226.234.242; siehe ferner auch *K. Beitl*, Art. Geburtstag, in: LThK 4 (1995), 335; *C. Engelhofer*, Art. Geburtstag, in: Der Neue Pauly 4 (1998), 843-846. Das geringe Interesse an der jüdischen Sichtweise belegt im übrigen auch die nach wie vor grundlegende Monographie zum Thema von *W. Schmidt*, Geburtstag im Altertum, RVV 7, Gießen 1908 (vgl. immerhin S. 70; doch siehe hierzu auch unten Anm. 34) und das aus katholischer Sicht

tags in der paganen Umwelt eine große Rolle spielte, sondern auch, weil der Geburtstag in den Jüdischen Schriften aus hellenistisch-römischer Zeit, im Neuen Testament und in der rabbinischen Literatur im Vergleich zur hebräischen Bibel durchaus häufig Erwähnung findet.[2]

Bevor ich auf die wichtigsten Stellen in diesen Schriftenkorpora eingehe, möchte ich eine kurze neuzeitliche Geschichte voranstellen, die auf die folgenden Ausführungen zur jüdischen Sicht des Geburtstags in der griechisch-römischen Antike ein gewisses Licht wirft:

Über den berühmten Gründer einer chassidischen Dynastie, Israel Ruzhin (1797-1850),[3] den Urenkel des Dov Baer von Mezeritsch (gest. 1772), wird berichtet, daß seine Chassidim einmal beabsichtigten, zu Ehren seines Geburtstags ein Festmahl zu veranstalten. Als der Gelehrte den Tisch festlich gedeckt fand, fragte er, für welchen Anlaß sie ihn so gedeckt hätten. Man antwortete ihm: Zur Feier deines fünfzigsten Geburtstags. Da erzürnte der berühmte Gelehrte und befahl seinen Schülern, sofort sein Haus zu verlassen und das Essen unter die Armen zu verteilen. Als Begründung verwies er auf Hosea 9,1: »(Man veranstalte) kein Freuden(fest) über das Älter(werden) unter den Völkern«.[4] Für diesen frommen Gelehrten galt die feierliche Begehung des Geburtstags offensichtlich als unstatthaft.[5]

Nun, warum berichte ich zu Beginn eines Beitrags über Jüdische Schriften aus hellenistisch-römischer Zeit von dieser legendenhaften Begebenheit aus der Neuzeit? M.E. läßt sich diesem Bericht zweierlei entnehmen, was auch im Hinblick auf die Untersuchung der Texte aus der Antike zu bedenken ist: Einerseits zeigt sich, daß der Geburtstag im Judentum durchaus Beachtung

---

geschriebene Büchlein von *W. Dürig*, Geburtstag und Namenstag. Eine liturgiegeschichtliche Studie, München 1954, bes. 16f. mit Anm. 39 und 45.

2. Die einzige explizite Erwähnung des Wortes »Geburtstag«, *yom hulledet*, in der hebr. Bibel findet sich in Gen 40,20, wo die Feier des Geburtstages eines Pharao genannt wird. Vgl. allerdings auch Hos 7,5, wo von einem *yom malkenu*, »ein(em) Tag unseres Königs«, die Rede ist. Dieser Tag läßt sich vielleicht mit einem am Geburtstag begangenen *dies imperii* in Verbindung bringen. Ansonsten findet der Tag der Geburt entweder negative Erwähnung oder im Zusammenhang mit Verfluchungen (vgl. Hi 3,3; Jer 20,14); Jer 20,14b kann man vielleicht entnehmen, daß man sich zum Geburtstag Segenswünsche zu schicken pflegte.

3. Vgl. zu ihm *I. Alfassi*, Art. Ruzhin, Israel, in: EJ 14 (1972), 526-532.

4. Gewöhnlich wird Hos 9,1 (אל תשמח ישראל אל גיל בעמים) mit »Freue dich nicht, Israel, (noch rühme dich) unter den Völkern« (o. ä.) übersetzt. Von Israel Ruzhin wird der Vers jedoch im Stil des antiken Midrasch umgedeutet und ist daher entsprechend anders zu übersetzen.

5. Diesen Bericht entnehme ich *A. Y. Abelsohn*, Knesset ḥokhme Yisraʾel. Sheʾelot u-teshuvot le-Maranan we-Rabbanan Geʾone Dorenu, Quntres 6, Odessa 1896, 125a-b. Vgl. auch *T. Pershel*, Yom Hulledet esel gedole ha-Tora, Ha-Doar ⟨Histadruth Ivrith of America, New York⟩ 24 (1969), 196-197; *Sh. Ashkenazi*, Yom hulledet be-Minhag u-va-massoret ha-yehudit, in: ders., Avne ḥen. Sugyot be-halikhot bet Yisraʾel, Tel Aviv 1989, 186-195, hier 189.

findet – die Schüler wollen den Geburtstag feiern. Andererseits wird die *Feier* des Geburtstags als unjüdischer Brauch abgelehnt, und hierfür wird sogar auf einen Schriftvers verwiesen.[6]

Doch was besagen diese an einem neuzeitlichen Bericht gemachten Beobachtungen für die Untersuchung jüdischer Schriften aus hellenistisch-römischer Zeit? Läßt sich in den antiken Schriften eine ähnliche Sicht des Geburtstags beobachten? Wie hielt es das antike Judentum mit der Feier des Geburtstags?

Im folgenden möchte ich anhand einiger Stellen in den Jüdischen Schriften aus hellenistisch-römischer Zeit diesen Fragen nachgehen. Daß in die Untersuchung auch das Neue Testament miteinzubeziehen ist, ergibt sich schon von daher, daß zumindest eine Stelle aus diesem frühchristlichen Schriftenkorpus auch im Kontext der Erörterungen über die jüdische Sicht des Geburtstags in der Antike immer wieder erwähnt wird. Wichtiger als diese Stelle im Neuen Testament sind freilich die Belege in der rabbinischen Literatur. Das schwer abzugrenzende Korpus der rabbinischen Literatur ist zwar zum größten Teil in viel späterer Zeit verfaßt und redigiert worden als das Gros jener Texte, die in den Jüdischen Schriften aus hellenistisch-römischer Zeit und im Neuen Testament zusammengestellt wurden. Einige der für unser Thema relevanten Texte lassen sich m. E. aber überhaupt erst verstehen, berücksichtigt man auch Stellen aus diesem Schriftenkorpus.

I

Die zweifellos wichtigste Stelle in den Jüdischen Schriften aus hellenistisch-römischer Zeit, die im Hinblick auf eine Untersuchung der jüdischen Sicht des Geburtstags in der Antike zu berücksichtigen ist, findet sich in einem vielleicht auf Jason von Kyrene zurückgehenden Abschnitt aus dem 2. Makkabäerbuch (6,7).[7] In dieser historischen Erzählung wird berichtet, wie Antiochus IV. (175-164 v. d. Z.) Juden im Rahmen seiner Hellenisierungsbestrebungen dazu zwingt, an seinem Geburtstag ein Opfer darzubringen. Wir hören in diesem Zusammenhang nicht nur davon, daß es infolge der Maßnahmen des Antiochus »weder möglich (war), den Sabbat zu feiern (σαββα-

---

6. Um seine Ablehnung der Geburtstagsfeier vor seinen Schülern zu rechtfertigen, greift Israel Ruzhin dabei allerdings auf einen Midrash zurück, der nicht in der traditionellen Literatur zu finden ist. Vgl. zum traditionellen Verständnis dieses Verses in der rabbinischen Literatur etwa die bei *A. Hyman*, Torah Haketubah Vehamessurah. A Reference Book of the Scriptural Passages Quoted in Talmudic, Midrashic and Early Rabbinic Literature, Part II, Tel Aviv 1979, 264, aufgeführten Stellen.
7. Für die Einleitungsfragen und zur Verfasserfrage des 2. Makkabäerbuches vgl. *Ch. Habicht*, 2. Makkabäerbuch, JSHRZ I / 3, Gütersloh 1976, 169 ff.

τίζειν), noch die väterlichen Feste zu begehen, noch sich überhaupt als Jude zu bekennen (Ἰουδαῖον ὁμολογεῖν εἶναι), sondern es heißt auch:

2. Makk 6,7[8]
(7) Mit bitterem Zwang wurden sie (sc. die Juden) am Geburtstag des Königs (τοῦ βασιλέως γενέθλιον ἡμέραν)[9] allmonatlich (κατὰ μῆνα) zum Opferschmaus (σπλαγχνισμόν) geschleppt.

Bereits 1901 hat E. Schürer[10] darauf hingewiesen, daß die hier erwähnte *monatliche* Geburtstagsfeier (κατὰ μῆνα) für hellenistische Herrscher wie Antiochus Epiphanes nichts Außergewöhnliches gewesen sein dürfte,[11] denn monatliche Geburtstagsfeiern sind inschriftlich sowohl für ptolemäische als auch für seleukidische Könige gut belegt.[12] Die Nachricht in 2. Makk 6,7 ist daher nicht etwa auf dem Hintergrund der Erwähnung des Geburtstags des Pharao in Gen 40,20[13] zu verstehen, so einflußreich diese Stelle für das Bild des Geburtstags auch gewesen sein mag, sondern der Autor des 2. Makkabäerbuches beschreibt hier als Kenner seiner griechisch geprägten Um-

---

8. Zum Text vgl. *R. Hanhart* (Hg.): Septuaginta. Vetus Testamentum graecum auctoritate societatis litterarum Gottingensis, Bd. IX/2: Maccabaeorum liber II copiis usus quas reliquit W. Kappler, Göttingen 1959, 70. Zur Übersetzung vgl. *Habicht*, 2. Makkabäerbuch, 230. Siehe auch die Kommentare von *J. A. Goldstein*, II Maccabees. A New Translation with Introduction and Commentary, AncB 41 A, Garden City NY 1983, 276 und *W. Dommershausen*, 1. Makkabäer. 2. Makkabäer, NEB 12, Würzburg 1985, 134.
9. Vgl. zu diesem Wort *Schmidt*, Art. Γενέθλιος ἡμέρα, 1135 ff.
10. *E. Schürer*, Zu II. Mcc 6,7 (monatliche Geburtstagsfeier), in: ZNW 2 (1901), 48-52.
11. Eine Konjektur des Textes, wie sie z. B. noch von *A. H. H. Kamphausen*, Das zweite Buch der Makkabäer, APAT 1, 97 Anm. a vertreten wurde, ist daher unnötig. Vgl. bereits *Schürer*, in: ZNW 2 (1901), 48, siehe auch *C. Gutberlet*, Das zweite Buch der Machabäer. Übersetzt und erklärt, ATA 8,3-4, Münster i. W. 1927, 92 und *A. Kahana*, Makkabim B', in: ders., Ha-sefarim ha-ḥisonim le-Tora, le-Neviʾim, le-Ketuvim u-sheʾar sefarim ḥisonim, Bd. II, Tel Aviv 1937, Nachdr. Jerusalem 1978, 196.
12. Vgl. *Schmidt*, Art. Γενέθλιος ἡμέρα, 1138. – Zum Geburtstag bei den Seleukiden vgl. *Ch. Habicht*, Gottmenschentum und griechische Städte, zweite durchgesehene Auflage mit einem Nachtrag, Zetemata 14, München 1970, 148 (Anm. 41).156. Vgl. hierzu auch *E. Bikerman* [sic!], Institutions des Séleucides, BAH 26, Paris 1938, 244 mit Anm. 8; ferner *Schürer*, History, Bd. I, 347.
13. Vgl. Gen 40,20 Vulg: exin dies tertius natalicius Pharaonis erat ... und LXX: ἐγένετο δὲ ἐν τῇ ἡμέρᾳ τῇ τρίτῃ ἡμέρα γενέσεως ἦν Φαραω ...
14. Zu beachten ist in diesem Zusammenhang auch, daß für Ägypten die Feier des Herrschergeburtstags nicht sicher belegt ist. Vgl. *J. von Beckerath*, Art. Geburtstag, in: Lexikon der Ägyptologie 2 (1976), 476-477. Vor der ptolemäischen Zeit finden sich keine Belege für die Feier von Geburtstagen von Menschen in Ägypten. Häufiger wird die Feier von Geburtstagen einzelner Götter erwähnt. Vgl. hierzu *Schmidt*, Geburtstag, 53; *P. Kaplony*, Art. Geburtstag (Götter), in: Lexikon der Ägyptologie 2 (1976), 477-479; *Stuiber*, Art. Geburtstag, 219; Engelhofer, Art. Geburtstag, 844.

welt eine weit verbreitete hellenistische Praxis.[14] Wie Inschriften aus Canopus, Rosetta und Nimrud-Dagh belegen, fanden auch Geburtstagsfeiern anderer Herrscher meist an einem festgelegten Tag im Monat statt.[15] Solche Feiern waren, wie 2. Makk 6,7 andeutet, mit Opfern und Festgelagen verbunden. In 2. Makk 6,7 ist sogar von »Dionysien« die Rede.[16]

Warum aber findet der Geburtstag an dieser Stelle überhaupt eine Erwähnung? Von J. C. VanderKam ist darauf hingewiesen worden, daß sich diese Notiz gut mit einer Nachricht im 1. Makkabäerbuch in Verbindung bringen läßt, denn nach 1. Makk 1,59 ließ König Antiochus »Monat für Monat seine Kraft an den Israeliten aus« und zwang sie, immer »am fünfundzwanzigsten eines Monats auf dem Altar, der auf dem Altar des Herrn (im Tempel) stand, zu opfern«.[17] VanderKam möchte daher 2. Makk 6,7 und 1. Makk 1,59 auf ein und dasselbe Fest beziehen. Die monatliche Geburtstagsfeier des Antiochus diente demnach nicht nur der Pflege eines hellenistischen Brauches, sondern auch der Durchsetzung seines politischen und theologischen Programms. Für den Autor des 2. Makkabäerbuches blieb das Datum der Geburtstagsfeier des Antiochus allerdings nur als das Datum der Wiedereinweihung des Tempels in Erinnerung. Am 25. Kislew, an jenem Tag also, an dem einst das Zwangsgeburtstagsopfer dargebracht werden mußte, wurde später das Hanukka-Fest, das Lichterfest zur Erinnerung an die Wiedereinweihung des Tempels, gefeiert.[18]

Bedenkt man die sich in diesen Stellen aus den Makkabäerbüchern abzeichnende Verbindung zwischen Geburtstag und seleukidischen Zwangsmaßnahmen, so ist es denkbar, daß von hier die gesamte spätere Entwicklung der Beurteilung des Geburtstags innerhalb des Judentums geprägt worden ist. Die Erinnerung an ein unter schwerer Drangsal zu entrichtendes Opfer an einem Herrschergeburtstag wird mit dazu beigetragen haben, den hellenistischen Brauch der Geburtstagsfeier, der in römischer Zeit immer größere Bedeutung erlangte,[19] negativ, zumindest sehr skeptisch zu beurteilen. Der 25. Kislew wurde vielleicht gerade wegen der mit diesem Tag einst verbun-

---

15. Vgl. zu diesen Inschriften ausführlich *Schürer*, in: ZNW 2 (1901), 48ff. Eine Analyse des Inschriftenmaterials, die zu ähnlichen Ergebnissen gelangt, bietet auch *J. C. VanderKam*, 2 Maccabees 6,7a and Calendrical Change in Jerusalem, in: JSJ 12 (1981), 51-74 = ders., From Revelation to Canon. Studies in the Hebrew Bible and Second Temple Literature, JSJ.S 62, Leiden 2000, 105-127.
16. Zum Charakter solcher Feiern vgl. *M. Hengel*, Judentum und Hellenismus. Studien zu ihrer Begegnung unter besonderer Berücksichtigung Palästinas bis zur Mitte des 2. Jh.s v. Chr., WUNT 10, Tübingen ³1988, 547f.
17. Zur Übersetzung vgl. *K. D. Schunck*, 1. Makkabäerbuch, JSHRZ I / 4, Gütersloh 1980, 303.
18. Vgl. 1. Makk 4,52: »am 25. des 9. Monats, das war der Monat Kislew«. Gemeint ist der Kislew des Jahres 164 v. Chr.
19. Vgl. *Schürer*, in: ZNW 2 (1901), 52.

denen Zwangsmaßnahmen als der Tag der Wiedereinweihung des Tempels kommemoriert; der an ihm einmal gefeierte Geburtstag wurde aber aus dem kollektiven Bewußtsein verdrängt.[20]

II

Freilich, bevor man allein diese Stellen aus den Makkabäerbüchern für die Entwicklung der negativen Beurteilung der Feier des Geburtstags verantwortlich macht, ist nun allerdings auch zu beachten, daß der Geburtstag bzw. der Tag der Geburt schon in einigen Texten der späten Weisheit, wie sie uns in den Büchern Hiob und Qohelet entgegentritt, in einem verglichen mit Texten aus der paganen Umwelt relativ negativen Licht erscheint.

Die wichtigste Stelle, die im Hinblick auf die skeptische Sicht des Tages der Geburt in der späten Weisheit zu berücksichtigen ist, findet sich im Hiob-Buch (Hi 3,3): Hiob verflucht den Tag seiner Geburt *(yom iwwaled)* – ein Vers, der auch im Jeremia-Buch (20,14), in einem negativen Fluch des Propheten über den Tag seiner Geburt begegnet und der eng mit der in der älteren Weisheit belegten Vorstellung vom Leiden des Sünders verbunden ist.

Belege für diesen sapientialen Vorstellungszusammenhang finden sich dann auch in einigen Jüdischen Schriften aus hellenistisch-römischer Zeit. In den meist in die Zeit der Eroberung Jerusalems durch Pompeius (63 v.d.Z.) datierten, vielleicht einem pharisäischen Umfeld zuzuordnenden sog. Psalmen Salomos[21] findet sich etwa der bemerkenswerte Vers:

---

20. Für unsere Fragestellung kann dabei unberücksichtigt bleiben, ob die Einführung einer monatlichen Geburtstagsfeier für den König Einfluß auf die Veränderung des Kalenders insgesamt hatte, wie es von *VanderKam*, 2 Maccabees, 68 f., vermutet wird. *VanderKam* nimmt an, daß am Jerusalemer Tempel vor der Einführung des Geburtstagsfestes für den König ein 364-Tage Mond-Kalender statt des seleukidischen 365-Tage luni-solaren Kalenders in Gebrauch gewesen ist. Wenn verschiedene Kalender in Gebrauch waren, konnte es geschehen, daß der königliche Geburtstag auf unpassende Daten fiel. Die Feier des Geburtstags erforderte daher die Einführung eines harmonisierten, seleukidischen Kalenders. Dieser Kalender wäre zwar von »orthodoxen«, hasidäischen Kreisen negativ beurteilt worden. Nach der Machtübernahme Jonathans, vielleicht »des Frevelpriesters« von 1QpHab im Jahre 152 v.d.Z., sei aber dieser eigentlich von den Seleukiden eingeführte luni-solare Kalender übernommen worden.
21. Zu den Einleitungsfragen vgl. *S. Holm-Nielsen*, Die Psalmen Salomos, JSHRZ IV / 2, Gütersloh 1977, 51 ff.; *J. Schüpphaus*, Die Psalmen Salomos. Ein Zeugnis Jerusalemer Theologie und Frömmigkeit in der Mitte des vorchristlichen Jahrhunderts, ALGHJ 7, Leiden 1977, 1 ff.; *Schürer*, History, Bd. III.1, 192-197. Siehe auch den Forschungsbericht von *J. L. Trafton*, The »Psalms of Solomon« in Recent Research, in: JSPE 12 (1994), 3-19. Zur Frage der Herkunft dieser Psalmen aus pharisäischen Kreisen vgl. ebd. S. 7.

PsSal 3,9
Strauchelt der Sünder (προσέκοψεν ἁμαρτωλός), verflucht er sein Leben (καταρᾶται ζωὴν αυτοῦ), den Tag seiner Geburt (τὴν ἡμέραν γενέσεως αυτοῦ) und der Mutter Wehen.[22]

Dem Autor dieses Verses dürfte es zwar nicht um eine Beurteilung des Tages der Geburt gegangen sein. Dennoch impliziert der in diesem Satz enthaltene Hinweis auf den Geburtstag – in Anspielung auf Hiob? –, daß dieser Tag für den Sünder eigentlich nur eine negative Bedeutung hat.[23] Die Verfluchung des eigenen Lebens, als dessen erster Eckpunkt der Tag der Geburt genannt wird, wird geradezu als ein Merkmal des sündigen Menschen angesehen. Deswegen kann dem Tag der Geburt keine eigene, positive Bedeutung zugedacht werden.

Interessant ist in diesem Zusammenhang, daß dem Autor (bzw. den unterschiedlichen Verfassern) der Psalmen des Salomo nicht nur die weisheitliche Sicht des Geburtstags bekannt gewesen zu sein scheint; auch die Kritik an der Feier des Geburtstags heidnischer Herrscher dürfte ihm (bzw. ihnen) nicht ganz fremd gewesen sein. Im zweiten der salomonischen Psalmen heißt es in Anspielung auf das durch antike Historiker gut belegte zufällige Zusammentreffen von Geburts- und Todestag des Pompeius:[24]

PsSal 2,28
Er [sc. Pompeius] bedachte nicht, daß er ein Mensch sei (ὅτι ἄνθρωπός ἐστιν) [d.h., daß er geboren wurde], und er bedachte nicht das Ende (τὸ ὕστερον οὐκ ἐλογίσατο) [d.h., daß er sterben muß]. Er sprach: Ich will Herr über die Erde und das Meer sein, und er erkannte nicht, daß Gott groß ist (καὶ οὐκ ἐπέγνω ὅτι ὁ θεὸς μέγας)[25].

Offensichtlich hat der Autor dieses Verses die Ermordung des Pompeius in Ägypten am 29. September 48 n. d. Z. als verdientes Gericht seiner Gottlosig-

---

22. Vgl. *Holm-Nielsen*, Psalmen Salomos, 68; *R. B. Wright*, Psalms of Solomon, in: OTP 2, 655; *R. Kittel*, Die Psalmen Salomos, APAT 2, 134.
23. Zur Deutung des Verses vgl. auch *Schüpphaus*, Psalmen Salomos, 32 f.
24. Nach Vell. Pat. 2,53,4. Plut. *quaest. conv.* 8,1 (717b); siehe auch *Camill.* 19,11. Vgl. zum Todestag des Pompeius auch *M. Gelzer*, Pompeius. Lebensbild eines Römers, Nachdr. der 2. Aufl., durchgesehen und mit einer Bibliographie ausgestattet von E. Herrmann-Otto, Stuttgart 1984, 203 mit Anm. 212. Geburts- und Todestag des Pompeius fielen auf den 28./29. September 106 v. und 48 n.d.Z. Zu Pompeius in den PsSal insgesamt vgl. *V. Burr*, Rom und Judäa im 1. Jh. v. Chr. (Pompeius und die Juden), in: ANRW I 1 (1972), 881 f.
25. Vgl. zu diesem abschließenden Satz auch Ez 28,2 ff. und Jes 47,7, und siehe den Kommentar von *Holm-Nielsen*, Psalmen Salomos, 66 z. St.

keit gedeutet.²⁶ An diesem Vers ist dabei nicht nur bemerkenswert, wie der Geburtstag als der Tag bezeichnet wird, der das Menschsein ausmacht – Geburts- und Todestag (τὸ ὕστερον) umfassen gleichsam das Leben eines Menschen – ; beachtenswert ist auch, wie hier auf die Hybris des Pompeius, dem von seinen Legionen ja sogar der Titel ὁ μέγας *(magnus)* verliehen worden war, angespielt wird. Doch nur einer ist groß, nämlich Gott.

Der Hinweis auf den Anfang und das Ende, den Geburts- und Sterbetag des Pompeius in PsSal 2,28, dürfte in hasidäisch geprägten Kreisen mit der bereits aus makkabäischer Zeit bekannten Kritik an der Feier des Geburtstags fremder Herrscher Hand in Hand gegangen sein. Möglicherweise nimmt die sich in dieser Stelle hintergründig äußernde Kritik auch auf die alte griechische Tradition Bezug, nach der es als besonderes Glück galt, an seinem eigenen Geburtstag zu sterben. Angeblich ist auch Alexander der Große,²⁷ das große Vorbild des Pompeius, an seinem Geburtstag gestorben. Auch dies stützt m.E. die Vermutung, daß in diesem Psalm auf ein von Pompeius oder zumindest von seinen Anhängern verwendetes Motiv polemisch Bezug genommen wird.²⁸

26. Vgl. hierzu z.B. auch PsSal 17,11, ein weiterer Vers, der auf Pompeius bezogen werden kann. Methodisch ist dabei allerdings zu berücksichtigen, worauf zuletzt wieder *J. Tromp*, The Sinners and the Lawless in Psalm of Solomon 17, in: NT 35 (1993), 344-361, hier 345, hingewiesen hat. Die Psalmen sind zunächst jeder für sich genommen zu analysieren, da nicht ausgeschlossen werden kann, daß sie zu unterschiedlichen Zeiten und auf dem Hintergrund unterschiedlicher politischer Entwicklungen abgefaßt worden sind. Vgl. zum Ganzen auch *H. Fuchs*, Der geistige Widerstand gegen Rom in der antiken Welt, Berlin 1938, Nachdr. Berlin 1964, 62.

27. Nach Aelian V. H.II 25. Vgl. hierzu *Schmidt*, Geburtstag 3 Anm. 4, der außerdem auf das Zusammenfallen von Geburts- und Todestag bei Attalus (Plut. *Camill.* 19) hinweist. Im Hinblick auf Alexander den Großen ist dabei auch zu beachten, daß sein Geburtstag zu Lebzeiten nicht gefeiert worden zu sein scheint; so *Schmidt*, Geburtstag, 53. Nach seinem Tod wurde sein Todestag wohl nur deshalb auch als Geburtstag gefeiert, weil auf diesen Tag seine Divinisierung fiel, d.h. sein neues Leben als Gott mit seinem Tod am 10. Juni 323 v.d.Z. begonnen hatte. Vgl. zu diesen später auch unter den römischen Kaisern verbreiteten Vorstellungen *Habicht*, Gottmenschentum, 17 Anm. 5; *F. Jacoby*, Γενέσια. A Forgotten Festival of the Dead, in: CQ 38 (1944), 65-75 = *ders.*, Abhandlungen zur griechischen Geschichtsschreibung, hrsg. von *H. Bloch*, Leiden 1966, 243-259 und vor allem *P. Herz*, Kaiserfeste der Prinzipatszeit, in: ANRW II 16.2 (1978), 1142.

28. Zu beachten ist in diesem Zusammenhang allerdings auch, daß Pompeius an seinem Geburtstag Triumphzüge abzuhalten pflegte (vgl. Plinius, *Nat. Hist.* 37,13). Es war Pompeius, der auf diese Weise das private Fest des Geburtstags in den Rang einer staatlichen Feier gehoben hat. Bemerkenswert im Hinblick auf die *Psalmen Salomos* sind in diesem Zusammenhang daher auch die Anspielungen auf die militärischen Erfolge des Pompeius zu Wasser (Seeräuberkrieg) und zu Land (Mithridateskrieg). Vgl. hierzu auch *M. Stern*, Greek and Latin Authors on Jews and Judaism, Bd. II: From Tacitus to Simplicius, Jerusalem ²1980, 183f. Zur Abhaltung von Triumphen am Geburtstag vgl. dann auch Sueton, *Caligula* 49 (*Gaius Suetonius Tranquillus*, Leben der Caesaren, übersetzt von *A. Lambert*, München ³1980, 193), wo berichtet wird, daß Kaiser Caligula Rom an seinem Geburtstag in einem Triumphzug zu betreten pflegte. Siehe hierzu auch Philo,

Gegen die hellenistische Sicht gilt es, den Tag der Geburt nach Meinung dieses Psalms in seiner theologischen Bedeutung zu bedenken (ἐλογίσατο); ansonsten hat er für den Einzelnen keine Bedeutung.[29] Der Tag der Geburt im allgemeinen und der Geburtstag fremder Herrscher im besonderen wurden also anscheinend bereits in den mutmaßlich hinter diesen Psalmen stehenden hasidäisch-pharisäischen Kreisen in einem eigentümlich negativen Licht gesehen. Und diese Sicht scheint auch in einigen rabbinischen Texten ihre Spuren hinterlassen zu haben. Bevor ich jedoch auch auf einige rabbinische Belege für eine ähnliche Beurteilung des Geburtstags eingehe, sei zunächst auf die einzige Stelle im Neuen Testament hingewiesen, in der die Feier des Geburtstag einer Person explizit erwähnt wird.

III

Diese Erwähnung der Feier eines Geburtstags im Neuen Testament findet sich in dem bekannten Bericht über die Feier des Geburtstags (γενέσια) des Herodes Antipas (4 v. d. Z. - 39 n. d. Z.)[30] in Mt 14,6 und Mk 6,21,[31] anläßlich derer über die Hinrichtung des Täufers entschieden wird. Daß in diesem Stück auf die äußeren Umstände hingewiesen wird, erscheint dabei auf den ersten Blick nicht besonders bemerkenswert. Anscheinend handelt es sich um einen historisch zuverlässigen Hinweis, der auf ein konkretes Ereignis zurückzuführen ist.

Zu beachten ist nun allerdings, daß Josephus in seinem Bericht über die Hinrichtung des Täufers eine Geburtstagsfeier nicht erwähnt[32] – und dies, obwohl wir durch ihn an anderer Stelle erfahren, daß auch ein anderes prominentes Mitglied des Hauses des Herodes seinen Geburtstag zu feiern pflegte: Agrippa I. (Lebenszeit 10 v. d. Z. - 44 n. d. Z.),[33] der Tetrarch und spä-

---

Flacc. 81-84 (*F. H. Colson*, Philo with an English Translation, London – Cambridge 1954, 346f.). Zu anderen Geburtstagsfeiern, die in der julisch-claudischen Dynastie mit Triumphzügen gefeiert wurden, vgl. *Herz*, Kaiserfeste, 1147ff.

29. Insofern stimmt die sich in diesem Psalm äußernde Sicht des Geburtstags mit der in PsSal 3,29 durchaus überein.

30. Vgl. zu ihm *Schürer*, History, Bd. I, 340ff.; *P. Schäfer*, Geschichte der Juden in der Antike. Die Juden Palästinas von Alexander dem Großen bis zur arabischen Eroberung, Stuttgart – Neukirchen-Vluyn 1983, 116ff.

31. Vgl. zu diesen Stellen den Kommentar von *D. Lührmann*, Das Markusevangelium, HNT 3, Tübingen 1987, 113ff. Zu den chronologischen Problemen dieses Berichts vgl. *W. Schenk*, Gefangenschaft und Tod des Täufers, in: NTS 29 (1983), 453-483, bes. 466.

32. Vgl. Jos, *Ant* XVIII (117-119). Im Unterschied zu den Evangelien erwähnt Josephus allerdings den Ort, an dem Johannes d. T. hingerichtet wurde: Machärus. Vgl. hierzu *Schürer*, History, Bd. I, 345 und 348 mit Anm. 27.

33. Vgl. Jos, *Ant* XIX (321). Zu Agrippa I. vgl. *Schürer*, History, Bd. I, 442ff.; *Schäfer*, Ge-

tere König von Judäa.³⁴ Das Schweigen über die Geburtstagsfeier im Zusammenhang mit dem Bericht über das Ende des Täufers bei Josephus könnte somit ein Hinweis darauf sein, daß dieses Detail in den Evangelien erwähnt wird, um ein bestimmtes Erzählanliegen zu verfolgen. Anscheinend versuchten die Autoren der Evangelienberichte, durch den Hinweis auf die Geburtstagsfeier den anti-jüdischen Charakter des Verhaltens des Herodes Antipas hervorzuheben. Ausgerechnet an seinem Geburtstag fällt dieser angeblich jüdische König das Urteil über den Täufer.

Der genaue Vergleich mit dem erwähnten, vielleicht auf eine ältere Quelle zurückgehenden³⁵ Bericht des Josephus über die Geburtstagsfeier Agrippa I. läßt sogar ganz deutlich erkennen, daß wir es in den Evangelien wohl mit einem bewußt verwendeten Hinweis auf die jüdische Beurteilung des Geburtstags zu tun haben. Wie D. R. Schwartz in seiner Analyse des Berichtes des Josephus (bzw. seiner Quelle) über die Vorgänge anläßlich des Geburtstags des Agrippa I. gezeigt hat, ist der Bericht bei Josephus in Anlehnung an die Joseph-Geschichte verfaßt worden.³⁶ So wie Josephus (bzw. seine Quelle) die Freilassung des Eparchen Silas³⁷ wie die Freilassung des Mundschenks in der Josephs-Erzählung durch Pharao schildert, so ließ er dies, wie durch Gen 40,20 vorgegeben, an einem Geburtstag geschehen – an einem Festtag, dessen nicht-jüdischer Charakter durch die Anlehnung an die Josephs-Erzählung, in der die Feier eines Pharao-Geburtstags erwähnt wird, besonders unterstrichen wird.³⁸

Die Erwähnung des Geburtstags in den Evangelienberichten über die

schichte, 127ff.; *D. R. Schwartz*, Agrippa I. The Last King of Judaea, TSAJ 23, Tübingen 1990.

34. Daß das Haus des Herodes des Großen die Feier des Geburtstags einführte, könnte mit den engen Kontakten nach Rom zusammenhängen. Dies wird man jedoch nicht mit einer kryptischen Nachricht über den »Tag des Herodes« in den *Satiren* (V,180) des Persius (34-62 n.d.Z.) in Verbindung bringen dürfen, wie bei *Schmidt*, Geburtstag, 70 und dann wieder bei *Stuiber*, Art. Geburtstag, 242. Schon *F. J. Dölger*, Der Heilige Fisch in den antiken Religionen und im Christentum. Textband, ΙΧΘΥΣ II, Münster i.W. 1922, 94 Anm. 8 hat darauf hingewiesen, daß mit dem »Herodis dies« bei Persius »eine jüdische Sabbatfestlichkeit« gemeint sein dürfte. So auch *M. Stern*, Greek and Latin Authors on Jews and Judaism, Bd. I: From Herodotus to Plutarch, Jerusalem ²1976, 436f.; ferner *W. Kißel*, Aules Persius Flaccus. Satiren, Wissenschaftliche Kommentare zu griechischen und lateinischen Schriftstellern, Heidelberg 1990, 744f.; so zuletzt auch *P. Schäfer*, Judeophobia. Attitudes toward the Jews in the Ancient World, Cambridge – London 1997, 90f.
35. Vgl. hierzu *Schwartz*, Agrippa, 31f. Er rekonstruiert als eine Quelle des Josephus eine »Diaspora-Novelle«: »Vita of Agrippa«.
36. Vgl. *Schwartz*, Agrippa 34.
37. Vgl. Jos, *Ant* XIX (319).
38. Vgl. die Übersetzung von *H. Clementz*, Des Flavius Josephus Jüdische Altertümer, Wiesbaden ¹⁰1990, 625: »Als er daher Geburtstag feierte, den alle seine Unterthanen mit fröhlichen Gelagen begingen, liess er auch Silas unverzüglich rufen, damit er an seiner Tafel speise.«

Hinrichtung des Täufers wird man also nicht als eine beiläufige Detail-Nachricht verstehen können. Wie bei Josephus, der ja auch an anderer Stelle Kenntnisse der jüdischen Sicht des Geburtstags verrät[39], handelt es sich vielmehr um eine hintergründige Polemik an dem nicht-jüdischen Charakter des Verhaltens des Herrschers. Anscheinend war die Erwähnung einer Geburtstagsfeier sogar ein Topos jüdischer Kritik an paganen, allzu hellenisierten Herrschern.[40] Jedem zeitgenössischen Juden muß der Hinweis auf die Geburtstagsfeier sofort aufgefallen sein. Später ist dieser Topos auch von christlichen Autoren übernommen und verstanden worden.[41]

IV

Wie bereits angedeutet, läßt sich die negative Sicht des Geburtstags nun allerdings nicht nur mit der Polemik gegen fremde Herrscher, sondern auch mit der eigentümlich skeptischen Sicht des Tages der Geburt in Verbindung bringen, wie sie uns in weisheitlichen Schriften begegnet. An zwei im Hinblick auf das Thema Geburtstag wenig beachteten Stellen in der griechischen Esra-Apokalypse (1,6 und 1,21)[42] heißt es z. B., »es wäre besser für den Menschen, nicht geboren worden zu sein«.[43] Diese vielleicht bereits in der jüdischen Grundschrift dieser Apokalypse vorhandenen Äußerungen erinnern zunächst natürlich an Hiob 3,3, doch Entsprechungen finden sie auch in der Apokalypse des Sedrach und anderen apokalyptischen Schriften.[44] Entfernt

39. Man beachte etwa die kurze Notiz in *Contra Apionem* II 25 (204), in der es heißt, daß man anläßlich der Geburt eines Kindes keine Schmausereien (εὐωχίαι) und Gelage (μέθη) veranstalten soll. Dem Neugeborenen soll man vielmehr durch züchtige Lebensweise ein gutes Vorbild sein. Vgl. zu dieser Stelle *M. Zipser*, Des Flavius Josephus Werk »Ueber das hohe Alter des jüdischen Volkes gegen Apion«. Nach dem Tode des Verfassers hrsg. und bevorwortet von *A. Jellinek*, Wien 1871, 167f.; *J. G. Müller*, Des Flavius Josephus Schrift gegen Apion. Text und Erklärung. Aus dem Nachlaß hrsg. von *Ch. J. Riggenbach* und *C. von Orelli*, Basel 1877, Nachdr. Hildesheim – New York 1969, 322 ff.
40. Vgl. hierzu auch *Schwartz*, Agrippa 133 mit Hinweis auf bRHSh 3a. Zu beachten ist in diesem Zusammenhang allerdings auch das positive Bild, das andere Quellen von Agrippas »Frömmigkeit« (vgl. Jos, Ant XIX 331; dann auch mSot 7,8) zeichnen.
41. Zu beachten ist in diesem Zusammenhang, wie sich die letztlich auf Gen 40,20 zurückzuführende Kritik an der Geburtstagsfeier in frühchristlichen Kreisen niedergeschlagen hat. Deutlich kann man dies etwa auch einigen Bemerkungen des Origenes in seinem Kommentar zu Mt 10,22 entnehmen. Vgl. hierzu *Stuiber*, Art. Geburtstag, 227. Ob man mit *Stuiber*, a.a.O., 226 annehmen darf, daß es auch im frühen Christentum Geburtstagsfeiern wie in der paganen Umwelt gegeben hat, scheint mir jedoch fraglich. Meines Wissens fehlen sichere Belege für die Feier des Geburtstags im frühen Christentum.
42. Vgl. *U. B. Müller*, Die griechische Esra-Apokalypse, JSHRZ V / 2, Gütersloh 1976, 90. Vgl. auch *P. Rießler*, Apokalypse des Esdras, in: *ders.*, Altjüdisches Schrifttum außerhalb der Bibel, Freiburg i. B. 1928, Nachdr. Freiburg i. B. – Heidelberg 1979, 126.
43. Vgl. *Müller*, Griechische Esra-Apokalypse, 91.
44. Vgl. ApcSedr 4 (*S. Agourides*, in: OTP 2, 610). Vgl. auch 4 Esr 4,12; 7,(64); 7,46.

erinnern Sätze wie diese auch an ein berühmtes Diktum der Schule Shammais, nach der es für den Menschen besser wäre, nicht erschaffen worden zu sein.[45]

Wie sind diese Äußerungen auf dem Hintergrund der bereits gemachten Beobachtungen zur Sicht des Geburtstags im antiken Judentum zu verstehen? In ApcEsr(gr) wird durch diese Hinweise vor allem an die Sündenfülle des Menschen erinnert.[46] Der Geburtstag wird dabei als einer der Eckpunkte des menschlichen Lebens betrachtet, ohne daß mit dem Hinweis auf diesen Tag, wie vielleicht in dem Diktum der Schule Shammais, ein philosophisches Anliegen oder eine theologische Wertung verbunden wäre.[47] Diese in einem »apokalyptischen« Kontext überlieferten Aussagen wird man zwar nicht nur auf dem Hintergrund der theologischen Probleme und Veränderungen in der Zeit nach der Tempelzerstörung zu verstehen haben. Sie belegen aber, daß weisheitliche Tradition, unter veränderten theologischen Bedingungen[48], weitertradiert und wohl auch weiterentwickelt wurde.

V

Berücksichtigt man nun allerdings nur diese von weisheitlicher Theologie geprägten Äußerungen zum Tag der Geburt – man kann hierfür vielleicht auch noch auf einige Bemerkungen bei Philo von Alexandrien hinweisen[49] –

---

45. Vgl. bEr 13b. Zu dieser in der rabbinischen Überlieferung einzigartigen »Baraita« wird im Namen der Schule Hillels überliefert, daß es für den Menschen besser gewesen wäre, geboren worden zu sein, während im Namen der Schule Shammais überliefert wird, es sei besser, daß der Mensch nicht erschaffen worden wäre. Vgl. zu diesem Text allerdings E. E. Urbach, The Sages. Their Concepts and Beliefs, Jerusalem 1987, 252f.; S. Schechter, Aspects of Rabbinic Theology. Major Concepts of the Talmud, New York ³1960, 8. Möglicherweise handelt es sich demnach bei diesem oft als Beleg für die negative Sicht des Tages der Geburt im rabbinischen Judentum angeführten Text (so etwa Ashkenazi, Yom hulledet, 186) um eine späte, »pseudepigraphe« Baraita. Zu beachten ist auch, daß es dort im Namen der Schule Hillels heißt, daß der Mensch nun, da er nun einmal geschaffen worden, auf seine Taten achten solle.
46. Vgl. hierzu M. E. Stone, Greek Apocalypse of Ezra, in: OTP 1, 560-579. Nach Stone, in: OTP 1, 571 Anm. h ist die Formulierung 4 Esr 4,12 bzw. 7,62-68 (u. ö.) entlehnt.
47. Vgl. etwa auch den unten vorgestellten Midrash ShemR Wa-yaqhel 48,1 (78a; Mirkin VI/2 191).
48. Vgl. hierzu etwa A. Büchler, Studies in Sin and Atonement in the Rabbinic Literature of the First Century, PJC 11, Oxford – London 1928, Nachdr. New York 1967, 459ff.
49. Vgl. z.B. Philos Bemerkungen zu Gen 40,20 in De ebrietate 208f. Philo von Alexandria. Die Werke in deutscher Übersetzung, hrsg. von L. Cohn u. a., Bd. V, Berlin ²1962, 71 f.: »Daher versöhnt sich der König des Ägyptenlandes, d.h. des Körpers, trotz seinem Entschlusse, seinen Mundschenk, den Diener der Trunkenheit, in Ungnade fallen zu lassen, nicht lange darauf wieder mit ihm und erinnert sich nach der Darstellung der heiligen Schrift der Leidenschaft, welche die Begierden zum Ausdruck bringt, am Tage der vergänglichen Schöpfung, nicht in dem unvergänglichen Lichte des Ungewordenen.

gewinnt man wohl einen zu einseitigen Eindruck von der Beurteilung dieses Tages im antiken Judentum. Dies zeigt sich nicht nur an einigen rabbinischen Texten, sondern läßt sich auch an einer bemerkenswerten Stelle in einer längeren Textfassung des slavischen Henochbuches beobachten.[50]

In einem auf einen jüdischen Interpolator zurückgehenden Abschnitt dieser vielleicht im alexandrinischen Judentum des 1. Jh. verfaßten Schrift[51] finden wir eine Art Kurzbiographie Henochs, die sich durch ein besonderes Interesse am Geburtstag des Henoch auszeichnet. Dort heißt es:[52]

Hen(sl) 68,1-4.
(1) Henoch aber wurde geboren am 6. Tag des Monats Pamovous (Tammuz). Und er lebte 365 Jahre. Er wurde in den Himmel aufgenommen im Monat Nisan, am 1. Tag. Und er verbrachte sechzig Tage im Himmel, (2) wo er alle Merkmale aller Geschöpfe, die der Herr geschaffen hat, schrieb. Und er schrieb 366 Bücher und verteilte sie unter seinen Söhnen ... (3) Und er wurde wiederum in den Himmel aufgenommen, in demselben Monat Pamovous (Tammuz), und an demselben 6. Tag, [an dem] er auch geboren wurde und in derselben Stunde. (4) Denn ein jeder Mensch hat eine finstere Natur dieses gegenwärtigen Lebens, so auch Empfängnis und Geburt und Abscheiden von diesem Leben. In jener Stunde, in der er empfangen wird, in der Stunde wird er auch geboren, in der verscheidet er auch.

Denn es heißt: ›Es war der Tag der Geburt des Pharao‹ (Gen 40,20), als er den Erzmundschenk aus dem Gefängnis zur Versöhnung holen ließ. Denn es ist eine Eigentümlichkeit des Freundes der Sinnlichkeit, das Gewordene und das Vergängliche deshalb für glänzend zu halten, weil er in Nacht und tiefer Finsternis gegenüber dem Wissen um die unvergänglichen Dinge befangen ist. Deswegen bewillkommt er sogleich die Trunkenheit, die Anführerin der Lust, und deren Diener mit offenen Armen.« Zur philosophischen Tradition, in der Philos Ausführungen zur Trunkenheit in diesem Zusammenhang zu verstehen sind, vgl. etwa *Ch. Elsas*, Das Judentum als philosophische Religion bei Philo von Alexandrien, in: *K.-W. Tröger* (Hg.), Altes Testament – Frühjudentum – Gnosis. Neue Studien zu »Gnosis und Bibel«, Gütersloh 1980, 195-220, hier bes. 199 f. Zur Sicht des Geburtstags bei Philo vgl. auch die Nacherzählung von Gen 40,20 in *De Josepho* 97 (Seite 177 der dt. Übersetzung: »Als aber die drei Tage verstrichen waren, brach der Geburtstag des Königs an, an welchem alle im Lande sich zu Festfeiern versammelten, besonders aber die Hofleute«).

50. Zu den Einleitungsfragen vgl. *Ch. Böttrich*, Das slavische Henochbuch, JSHRZ V / 7, Gütersloh 1995, 785 ff.; *F. I. Andersen*, (Slavonic Apocalypse of) Enoch, in: OTP 1, 91 ff. Die längere Fassung wird von *Böttrich* aufgrund textkritischer Beobachtungen als die ursprünglichere Textgestalt angesehen.
51. Vgl. *Böttrich*, Slavische Henochbuch, 1002. Zum Charakter der Interpolationen im Slavischen Henoch vgl. ebd., 802 ff., und siehe auch *ders.*, Weltweisheit – Menschheitsethik – Urkult. Studien zum slavischen Henochbuch, WUNT II 50, Tübingen 1992, 111 f.
52. Zur Übersetzung vgl. *Böttrich*, Slavische Henochbuch, 1002 f.; siehe auch *Andersen*, in: OTP 2, 196.

In dieser interessanten Spekulation über die Stunde der Empfängnis, der Geburt und des Todes des Henoch wird exemplarisch auf einen Aspekt des Geburtstags hingewiesen, den wir in anderen Jüdischen Schriften aus hellenistisch-römischer Zeit bislang noch nicht beobachtet hatten: die astrologische (Be)deutung des Tages der Geburt.

Daß in den Jüdischen Schriften aus hellenistisch-römischer Zeit die astrologische Bedeutung des Geburtstags kaum erwähnt wird, verwundert. Nicht nur, daß das Interesse am Geburtstag in astrologischer Hinsicht für die pagane Umwelt gut belegt ist.[53] Dieser Befund ist auch erstaunlich, weil sich Belege für die Beachtung der Astrologie auch in einigen Schriften aus den Höhlen vom Toten Meer finden[54], in jenen Texten also, die zumindest aus dem Umfeld einer Gruppierung des antiken Judentums stammen, in der auch einige der Jüdischen Schriften aus hellenistisch-römischer Zeit tradiert worden sind.[55]

Ein vergleichbarer Text für die in dem zitierten Abschnitt aus der längeren Fassung des slavischen Henochbuches überlieferte Harmonisierung der Lebensdaten des Henoch findet sich auffälligerweise erst in der rabbinischen Literatur. Meist wird in diesem Zusammenhang darauf hingewiesen, daß auch Mose an seinem Geburtstag gestorben sein soll.[56] Möglicherweise sind aber auch solche rabbinischen Vorstellungen über das Zusammenfallen des Geburts- und des Todestages großer Persönlichkeiten auf pagane Einflüsse

---

53. Vgl. hierzu etwa *W. Gundel*, Art. Astrologie, in: RAC 1 (1950), 821.
54. Man vgl. zur astrologischen Bedeutung des Geburtstags etwa 4QHoroscope (4Q186 Frg.1 Kol II [8]); Text in: *J. Maier*, Die Qumran-Essener: Die Texte vom Toten Meer, Bd. II: Die Texte der Höhle 4, München – Basel 1995, 135f. Fraglich ist allerdings, ob dieser Text auf die Gemeinschaft von Qumran zurückgeht. Vgl. hierzu *M. Albani*, Der Zodiakos in 4Q318 und die Henoch-Astronomie, in: Mitteilungen und Beiträge. Forschungsstelle Judentum 7 (1993), 3-42, bes. 35f. – Zur Bedeutung astrologischer Spekulationen im antiken Judentum vgl. insgesamt *J. H. Charlesworth*, Jewish Astrology in the Talmud, Pseudepigrapha, the Dead Sea Scrolls and Early Palestinian Synagogues, in: HThR 70 (1977), 183-200; dann auch *L. Wächter*, Astrologie und Schicksalsglaube im rabbinischen Judentum, Kairos 11 (1969), 181-200.
55. Zur Rezeption einiger Jüdischer Schriften aus hellenistisch-römischer Zeit in den Höhlen vom Toten Meer vgl. *J. Maier*, Die Qumran-Essener: Die Texte vom Toten Meer, Bd. III: Einführung, Zeitrechnung, Register und Bibliographie, München – Basel 1996, 12f.; *J. C. VanderKam*, Einführung in die Qumranforschung. Geschichte und Bedeutung der Schriften vom Toten Meer, Göttingen 1998, 54ff.
56. Vgl. tSot 11,7-8 (*Zuckermandel* 315); bMeg 13b; bRHSh 11a; bSot 13b; bQid 38a; SOR 10 (*Ratner* 22a; *Milikowsky* 273). Das Zusammenfallen von Geburts- und Todestag des Mose wird meist durch einen Hinweis auf Ex 23,26 erklärt. Dabei wird angenommen, daß Mose wie Joseph und David an einem Shabbat gestorben ist. Vgl. zu dieser Tradition insgesamt *L. Ginzberg*, The Legends of the Jews, Bd. VI, Philadelphia 1928, Nachdr. 1968, 167f.

zurückzuführen. Denn Texte aus der paganen Umwelt belegen, daß es auch dort als besonderes Glück galt, an seinem Geburtstag zu sterben.[57]

Wie groß das mit solchen Vorstellungen verwandte, astrologisch begründete Interesse am genauen Tag der Geburt im rabbinischen Judentum war, kann ein Abschnitt aus dem Traktat Shabbat des Babylonischen Talmud belegen.[58] Auch dieser Text wirft ein Licht auf die oben zitierte Stelle aus dem slavischen Henoch:

bShab 156a
Es steht im *Pinqas*[59] des Rabbi Yehoshuaʿ ben Lewi geschrieben: Wer an einem Sonntag (geboren wurde), wird ein Mann sein, an dem nichts ist. Was heißt dies? Wollte man sagen, nichts Gutes (ist an ihm), so würde Rav Ashi einwenden, er sei an einem Shabbat (geboren worden). Wollte man sagen, nichts Schlechtes, so würde Rav Ashi einwenden: Ich und Dimi ben Qaquzta sind an einem Sonntag (geboren worden) – (und nun) bin ich Schuloberhaupt, und er ist Führer der Räuber geworden. – Vielmehr, entweder vollständig gut oder vollständig schlecht. Aus welchem Grund? Weil an diesem Tag (d. h. dem Tag nach dem Shabbat) Licht und Finsternis geschaffen worden sind.[60] Wer an einem Montag (geboren wurde), wird ein jähzorniger Mann sein. Aus welchem Grund? Weil an diesem Tag die Wasser geteilt wurden.[61] Wer an einem Dienstag (geboren wurde), wird reich und buhlerisch sein. Aus welchem Grund? Weil an diesem Tag die Gräser erschaffen wurden.[62] Wer an einem Mittwoch (geboren wurde), wird weise und erleuchtet sein. Aus welchem Grund? Weil an diesem Tag die Lichter angehängt wurden. Wer an einem Donnerstag (geboren wurde), wird wohltätig sein. Aus welchem Grund? Weil an diesem Tag Fisch und Geflügel erschaffen wurden.[63] Wer an einem Freitag (geboren wurde), wird ein strebsamer Mann sein. Rabbi Naḥman bar Yiṣḥaq sagte:

---

57. Besonders eindrucksvoll ist dies etwa für Alexander den Großen und auch für den bereits erwähnten Pompeius belegt. Vgl. *Schmidt*, Geburtstag, 3 Anm. 4.
58. Zur Übersetzung vgl. *D. Goldschmidt*, Der babylonische Talmud, neu übertragen, Bd. I, Berlin 1967, Nachdr. Frankfurt a. M. 1996, 938. Siehe auch die nützlichen Erläuterungen zu diesem Abschnitt in *J. Dessauer*, Spruch-Lexikon des Talmud und Midrasch. Der Urtext, wortgetreu übersetzt, erläutert und verglichen mit den Lehr- und Kern-Sprüchen aus alter und neuer Zeit. Ein Buch zur unterhaltenden Belehrung für jeden Stand, Budapest 1876, 72 f.
59. D. h. in einem Notizbuch. Das Wort *pinqas* ist vom griech. πίναξ abgeleitet; vgl. *S. Krauss*, Griechische und lateinische Lehnwörter im Talmud, Midrasch und Targum mit Bemerkungen von *I. Löw*, Bd. II, Berlin 1899, Nachdr. Hildesheim – Zürich – New York 1987, 466 f.
60. Vgl. Gen 1,4-5.
61. Die oberen und unteren Wasser wurden getrennt, was hier wohl als Hinweis auf den Widerspruch zwischen Jähzorn und Friedfertigkeit gedeutet wird.
62. Vgl. Gen 1,11. Gräser sind etwas, was sich rasch vermehrt. Dies kann als Hinweis auf die buhlerische Art eines Menschen verstanden werden.
63. Fisch und Geflügel vermehren sich außerordentlich schnell. So schnell wie sich Gräser vermehren, so schnell (bzw. oft) wird derjenige, der an diesem Tag geboren wurde, seine Wohltätigkeit in den Dienst anderer stellen.

Strebsam in bezug auf die (an einem Shabbat zu beobachtenden) Gebote.[64] Wer an einem Shabbat (geboren wurde), wird an einem Shabbat sterben, weil seinethalben der große Tag des Shabbat entweiht wurde. Rabba bar Rav Shela sagte: Auch wird er ein großer Heiliger genannt werden.

In diesem Abschnitt, der auf eine Notiz im *Pinqas* des berühmten Amoräers der ersten Generation, Rabbi Yehoshuaʿ ben Lewi, zurückgeführt wird, wird der sich am Tag der Geburt abzeichnende Charakter eines Menschen mit einzelnen Ereignissen der Schöpfungsgeschichte verknüpft. Wie in den oben erläuterten Überlieferungen das Zusammenfallen von Geburts- und Todestag als positives Zeichen gedeutet wird, so werden hier aufgrund des Vergleichs des Wochentags der Geburt mit dem entsprechenden Tag der Schöpfungswoche die sich zur Lebenszeit eines Menschen entfaltenden Eigenschaften abgelesen. Offensichtlich war man davon überzeugt, daß so, wie bestimmte Sternenkonstellationen bei der Geburt über das Leben eines Menschen entscheiden, auch der Wochentag der Geburt Bedeutung für das spätere Leben hat.[65]

Nicht erst für die Rabbinen, wenn auch für sie besonders, mag hinsichtlich der Beurteilung des Geburtstags dann auch eine Rolle gespielt haben, daß man durch die Zuschreibung spezieller Lebensdaten die hervorragende Bedeutung einzelner Persönlichkeiten unterstreichen konnte. Man kann diesbezüglich etwa auf die spät belegte Tradition verweisen, nach der der Geburtstag des Jeremia auf den Neunten Av, den Fasttag zum Gedenken an die Zerstörung(en) des Tempels, fiel,[66] oder die ebenfalls erst spät, in bQid 72b, belegte Tradition, nach der Rabbi Yehuda ha-Nasi am Todestag des Rabbi ʿAqiva geboren worden sein soll, wobei hinter diesen Traditionen auch der Grundsatz stehen mag, daß ein Ṣaddiq, ein Gerechter, nicht eher

---

64. Denn an einem Freitag sind die Vorbereitungen für den Shabbat zu vollenden.
65. Man vgl. hiermit etwa auch die späte, christliche Schrift Revelatio Esdrae (*D. A. Fiensy*, in: OTP 1, 601-604), in der die »Natur eines Jahres« vom Wochentag des 1. Januar abgelesen wird.
66. Explizit ist dieses Motiv zwar erst in nach-talmudischer Zeit, in einer sehr späten Schrift, Seder ha-Dorot des Menaḥem be-Rabbi Shelomo ha-Meʾiri, S. 3298, belegt. Indirekt läßt sich das Motiv, daß Jeremia an einem Neunten Av gestorben ist, aber vielleicht auch schon QohR 1,1 (vgl. *M. G. Hirshman*, Midrash Qohelet Rabbah: Chapters 1-4 Commentary Ch. 1 and Introduction, Ann Arbor 1983, 6* und 9, Z. 37), BerR 64,5 (*Theodor/Albeck* 705) zu Gen 26,6 und PesR 26 (*Friedmann* 129a) entnehmen. Zum Ganzen vgl. *A. A. Wieder*, Jeremiah in Aggadic Literature, Diss. Brandeis, Ann Arbor 1962 (Microfilm), 14. In Jüdischen Schriften aus hellenistisch-römischer Zeit findet sich dieses Motiv noch nicht; vgl. noch *Ch. Wolff*, Jeremia im Frühjudentum und Urchristentum, TU 118, Berlin 1976, 89 ff.

aus der Welt scheidet, als bis ein Frommer seinesgleichen geboren werde.[67] Ein Grundsatz, mit dem man auch die berühmte, in yBer 2,4 – 5a und einer Parallele in EkhaR 1,16 (*Buber* 45a) überlieferte Tradition erklären kann, derzufolge der Messias ben Menaḥem am Tage der Tempelzerstörung geboren worden sei.[68]

Von einer besonderen Bedeutung des Zusammenfallens eines Geburtstags mit einem Unglücksereignis geht desweiteren eine bekannte Aggada in Midrash Ekha Rabba aus, in der erwähnt wird, daß die Geburt eines Sohnes Kaisers Trajans an einem Neunten Av erfolgte.[69] Dieser berühmte Midrash wird meist mit dem Aufstand der Juden in Ägypten (115-117 n. d. Z.) in Verbindung gebracht.[70] Auch ein Midrash wie dieser belegt, daß man dem Tag der Geburt unter den Rabbinen, trotz aller Vorbehalte gegen seine feierliche Begehung, besondere Bedeutung zudachte.

Wie sehr solche Vorstellungen von der besonderen Bedeutung der Koinzidenz des Geburts- und Todes- bzw. Unglückstages mit astrologischen und im Grunde nicht spezifisch jüdischen Vorstellungen zusammenhängen, zeigt sich dann an einer bemerkenswerten Notiz im Traktat Rosh ha-Shana des Talmud Yerushalmi. Im Kontext einer *sugya* über die Kalenderfestlegung wird dort erwähnt, daß die Römer (»Amalek«) ihre Truppen am Geburtstag auszuheben pflegten, weil sie meinten, daß »niemand so schnell an seinem Geburtstag fällt«.[71] Diese römische Schutzmaßnahme[72] wird jedoch ver-

---

67. Als Beleg für diesen Grundsatz wird in bQid 72b auf Spr 1,5, *die Sonne geht auf und die Sonne geht unter*, verwiesen. Dasselbe wird in bQid 72b auch im Hinblick auf den Todestag Rabbas und den Geburtstag von Rav Ashi überliefert.
68. Vgl. hierzu auch Jes 10,34 und Jes 11,1. Vgl. ferner *G. Scholem*, Zum Verständnis der messianischen Idee im Judentum, in: *ders.*, Judaica I, Frankfurt a.M. 1963, 27. Siehe auch die detaillierte Motivanalyse von *A. M. Schwemer*, Elija als Araber. Die haggadischen Motive in der Legende vom Messias Menahem ben Hiskija (yBer 2,4 5a; EkhaR 1,16 51) im Vergleich mit den Elija- und Elischa-Legenden der Vitae Prophetarum, in: Die Heiden. Juden, Christen und das Problem des Fremden, hrsg. von *R. Feldmeier* und *U. Heckel*, WUNT 70, Tübingen 1994, 108-157 (zum Motiv Messias und Tempel vgl. bes. 131 ff.).
69. Vgl. EkhaR (*Buber* 42a). Eine synoptische Edition der wichtigsten Zeugen dieses Textes findet sich in der unveröffentlichten Magisterarbeit von *P. Mandel*, Ha-Sippur be-Midrash Ekha. Nussaḥ we-signon, Jerusalem 1983, 38*.
70. Zum geschichtlichen Hintergrund dieses Berichtes vgl. *G. Stemberger*, Die Beurteilung Roms in der rabbinischen Literatur, in: ANRW II 19.2 (1979), 359 f.
71. Vgl. yRHSh 3,8 – 59a,19-23 und für eine kommentierte Übersetzung *A. Lehnardt*, Rosh ha-Shana – Neujahr, ÜTY II/7, Tübingen 2000, 136. Vgl. auch die mittelalterlichen Parallelen in Yalq Hab 3,11 564 (333b) und YalqM Hab 3,9 (*Greenup* 51). – Zu Amalek als prototypischer Bezeichnung für Römer vgl. *A. A. Halevy*, ʿOlamah shel ha-Aggada. Ha-Aggada le-or meqorot yewaniim, Tel Aviv 1972, 78.
72. Möglicherweise ist hier die Aushebung von Truppen am Geburtstag eines Kaisers gemeint. Der Stelle ist jedoch nicht genau zu entnehmen, wessen Geburtstag – der der ausgehobenen Truppen oder des Herrschers? – gemeint ist.

eitelt, denn Mose, so heißt es, kann den Lauf der Gestirne und damit auch den Kalender »Amaleks« durcheinanderbringen.[73]

Vorstellungen von der besonderen Bedeutung des Geburtstags als dem Tag, an dem nach römischer Überzeugung der Genius, der Schutzgott des Einzelnen,[74] Geburtstag hat, wurden also von den Rabbinen adaptiert und gegen diejenigen ins Feld geführt, die an die diesem Tag zugedachten, geradezu magischen Schutzkräfte glaubten. Die Geburtstag feiernden Feinde wurden gewissermaßen mit ihren eigenen Bräuchen geschlagen.

VI

Die rabbinische Literatur läßt nun allerdings auch eine gewisse Ambivalenz in der Beurteilung dieses Tages erkennen. Dem Tag der Geburt und dem mit seiner Wiederkehr verbundenen Überschreiten gewisser Altersgrenzen wird auch im Hinblick auf die Beobachtung bestimmter Gebote Aufmerksamkeit geschenkt. In vielen, hier nicht im einzelnen zu erläuternden Stellen wird etwa darauf hingewiesen, daß sich mit dem Erreichen eines gewissen Lebensjahrs die religiösen Pflichten und die Verantwortlichkeiten verändern. Nach rabbinischer Auffassung entscheidet das Alter zuweilen darüber, welche Ge- und Verbote beobachtet werden müssen. In Mishna Yevamot 10,6 ff. wird z.B. festgelegt, in welchem Alter der Junge die Geschlechtsreife erlangt, nämlich im Alter von »neun Jahren und einem Tag«. Vor allem mit dem Erreichen dieser Altersgrenze verband man die Auffassung, daß sich hierdurch die Verantwortlichkeit gegenüber anderen grundlegend verändert.[75]

Hinweise auf das Alter und den Geburtstag in der rabbinischen Literatur dienen freilich meist nur der Präzisierung halakhischer Bestimmungen. Nie wird in den rabbinischen Überlieferungen das Erreichen eines bestimmten Alters mit einem Fest in Verbindung gebracht. Auch wird nicht erwähnt, wie man das genaue Alter berechnete – ob wirklich vom Geburtstag an oder vom Tag oder der Woche der Beschneidung an. Das Erreichen der Geschlechtsreife scheint z.B. nicht immer mit einem bestimmten Geburtstag,

---

73. Zur Vorstellung, daß Mose den Lauf der Gestirne und damit den Kalender durcheinander bringen kann, vgl. auch AscMos 10,5 (*E. Brandenburger*, Himmelfahrt Moses, JSHRZ V / 2, Gütersloh 1976, 76 f.).
74. Zum Genius als Schutzgottheit des Einzelnen und der Feier seines Geburtstags vgl. z.B. *W.-A. Maharam*, Art. Genius, in: Der neue Pauly 4 (1998), 915-917.
75. Vgl. auch tYev 8,1 (*Zuckermandel* 249) = ySot 4,6(5) – 19d,33-36. Zu ähnlichen Fragen vgl. auch yQid 1,2 – 59c,8-29, wo die Pubertätszeichen des Jungen jeweils mit Nennung anderer Altersgrenzen erörtert werden. Vgl. auch tNid 6,1 (*Zuckermandel* 647); bYev 68a; bQid 74b u.ö.

d. h. mit einem genauen Termin in Verbindung gebracht worden zu sein. Einige Texte lassen vielmehr erkennen, daß man sich bei der Festlegung der Geschlechtsreife zunächst auch an körperlichen Anzeichen und an Fähigkeiten orientierte.[76] Erst in amoräischer Zeit scheint man sich um eine genauere Festlegung von Altersgrenzen bemüht zu haben.[77]

VII

Im Hinblick auf die Beurteilung des Geburtstags durch die Rabbinen sind allerdings nicht nur solche Überlieferungen zu berücksichtigen, die auf die halakhische Bedeutung des Alters bzw. der Geschlechtsreife eingehen. Aufschlußreich sind auch einige Stellen, in denen der Umgang mit Nichtjuden an Geburtstagen fremder Herrscher, dem sog. *yom genesiya*,[78] verboten bzw. eingeschränkt wird. Besonders interessant ist etwa eine Mishna in dem Traktat über den Götzendienst (Avoda Zara),[79] in der heidnische Feste aufgezählt werden, an denen der (geschäftliche) Umgang mit Nichtjuden verboten ist:

mAZ 1,3 (Hs Kaufmann)
Dies sind Iden[80] der *goyim*, (an denen der Umgang mit ihnen eingeschränkt ist):

76. Vgl. mNid 5,6; tNid 6,2; bNid 45a-b; mNid 6,11 [= tHag1,3]. Zum Ganzen vgl. *I. Lebendiger*, The Minor in Jewish Law, in: JQR NS 6 (1915-16), 459-493, hier bes. 466ff.; *Y. D. Gilat*, Studies in the Development of the Halakha, Jerusalem 1992 (hebr.), 19ff. Zu anderen, zum Teil widersprüchlichen Vorstellungen über Minderjährigkeit in der rabbinischen Literatur vgl. auch *D. Börner-Klein*, Zum Problem der Minderjährigkeit im rabbinischen Recht, in: וזאת ולינגאל, We-zo't le-Angelo, Raccolta di studi giudaici in memoria di A. Vivian, ed. *G. Busi*, AISG 11, Bologna 1993, 25-31.
77. Vgl. *Gilat*, Studies, 30f. mit Hinweis auf mAv 5,21[24], eine späte Hinzufügung zu den Sprüchen der Väter, in der es heißt: »Ein Fünfjähriger ist reif für die Schrift *(miqra)*, ein Zehnjähriger für die Mishna, ein Dreizehnjähriger für die Erfüllung der Gebote, ein Fünfzehnjähriger für den Talmud, ein Achtzehnjähriger für die Heirat, ein Zwanzigjähriger zum Erwerb (des Lebensunterhaltes) ...«. Vgl. hierzu auch *M. Higger*, Massekhet Avot we-Qinyan Tora, Horeb 7 (1943), 127.
78. Vgl. zu diesem griech. Lehnwort *S. Krauss*, Zur griechischen und lateinischen Lexikographie aus jüdischen Quellen, ByZ 2 (1893), 538, und siehe hierzu auch die Rezension von *L. Blau*, in: REJ 27 (1893), 294-301, bes. 298f. Vgl. dann auch *S. Krauss*, Lehnwörter, Bd. II, 180 s. v. גנוסיא und *ders*. Talmudische Archäologie, Bd. III, Leipzig 1912, Nachdr. Hildesheim 1966, 125ff. – Das Wort ist auch in TPsJ zu Gen 40,20, nicht aber in *Targum Onqelos* belegt. In manchen Hss findet sich die Lesart *genusiya* oder *genisiya*.
79. Zum Text vgl. *D. Rosenthal*, Mishna Aboda Zara – A Critical Edition with Introduction, Bd. II, Diss. Jerusalem 1980, 8.
80. Als »*edehen*«, »ihre Iden«, werden in der Mishna heidnische Feste bezeichnet. Vgl. *M. Jastrow*, A Dictionary of the Targumim, the Talmudim Babli and Yerushalmi, and the Midrashic Literature, Bd. I, London 1903, Ndr. New York 1985, 45.

Kalenden[81], Saturnalien[82], Qeratasim[83] und der *yom genesiya* der Könige, der Geburtstag *(yom ha-leda)* und der Sterbetag *(yom ha-mita)* – Worte des Rabbi Meʾir.

Zu beachten ist zunächst, daß der aus dem Griechischen entlehnte Terminus *genesiya*[84] sowohl Geburts- als auch Todestag bedeuten kann.[85] An den Erläuterungen zu mAZ 1,3 in der Gemara des Yerushalmi ist jedoch ersichtlich, daß man das Wort *genesiya* zunächst nur als Bezeichnung für den Tag der Geburt verstanden zu haben scheint.[86] Wie sich dann allerdings an bAZ 10a zeigt, hat man die genaue Bedeutung des Wortes später entweder

---

81. Lat. *calendae*, d.h. der erste Tag eines jeden Monats. Nach yAZ ist speziell der *Calendae Januariae*, der Jahresanfang, gemeint. Zum heidnischen Charakter solcher Festtage vgl. *L. Blaufuss*, Römische Feste und Feiertage nach den Traktaten über den fremden Dienst (Aboda zara) in Mischna, Tosefta, Jerusalemer und babylonischem Talmud, Beilage zum Jahresberichte des Königl. Neuen Gymnasiums in Nürnberg für das Schuljahr 1908/1909, Nürnberg 1909, 7ff.; *G. Veltri*, Römische Religion an der Peripherie des Reiches. Ein Kapitel rabbinischer Rhetorik, in: *P. Schäfer* und *C. Hezser* (eds.), The Talmud Yerushalmi and Graeco-Roman Culture II, TSAJ 71, Tübingen 1999, 114ff.
82. Das Saturnfest, das am 17. Dezember begann. Vgl. *Krauss*, Lehnwörter, Bd. II, 380; *H. Blaufuss*, Römische Feste, 9f.; *Veltri*, Religion, 124f. Vgl. auch bAZ 8a.
83. Von griech. »*krátesis*«, »Herrschaft«, »Sieg«. Gemeint ist entweder der Tag, an dem Rom (durch den Sieg über Kleopatra) die Oberherrschaft gewann – gemeint wäre dann ein Tag zum Gedenken an den Sieg des Octavian bei Actium –, oder es ist allgemein der Tag der Machtergreifung eines Kaisers (*dies imperii* bzw. *natalis imperii*) gemeint. Vgl. hierzu auch yAZ 1,2 – 39c,38-39; tAZ 1,4 (Zuckermandel 460); bAZ 8b; ferner *H. Levy*, Philologische Streifzüge in den Talmud. 8. κράτησις ein Fest, in: Philologus 52 NF 6 (1893), 733ff.; *S. Lieberman*, Greek in Jewish Palestine, New York 1942, Nachdr. mit einer Einführung von *D. Zlotnik*, New York – Jerusalem 1994, 10; *G. Stemberger*, Die römische Herrschaft im Urteil der Juden, EdF 195, Darmstadt 1983, 61 und *Veltri*, Religion, 127f.
84. Vgl. zu diesem Wort *G. Dalmans* Rezension von *H. L. Strack*, ʿAboda zara, der Mischna-Traktat ›Götzendienst‹, Schriften des Institutum Judaicum in Berlin 5, Berlin 1888, ThLZ 1889, 172; dann auch (*H. L. Strack*) / *P. Billerbeck*, Kommentar zum Neuen Testament aus Talmud und Midrasch, Bd. I: Das Evangelium nach Matthäus erläutert aus Talmud und Midrasch, München ⁸1986, 680f. (zu Mt 14,6); *E. Urbach*, The Rabbinical Laws of Idolatry in the Second and Third Centuries in the Light of Archaeological and Historical Facts, in: IEJ 9 (1959), 240.
85. Zur ursprünglichen Bedeutungsentwicklung des Wortes γενέσια bzw. γενέθλια vgl. ausführlich *Schmidt*, Geburtstag, 40f., dann auch *Veltri*, Religion, 129.
86. Vgl. yAZ 1,3 – 39c,43-46: »(Mishna:) der (eigentliche) Geburtstag der Könige, (wie geschrieben steht): Und es geschah am dritten Tag, dem Geburtstag des Pharao, (da veranstaltete er ein Gastmahl usw.) (Gen 40,20). (In der Mishna heißt es): der Geburtstag (יום הלידה) und der Sterbetag (יום המיתה). Bis hierhin (handelt die Mishna von Festtagen) für die Gemeinde; von da an (handelt sie von Festtagen) für einen einzelnen.« – Zur Übersetzung vgl. *G. A. Wewers*, Avoda Zara – Götzendienst, ÜTY IV/7, Tübingen 1980, 13. Zur Interpretation von mAZ 1,3 in yAZ 1,3 – 39c,43-46 und bAZ 10a vgl. ausführlich *Blaufuss*, Römische Feste, 15-22.

nicht mehr gekannt, oder das Wort wurde anders interpretiert. In bAZ 10a wird der *genesiya*-Tag dann als der Tag der Einsetzung zum König (יום שמעמדים בו עובדי כוכבים את מלכם), d. h. als der *dies imperii*[87] gedeutet,[88] also nicht mehr im Sinne von *yom ha-leda* und *yom ha-mita* wie ursprünglich in einem mit griechisch-römischen Bräuchen wohl besser vertrauten Kontext wie dem des Talmud Yerushalmi.[89]

Freilich, da der Todestag römischer Kaiser später auch als der Tag seiner Divinisierung gefeiert wurde,[90] verwundert diese »babylonische« Interpretation des doppelten Aspektes des Terminus *genesiya* nicht.[91] Der Geburts- und Sterbetag eines fremden Herrschers, der in der paganen Umwelt feierlich begangen wurde, mußte wie der Tag der Machtergreifung und der Divinisierung grundsätzlich zu den heidnischen Festtagen gezählt werden, entsprechend den ebenfalls in Mishna Avoda Zara 1,3 aufgezählten Feiertagen Calendae, Saturnalien und Qeraṭasim.

Trotz dieser offensichtlich negativen Konnotationen, die man mit dem *yom genesiya* verknüpfte,[92] läßt sich einigen Texten allerdings auch entnehmen, daß man dem *genesiya*-Tag Positives abgewinnen konnte: In einer späten Predigtsammlung, der sog. Pesiqta Rabbati[93], läßt sich z. B. eine gegenüber den bisher erwähnten Texten durchaus veränderte Beurteilung des *yom genesiya* beobachten:[94]

87. Vgl. hierzu *Schmidt*, Art. Γενέθλιος ἡμέρα, 1143; ders., Geburtstag, 2 Anm. 1. Demnach wurde der *dies imperii* erst seit Kaiser Claudius gefeiert. Vgl. auch *Herz*, Kaiserfeste, 1140, der betont, daß der Tag des Regierungsantrittes (*dies imperii*; διαδήματος γενέθλιος) *aus verschiedenen politischen und religiösen Gründen in seiner Bedeutung hinter die des dies natalis zurücktrat.*
88. Vgl. zum *dies imperii* bes. *Herz*, Kaiserfeste, 1140.
89. Vgl. hierzu bes. *Blaufuss*, Römische Feste, 15. Eine etwas andere Interpretation des Befundes bietet *S. T. Lachs*, A Note on Genesia in ʿAboda Zara 1,3, in: JQR NS 58 (1967), 69-71: Ihm zufolge wird das Wort *genesiya* in mAZ 1,3 im Sinne von Geburtstagsfeier nach dem Tod (d. h. im Sinne von griech. γενέσια) verwendet, während er das Yerushalmi im Sinne von γενέθλια (eine Geburtstagsfeier zu Lebzeiten) versteht.
90. Vgl. hierzu *Herz*, Kaiserfeste, passim; *Veltri*, Religion, 129.
91. In der tAZ 1,4 (Zuckermandel 460) wird das Wort mit »der Tag eines jeden einzelnen Königs« erläutert. Vgl. hierzu *Blaufuss*, Römische Feste, 15.
92. Zur negativen Sicht des *yom genesiya* in der rabbinischen Literatur vgl. z. B. auch BerR 88,6 (*Theodor / Albeck* 1085) mit Hinweis auf Gen 40,20. Siehe auch Yalq Shemot 175 (57c) zu Ex 5,1; dann auch Abba Gurion I,2 zu Ester 1,3 (*Buber* 4b); Targum Ester I 3,8.
93. Zu den Einleitungsfragen vgl. *G. Stemberger*, Einleitung in Talmud und Midrasch, achte, neubearbeitete Aufl., München 1982, 292 ff., und siehe neuerdings auch *R. Ulmer*, Pesiqta Rabbati. A Synoptic Edition of Pesiqta Rabbati Based upon All Extant Manuscripts and the Editio Princeps, Bd. I, SFSHJ 155, Atlanta Ga. 1997, XIIIff.
94. Vgl. auch die Parallele in BamR 8,4 (149a). Dieser Abschnitt aus der *Pesiqta* gehört zu einem möglicherweise einmal eigenständig überlieferten Midrasch, der vielleicht auf eine Shabbat-Predigt zurückgeht. Zum Text vgl. Pesikta Rabbati. Midrasch für den Fest-Cyclus und die ausgezeichneten Sabbathe, kritisch bearbeitet, commentiert, durch neue handschriftliche Haggadas vermehrt ... von *M. Friedmann*, Wien 1880, Nachdr. Tel

PesR 24 (*Friedmann* 121b; *Ulmer* I 590-591)
Zur Stunde, da der Heilige, gepriesen sei er, sprach: *Du sollst dich des Shabbat-Tages erinnern, um ihn heilig zu halten* (Ex 20,8), sagten (die Israeliten): Welcher König möchte nicht, daß man ihn an seinem *yom genesiya* ehrt? Genauso möchte der Heilige, gepriesen sei er, daß Israel den Shabbat-Tag ehrt!

Gott, der König, so bringt der unbekannte Verfasser dieser kurzen *derasha* zum Ausdruck, möchte, daß er an seinem Feiertag, dem Shabbat, genauso geehrt wird wie heidnische Könige an ihrem *yom genesiya*. Der Tag der Krönung Gottes, der Shabbat, wird hier also als sein Geburtstag, d.h. als der Feiertag, der ihm zu Ehren begangen wird, gedeutet.[95] Die nicht-jüdische Tradition der Feier des *yom genesiya* wird in diesem Midrash aufgenommen und im Hinblick auf das Bekenntnis zu dem einen Gott und zu seinem Feiertag, dem Shabbat, umgedeutet.

Ein ähnlicher Hinweis auf den *yom genesiya* findet sich in einem Königsgleichnis, in dem ebenfalls relativ spät redigierten Midrash Exodus Rabba 15,9 (76d)[96]:

ShemR Bo 15,9 (27b; *Mirkin* V/1 171)
Ein Gleichnis für einen König, dem ein Sohn geboren wurde, und er veranstaltete für ihn einen Feiertag. Und dieser Sohn wurde gefangen genommen, und er blieb dort sehr lange. Nach gewisser Zeit wurde der Sohn befreit, und da veranstaltete der König für ihn einen *yom genesiya*. Ebenso: Solange Israel nicht nach Ägypten hinabgezogen war[97], wurde es der Unterwerfung zugerechnet. Als sie jedoch dorthin[98] hinabgezogen und unterjocht worden waren, vollbrachte der Heilige, gepriesen sei er, große Wunder, und er erlöste sie. Von da an begannen sie die Monate zu zählen, wie es heißt: *Dieser Monat [Nisan] soll für euch das Haupt der Monate sein* (Ex 12,2).

Aviv 1963, 121b, und vgl. neuerdings auch die synoptische Edition der wichtigsten Textzeugen von *Ulmer*, a.a.O., Bd. I, 590-591.

95. Wobei hier offen bleiben kann, ob der Verfasser auch im Blick hatte, daß der *yom genesiya* eben auch als der Tag der Krönung *(dies imperii)* gedeutet werden konnte, so wie es bei heidnischen Königen üblich war, Krönungs- und Geburtstag an ein und demselben Tag zu feiern. Ich beziehe diese Stelle mit *Friedmann* z. St. auf den Geburtstag, nicht auf den *dies imperii*, obwohl dies aufgrund des Kontextes und der oben erwähnten Deutung des Terminus *genesiya* in bAZ 10a auch möglich wäre.
96. Zu den dieses Werk betreffenden Einleitungsfragen vgl. *Stemberger*, Einleitung, 303f. Der zitierte Abschnitt findet sich zu Beginn des zweiten Teils dieses Werkes. Dieser homiletische Teil ist vielleicht älter als der erste. Ähnliche Midrashim finden sich auch in PesK 5,11 (*Mandelbaum* 100f.) und PesR 15,17 (*Friedmann* 76b). Das griech. Lehnwort *genesiya* wird in ihnen jedoch nicht erwähnt. Vgl. auch Yalq Bo 12 190 (61c).
97. Anders übersetzt *Billerbeck*, Kommentar, Bd. I, 681. Er möchte zu »*le-sheʿavar*«, »nach einer früheren Zeit«, konjizieren.
98. Nach Ägypten.

Diesem das Neujahr des Nisan-Jahres begründenden Midrash zufolge veranstaltet ein König (= Gott) für seinen Sohn (= Israel) einen *yom genesiya*. Unter Verweis auf Ex 12,2 wird der *yom genesiya* dabei mit dem Tag des Beginns des Auszugs aus Ägypten verglichen. Mit Israels *yom genesiya* beginnt das Pesaḥ-Fest, das im ersten Monat des Nisan-Jahres liegt. Auch dieser Midrash läßt somit eine gewisse positive Umdeutung des Terminus *yom genesiya* erkennen.

Auffällig ist, daß viele dieser Stellen, die eine Umdeutung des Motivs der Feier eines *yom genesiya* belegen, wohl erst aus relativ später, amoräischer Zeit stammen. Die Beurteilung des Geburtstags bzw. des *yom genesiya* mag sich also im Verlauf der klassischen Periode des rabbinischen Judentums verändert haben. Vielleicht stand man dem Geburtstag und seiner Feier (in Palästina) zunächst völlig ablehnend gegenüber. Später konnte man sich dann unter anderen politischen Bedingungen (in Babylonien) Vorstellungen, die man mit diesem Tag in der nicht-jüdischen Umwelt verband, unbefangener aneignen und sie im Rahmen der eigenen Theologie umdeuten.

Eine gewisse Veränderung der Sicht des Geburtstags im Verlauf der klassischen Periode des rabbinischen Judentums kann vielleicht auch eine kurze Notiz im Traktat Moʿed Qatan (28a) des Babylonischen Talmud belegen. Über Rav Yosef, einen babylonischen Amoräer der dritten Generation,[99] wird dort berichtet, daß er anläßlich des Erreichens seines sechzigsten Geburtstags einen Festtag veranstaltete[100]:

bMQ 28a
Achtzig (Jahre) ist ein hohes Alter, denn es heißt: *Unser Leben währt siebzig Jahre, und wenn es hoch kommt, achtzig Jahre* (Ps 90,10). Rabba sagte: Von fünfzig bis sechzig Jahren ist es ein Tod der Ausrottung *(mittat karet)* – und nur wegen des Ansehens Samuels aus Rama zählte er dies nicht mit auf.[101] Als Rav Yosef sechzig Jahre alt wurde, veranstaltete er einen Festtag für die Rabbanan *(yoma ṭava le-Rabbanan)*, indem er sagte: Nun bin ich dem Tod der Ausrottung *(mittat karet)* entgangen.

Als Begründung für die Ausrichtung einer Feier zum Geburtstag wird hier auf den Vers verwiesen, in dem es heißt, daß derjenige, der vor dem sechzigsten Lebensjahr stirbt, einen »Tod der Ausrottung« stirbt, d.h., daß sein Ge-

---

99. Vgl. *W. Bacher*, Die Agada der Babylonischen Amoräer, Frankfurt a.M. ²1913, Nachdr. Hildesheim 1965, 101 ff.; *Stemberger*, Einleitung, 99.
100. Zur Übersetzung vgl. *Goldschmidt*, Der babylonische Talmud, Bd. IV, 228.
101. D.h., wer zwischen dem fünfzigsten und sechzigsten Lebensjahr stirbt, der hat nicht die biblischen Idealalter erreicht; dieser Tod kommt dem Tod ohne Nachkommen gleich. Rabba erwähnt diese Meinung jedoch nicht, weil auch Samuel aus Rama, der Prophet, bereits mit 52 Jahren gestorben sein soll (vgl. bTaan 5b; MShem 25,2 [*Buber* 24b]).

dächtnis ausgelöscht wird. Wer dagegen das sechzigste Jahr erlebt, der hat die Hälfte von hundertzwanzig Jahren, das ideale Lebensalter,[102] erreicht. Dies kann zum Anlaß genommen werden, ein Fest »für die Rabbinen« zu veranstalten.

Zwar ist in diesem kurzen Bericht nicht von der Ausrichtung eines *yom genesiya* die Rede. Dennoch ist hier wohl zum ersten Mal belegt, daß zumindest das Erreichen eines »runden« Geburtstags als ein Zeichen besonderer Gnade gedeutet und daher feierlich begangen wurde.[103]

In den meisten rabbinischen Überlieferungen spiegelt sich freilich die skeptische Sicht des Tages der Geburt wider. Der Geburtstag findet kaum Beachtung. Offensichtlich wurde er nicht regelmäßig gefeiert. Die vorherrschende Sicht darf dabei nicht völlig isoliert von einer anderen Entwicklung betrachtet werden, die wir bisher außer Acht gelassen haben: Einige rabbinische Überlieferungen belegen, daß man dem Todestag eines Menschen größere Bedeutung beimaß als dem Tag seiner Geburt.

Hintergrund für diese Entwicklung bildete vielleicht zunächst nur die Vorstellung, daß über das Leben eines Menschen in der kommenden Welt alle seine Taten, d. h. alle Taten bis zum letzten Lebenstag, entscheiden. Die Beurteilung des Geburtstags war von daher an die des Tages des Todes gekoppelt. Der Todestag erhielt eine umso größere Bedeutung, je mehr betont wurde, daß er zugleich der erste Tag des erhofften Lebens in der Kommenden Welt ist. In einem Midrash zu Kohelet 7,1 in dem bereits zitierten Midrash Exodus Rabba kommt dieser Gedanke besonders prägnant zum Ausdruck:[104]

ShemR Wa-yaqhel 48,1 (78a; *Mirkin* VI/2 191)
Der Todestag eines Menschen ist bedeutender als sein Geburtstag. Warum? Am Tag seiner Geburt weiß niemand, welche Taten er vollbringen wird. Am Tag seines Todes aber sind alle seine Taten bekannt. Daher heißt es: *Besser ist der Tag des Todes als der Tag der Geburt* (Qoh 7,1).

Dieser Midrash nimmt die skeptische Sicht des Tages der Geburt, wie sie uns in weisheitlichen Texten begegnet, auf, betont über diese traditionelle Sicht hinaus jedoch, daß den Taten des Einzelnen bis zu seinem Lebensende besondere Bedeutung zukommt. Erst am letzten Lebenstag eines Menschen

---

102. Vgl. Gen 6,3.
103. Zur Bedeutung dieser Stelle vgl. *Pershel*, Yom hulledet, 96. Der von *Pershel*, ebd., erwähnte Beitrag von M. A. *Amiel*, Yoma tava le-Rabbanan, in: Sefer ha-Yovel Rabbenu Shim'on Yehuda Shkop le-mil'et lo hamishim shnat 'avodato, Wilna 1936 war mir leider nicht zugänglich.
104. Vgl. auch Tan Wa-yaqhel 1 (166a).

sind diese Taten, die über die Teilhabe an der Kommenden Welt entscheiden, bekannt. Erst am Ende des Lebens, nicht an seinem Anfang, wird Gott über die Teilhabe an der zukünftigen Welt entscheiden. Aufgrund dieser Überzeugung, die sich an vielen anderen Midrashim belegen ließe, trat die Bedeutung des Tages der Geburt in den Hintergrund.[105]

VII

Die Liste wichtiger Texte in den Jüdischen Schriften aus hellenistisch-römischer Zeit, im Neuen Testament und in der weitverzweigten rabbinischen Literatur, die den Tag der Geburt erwähnen, ließe sich zweifellos verlängern, und um ein vollständiges Bild zu erhalten, müßten vielleicht auch noch Überlieferungen aus den Schriften der Kirchenväter herangezogen werden. Auch aufgrund dieses knappen Überblicks lassen sich dennoch einige wichtige Ergebnisse und Einsichten zusammenfassen:

Als ein wichtiges Ergebnis ist zunächst noch einmal herauszustellen, daß der Geburtstag in den untersuchten Schriften im Vergleich zu dem Schrifttum der hellenistisch-römischen Umwelt eine auffallend geringe Rolle spielt. In den untersuchten Quellen wird weder auf Feiern von Juden anläßlich des Geburtstags hingewiesen noch dem Geburtstag eine besondere Stellung im Jahreszyklus oder irgendeine theologische Bedeutung beigemessen.

Der Geburtstag heidnischer und einiger jüdischer Herrscher, die den Brauch, Geburtstag zu feiern, übernahmen, wird in den Quellen stets sehr negativ beurteilt. Hinweise auf Geburtstagsfeiern heidnischer und auch jüdischer Herrscher können sogar als Topoi jüdischer Polemik gegen pagane Bräuche verstanden werden: Die Feier des Geburtstags galt als heidnisch. Daher sollte der Umgang mit Nichtjuden an solchen Feiertagen vermieden werden.

Vor allem aufgrund weisheitlicher Traditionen wurde der Tag der Geburt stets als der Tag der Geburt des zur Sünde fähigen Menschen betrachtet. Im Unterschied zur paganen Umwelt wurde der Geburtstag nicht mit dem Geburtstag des Genius in Verbindung gebracht. Ihre theologische Qualität erhielt die Geburt bei Jungen erst durch die Beschneidung; erst durch dieses Ritual wurde die Geburt gefeiert.

Das genaue Datum des Geburtstags einzelner Menschen dürfte freilich nicht nur aufgrund halakhischer Fragen, wie sie sich z. B. aus der Beobachtung des Gebotes der Beschneidung am achten Tag (vgl. Lev 12,3, Lk 2,21

---

105. Ähnlich ausgerichtete Midrashim finden sich z.B. in bBer 17a und MShem 23 (*Buber* 57b).

u.ö.) ergeben, sondern auch aufgrund astrologischer Interessen beachtet worden und bekannt gewesen sein.[106]

Die Zurückhaltung gegenüber der Feier des Geburtstags einzelner Menschen kann dabei nicht als Anzeichen für eine »fatalistische (Welt)anschauung, die eine unbefangene Freude am Leben nicht gedeihen läßt«, gedeutet werden, wie es z.B. noch im 19. Jh. von dem Altphilologen Ernst Curtius[107] formuliert worden ist, um den Unterschied zur angeblich viel positiveren Einstellung zum Leben im Hellenismus herauszustellen. Gegen eine solche Interpretation des Befundes in jüdischen und frühchristlichen Quellen sei betont, daß sich keine irgendwie geartete negative Einstellung zum Leben oder eine Abwertung der Geburt erkennen läßt. Im Gegenteil, Geburt und Leben werden stets positiv aufgefaßt.[108]

Die Beurteilung des Geburtstags im antiken Judentum ist im übrigen sowohl durch theologische Überzeugungen, wie sie bereits in der älteren Weisheit belegt sind, geprägt als auch durch geschichtliche Erfahrungen, die man mit den Geburtstagsfeiern fremder Herrscher – von Antiochus IV. über Pompeius, (Agrippa I.) bis zu Hadrian – gemacht hatte. Spätestens in rabbinischer Zeit mag hinzugekommen sein, daß man den Todestag als wichtiger ansah als den Tag der Geburt, weil sich an ihm die Teilhabe an der kommenden Welt entscheidet.

Vorbehalte gegenüber der Feier des Geburtstags, die nicht zuletzt auch auf biblische Belegtexte wie Gen 40,20 zurückgeführt werden konnten, blieben

---

106. Man beachte in diesem Zusammenhang etwa auch die Erwähnungen von Lebensaltern und Geburtswochen bei Pseudo-Philo (Liber Antiquitatum Biblicarum 14,3; 43,1; 51,1), im Jubiläen-Buch (vgl. Jub 4,1.14ff.27ff.; 8,1ff.; 9,1 u.ö.) und in einigen Apokalypsen. In bezug auf die Frage der genauen Kenntnis des Lebensalters kann man in diesem Zusammenhang auch auf einige jüdische Katakomben-Inschriften aus Rom hinweisen. Vgl. *D. Noy*, Jewish Inscriptions of Western Europe, Bd. II: The City of Rome, Cambridge 1995, 531 (Index IIId. Age of Death), und siehe auch *D. Noy*, Jewish Inscriptions of Western Europe, Bd. I: Italy (excluding the City of Rome), Spain and Gaul, Cambridge 1993, 333f. (Index VIIb. Life and Death of the Deceased). In einigen dieser Inschriften wird verblüffenderweise das genaue Alter (Jahre, Monate und Tage) der Verstorbenen erwähnt. Der Tag der Geburt muß diesen Zeugnissen zufolge also bekannt gewesen sein, auch wenn er in keiner Inschrift in bezug auf einen besonderen Feiertag genannt wird. Zu fragen bleibt dabei, ob im Hinblick auf die Einstellung zum genauen Termin des Geburtstags zwischen Palästina und Italien bzw. Rom Unterschiede bestanden. Hat man dem Geburtstag in der Diaspora größere Beachtung geschenkt als in Palästina? Wurde der Geburtstag nur in wohlhabenderen Kreisen beachtet? (Für den Hinweis auf die Katakomben-Inschriften danke ich Prof. Dr. H. Lichtenberger.)
107. Siehe *E. Curtius*, Geburtstagsfeier im Altertum, in: *ders.*, Altertum und Gegenwart. Gesammelte Reden und Vorträge, Bd. II, Stuttgart 1903, 15-21 (das Zitat auf Seite 15).
108. Zur alle Ge- und Verbote verdrängenden Bedeutung der Geburt in rabbinischer Sicht vgl. man nur einmal die Äußerungen und Diskussionen zu der Frage, ob man einer Frau am Shabbat Geburtshilfe leisten darf, in mShab 18,3; bShab 128b. Vgl. hierzu auch *N. Rubin*, The Beginning of Life. Rites of Birth, Circumcision and Redemption of the First-born in Talmud and Midrash, Tel Aviv 1995 (hebr.), 61ff.

auch deshalb – wie bereits zu Beginn meiner Ausführungen an der Erzählung über Israel Ruzhin gezeigt – bis in die Neuzeit bestehen.[109] Zwar ist heute in einigen Landsmannschaften die Feier des Geburtstags großer Gelehrter üblich,[110] und das Erreichen hoher Geburtstage wird in einigen Gemeinden zuweilen mit besonderen Ehrungen im synagogalen Gottesdienst verbunden.[111] Trotz dieser Entwicklungen läßt sich aber bis in unsere Tage noch dieselbe Zurückhaltung und ambivalente Beurteilung des Geburtstags finden, die wir in den untersuchten Quellen beobachtet haben. Die geschichtlich, theologisch und kulturell begründete Haltung gegenüber der Feier des Geburtstags im Judentum lebt somit in einigen Kreisen des Judentums bis in unsere Tage fort. Und dies, obwohl die Feier des Geburtstags in der westlichen Welt zu einem der wichtigsten privaten Feste des Jahres avanciert ist.

109. Vgl. hierzu etwa noch einmal den eingangs erwähnten Art. Birthdays, 222 von S. Roubin, der darauf hinweist, daß es im 19. Jh. zumindest üblich wurde, die Geburtstage großer jüdischer Gelehrter mit einer Festschrift zu ehren (wie z. B. L. Zunz, H. Graetz, M. Steinschneider und I. Hildesheimer).

110. Für das marokkanische Judentum sei in diesem Zusammenhang auf die Feier des Geburtstags des Maimonides am Ende des Pesaḥ-Festes, die sog. »Lel Maimuna«, verwiesen. Vgl. hierzu Sh. H. Kook, 'Iyyunim u-meḥqarim, Bd. II, Jerusalem 1963, 24, und Ashkenazi, Yom hulledet, 191. Doch auch bei diesem Fest handelt es sich eigentlich nicht um eine Geburtstagsfeier. Maimonides (1135-1204) ist der Überlieferung zufolge am ersten Feiertag des Pesaḥ-Festes geboren worden. Da man an diesem Feiertag seines Geburtstags nicht gedenken konnte, verlegte man die Feier auf den achten Tag des Festes, jenen Tag also, der gleichzeitig der Tag seiner Beschneidung gewesen war.

111. Vgl. hierzu Y. Pershel, Yom Hulledet shel meḥabrim gedole-Tora, Ha-Doar 51 (1972), 430; ders., Yom Hulledet shel bene Tora, Ha-Doar 52 (1973), 439; Ashkenazi, Yom hulledet 194f. Gelegentlich ist es üblich, Geburtstagskinder in der Woche ihres Jubeltages zur Lesung aus der Tora aufzurufen. Bekannt ist auch der Brauch, das Studium eines Talmud-Traktats am Geburtstag zu beenden.

»Pontius Pilatus« in der postkanonischen Literatur

Ein Beitrag zur Funktion und Rezeption der seit 2000 Jahren meisterwähnten Figur der Geschichte[1]

Johann Diedrich Bellmann zum 70. Geburtstag am 8. Mai 2000

Bernd Jørg Diebner

Wenn ich in der Überschrift von »postkanonischer Literatur« spreche, so meine ich damit ein Doppeltes: Zum einen meine ich als sog. ›Alttestamentler‹ damit als Bezugs-Grösse nicht den ›Kanon‹ des NT, sondern die bis zum 1. Jh. n.Chr. wohl ›versammelten‹ Schriften der jüdischen ›Bibel‹ TNK *(Torah, Nevi'im, Ketuvim),* auch wenn man diskutieren kann, wann dieser ›Kanon‹ wirklich ›abgeschlossen‹ war oder wurde. Ich lese die ja noch lange nicht zu einem Ergänzungs-Kanon der christlichen Kirche(n) versammelten frühchristlichen Schriften des 1. und 2. Jh.s n.Chr. als ›deutero-kanonische‹ Literatur in Relation zum synagogal normativen Schrifttum der Juden, mit dem die noch im Synagogen-Verband lebenden Anhänger Jesu und frühesten Christen liturgisch umgingen und auf die sich frühes christliches Schrifttum zur Qualifikation eigener ›Neologien‹ bezieht.[2] Ich habe nicht

---

1. Referat zum Internationalen Symposium »Die Jüdischen Schriften aus hellenistisch-römischer Zeit in ihrem jüdischen und neutestamentlichen Kontext«, Eberhard-Karls-Universität Tübingen, Institut für antikes Judentum und hellenistische Religionsgeschichte, 30. April-2. Mai 2000. – Die Vorarbeiten hierzu gehen zurück auf ein gemeinsam mit Cl. Nauerth (heute: Greifswald) im WS 1997/98 in Heidelberg gehaltenes Seminar über »Pontius Pilatus in der textlichen und monumentalen Überlieferung der frühen Christentums« und eine gemeinsam mit R. Grieshammer (und Cl. Nauerth a.G.) im WS 1999/2000 gehaltene Übung mit dem Titel »Pontius Pilatus in kanonischen und deuterokanonischen Texten (unter besonderer Berücksichtigung koptischer und äthiopischer Traditionen)«. – Das Referat steht im Kontext einiger weiterer, thematisch bezogener Arbeiten, die z.Zt. erst als Manuskripte vorliegen: »Zur Rezeption von Pontius Pilatus in der frühchristlichen Sarkophag-Plastik« (Referat beim VI. Colloquium Biblicum, Prag, 16.-20. April 1998); »Warum Joseph von Arimathia Jesus von Nazareth sein Familiengrab zur Verfügung stellte ...: Ein Beitrag zur Logik biblischer Erzählungen«, in: *J. W. Dyk u.a.* (Hg.), Unless some one guide me ...: Festschrift for Karel A. Deurloo. ACBET.SS 2. Maastricht 2001, S. 325-339 (umfasst auch die Funktion des »Barabbas« in den Passionsgeschichten der Evangelisten); »Anmerkungen zu den Pilatus-Szenen frühchristlicher (konstantinischer) Sarkophage« (Referat bei der Jahrestagung der Arbeitsgemeinschaft »Christliche Archäologie ...«, Trier, 5.-7. Mai 2000; Zusammenfassung abgedruckt in: Mitteilungsheft 12 [2000], S. 14); *B. J. Diebner* und *Cl. Nauerth:* »Zu den Pilatus-Szenen in der frühchristlichen Sarkophagkunst« (14 S. MS; noch nicht abgeschlossen).
2. Cf. Lk 4,16-30, bes. v16-21, und Lk 24,36-49, bes. v44-46. Dabei nehme ich an, dass es in Lk 24,44 (πάντα τὰ γεγραμμένα ἐν τῷ νόμῳ Μωυσέως καὶ τοῖς προφήταις καὶ

ohne Grund ein solches Thema gewählt; denn ich bin mir oft nicht sicher, inwieweit die Literaturen, die im Corpus JSHRZ versammelt sind, literaturgeschichtlich gesehen wirklich »zwischen« den beiden christlichen Testamenten stehen: »Zwischentestamentliche Literatur« ist heute als ein Terminus weitverbreitet, mit dem ich aus den verschiedensten Gründen meine allergrössten Probleme habe.

Zum anderen meine ich, wenn ich von »Pontius Pilatus in der postkanonischen Literatur« spreche, damit Schriftzeugnisse, die (zum mindesten sofern sie aus christlicher Tradition stammen) die Evangelien und das Lukanische Doppelwerk[3] voraussetzen, d.h. sich darauf beziehen, womit ihre Reflexe auf Pontius Pilatus als ›Rezeption‹ bezeichnet werden können, unbeschadet der empfehlenswerten methodischen Vorsicht, alles immer auf die Möglichkeit hin zu überprüfen, ob da nicht auch ›Sondertradition‹ vorliegen könne.

Ich möchte den Leser mit diesem Referat auf eine literarische Spurensuche mitnehmen und mich trotz des umfassenden Referat-Titels im Wesentlichen auf eine, wenngleich wichtige Rezeption des Pontius Pilatus in der »postkanonischen Literatur« in der zweiten Definition beschränken.

I.

Ich beginne mit dem Zitat aus der ›symbolischen‹ postkanonischen Pilatus-Rezeption:

Πιστεύω ... εἰς Χριστὸν Ἰησοῦν ... τὸν ἐπὶ Ποντίου Πιλάτου σταυρωθέντα καὶ ταφέντα ...[4]

Ich glaube ... an Jesum Christum, ... den unter / durch (?) Pontius Pilatus Gekreuzigten und Begrabenen ...

  ψάλμοις) weniger um die ›kanonische‹ Sammlung TNK geht (die »Psalmen« als ›erste‹ Schrift in der Anordnung der Ketuvim *pars pro toto*), sondern um die synagogalen Funktions-Literaturen »Torah«, »Haftara« und »Psalmen«.
3. Vom 1. Timotheus-Brief (1 Tim 6,13) sehe ich hier einmal ab. Diese zu den »Pastoralbriefen« gerechnete Literatur könnte aus der Zeit zwischen 100 und 130 n.Chr. stammen; cf. *Ph. Vielhauer*: Geschichte der urchristlichen Literatur. Berlin, New York 1975 (Nachdr. 1978), S. 215-237, bes. S. 237.
4. Nach *H. Lietzmann*: Symbole der Alten Kirche. KlT 17.18. 2. Aufl. Bonn 1914, S. 10: das alten Quellen entnommene »altrömische Symbol«, das z.T. bereits für die Zeit um 200 n.Chr. als römisches Taufsymbol angenommen wird, aber wohl doch zum mindesten im 3. Jh. und vor-konstantinischer Zeit (mit geringen Abweichungen) vorlag; cf. auch *A. Hahn*: Bibliothek der Symbole und Glaubensregeln. 3. Aufl. 1897, S. 110-114 (§§ 17f.); *B. Altaner*: Patrologie : Leben, Schriften und Lehre der Kirchenväter. 6. Aufl. Freiburg usw. 1969, S. 42. – Unverzichtbar für die Traditionsgeschichte römischer und ostkirchlicher Symbol-Entwicklungen ist m.E. noch immer *H. Lietzmann*: Symbolstudien I – XIV. KlSchr III (= TU 74 = V/19) Berlin 1962, S. 189-281; unv. repr. Nachdr. Libelli 136. Sonderausgabe Darmstadt 1966.

Wie kommt Pontius Pilatus (im folgenden: PP) in das christliche Symbol? Ist es nicht eigenartig, dass dieser »Pontius Pilatus« als einzige ›historische‹, nicht ›Glaubens-notwendige‹ Person in zweien der drei wichtigsten Symbole der Christenheit steht, nämlich in den Symbola *Apostolicum* und *Nicaeno-Constantinopolitanum*, also in den beiden meistbenutzten? Sonntag für Sonntag fällt allein in den meisten Kirchen der Bundesrepublik der Name »Pontius Pilatus« viele tausend Male – egal, ob aus den Mündern eines kleinen Kreises Versammelter oder in einer nach Hunderten oder Tausenden zählenden Gemeinde. Und niemand muss an diesen Menschen glauben! Seine Existenz beruht nicht auf Übereinkunft wie die des mit kommunizierbaren Methoden schwer fassbaren »Gott Vaters«. Niemand möchte ihm eine heilsnotwendige andere als die menschliche Natur zuschreiben wie »Gottes eingeborenem Sohne«. Und niemand möchte ihm biologisch schwer verifizierbare Körper-Vorgänge als biologisches Wunder zuschreiben wie der »Jungfrau Maria«. »Pontius Pilatus« ist einfach ›da‹, ist durch millionenfache Rezitation seit zwei Jahrtausenden weltweit präsent: ein römischer ›höherer Beamter‹. An diesem Manne *muss* doch etwas Besonderes sein! Eine theoretisch mögliche Begründung für die Aufnahme des Pilatus in die ›alten‹ christlichen Symbole möchte ich vorweg methodisch ausschliessen: die Kontingenz – den ›puren Zufall‹. Aber wenn kein ›Zufall‹, was dann?! Es gibt eine gängige, fast ›populäre‹ Meinung, die ich darum auch (bewusst) im Alltags-Jargon referieren möchte: »... weil es halt historisch war«, d.h.: »... weil den Vätern der Symbol-Formulierungen daran lag, die Historizität der Vorgänge um Jesu Leiden, Tod und Auferstehung im Credo aufzuheben«. (Dazu werde ich später etwas sagen.) Aber warum wird dann nur »Pontius Pilatus« erwähnt? Warum heisst es dann nicht etwa auch: »... verurteilt von Hannas oder Kaiphas«?[5] Das passte doch auch viel besser in die antijüdische, frühchristliche Tradition! Meine Antwort: Eine derartige Formulierung könnte im christlichen Symbol nichts leisten. Meine Prämisse ist: In ein Symbol (in ein Credo) werden *nur solche Formulierungen* aufgenommen, die im kulturgeschichtlichen Kontext der Formulierenden auch etwas ›leisten‹ – eine Funktion haben. Und welche Funktion hätte *hier* schon eine anti-jüdische Polemik? Aber damit möchte ich auch eine weitere theoretische Möglichkeit für Pilatus' Eingang in die Symbole ausschliessen: den (rein) ›historisierend-histori(sti)schen Aspekt‹; denn welche Funktion hätte dieser im Kontext jener Zeit und im Kontext ungebrochen allgemein kommunizierbaren mythischen Denkens?[6] Handelt es sich hier-

5. Oder eine ähnliche Formulierung, je nachdem, welche Evangelien-Tradition zugrunde gelegt wird oder massgeblichen Einfluss erhält.
6. Was nicht die Möglichkeit der individuellen Durchbrechung des mythischen Denkschemas auch schon in der Antike ausschliesst.

bei nicht um eine Retrojektion abendländisch-aufklärerischer ›Wahrheits‹-Bedürfnisse in eine Zeit, die wohl doch ganz anders dachte?

Totzdem und gerade deshalb bleibt die Frage: »Wie kam Pilatus in die christlichen Symbole?« Ich möchte nun noch andere Bereiche des Spektrums möglicher Antworten absuchen als die hier bereits ausgeschiedenen.

II.

Die Frage: »Wie kommt Pontius Pilatus ins Credo?« stellte sich bereits vor längerer Zeit der Kirchenhistoriker Reinhard Staats.[7] Auch er lehnt die »historisierende Erklärung«[8] ab, nach der Pilatus ins Credo gelangt sei, um damit dem Christus-Geschehen eine ›glaubhafte‹ historische Verankerung im Weltgeschehen zu geben.[9]

Staats lehnt ferner mit guten Gründen die ›Anti-Doketismus-Hypothese‹ ab, nach der Pilatus »ins Bekenntnis gekommen sei, um ... der Gefahr einer leib- und realitätsfernen Christologie zu wehren«.[10] Ich schliesse mich seiner Argumentation diesbezüglich an.

Seine eigene Hypothese beruht auf einer *kritischen* Würdigung der Rolle des Pilatus in der symbolischen Rezeption. Aber mit feinem Gespür setzt sich Staats von der erst seit dem späten Mittelalter in der abendländischen Rezeption gängigen negativen Sicht des Gouverneurs ab, die diesen (wohl auch im Kontext des mittelalterlichen Antijudaismus und Antisemitismus und im Konflikt zwischen Imperium und Sacerdotium) ganz eng an die Seite der (nun) verhassten jüdischen Hohenpriester rücken kann.[11]

Womöglich ahnt Staats auch, dass diese späte negative Wertung des Pilatus, die auch unser heutiges (populäres) Pilatus-Bild noch stark beeinflusst (rezent oft unterstützt durch psychologisierende und individualisierende Deutungen, die noch den Geist historistischer Lektüre atmen [wie: »charakterschwach«]), in den Zusammenhang mit dem spätmittelalterlichen Konflikt zwischen Kaiser- und Papsttum (»Investiturstreit«) gehören. Aber wenn er dies ahnt, zieht er daraus keine Konsequenzen.

Für seine eigene Sicht knüpft Staats an Rudolf Bultmann und Karl Barth[12] und damit an deren »These, daß im Gegenüber von Pilatus und Jesus das

---

7. Cf. R. *Staats*: »Pontius Pilatus im Bekenntnis der frühen Kirche«, in: ZThK 84 (1987) (= *Staats* 1987), S. 493-513; die zitierte Frage S. 493.
8. *Staats* 1987, S. 497.
9. Cf. *Staats* 1987, bes. S. 495.
10. *Staats* 1987, S. 496.
11. Cf. *Staats* 1987, S. 510.
12. Die bezügliche Literatur hat *Staats* 1987, S. 493 (Anm. 2) und bes. S. 511 f. (Anm. 51) zusammengestellt.

Gegenüber von Staat und Kirche grundsätzlich in Erscheinung trat, ... eine wissenschaftliche Erkenntnis, die in der Zeit des deutschen Kirchenkampfes zeitgenössisch jedenfalls sehr aktuell geworden war«.[13] Aber nun vollzieht Staats einen eigenartigen hermeneutischen Zirkel. Lieferte Bultmanns und Barths Pilatus-Interpretation ein Verständnis-Muster für die bald folgende Auseinandersetzung der »Bekennenden Kirche« mit dem NS-Staat und den ihm ergebenen Kirchen-Leuten, so leitet der Kirchenkampf bei Staats nunmehr das Verständnis für die Rolle des Pilatus in den Leidensgeschichten, aufgehoben in den Credo-Formulierungen der vor-konstantinischen Zeit. »Wie Christus vor Pilatus, so wollte die frühe Kirche vor den politischen Machthabern öffentlich ihr christliches Zeugnis geben«.[14] Dabei ist natürlich die Frage, wie ›öffentlich‹ im 3. Jh. das Symbol rezitiert wurde.

Staats denkt – im Blick auf die Pilatus-Formel des römischen Taufsymbols – an die Decischen Verfolgungen um 250 n. Chr. Er spricht in diesem Kontext von einer langen Tradition der Fürbitte der »Märtyrerkirche« für eine »antichristliche Obrigkeit« und verweist hierzu bes. auf 1 Tim 2,1-2 und (1) Klem 61,1-2. Diese Texte benötigt Staats, um die Person des Pilatus in der Symbol-Rezeption z.Zt. der Decischen Verfolgungen als Repräsentanten der ›antichristlichen (sc.: römischen) Obrigkeit‹ verstehen zu können. Allerdings findet sich weder bei der Aufforderung zur Fürbitte für die Obrigkeit im 1 Tim noch im (1) Clem ein Hinweis darauf, dass die jeweilige Obrigkeit (wohl zwischen etwa 95 und 140 n. Chr.) als ›antichristliche‹ verstanden würde. Im Gegenteil, die Formulierungen wirken auf uns eher ›Obrigkeits-hörig‹, ja geradezu kriecherisch! Es mag sein, dass derlei Formulierungen im Kontext einer ›Konflikt-Vermeidungs-Strategie‹ stehen.

Ich habe mich an anderer Stelle[15] detailliert mit Staats Argumentation auseinandergesetzt und kann mich als Folge daraus weder seinem hermeneutischen Ansatz, noch seiner Methode oder seinem Umgang mit der antiken Quellen-Literatur, und damit auch nicht seinem (eigentlich ja unmittelbar einleuchtenden) Resultat anschliessen, dass Pilatus im römischen Taufsymbol als Repräsentant der widerchristlichen Obrigkeit aufgehoben sei, der gegenüber die verfolgte Märtyrerkirche, repräsentiert durch den leidenden und den Märtyrertod erleidenden Gottessohn, mutig ihr Bekenntnis ablege. Dergleichen gibt wohl auch 1 Tim 6,13 nicht her. Als besonders anachronistisch erscheint mir, dass Staats dann wohl doch kritisch ungefiltert die spätmittelalterliche, abendländisch-gängige *negative* Pilatus-Interpretation auf antike

---

13. Staats 1987, S. 511.
14. Staats 1987, S. 513.
15. Ein noch unpubliziertes Referat zum VI. Colloquium Biblicum an der Theologischen Fakultät der Karls-Universität, Prag, vom 16.-20.04.1998 (angefordert von CV; siehe Anm. 1).

Quellen überträgt, ohne das zeitgenössische Bezugsfeld zu sondieren und zu dem von ihm bewerteten Quellenmaterial in Relation zu setzen.

Gleichwohl möchte ich einen strukturalen (noch recht abstrakten) Aspekt von Staats aufnehmen. Das ist seine Deutung der Person des Pontius Pilatus im altkirchlichen Symbol als Repräsentant der römischen Obrigkeit, d. h.: der Machthaber. Hieran möchte ich mit meinem Deutungsversuch anknüpfen. Ich steige nur zeitlich etwas (rund 100 Jahre) später ein, nämlich in einer Epoche, zu der die römischen Machthaber sich bereits als ›christlich‹ bekannten und dank ihrer Macht-Mittel begannen, den vor- und z. T. (was die Reichs-weiten Christen-Verfolgungen der Decischen und Tetrachischen Zeiten betrifft) anti-christlichen römischen Staat in einen von Christen dirigierten und majorisierten umzuwandeln.

III.

Staats Frage: »Wie kommt Pontius Pilatus ins Credo?« wird dabei nicht vergessen. Ich springe nun von den Texten in eine andere Material-Gruppe, nämlich in die der monumentalen Hinterlassenschaften aus frühchristlicher Zeit (siehe gegenüber).[16]

Ich stelle eine weitere Frage: »Wie kommt Pilatus auf den prächtigsten zweizonigen Säulen-Sarkophag, ja, den prächtigsten uns überhaupt erhaltenen Sarkophag der frühchristlichen Epoche?« Dieser Sarkophag steht heute im Thesaurus von St. Peter in Rom. Es handelt sich – durch eine Inschrift am oberen Rand unterhalb des fragmentarischen Sarkophagdeckels gesichert – um den Sarkophag des Römers Iunius Bassus, dessen Konsulat für das Jahr 359/60 ebenfalls gesichert ist. Wir befinden uns also in der spätkonstantinischen Ära.

Im Jahre 361 geht die elfjährige Alleinherrschaft des Konstantius zu Ende. Er wird abgelöst durch Julianus mit dem Beinamen »Apostata« (361-363), der auch noch zum Geschlecht der Konstantier gehört (und der wohl gebildetste Herrscher dieser Dynastie war), aber in Verruf geriet, weil er ›vom Glauben abfiel‹, der christlichen Barbarei gegen das angebliche ›Heidentum‹ begegnete und mit der inzwischen verfolgten nicht-christlichen Kultur sympathisierte. Die Reaktion folgte der Reaktion auf den Fuss: Nachfolger Theodosius I. (»der Grosse«) und Gratian setzten der ›Religions‹-, sprich: Kultur-Freiheit ein Ende. (Die christliche »Staatskirche« im formal-juristischen Sinne geht ja erst auf Justinian [527-565] zurück).

Zwar waren die Konsuln in der Kaiserzeit nicht mehr die höchsten Staatsbeamten mit entsprechenden Funktionen. Aber das Konsulat war noch immer ein traditionell höchst angesehenes Ehrenamt, nach dem in Rom auch immer noch die Jahre (ab 1. Januar) gezählt wurden. Damit war der Konsul

---

16. Aus: *Deichmann*, Repertitorium I, Abb. 680,1.

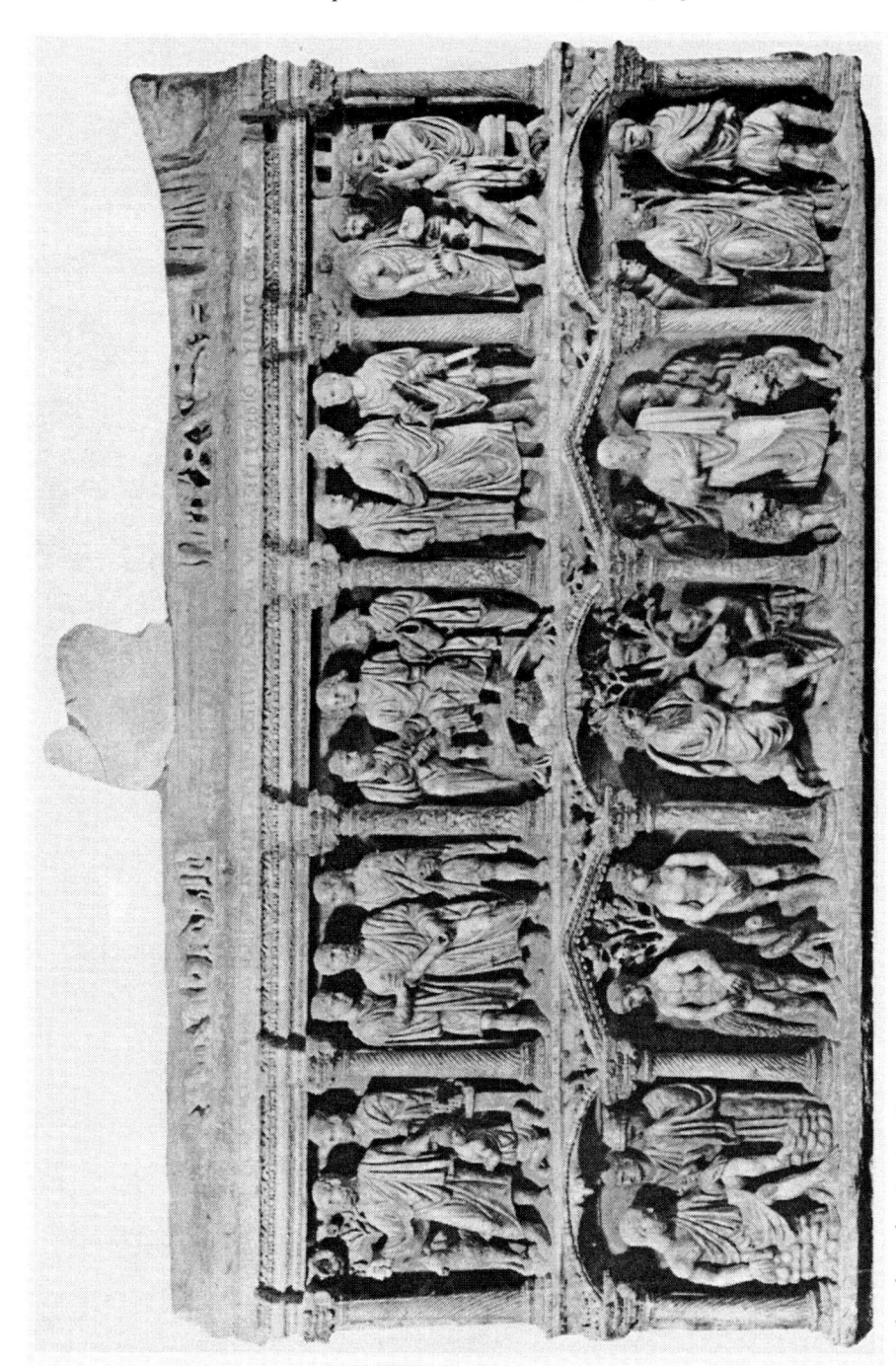

»Pontius Pilatus« in der postkanonischen Literatur, Bernd Jørg Diebner

Sarkophag des Iunius Bassus

435

ein ranghoher ›Repräsentant des Staates‹. Und – das ist natürlich wichtig und in diesem Falle sicher – Iunius Bassus war Christ.

Es ist in diesem Kontext nicht meine Absicht, Ihnen den Bassus-Sarkophag zu interpretieren[17]. Das geschah etwas umfänglicher auf der Jahrestagung 2000 der Arbeitsgemeinschaft »Christliche Archäologie ...« im Mai in Trier. Eine detaillierte Struktur-Analyse der Komposition der Sarkophag-Register und -Szenen muss ich mir hier aus Platzgründen auch ersparen.[18] Aber ich möchte Ihnen hier meine Vermutungen zu der Intention mitteilen, die ich mit der Opposition von »Kreuzigungs-« und Pilatus-Szene in den Aussenszenen des oberen Registers dieses zweizonigen Säulensarkophags verbinde.

Opferung Isaaks, Detailansicht des Sarkophags des Iunius Bassus[19]

17. Dies tat ich im Rahmen des in Anm. 1 genannten Trierer Vortrags.
18. Cf. hierzu *A. Saggiorato:* I sarcofagi paleocristiani con scene di passione. SAC 1. Bologna 1968 (= *Saggiorato* 1968), S. 25-29; *Fr. W. Deichmann* (Hrsg.): Repertitorium der christlich-antiken Sarkophage. Bd. I: Rom und Ostia. Wiesbaden 1967, S. 279-283; Tafelband Taf. 104, Abb. 680,1; Taf. 105, Abb. 680,2-3; *S. Schrenk:* Typos und Antitypos in der frühchristlichen Kunst. JbAC.E 21. Münster 1995 (= *Schrenk* 1995), bes. S. 44-46.
19. Aus: *Deichmann,* Repertitorium I, Abb. 680,2.

Die linke, äussere Szene der oberen Zone lässt sich ohne grössere Mühe als »Opfer Abrahams« *(gen. subj.)* identifizieren, wie es bei den Protestanten meist heisst (weil es ihnen ja auf den ›Glaubens-Gehorsam‹ Abrahams ankommt)[20] oder als »Isaaks Opferung« *(gen. obj.)*, wie es durchweg ansonsten in der christlichen Tradition heisst (der es wesentlich auf das sakramentale Geschehen ankommt, was sich an Isaak vollzieht, und auf dessen Einstellung zu dem, was ihm geschieht). In der jüdischen Tradition spielen die Text-[21] und auch die Bild-Rezeption[22] zu Gen 22 als ʿaqedáh (d.h.: »Bindung« [sc. Isaaks]) ebenfalls eine grosse, soteriologische Rolle, wie Geza Vermes (1961) zeigte.

Explizite Kreuzigungs-Darstellungen kennen wir in der frühchristlichen Kunst erst ab der Zeit des 1. Drittels des 5. Jh.s (um 420/30).[23] In der Zeit davor vertritt die Szene von der »Opferung Isaaks« *(gen. obj.)* nach einer paganen Bild-Vorlage[24] in durch die Text-Überlieferung lang vorbereiteter typologischer Interpretation[25] die szenische Darstellung der Kreuzigung selbst. Warum dies im 4. Jh. noch so ist, ist eine interessante Frage, deren Behandlung ein Referat für sich erfordert. Hier ist nur wichtig, dass die von mir gegebene Interpretation in der Sache *communis opinio* der Christlichen Archäologen ist, zu der auch mir keine Alternative einfällt.

20. Cf. hierzu *B. J. Diebner:* »Matthias Flacius Illyricus: Zur Hermeneutik der Melanchthon-Schule«, in: *H. Scheible:* Melanchthon in seinen Schülern. Wolfenbütteler Forschungen 73. Wiesbaden 1997, S. 157-182; bes. zu G. von Rad S. 157.
21. Cf. *G. Vermes:* Scripture and Tradition in Judaism. SPB 4. Leiden 1961 (= Vermes 1961), S. 193-227 (zur Aqedah).
22. Cf. z.B. jüdische Gemmen oder das Fresko in der Zone oberhalb der Qibla (und nicht: »Torah-Nische«; cf. dazu zuletzt *B. J. Diebner:* »Neue Erwägungen zur sog. ›Torah-Nische‹ der Synagoge von Dura Europos«, in: *U. Lange* und *H. Sörries* (Hg.): Vom Orient bis an den Rhein : Begegnungen mit der Christlichen Archäologie: Peter Poscharsky zum 65. Geburtstag. Christliche Archäologie III. Dettelbach 1997, S. 13-28) der jüdischen Synagoge von Dura Europos (3. Jh. n.Chr.) und das Mosaik der Synagoge von Bet Alpha (Hefzibah) aus dem 6. Jh. (eine annehmbare Abb. bringt *D. Urman* und *P. V. M. Flesher* (Hg.): Ancient Synagogues: Historical Analysis and Archaeological Discovery. StPB 47. 2. Aufl. Leiden usw. 1998, Taf. 60b). Cf. hierzu *H.-J. Geischer,* Das Problem der Typologie in der ältesten christlichen Kunst: Isaak-Opfer und Jonas-Wunder. Diss.-theol. Heidelberg 1964 (= Geischer 1964), S. 95-103.
23. Cf. das sog. »Londoner Elfenbein-Kästchen« (cf. *Fr. W. Volbach:* Elfenbeinarbeiten der Spätantike und des frühen Mittelalters. 3. Aufl. Mainz 1976, S. 60 u. Taf. 35) und die Holztür der römischen Kirche S. Sabina (cf. dazu *G. Jeremias:* Die Holztür der Basilika S. Sabina in Rom. Bilderhefte des DAI Rom 7. Tübingen 1980). – Aus der Zeit davor kennen wir nur den sog. »Spott-Kruzifixus«, ein Graffito aus der Zeit um 200 n.Chr.; cf. hierzu *E. Dinkler:* »Älteste christliche Denkmäler: Bestand und Chronologie«, in: *E. Dinkler:* Signum Crucis : Aufsätze zum Neuen Testament und zur Christlichen Archäologie. Tübingen 1967, S. 152f. u. Taf. XIII, Abb. 33b.
24. Cf. *H.-J. Geischer:* »Heidnische Parallelen zum frühchristlichen Bild des Isaak-Opfers«, in: JbAC 10 (1967), S. 127-144.
25. Cf. hierzu *H.-J. Geischer* 1964, bes. S. 55-57 (Mat., Lit.); *S. Schrenk* 1995, bes. S. 44-47.

Nun sind also – lesen wir es einmal so – im oberen Register der Gekreuzigte und der Repräsentant der römischen Staatsmacht einander gegenüber gestellt.

Pilatus-Szene, Detailansicht des Sarkophags des Iunius Bassus[26]

Und der Repräsentant der römischen Staatsmacht wird dargestellt, wie er – im sogenannten »Verlegenheits-Gestus« mit Zeigefinger und Daumen der linken Hand sein Kinn fassend – sich anschickt, seine Hände (vermutlich dann auch die linke) »in Unschuld« zu waschen![27]

Es ist uns leider durch schriftliche Äusserungen des Iunius Bassus nicht belegt, aber es lässt sich wohl folgendes vermuten: Iunius Bassus schaffte sich – wie viele andere noble Römer, die ein Vermögen in die Hülle ihrer irdischen Hülle zu investieren vermochten – ›seinen‹ Sarkophag wohl bereits vor seinem Tode an. Wie lange zuvor, ist müssig zu vermuten; denn wer von uns kennt schon seinen Tag und seine Stunde ... Wann Iunius Bassus starb,

26. Aus: *Deichmann*, Repertitorium I, Abb. 680,3.
27. Cf. Ps 26,6; Dtn 21,6f. – Aus römischer Tradition ist mir dieser Ritus weder literarisch noch ikonographisch bekannt.

wissen wir nicht. Leider haben wir keine Kunde darüber, wie diese Nobilitas mit den kostbaren, bestellten Sarkophagen umzugehen pflegte: ob die Prachtstücke in der Werkstatt verblieben, bis man ihrer bedurfte, oder ob die Edlen ihre Sarkophage z. B. in den Umgängen und Atrien der Villen aufstellten, um sich selber noch solange wie möglich an der Bildhauerkunst zu erfreuen oder um damit vor Besuchern zu renommieren.

Nun könnte es doch sein, dass der (wenngleich nur zeitlich begrenzte) Inhaber des höchsten Ehrenamtes der römischen Tradition, also ein Repräsentant des Staates, sich ein wenig mit dem steinernen Repräsentanten dort auf dem Sarkophag identifiziert oder in ihm doch einen Standesgenossen und -verwandten erkennt: etwa wie ein deutscher Professor im anderen!

Worauf ich hinaus will: Es ist doch m. E. höchst unwahrscheinlich, dass ein so hoher christlicher Staatsbeamter e. h. viel Geld ausgibt, um sich ein negativ belastetes Konterfei (sozusagen) auf seinen Sarkophag meisseln, bohren und polieren zu lassen – einen negativen »Typos« seines eigenen Standes, zu dem er ja der »Antitypos« ist! Also ist es doch viel eher zu erwarten, dass die steinerne Figur des Pontius Pilatus Sympathie beim Betrachter auslösen (sollen) dürfte, damals gegen Ende der konstantinischen Periode in Rom![28]

IV.

Ich denke, *hier* könnten wir (z. B.) hermeneutisch und methodisch ansetzen, wenn wir nach der Rolle – Funktion und Bewertung – der Figur des Pontius Pilatus in der post-kanonischen Literatur fragen und damit auch Reinhard Staats' Frage zu beantworten suchen: »Wie kommt Pontius Pilatus ins Credo?« Vermutlich nicht – und damit möchte ich auch die von Staats sehr elaboriert vertretene Möglichkeit ausschliessen –, weil Pontius Pilatus hier der ›Repräsentant der antichristlichen Obrigkeit gegenüber der verfolgten Märtyrerkirche‹ ist.

Ich will jetzt nicht die Fülle literarischer Belege für Pontius Pilatus zwischen (sagen wir) etwa 100 n. Chr. und der konstantinischen Ära ausbreiten, in der Pilatus plötzlich wohl dutzendweise – das uns bekannte Material stellt ja wohl nur einen Bruchteil des einmal Vorhandenen dar – auf Fries- und

---

28. Es sind uns aus der konstantinischen Zeit etwa zwanzig Sarkophage und Sarkophag-Fragmente der verschiedenen damals beliebten Sarkophag-Typen (ein- und zweizonige Fries-, Säulen- und Baum-Sarkophage) mit Pilatus-Szenen bekannt; cf. zu den Objekten bereits *H. von Campenhausen*: Die Passionssarkophage : Zur Geschichte eines altchristlichen Bildkreises. Sonderdruck aus MJK V (1929). Marburg 1929; *Saggiorato* 1968 (beide passim).

Säulen-Sarkophagen begegnet (und häufig in kompositorischer Opposition zur »Kreuzigung«). Ich möchte mich schon auf die Symbole konzentrieren.

Im übrigen hat Alexander Demandt die Fülle der literarischen Belege (wie Claudia Nauerth und ich meinen: recht vollständig) jüngst in einer sehr witzigen Publikation auf dem geistreichen Sachbuch-Niveau versammelt.[29] ›Leider‹ (sagt man dann immer; aber man meint: ›Gott sei Dank!‹) kommt Demandt in der Deutung nicht darauf hinaus, was mir wahrscheinlich erscheint.

Viele Belege referieren nur biblische Tradition ohne erkennbare Wertung. Aber es gibt eine erkennbare Linie in der schriftlichen Pontius Pilatus-Tradition hin zur ›Wertschätzung‹ des Pontius Pilatus, die sich sonderlich dann in der ostkirchlich-orientalischen Tradition verstärkt, wo sie mit seiner Kanonisierung als Kalender-Heiliger (etwa der koptischen und äthiopischen Nationalkirche) endet.

Doch schon Tertullian berichtet im *Apologeticum*,[30] »Pilatus habe dies alles an Tiberius berichtet und sei selber bereits heimlich Christ geworden: *pro sua conscientia Christianus*«[31]. Darauf gründen u. a. die späteren Pilatus-Akten, die allerdings wohl nicht mit denen identisch sind, auf die sich Justin in seiner *Apologie* I, 35, 48 bezieht, und in denen bereits – gespickt mit biblischen Zitaten – von Jesu Wunderheilungen und Totenerweckungen die Rede gewesen sein soll.[32]

Ich führe nur *einen einzigen* literarischen Zusammenhang aus der Zeit der Alten Kirche – also aus frühchristlicher Tradition – an, der auf eine negative Beurteilung des Pilatus schliessen lässt. Ich möchte darauf etwas genauer eingehen, weil ich meine, hier könne der hermeneutische Schlüssel zum Verständnis der positiven frühchristlichen Pilatus-Traditionen liegen. Dieser etwas komplexere Textzusammenhang findet sich in der Kirchengeschichte des Eusebios, der sich u. a. mit den verschiedensten Pilatus-Traditionen nicht-christlicher Provenienz auseinandersetzt, darunter auch mit der Überlieferung vom Selbstmord des Pilatus: »Wissenswert ist es, dass auch Pilatus, der zur Zeit des Erlösers lebte, nach dem Bericht der Geschichte unter Gaius, dessen Zeiten wir behandeln, von solchem Unglück heimgesucht wurde, dass er in der Not Hand an sich legte und zu seinem eigenen Richter wurde«:

29. Cf. *A. Demandt:* Hände in Unschuld: Pontius Pilatus in der Geschichte. Köln, Weimar, Wien 1999 (= *Demandt* 1999). Das Werk ist u.a. deshalb verdienstvoll, weil Demandt das Material mit präzisen Quellen-Angaben präsentiert.
30. Cf. Tertullian: Apologeticum 21,24ff.
31. Zitiert nach *Demandt* 1999, S. 216 (13f.).
32. Cf. zu der gesamten sehr komplexen post-kanonischen Pilatus-Tradition und Pilatus-Literatur (auch mit dt. Übersetzungen der Texte) G. *Theissen* und A. *Merz:* Der historische Jesus: Ein Lehrbuch. Göttingen 1996 (fast passim; aber cf. »Personen- und Sachregister [Auswahl]«, S. 554!).

ὡς ἐξ ἀνάγκης αὐτοφονευτὴν ἑαυτοῦ καὶ τιμωρὸν αὐτόχειρα γενέσθαι

»Nicht lange liess«, fährt Eusebios fort, »die göttliche Gerechtigkeit auf sich warten, so erzählen jene Griechen [die wohl niemand kennt], welche zugleich mit den Olympiaden eine chronologische Aufzählung der Ereignisse gaben«.[33] Dies erinnert ein wenig an das Erzählmuster vom ›reuigen (aber verworfenen) Sünder‹ Judas. – Auf einer ähnlichen Linie liegt etwa eine Äusserung Leos d.Gr., dass nämlich Pilatus (ein ›Schwächling‹) gesündigt habe, obwohl er es zwar besser gewusst, aber nicht gemäss diesem ›besseren Wissen‹ gehandelt habe.[34] Johannes Chrysostomos nennt Pontius Pilatus einen »Feigling«.[35] Bezeichnenderweise begegnen diese Vorwürfe (erst) ab dem 4. Jh.

Aber auch bei diesen ›kritischen‹ Berichten ist Pilatus nicht ein ›einfacher‹ Sünder, sondern einer, dem die ›Wahrheit‹ im Grunde offenbart worden ist, der sie erkannte, aber dann gegen sein Gewissen handelte, sich also nicht ›bewährte‹. Und ich denke, damit sind wir bei einem sehr wichtigen Punkte. Von hier aus können die Weichen der Traditionsbildung gestellt werden: nämlich *auch* in die negative Richtung. Und sie wurden es auch.

V.

Pilatus war jemand, der die ›Wahrheit‹ kannte! Sein Missgeschick als Erzählfigur nun war, dass er – im Rahmen und als Objekt (um nicht zu sagen: ›Opfer‹) einer zielstrebigen literarischen Strategie – nicht anders handeln *konnte*, als es ihm auf differenzierte Weise in den Passionsgeschichten zugeschrieben wird. Pilatus *konnte* (nicht real-historisch, sondern im Rahmen der literarischen Konzeptionen in der frühchristlichen Literatur) Jesus gar nicht vor dem Kreuzestode bewahren, weil sonst das gesamte Heilswerk nicht funktionieren könnte. Inwieweit die evangelischen Berichte nun dem juristisch Denkbaren der Zeit und des Ortes der Handlung entsprechen, ist – literarisch geurteilt – nur sekundär, wenn es um die Interpretation von Literaturen geht. Es muss insoweit in ungefähr stimmen, dass die Leser nicht beim dritten Satz das Buch zuschlagen. Und insoweit scheint es auch zu stimmen; denn sonst würden sich Rechtshistoriker nicht ernsthaft mit den Evangelien-Berichten befassen (mit diesem oder jenem Resultat).

Wieweit es den späteren Rezipienten noch durchweg vermittelbar ist, dass eine Erzählfigur nur so und nicht anders handeln konnte, weil sonst das Erzählungsziel nicht hätte erreicht werden können – das wiederum ist eine

---

33. Eusebios: HE II,7.
34. Cf. PL 54, S. 346 (10. Passionspredigt).
35. Cf. PL 59, S. 452 (die 86. Matthäus-Predigt zu Mt 27,19).

ganz andere Frage. Anders gesagt: Interpretation hat ihre eigenen Bedingungen.

Welche Rolle aber nun spielt Pontius Pilatus vermutlich in den Evangelien?[36] Ich behaupte: Die entscheidende Rolle![37] Pilatus ist völlig unverzichtbar und darum die wichtigste Person in der literarischen *performance* der evangelischen Passions-Geschichten – mit zunehmender Steigerung von Mk über Mt und Lk bis hin zu Johannes.

Die Evangelisten müssen nämlich als Autoren die Quadratur des Zirkels schaffen.[38] Und ich sage vorweg: sie begeben sich damit auf eine Gratwanderung, aber ich meine: es ist ihnen gelungen (wobei sie sich ja fast durchweg auf Vorlagen stützen konnten, die sie nur noch zu optimieren brauchten). Ich formuliere diese ›Zirkel-Quadratur‹ einmal als gestellte Aufgabe für ein antikes Preisausschreiben vor rund 2000 Jahren:

Folgende Aufgabe wird gestellt: Machen Sie einem Leserpublikum aus einem Kulturspektrum, zu dessen religiöser Praxis der Opferkult gehört, im Rahmen seiner Denkmöglichkeiten plausibel, wie ein als Verbrecher zum Tode Verurteilter, also ein zum Opfer Untauglicher, gleichwohl als »hostia« (Cyprian) oder »oblatio«, d. h.: als entschuldendes, entsühnendes Opfer(-Lamm) fungieren kann – einer, der zudem ohnehin sterben muss, um auferstehen zu können!

Die Aufgabe *ist* zu bewältigen, es *ist* zu schaffen, und die Evangelisten schafften es – allerdings mit gewissen Einschränkungen im Blick auf die gesamte denkbare Breite des Adressatenkreises. Sie baten um ein Zugeständnis (*handicap* heisst dies im Sport), und dies wurde ihnen wohl gewährt. Ihre Bitte: »Müssen unsere primären Adressaten die Juden sein?« »Nein, schreibt ruhig so, dass es diesen nicht unbedingt plausibel sein muss!« – Übersetzt ins Missions-Historische der frühen Christenheit: alle literarischen Entwürfe der evangelischen Passions-Geschichten setzen vermutlich die Erfahrung der relativen Erfolglosigkeit einer christlichen Juden-Mission voraus, auch wenn das ideologische Postulat (»Jerusalem – Judäa – Samarien

---

36. Die NT.liche Pilatustradition ausserhalb der Passions-Geschichten lasse ich hier aussen vor.
37. Ich möchte mich hiermit nicht in die ›Sache‹ der Neutestamentler einmischen. Deshalb beschreite ich – methodologisch gesehen – einen anderen Pfad, nämlich den einer rein ›literarischen‹ Betrachtung der Rolle des Pontius Pilatus in den Evangelien.
38. »Die Kalamität, in der die dem Judentum zugehörigen Christusgläubigen angesichts des von der Tora eindeutig als Verbrechertod qualifizierten Todes ›am Holz‹ (cf. Dtn 21,22 f.) steckten, kann man ja bereits bei Paulus in Gal 3,13 nachlesen. (Die ›Pilatus-Lösung‹ der Evangelien kannte Paulus wohl noch nicht.)« (*N. Walter* [Jena]; schriftliches Diskussions-Votum zu meinem Tübinger Referat).

– die Enden der Welt«)³⁹ bleibt. Unter den erleichternden Bedingungen dieses *handicaps* schafften es die Autoren dann wirklich! – Welche konkreten Aufgaben nun hatten sie zu bewältigen? Ich nenne nur einige dieser Aufgaben:

1) *Am Allerwichtigsten: der als ›schuldig‹ Verurteilte muss möglichst von der höchsten Autorität für ›unschuldig‹ erklärt werden.*

2) *Jeder Zweifel an der Unschuld muss ausgeräumt werden; denn das dargebrachte Opfer muss ›ohne Fehl‹ sein – eine Anforderung an das didaktische Vermögen der Autoren.*

3) *Sodann: der von dieser unbestreitbaren Autorität als ›unschuldig‹ Erklärte muss trotzdem hingerichtet, also (wie eine »hostia«) geschlachtet werden.*

4) *Der Hinzurichtende muss sich – wie jedes Opfertier – freiwillig (aus eigenem Willen) darbringen (lassen).*

5) *Die Unschuldserklärung seitens der höchsten Autorität muss möglichst leistungsfähig sein: die Erzählungen sollen ja bei den Rezipienten etwas bewirken.*

VI.

Wie wird dies nun literarisch realisiert? Ich fasse hier meine Beobachtungen am Text der evangelischen Passions-Geschichten zusammen und verweise auch für Differenzierungen zwischen den einzelnen Realisierungen auf eine vorliegende, frühere Arbeit.⁴⁰

Zu 1) Pontius Pilatus, der Gouverneur und höchste Repräsentant des römischen Kaisers und somit des römischen Staates in der Provinz Iudaea, erklärt Jesus in allen vier Evangelien für ›nicht schuldig im Sinne der Anklage‹⁴¹ – und zwar ein- (Mt) bis dreimal (Joh). Ob Pontius Pilatus dies ›historisch gesehen wirklich‹ tat, ist eine Frage, die jenseits literarischer Gestaltungs-Absichten liegt. Im Text tut er es in einer juristisch einwandfreien Form. Die Evangelisten waren schon über die Materie informiert, die sie zu behandeln hatten (ich zitiere nach Joh):⁴²

---

39. Cf. Apg 1,8.
40. Cf. das oben (Anm. 1) erwähnte Referat zum VI. Colloquium Biblicum 1998 in Prag.
41. Hier lässt sich eine Steigerung (Klimax) beobachten: bei Mk findet Pontius Pilatus an Jesus kein ra'; bei Mt wird Jesus als δίκαιος (= als ein zadíq) erklärt; bei Lk findet Pontius Pilatus bezüglich Jesus keine αἰτία, also keinen Anklagegrund; und bei Joh wird dies dreimal konstatiert. – Bei Mt wird Pontius Pilatus Jesu ›Gerechtigkeit‹ im Sinne der Torah durch ein seiner Frau offenbartes Traumgesicht vermittelt (cf. Mt 27,19); denn wie soll ein römischer Goy darauf kommen?
42. Cf. Joh 18,38; 19,4.6.

ἐγὼ οὐδεμίαν εὑρίσκω ἐν αὐτῷ αἰτίαν
Ich finde keinen Grund, weshalb gegen ihn Anklage erhoben werden sollte!

Das beantragte Verfahren ist also nach Meinung des literarischen Pontius Pilatus gegenstandslos.

Zu 2) Um die Unschulds-Erklärung des Gouverneurs didaktisch zu unterstreichen, wird die Figur das »Barabbas« eingeführt. Ob dieser eine ›historische‹ Person war und was ein ›historischer‹ Barabbas getrieben haben mag, spielt hier keine Rolle. Im Duktus der Evangelien ist eine Steigerung der Beschreibung seiner Kriminalität zu beobachten.[43] (Es wird immer noch einmal eins ›draufgesetzt‹.) Wird nicht Jesus unterstellt, er beanspruche – als »König der Juden« –, ›Gottes Sohn‹ zu sein? Und hat er nicht noch gerade im Duktus der Lektüre Gott angerufen: »Mein Vater – *'aví*!«?[44] Gerade hat Pilatus diesen ›Gottessohn‹ für schuldlos (im Sinne der Anklage) erklärt, da verlangt die Menge die Freigabe eines ausgewiesenen Verbrechers, der den Namen *Bar 'Abbá* (nämlich: »Sohn des Vaters«[45] = ›Gottessohn‹) trägt, und verlangt die Kreuzigung des schuldlosen ›Gottessohnes‹ an seiner Statt!

Da jetzt immer noch Zweifel an der Schuldlosigkeit Jesu bestehen können, weil er ja doch gehängt wird, und wer gehängt wird, gilt nun einmal eben als Verbrecher, wird die Figur des »Joseph von Arimathia« eingeführt. Auch hier die zunehmende Steigerung seiner Funktion im Duktus der evangelischen Darstellungen: bei Mk (15,46) legt er den Leichnam Jesu in (irgend) ein Grab; bei Lk (23,53) und Joh (19,41) legt er Ihn (Joh: mit Nikodemus) in ein noch nie benutztes, keusches Grab; bei Mt (27,60) legt er Ihn in sein eigenes, aber noch keusches Familiengrab. Bei Joh wird Jesus nach jüdischem Ritus bestattet. – Für Verbrecher-Leichen gibt es nach Massgabe der erforderlichen Hygiene-Vorschriften zwei Möglichkeiten: Entsorgung durch Vogel- oder Hundefrass oder Verscharren. Ein verurteilter Verbrecher hat kein Anrecht auf ein ›anständiges‹ Grab. Aber Jesu Leichnam erhält ein solches, und zwar (nach Mt, Lk und Joh, die etwas später als Mk schreiben dürfen) ein unbeflecktes, nach Mt gar Joseph von Arimathias eigenes Familiengrab: Jesus wird von Joseph ›adoptiert‹: es sollte bei uns knistern! Und in allen vier Evangelien *gestattet Pilatus diese Bestattung* des angeblichen Verbrechers! Das aber ist eine Unterstreichung seiner Unschulds-Beteuerung(en) während des Prozesses: Pilatus bleibt sich treu!

Nun ist auch »Joseph von Arimathia« nicht irgendwer: er heisst »Joseph« wie der Adoptivvater Jesu, und er stammt von »Meinem (heiligen) Berge«

---

43. Die Klimax verläuft hier von Mt 27,16 über Joh 18,40 bis zu Mk 15,7 und Lk 23,19.
44. Cf. z.B. Mt 26,42 mit Mk 14,36 (*'abbá, 'aví*), Lk 22,42 (*'aví*), Joh 17 (passim).
45. »Vater« ist hier ein theophores Namensbildungs-Element und bedeutet ›Gott‹ (cf. z.B. *'Avrám* = »[Der] Vater [= Gott] [ist] erhaben«).

oder von »den beiden (heiligen) Bergen« – je nachdem, wie man das »Arimataia« (so griechisch korrekt) überträgt. Hier holt der genealogisch legitime Vater (cf. Mt 1,16; biologische Abstammung in unserem Sinne spielt bei der literarischen Filiation keine Rolle) seinen Sohn Sprach-metaphorisch heim![46]

3) Wenn Jesus das ›Opfertier‹ für die vielen sein soll, *muss* Er hingerichtet = geschlachtet werden. Dies kann nun geschehen, nachdem Seine Schuldlosigkeit mehrfach verdeutlicht wurde: Er ist ἄμωμος (untadelig, fehllos, Opfer-tauglich) im Sinne der Opfervorschriften, also nicht μῶμος (fehlbehaftet, Opfer-untauglich). Das hebräische מ(א)ום könnte ein Lehnwort aus dem Griechischen sein.

4) Jesus widerspricht nicht den Unterstellungen der Anklage und verteidigt sich nicht. In dieser Beziehung verhält sich der neutestamentliche »Antitypos« wie der Torah-»Typos« Isaak in Gen 22.[47]

5) Die NT.lichen Evangelien und damit auch die Passions-Geschichten wollen – wie jede Literatur – jemand erreichen: ihr Publikum. Dafür sind die Weichen gestellt. Dies gilt zumal für Literatur, die eine *message* vermitteln möchte. Das traditionelle Judentum fällt (faktisch und trotz programmatischer Formulierungen nach der Weise von Apg 1,8) aus. Aber die (literarische) Unschulds-Erklärung des Kaiser-Vertreters in Judäa eröffnet womöglich neue (Missions-) Felder: alle römischen Bürger sollen sich angesprochen fühlen, allen voran vermutlich die Anhänger der jüdischen Philosophie, die zwar in den Synagogen der Ökumene hocken, sich aber nicht beschneiden liessen oder lassen wollen, die sog. »Gottesfürchtigen« oder σεβόμενοι.

Für diese Intention ist der Gouverneur Pontius Pilatus unverzichtbar: Er garantiert einer interkulturellen Bevölkerung des Römischen Reiches, die nur eines gemeinsam zu haben braucht, den Opferkult samt der Kenntnis seiner funktions-garantierenden Prämissen, die ›Wirksamkeit‹ des Todes Jesu, *obwohl* dieser als (angeblicher) Verbrecher hingerichtet wurde. Den Evangelisten gelang – mit literarischen Mitteln und auf der literarischen Ebene – die Quadratur des Kreises.

VII.

Wieweit die Person des Pontius Pilatus im Sinne dieser literarischen Funktions-Analyse rezipiert wurde, ist eine ganz andere Frage, die in den Bereich

---

46. Cf. hierzu meinen Beitrag zur Festschrift für K. A. Deurloo (Anm. 1); dort auch Lit.
47. Cf. dazu *G. Vermes* 1961; *B. J. Diebner:* »Was sich auf dem Berg im Lande Moriyah abspielte: Gen 22 erklärt als Teil der ›israelitischen‹ Torah«, in: DBAT 28 (1992/93; ersch. 1994), S. 47-57.

der Kommunikations-Forschung und -Theorien gehört. Aber *dass* man die Rolle des Pilatus in etwa im Sinne dieser Analyse auch noch Jahrhunderte später verstehen *konnte*, zeigt m. E. der Bassus-Sarkophag im Kontext der Pilatus-Rezeption in der vorkonstantinischen Literatur und in der frühchristlichen Sarkophag-Plastik in der konstantinischen Ära.

Es ist wohl kein Zufall, dass sich die Pilatus-Rezeption in der frühchristlichen Kunst *in dieser Weise*, nämlich womöglich als Ausdruck individueller Gestaltungs-Absichten, auf die konstantinische Epoche beschränkt. Pilatus freilich begegnet auch noch in der späteren Bild-Tradition, aber dann eigentlich nur noch im Sinne ›fortlaufender Bibel-Illustration‹ wie im berühmten »Purpur-Kodex von Rossano«,[48] also in narrativen Kontexten und nicht mehr ›programmatisch‹.

In der konstantinischen Ära hatte Pilatus wieder *(wieder)* eine Funktion. Wiederum stehen wir im Zeitalter eines ›kulturellen Paradigmen-Wechsels‹, wie wir es heute modisch nennen könnten. Wiederum muss die oberste Staatshoheit als Garant für eine neue Kultur herhalten. Im späten 1. Jh. n. Chr. konnte sich Pontius Pilatus nicht mehr wehren, weil längst tot und zuvor in Ungnade gefallen, aber immerhin: der Kaiser-Stellvertreter der Zeit, zu der Jesus hingerichtet wurde! (Nähere Umstände seines ›Ausgangs‹ vergessen!) Jetzt, im 4. Jh., konnte man sich auf den *Augustus* berufen. Er war ›da‹ und verlieh dem steinernen oder papyrenen Pilatus Leben. Ab Theodosius I. und 380 n. Chr. aber war diese Karte ausgereizt. Pilatus – zuvor noch Kreuz-Bube – war als stichhaltiges Argument eine Lusche im Blatt geworden und in der repräsentativen und ideologisch argumentierenden Monumentalkunst verzichtbar.

VIII.

Das *Symbolum Romanum* (nicht vergessen!) steht in der Mitte! Ich denke: es zehrt noch von der Intention der evangelischen Passions-Geschichten! Die Christen sind seit rund 200 Jahren in einem Legitimations-Zwang: wie auch noch zur konstantinischen Ära! Dies belegt auf's Allerdeutlichste, dass Theodosius I. die nicht-christlichen Kulturen mit seiner Staatsgewalt verbieten musste: Was nicht(s) ist, muss nicht verboten werden!

Die Christen *waren* ja keine ›Staatsfeinde‹ *aus eigener Intention*! Im Ge-

---

48. Cf. *M. Rotili:* Il codice purpureo di Rossano. Cava di Tirreni 1980, Taf. XIII, Fol. 8r; Taf. XIV, Fol. 8v. – Die in der Kathedrale von Rossano aufbewahrten Perikopenbuch-Fragmente aus dem 6. Jh enthalten 17 Szenen aus dem Leben Jesu und 40 Abbildungen alttestamentlicher Propheten, die auf Jesus verweisen.

genteil: sie versuchten, sich anzupassen. Nur nicht auffallen! Gerade die von Staats bemühten Texte aus 1 Tim und (1) Clem belegen dies, aber auch bereits ›kanonische‹ Texte, auf die sich Obrigkeiten seit eh und je berufen.[49] Die Christen wurden zu Staatsfeinden *erklärt*: weil sie gewisse symbolische (und darum wichtige) Riten nicht mitvollzogen, oder weil sie – wie die Juden – zur Ursache für Missstände erklärt wurden. Sie provozierten aber wohl nicht von sich aus.

Ich denke, die einzige – zum mindesten *mir* plausible – Erklärung für die Aufnahme dieser *einzigen wirklich historisch belegbaren* Person Pontius Pilatus ins Credo ist ihre / seine unverzichtbare Funktion in der literarischen Bewältigung einer gestellten Aufgabe: Jesu Tod als ›leistungsfähig‹ für die Entsühnung und Versöhnung zu beschreiben.

Exkurs: Durch den Fund einer »Pilatus-Inschrift« im Jahre 1961[50] erfuhren wir übrigens, dass der judäische Gouverneur des Römerreichs in Judäa zur Zeit Jesu ›nur‹ den Titel eines *Praefectus* führen durfte. Erst im Jahre 44/45 n. Chr. wurden die judäischen Gouverneure zum ranghöheren *Procurator* befördert. Eine Bestätigung der Forschungs-Hypothesen, nach denen die Evangelien des NT nur nach ca. 45 verfasst worden sein können, weil ihre Autoren den Prokuratoren-Titel (wie dann auch Tacitus) anachronistisch – nämlich auf Grund der Gegebenheiten zu ihrer Zeit – auf Pilatus übertragen!

Ohne die Unschulds-Erklärung des Pilatus ›funktioniert‹ der Kreuzestod Jesu (den ich einmal für ›historisch‹ ansetze) nicht im Kontext der Antike.

Wichtig aber scheint mir auch zu sein, dass die antiken Christen gar kein Interesse daran haben konnten, etwa in kirchen-offiziellen Symbolen die Staatsmacht zu provozieren. Ihre Grundeinstellung nötigte sie ja auch viel eher dazu – wie 1 Tim und (1) Clem zeigen –, *nach* den Erfahrungen erster begrenzter Verfolgungen für eine ungeliebte Staatsmacht Fürbitte zu halten. Von daher dürfte Pilatus eher der ›Anker in der Staatsmacht‹ gewesen sein, der das Kirchenschiff in Stürmen halten sollte. Nur so konnte Pontius Pilatus zu konstantinischer Zeit womöglich oder vermutlich Identifikations-Figur hochrangiger christlicher Beamter des Römischen Reiches werden.

Der Weg zur Kanonisierung des Pilatus war nur konsequent: im Bereich der Ostkirchen.[51] Hier bestand nicht das Spannungsverhältnis zwischen kirchlicher und weltlicher / staatlicher Autorität wie im Westen, das zu einer negativen Pilatus-Rezeption in der abendländischen Tradition beigetragen haben dürfte.

---

49. Cf. Röm 13,1 ff.; Tit 3,1; 1 Ptr 2,13 ff.
50. Erstpublikation: *A. Frova:* »L'iscrizione di Ponzio Pilato a Cesarea«, in: RIL 95 (1961), S. 419-434. Eine gut zugängliche Abbildung findet sich bei *Demandt* 1999, S. 74, Bild 11. Hier sind bereits die Ergänzungen von *G. Alföldy:* »Pontius Pilatus und das Tiberieum von Caesarea Maritima«, in: SCI 18 (1999), S. 85 ff.
51. In der koptischen und der äthiopischen Nationalkirche.

Über Pilatus schreibt E. Bammel in seinem *RGG*-Beitrag: »Die christlichen, ins 2. Jh. (Justin, Ap. 35.48) zurückreichenden und bis ins MA weiterwuchernden P(ilatus)nachrichten sind von der Tendenz bestimmt, P(ilatus) zum Zeugen der Unschuld Jesu zu machen«.[52] Hier irrt Bammel wohl insoweit, als Pontius Pilatus bereits in den evangelischen Passions-Geschichten *expressis verbis* und terminologisch eindeutig der ›Zeuge der Unschuld Jesu‹ ist. Wäre *er* dies nicht, ein *anderer* hätte in der literarischen Realisierung der Evangelien diese Rolle übernehmen müssen; denn sonst hätte der Tod Jesu nicht ›funktioniert‹. Aber Pilatus war – meine ich – im gegebenen historischen Kontext die optimale Wahl: die beste, die getroffen werden konnte!

---

52. *E. Bammel:* Art. »Pilatus«, in: RGG 3. Aufl. Tübingen 1961, Sp. 383.

The Historical Jesus and Judaism:

A Methodological Inquiry

Gerbern S. Oegema

1. Introduction: the First Quest for the Historical Jesus[1]

Almost one hundred years ago, in the year 1906, Albert Schweitzer concluded his book on the Life of Jesus Research in the nineteenth century, the so called First Quest for the Historical Jesus, with the following prophetic words:

The names, with which one has designated Jesus as Messiah, Son of Man and Son of God as understood within the context of the Jewish religious beliefs in antiquity, now look to us like historical parables. When he applied these titles to himself, it was an expression of his self-understanding as a Commander and a Ruler dressed in the conceptions of his days. We, however, cannot find any characterisation which expresses his being.[2]

To Schweitzer himself, two matters were especially important. Firstly, that Jesus must be understood within the context of first century Jewish eschatology, and secondly, that his message is a call to follow him.

One year later, in the year 1907, Joseph Klausner, after having defended a dissertation on the messianic expectations in Judaism four years earlier at the university of Heidelberg,[3] published a book with the title *Jesus of Nazareth. His Time, his Life and his Doctrine*.[4]

---

1. Paper read at the New Testament Colloquium of Professor H. Lichtenberger at the Theological Faculty of the University of Tübingen on October 27th 1999, at the Annual Meeting of the Studiorum Novi Testamenti Societas in Tel Aviv, Israel, July 30th – August 4th 2000 and at the Institute of Antiquity and Christianity of the Department of Religion of Claremont Graduate University in Claremont, USA, September 5th-8th 2000. I thank all those, who attended my lectures in Tübingen, Tel Aviv and Claremont, for the useful suggestions and critique. See further my book: Das Heil ist aus den Juden. Untersuchungen zum historischen Jesus und seiner Rezeption im Urchristentum, Hamburg: Kovacs 2001.
2. A. *Schweitzer*, [Von Reimarus zu Wrede] Geschichte der Leben-Jesu-Forschung, 1st edition 1906; reprint of the 7th edition, Tübingen: Mohr Siebeck 1984, 630. Translated into English by G.O.; ET: The Quest for the Historical Jesus. A Critical Study of Its Progress from Reimarus to Wrede, New York: Macmillan 1968.
3. J. *Klausner*, Die messianischen Vorstellungen des jüdischen Volkes im Zeitalter der Tannaiten, kritisch untersucht und im Rahmen der Zeitgeschichte dargestellt, Berlin: Poppelauer 1904.
4. J. *Klausner*, Jesus von Nazareth. Seine Zeit, sein Leben und seine Lehre, 1st edition 1907; 3rd edition Jerusalem: Jewish Publishing House 1952.

In this *opus magnum* he analysed all known sources of his days and presented a plausible portrayal of the historical Jesus within his *Jewish* context. This was surely a milestone in New Testament scholarship in view of the efforts to stress Jesus' Jewishness in the seventies and eighties of the twentieth century. Even if many new sources, editions and methods in later times have enriched our knowledge of the New Testament period, such as the findings of Qumran and Nag Hammadi, in his time Klausner had achieved a most balanced and nearly complete overview and analysis of all the relevant Jewish and Christian sources relating to the historical Jesus, namely of:

1.a Talmud and Midrash
1.b Toledoth Jeshu
2.a Josephus
2.b Tacitus, Suetonius, Pliny the Younger
3. The Apostle Paul
4. The oldest Church Fathers
5. The Apocryphal and non-Canonical Gospels
6. The Canonical Gospels

Following Albert Schweitzer, Klausner considers most authors of a Life of Jesus since Ernest Renan and Ferdinand Christian Baur to be »liberal« and evaluates the results of their research as follows:

They try to give the people a modern Jesus, because the historical and Jewish Jesus of the Second Temple period appears to be too strange in the eyes of their Aryan contemporaries. Therefore, in these liberal portrayals of Jesus he became a nonhistorical figure. In fact, he stopped being a Messiah and became a purely ethical man. The whole of eschatology was abolished, because it did not seem to be modern and because an eschatological Jesus could never have become akin to the soul of the ordinary folk. Thus, Jesus became an adversary of ancient Judaism, filled with new, but totally unhistorical ethical ideas.[5]

In Klausner's evaluation of the portrayal of Jesus in the canonical Gospels according to nineteenth century theology, he also anticipates the results of the historical-critical method in the decades still to come:

On the basis of the criticism of the Gospels, of the research on the life of Jesus and of the knowledge of contemporary Judaism, the mystical and dogmatic fog, in which Jesus was hidden, disappears, and we know now which part of the Gospels to accept and which to reject, which part is older and which one is younger, what the Gospels have ascribed to Jesus in the context of the post-Pauline church and which element of Jesus' national-Jewish character they preserved unconsciously. Only thus we come to know the historical Jesus, the Jesus of the Jews, who could only have come out of Israel, but whom Israel, because of certain historical and

---

5. *Klausner*, Jesus, 115. Translated into English by G.O.

personal circumstances, could neither accept as their Messiah nor was able to accept his doctrine as the only way to salvation.[6]

2. The Second Quest for the Historical Jesus

After the First Quest and partly in reaction to it, Rudolf Bultmann's work, especially his *History of the Synoptic Tradition* (1921), has been most influential up to our own days. In this and in later studies he argues that a »historical Jesus« is a hermeneutical impossibility,[7] for which reason the historical Jesus also plays no role in his *Theology of the New Testament*:

> Jesus's preaching belongs to the conditions of New Testament theology, but it is not part of it. The theology of the New Testament, namely, is based on the unfolding of those thoughts, in which the Christian faith secures and makes itself aware of its subject, its ground and its consequences. However, Christian faith exists only since there has been a Christian kerygma, a kerygma, which announces Jesus Christ as God's eschatological act of salvation, namely the crucified and risen Jesus Christ. This announcement started with the kerygma of the early [Christian] community, but not with the preaching of the historical Jesus, although the [Christian] community has often added elements of its own kerygma to its reports on him. Therefore, theological reasoning and thus also New Testament theology begins only with the kerygma.[8]

Thereupon he developed his program of demythologizing according to which:

> The course of history [...] has proven mythology to be wrong. The conception of God's kingdom is namely mythological, like the conception of the latter days is mythological. [...] We consider this world view mythological, because it is different from the world view developed by science since ancient Greece, as it has been also accepted by all modern people. Basic for this [modern] world view is the connection between cause and result.[9]

---

6. *Klausner*, Jesus, 168. Translated into English by G.O.
7. See also the history of research in *G. Theissen* and *D. Winter*, Die Kriterienfrage in der Jesusforschung. Vom Differenzkriterium zum Plausibilitätskriterium, Freiburg-Göttingen: Universitätsverlag-Vandenhoeck & Ruprecht 1997, 1-174, and the bibliography in C. A. *Evans*, Life of Jesus Research. An Annotated Bibliography, NTTS 24, Leiden: E. J. Brill 1996, 127-146.
8. *R. Bultmann*, Theologie des Neuen Testaments, 8th ed., Tübingen: Mohr-Siebeck 1980, 1-2. Translated into English by G.O.
9. *R. Bultmann*, Jesus, Berlin: Deutsche Bibliothek 1926. Translated into English by G.O. ET: Jesus and the Word, New York: Scribner's 1934; see also *R. Bultmann*, Jesus Christus und die Mythologie. Das Neue Testament im Licht der Bibelkritik, Hamburg: Furche Verlag 1964, 11-12 und 33.

On the basis of this new hermeneutics of demythologizing, which according to him had already started in the letters of Paul and especially in the Gospel of John, Bultmann could only replace the mythological world view in the New Testament by a scientific view of the world intelligible to people of modern times. However, as was understood only much later, most of the Jewish aspects were abolished in the portrayal of Jesus now developed and, as far as the sayings of the historical Jesus are concerned, all post-Easter interpretations were considered not to represent them authentically. For Bultmann the historical Jesus still belonged to the realm of the *old* Jewish religion. With Paul and John the unfolding of the *new* Christian faith had begun.

In the year 1953 the so-called Second Quest for the Historical Jesus began, when Ernst Käsemann gave a lecture to the former students of Rudolf Bultmann entitled »The Problem of the Historical Jesus«, in which he develops the parameters of a new search for the historical Jesus.[10] The method to be applied to the New Testament witnesses, when studying Jesus' authentic sayings, was most clearly formulated by him in the so-called *Criterium of Double Dissimilarity*, thus paving the way for the Second Quest in the Fifties and Sixties of the twentieth century:

Historical reliability can only be reached in one instance, namely if a tradition, for any reason, can neither be deduced from Judaism nor ascribed to Early Christianity, especially if Jewish Christianity has weakened or reinterpreted a certain tradition.[11]

Although in the reception of Käsemann's *Criterium of Double Dissimilarity* the scholarly focus has been mainly on these criteria of dissimilarity applied to Judaism and to Christianity, Käsemann's intention was originally much more positive and optimistic. Contrary to Bultmann he did believe that quite a lot *could* be known about the historical Jesus. Furthermore, on the same page, on which the often quoted *Criterium of Double Dissimilarity* is found, he opted for a second criterium, with which one could trace back, what Jesus had in *common* with both ancient Judaism and early Christianity.[12]

10. See *E. Käsemann*, »Das Problem des historischen Jesus«, in: ZThK 51 (1954), 124-153; reprinted in: *E. Käsemann*, Exegetische Versuche und Besinnungen 1, Göttingen: Vandenhoeck & Ruprecht 1960, 187-214. See further *J. Reumann*, »Jesus and Christology«, in: *E. J. Epp; G. W. MacRae S. J.* (eds.), The New Testament and its Modern Interpreters, Atlanta: Scholars Press 1989, 501-564 and *J. M. Robinson*'s Introduction in: *Schweitzer*, Geschichte, 7-24.
11. *Käsemann*, »Problem«, in: *Käsemann*, Versuche 1, 205. Translated into English by G.O. ET: *E. Käsemann*, »The Problem of the Historical Jesus«, in: *E. Käsemann*, Essays on New Testament Themes, SBT 41, London: SCM 1964; Philadelphia: Fortress 1982, 15-47.
12. Later on, other criteria were added to the first one, such as the criteria of »multiple attestation, consistency or coherence with proven Jesus-material, and linguistic or environmental tests (Aramaisms and Jewish background)«. See *J. Reumann*, »Jesus and

3. The Third Quest for the Historical Jesus

After the Second Quest for the Historical Jesus, which was initiated and inspired by this *Criterium of Double Dissimilarity* and which influenced German scholarship (especially the works of G. Bornkamm, H. Braun, J. Jeremias, K. Niederwimmer, E. Schweizer and E. Stauffer),[13] in the Eighties and Nineties, a Third Quest for the Historical Jesus began mainly in the Anglo-Saxon world (see, for instance, the works of J. D. Crossan, J. H. Charlesworth, M. de Jonge, B. L. Mack, G. Vermes, N. T. Wright, and the so called »Jesus Seminar«),[14] which has also influenced indirectly Continental European scholarship in the past few years.[15]

Thanks to Gerd Theißen and Dagmar Winter the discussion was lately brought to Germany, starting first as an inquiry into methodology. In their book on the criteria applied in the research on the historical Jesus both

---

Christology«, in: *Epp; MacRae*, Testament, 524 and *M. A. Powell*, Jesus as a Figure in History. How Modern Historians View the Man from Galilee, Louisville: Westminster John Knox Press 1998, 31-50.

13. *G. Bornkamm*, Jesus von Nazareth, 1st edition 1956; 13th edition Stuttgart: Walter Kohlhammer 1983; *H. Braun*, Jesus. Der Mann aus Nazareth und seine Zeit, 1st edition 1969, 3rd edition Stuttgart-Berlin: Kreuz 1972; *J. Jeremias*, Die Gleichnisse Jesu, 1st edition Zürich: Zwingli 1947; 2nd edition Göttingen: Vandenhoeck & Ruprecht 1952; *J. Jeremias*, Neutestamentliche Theologie I: Die Verkündigung Jesu, 1st edition 1971; 3rd edition Gütersloh: Gerd Mohn 1979; *K. Niederwimmer*, Jesus, Göttingen: Vandenhoeck & Ruprecht 1968; *E. Schweizer*, Jesus Christus im vielfältigen Zeugnis des Neuen Testaments, München: Siebenstern 1968; *E. Stauffer*, Jesus. Gestalt und Geschichte, Bern: Philo 1957. See also the bibliographies in: *W. G. Kümmel*, Dreißig Jahre Jesusforschung (1950-1980), ed. by *H. Merklein*, Bonn: Hanstein 1985 and *Reumann*, »Jesus«, in: *Epp; MacRae*, Testament, (501-)525-564. See also *J. M. Robinson*, A New Quest of the Historical Jesus, London: SCM 1959; *J. M. Robinson*, Kerygma und historischer Jesus, Zürich-Stuttgart: Zwingli Verlag 1960.

14. The expression »Third Quest« was introduced by *N. T. Wright* (see below). See especially *J. H. Charlesworth*, Jesus within Judaism. New Light from Exciting Archaeological Discoveries, New York: Doubleday 1988; *J. D. Crossan*, The Historical Jesus. The Life of a Mediterranean Peasant, San Francisco: Harper 1991; *M. de Jonge*, Jesus, the Servant Messiah, New Haven: Yale University Press 1991; *G. Vermes*, The Religion of Jesus the Jew, Minneapolis: Augsburg Fortress 1993; *B. L. Mack*, A Myth of Innocence. Mark and Christian Origins, Philadelphia: Fortress 1988; *N. T. Wright*, Jesus and the Victory of God, London: SPCK 1996, xivf. and 78ff.; *N. T. Wright*, Who was Jesus?, Grand Rapids: Eerdmans 1992; *R. W. Funk; R. W. Hoover* (eds.), The Five Gospels. The Search for the Authentic Words of Jesus, New York: Macmillan 1993. See also the critical reflections in: *M. J. Borg*, »Reflections on a Discipline. A North American Perspective«, in: *B. Chilton* and *C. A. Evans* (eds.), Studying the Historical Jesus. Evaluations of the State of Current Research, NTTS 19, Leiden: E. J. Brill 1994, 9-31; *W. R. Telford*, »Major Trends and Interpretative Issues in the Study of Jesus«, in: *Chilton* and *Evans*, Jesus, 33-74 and *N. T. Wright*, »Five Gospels but No Gospel. Jesus and the Seminar«, in: *B. Chilton* and *C. A. Evans* (eds.), Authenticating the Activities of Jesus, NTTS 28.2, Leiden: E. J. Brill 1999, 83-120.

15. *Theissen* and *Winter*, Kriterienfrage, 145-171.

authors question the *Criterium of Double Dissimilarity*. In doing this, they take into consideration the Anglo-Saxon discussion about this criterium, its critique and arguments against its use.[16] Evaluating the past research on Jesus they reach the following programmatic conclusion:

The criterium of double dissimilarity and the motives that underlie it have defined research on the historical Jesus from its very beginning. It has been shown that we are dealing in fact with two different criteria and that they are often connected with two different concerns: The source-analytical criterium of dissimilarity to Christianity often influenced by ecclesiastical and dogmatic interests and the religion-comparative criterium of dissimilarity to Judaism dominated by anti-Jewish ideas and ideas from the philosophy of history. [...]

In the new quest a shift has taken place in favour of the criterium of dissimilarity to Judaism. It is now explicitly formulated and offensively defended, whereas the criterium of dissimilarity to christianity has been undermined by the influence of ecclesiastical pressure on critical Biblical scholarship and is used now with precaution. [...]

Concerning the difference and uniqueness of Jesus, the third quest differs from the first one. In the third quest the criterium of dissimilarity to Judaism is rejected, because of the observation of Antijudaismus in the history of theology, and the criterium of dissimilarity to Christianity is used with precaution.[17]

After this methodological evaluation of the *Criterium of Double Dissimilarity* both authors develop a »Criterium of Plausibility«, in which they speak of contextual plausibility with respect to Judaism and of receptive plausibility with respect to Christianity,[18] because:

Any portrayal of Jesus has only then a complete plausibility, when both its context and reception are considered.[19]

and:

The connection of the different elements in the life of Jesus, which form a unique constellation *within* the context of Judaism and at the same time serve as the reception-historical connection with the beginning of the early Christian faith, which was in the process of dissolving itself from Judaism and in this sense is real-

---

16. See also *T. Holmén*, »Doubts About Double Dissimilarity. Restructuring the Main Criterion on Jesus-of-History Research«, in: *B. Chilton* and *C. A. Evans* (eds.), Authenticating the Words of Jesus, NTTS 28.1, Leiden: E. J. Brill 1999, 47-80.
17. *Theissen* and *Winter*, Kriterienfrage, 171 and 173. Translated into English by G.O. See also the hermeneutical reflections in my: Für Israel und die Völker. Studien zum alttestamentlich-jüdischen Hintergrund der paulinischen Theologie, NTS 95, Leiden: E. J. Brill 1998, 1-32 and 253-279.
18. *Theissen* and *Winter*, Kriterienfrage, 175.
19. *Theissen* and *Winter*, Kriterienfrage, 192. Translated into English by G.O.

ly unique, is a criterium for historicity. We therefore speak of total historical plausibility.[20]

In fact, this is nothing else but a rephrasing of the problem of *continuity* and *discontinuity* and represents a deeper layer of the *methodological* problem of the quest for the historical Jesus. And even if one does not agree with Theissen's and Winter's methodological approach, it will be obvious that in the past one or two decades a shift away from the *Criterium of Double Dissimilarity* has taken place.

4. The Criterium of Double Dissimilarity under Critique

Let us therefore have a closer look at the *Criterium of Double Dissimilarity*, its character, its methodology and its weak points and then come to its alternative.

If we try to reconstruct Jesus's own »theology« according to the *Criterium of Double Dissimilarity*, in the common opinion of many scholars, there will be only a limited number of possible conceptions to investigate. These conceptions or topics in Jesus' own theology are:

1. His Eschatology, i.e. the Kingdom of God (R. Bultmann; M. Dibelius; W. G. Kümmel; G. Bornkamm; J. Gnilka; E. Schweizer; H. Braun; D. Flusser)
2. His Selfunderstanding (M. Dibelius; W. G. Kümmel; G. Bornkamm; J. Gnilka; E. Schweizer; D. Flusser)
3. His Ethics (M. Dibelius; W. G. Kümmel; G. Bornkamm; J. Gnilka; E. Schweizer; H. Braun; D. Flusser)[21]

Whereas the order of the three major themes, eschatology, selfunderstanding and ethics, in New Testament scholarship may differ and depend on one's point of view, we must concede that Jesus' eschatology and his ethics can only come forth from his selfunderstanding, which therefore should be in the first place. As his ethics depends on his eschatology, Jesus' eschatology should be in the second place followed by his ethics. We therefore have the following order: Jesus' selfunderstanding, his eschatology and his ethics.

---

20. *Theissen* and *Winter*, Kriterienfrage, 194. Translated into English by G.O. See also B. *Witherington III*, The Jesus Quest. The Third Search for the Jew of Nazareth, Downers Grove-Garlisle: Paternoster Press 1995, 42-92.
21. In a less important degree the following topics have also been considered: 4. Jesus' Disciples (J. Gnilka); 5. The People of God (J. Gnilka); 6. Jesus' Miracles (E. Schweizer); 7. The Call for Repentance (H. Braun); 8. Jesus' Authority (H. Braun); 9. The Image of God (R. Bultmann); 10. The Will of God (R. Bultmann). For a full bibliography on the teaching of Jesus see *Evans*, Life, 147-194.

However, the problem of the *Criterium of Double Dissimilarity* is that, the more we know about ancient Jewish traditions and the more we know about early Christian post-Eastern traditions, the less space there is for a reconstruction of the authentic sayings of Jesus.[22] Therefore, in the end no traces of a historical Jesus may be left.

Moreover, apart from this methodological dead end, where does the *Criterium of Double Dissimilarity* lead us to, theologically spoken?

Is it possible at all to imagine Jesus' teaching being in discontinuity with Judaism? And is Christianity in its early form really a new religion which is totally different from Judaism? The answers given in the Second Quest are often reached on the basis of dogmatic presuppositions, which, however, may have little to deal with the historical Jesus, when seen from a methodological point of view.

The *Criterium of Double Dissimilarity* seems, at least at some instances, to be an academically clever disguised dogmatic point of view, which is in conformity with the needs of the present Church, or to put it more mildly: it is a reader-oriented point of view.

However, the work of, for example, Marinus de Jonge shows that there is a justified reason for a study of the historical Jesus with the help of a *Criterium of Plausibility*. In his opinion, Jesus, his self-understanding and his teaching do not have to be different from their Jewish background or from their early Christian reception.[23]

For this and other reasons I shall formulate in the following some arguments for an alternative method, which I would like to call the *Criterium of Double Similarity*.[24]

---

22. It is generally assumed that only those words of Jesus are to be considered important for a reconstruction of Jesus' teaching, which are identified according to the Criterium of Double Dissimilarity. This is relevant for logia expressing Jesus' self-understanding, most of the parables in their pre-Eastern form as well as the apophthegmata, which are typical of the development of the early Christian community, but not for those logia, which can only be post-Eastern, because they imply christological or ecclesiological aspects.
23. See *M. de Jonge*, Christology in Context. The Earliest Christian Response to Jesus, Philadelphia: Westminster Press 1988; *M. de Jonge*, Jesus. The Servant-Messiah, New Haven: Yale University Press 1991; *M. de Jonge*, Jezus als Messias. Hoe hij zijn zending zag, Boxtel: KBS-Tabor 1990 and *M. de Jonge*, Christologie im Kontext. Die Jesusrezeption des Urchristentums, Neukirchen-Vluyn: Neukirchener Verlagshaus 1995.
24. On this, see also *J. D. G. Dunn*, »Can the Third Quest Hope to Succeed?«, in: *Chilton* and *Evans*, Activities, 31-48 and for a comparison, *E. E. Ellis*, »The Synoptic Gospels and History«, in: *Chilton* and *Evans*, Activities, 49-57.

5. The Criterium of Double Similarity

When doing research on the historical Jesus, we should find a balance between historical reconstruction and theological reception and do justice to four different issues: the method to be applied, the historical data of Jesus' life, the authenticity of the words and deeds of Jesus and the theological reception of both words and deeds.

a. The Criterium of Double Similarity

Concerning the method to be applied I would like to suggest working with the *Criterium of Double Similarity* when searching for the historical Jesus. Those words and deeds should be considered authentic, which can be deduced both from a Jewish background or from certain Jewish traditions and which in their reception history can be traced back to the early Church or to certain early Christian traditions. Thus, historical justice is done to the fact that Jesus of Nazareth was both a Jew and that he influenced the form and contents of the Christian faith; moreover, that his disciples have understood his teaching and have written it down in the »right« way.

b. The Historical Data of the Life of Jesus

If we ask for the historical data of the life of Jesus, a number of biographical data concerning his person can be discerned, similar to what Geza Vermes has shown in the first chapter of his book »Jesus the Jew«.[25] However, one should ask, which *theological* judgment one should associate with these kind of observations, as long as they are simply historical data.[26]

On the one hand, they form indeed the parameter of the historical framework (i.e. the social, religious and political world of Palestine in the context of the Roman Empire in first century C. E.), from which the question about the historical Jesus has to start.

On the other hand, theologically spoken, the historical data are important

---

25. G. Vermes, Jesus the Jew. A Historian's Reading of the Gospels, Minneapolis: Fortress Press 1973 and G. Vermes, Jesus der Jude. Ein Historiker liest die Evangelien, Neukirchen-Vluyn: Neukirchener Verlagshaus 1993.
26. See also G. S. Oegema, Der Gesalbte und sein Volk. Untersuchungen zum Konzeptualisierungsprozeß der messianischen Erwartungen von den Makkabäern bis Bar Koziba, SIJD 2, Göttingen: Vandenhoeck & Ruprecht 1994, 19-20 and Oegema, »Der vorchristliche Paulus«, in: Oegema, Israel, 33-56.

for another reason, namely because they point to ancient Judaism as Jesus' place of origin. Thus, the *Jew* Jesus is a hermeneutical necessity in any reconstruction of the historical Jesus, as not only the kerygmatic Christ, but also the life and teaching of the historical Jesus form the basis of the Christian faith. When proceeding according to the *Criterium of Double Dissimilarity*, the more the tradition-historical research progresses, the less authentic sayings of Jesus are left and the less Jesus is a Jew. With the *Criterium of Double Similarity* justice is done to Jesus' Jewishness as integral part of Christian theology.

c. The Authenticity of the Words and Deeds of Jesus

If the authentic words of Jesus were only true, if they could not be deduced from Judaism, the question about the *Jew* Jesus or about his *Jewish* background could hardly be answered. If the authentic words of Jesus were true, if they could be deduced only from Judaism, the question about the relation between this *Jewish* Jesus and the early Christian *kerygma* could hardly be answered. If one ascribed everything genuine Christian to its post-Eastern reception, one would not need a historical Jesus and it would remain unsolved, why the authors of the Gospels described and stressed precisely this aspect of his life. If Jesus had made already *in nuce* the central christological sayings himself, than the theological contribution of the Gospels and of the Early Church would have been of secondary importance.

In other words, there is a hermeneutical necessity for working on the basis of a *connection* between ancient Judaism, the historical Jesus and the early Christian reception and point to and work towards a *continuity* between both traditions without, of course, forgetting the discontinuities which truly exist. The question about the criteria is nothing else but the effort to establish (or re-establish) on an argumentative basis this connection and this continuity.

The way then to approach this subject matter is to combine the results of the tradition- and reception-historical method in such a way that one can focus on the theological *bridge* Jesus' sayings and acts form between ancient Judaism and early Christianity. The quest for the historical Jesus is therefore not only a historical, but also and predominantly a theological quest.

Therefore we should do research on the underlying laws and the dynamics of this process of continuity and discontinuity. And this is only possible, if one studies both the constituting Jewish context and the early Christian reception. For all these reasons I would like to speak of the *Criterium of Double Similarity* as applied to the research on the historical Jesus.

After these *hermeneutical* questions and issues, let us now turn our attention to an *exegetical* example, after which we shall draw some *theological* conclusions.

6. The Historical Jesus and the Love Command

Jesus' selfunderstanding, his eschatology and his ethics most clearly meet in the Sermon on the Mount/Plain. Important for the question concerning his relationship to both ancient Judaism and early Christianity may be, for example, his call to love your enemies in Mt 5:43-48, Lk 6:27-37 and in the possibly underlying Q-version 6:27-35. Let us therefore look into these pericopes and the problems connected with them.

The question, whether the Love Command was introduced for the first time by the historical Jesus, has been answered in many different ways. The reasons for these differences are manifold:[27]

1) The text referred to by Jesus, Leviticus 19:18b, is part of the Hebrew Bible and had already received an interpretation with a clear universalizing tendency in pre-Christian Hellenistic Judaism, partly because it was understood in the light of the Golden Rule, partly because the command to love your neighbour was combined with the command to love God (Letter of Aristeas § 207; Tobit 4:15; Jubilees 36:4; Jesus Sirach 7:21 and 31:15; Testament of Simeon 4:6; Testament of Issachar 5:2; 7:6; Testament of Zebulon 5:1 and Testament of Benjamin 4:3; for translations of the passages referred, see excursus 1 and 2).[28]

2) Similarly, in Early Rabbinic Judaism, the interpretation of the Love Command attracted different tendencies, such as the Love Command being the summary of the Torah and the Love Command as a call for imitating God *(Imitatio Dei)*, besides other interpretations (Targum Yerushalmi I on Lev 19:8b; Mishnah Nedarim 9:4; Mishnah Abot 1:12; Tosephta Sotah 9:11; Sifra, Qedushim IV:12; Bereshit Rabbah 24:7 and Babylonian Talmud Shabbath 31a).[29]

---

27. See *G. S. Oegema*, »Paulus und die Ethik«, in: *G. S. Oegema*, Für Israel und die Völker. Untersuchungen zum alttestamentlich-jüdischen Hintergrund der paulinischen Theologie, Leiden: E. J. Brill 1998, 253-279, and *Chr. Burchard*, »Das doppelte Liebesgebot in der frühen christlichen Überlieferung«, in: *E. Lohse et al.* (eds.), Der Ruf Jesu und die Antwort der Gemeinde. Exegetische Untersuchungen (Festschrift J. Jeremias), Göttingen: Vandenhoeck & Ruprecht 1970, 39-62.
28. See *Oegema*, »Paulus«, in: *Oegema*, Israel, 255-261.
29. See *Oegema*, »Paulus«, in: *Oegema*, Israel, 261-263.

3) Only Essene Judaism seems to form an exception and represent a particularistic interpretation, against which Jesus seems to make an issue (see, for instance, Damascus Covenant CD 6:20-7:1).[30] However, the general opinion does not accept such an interpretation of the Essene literature anymore.

4) All New Testament passages offering an interpretation of the Love Command (Marc 12:28-34; Luke 10:25-37; Matthew 22:34-40 and Luke 6:32-35; Matthew 5:43.48 and 19:16-26 as well as Galatians 5:14 and Romans 13:9-10) can be understood within the context of Ancient Judaism.[31] Seen from a tradition-historical point of view there seems to be no specific new element in Jesus' interpretation of the Love Command. Even the command to love your enemies has parallels in Ancient Judaism.[32]

However, should one look only at the philological background of the Love Command or also at the different theologies underlying its various interpretations? In Ancient Judaism many different theological grounds are used to argue, why one should love his neighbour. For instance, because one should imitate God *(Imitatio Dei)*, or because one should become holy, as God is holy, or because man was created in the image of God, so that loving your fellowman equals loving God.[33] In Early Christianity similar and other arguments are to be found. For instance, the Love Command is considered the summary of the law and the command to love your neighbour is understood in the light of the call to imitate Christ *(Imitatio Christi)*.[34]

How could this have been in the case of the historical Jesus? If we assume that Jesus had a »theology«, then we should ask whether one of these theological arguments could have been his. Did Jesus have a clearly *theological* argument for loving your neighbour including the enemy and was this an exclusive part of his authentic words as expressed in, for instance, Lk 6:27-36? Do the Gospels give us any clue to what can be considered truly Jesuanic?[35]

If we come to the interpretation of the command to love your enemies, we should ask, by applying the *Criterium of Double Similarity*, whether it is Jesuanic, i.e. whether it can be derived both from the early Jewish as well as from the early Christian tradition? First of all it is clear that it can be derived from the early Christian tradition, because all texts, whether Q, Luke, Matthew or the Apostolic Fathers up to Justin, connect it with Jesus, call it

---

30. See *Oegema*, »Paulus«, in: *Oegema, Israel*, 258.
31. See *Oegema*, »Paulus«, in: *Oegema, Israel*, 264-272.
32. Testament of Benjamin 4:3.
33. See *Oegema*, »Paulus«, in: *Oegema, Israel*, 263-264.
34. See *Oegema*, »Paulus«, in: *Oegema, Israel*, 272-273.
35. See *Oegema*, »Paulus«, in: *Oegema, Israel*, 274-276.

a Word of Jesus, and enlarge and actualize it without adding a really new meaning to it.

But can it also be derived from the early Jewish tradition? Here we should ask 1) whether there are parallels connecting the command to love your neighbour with the command to love your enemies, 2) whether there are parallels connecting one of the two or both commands with the Golden Rule, and 3) where the formulation itself, Love your enemies, does come from?

Concerning the first question, one may point to the Testament of Benjamin 4:3 and Mishnah Abot 1:12. The argument that the Testament of Benjamin may be Christian does not undermine the observation that in early Judaism, loving your neighbour may also be applied to your enemies, especially when seen from the point of view of the call for *Imitatio Dei*, as God himself loves his enemies.[36] The Testament of Benjamin 4:3 expresses best this original Hebrew ideal of how to approach someone who plans to do wrong to you: namely, by doing good to him. Thus one will be able to conquer evil, and is protected by God.[37]

This is in fact also what Jesus is saying in Lk 6:35-36: God is merciful and kind to the ungrateful and selfish and man should act in the same way.

Concerning the second issue, one may point to the Letter of Aristeas § 207, Tobit 4:15; Jubilees 36:4; Jesus Sirach 7:21, and Targum Yerushalmi I on Lev 19:18b. The Golden Rule is a well known maxim in Hellenistic Judaism for explaining the meaning of Lev 19:18b and has also been taken over by Rabbinic Judaism.

Concerning the third statement, one may point to Leviticus 19:18b itself, where we also find the expression »to love« (אהב in the Hebrew Bible and in Rabbinic Literature; ἀγαπάω in the Septuagint and in the New Testament).[38] However, if seen from the point of view of the call for *Imitatio Dei*, the love towards your enemies is the right interpretation of the love towards your neighbour! Therefore, Lk 6:27-36 rightly stresses the inten-

---

36. *U. Luz*, Das Evangelium nach Matthäus (Mt 1-7), EKK I/1, Zürich – Neukirchen-Vluyn: Benziger Verlag-Neukirchener Verlag, 4th ed. 1997, 307 (see also his note 18) says: »Die Meinung der Kirchenväter, daß das Feindesliebegebot Jesu ein Novum sei, ist nur bedingt richtig. Ähnliche Aussagen gibt es vielerorts, im Judentum, im griechischen, vor allem im stoischen Bereich, in Indien, im Buddhismus, im Taoismus«.
37. The Testament of the Twelve Patriarchs stands at the crossroads of Judaism and Christianity and, therefore, according to our model of explanation it expresses an authentic saying, just the way Lk 6:27 contains an authentic saying of Jesus, because it can be derived both from the Hebrew Bible and ancient Jewish tradition as well as from the early Christian reception.
38. The verb »to love« means, both in the Hebrew Bible and in Rabbinic Literature (אהב) as well as in the Septuagint and in the New Testament (ἀγαπάω), to have a positive approach to the other, whereas the »enemy« (ἐχθρός) is more or less the opposite of the »neighbour« (πλησίον) or »friend« (φίλος).

tion of the Holiness Code that the love towards your neighbour is a way of imitating God and therefore can only include the love towards the enemy. Lk 6:35-36 takes up God's point of view: »God is kind to the ungrateful and the selfish« and calls for *Imitatio Dei*: »Be merciful, even as your Father is merciful«, whereas Lk 6:31-33 takes up man's point of view.

However, Lk 6:31-33 also contains criticism of the wrong conduct or interpretation of the Love Command. The Golden Rule should not be interpreted in such a way, that you only love the one who loves you, in order that he also loves you, but in such a way, that you love the one who does not love you, so that in the end he may even love you. Therefore, the egotistic interpretation of the Golden Rule is criticized from the point of view of the command to love your enemies. The command to love your enemies, however, has its direct and clearly Hebrew origin in the call for *Imitatio Dei*. If God loves the ungrateful and the selfish, also man should try to do so.

Jesus' command to love your enemies is therefore a call for *Imitatio Dei* and can be traced back to the Hebrew Bible and ancient Jewish tradition. In fact, it is an interpretation of the Holiness Code, Leviticus 17-26, especially of Lev 19:2.18.33.[39] Its Jesuanic interpretation and its later actualizations then were taken over by the early Christian tradition.

We may conclude that Jesus offers an interpretation of Lev 19:18b, which is in line with the theological center of the Holiness Code: Be and act like your Father in Heaven. Jesus points to God as the One to imitate and to follow. Therefore, in our pericope Jesus' selfunderstanding may have been that of a »Prophet« and a »Teacher«. However, his followers have understood it in a twofold way, firstly by following his call for *Imitatio Dei*, and secondly by understanding it as a call for *Imitatio Christi*.[40]

7. A New Portrayal of Jesus

If we, in a pure hypothetical way and in need of further scholarly discussion, summarize the portrayal of Jesus derived with this *Criterium of Double Similarity* now by asking, 1) what can be deduced from Judaism and 2) what from Christianity, we may come to the following result and hypothesis.

---

39. See also G. S. Oegema, »Paulus und die Ethik«, in: *Oegema, Israel*, 253-255.
40. Even if we do not date the various stages of the pericope, we will have a total of fifteen different possibilities to draw a picture of the historical Jesus, not to mention the pre-Synoptic, Synoptic and Apocryphal redactions. In other words, the process of unfolding the christologies implied by the historical Jesus, which took about 50 years, is an extremely rich process and can be labelled with the expression »trajectories in early Christology«.

a. Deducible from Judaism

Deducible from Judaism with the help of the tradition-historical method may be the following. Jesus must have been aware of his special task of being a »Prophet«, moreover of being the »Last Prophet« after a number of earlier prophets, who had preached the coming Kingdom of God and called for repentance. In his awareness of being the last of the prophets he differs from the earlier ones, including John the Baptist. In addition, he must have been aware of his special role in bringing closer the Reign of God, a role which he associated with his self-designation as »Son of Man« as well as with the expected suffering.

Jesus must have also been aware of his special gifts and tasks as a »Teacher«. We learn this, for instance, from the miracles performed by him and from his sermons, too. The miracles of healing were symbolic signs of the beginning of God's Reign and his sermons were centered on this Reign. As a consequence, it was clear to him that the Kingdom of God would not come from heaven at once or would be brought by violence, as was advocated by Apocalyptic and Zealot groups within Judaism. Nevertheless, a certain time schedule and certain events would accompany the coming of the Kingdom of God, but this reign would not begin without him.

For the time between the beginning of God's Reign and its eschatological completion two topics were important to Jesus: the ethics and the signs of the latterday, comparable to the teaching of the Qumran-Essenes. His ethics centered on his interpretation of the love command, his eschatology centered on the importance of patiently waiting for the end of the world without using violence and putting his whole trust in God's acting in history. He considered himself an example of both types of behaviour by showing how to love one's neighbour and how to act in the face of death with the firm belief that one day God would raise him from the dead. Thus one could characterize him as a »Martyr«, comparable with the Maccabaean martyrs.

From these observations it may be clear that Jesus can be understood within the context of ancient Judaism as a »Prophet«, as a »Teacher«, and as a »Martyr«, who was aware of his coming death.

b. Deducible from Christianity

Deducible from Christianity with the help of the reception-historical method may be the following. Jesus' self-understanding did not so much center on his apparent self-designation as King Messiah, but more on his consciousness of being a »Son of Man«, if not also the »Son of God«. According to the

Gospels, it was the goal of his journey to Jerusalem, to enter the Temple, the house of his Father, to be enthroned as Son of God and to meet his death and resurrection there.

The most important question is, however, whether Jesus was *conscious* of his coming death and resurrection as a means to redeem the sins of mankind. In other words: How does the historical Jesus relate to the *kerygma* of the crucified and risen Christ?

On the basis of our knowledge of ancient Jewish theology the following *minimal* theology must have been also Jesus': he believed in death and resurrection, because he believed in God, the Creator of all life and the Judge of all living beings. Concerning the resurrection he was closest to the Pharisees, who, contrary to other groups within Judaism, also believed in the resurrection of the dead. But what is more important, he believed in the love of God for all of mankind, in the Torah as the expression of God's will, in God's call to become as holy as He is and in the fact that the final consequence of love may be suffering for one's neighbour, as also God himself suffers for mankind. Jesus' theology was therefore mainly based on the theology of the Hebrew Bible.

Jesus considered himself the »Last Prophet« of the God of Abraham, Isaac and Jacob, to this God he felt himself so close that he called Him »Abba«, »Father«, for His Kingdom, which he announced, he was willing to suffer as a »Martyr«, for this God he was willing to die, and this God he believed in that He would raise the dead. In other words, a certain consciousness of a redemptive meaning of his own death as well as of his coming resurrection could have been an element in Jesus' own theology.

Finally, the most important aspect of the relation between Jesus and the first Christians is that he called them to follow him the way he himself followed God. Thus, in the New Testament a transformation can be observed from a call for *Imitatio Dei* to a call for *Imitatio Christi*, a transformation that started a new process and belongs to the heart of the Gospel. The consequence of both this Jewish *Imitatio Dei* and this Christian *Imitatio Christi* was often martyrdom, as is reported, for instance, by Luke but also by Jewish, Greek and Roman historians.[41]

Because the first Christians themselves saw the ground for their behaviour in Jesus' death and resurrection,[42] their behaviour of *Imitatio Christi* must have been inspired by the historical Jesus. Therefore, the words and deeds

---

41. See, for instance, Acts 2:45; 4:32.34-37; 11:29-30 and 15:20.29; 2 Maccabees 7; Martyrdom of Polycarp II.1-4 and XVII.3 as well as Plinius, Ep. X 96.97.
42. See, for instance, also Acts 5:29.

of the first Christians point directly to the words and deeds of the historical Jesus, as they were trying to *imitate* him.[43]

What the authors of the Gospels thereupon have done is nothing else but unfolding the Christology already implied by Jesus of Nazareth and calling the people to follow him as their Lord and Christ. And in doing so, they made clear that for them Jesus of Nazareth was foremost and fundamentally a historical figure, a Jewish man, who taught and showed the true meaning of the Torah with his words and with his deeds. Only later a new understanding of the Hebrew Bible was developed, a christological interpretation of what was soon to be called the Old Testament.[44]

Let us now summarize our findings in regard to the questions raised in the beginning:

Methodologically spoken, the main issue in the search for the historical Jesus is how to formulate criteria for a model of explanation that explains the relationship between ancient Judaism and early Christianity as it is centered in the life of Jesus. I have called my methodological approach the *Criterium of Double Similarity*.

Exegetically spoken, our aim should be to find a balance between historical reconstruction and theological reception and to develop the parameters of a portrayal of Jesus that does justice to the fact that we are dealing with a process of continuity and discontinuity.

Theologically spoken, our concern should be to find an explanation for the apparent paradox that Jesus is both a Jew and at the same time defines the contents of the Christian faith. For me, the historical Jesus forms, in his selfunderstanding, his eschatology and his ethics, clearly a *bridge* between both religions.

Excursus 1: Ancient Jewish (and Christian) Texts on the Love Command:[45]

1. *Leviticus 19:2.18.34*: »Say to all the congregation of the people of Israel, You shall be holy; for I the Lord your God am holy. [...] You shall not take vengeance

---

43. See also *M. de Jonge's* latest book on this: M. de Jonge, Early Christology and Jesus' Own View of His Mission, Grand Rapids-Cambridge 1998, 33 and 109.
44. See *G. S. Oegema*, »Paulus und die jüdische Bibelauslegung«, in: *Oegema, Israel*, 57-138.
45. Translations according to the RSV (1., 18., 19., 20.); J. H. Charlesworth (ed.), The Old Testament Pseudepigrapha 1-2, New York: Doubleday 1983-1985; Vol. 1,786 (6.), 803-4 (7.), 806 (8.), 826 (9.); Vol. 2,26 (2.), 124 (4.); *R. H. Charles*, The Apocrypha and Pseudepigrapha of the Old Testament in English, 1-2, Oxford: Clarendon Press 1913, 1963, 1, 212 (3.), 340 and 420 (5.); J. W. Etheridge, The Targums of Onkelos and Jona-

or bear any grudge against the sons of your own people, but you shall love your neighbour as yourself: I am the Lord. [...] The stranger who sojourns with you shall be to you as the native among you, and you shall love him as yourself; for you were strangers in the land of Egypt: I am the Lord your God.«

2. *Aristeas § 207*: »›What does wisdom teach?‹ This next guest replied, ›Insofar as you do not wish evils to come upon you, but to partake of every blessing, (it would be wisdom) if you put this into practice with your subjects, including the wrongdoers, and if you admonished the good and upright also mercifully. For God guides all men in mercy‹.«

3. *Tobit 4:15*: »And what thou thyself hatest, do not to man.«

4. *Jubilees 36:4*: »And among yourselves, my sons, be loving of your brothers as a man loves himself, with each man seeking for his brother what is good for him, and acting together on earth, and loving each other as themselves.«

5. *Sirach 7:21 and 31:15*: »A wise slave love as thyself, And withhold not from him (his) freedom. [...] Be considerate to thy companion as thyself, And be mindful of all thou detestest.«

6. *Testament of Simeon 4:6*: »In all his days he did not reproach us for this deed, but he loved us as his own life; he extolled us more than he did his own sons, and he showered us with wealth, flocks, and produce.«

7. *Testament of Issachar 5:2 and 7:6*: »Love the Lord and your neighbour; be compassionate toward poverty and sickness. [...] I acted in piety and truth all my days. The Lord I loved with all my strength; likewise, I loved every human being as I love my children.«

8. *Testament of Zebulon 5:1*: »Now, my children, I tell you to keep the Lord's commands; show mercy to your neighbour, have compassion on all, not only human beings but to dumb animals.«

9. *Testament of Benjamin 4:3*: »And even if persons plot against him for evil ends, by doing good this man conquers evil, being watched over by God.«

10. *Targum Yerushalmi I on Lev 19:18b*: »Be not revengeful, nor cherish animosity against the children of thy people; but thou shalt love thy neighbour himself, as that though there be (cause of) hatred with thee thou mayest not do (evil) to him. I am the Lord.«

11. *mNedarim 9:4*: »Moreover R. Meir said: They may open the way by reason of what is written in the Law, and say to him, ›Hadst thou known that thou wouldst transgress the command *Thou shalt not take vengeance*, or *Thou shalt not bear any grudge*, or *Thou shalt not hate thy brother in thy heart*, or *Thou shalt love thy neighbour as thyself*, or *That thy brother may live with thee*, [wouldst

---

than ben Uzziel on the Pentateuch with the Fragments of the Jerusalem Targum, New York: KTAV 1968, 205 (10.); *H. Danby*, The Mishnah, Oxford-London: Oxford University Press – Geoffrey Cumberlege 1933, 1949, 276 (11.), 447 (12.); *I. Epstein*, The Babylonian Talmud, Seder Mo'ed, Shabbath, London: Soncino 1938, 140 (16.); *H. Freedman*, Midrasch Rabbah. Genesis I, London: Soncino 1951, 204 (15.); *F. García Martínez*, The Dead Sea Scrolls Translated. The Qumran Texts in English, Leiden-New York-Cologne: E. J. Brill 1994, 37 (17.); *J. Neusner*, The Tosefta. Translated from the Hebrew. Third Division Nashim, New York: KTAV 1979, 168-169 (13.); *J. Neusner*, Sifra. An Analytical Translation, Vol. III, Atlanta: Scholars Press 1988, 109 (14.).

thou then have made thy vow?] – perchance he may grow poor and then thou wilt be unable to soccour him‹. If he said, ›Had I known that this was so, I had not made my vow‹, then he may be released from his vow.«

12. *mAbot 1:12:* »Hillel and Shammai received [the Law] from them. Hillel said: Be of the disciples of Aaron, loving peace and pursuing peace, loving mankind and bringing them nigh to the Law.«

13. *tSotah 9:11:* »R. Meir did say, ›He who marries a woman who is unworthy of him transgresses five negative rules. On the count of *not taking retribution*, and *not having vengeance*, and *not hating one's brother in his heart*, and *loving one's neighbour as himself*, and the count that *your brother should be able to live with you* (Lev. 19:18, 19:17, 19:18, 25:36). And not only so, but he stops procreation from happening in this world‹.«

14. *Sifra, Qedushim IV:12:* »... ›but you shall love your neighbour as yourself: [I am the Lord]‹: R. Aqiba says, ›This is the encompassing principle of the Torah.‹ Ben Azzai says, »This is the book of the generations of Adam‹ (Gen 5:1) is a still more encompassing principle‹.«

15. *Bereshit Rabbah 24:7:* »Ben 'Azzai said: ›This is the book of the descendants of Adam‹ is a great principle of the Torah. R. Akiba said: *But thou shalt love thy neighbour as thyself* (Lev. xix, 18) is even a greater principle. Hence you must not say, Since I have been put to shame, let my neighbour be put to shame. R. Tanhuma said: If you do so, know whom you put to shame, [for] *In the likeness of God made He him.*«

16. *bSanhedrin 31a:* »On another occasion it happened that a certain heathen came before Shammai and said to him. ›Make me a proselyte, on condition that you teach me the whole Torah while I stand on one foot.‹ Thereupon he repulsed him with the builder's cubit which was in his hand. When he went before Hillel, he said to him, ›What is hateful to you, do not to your neighbour: that is the whole Torah, while the rest is the commentary thereof; go and learn it‹.«

17. *CD 6:20-7:1:* »For each to love his brother like himself; to strengthen the hand of the poor, the needy and the foreigner; for each to seek the peace of his brother and not commit sin against his blood relation.«

18. *Marc 12:28-34:* »And one of the scribes came up and heard them disputing with one another, and seeing that he answered them well, asked him, ›Which commandment is the first of all?‹ Jesus answered, ›The first is, Hear, O Israel: The Lord our God, the Lord is one; and you shall love the Lord your God with all your heart, and with all your soul, and with all your mind, and with all your strength.‹ The second is this, ›You shall love your neighbour as yourself. There is no other commandment greater than these‹.«[46]

19. *Galatians 5:14:* »For the whole law is fulfilled in one word, ›You shall love your neighbour as yourself‹.«

20. *Romans 13:9-10:* »The commandments, ›You shall not commit adultery, You shall not kill, You shall not steal, You shall not covet‹, and any other commandment, are summed up in this sentence, ›You shall love your neighbour as yourself.‹

---

46. See also Luke 10:25-28(-37) and Matthew 22:34-40 as well as Luke 6:32-35; Matthew 5:43.48 and Matthew 19:16-26.

Love does not do wrong to a neighbour; therefore love is the fulfilling of the law.«
(cf. Rom 12:17-21)

Excursus 2: Ancient Christian Witnesses of Jesus' Word on Love[47]

1. *Acts 20:35:* »In all things I have shown you that by so toiling one must help the week, remembering *the words of the Lord Jesus,* how he said: ›It is more blessed to give than to receive‹.«

2. *Papyrus Oxyrhynchos 1224:* »(A)nd *pray for your (ene)mies.*«

3. *Gospel of Thomas 95:* »(Jesus said:) *If you* have money do not *lend* at interest, but give ... from whom you will not get them (back).«

4. *I. Clement 2:1:* »And you were all humble-minded and in no wise arrogant, yielding subjection rather than demanding it, ›giving more gladly than receiving‹, satisfied with the provision of Christ, and paying attention to *his words* you stored them up carefully in your hearts, and kept his sufferings before your eyes.«

5. *I. Clement 13:2:* »For he spoke thus: ›Be merciful, that ye may obtain mercy. Forgive, that ye may be forgiven. *As ye do, so shall it be done unto you.* As ye give, so shall it be given unto you. As ye judge, so shall ye be judged. As ye are kind, so shall kindness be shewn you‹.«

6. *II. Clement 13:4:* »For when they hear from us that God says: ›It is no credit to you, if ye *love them that love you,* but it is a credit to you, if ye *love your enemies, and those that* hate *you*‹; – when they hear this they wonder at this extraordinary goodness; but when they see that we not only do not love those that hate us, but not even those who love us, they laugh us to scorn, and the name is blasphemed.«

7. *Ignatius to Polycarp 2:1:* »If you love good disciples, it is no credit to you; rather bring to subjection by your gentlemen the more troublesome. Not all wounds are healed by the same plaster. Relieve convulsions by fomentations.«

8. *Polycarp to the Philippians 12:3:* »›Pray for all the saints. Pray also for the Emperors,‹ and for potentates, and princes, and *for* ›*those who* persecute *you and* hate *you*,‹ and for ›the enemies of the Cross‹ that ›your fruit may be manifest among all men, that you may be perfected‹ in him.«

9. *Didache 1:2-5:* »The Way of Life is this: ›First, thou shalt love the God who made thee, secondly, thy neighbour as thyself; and *whatsoever thou wouldst* not *have done to thyself, do* not thou *to another.*‹ Now, the teaching of these words is this: ›Bless those that curse you, and *pray for your enemies,* and fast for those that persecute you. For what credit is it to you *if you love those that love you*? Do not even the heathen do the same?‹ But, for your part, ›Love those that hate you,‹ and

---

47. See *K. Aland* et al. (ed.), Synopsis Quattuor Evangeliorum. Locis parallelis evangeliorum apocryphorum et patrum adhibitis, Stuttgart: Deutsche Bibelgesellschaft, 4th ed. 1990, 106. English translations according to the RSV (1.), G.O. (2.), *Aland*, Synopsis, 528 (3.), *K. Lake*, The Apostolic Fathers, Vol. I, Cambridge: Harvard University Press; London: William Heinemann 1985 (4.-9.) *R. McL. Wilson* (ed.), New Testament Apocrypha I-II, Cambridge: James Clarke 1990-1991, I, 259 (10.) and II, 538 (11.).

you will have no enemy. ›Abstain from carnal‹ and bodily ›lusts‹. ›If any man smite *thee on the* right *cheek*, turn to him *the other* cheek *also*,‹ and thou wilt be perfect. ›If any man impress thee to go with him one mile, go with him two. If any man take *thy coat*, give him *thy shirt also*. If any man will take from thee what is thine, refuse it not‹ – not even if thou canst. Give to every*one that* asks *thee*, and *do not* refuse, for the Father's will is that we give to all from the gifts we have received. Blessed is he that gives according to the mandate; for he is innocent. Woe to him who receives; for if any man receive alms under pressure of need he is innocent; but he who receives it without need shall be tried as to why he took and for what, and being in prison he shall be examined as to his deeds, and ›he shall not come out thence until he pay the last farthing‹.«

10. *Epistula Apostolorum 18:* »But look, *a new commandment I give you*, that you *love one another* and obey each other and (that) continual peace reign among you. *Love your enemies, and what you do not want done to you, that do to no one else*.«

11. *Kerygmata Petrou 32:1:* »No; but (we should do) more: if those living in error do not kill, let us never be angry; if he who is in error does not commit adultery, let us avoid even the beginning and never lust. If he who is in error loves his friends, let us also *love those that hate us*. If he *who* is in error *lends* to those who have possessions, let us do so *to those also who have no possessions*.«[48]

---

48. See also Justin, Apology I:15.9-13; Dialogue 96:3, and Apology I:16.1-2.

Die Autoren

Dr. Andreas *Bedenbender*, Humboldt-Universität Berlin, Institut Kirche und Judentum, Im Berliner Dom, Lustgarten 6, 10178 Berlin.
Prof. Dr. Christfried *Böttrich*, Universität Leipzig; Privatanschrift: Juliusstr. 5, 04315 Leipzig.
Claudia *Büllesbach*, Joh.-Gutenberg-Universität Mainz, FB 02 – Evangelische Theologie, Seminar für Neues Testament, Saarstr. 21, 55099 Mainz.
Prof. Dr. James H. *Charlesworth*, Princeton Theological Seminary, CN 821, Princeton, NJ 08542, U.S.A.
Prof. Dr. Bernd Jörg *Diebner*, Ruprecht-Karls-Universität Heidelberg; Privatanschrift: Zuzenhausener Str. 3, 69234 Dielheim.
Jan *Dochhorn*, Westfälische Wilhelms-Universität Münster; Privatanschrift: Wolbecker Str. 148a, 48115 Münster.
Prof. Dr. Beate *Ego*, Universität Osnabrück, FB03, Institut für Evangelische Theologie, Neuer Graben/Schloß, 49060 Osnabrück.
Prof. Dr. Dieter *Georgi*, J. W. Goethe-Universität Frankfurt, FB Evangelische Theologie; Privatanschrift: Eduard-Rüppell-Str. 4, 60320 Frankfurt.
Prof. Dr. Friedrich Wilhelm *Horn*, Joh.-Gutenberg-Universität Mainz, FB02, Evangelische Theologie, Seminar für Neues Testament, Saarstr. 21, 55099 Mainz.
Prof. Dr. Dres. h.c. Otto *Kaiser*, Philipps-Universität Marburg; Privatanschrift: Am Krappen 29, 35037 Marburg.
Prof. Dr. A. Frederick J. *Klijn*, Rijksuniversiteit Groningen; Privatanschrift: Dilgtweg 18a, 9751 NG Haren, Niederlande.
PD Dr. Thomas *Knöppler*, Ludwig-Maximilian-Universität München; Privatanschrift: Kellerweg 17, 74564 Crailsheim.
Dr. Andreas *Lehnardt* M. A., Eberhard-Karls-Universität Tübingen; Privatanschrift: Quenstedtstr. 26, 72076 Tübingen.
Prof. Dr. Hermann *Lichtenberger*, Eberhard-Karls-Universität Tübingen, Institut für antikes Judentum und hellenistische Religionsgeschichte, Ev.-theol. Fakultät, Liebermeisterstr. 12, 72076 Tübingen.
Dr. Hermut *Löhr*, Rheinische Friedrich-Wilhelms-Universität Bonn, Am Hof 1, 53113 Bonn.
PD Dr. Martin *Meiser*, Friedrich-Alexander-Universität Erlangen-Nürnberg, Institut für Neues Testament, Kochstr. 6, 91054 Erlangen.
Prof. Dr. Doron *Mendels*, The Hebrew University, Department of History, 91905 Jerusalem, Israel.

Autorenverzeichnis

Dr. Ulrike *Mittmann-Richert*, Eberhard-Karls-Universität Tübingen; Privatanschrift: Stäudach 127, 72074 Tübingen.

Prof. Dr. George W. E. *Nickelsburg*, University of Iowa, School of Religion, Gilmore Hall, Iowa City, IA 52240, U.S.A.

PD Dr. Drs. Gerbern S. *Oegema*, Eberhard-Karls-Universität Tübingen, Institut für antikes Judentum und hellenistische Religionsgeschichte, Ev.-theol. Fakultät, Liebermeisterstr. 12, 72076 Tübingen.

Dr. Heike *Omerzu*, Joh.-Gutenberg-Universität Mainz, FB02-Evangelische Theologie, Seminar für Neues Testament, Saarstr. 21, 55099 Mainz.

Prof. Dr. Marc *Philonenko*, Université de Strasbourg, 32, rue de l'Université, F-67000 Strasbourg, Frankreich.

Prof. Dr. Berndt *Schaller*, Georg-August-Universität Göttingen; Privatanschrift: Ludwig-Beck-Str. 11, 37037 Göttingen.

Prof. Dr. Udo *Schnelle*, Martin-Luther-Universität Halle-Wittenberg, Theologische Fakultät, Institut für Bibelwissenschaften, 06099 Halle.

Dr. Loren *Stuckenbruck*, University of Durham, Department of Theology, Abbey House, Palace Green, Durham DH1 3RS, U.K.

Prof. Dr. Pieter W. *van der Horst*, Rijksuniversiteit Utrecht, Faculteit der Godgeleerdheid, Heidelberglaan 2, 3508 TC Utrecht, Niederlande.

Prof. Dr. Jan Willem *van Henten*, Universiteit van Amsterdam, Delenus Instituut, Turfmarkt 147, 1012 GC Amsterdam, Niederlande.

Prof. Dr. Nikolaus *Walter*, Friedrich-Schiller-Universität Jena; Privatanschrift: Wilhelm-Wagner-Str. 7, 06618 Naumburg.

Namen und Sachen

Abgaben 135
Abgewaschene 369
Abraham 236
Abschiedsrede des Mattathias 54
Abtrünnige 95
Adam 358, 377, 379, 391, 396
Adambuch, slavisch 349
Adamtypologie 362
Adamvita, georgisch 348
Agrippa I. 410-411, 427
Ägypten 87, 92, 95, 97, 423
Ägypten, ptolemäisches 94
Aigai 67
Aischylos 43
Akkulturation 69
Akra 185, 187
Alexander der Große 409
Alexandria (ien) 68, 87
alexandrinisch 414
Altar 225-226
Altarweihe 57
Amalek 418-419
Amoräer 417, 424
amoräisch 420
Anbetung 358
Annahme 138
Antijudaismus 432
Antiochien 67, 105
Antiochus III. 87
Antiochos IV. (Epiphanes) 56, 63, 83-84, 91, 93-96, 102, 184-188, 404, 427
Antiochos VII. Sidetes 54
Antisemitismus 434
Apokalypse 202
Apokalyptik 182-184, 199, 201-202
apokalyptisch 412
Apokalyptisierung 199
Apologeticum, Tertullians 440
Apologetik 385, 397
Apostat 93, 368
Aristeasbrief 49-50, 97
Armenisch 349
Artapanos 51
Artaxerxes 79, 82
Artaxerxeskorrespondenz 82
Aseneth 142-143
Assumptio Mosis 192, 200
Astrologie 415-416
astrologisch 418

Athen 43, 106
äthiopische Kirche 347
athletisch 127
Aufstand 53
Augustus 89
Äußeres 355
Autonomie 43, 45
Av, neunter 417-418

Baal Schamim 185
Babylonien 424
Barmherzigkeit 277, 369, 373
Barmherzigkeitstaten 276
Baruchapokalypse, syrische 70
Befreier von Tyrannei 126
Befreiungsgeschichte 103
Befreiungstat 374
Befreiungstheologie, jüdische 58
Beispiele 110, 112, 128
Bekenntnis 138
Ben Sira 46, 52
Beschneidung 63, 419, 426
Bild 437
Bilder 127
Böse 370
Briefe, Jerusalemer 96
Bund mit Israel 368
Bund 48, 105, 192
Bürger 47
byzantinisch 347

Caligula 70, 89
Census 89
Chaos 274
Charismatiker 286-287, 291
Charoneia 45
Chassidim 403
Christen 126-127, 373
Christen, als drittes Volk 133
christlich, früh- 396
Christologie, Hohepriester- 231
Christologie, Präexistenz- 297
Christus 231, 361, 364, 369, 372
Christushermeneutik 374
chronistische Geschichtstheorie 80
chronistisches Geschichtswerk 78-79
Clemensbrief, 1 128, 131
covenantal Theology 201
Credo 432, 434, 447

473

Daniel 192
Danielzusätze, griechische 97-98
Dareios 79, 82
Davidide 83
Davidssohn 296
Deborah 136, 149-150
Dekalog 48, 145
Demetrios II. 54
Demosthenes 45
Descensus ad inferos 398, 400
Deuteronomist 48, 199, 201
Deuteronomistisches Geschichtswerk 189-190
Deuteronomistisches Schema 201
Diaspora 71, 86, 94
Diaspora, ägyptische 92, 94-96
Diasporageschichte, ägyptische 90
Diasporajudentum, ägyptisches 100
Dies imperii 422
Diognet, Brief an 132
Dionysos 91
Dionysoskult 87, 97
Dynastie, hasmonäische 83

Eden 229-230, 235
Edikt 97
Ethik 147
Empfängnis 228, 235-237, 239, 242, 244, 415
Endogamie 278-279
Engel 199, 218, 358, 361, 364
Engelproskynese 363
Entrückung 225-226, 229, 233-234
Erwählung Israels 369
Erwählung 192, 368
Erzählstruktur 272
Eschatologie 219
Esra 78, 85
Esra, Hohepriester 83
Esrabuch, 3 77, 92, 100
Esther 92
Estherbuch, griechisches 90-96, 98
Eupolemos 98
Eva 356
Eva-Maria-Typologie 356
Exempla virtutis 112
Exempla 113-115
Exil 273-274
Exil, 70 Jahre 80
Exilierung(en) 77, 80, 82
Exilierungsgeschichte, Theorie 80
Exodus 82
Exodus, aus Ägypten 82
Exodus, babylonischer 82
Exodus, unter Mose 82

familiäre Strukturen 278
Fehltritt 379, 391
Festzeiten 199
Finsternis 144
Flavius Josephus siehe Josephus
Flut 227-230, 235
Sintflut siehe auch Flut
Freie 53
Freier Wille 377, 392
Freiheit 43-48
Freiheitskämpfer 57
Fromme(n) 368-371, 374
Fürbitte 138, 150-152

Gabriel 239-240
Gebet 152
Gebet, Anlaß 153
Gebet, Anliegen 153
Gebet, Betende 155-157
Gebet, Bittriten 154
Gebet, Erhörung des 138
Gebet, Gesten 154
Gebet, Ort 155
Gebet, Zeit 155
Gebete 137
Gebilde 355
Gebot, erstes 376
Geburt Henochs 415
Geburt 427
Geburtstag 402-428
Gedächtnis 277
Gedenken Gottes 275-277, 279-280
Gefolgsleute 188
Geist 372
Geister 145
Geister, Zwei-Geister-Lehre 144
Gemeinde, Jerusalemer 96
Gemeinschaft im Geist 372
Gemeinschaft mit Tieren 364
Gemeinschaft 361
Genius 419
Gerechte(r) 370-371, 374
Gerechtfertigte 369
Gerechtigkeit 365-375
Gericht 82
Gesalbter 48
Geschichtswerk 85
Gesetz 96, 191-193, 195, 369-370
Gesetz, Natur- 398
Gesetz, Wiederaufrichtung 82
Gesetzesbrecher 371
Gesetzesgabe unter Mose 82
Gesetzestreue der Juden 91
Gesetzlose 370

Namen und Sachen

Glaubende im Geist 372
Glaubende 374
Gleichnis, Königs- 423
Gott, Allmacht 214-215
Gott, Bedürfnislosigkeit 212, 215, 220
Gott, Eigenschaften 214
Gott, Einheit 211
Gott, Einzigkeit 211
Gott, Erhabenheit 209
Gott, Existenz 211
Gott, Heiligkeit 215-216
Gott, Menschwerdung 297
Gott, Namen 213-214
Gott, Retter Israels 219
Gott, Retter 210
Gott, Wesen 211
Gott, Wirken 217
Gottes Barmherzigkeit 373
Gottes Erwählung 368
Gottes Wirklichkeit 372
Gottesmänner 292-293
Gottessohn 286, 295-297, 302
Gottmenschen 286
gottunmittelbar 364
Grab der makkabäischen Märtyrer 67
Grabmal 234
Gürtel 140, 157
Gürtel des Hohenpriesters 141
Gürtel des Wissens 141
Gürtel, Jungfrauen- 141
Gürtung 140, 157

Hadrian 427
haggadisch 376, 390
Halacha 198
Hanukka 406
Hasmonäer 83-84
Hebräer 124
Heiden 219, 368, 370
Heiden als Sünder 374
Heilige 369
Heliodorlegende 90
Hellenisierung des jüdischen Lebens 96
Hellenismus 96, 220, 427
Henoch 188, 191-192, 415
Henochapokryphon 240
Henochgruppen 191
henochisch 197
Henochtexte 189
Hermeneutik 374
Hermes 290
Herodes 410
Heros 286-287
Herrscher, hasmonäische 84

Herrschergeburtstag 406
Herrscherideologie, hasmonäische 84-85
Himmelsreise 225
Himmelstafeln 198
Hiob 142
Hiobtöchter 142-143
Hippodrom 87
Hohepriester 47, 85
Hohepriesteramt 84
Hohepriesterchristologie 231
Hülle 355
Hymnen 137
Hymnus 138

Iason von Kyrene siehe Jason von Kyrene
Identität, jüdisch 271, 378-379, 393
Identitätskonstitution 271-272 275
Idumäer 86
Idumäerproblematik 86
Insel der Seligen 361
Interpolationen 223, 230-231
Interpretatio Mosaica et apocalyptica 195
Investitur 226, 228, 234
Isaak 232, 241, 445
Isaak, Opferung 436
Isokrates 44
Israel als Gerechte 374
Israel 77, 80, 218, 368-369
Iudaea siehe Judäa
Iunius Bassus 434-435

Jahwe 48
Jahwe Zebaoth 47
Jason von Kyrene 94, 404
Jason 62-63
Jeremia 80, 417
Jerusalem 95-96, 102, 104-106, 273-274, 281
Jerusalem, nachexilischer Wiederaufbau 79
Jerusalem, Zerstörung 65
Jobel-Jahr 50
Johannes Chrysostomos 348
Johannes Hyrkan 63, 84-86
Jojachin 80
Joseph von Arimathia 444
Joseph-Erzählung 411
Josephus 48, 57, 232, 410, 412
Josia 77
Josua 83
Jubiläenbuch 61, 63, 192, 232, 347
Juda 47
Judäa 104, 107, 443
Judäa, Tributpflicht 186
Judas Makkabaios 57
Judasvita 54-56

Namen und Sachen

Juden 106-107, 116
Juden Ägyptens 87, 95
Juden, ägyptische 91, 94
Judenschaft, ägyptische 91, 93, 96
Judentum, alexandrinisch 414
Judentum, Väter- 197
Judenverfolgung in Palästina 94
Judenverfolgung 87, 89, 90, 92
Judenvernichtung 91
jüdische Identität 378-379, 382, 393
jüdische Lebensweise 108, 118
jüdische Wurzeln 380
Jungfrau Maria 302, 431
Jungfrauengeburt 238, 298-299
Jungfrauengürtel 141
Kalendererrechnung 226
Kalendersystem 197
Kataloge 145
Kilikien 68
Klage 138
Kleinasien 67
Knechtschaft 375
Kollektives Gedächtnis 277, 280
Königsgleichnis 423
Königsideologie 47
Königtum 84
Konkurrent 364
Konstantinische Ära 446
Konstituierung einer jüdischen Identität 271
Körper 355
Kosmos 364
Kult 225
Kult, heidnischer 91
Kulterneuerung 82
Kultgründung 82
Kultgründungsfest 227
kulturelle Kontinuierung 277
Kyros 48, 82
Kyrosedikt 80

Lamech 227, 233
Laographie 89
Laster 144
Lasterkatalog 144, 158-159
Leben 427
Lebensweise der Hebräer 124
Lebensweise der Juden 118
Lebensweise, stoische 385
Legitimation, davidische 84
Legitimation, zadokidische 84
Lel Maimuna 427
Lende 141, 158
Liber Antiquitatum Biblicarum 63, 232, 241-242

Licht 144
Lied 138

Mächte der Sünde 372
Mahnreden 225
Maimonides 427
Makamaron 62
Makkabäer 53, 84, 187
Makkabäeraufstand 83
Makkabäerbuch, 1 54
Makkabäerbuch, 2 90-91, 94-96, 102
Makkabäerbuch, 3 87, 100
Makkabäerbuch, 4 66, 68, 102, 130
Makkabäerbücher, 1 und 2 97
Makkabäerzeit 90, 92, 194
Makkabäische Krise 100
Mann Gottes 292
Marginalglosse 354-355
Maria 302, 356, 431
Märtyrer 126
Märtyrer, als Vorbilder 109
Märtyrer, als Wiederhersteller des jüdischen Staates 117
Märtyrer, christliche, als Helden eines neuen Volkes 126
Märtyrer, makkabäische 67
Märtyrer, Sieg der 124
Mattathias 54
Melchisedek 301-302
Menelaos 185-186
Mensch 367
Mensch, wahrer 364
Menschen 364
Menschwerdung 297
Messianische Herrscher 85
Messianische Vorstellungen 85
Messias ben Menahem 418
Metapher 130
Methusalem 225-228, 241
Michael 228-229, 234-235, 243
Monarchie 47
Mopsuestia 67
Mosaisierung 199
Mose 83, 196, 198, 236, 241, 289-291, 415
Mose-Roman 288
Mosetradition 197
Mythologie 230, 236

Narratio Zosimi 360
Naturgesetz 398
Nebukadnezar 80
Nehemia 57, 83
Nir 226-243
Noah 225-242

Oniaden 135-136, 149-150
Opferkult 64
Opferpraxis 225-226
Opferung Isaaks 436

pagane Bräuche 426
Pagennovelle 77
Palästina 72, 367, 424
Paradies Eden 229-230, 235
Paralipomena Jeremiou 66, 69
Paränese 147
Patriotische Präsentation 103
Paulus 70-71, 130, 365-375
Perikles 44
Perpetua 131
persische Königsfolge 79
Petrus 130
Pharao 405, 411
Pharisäer 84, 366, 370
pharisäisch 407
Philo (von Alexandrien) 68, 236-238, 240, 242, 244, 413
Phönikien 68
Physkon 89
Pilatus siehe Pontius Pilatus
Polemik 426
Pompeius 408-409, 427
Pontius Pilatus 429-448
postkanonische Literatur 429-448
Präexistenzchristologie 297
Priestertum 84, 229-230, 234
Proskynese 358, 363
Protevangelium Jacobi 355
Ps.-Athanasius 224, 231
Psalm 138
Psalmen 137
Psalmen Salomos 365-375
Ptolemäerzeit 98
Ptolemaios I. 50
Ptolemaios II. Philadelphos 50
Ptolemaios IV. (Philopator) 87, 89-90
Physkon 89
Ptolemais 87
Purimfest 93-94

Qumran 61, 85, 196, 415

Rabbi Jischmael 239
Rabbi Yehuda ha-Nasi 417
Rabbinen 420, 425
Rang 362
Rangüberlegenheit 364
Raphia, Schlacht bei 89
Raumdimensionen 281

Recapitulatio Paradisi 361
Religionsedikt Philopators 97
Religionsgeschichtliche Schule 285
Religionsnot, unter Antiochos IV. 96
Religionsverfolgung 83, 93, 95, 184-188, 190-192
Religionsverfolgung, in Ägypten 95
Repräsentanten des jüdischen Volkes, ideale 110
Rezeption 347, 350, 437
Rezeptionsgeschichte 348, 364
Rezipienten 441
Roman 288, 292
Römische Staatsmacht 438
Rückwanderung 82

Sabbat 199
Samuel 232-233, 241
Sapientia Salomonis 68
Schammai, Schule 413
Schwangerschaft 233, 237, 242-243
Seleukia 67
Seleukidenherrscher 84
Seleukos 136, 149-150
Selige 361
Sem 230
Sendschreiben 94
Sendschreiben, Jerusalemer 96
Seneca 46
Serubbabel 83, 85
sexuelles Begehren 355
Shabbat 423
Simon 54, 85
Simson 232-233, 241
Sinai 195
Sinaioffenbarung 198
Sintflut 225
Sklaven 53
Sklaven, jüdische 49-50
Sklaven, Schuld- 49, 52
Sohn Davids 296
Sohn Gottes 294, 26, 302
Sommersolstitium 226
Sonntag der Käsewoche 347
Sopanima 228-229, 233-234, 240-242
Soteria-Feiertage 104
Soteria-Feste 125
Spange 141
Spartaner 116
Speisegebote 27
Speisegesetze 276
Staatsmacht, römische 438
Status 362
Steintafeln des Mose 196

Steuern 135
Stoiker 46
stoisch 385
Sukzession 226, 228-230, 233
Sünde 371, 426
Sünde, Mächte der 372
Sünden Israels 370
Sündenbegriff 374
Sündenfall 379, 382-383, 385-386, 390-391, 395, 397
Sünder 368, 371, 374
sündlos 364
Sündlosigkeit 362
Symbolum Romanum 446
Synagogen 445
Synkretismus 292
Syrien 68

Tafeln 361
Tage, 40 361
Talmud Yerushalmi 418
Tarsos 67
Taufe 369, 410
Täufer 410, 412
Tempel 77, 91, 82, 187, 191, 219, 406
Tempel, Bau des 2. 82
Tempel, Bedrohung des Jerusalemer 94
Tempel, entweihter 84
Tempel, Errichtung 79
Tempel, Jerusalemer 64-65, 87, 91, 96
Tempel, nachexilischer Wiederaufbau 79
Tempel, Neubau 79
Tempel, Zerstörung des Jerusalemer 64-65
Tempelgemeinde 47
Tempelgeräte 79-80
Tempelgeräte, Rückführung 82
Tempelkult 77
Tempelneugründung 83
Tempelrolle 196
Tempelweihe 94
Tempelzerstörung 418
Tertullian 440
Teufel 361, 364
Theios Aner 284, 294
Theokratie 47, 58
Theologie, apokalyptische 203
Theology, Covenantal 201
Thot 290
Thukydides 44
Tiere 364
Tiervision 183, 189
Titus Q. Flaminius 45
Tobitbuch, Erzählstruktur 272
Tod, freiwilliger 112

Tora des Mose 197
Tora vom Sinai 198
Tora 48, 190-191, 199, 393, 396
Torakonformität 279-280
Totes Meer siehe Qumran
Traditionskonformität 279
Trajan 418
Tributpflicht 186
Tugend 144
Tugendkatalog 144
Türöffnungswunder 291
Typologie 356
Typologie, Adam- 362
Tyrann 119, 124
Tyrannen 123

Unrecht 371
unsterblich 379, 388-389
Unsterblichkeit 380, 386
Unterweisung 277, 280
Urbild 230
Urmensch 364

Väter 197
Vaterland 107
Verfolgung 91-93
Verfolgung, ägyptische 94-95
Verfolgung, unter Antiochos 194
Verleumder 370
Verwandschaft von Juden und Spartanern 116
Vision 226, 229, 233-235, 243

Wächter 239
Wächterbuch 192-194
Wallfahrt 226
Weisheit 407, 427
Weisheitliche Texte 425
Weisung 381
Werkzeug 363
Wille, freier 377, 392
Willensfreiheit 392
Wurzeln, jüdische 380

Yom genesiya 420-422, 425
Yom malkenu 403

Zedekia 80
Zehnwochenapokalypse 183, 189
Zeugung 235-237, 239, 242, 244
Zeus Olympios 185
Zosimus 361
Zwangsjudaisierung 86
Zwei-Geister-Lehre 144

Names and Subjects

'Asa'el 260
'Azaz'el 260
Aaron 31
Abraham, Apocalypse of 12, 16
Acre 39
Acts 30
Adam and Eve, Life of 175
afflicting Spirit 260
afterlife 321
Akrabattene 39
Alexander Jannaeus 19
Alexander the Great 17-18, 22, 36
Ammianus Marcellinus 36
anachronistic 304
Ancient Mind 327
angels 207, 337
Angels, Fallen 170, 261
Antiochus 42
Apocalypse of Daniel 14
Apocalypse of Abraham 12, 16
Apocalypse of Elchasai 24
Apocalypse of Pseudo-Methodius 24
Apocalypse of Sedrach 14
Apocalypse of Zephaniah 16
Apocrypha 17-19, 22, 32
apocryphal 450
Apollonius 37
Artapanus 35
Asmodeus 263
astrology 164, 171
astronomy 164
Athanasius 30
Augustine 345
Augustus 41

Babylon 165
Babylonians 164
Bar Kokhba 11, 17, 22
Baruch, 2 16-17, 27, 33, 204-208
Basilides 307
Berossus 169
Biblical Pseudepigrapha 23
blowing 266
Boethusian(s) 19
Book of Giants 23-24, 171, 341
Book of the Watchers 24, 179

Caesarea Maritima 30
Cainan 262

Canon 18
canonical 450
caricature 315
Chaeremon 166
Chalcedon 30
Chaldaeans 166
Christianity 463-465
Christology 342-343
Church Fathers 36, 450
Church 20
Cicero 164
collection of writings 322
Constantinople 30
cosmetics 171
Covenant 310-311, 337
Creation Theology 261
Criterium of Double Dissimilarity 454-456
Criterium of Double Similarity 457-459, 460-462
Criterium of Plausibility 456
Crucifixion Story 324
cult 311
Cult, Jewish 322

Daniel 17, 30
Daniel, Apocalypse of 14
David 32
Dead Sea Scrolls 11-12, 18-19, 22-23, 30
death 310, 318
Demon Asmodeus 263
demons 207
Deuteronomistic Pattern 328
Diaspora 36, 42
Diodorus of Sicily 164
disease 259
disobedience 259
dualism 336
dualistic 310

Egypt 165
Egyptians 164
Elchasai, Apocalypse of 24
Elect One 29
Elijah 31-32
Elkesaites 24
Emaus, battle of 37
Enoch groups 20
Enoch 170, 174
Enoch, 1 16-17, 19, 23, 28, 173, 335-346

Enoch, 2 33, 172
Enochic Pentateuch 170
Enochic 341
Ephesus 30
Epicurean philosophy 321
Essene Groups 23
Essenes 255
Ethiopian Christianity 345
Eupolemus, Pseudo- 24
Eusebius, Ecclesiastical History 36, 40, 42
Evangelists 19
exorcist 260
Ezekiel 30
Ezra, 4 16-17

First Inventor 170
fish's gall 262-263
fish's heart 262
fish's liver 262
Flood 163, 167, 262
fool(s) 312, 318-319, 325
forgiveness 259

Galileans 20
Genesis Apocryphon 340
Giants 262
Giants, Book of 23-24, 171, 341
Gilead 39
Gnosis 319
Gnosis, Sapiential 319
Gnosticism 11, 17
Gnostics 345
God's good gift 311
God's people 310
godless 310, 312, 320, 325
Gospels 450

Hadrian 18
Hasmonean court 41-42
Hasmonean dynasty 329
Hasmoneans 329
heavenly bodies 262
Hebrew Bible 22
Hebrews 21, 30
Hellenistic literature 325
Hellenistic period 17
Hellenistic philosophy 325
Hellenistic world 35
Hellenistic 17
herbs 260
Hercules 325
Hermias 179
Hermoni 260
Herod the Great 18, 32

Herodians 20
Hillel 19-20
Historical Jesus 449-469
History of Joseph, Ethiopic 24
History of the Rechabites 16, 21

Idumaea 39
illness 259
incantations 260
intermediaries 260
interpolation 27
interpretation 304
Isaiah 25, 30, 32

Jason of Cyrene 36
Jerobeam 259
Jeremiah 30-31
Jericho 19
Jerome, Bible of 41
Jesus Movement, Palestinian 20
Jesus 19-20, 31
Jesus, Deeds of 458-459
Jesus, Historical 449-469
Jesus, Life of 457-458
Jesus, Words of 458-459
Jesus' group 20
Jewish Magical Papyri 21, 23
Jews 322
John 21
John, Gospel of 25
Joseph and Asenath 12, 17
Joseph of Arimathea 19
Josephus 15, 19, 21, 23-24, 174, 255, 450
Jubilees 16, 19, 24, 176, 254, 340
Judaism 35, 449, 463
Jude, Epistle of 172
Judith 256

Kedron Valley 32

Ladder of Jacob 16
lament 313, 317-319, 322
leprosy 259
Levi Document 340
Life of Adam and Eve 175
Lives of the Prophets 29-32
Love Command 459-469
Lovers of the gods 311
Lysias 38

Maccabean Period 28
Maccabees 26
Maccabees, 1 36
Maccabees, 3 14

Names and Subjects

Maccabees, 4 14
Macchiavelli 40
magic 171, 258
Manetho, Pseudo- 168
Manichaeans 345
Mani-Codex 24
Marcion 307
Mastema 262
Matthew 21
medicine 258
Menander, Pseudo 16
Messiah 29
Messianic Expectations 449
metallurgy 171
Midrash 23, 450
Mikvao't 19
mind, ancient 327
Mishnah 12, 18-19, 25, 33
Momigliano, Arnaldo 35
Moses 31, 35
Mousaeus 35
Mythical Drama 332

Nabatean 32
Nabis 40
Nabonidus 260
Nag Hammadi Codices 11, 17
Naphtali 26
Nestorius 30
New Testament 19-21, 252-253, 450
Nicaea 30
Nile 166, 168
Noah 173, 262
Non-Canonical 450

Odes of Solomon 21, 24
Odysseus 325
official documents 305
Old Testament Apocrypha 15
Origen of Alexandria 30
Orpheus 35
orthodoxy 18
orthopraxy 18

Palestine 41
Palestinian Jesus Movement 20
Parables of Enoch 27-29
Parthian invasion 27-28
Paul 21, 450
Peloponnesian war 36
Pentateuch, Enochic 170
periods 206
Peter 345
Pharaoh 260

Pharisees 19
Philo 15, 21, 23
Philo, Pseudo (=LAB) 17,24
Plato 167
Pliny the Younger 450
Pliny the Elder 165
Polybius 17, 37, 39, 40
Prayer of Manasseh 14
Prometheus 366
prophecy 338
Prophets, Lives of the 29-32
Proto-Essene groups 23
Ps.-Methodius, Apocalypse of 24
Psalms of Solomon 14
Pseudepigrapha, Biblical 23
Pseudo-Eupolemus 24
Pseudo-Manetho 168
Pseudo-Menander 16
Pseudo-Philo (=LAB) 17, 24

Qumran Caves 22-23
Qumran Community 20, 329
Qumran Pseudepigrapha 23
Qumran Scrolls 26
Qumran 17-19, 22-24, 28, 251, 306, 341

Rabbi Akiba 33
Rabbi Jehudah (ha-Nasi) 11, 18, 22
Rabbinic 33
Raphael 263
recipe 267
religion 258
Righteous One 29
Roman Empire 41
Roman Period 17
roots 260
Royal court 305
Rule of the Community 20, 251, 253-254

Sadducees 19
Salvation History 331
Samaritans 19-20, 322
Sapiential Gnosis 319
Sarah 258, 260
scholar 305
science 164
sciences 163
Second Quest 451-452
Second Temple Period 35, 42
Sedrach, Apocalypse of 14
Sepphoris 19
Septuagint 15, 26, 40-42
Seth 177, 179
Shammai 19-20

481

Names and Subjects

Shemihazah 260
Sibylline Oracles 14, 178
sickness 259
Similitudes, Book of the 28
Simkha 323
Simon 330
Sitz im Leben 305
sojourner 260
Son of Man 27, 29, 342-343
Sons of Darkness 39, 251
Sons of Light 38, 251
Spirit, Afflicting 260
Spirits, Evil 262
Stelae 176
Suetonius 450
Suffering Servant Song 315

Tablets 176
Tacitus 40, 450
Talmud(im) 18, 450
Targumim 18
Temple cult 19
Temple Scroll 38
temple 19, 23, 31, 339
Tertullian 172
Testament of Job 12
Testament of Naphtali 26
Testament of Solomon 16
Testament of the 12 Patriarchs 16-17, 21, 24-27, 33, 253-254

Theology, Creation 261
Third Quest 453-455
Thucydides 36
times 206
Tobias 265
Tobit 253-254, 256, 258
Toledoth Jeshu 450
Torah 338
Torah, Mosaic 337
Tosephta 18
tradition 304
transgression 259
Transjordania 32
Treatise of Shem 16, 21
understanding 207

Valentinus 307

Wadi Ed-Daliyeh 17
War Scroll 251
Watcher 260
Watchers, Book of 24, 179
Wisdom movement 324
Wisdom of Solomon 304-332, 342
Wisdom school 207, 306, 338
worship, false 323

Zephaniah, Apocalypse of 16
Zion 31

Stellen (in Auswahl)

1. Septuaginta

Genesis
1	340
2-3	361
2	320
2,7	320
3	351
3,14	354
3,14-15	351
3,17-19	316
4	327
6	337, 380
47,9	316

Exodus
14	340

Numeri
16,46-50	123

Deuteronomium
14,1	324
33	338
33,17	381

Richter
17,6	41
18,1	41
19,1	41
20,27.28	41
21,25	41

1 Samuel (Regnorum I)
1,16	41
2,6	318
2,10	41
2,12	41
3,1	41
4,1	41

1 Könige (Regnorum III)
17,22	318

2 Könige (Regnorum IV)
4,35	318
8,5	318
13,21	318

3 Esra (Esdrae I)
1,1-9,55	81
1,1-20	82
1,6.10	82
1,32-55	82
2,1-8	79, 82
2,9-14	79, 82
2,15-25(26)	77, 79, 82
3,1-5,6	77
3,47-57	79
4,45.50	86
4,57	79, 82
5,1-45	79, 82
5,7-70(71)	77
6,7-21	82
6,30	138
6,63-70	82
7,6.9	82
7,10-15	82
8,1-6	79, 82
8,1	79
8,3	82
8,7.12.21.23f.	82
8,17.59	79, 82
8,69	86
9	78
9,39-55	82
9,39	82

Esther
3,13	92
4,17	93
8,12	93
8,13	93
9,5-16	93
9,17.26-32	93
10,3	92-94

Zusätze zu Esther
B 1-7	92
C 1-11	93
C 12-30	93
E 1-24	93
F 11	93-94

Judith
2,10	41
9,2	142

Stellen (in Auswahl)

Tobit			
1,3-3,6	272	3,35-4,35	37
1,3	276	3,42-60	37
1,4-8	273	3,45	42
1,10.11	275	4,9-11	55
1,16.17	277	4,21	213
1,18	277	4,26-35	38
1,19-22	277	4,30-34	55
2,2	277	5,1ff.	39
2,4-8	277	5,1-2	39
3,4-5	273	5,9	213
3,7	272	5,20	39
3,15	278	5,21-23	39
4,3	277	5,50	213
4,5	277	5,63	56
4,6	252-254	6	42
4,7ff.16	277	6,17.33	213
4,12f.	279	7,41f.	56
4,15	459, 461	7,50	55
4,16	277	8	42
5,9-14	278	8,4	41
6	267	9,10	56
6,4	265	9,13-17	56-57
6,7	265	9,22	37
6,11-13	278	9,24	41
6,13.16	279	9,28f.	57
6,16	278	10,69	68
6,17	263	10,89	141
7,10-12	278	11,20	41
7,11f.	279	11,58	141
8	267	12,10.21	116
13	273	13,36-41	54
13,3	282	14,4	55
13,5-6	273	14,4.20f.	56
13,6	253-254	14,10	41
13,11	282	14,26	54
14	273	14,44	141
14,7	253, 274	15	54
		15,2-9	54
		16	54

1 Makkabäer			
1,2	41	2 Makkabäer	
1,9-2,18	57	1,1-2,18	104
1,11	41	1,1-10a	94
1,18	41	1,1.10	104-107
1,24-29	57	1,7.10	107
1,59	406	1,9	104
2,7-13	54	3-15	103-104
2,50-68	54-55	3,1-40	91
2,32	41	3,1	109
2,61	56	3,5	68
3,3	41	3,6.9.37	105
3,5.58	141	3,15-23	91
3,10-12	37	3,19	142
3,18-22	55	3,27-29	91

Stellen (in Auswahl)

4,1	107-108	11,5.8	105
4,5.50	105	11,24.27.31.34	107
4,9.19.21	105	11,25.27	107
4,9-20	105	12,3	107
4,10-15	95	12,9.29.31.43	105
4,11	108	12,17	107
4,12	105	12,30	107
4,15	108	12,31	107
4,18-20	105	12,37	108
4,34	109	12,38	108
4,36	106	12,39	108
5,6-10	116	13,1.13	104
5,6.8.23	105, 109	13,3.10.14	107
5,8-9,15	107-108	13,14	108
5,10	108	14,8	105, 107
5,11	104	14,12.14	104
5,15	109	14,18	107
5,22	107	14,23.37	105
5,22/23.25	105-106	14,35	212
5,25 f.	108	15,2-5	108
5,27	109	15,3-4	211
6,1-9	91	15,22	104
6,2	105	15,29	108
6,6	108	15,30	105
6,7	404-406	15,36	103, 108
6,10 f.	108		
6,12	107	3 Makkabäer	
6,16-7,42	102	1,1-7,23	88
6,18-31	110	1,1-2,24	87
6,23A	108	1,8-2,24	91
6,27	110	1,9.16	213
6,28.31	110	1,12.23	219
7,2.11.21	110	1,16-21	91
7,2.37	108	1,16	218
7,8.21.27	108	1,27	215
7,16.38	107	2,1-20	93
8,2	138	2,2	211, 213, 215, 218
8,9	104, 107	2,2.8	214
8,17	108	2,2-20	209-210
8,21.33	107	2,3	213, 216
8,25-28	108	2,4-8	219
8,28.30	109	2,6	215, 218
8,31.36	105	2,9	212-213, 215, 217, 219-220
8,33	108		
9	105	2,10 f.	216
9,3 f.	91	2,10.21	218
9,4	105-106	2,12	218
9,5-10	91	2,13	213, 215-216
9,19	105, 107	2,14	214, 219
10,8	103, 107-108	2,16	215, 219
10,15	105	2,18	219
10,24	104	2,19 f.	216
11,2.15 f.	106	2,20	211
11,5	104	2,21	210, 214-217

Stellen (in Auswahl)

2,21-23	91, 219	6,36	93, 218
2,22	217	6,39	212-213, 215-216
2,24	91	6,41-7,23	87
2,25-4,21	87	7,1-7	93
2,27-30	91	7,2	213, 218
2,32f.	95	7,6	212, 218
3,1(f.)	91	7,9	211, 213
3,1.6	95	7,10-16	95
3,4	95, 219	7,10-15	93
3,11	213	7,10	215-216
3,12-20	92	7,10.12	219
3,21	91	7,16	214, 219
4,14	91	7,18f.	93
4,16	211, 213	7,19	95
4,21	217-218	7,22	213
5,1-6,21	87	7,23	209, 217, 219
5,7	214-215		
5,7.51	213	4 Makkabäer	
5,11	217	1,11	107
5,11f.28.30	219	2,1-3,16	122
5,12	213, 217	3,17f.	122
5,13	211, 216, 220	3,20-4,26	109, 117
5,25	213	3,20	108-109, 122
5,25.35	218	3,20f.	122
5,28	215, 217	3,21	118
5,30	217	3,30f.	118
5,35	213	4	122
5,51	212-213, 215	4,1.5.20	107
6,1-15	93	4,2	68, 109
6,1	215	4,3.22	105
6,2-15	209-210	4,19	118
6,2	213, 215	4,24	118, 122
6,2.18.28	215	4,26	118
6,3	95, 218	5	119
6,4-8	219	5,7	106
6,5	215	5,29	118
6,5.10	213	5,38	119
6,6	217	6,10	110
6,8	214	6,17.22	122
6,9	213, 215, 217	6,19	110, 128
6,10.15.36	95	6,28f.	122
6,11	218	7,1	123
6,12	211, 214-215	7,8	110
6,13	215, 217	7,9	122-123
6,17f.	218	7,11f.	123
6,18f.	218	7,19	123
6,18	218-219	8,3	110
6,18a	217	8,7	108
6,18b	218	9,1-3	118
6,18.28f.	210-212	9,1.29	131
6,22-40	87	9,3	120
6,28	218	9,4	119
6,29	215, 219	9,15	119
6,32	217, 219	9,30	119

Stellen (in Auswahl)

9,32	119	8,8	318
10,10	119	8,16-9,10	313
11,4	119	9	323
11,12	110	9,10	318
11,24f.	124	12,7	318
12,11	119-120		
12,13	119	Hiob	
12,17	122	2,3-6	325
12,18A	107	7,9	313
13	316	10,8-12	321
13,1	312	10,20	316
13,12	123	14,1-2	316
15,24	131	33,23-26	318
15,24.30.32	110		
15,28-29	123	Sapientia	
16,14	123	1-5	311
16,16	110, 131	1	314
16,20-22	131	1,1-15	307
16,20	123	1,12	310
16,25	123	1,16	307-332
17,2-3	130	1,16-5,16	315
17,2	123	1,16-3,10	307
17,3.4vl.24	110	2-5	309-332, 342
17,6	123	2	313, 316, 319-322
17,9	108, 124	2,1	316
17,9f.	118, 124	2,2	319
17,9-10.11-16	126	2,4	321
17,10	107	2,5-9	323
17,21(f.)	107, 122	2,10	323
17,23	110, 128	2,11	324
18,1	123	2,12	324
18,4	107, 122-123	2,14	324
18,5	105, 118	2,15	324
18,20	119	2,16	325
		2,16.18	324
Psalmen		2,21-24	324
37,4	317	2,21-23	326
38,5-7	316	2,21	326
9,10	316	2,22	316, 326
89,10	316	2,23-25	359
90	316	2,23f.	378
		2,23	379
Psalmen (apokryphe)		3-5	325
151-155	137	3-4	316, 324
		3,11ff.	327
Ecclesiastes		3,11	321
2,1	316	3,2.10	311
2,15-17	313	4,1	321
2,23	316	4,10-14	342
3	318	4,16-5,8	342
3,18-21	318	4,19	321
3,19-22	313	5	313
3,19	318	5,1	316
6,12	316	5,4	311

487

Stellen (in Auswahl)

5,5	324	Nahum	
5,14	316	3,19	317
7,1	379		
7,6-9	319	Habakuk	
7,15-16.20	261	1,3	41
10,1 f.	379	1,10	41
10,1	387	2	305
10,5 f.16 ff.	379		
11-19	307	Jesaja	
14,22-31	145	1-66	315
14,25 f.	145	7,14	238
15	145	22	322-323
15,14	323	22,13	322
16,14	318	28	309-310
17	327	52-53	315, 323
17,2	323	52,13 ff.	323
18	327	53	325, 342
		56,9-57,13	323
Sirach		63,16	325
1,1-10	47	64,8	325
7,21	49, 52, 459, 461		
10,25	52	Jeremia	
15,11-20	377	12,12	41
15,11 f.	395	14,19	317
17	377	36 (G) par 29,2	49
17,11 ff.	47		
17,23 f.	377	Daniel	
24,1 ff.23	47	7	342
25,24	377	7,21	41
26	377		
31,15	459		
36	377	*2. Hebräische Bibel*	
37,27-38,15	261		
38	269	Genesis	
38,1	261	1,1-5,3	386
38,4	261	1-3	383 396
38,9-11	261	1,2	387
38,9	261	2-3	386
38,14	261	2	397
38,15	261	2,7	389
40,1-10	316	2,17	391
40,1-2	316	3	376, 380, 387, 395-397
44,9	320	3,1-7	396
44,16	110	3,17.19	395
45,7	141	3,19	386, 388-391
45,10	141	3,20	377
48,12-14	323	3,22	389
49,14-16	377	4,16	381
49,16a	378	40,20	411, 427
		4,25	381
Obadja		5,1-3	380
16	320	5,1	382
		5,24	170, 172
		6	193

Stellen (in Auswahl)

6,1-4	177, 181, 239, 260, 387	1 Könige	
14	302	13,6	259
20	260	15,23	259
21,1	237		
22	131, 437	2 Chronik	
24,49	252-253	7,14	259
25,21	237	16,12	259
29,31	237	35,1-36,21	77
40,20	405, 427	35	82
47,29	252-253	36	80, 82
		36,5-21	80
		36,7.10.18	80
Exodus			
3,2-4	395	Esra	
12,2	423-424	2,1-4,5	77
15,26	258-259	4,7-24	77, 82
22,2 ff.	49	10	78
22,21 ff.	47		
23,25	259	Nehemia	
30,34	382	2,16	49
30,37 f.	382	7,72-8,13	77
		8	78
Leviticus		9,33	252-253
12,3	426	13,17	49
19,2	462		
19,18	459-462	Esther	
19,20	49	2,10.20	107
19,34	52	8,6	107
25,39 ff.	49		
		Hiob	
Numeri		3,3	407, 412
17,10-15	123		
		Psalmen	
Deuteronomium		2	296
7,15	259	2,7	47, 239
8,18	275	8,6	378
11,18 ff.	48	8,7	389
15,12 ff.	49	18	47
29,9 ff.	48	41,3	259
30,1 ff.	48	44,18	376
31-34	201	72	47
33	195	89	296
33,2	195	101	47
		103,3	259
Josua		103,14	390
2,14	252	110	47, 244
		110,1	296
Richter		111,7	254
9,14-20	395		
		Proverbia	
2 Samuel		22,22 f.	47
7,14	295		
		Kohelet	
		7,1	425

489

Stellen (in Auswahl)

Jesaja	
7,14	238, 244, 298, 300
26,10	254
41,25 ff.	48
44,24 ff.	48
45,1 ff.	48

Jeremia	
20,14	407
22,10	107
25,1-14	80
26[46], 16	107

Ezechiel	
18,19	253
23,15	107
44,15	383

Daniel	
1,1 f.	80
1,21	80
3	131
6	131
10,5	143
12,3	202

Hosea	
9,1	403

Joel	
2,17	376

Micha	
1,3	201

Sacharja	
8,8	254
8,16	254

3. Pseudepigraphen

Apokalypse des Abraham	
24,4-8	145

Vita Adae et Evae	
11-17	358-360, 363
11,12	359
14,2	358
14,3	358
16	358
44(15-16)	359
44[15],2-3	358
44[16]	358-360, 363
44[16],3	358-359
51	175-176

Aristeasbrief	
12,3 f.	50
14,7	50
15,6	50
22,8	50
24,7	50
27,3	50
37,1	50
97	141
207	459, 461

Artapanos	
Fr. 3,3	290
Fr. 3,4-5	289-290
Fr. 3,6	289
Fr. 3,7-10	290, 292
Fr. 3.12	290
Fr. 3,16	290
Fr. 3,20	290
Fr. 3,20ab	290
Fr. 3,22b	291
Fr. 3,22 f.	51, 290
Fr. 3,23-24	291
Fr. 3,23	291
Fr. 3,25-26	291
Fr. 3,29	51
Fr. 3,34	51

Baruch-Apokalypse (syr)	
3,1-3.5	208
3,3	205
10,8	207
14,5	207
21,6	207
25,4-29,3	207
42,3-5	208
44,14	207
48,9	207
48,24	207
49-52	205
49,1-3	206
49,2	205
49,3	205
50,2-4	206
50,3	205
50,4	205
51,1-3	206
51,3	207
54,15.19	396
56,10-14	207
66,2	207

Stellen (in Auswahl)

83,1	206	12,12f.	202
83,6	206	12-16	339
		15,8-11	262
Baruch-Apokalypse (gr)		16,3	261
		17-36	336
4,17	145	32,6	380
8,5	145	36,1-3	338
13,4	145	37-71	28, 183
		47	337
Baruch-Apokalypse (sl)		48	338
4f.	145	56	27
8,5	145	61,5	345
13,4	145	62-63	342
		62,5	27
Ps-Eupolemos		62,15-16	345
Fragm 1	174, 178	63,1.7-9	345
		68,1	174
4 Esra		69,2-25	380
7	396	69,6	380
7,127-131	396	69,11	380
		71,14-17	29
Esra-Apokalypse (gr)		72-82	174, 183
1,6	412	82,2-3	338
1,21	412	85-90	183, 338, 346, 380
		85,3-90,42	380
Henoch(äth)		85,3ff.	380
1,3f.	199, 201, 338	85,6	381
1,4	194-195	85,10	381
1,14	202	89,28-35	338
1-36	170, 176, 183, 239-240	89,70-71.76-77	337
1-5	192-194, 338	89,73-74	339
2,10	262-263	90,14.17.20	337
3f.	193	91,2-4.18-19	338
3,7-8	263	91,11.12-17	183
4,5	202	91,11-13	340
5	193	91,14	338-339
5,4	195	92,1	338
6	193	92,3-4	338
6-16	337	92,8	338
6-11	177	93,1-10	183
6-10	337	93,4.6	195
7-12	183	93,6	338
7-8	260, 269	93,6-10	340
7	261	93,8.10	338
7,1	170, 260	93,10	339
8,1-4	171	94,1-5	338
8,1-2	336	94,6-8	339
8,3	262	95,3	339
9	337	95,4-7	339
9,8b	261	96,1.3	339
10	344	96,4-8	339
10,1-6	262	97,1-2	339
10,10-13	262	97,6	337
10,3.7	201	97,7-10	339

Stellen (in Auswahl)

98,8	337	73	227
98,9-99,2	339	73,1-9	228
99,3	337		
99,4-5	339	Joseph und Aseneth	
99,10	338	10,10	141
99,11-16	339	11,9	139
100,1-4	339	11,2	139
100,6	339	13,4	141
100,7-9	339	14,12	142
102,1 ff.	320	14,14	142
102,4-104,8	342	15,1-17,7	143
102,4-5	339	18,6	141
103,5-8	339	21,19	197
104,1-3	337		
104,2	202	Jubiläen	
104,12	338	2,19-21	382
104,12-13	339	2,21	382
104,13-105,2	338	2,30	199
105,1	339	3,9-13	382
106-107	235	3,15	382
106	239	3,22	382
		3,27	382, 395
Henoch(sl)		3,31	63
1-38	225	4,15	340
7	239	4,17	174
10,4	145	4,17-26	170
18	239	4,18-19	340
18,5	239	4,19	198
32,1	379	5,1-13	340
33	172	6,18	199
40-67	225	7,8 ff.20	63
42,5	379	7,20-39	340
68,1-4	414	7,38	197
68-73	225	8,1-4	176, 340
68,5-73,9	227	10,10-18	340
68,5-70,26	228	15,27	199
68,5-69,19	226	15,33	63
68	227	19,24.27	382
70,4	227	21,10	197
71-72	222-248, 302	22,10	253
71	301	23	63
71,23	234	23,32	340
71,25	234	32,21 f.	198
71,26	234	34,2-9	63
71,29	234	36,4	461
71,30	240	37-38	63
71,31	240	45,16	197
71,32-37	230	46,6	62
72,1	234		
72,2-9	234	LAB (AntBibl.)	
72,4-5	235	13,1	64
72,5-6	302	13,8 f.	394
72,6-7	231	19,7	64-65
72,10	240	20,2 f.	141

Stellen (in Auswahl)

22,8	64	4,10	370
25	394	7	367
26	394	8,7	368
26,6	394	8,8f.	370
26,12f.	65	8,9	370
32,15	395	8,13	370
36,2	141	9,3	374
37,3	395	9,4	370
		9,6	368, 371

Apokalypse des Mose

7,2	356-357	9,10	368
10,1-2	394	9,12	371
15ff.	354	10,3	371
15,2-3	358	10,4	368, 370
15-16	357-359	12,1-4	370
16,2	358	12,1a.b	370
16,3	358-359	12,4a	370
16,3b	357	13,5.7	369
16,5	363	13,7-12	368
17,1b	355	13,9.10	369
20,2a.5-6	362	14,1-3	368
20,3	363	14,2	369-370
20,3-4	362	14,6	370-371
20,4	363	15,8f.10f.13	370
21,6	363	17	367, 369
26	351, 355	17,5.20	370
26,1	354	17,20	370
26,2	351-364	17,22	141
29,7	360	17,24	370
39	384		

Testament Abrahams

I 19,7	53

Assumptio Mosis

10,8f.	202
12,8.11	202

Testament Hiobs

46-50	142
46,7	142

Oracula Sibyllina

1-2	68
I 89-96	178
III 221-229	175

46,9	142
47,3	143
47,11	143
48,1	142
48,3	143
49,2	143
50,1	143
52,9f.	143

Psalmen Salomos

2	367
2,26ff.	367
2,28	408-409
2,33-36	368
2,36	369
3,3.5	369
3,6b	371
3,7.8	371
3,8	369
3,9	408
4,1.12	370
4,8	370
4,9.11.19.23	370

Testamente der XII Patriarchen

Testament Benjamin

4,3	459, 461
10,3	254

Testament Issachar

5,2	459
7,5	253
7,6	459

Stellen (in Auswahl)

Testament Joseph	
1,5	53
Testament Juda	
16,1	145-146
Testament Levi	
2-5	183
Testament Ruben	
3,3-6	145
6,9	253
Testament Sebulon	
5,1	459
Testament Simeon	
4,6	459

4. Qumran

CD 2,16-20	341
CD 3,20	383
CD 6,20-7,1	460
1QS 1,6	254
1QS 4,23	383
1QS 4,25	383
1QS 5,3-4	254
1QS 8,2	254
1QSa II 11	238-239
1QH 4,15	384
1QH 4[17],15	383-384
1Q20(GenAp)	
XX 12-16.28-29	235, 239, 260
2Q26	171
4Q171 III 4+4, 1f.	384
4Q180-181	341
4Q196 13,2	267
4Q196 13,4	266
4Q196-199	264
4Q197 4,12	266
4Q197 4,14	267
4Q200	264, 266
4Q201 3,15	260
4Q201 5-6	193
4Q202 3,1-6	260
4Q203 7 B II	171
4Q203 8	171
4Q216	61
4Q242 1-3,4-5	260
4Q247	341
4Q423	383
4Q504 8,9	383

5. Philo

De Cherubim	
40-52	236, 238
Quod Deus sit immutabilis	
56	212
De Specialibus Legibus	
III.131	121
In Flaccum	
94	121

6. Josephus

Antiquitates Judaicae	
I.68-71	174
III.154.159	143
II.201-349	291
VI.31	121
VIII.111	212
XII.138-144	48
XII.302-304	57
XIV.114; 117f.	107

Contra Apionem	
II.159f.	121
II160	121
II.165	58
II.179	58
II.226f.	117
II.228	117
II.232-235	117
II.233	117
II.234f.	117
II.272f.	48, 58

7. Neues Testament

Matthäus	
1-2	222-248
1	299, 301-302
1,16	445
1,18-20	299
1,18	355
1,20	302
1,22f.	298
4,1-11	361
5,43-48	459-460
6,21	410

Stellen (in Auswahl)

14,6	410	1,16-3,20	374, 392
15,1	19	1,16-8,39	390
19,16-26	460	1,17	305
22,34-40	460	1,18-21	392
26,57	19	1,24-32	145
27,52 f.	400	3,23	390
27,60	444	5	396-397
27,62-66	291	5,1-5	390
28,2-4.11-15	291	5,5	372
		5,6-11	390
Markus		5,7-10	297
1,9-11	296	5,10	391
1,13	361-363	5,12	392
3,22	19	5,12-19	391
7,1	19	5,12-21	386, 390-393
11,1b-6	293	5,13 f.	392-393
12,28-34	460	5,20	393
12,35-37	296	6,1.2	390
13,10	343	6,2.12	373
14,12-16	293	6,3	369
15,46	444	6,4	391
		7,7-25	392
Lukas		7,7-12	386, 393
1-2	222-248	8,3	296-297
1	298-299, 301-302	8,9.11	372
1,35	302	8,10	372
2,21	426	9,30	374
4,1-13	361	13,9-10	460
6,27-37	459-462		
6,32-37	460	**1 Korinther**	
10,25-37	460	1,12.14	372
20,1	19	3,16 f.	369
23,53	444	3,16	372
		5,7	373
Johannes		6,9-11	369
1,17b	300	6,11	372
1,19	19	6,17	372
3,21	252-253	6,19	369
5,18	325	10,1 ff.	372
7,7	325	12,13	372
19,41	444	15,21 f.	386-389
21	346	15,22	398
		15,42-49	387, 389
Apostelgeschichte		15,44b-49	389-390
1,8	445	15,45	372
1,21	302		
5,17-25	291	**2 Korinther**	
12,3-17	291	1,21.f	372
16,23-40	291	3,17	372
		5,5	373
Römer		5,21	369
1	397	11,10	372
1,3b-4(a)	296, 372	13,5	372

495

Stellen (in Auswahl)

Galater	
2,20	372
3,14-19	393
4,6	372
4,19	372
4,21-31	237
4,24.26	397
5,14	460
5,24f.	372
5,25	373

Epheser	
4,15	252

Philipper	
1,23	205
2,6-11	297
2,12f.	373

1 Thessalonicher	
4,8	372
5,23	387

1 Timotheus	
2,1-2	433
2,13f.	377
6,13	433

Hebräer	
1,4-14	298
7,3	223
11	30

1 Petrus	
3,19-20	343
5,2-4	346

2 Petrus	
2,4-5	343

Judas	
6	343
14-15	172, 343
14	345

Offenbarung	
1,13	142-143
15,6	143

8. Apostolische Väter und Apologeten

Barnabas	
12,5	396
16.5,6	345

1 Clemens	
1-6	132
1,1	129, 133
4,1-6,4	128
5-6	112
5,1-6,2	128-129, 131
5,1	128
5,2	129-130
5,4	129
5,6	129
5,7	129
5,11-16	133
6	131
6,1-2	129
6,1	128-129
6,7-10	133
7,7-9	133
29,1-30,1	128
44,6	129
45,4	129
45,8-46,1	131
46,1	128
55	131
55,1	128, 131
55,2f.	131
55,6	131
61,1-2	433
64	128

Justin	
1 Apol 35,48	440, 448
2 Apol 5	344

Martyrium Lugdunensium	
1,6.17	130
7.17.19-20.36	112

Martyrium Polycarpi	
3,2	127
10,1	127
12,1	127
12,2	127

Passio Perpetuae	
1,1-2	132
1,6	132
21,11	132

9. Gnostische Literatur

NHC II.29.10-30.4   345
NHC IX   222

10. Alte Kirche

Athenagoras
Leg. 24-25   344

Augustinus
Civ. 15.23   345
Civ. 18.38   345

Clemens von Alexandrien
Ecl. 2   345
Ecl. 53   344-345
Strom. 5,1.10.2   344

Commodian
Instr. 3   344

Cyprian
Hab. Virg. 12-14   344

Epiphanius
Pan. 1.1.3   344

Euseb
Praep. Ev.
IX.27.4   35-36
IX 17,1-9   178
IX 17,8-9   174
IX 18,2   178

Hieronymus
Viris ill. 4   345
Comm. Tit. 1.2   345
Brev. in Psalm. 132.3   345

Hilarius von Poitiers
Tract. super Ps. 132.6
   345

Irenäus
Adv. Haer.
1.10.1   344
4.16.2   344-345
4.36.4   344
4,37.1   344
5,33.3   344
Epid. 18   344

Lactanz
Inst. 2.15   344
2.17   344

Meliton von Sardes
De passcha 48   398

Minucius Felix
Oct. 26   344

Origenes
Cels. 5.52-55   345
Comm. Jo. § 217   345
De princ. 1.3.3   345
     4.4.8   345
Hom. in Num. 28.2   345

Tertullian
De cultu feminarum
   1.2
   344
I 3   172, 345
2.10   345

11. Altkirchliche Apokryphen

Ps.-Clementinen
Hom. 8   344

Protevangelium Jacobi
13,1   355-357

Evangelium Nicanor
17,1   400
18   401
18,2   400
18-26   400
19   401
24   40

Petrusoffenbarung
4   345
13   345

Petrusevangelium
39-42   345

Narratio Zosimi
19-23   361
19,2   361
19,4-6   361
19,7   361

Stellen (in Auswahl)

20,2-6	361	Targum	
20,2-4	363	zu Hos 4,1	253-254
20,5	361		
20,1-21,3	361	Targum	
21,4-5	361	zu Jes 12,3	255
21,6	361	16,5	255
22	361	26,10	255
23	361	59,14	255
		59,15	255

12. Rabbinische Literatur

Targum
zu Jer 2,21   255

Mishna
Avot 1,12   459
AZ 1,3   420-422
Ned 9,4   459
Yev 10,6ff.   419

13. Pagane Autoren

Aischylos
Or. I.16   44

Tosefta
Sot 9,11   459

Aristoteles
Nic. Eth.
3,5 1112b   120
Eud. Eth.
1,5 1216b   120
Pol.
4,8 1294a   120

Sifra
Qedushim IV,12   459

Talmud Yerushalmi
Ber 2,4-5a   418

Talmud Bavli
AZ 10a   421-422
MQ 28a   424
Qid 72a   417
Shab 31a   459
Shab 156a   416-417

Cicero
De divinatione
I 19; 36   164
II 46,97   164
Rep. V.I.1.   58
Tusculanae disputationes
1,89   114
1,89f.100-102,116   113
1,91   113
1,100   113
1,101   114, 116
1,116f.   115
1,116   114

Bereshit (Genesis) Rabba
24,7   459
46,28   380

Shemot (Exodus) Rabba
Bo 15,9   423
Wa-yaqhel 48,1   425

Demosthenes
Or. LX.23f.   45

EkhaR 1,16   418

Pesikta Rabbati
24 (121b)   423

Diodorus Siculus
Bibliotheca historica
I 9,6   164
I 10,3   164
I 10,4   165
I 16,1   165
I 28,1   165
I 69,5-6   165
I 81,4   165

Targum Yerushalmi I
zu Lev 19,8b   459, 461

Targum
zu Deut 33,17   380

I 81,6   165
II 31,10   165

Fragmente Griechischer Historiker
523 F 1   167
V 57,3-4   167
609 F 25   168
680 F 2-4   169
680 T 1   169

Lykurg
Contra Leocratem
83-89; 98-101   112, 128

Platon
Timaeus
22b-23b   167
33d   212

Plinius der Ältere
Naturalis historia
VII 56,193   165

Plutarch
Arist. et Cato 4   212

Polybius
Hist. 5,79-86   89

Seneca
Epist. 107.11   46

Stoiker
SVF I, fr. 222   46
SVF I, fr. 527   46
SVF II, fr. 975   46
SVF II, fr 1038   46
SVF III, fr. 314f.   47
SVF III, fr. 549   46

Thukydides
II.37.2-3   44
II.43.4   44

14. Sonstiges

Papyri Graecae Magicae
XIII,242-244   267